档案文献·甲

抗战时期
国民政府在渝纪实

编委会名单

主 任 委 员：况由志　陆大钺

副主任委员：郑永明　潘　樱

委　　　员：况由志　陆大钺　陈治平　李旭东　李玳明
　　　　　　郑永明　潘　樱　唐润明　胡　懿

主　　　审：况由志　郑永明

主　　　编：唐润明

副　主　编：高　阳

编　　　辑：唐润明　胡　懿　冯丽霞　罗永华　高　阳

重庆出版集团　重庆出版社

图书在版编目(CIP)数据

抗战时期国民政府在渝纪实 / 唐润明主编. —重庆：重庆出版社，2012.12
ISBN 978-7-229-05927-9

Ⅰ.抗… Ⅱ.唐… Ⅲ.经济史—研究—中国—1937~1945
Ⅳ.F129.6

中国版本图书馆 CIP 数据核字(2012)第 285819 号

抗战时期国民政府在渝纪实
KANGZHANSHIQI GUOMINZHENGFU ZAIYU JISHI

主编 唐润明　　副主编 高 阳

出 版 人：罗小卫
责任编辑：周英斌
责任校对：李小君
装帧设计：重庆出版集团艺术设计有限公司　　陈 永　　吴庆渝

重庆出版集团
重庆出版社　出版

重庆长江二路 205 号　邮政编码：400016　http://www.cqph.com
重庆出版集团艺术设计有限公司制版
自贡兴华印务有限公司印刷
重庆出版集团图书发行有限公司发行
E-MAIL:fxchu@cqph.com　邮购电话：023-68809452
全国新华书店经销

开本：740mm×1 030mm　1/16　印张：34.75　字数：569 千
2012 年 12 月第 1 版　2012 年 12 月第 1 次印刷
ISBN 978-7-229-05927-9
定价：74.50 元

如有印装质量问题，请向本集团图书发行有限公司调换：023-68706683

版权所有　侵权必究

《中国抗战大后方历史文化丛书》

编纂委员会

总 主 编：章开沅
副总主编：周　勇

编　　委：（以姓氏笔画为序）
山田辰雄　日本庆应义塾大学教授
马振犊　　中国第二历史档案馆副馆长、研究馆员
王川平　　重庆中国三峡博物馆名誉馆长、研究员
王建朗　　中国社科院近代史研究所副所长、研究员
方德万　　英国剑桥大学东亚研究中心主任、教授
巴斯蒂　　法国国家科学研究中心教授
西村成雄　日本放送大学教授
朱汉国　　北京师范大学历史学院教授
任　　竞　重庆图书馆馆长、研究馆员
任贵祥　　中共中央党史研究室研究员、《中共党史研究》主编
齐世荣　　首都师范大学历史学院教授
刘庭华　　中国人民解放军军事科学院研究员
汤重南　　中国社科院世界历史研究所研究员
步　　平　中国社科院近代史研究所所长、研究员
何　　理　中国抗日战争史学会会长、国防大学教授
麦金农　　美国亚利桑那州立大学教授

玛玛耶娃	俄罗斯科学院东方研究所教授
陆 大 钺	重庆市档案馆原馆长、中国档案学会常务理事
李 红 岩	中国社会科学杂志社研究员、《历史研究》副主编
李 忠 杰	中共中央党史研究室副主任、研究员
李 学 通	中国社会科学院近代史研究所研究员、《近代史资料》主编
杨 天 石	中国社科院学部委员、近代史研究所研究员
杨 天 宏	四川大学历史文化学院教授
杨 奎 松	华东师范大学历史系教授
杨 瑞 广	中共中央文献研究室研究员
吴 景 平	复旦大学历史系教授
汪 朝 光	中国社科院近代史研究所副所长、研究员
张 国 祚	国家社科基金规划办公室原主任、教授
张 宪 文	南京大学中华民国史研究中心主任、教授
张 海 鹏	中国史学会会长,中国社科院学部委员、近代史研究所研究员
陈 　 晋	中共中央文献研究室副主任、研究员
陈 廷 湘	四川大学历史文化学院教授
陈 兴 芜	重庆出版集团总编辑、编审
陈 谦 平	南京大学中华民国史研究中心副主任、教授
陈 鹏 仁	台湾中正文教基金会董事长、中国文化大学教授
邵 铭 煌	中国国民党文化传播委员会党史馆主任
罗 小 卫	重庆出版集团董事长、编审
周 永 林	重庆市政协原副秘书长、重庆市地方史研究会名誉会长
金 冲 及	中共中央文献研究室原常务副主任、研究员
荣 维 木	《抗日战争研究》主编、中国社科院近代史研究所研究员
徐 　 勇	北京大学历史系教授
徐 秀 丽	《近代史研究》主编、中国社科院近代史研究所研究员
郭 德 宏	中国现代史学会会长、中共中央党校教授
章 百 家	中共中央党史研究室副主任、研究员
彭 南 生	华中师范大学历史文化学院教授

傅 高 义　美国哈佛大学费正清东亚研究中心前主任、教授
温 贤 美　四川省社科院研究员
谢 本 书　云南民族大学人文学院教授
简 笙 簧　台湾国史馆纂修
廖 心 文　中共中央文献研究室研究员
熊 宗 仁　贵州省社科院研究员
潘　　洵　西南大学历史文化学院教授
魏 宏 运　南开大学历史学院教授

编辑部成员(按姓氏笔画为序)

朱高建　刘志平　吴　畏　别必亮　何　林　黄晓东　曾海龙　曾维伦

总　序

章开沅

　　我对四川、对重庆常怀感恩之心，那里是我的第二故乡。因为从1937年冬到1946年夏前后将近9年的时间里，我在重庆江津国立九中学习5年，在铜梁201师603团当兵一年半，其间曾在川江木船上打工，最远到过今天四川的泸州，而启程与陆上栖息地则是重庆的朝天门码头。

　　回想在那国破家亡之际，是当地老百姓满腔热情接纳了我们这批流离失所的小难民，他们把最尊贵的宗祠建筑提供给我们作为校舍，他们从来没有与沦陷区学生争夺升学机会，并且把最优秀的教学骨干稳定在国立中学。这是多么宽阔的胸怀，多么真挚的爱心！2006年暮春，我在57年后重访江津德感坝国立九中旧址，附近居民闻风聚集，纷纷前来看望我这个"安徽学生"（当年民间昵称），执手畅叙半个世纪以前往事情缘。我也是在川江的水、巴蜀的粮和四川、重庆老百姓大爱的哺育下长大的啊！这是我终生难忘的记忆。

　　当然，这八九年更为重要的记忆是抗战，抗战是这个历史时期出现频率最高的词语。抗战涵盖一切，渗透到社会生活的各个层面。记得在重庆大轰炸最频繁的那些岁月，连许多餐馆都不失"川味幽默"，推出一道"炸弹汤"，即榨菜鸡蛋汤。……历史是记忆组成的，个人的记忆汇聚成为群体的记忆，群体的记会汇聚成为民族的乃至人类的记忆。记忆不仅由文字语言承载，也保存于各种有形的与无形的、物质的与非物质的文化遗产之中。历史学者应该是文化遗产的守望者，但这绝非是历史学者单独承担的责任，而应是全社会的共同责任。因此，我对《中国抗战大后方历史文化丛书》编纂出版寄予厚望。

抗日战争是整个中华民族(包括海外侨胞与华人)反抗日本侵略的正义战争。自从19世纪30年代以来,中国历次反侵略战争都是政府主导的片面战争,由于反动统治者的软弱媚外,不敢也不能充分发动广大人民群众,所以每次都惨遭失败的结局。只有1937年到1945年的抗日战争,由于在抗日民族统一战线的旗帜下,长期内战的国共两大政党终于经由反复协商达成第二次合作,这才能够实现史无前例的全民抗战,既有正面战场的坚守严拒,又有敌后抗日根据地的英勇杀敌,经过长达8年艰苦卓绝的壮烈抗争,终于赢得近代中国第一次民族解放战争的胜利。我完全同意《中国抗战大后方历史文化丛书》的评价:"抗日战争的胜利成为了中华民族由衰败走向振兴的重大转折点,为国家的独立,民族的解放奠定了基础。"

中国的抗战,不仅是反抗日本侵华战争,而且还是世界反法西斯战争的重要组成部分。

日本明治维新以后,在"脱亚入欧"方针的误导下,逐步走上军国主义侵略道路,而首当其冲的便是中国。经过甲午战争,日本首先占领中国的台湾省,随后又于1931年根据其既定国策,侵占中国东北三省,野心勃勃地以"满蒙"为政治军事基地妄图灭亡中国,独霸亚洲,并且与德、意法西斯共同征服世界。日本是法西斯国家中最早在亚洲发起大规模侵略战争的国家,而中国则是最早投入反法西斯战争的先驱。及至1935年日本军国主义者通过政变使日本正式成为法西斯国家,两年以后更疯狂发动全面侵华战争。由于日本已经与德、意法西斯建立"柏林—罗马—东京"轴心,所以中国的全面抗战实际上揭开了世界反法西斯战争(第二次世界大战)的序幕,并且曾经是亚洲主战场的唯一主力军。正如1938年7月中共中央《致西班牙人民电》所说:"我们与你们都是站在全世界反法西斯的最前线上。"即使在"二战"全面爆发以后,反法西斯战争延展形成东西两大战场,中国依然是亚洲的主要战场,依然是长期有效抗击日本侵略的主力军之一,并且为世界反法西斯战争的胜利作出了极其重要的贡献。2002年夏天,我在巴黎凯旋门正好碰见"二战"老兵举行盛大游行庆祝法国光复。经过接待人员介绍,他们知道我也曾在1944年志愿从军,便热情邀请我与他们合影,因为大家都曾是反法西斯的战士。我虽感光荣,但却受之有愧,因为作为现役军人,未能决胜于疆场,日本就宣布投降了。但是法国老兵非常尊重中国,这是由于他们曾经投降并且亡国,而中国则始终坚持英勇抗战,并主要依靠自己的力量赢得最后胜利。尽管都是"二战"的主要战胜国,毕竟分量与地位有所区别,我们千万不可低估自己的抗战。

重庆在抗战期间是中国的战时首都,也是中共中央南方局与第二次国共合作的所在地,"二战"全面爆发以后更成为世界反法西斯战争远东指挥中心,因而具有多方面的重要贡献与历史地位。然而由于大家都能理解的原因,对于抗战期间重庆与大后方的历史研究长期存在许多不足之处,至少是难以客观公正地反映当时完整的社会历史原貌。现在经由重庆学术界倡议,并且与全国各地学者密切合作,同时还有日本、美国、英国、法国、俄罗斯等外国学者的关怀与支持,共同编辑出版《中国抗战大后方历史文化丛书》,堪称学术研究与图书出版的盛事壮举。我为此感到极大欣慰,并且期望有更多中外学者投入此项大型文化工程,以求无愧于当年的历史辉煌,也无愧于后世对于我们这代人的期盼。

在民族自卫战争期间,作为现役军人而未能亲赴战场,是我的终生遗憾,因此一直不好意思说曾经是抗战老兵。然而,我毕竟是这段历史的参与者、亲历者、见证者,仍愿追随众多中外才俊之士,为《中国抗战大后方历史文化丛书》的编纂略尽绵薄并乐观其成。如果说当年守土有责未能如愿,而晚年却能躬逢抗战修史大成,岂非塞翁失马,未必非福?

2010年已经是抗战胜利65周年,我仍然难忘1945年8月15日山城狂欢之夜,数十万人涌上街头,那鞭炮焰火,那欢声笑语,还有许多人心头默诵的杜老夫子那首著名的诗:"剑外忽传收蓟北,初闻涕泪满衣裳!却看妻子愁何在?漫卷诗书喜欲狂。白日放歌须纵酒,青春作伴好还乡。即从巴峡穿巫峡,便下襄阳向洛阳。"

即以此为序。

庚寅盛暑于实斋

(章开沅,著名历史学家、教育家,现任华中师范大学东西方文化交流研究中心主任)

抗战时期国民政府迁都重庆及其作用(代序)

唐润明

　　1937年11月,在日本帝国主义咄咄逼人的进犯下,在淞沪战事失利已成定局、首都南京遭到巨大威胁的形势下,国民党中央与国民政府自料南京无法坚守,为免作城下之盟及坚持长久抗战计,乃依据既定方针,迅速作出了迁都重庆的决定,同时向前方将士、后方群众及世界各国发布迁都宣言,以表明政府当局"此后将以最广大之规模,从事更持久之战斗"的决心。从此之后,国民政府即依据四川这个历史上的"天府之国"与当时中国抗战的"最后根据地",不断开发并利用中国西部广大地区的人力、物力和财力,于重庆这个中国抗战的司令台发号施令,组织、策划、指挥中国抗日战争的各种政略、战略与各个战役、战斗,最终赢得了中华民族近代以来反对外敌入侵的第一次伟大胜利。国民政府迁都重庆,不仅是当时国民政府与国民党中央的一项重大战略决策,是当时历史的一件大事,而且也是中国近现代史、中华民族史、抗日战争史以及四川、重庆地方史上一件划时代的大事,无论对当时或后世,都产生了深远的影响和巨大的作用。

一、引子

　　首都,即一国的国都,是国家最高政权机关所在地,也是一个国家的政治、经济、军事、文化、外交、社会统治和活动中心。一般情况下,都城之内户口众庶、人文荟萃、文化发达、经济昌盛、社会进步,是全国精华之所在,是整个国家的象征。因此之故,古今中外的任何国家与任何朝代,都十分重视国都的选择与建设,并视之为"国之大事"。

具有"虎踞龙蟠"之势的古城南京,乃帝王之都,为我国古代著名都城之一。1911年辛亥革命后,起义各省都督府代表联合会于12月4日在汉口召集会议,会议通过的《临时政府组织大纲》虽未明确规定南京为中华民国的首都,但却规定其为临时政府所在地。1912年1月1日,孙中山正式在南京就任中华民国临时政府大总统职,以此与盘踞在北京的清政府相对峙和区别。这样,中华民国成立后,虽然没有明文规定南京是中华民国的首都,但在事实与习惯上,南京已成为中华民国的开国国都则是毋庸置疑的。辛亥革命失败后,南京作为首都的地位已不复存在,时局的不安与社会的动荡,使作为一国之都的首都也反反复复,变化颇大。北京、广州、武汉等城市均先后做过一个政府或一个政权的都城或中心。南方政府与北方政府之间、革命派与反革命派之间也曾为都城的设立、正统与非正统等问题作过多次的较量和斗争。随着北伐战争的胜利进军,1927年3月,国民革命军攻克江宁,4月18日,以蒋介石为首的国民政府改江宁为南京,并宣布奠都南京。这样,南京即再一次成为中华民国的首都,并渐次得到了国际社会的普遍承认,也逐渐在老百姓的心目中取代其他都市而成为中华民国的正统国都。

南京作为中华民国的首都,固然有其自然的优越性和历史的必要性,但在近代中国所面临的日益复杂、险恶的国际环境下,也有其不可避免的局限性。因此早在孙中山定南京为中华民国首都之时,即有建立两个"都城"(一个陆都,一个海都)的构想。孙中山认为,南京具备山地、水地、平原三要素,在平时可以南京为首都(海都);但南京地接沿海,中国若与外国如日本等发生冲突或战争,日本必先攻击我沿海各省,"南京一经国际战争不是一座持久战的国都",这是孙中山先生对南京作为首都在对外战争中所处不利形势的正确认识。因此,他主张"要在西北的陕西或甘肃,建立个陆都",并以此作为"作战的根本,扫荡入侵之敌人"。① 这以后,中国的许多有识之士,都继承了孙中山先生的这一战略构想并有所发扬。1919年,护国军著名将领蔡锷在其

---

① 公安部档案馆编著:《在蒋介石身边八年——侍从室高级幕僚唐纵日记》,群众出版社1992年3月版,第9页。

辑录出版的《曾胡治兵语录》一书的结论中,就曾指出:"鄙意我国数年之内,若与他邦以兵戎相见,与其为孤注一掷之举,不如据险以守,节节而防,以全我军而老敌师为主,俟其深入无继,乃一举歼除之。"①与蔡锷同学的我国著名军事理论家蒋百里,也在1922年撰文指出:面对邻近我国日富侵略性国家之唯一制胜方法,"即是事事与之相反:彼利速战,我恃之以久,使其疲惫;彼之武力中心在第一线,我侪则置之第二线,使其一时有力无处用"②。其他的一些著名专家学者如傅斯年、胡适、丁文江等人,也在全面分析比较了中日两国各方面的情形后,继续坚持并光大着这种在敌强我弱、敌大我小的条件下,中国滞敌胜敌的唯一有效办法就是转向内地、持久作战的思想。他们纷纷撰文指出:"中国在开战之初,不能打胜日本,却可以长久支持,支持愈久,对我们越有利。"胡适则更明确地提出了要以最大的限度,以牺牲华北、华东等沿海、沿江口岸的决心,坚持"三年至四年的混战、苦战、失地、毁灭","我们只能期望在我们打的稀烂而敌人也打的疲于奔命的时候,才可以有国际的参加和援助"。胡适还认为"长期苦斗为不可避免的复兴条件。"③

自孙中山以来中国一切有识之士关于中国对日抗战所采方针策略的主张,也得到了执政的国民党中央一些高官要员的认同和支持,并在相当程度上影响着当时中国最高军事领袖——国民政府军事委员会委员长蒋介石的对日方略与决策。1931年9月26日,也即"九一八"事变爆发一个星期之后,蒋介石在考虑对日战略时,就有"决心移首都于西北,集中军队主力于陇海路严阵以待"的设想。④ 又一个星期后的1931年10月3日,蒋介石在与熊式辉谈备战计划时,进一步明确了"西北实为政府之第二根据地,万一首都沦落,即当迁于洛阳,将来平时亦以洛阳与西安为陪都"⑤。可以说蒋介石的这一思想,既是对孙中山等人思想的继承,也是与当时的国际国内形势紧密相联的,更对当时整个国民政府的对日策略起着指导性的决定作用。1932年上

---

① 转引自台湾吴相湘著:《中国对日总体战略及若干重要会战》,载薛光前编著:《八年对日抗战中之国民政府》,台湾商务印书馆印行,1978年11月版,第56页。
② 转引自台湾吴相湘著:《中国对日总体战略及若干重要会战》,载薛光前编著:《八年对日抗战中之国民政府》,台湾商务印书馆印行,1978年11月版,第57页。
③ 转引自台湾吴相湘著:《中国对日总体战略及若干重要会战》,载薛光前编著:《八年对日抗战中之国民政府》,台湾商务印书馆印行,1978年11月版,第57—58页。
④ 台湾国史馆编印:《蒋中正总统档案·事略稿本》,台湾国史馆2004年版,第12册第102页。
⑤ 台湾国史馆编印:《蒋中正总统档案·事略稿本》,台湾国史馆2004年版,第12册第129页。

海"一·二八"事变爆发后国民政府的迁都洛阳及1937年全面抗战爆发后国民政府的迁都重庆,都是这一思想的贯彻与执行。

二、"一·二八"抗战与国民政府迁都洛阳

1932年1月28日,日本帝国主义出兵进犯上海,守卫上海的第十九路军奋起抵抗,是为"一·二八"事变。面对来势汹汹的日本侵略者,国民党中央政治会议于29日开会决议设立国民政府军事委员会,负责筹划、指挥国防有关事宜,以蒋介石、冯玉祥、何应钦、朱培德、李宗仁为常务委员;国民政府外交部也于是日发表《对淞沪事变之宣言》,对日本军队进攻上海的动机与目的作了公开揭露与抨击,宣言称:"自上年九月十八日,日本开始占领沈阳后,日益扩张其暴行,积极实施其武力侵略政策,今则国际商务集中之上海,竟被日军侵入矣!……上海正在猛烈炮火之下,中国当局处此情形,为执行中国主权上应有之权利,不得不采取自卫手段;并对于日本武装军队之攻击,当继续严于抵抗。"宣言同时还称,"上海为中国经济、商业中心,而且地接首都,攻上海即系对于首都加以直接危害与威胁"①。由于首都南京距已成战场的上海不到200公里,且又有长江大动脉及其他铁路、公路相连,如果上海不守,首都南京势必难保。为避免各党政首脑机关直接暴露于日军的攻击与威胁之下,以及中央各首脑机关能在此非常时期正常地行使其职权,1月29日,中央政治会议即决定迁移政府于洛阳,以最大之决心,与日本作长时期之周旋。1月30日,国民政府主席林森及五院院长共同签署发布了《国民政府移驻洛阳办公宣言》,宣言除揭露日本帝国主义"贪得无厌"、步步紧逼的侵略行径,表明中国政府遵守国际公法,对日本之侵略采取"逆来顺受"的忍让态度及最后忍无可忍、奋起抵抗的决心外,再次抨击了"日本所以继续使用此等暴力政策,且进而愈厉,其用心不过欲威胁我政府,使屈服丧权辱国条件之下"的阴谋;同时阐明了国民政府迁都洛阳办公的原因是"为完全自由行使职权,不受

---

① 《中华民国史事纪要(初稿)》(1932年1月至6月),台湾中华民国史料研究中心1984年12月版,第181页。

暴力胁迫"。① 军政部部长何应钦也于当天对外发表谈话称："现外侮益亟，政府为捍卫国土、保障主权、免除威胁、完全自由行使职权起见，暂移洛阳办公。"② 1 月 31 日，行政院院长汪精卫于徐州致电广东的唐绍仪及胡汉民等人时也称："国府迁洛办公，目的在不受强敌武力之威胁，以签字于丧权辱国之条件，以最大之决心，作长期之抵抗。"③ 抵达开封后，汪精卫又在开封的联欢会上发表讲演，再一次对国民政府暂移洛阳办公的原因作了说明："政府如果预备屈服于日本暴力之下，为城下之盟，则或者不会离南京；如果预备以最大牺牲，为长期之抵抗，则必然将国民政府移至中原腹地。"④ 由此，"既使暴日之炮舰政策无所施，同时于中原腹地建立中枢，策应四方，团结举国一致之努力，共谋最后之胜利"。1 月 31 日，国民政府主席林森率各院部会首长汪兆铭、张继、冯玉祥、李烈钧、李济深、朱培德、叶楚伧等乘车经徐州抵开封，军事委员会常务委员蒋介石则偕宋美龄、邵力子、魏道明等先期抵达徐州。2 月 1 日，林森、汪精卫、蒋介石等抵达郑州，次日即离郑州赴洛阳并相继在洛阳办公。留在首都南京者，仅军政、外交两部而已，其他各部会则于南京原址设立驻京办事处（财政、交通两部另于上海设驻沪办事处），负责处理有关善后事宜。

上述事实表明，设于南京、靠近上海的国民政府，一旦对外战争爆发，即完全暴露在敌人强大的空军、海军及陆军的炮火之下，如果国民政府不想在对外战争中屈辱求和，不甘心与敌人订城下之盟，那么在对外战争发生后，迁都之举就事属必然且势在必行。因此，1932 年 3 月在洛阳召开的国民党四届二中全会就将"我们今后是否仍然以南京为首都，抑或应该在洛阳要有相当的时间，或者我们更要另找一个适宜的京都"作为一个"重大问题"正式提上

---

① 《中华民国史事纪要（初稿）》（1932 年 1 月至 6 月），台湾中华民国史料研究中心 1984 年 12 月版，第 205 页。
② 《中华民国史事纪要（初稿）》（1932 年 1 月至 6 月），台湾中华民国史料研究中心 1984 年 12 月版，第 205 页。
③ 《中华民国史事纪要（初稿）》（1932 年 1 月至 6 月），台湾中华民国史料研究中心 1984 年 12 月版，第 212 页。
④ 转引自张衡：《略论"一·二八"抗战期间国民党内和与战之争》，载《民国档案》1992 年第 1 期。

了大会的议事日程并视之为"此次会议的第一要义"。① 与会者鉴于日本帝国主义对华侵略的步步紧逼及首都南京在对外战争中所处的不利地位,根据当时中国国内的具体情形,讨论通过了国民党中常会向大会提交的《以洛阳为行都以长安为西京》的提议案。该提议案称:"……窃以南京为中华民国之首都,载诸约法,本无疑问,但按诸目前情形,实有以洛阳为行都之必要,行政院已设有行都设备委员会经理其事。至于陪都之设定,在历史地理及国家将来需要上,终以长安为宜,请定名为西京,并由中央特派专员担任筹备,从本年三月起,以一年为期,筹备完成。"会议最后决定:"(一)以长安为陪都,定名西京;(二)以洛阳为行都;(三)关于陪都之筹备事宜,应组织筹备委员会,交政治会议决定。"② 此举表明,由于当时日本军队肇事的主要地点是华东的上海,中国所受的最大威胁在华东地区,所以国民党中央以此表明了一旦战事扩大,政府将退守中原与西北的意图。4月9日,行政院院长汪精卫在国难会议上对国民党中央的此种决策作了进一步解释,他说:"长安、洛阳同为我国古都,五千年来我民族之发荣滋长,文化之萌芽光大,皆以此为根据地……中国国民党总理孙先生早已见到中国若与外国冲突如中日战争或者日美战争时,日本必先攻击我沿海各省,采取抵抗办法,是必须立脚在西北,才能巩固作战之根本,扫荡沿海之敌人。不料日人对华侵略之暴行,即见于今日,我们只有尊奉中国国民党总理孙先生遗教,根据着西北,作长期之抵抗……用西北作最后之长期抵抗根据,打破自建立民国以来最严重最危急之当前困难。"③

由此可见,国民党中央和国民政府最先是将选择陪都、建立行都的着眼点放到了西北和中原地区,并组织专门力量对陪都西京进行了若干筹划和建设,对整个西北地区也进行了一系列的调查和开发。但是,国民政府的此种决策,是根据当时的历史条件和政治环境决定的,是国民政府在尚未实现全国真正统一的背景下而作出的一种迫不得已的抉择。因为在当时的历史条

---

① 《汪精卫在国民党四届二中全会上所致开幕词》,载荣孟源主编:《中国国民党历次代表大会及中央全会资料》下册,光明日报出版社1985年版,第142页。
② 《中华民国史事纪要(初稿)》(1932年1月至6月),台湾中华民国史料研究中心1984年12月版,第386页。
③ 《中华民国史事纪要(初稿)》(1932年1月至6月),台湾中华民国史料研究中心1984年12月版,第555页。

件下,中国的东北已经沦陷,华北、华东、华南等沿海地区不能做中国战时首都的缘由已显而易见,广袤的西南诸省自民国成立以来即一直处于各个大小军阀的混战与割据之中,和中央政府的关系也是若即若离、很不稳定。在偌大的中国版图内,能够作为国民政府战时首都而且又与国民政府有着相对稳固关系的,就只剩中原和西北地区了。但是,将西北地区作为中国的战时首都又是不太理想的。这主要是因为:首先,西北地区虽然历史悠久、土地广阔、资源丰富,但地瘠民贫、经济落后、粮食缺乏,缺乏作为战时首都的经济条件。其次,西北地区毗邻华北,而华北又是日本帝国主义虎视眈眈且侵略势力强大的地区,一望无际的华北平原既同样容易受到日本强大武力的威胁,且又有陇海铁路与西北地区相接,由此一来,一旦华北不守,西北地区同样容易遭到日军的侵犯。因此,西北地区在国防上具备的优势并不明显。第三,西北地区与强大的社会主义国家苏联接壤,这对于当时尚未与苏联恢复外交关系,仍坚持反苏反共的国民政府来说,其所感受的威胁并不小于日本;且作为西北地区后院的新疆,也从未被国民政府真正控制,统治新疆的盛世才,更是反复无常;所有这些,对于执政的国民党政府来说,无疑都是心病。因此之故,作为国民党中央负责主要军事与国防责任的国民政府军事委员会委员长蒋介石认为:抵抗暴日,即使将中枢机构迁往洛阳,"而政府所在地,仍不能算作安全"[①]。要下定对日抗战的最后决心,就必须寻觅一个比洛阳、西京更为安全且地大物博、人力众庶的地区,来作为战时国家与政府的根据地。为达此目的,蒋介石率其主要幕僚自1934年秋开始,用一年多的时间,马不停蹄地对中原、西北以及西南地区的10余个省份进行巡视、考察、分析和研究。最后,蒋介石经过对各地地形、物产、交通、人文等各方面的综合考察,在逐渐控制了西南诸省后,于1935年10月作出了将战时国家的最后根据地定在西南四川的重要决策。[②] 用蒋介石自己的话说,就是"到了(民国)二十四年进入四川,这才找到了真正可以持久抗战的后方。所以从那时起,就致力于实行抗战的准备"[③]。

---

① 蒋介石:《国府迁渝与抗战前途》(1937年11月19日),载台湾中国国民党中央党史委员会编印:《总统蒋公思想言论总集》卷14"讲演",1974年版。
② 参见拙文:《试论蒋介石与四川抗日根据地的策定》,载《历史档案》1994年第4期。
③ 蒋介石:《国府迁渝与抗战前途》(1937年11月19日),载台湾中国国民党中央党史委员会编印:《总统蒋公思想言论总集》卷14"讲演",1974年版。

三、四川抗日根据地的策定

从1932年3月国民党中央决定以洛阳为行都、长安为陪都起,到1937年11月国民党中央决定迁都到重庆止,此间不过短短的5年时间。在此期间,中国的政治局势与格局,发生着重大变化,从而影响着国民党中央关于"迁都"这一重大事件的决策。已被定为"西京"的西北地区,除了先前的不利因素外,又新增加了中国共产党及其领导下的人民武装这一"不稳定"因素。因为自1935年底中国共产党领导的中国工农红军抵达陕北后,即在艰难困苦的条件下迅速扩大红军和陕北苏区。在中国共产党的领导和推动下,西北地区的抗日民族统一战线迅速扩大,抗日民主运动日益高涨。这对于尚未实现国共合作、共同抗日的国民政府来说,其担忧是可想而知的。

与西北地区作为未来中国对外抗战战时首都不利因素不断增加的情形相反,位于西南的四川,则以其人口众多、物产丰富、经济发达、文化昌盛,越来越多地受到国人的关注。

早在民国初年,蒋介石就认为:在中国各省之中,能做革命根据地的,"只有两省可当选。第一是广东……其次就要算是四川了。因为四川人口众多,物产丰富,都在任何各省之上,而四川同胞的天性,富于民族的情感,一贯的忠于主义,勇于革新。所以我们若能以四川为革命的根据地,就更能使革命早日成功"[①]。自此以后,蒋介石就一直看好四川,坚持其"蜀粤并重"的思想,并曾多次向孙中山等人提出有关时局的意见,建议孙中山采取"蜀粤并重"的军事战略思想。1921年1月10日,蒋介石将其拟定的"军事意见书"呈孙中山,建议"(一)对于时局之意见,平桂后先解决四川问题。(二)对于军事准备之意见,四川非导入我势力范围不可。故军事准备,概以蜀粤相提并论"[②]。1927年南京国民政府成立后,蒋介石仍是以相当的注意力关注着四川的一切,对四川这个中国的重要省份,也是志在必得。只因其长时期陷于与各地方军阀及中国共产党的战争之中,才无暇也无力顾及四川罢了。

[①] (台湾)周开庆编著:《民国川事纪要》下册,台湾四川文献研究社1974年12月版,第297页。
[②] (台湾)周开庆编著:《民国川事纪要》上册,台湾四川文献研究社1974年12月版,第267页。

1935年3月2日,蒋介石借"追剿"中国工农红军之机,偕其高级幕僚陈诚、顾祝同、杨永泰等乘飞机由武汉飞抵重庆,从而开始了其长达半年之久的西南之行。蒋介石此次西南之行的主要动机与目的,首先固然在"追剿"中国工农红军和统一四川及西南诸省于国民党中央势力的直接控制之下;另一方面,为即将到来的中日战争寻觅、策定一个中华民族与国民政府的最后根据地,也是蒋介石此行的重要目的之一。因此,蒋介石一到重庆,就表现出与他中原、西北之行截然不同的态度与兴趣。3月4日,也即抵达重庆后的第三天,蒋介石在出席四川省党务特派员办事处举行的扩大纪念周上作了他到重庆后的首次公开讲演,其讲演的题目就是《四川应作复兴民族之根据地》。在讲演中,蒋介石以大量的篇幅阐明了四川地位的重要及其在历史上的作用以及四川各界应尽的责任和努力。他说:"就四川地位而言,不仅是我们革命的一个重要地方,尤其是我们中华民族立国的根据地。无论从哪方面讲,条件都很完备。人口之众多,土地之广大,物产之丰富,文化之普及,可说为各省之冠,所以自古即称天府之国,处处得天独厚。我们既然有了这种优越凭藉,不仅可以使四川建设成功为新的模范省,更可以使四川为新的基础来建设新中国。"蒋介石还引用历史上流传下来的民谚来说明四川地位的重要及其与整个国家民族治乱的关系。他说:"中国自古还有一句话说:'天下未乱蜀先乱,天下已治蜀未治。'……这句话并不是随便说的,其中确含有很大的意义。我提出这句话,也并不是要来责备四川同胞,乃是说明四川对于国家治乱的关系与四川同胞的责任之重要。我们无论从历史的事实来证明,或从四川在全国中所处的地位来看,四川的治乱,确可以影响全国的安危。所以要统一国家,完成革命,必须四川同胞先来负起这个责任。如果四川同胞不能负起革命责任来尽力于革命事业,我们整个革命事业,更没有完成之一日。"① 在这里,蒋介石一到重庆,就大张旗鼓地阐明、强调了四川对国家、对民族的重要性,并公开、明确地表明了他自己对四川的高度重视和殷切希望。而所有这些,在他长达半年之久的中原、西北之行的众多言辞中,则是根本没有的。

1935年3月24日,蒋介石一行离开重庆飞贵阳。这以后,他来回穿梭于

---

① 蒋介石:《四川应作复兴民族之根据地》(1935年3月4日在重庆出席四川党务办事处扩大纪念周训词),载国民政府军事委员会委员长行营编:《参谋团大事记》,1937年7月版,第886页。

贵阳、昆明、重庆和成都各地,在不同的场合,针对不同的对象,为了不同的动机和目的,作了多次不同的讲演和训示。在这些讲演和训示中,蒋介石既有其"剿匪反共"的训令和煽惑,也有其倡导新生活运动、国民经济建设运动的宣传和鼓动,还有其统一四川、统一西南的指令和打算。当然,这当中也不时夹杂着一些诸如"四川夙称天府,果能急起直追,其成功必尤为宏速"①,"惟有以我们新的四川人,才可以造成新的四川,建立新的中国"②,"贵州最容易建设,也最应迅速建设成为民族复兴的一个基础"③,"我们云南全省同胞,对于我们的国家和民族,负有一种特殊的责任,居于非常重要的地位;无论就天时、地利、人和各方面看来,云南种种条件都具备,可以作为复兴民族最重要的基础"④等对四川、云南、贵州三省表示重视、希望和勉励的词句,但蒋介石的所有这些表白和词句,都还是零星的、片面的和不系统的,其主要目的仍是为其统一西南诸省服务的。随着蒋介石在西南诸省逗留时间的延续,也随着他对西南各地地形、气候、物产、资源、民风民俗以及人民意愿的进一步了解和认识,还随着中国共产党及其领导下的中国工农红军的撤离四川,更随着国民党中央势力对西南各省的深入渗透及其对西南各省政治、经济、军事控制的加强和巩固,蒋介石对西南三省特别是对四川的认识才提到了一个新的高度,以四川为中华民族对日抗战根据地的思想,也于此过程中逐渐形成且越来越坚定,并在他离开四川之前完全确立了下来。1935 年 10 月 6 日,蒋介石在成都四川省党部扩大纪念周上所作的题为《建设新四川的根本要道》的讲演,可视为他形成四川为中华民族对日抗战根据地思想的标志。在这次讲演中,蒋介石除再次强调四川地位的重要及其与国家治乱、民族兴衰的密切关系外,还第一次明确、公开地提出了四川是中国首屈一指的省份,"天然是复兴民族最好的根据地"的思想。蒋介石在讲演中称:

"我自入川以来,直到昨天为止,留心体察四川的情形,总觉得我们中国

---

① 蒋介石在重庆总理扩大纪念周上的训话(1935 年 3 月 11 日),载《四川经济月刊》第 3 卷第 2 期。
② 蒋介石在重庆总理逝世十周年会上的训话(1935 年 3 月 12 日),载《四川经济月刊》第 3 卷第 2 期。
③ 蒋介石:《新贵州之建设极易成功》(1935 年 5 月 6 日出席贵州省政府扩大纪念周训词),载国民政府军事委员会委员长行营编:《参谋团大事记》,1937 年 7 月版,第 912 页。
④ 蒋介石:《建设新云南与复兴民族》(1935 年 5 月 15 日出席云南省党部扩大纪念周训话),载国民政府军事委员会委员长行营编:《参谋团大事记》,1937 年 7 月版,第 916 页。

其他任何一省,都比不上我们四川。你们看:四川的土地广大而又肥美,所产的东西,不仅种类繁多,几乎无所不备,而且量多质美,更为别省所不及……尤其是山川形势的雄伟奇峻,格外难得……再加气候之温和,和人民之众多与勤劳优秀,更增加四川之伟大……四川因为有如此伟大优良的自然环境,与悠久浓厚的文化基础,实在是我们中国首屈一指的省份。

"四川在天时、地利、人文方面,实在不愧为我们中国的首省,天然是复兴民族最好的根据地……倘若四川不能安定,不能建设起来,整个国家也就没有富强、复兴的希望。所以,四川之治乱即中国兴亡之关键,今后四川决不可乱,一乱国家就要亡。"①

在此,蒋介石不仅将四川视为中国的首省,天然为复兴民族的最好根据地;而且还将四川的治乱视为国家兴亡的关键,并将之提到四川一乱,国家就要亡的高度。如果说蒋介石在这里的表白仍是为统一四川而服务,还不足以证明他已下了最后决心定四川为复兴民族根据地的话,那么,两天之后蒋介石在成都作的另一个题为《四川治乱为国家兴亡的关键》的讲演,则完完全全、明明白白、肯定地说明了这一点:

"现在我们就中国政治、经济、文化各方面来讲,中国的精华——国家生命的根基是在长江流域。长江流域不能统一安定,无论是华北或华南,都不能统一安定。我们四川既居长江上游,又是本部各省之中拥有最广的土地,最多的人口,最大的富源与最好的形势之所在。所以四川的治乱,不但影响长江流域的治乱,而且可以定整个国家的治乱……我们要真正订大计划,亦要待统一,至少长江流域能够统一。如果长江的首部——四川不能统一安定,新的国家无论如何建设不起来! 所以今后治乱国家的兴亡,根本还是要看我们四川如何……所以现在要救亡复兴,当以稳定四川、统一长江,以巩固国本为第一要着! 大家要晓得:今后的外患,一定日益严重,在大战爆发以前,华北一定多事,甚至要树立伪政府都不一定。但是我们可以自信:只要四川能够安定,长江果能统一,腹地能够建设起来,国家一定不会灭亡,而且定可以复兴! 日本人无论在东四省或者将来再在华北弄什么伪组织,都不相干,都不足以致我们的死命。我们今后不必因为在华北或长江下游出什么乱

---

① 《蒋委员长训话:建设新四川之根本要道》,载《政训半月刊》1935年第4、5合期。

子了,就以为不得了,其实没有什么,只要我们四川能够稳定,国家必可复兴。"①

在这里,蒋介石既说明了四川在对外战争中所处的重要地位,也精辟地分析了战争爆发后中国可能出现的种种不利情况,甚至连华北出现伪政府、长江中下游出乱子等都有所预料。但是,因为寻觅到了四川这个中国对日抗战的最好根据地,所以蒋介石又明白无误且充满自信地宣告:在对日战争发生后,无论中国的华东、华北和长江下游出现什么乱子,产生何种困难,但只要川、滇、黔三省存在,国家就一定不会亡,就可以复兴,"其实不必说川、滇、黔三省存在,就是只剩下了我们四川一省,天下事也还是大有可为"。②

至此,经过近一年的苦苦寻觅,蒋介石终于找到了中国对日战争发生后,比洛阳、西安更为优越的抗日大后方和根据地——四川。自此之后,国民党中央的对日政策开始发生较为明显的转变——由先前一味妥协退让转化为较为强硬和符合实际。离开四川回到南京不久,国民党第五次全国代表大会召开,蒋介石在其所作的外交报告中,虽然仍对中日妥协抱有一定幻想,但也第一次公开地提出了"和平有和平之限度,牺牲有牺牲之决心",若到了和平绝望的时期和牺牲的最后关头,必将"抱定最后牺牲之决心,而为和平最大之努力,期达奠定国家、复兴民族之目的"。③ 与此同时,国民党政府对日抗战的各项准备工作,从此也逐渐提上议事日程。

四、国民政府迁都重庆的决策与经过

鉴于1932年迁都洛阳、定西京为陪都的历史经验与教训,国民政府自1932年底从洛阳迁回南京后,对于首都南京的安全问题,一直有所考虑,对政府的迁都之举,也时有筹划。1936年南京国民政府在制定有关总动员计划时,即拟有于非常时期将政府迁往株洲的方案。④ "七七"卢沟桥事变爆发

---

① 《总裁讲演四川治乱为国家兴亡的关键》,载叶育之著:《四川史地表解》,1941年成都版。
② 《总裁讲演四川治乱为国家兴亡的关键》,载叶育之著:《四川史地表解》,1941年成都版。
③ 《请大会授权政府在不违背另文陈述之方针下,应有进退伸缩之全权,以应此非常时期外交之需要案》(1935年11月19日国民党第五次全国代表大会通过),载荣孟源主编:《中国国民党历次代表大会及中央全会资料》(下),光明日报出版社1985年10月版,第321页。
④ 台湾中央研究院近代史研究所编印:《王世杰日记》,1990年3月版,第1册第80页。

后,随着战争的逐渐升级和扩大,国民政府在开始作与日本长期周旋的打算与准备的同时,也开始将作为国家指挥中枢的中央政府及所属各部会之安全列于重要地位。7月17日,国民政府军事委员会举行卢沟桥事变第七次会报时,即决定各院部会可"另觅小房屋,为机密办公处";7月19日的第九次会报又决定各机关的"重要文件另易地保存"。①7月下旬,蒋介石又手令南京国民政府"各院部会实施动员演习及准备迁地办公并限三日具报"。奉此,行政院于7月27日召集有关部会举行会议并决定:"关于迁地办公:1.第一步各机关办公地点疏开,即假定敌机轰炸或敌舰开炮时,各机关在城内或外,准备民房秘密办公,并先登记负责人和电话号码等,以资联络。2.万不得已时,则迁移他处办公(如衡阳);凡须永久保存之重要文件,先行迁地保管;至各机关之实行迁移,则须候命实施。"②除此之外,军事委员会还对东部沿海地区各重要都市之居民及政府机关职员眷属之迁移疏散有所指示,要求在不使人民感到恐慌的条件下,可先将老弱妇孺迁往他处,机关职员之眷属,则宜先期秘密离京,以保证政府职员安心工作。

　　上述举动表明:国民党中央依据其既定思想,在中日战争已经爆发但战火尚未波及华东、威胁首都南京之际,即对首都的安全问题有所考虑,开始作迁地办公以策安全的打算和准备。但此种打算和准备,又是暂时的和不彻底的,是政府当局为了应付非常事变而采取的一种权宜之计,是与当时的战争尚局限于华北一隅而华东等地相对"平静"的背景相联系的,也是与国民党当局企图将此战争作为局部事变解决的愿望相联系的。因此,国民政府此时的这种"迁地办公"打算,还不能与1932年移驻洛阳办公的那种战略性决策相提并论。

　　随着平津等重要城市相继沦陷与华东局势日趋紧张,国民党最高当局也越来越重视战争对首都的威胁、影响及其应采取的对策,并开始将先前的"迁地办公"提高到一个新的战略性决策的高度——即考虑战时政府所在地究竟应在何处为宜。在8月4日举行的卢沟桥事变第二十五次会报中,主持会议

---

　　① 《卢沟桥事变后国民党政府军事机关长官会报第一至第十五次会议记录》,载《民国档案》1987年第2期。
　　② 《卢沟桥事变后国民党政府军事机关长官会报第十六至第三十三次会议记录》,载《民国档案》1987年第3期。

的军政部部长何应钦即谕示与会者,对战时政府所在地应加以慎重、周全的考虑,他为此指示说:"战时政府所在地,应加研究(是否以武汉为宜)。"①8月6日,国民政府有关部门又内定"大战爆发后,如首都遭受敌人空军之激烈袭击,则迁往衡阳衡山"②。虽然如此,直到上海"八一三"事变爆发前夕,国民党中央在"政府究竟应迁往何处"的问题上,仍未作出最后决定。这表明:虽然蒋介石及国民党最高层早在1935年确定四川为对日抗战根据地时即决定战时政府要迁往内地,"七七"事变后又意识到战争的全面性、长期性和残酷性,开始考虑首都的安全,作了迁地办公及迁首都于安全地区的打算,但是,国民政府迁都重庆的决定,并不是一下子就决定的,而是经历了一个由酝酿到暂时再到最后决定的过程。因为一个国家的首都,是全国的神经中枢与精神支柱,它需要绝对的安全和相对的稳定,即使在迫不得已的条件下需要迁移,何时迁移,迁移到什么地方,都是一件非同寻常的大事,它必须综合考虑到各方面的因素。上述国民政府于战争爆发后在迁都问题上所表现出来的犹豫不决,即充分说明了这一点。

8月13日,日军大举进攻上海。14日,国民政府发表自卫抗战声明书,向全国、全世界人民宣告:"中国为日本无止境之侵略所逼迫,兹已不得不实行自卫,抵抗暴力。"③至此,中日两国间的全面性战争正式爆发,卢沟桥事变后双方都曾抱有的局部解决中国战事的企图彻底破灭,蒋介石也才真正下定了抗击日本的决心。为此,他一方面下令实施全国总动员,并调集中国近三分之一的部队于上海参加对日抗战;另一方面也最终下定了将首都远迁四川重庆的决心。所以在"八一三"沪战爆发的当天晚上,蒋介石即对四川省政府主席刘湘面陈的"建议中央迁川,长期抗战的种种意见""甚表嘉许"。④嗣后不久,他又明确告知国民党内的一些高级幕僚如何廉等"我们将迁都四川重庆",并令何廉"以此为基础计划同各部开会商议"。⑤虽然此时尚未正式决

---

① 《卢沟桥事变后国民党政府军事机关长官会报第十六至第三十三次会议记录》,载《民国档案》1987年第3期。
② 台湾中央研究院近代史研究所编印:《王世杰日记》,1990年3月版,第1册第84页。
③ 《国民政府自卫抗战声明书》(1937年8月14日),载张篷舟编:《近五十年中国与日本》第2卷,四川人民出版社1985年版,第291页。
④ 刘航琛口述、章君穀执笔:《戎幕半生》(22),载台湾《新闻天地》周刊1967年12月2日。
⑤ 《何廉回忆录》,中国文史出版社1988年2月版,第129页。

定迁都事宜,但南京国民政府内获知内情的高级官员均已开始做西迁重庆的准备工作。"大家都认为,不要很久,所有政府单位都要撤退到重庆去。实际上人员和办事机构已开始分散,有些撤向汉口,有些撤向湖南和广西,运输路线有的被切断了,有的十分艰险,要直奔重庆是办不到的。"①

10 月下旬,上海局势的日益紧张及日机对南京的频频轰炸,使得首都南京所受威胁愈趋严重,迁移政府及国都更是迫在眉睫。11 月 12 日,军事委员会委员长、行政院院长蒋介石与国民政府主席林森会商,决定迁都重庆。② 13 日,军事委员会有关负责人何应钦、白崇禧、徐永昌等也频频举行会议,商讨政府的迁移事宜,"议定将南京非作战机关一一向上流移走,以备长期抗战"③。15 日,此时已代行国民党中央政治委员会职权的国家最高决策机关——国防最高会议决定:"国民政府及中央党部迁重庆,军事委员会迁移地点,由委员长决定;其他各机关或迁重庆,或随军委会设办事处,或设于长沙以南之地点。"④16 日,南京国民政府各机关职员除其最高长官留南京主持工作外,其余均自是日起陆续离南京赴武汉集中;17 日,作为国家元首的国民政府主席林森率国府直属的文官、主计、参军三处的部分人员乘"永丰舰"起碇西上,从而揭开了国民政府西迁重庆这一伟大壮举的历史序幕。18 日,国民党最高当局又决定:"于林主席抵川或抵宜昌时,发表迁徙政府于重庆之文告……政府机关最高人员须于文告公〔发〕表后始得离京。"⑤

11 月 19 日,蒋介石以国防最高会议议长的身份在南京主持召开国防最高会议,会议在听取了有关军事、外交、财政的报告后,蒋介石作了《国府迁渝与抗战前途》的重要讲话。讲话首先分析了抗战三个月来的敌我形势,接着阐明了四川抗日根据地的策定与整个抗战的关系,说明国民政府之所以"下定了抗日战争的根本计划",就是因为找到了四川这样一个地大物博、人力众庶的区域做基础,而且有此基础,中国就能坚持长期抗战,就有获得最后胜利的决心和信心。最后,蒋介石明确告知与会者:"现在中央已经决议,将国民

---

① 《何廉回忆录》,中国文史出版社 1988 年 2 月版,第 129 页。
② 《抗战时期国民政府迁都重庆及明令以重庆为陪都经过》,载台湾《近代中国》第 18 辑,1980 年 8 月版。
③ 台湾中央研究院近代史研究所编印:《徐永昌日记》,1991 年版,第 4 册第 177 页。
④ 台湾中央研究院近代史研究所编印:《王世杰日记》,1990 年 1 月版,第 1 册第 140 页。
⑤ 台湾中央研究院近代史研究所编印:《王世杰日记》,1990 年 1 月版,第 1 册第 142 页。

政府迁移到重庆了。"但"国府迁渝并非此时才决定的,而是三年以前奠定四川根据地时早已预定的,不过今天实现而已"。因此,他"希望政府和党部同人迁渝以后,秉承主席教导,对于一切职务,不但要照常努力,而且要积极整顿、格外振作,在艰苦之中力求革新和精进,总要使有一番新气象,来安慰前方的将士,激励后方的军民"。①

11月20日,林森一行抵达汉口,并以国民政府主席的名义向国内国外公开发表《国民政府移驻重庆宣言》。宣言谴责、抨击了日本帝国主义对中国"无止境之侵略"和威逼我首都的阴谋,高度赞扬了前方将士的"忠勇奋发"和"壮烈牺牲"精神,明确揭示了国民政府迁都重庆的动机和目的——"国民政府兹为适应战况、统筹全局、长期抗战起见,本日移驻重庆。此后将以最广大之规模,从事更持久之战斗"②。与此同时,蒋介石也分别致电各省政府、省党部及各战区将领,揭示国民政府迁都重庆的意义,表明政府抗战的决心,勖勉前线将士"应遵有步骤、有计划之策略,作更坚决、更勇敢之奋斗"③。26日,林森一行抵达重庆,受到四川、重庆地方政府及重庆10余万市民的热烈欢迎;30日,中国国民党中央执行委员会秘书长叶楚伧、中央监察委员会秘书长王子庄及中央委员吴稚晖、丁惟汾、钮永健等率中央党部职员40余人抵达重庆。12月1日,行政院通知各省市政府及西康建省委员会、威海卫管理公署云:"本院依照中央决议,兹经移渝办公,转电知照。"④同一天,国民政府即宣布在重庆简陋的新址正式办公;7日,国民党中央党部也正式在范庄举行迁渝后的首次执监联席会议并开始在渝办公。

虽然此时国民政府已正式宣告迁都重庆并开始在重庆办公,但这时迁到重庆的只是国民政府、国民党中央的极少部分,其大多数特别是那些主要职能部门诸如军政、外交、经济、财政、内政、交通等部,都暂时迁到了武汉或长沙等地,政府的主要负责人蒋介石、汪精卫、孔祥熙、何应钦、张群、白崇禧、徐永昌、陈诚等均齐集武汉,所以这时的武汉,实际上成了中国抗战的指挥中枢

---

① 蒋介石:《国府迁渝与抗战前途》(1937年11月19日),载台湾中国国民党中央党史委员会编印:《总统蒋公思想言论总集》卷14"讲演",1974年版。
② 《国民政府移驻重庆宣言》(1937年11月20日),载重庆《国民公报》1937年11月21日。
③ 《抗战时期国民政府迁都重庆及明令以重庆为陪都经过》,载台湾《近代中国》第18辑,1980年8月版。
④ 《行政院通电移渝办公》(1937年12月1日),载重庆《国民公报》1937年12月2日。

和领导中心。1938年夏,随着日军侵略的加紧,华中重镇武汉岌岌可危。有鉴于此,国民政府军事委员会于7月17日紧急命令国民政府及国民党中央驻武汉各机关,限5天内全部移驻重庆。① 奉此,先前迁到武汉的各党政机关开始了又一次大规模的西迁:7月18日,中央社会部移渝并开始办公;27日,外交部政务次长徐谟、常务次长曾镕甫抵渝;29日,行政院蒙藏委员会委员长吴忠信、侨务委员会委员长陈树人抵渝;31日,经济部部长翁文灏偕该部常务次长秦汾等抵渝;8月2日,内政部部长何键、财政部次长徐堪及中国青年党主席曾琦等抵渝;3日,行政院副院长张群、中央振济委员会代委员长许世英等抵渝……9月下旬,驻武汉各军事机关也相继向湖南南岳等地迁移,并于武汉失守前迁移竣事。11月中旬,军事委员会又决定驻南岳各军事机关迁往重庆;12月8日,中国国民党总裁、国民政府军事委员会委员长、国防最高会议主席、海陆空总司令蒋介石也率军事大本营由桂林飞抵重庆,从而结束了中国近现代史上第一次大规模的政府首脑机关和国家都城的大迁徙。

五、国民政府迁都重庆作用考评

抗战时期的国民政府迁都重庆,是国民政府、国民党中央依据其既定国策,在综合当时国内各种情形、条件及多种因素下,经过多方面的分析与抉择而作出的一项重大、必要和正确的战略性决策。它在中国近现代史、中华民国史及抗日战争史上都占有十分重要的地位,至今仍有其巨大的历史作用与现实影响,这主要表现在:

首先,国民政府迁都重庆,打破了日本帝国主义威逼我首都,迫使国民政府签订城下之盟的阴谋,表明了国民政府坚决抗战长期抗战的决心和信心,从而大大鼓舞了沦陷区、战区及大后方人民的抗日斗志,在广大人民的心理上、思想上起到了支柱性的作用。

首都所具备的特殊性,使得它在广大人民心目中的地位和影响远非其他城市可比拟,而自1927年以来,南京国民政府即作为一个合法政府为国际社会所承认,在全国人民的思想意识中也处于一种正统、崇高地位。中国历史

---

① 转引自台湾吴相湘著:《第二次中日战争史》下册,台湾综合月刊社1973年版,第694页。

上千百年形成并流传下来的正统思想,更使南京国民政府在全国老百姓中具有非同寻常的地位和影响。正因为如此,所以即使是长时期独霸一方、自己统治区域内的车轨也与全国不一样的"山西王"阎锡山,在南京危急时的1937年11月30日,也致电国民党中央要员徐永昌,表明其对首都沦陷的忧虑。阎锡山在电文中说:"山西人怕山西败,尚没有怕南京败厉害。盖山西败尚有南京,若南京败则全国败矣。"①阎锡山的此种见解,虽然有失偏颇,但却代表了当时中国绝大多数老百姓的想法。同样缘于此种认识,日本侵略者才要在占领上海后,急不可待地向南京进攻,以占领我首都,使国民政府屈服,早日达到其"三月结束中国战事"的企图。当时的日本军队就曾信誓旦旦地向其最高统帅部及日本政府保证:"南京一丢,蒋介石就会屈服,中国事变就结束了。"②

在此历史背景下,国民党最高当局依据古今中外在初期战争失利、迫不得已迁移首都以积蓄力量,最后达成胜利的诸多成功范例,按照其早已决定的国策,顺应中日战争的发展规律及广大人民的意愿,不失时机地将首都远迁西南大后方的重庆,使之置于绝对安全的地带,以此粉碎日本侵略者"积极西犯,图袭我首都,迫订城下之盟"的阴谋③,同时表示政府当局"贯彻持久抗战之主旨"④。关于此点,除了国民政府在迁都宣言中已有明确揭示外,当时各党政军要员也多有论述。如1937年11月21日,监察院院长于右任对记者发表谈话时,即称:"此次政府移驻,实为贯彻抗战精神起见,诚为宣言所云,一则防为城下之盟,一则更坚定抗战之决心,俾便从容为广大规模之筹计,使前方将士、后方民众咸知政府无苟安求和之意念,愈加奋励。"11月22日,行政院副院长孔祥熙对记者发表谈话时,也说:"敌人逞其暴力,威胁我首都,认为我国即以此屈服。不知我最大之决心早经确立,此次国府移驻之举,初非放弃首都,实不过就长期抗战之阶段上,对于国民及友邦表示其更坚决之意志,予敌人以警觉而已。"⑤11月24日,西迁重庆的国民政府主席林森一行抵达万县后,参军长吕超代表林森对新闻界发表谈话时,也特别指出,国民

---

① 台湾中央研究院近代史研究所编印:《徐永昌日记》,1991年版,第4册第192页。
② [日]前男哲男著,李泓等译:《重庆大轰炸》,成都科技大学出版社1989年1月版,第36页。
③ 《蒋介石1937年11月26日对外籍记者之谈话》,转引自台湾《近代中国》第18辑。
④ 《蒋介石1937年11月致四川省政府电》,载重庆《国民公报》1937年11月24日。
⑤ 重庆《国民公报》1937年11月23日。

政府移渝的重大意义是"表示了对抗战已有持久的决心"①。12月6日,吕超又代表国民政府在首次招待重庆各报社、通讯社的代表时称:"国府移川,系不惜牺牲到底而求长期抗战之最后胜利的一种坚强表示。"②12月5日,国民党元老、中央委员、中山大学校长邹鲁抵达重庆后,在回答记者"我们为什么要迁都重庆"这一问题时也称:"第一,局势到了今天,我们不能不长期抗战到底,牺牲到底。第二,我们要求取得最后的胜利,唯一的策略,就是一个'拖'字,多拖一天,多损失敌人一份力量,只要我们团结赴难,拖到一年或二年,胜利就不成问题了。其次,大家都知道中国的沿江沿海岸的防御武力皆不及日本。因此,我们要求一个敌人的海军、陆军和空军都不能来的完善地方,作我们政府的根据地,这是中央政府迁渝的主要原因。"③

正因为国民政府迁都重庆之举是为了不作城下之盟,是为了长期抗战,是为了最终的挽救危亡、收复失地,所以它得到了全国各地各阶层及前方将士的热烈拥护与坚决支持。自11月20日国民政府公开发布迁都重庆的宣言后,全国各地各界有关拥护迁都、誓为后盾的函电即如雪片一样飞往国民党中央、国民政府及国民政府主席林森。11月20日,刘湘以四川省政府主席的身份首先发布拥护国民政府迁都重庆的函电,称:"顷读我政府宣言,知为适应战况、统筹全局、长期抗战起见,移驻重庆。有此坚决之表示,益昭抗敌之精神;复兴既得根据,胜算终自我操。不特可得国际之同情,抑且愈励川民之忠爱。欣诵之余,谨率七千万人,翘首欢迎。"④11月24日,中国国民党广九铁路特别党部、广九铁路员工抗敌后援会、广九铁路工会及全路员工联合致电国民党中央党部、国民政府及军事委员会称:"……恭聆宣言,益感兴奋,誓率全路员工竭诚拥戴,愿以热血为政府抗敌后援。"⑤11月25日,汕头市救亡会致电国民政府主席林森称:"……夫中枢为全国首脑,统筹全局,策划于帷幄之中;指挥作战,决胜于千里之外,用持久作战之略,收聚敌而歼之功。外得国际之同情,内坚国民之团结。职会誓率汕头民众,服从政府命令,参加

---

① 重庆《国民公报》1937年11月26日。
② 重庆《国民公报》1937年12月7日。
③ 重庆《国民公报》1937年12月5日。
④ 台湾周开庆编著:《民国川事纪要》下册,台湾四川文献研究社1974年12月版,第31页。
⑤ 中国第二历史档案馆馆藏档案:1(1)全宗,第797卷。

抗敌工作。"①11月26日,刚迁重庆不久的国立中央大学学生自治会发表拥护国民政府迁渝的宣言称:"……兹者,国府移渝,得高屋建瓴之势,收统筹指挥之功,中枢益固,士气弥坚。长期抗战之决心,昭示无遗,民族复兴之伟业,不难成就。本会全体学生,除竭诚拥护此举外,本国家育民储才之旨,各尽所能,效忠党国;依中枢御侮之策,磨砺以须,光复中华。"②

全国舆论界也以其在宣传动员方面的独特功用,频频刊发文章,发表评论,既传递有关国民政府西迁重庆的各种信息,也高度评价其西迁重庆的作用和意义。作为当时全国最具影响力之一的《大公报》,于1937年11月21日在其头版头条发表了该报主笔张季鸾撰写的《恭读国府宣言》的社评,称国民政府发布的迁都重庆的"此一纸宣言,足以抵百万生力军。因为自失太原、退淞沪,接着敌军一面攻济南,一面攻苏嘉,一部分人心上不免有忧郁的暗影。而这个宣言发表后,顿时把这个忧郁一扫而空,全国士气之振奋,人心之感激,有不可以言语形容的"。因此,该社评最后称:"政府移驻上游,便利甚多。我们恭读宣言全文及国府移驻办法,惟有感激致佩,认为非常适当。"当时在全国颇具影响的另一刊物《国闻周报》也称誉国民政府迁都重庆之举说:"这是我们的路,纵使历尽千艰万难,也必如此走向前去。"国民政府迁都重庆的宣言传到前方后,"各线将士异常振奋……认为此项宣言,不啻对当前抗战局势作一重大说明。政府早有坚强之决策,士卒益增其必死之决心,大势无论如何,复兴民族之神圣使命,终可达到……战壕哨兵聆之,有击枪跃马而出者,铜锄铁锹亦将使敌寒胆,其兴奋热烈之忱,溢于每一字里行间"③。凡此种种,均足以表明国民政府迁都重庆,对当时全国人民的抗日斗志与胜利信心之重要,这正如当代著名史学家,原中国史学会副会长金冲及教授所说:"国民政府在战争开始后不久就断然将战时首都迁到重庆,这对全国人民,是在抗战初期起了有力的动员和鼓舞士气的作用。"④

其次,国民政府迁都重庆,将密集于我国东部地区相对先进的思想、文

---

① 中国第二历史档案馆馆藏档案:1(1)全宗,第797卷。
② 《中央大学学生拥护国府移渝宣言》(1937年11月26日),载重庆《国民公报》1937年11月26日。
③ 重庆《国民公报》1937年11月23日。
④ 金冲及:《应当重视抗战时期陪都史的研究——在重庆抗战陪都史学术讨论会上的讲话》,载顾乐观主编:《中国重庆抗战陪都史国际学术研讨会论文集》,华文出版社1995年7月版,第13页。

化、科学技术、管理手段,各种人才及众多的工厂、学校、文化教育机关、科学技术团体等等带到了西部广大地区,并使之得以保存、运用和发展,从而大大促进了中国西部地区的开发,改变了西部地区落后的思想文化和社会经济,在一定程度上缩小了中国东西部之间的差距,有利于整个中国社会的进步。

由于中国历史发展的特殊性,我国政治的繁荣、经济的发展、文化的昌盛、社会的开发等,均集中在华北、华东及华南地区,而广大的西部地区则处于一种封闭、保守、落后的状态。这种地理分布上的不平衡,造成了我国东西部地区社会经济发展的巨大差异。以工业为例,到1937年底止,依据经济部的统计,全国之工厂总数为3935家,资本总数为37700余万元,工人45万余人。其中仅工商重镇上海一地,即有工厂1235家,占总数的31%,若加上沿海其他各省的2063家工厂,东部沿海省份的工厂总数约占全国总数的83%强;而广大的西部地区,所拥有的工厂数量仅占全国总数的17%左右。[①] 再以金融业为例,到1937年底,全国27个省区共有银行总行159家(省份未明者5家未列在内,下同),分支行1603家。其中江苏、浙江、上海等东部沿海18个省市共有总行136家,分支行1376家,占总数的85%强;而四川、云南、广西等西部9省区仅有总行23家,分支行227家,占总数的15%弱。[②] 其他如文化教育事业、科学技术团体的分布,也大都呈此类现象。这表明,同处一个国度的中国东西部地区的文化、经济与社会等,均处于一种天壤之别的发展态势,这无疑严重地阻碍了整个中国历史与社会的进步。

抗战爆发后,随着国民政府的西迁重庆,东部沿海地区大批的工矿企业、文化教育机关、学术团体的主持人,既不愿意看到自己经营数十年的事业被敌人的炮火摧毁,更不甘心沦于敌手,为敌所有。他们在爱国主义与民族精神的感召下,在国民政府有关部门的主持、领导与协助下,克服种种困难,想尽一切办法,向远在千里之外的西南、西北大后方迁徙。迁徙过程中的许多动人故事均可惊天地、泣鬼神,而迁徙的最终结果,对整个中国西部地区的影响,则是巨大和深远的。仍以工业为例,自1937年8月工矿企业内迁开始到1940年底内迁告一段落时止,经过三年半的艰难拆迁,除众多的国营、公营厂

---

① 经济部统计处编印:《后方工业概况统计》,1943年5月版,第1页。
② 国民政府主计处统计局编制:《中华民国统计简编》表92《全国银行之分布》,1941年2月中央训练团印行。

矿不计外,仅经工矿调整处协助内迁的民营厂矿即多达 448 家,机械材料 70900 余吨,技术工人 12000 人。① 这些内迁厂矿除一小部分迁到中部的湖南省外,绝大部分迁到了西南的四川、云南、广西及西北的陕西等省。它不仅向西部地区移植了数万吨的新式机器、数万名技术工人及数亿元的工业资本,更重要的是给西部诸省带来了沿海发达地区数十年积累起来的丰富管理经验与经营方略。所有这些优势,与西部地区广阔的市场、丰富的资源、廉价的劳动力相结合,大大地促进了西部诸省工业经济的繁荣与进步。这种繁荣与进步,虽然在 1943 年之后出现衰退现象,抗战胜利后又有部分厂家迁回东部原址,但抗战时期因国民政府西迁而奠定的西部地区工业发展进步的基础,则已牢固地确定了下来。据经济部统计,直到 1947 年 6 月,全国 38 个省市(包括已收复的东北数省及台湾)共有工厂 11877 家,资本 222606263 千元,工人(包括职员)705640 人。其中中部、东部 28 个省市共有工厂 8068 家,平均每省市 288 家;资本 210672118 千元,平均每省市 7524004 千元;工人 414279 人,平均每省市 14795.6 人。西部 10 个省市共有工厂 3809 家,平均每省市 380 家;资本 11934145 千元,平均每省市 1192414.5 千元;工人 291361 名,平均每省市 29136 名。② 这表明,经过战争的洗礼及政府当局在抗战时期的培植与经营,到抗战胜利后两年的 1947 年,先前工业基础十分薄弱落后的西部诸省,除资本一项尚不及中部、东部诸省外,其他工人数、工厂数均已超过东部、中部诸省,东西部地区在工业发展上的差距,已较抗战爆发前大大缩小。而且此数尚不包括兵工署所属的数十家兵工厂、数百亿元资本与十余万职工。③

再如金融业,也在抗战爆发后随着国民政府的西迁重庆而相继西迁。加之国民政府为支撑战争、开发西部的需要,又先后颁布了一系列法规、法令与政策,扶持、奖励资金内移,进一步健全、完善西南、西北各地金融网,从而促进了一大批国家银行、地方银行、商业银行的设立。金融行业繁荣时,作为战时首都的重庆,几乎每月都有几家银行开业;西部其他各省虽不如重庆这样繁荣,但也进步很快,到 1945 年 8 月抗战胜利时,国统区各省金融机构的分

---

① 经济部统计处编印:《后方工业概况统计》,1943 年 5 月版,第 6 页。
② 经济部统计处编印:《经济统计月报》第 4 期,1948 年版。
③ 当时兵工署所属各厂,绝大部分仍集中在以重庆为中心的西南地区。

布详如下表①：

省名	合计	总机构	分支机构	省名	合计	总机构	分支机构
总计	3817	1145	2672	广西	131	58	73
浙江	167	80	87	云南	217	58	159
安徽	73	10	63	贵州	181	65	116
江西	175	19	156	河南	142	101	41
湖北	96	34	62	陕西	314	143	171
湖南	166	27	139	甘肃	183	29	154
四川	1481	485	996	青海	4		4
西康	66	17	49	宁夏	18	1	17
福建	175	12	163	绥远	7	1	6
广东	175	4	171	新疆	46	1	45

由此可见，到抗战胜利时，西部10省区的银行多达2641家，占国统区总数的69%；国民党控制的其他9个省的银行则只有1176家，约占总数的31%。西部地区已成为战时国统区金融机构的主要活动地，是毫无疑问的。抗战胜利后，虽然也有部分银行东下，国民党政府又在收复区接收、新建了一大批银行，但直到1946年11月，全国39个省市拥有5274家银行（其中总机构1808家，分支机构3466家），西部15个省市仍有银行2045家，其中总机构696家，分支机构1349家，分别占总数的38.7%、38.5%、38.9%，其比例已较抗战爆发前在全国的比例，有明显增加。若以全国各省市平均拥有计，则东部、中部地区24省市平均拥有134.5家；西部地区15省市则平均拥有136.3家，比东部、中部各省略高。② 由国民政府西迁重庆所带来的中国西部地区金融业的发展与进步，也是显而易见的。

除此之外，因国民政府西迁给西部地区文化、教育、科技、卫生事业带来的促进作用也是显著的。以重庆为例，在抗战爆发前的1936年，全国共有高校108所，重庆仅2所，占总数的1.85%；全国有中等学校3200所，重庆为20所，占总数的0.62%；全国有私立小学39565所，重庆只有20所，占0.05%。③

---

① 据朱斯煌著：《民元来我国之银行业》，载银行学会编印：《民国经济史》，1947年版，第35页。
② 据朱斯煌著：《民元来我国之银行业》，载银行学会编印：《民国经济史》，1947年版，第35页。
③ 中共重庆市委政策研究室编印：《重庆概况》，1952年内部版，第209页。

而重庆仅有的10余家报纸也全属地方性质,除《商务日报》《新蜀报》《国民公报》存在时间较长,在重庆本地及四川省内有一定影响外,其余大多为一方、一时之言,存在时间既短,印数亦少,影响甚微。抗战爆发后,随着国民政府的西迁,东部地区的大中学校、文化机关、新闻出版机构等纷纷迁往重庆,不仅保存了我国文化教育事业的精华,而且也促进了重庆地区文化教育事业的大发展、大繁荣。到抗战中期,重庆的大学(包括原有、迁来与新设者)已多达38所,占当时全国高校总数的近三分之一。中等教育(仅市区而言)到1944年已增至72所,学生25449人,为战前的3.6倍。① 国民教育机构在1940年只有42所,到1945年已增加到294所,五年间增加了7倍。② 再如文化事业,据不完全统计,八年抗战中先后在重庆出版的报纸有113种,杂志有604种,先后设立的通讯社有36家,③而且这些报纸杂志广泛地涉及到战时政治、经济、军事、文化、教育、科技、青年、妇女、学术等各个领域,且大多为当时全国最具影响者。图书出版方面,1938年1月至1940年2月的三年间,在重庆的中华书局即出书282种,中国文化服务社出书28种,世界书局出书22种,正中书局出书263种。④ 又据国民党中央宣传部出版事业处的统计,仅1941年度,国民党中央所属的6家书店,即印书305种,其中正中书局100种,青年书店53种,独立出版社51种,中国文化服务社49种,国民出版社48种,拨提书店4种。⑤ 重庆出版界的这些数字,不仅在重庆出版史上前所未有,而且在战时整个中国出版界也占有相当重要的地位。所以1943年10月,重庆市图书杂志审查处的负责人即自豪地称:"1943年3—8月,重庆出版图书1674种,杂志534种,均占全国出版物的三分之一。"⑥ 即使到了重庆文化事业日趋衰落的1944年,在重庆出版的各种图书仍多达1450种,平均每月为120种。⑦

而战时成百上千万难民的西迁,更给整个西部地区的政治生活、思想意

---

① 《第二次中国教育年鉴》,商务印书馆1948年12月版,第1230页。
② 《国民政府年鉴》(1944年)——《地方之部·重庆市》。
③ 笔者根据重庆市档案馆藏市政府、市党部、市社会局、市警察局全宗内有关档案统计。
④ 重庆市档案馆藏档案:全宗号:0060全宗,目录号:2目,卷号:102卷。
⑤ 重庆市新闻出版局编纂:《重庆市志·出版志》,重庆出版社2007年4月版,第76页。
⑥ 重庆市新闻出版局编纂:《重庆市志·出版志》,重庆出版社2007年4月版,第23页。
⑦ 《文化界座谈会报告最近出版情形》,载《中央日报》1945年6月17日。

识、行为举止、生活习惯、民风民俗等带来了巨大且深远的影响,他们带来了东部地区比较先进的生产技术和思想观念,促进了西部各省区的繁荣与开化,拓展了西部地区的对外交往与交流,开阔了西部各省人民的视野与胸怀,影响并在一定程度上改变了西部地区的生活与习惯,从而大大促进了西部各省区社会经济的发展与进步。

第三,国民政府迁都重庆,使国民政府得以以中国西部各省丰富的人力、物力和财力为依托,源源不断地取之并用之于抗战,从而在长达八年之久、艰苦异常的抗日战争中,经受住了各种风险和困难的考验,最终赢得了抗日战争的伟大胜利。

中国西部地区具有土地广阔、资源丰富、人力众庶、市场广大的优势,但却少资金、少技术、少人才,从而使得其固有的潜力得不到开发,丰富的资源得不到利用,从而形成了与中、东部地区发展的巨大差距。抗战爆发后,随着国民政府的西迁重庆,中东部地区众多的工厂、机关、学校、人才、资金等纷纷迁往西部数省,与西部各省区的资源、市场及劳动力相结合。加之国民政府为支撑抗战及维持、巩固其统治所采取的一系列有利于发展生产、稳定金融、增加收入的方针与政策,大大促进了西部诸省的开发与建设,使得其经济与社会均呈跳跃式的发展,在短短的数年时间内即完成了平时需要数十年乃至近百年才能走完的发展过程。而西部广大地区的发展与进步,又反过来为抗日战争提供了坚实的人力、物力和财力后盾,成为支撑中国抗日战争最为重要的根据地。

以人力论　西部数省在抗战爆发后,除将已编练好的近百万军队直接开赴前线参加对日作战外,还征募了数百万的壮丁源源不断地补充前线各战场。而且由于东部、中部各省或沦于敌手、或处于战区,所以西部各省不仅成了抗战时期国民政府兵员的主要来源地,也是战时政府一切征工的主要承担者。例如四川省,抗战爆发后,四川除先后调派7个集团军、1个军、1个师、1个旅约40余万人开赴前线与日寇浴血奋战外,每年还要向国家输送10万到30万的壮丁,八年间四川输送的壮丁总数多达2578810名。[①] 此数尚不包括各特种部队及机关学校在四川招募的壮丁及出川各部队自行募补的壮丁在

---

① 转引自台湾周开庆著:《四川与对日抗战》,台湾商务印书馆1987年版,第246页。

内。除此之外,四川人民还先后为修筑道路、开凿防空洞、建筑飞机场及其他军事工程征调了数百万的各种工匠与壮丁,其中仅1943年10月开工修筑的B-29空中堡垒飞机场,即征工150万人左右。① 又如云南省,该省在八年抗战中"共献出自己的子弟37万余人,先后组成第六十、第五十八及新三军,开赴前线杀敌"②。此外,云南人民还动用民工15万人,在人力物力极度缺乏、施工条件异常艰苦的情况下,用短短的7个月时间,即修建成了战时中国对外的重要交通线——滇缅公路,其工程之迅速,深受国际称誉。③ 除此之外,云南人民还征调数十万民工,修筑并扩大了沾益、祥云、保山、蒙自及昆明巫家坝机场,"对支援我国和盟国空军掌握空中优势,歼灭日本海陆空部队,起了巨大作用"④。再如贵州省,抗战爆发后,该省除有11个师的黔籍部队约10余万人奔赴前线直接参加抗战外,还同后方其他各省一样,为支援抗战输送了大量的兵员。仅1938年至1942年五年间即输送了457278名,若加上1937年、1943至1945年四年间所征募的壮丁,此数当更为庞大。当时贵州人口仅1050万,以此相较,亦可见贵州人民对抗战贡献之巨大了。此外,贵州人民为修筑公路及建筑飞机场等军事设施,于八年抗战期间共征用3000多万个工,民工在工作中受伤者超过20000名,死亡者2000名以上,这充分体现了贵州人民的爱国主义精神及其对抗日战争的伟大贡献。⑤

以物力论 由于我国开发最早且最为富庶的华北、华东及华南等地的迅速沦陷,中原、华中广大地区又相继沦为战区,广大的西部大后方就理所当然地成了国民政府"军需民用"的主要供给地,而中国西部特别是西南数省,则是大后方中最为重要的组成部分,它们经过国民政府的开发,经过各省人民的建设,成了战时国民政府赖以支撑、维系战争的主要支柱。例如粮食供给,西部各省人民在作为主要劳动力的壮丁被征往前线作战及后方做工后,依靠老弱妇孺的努力生产,不仅维持了西部各省人民自身的需要,基本满足了因

---

① 引自台湾周开庆著:《四川与对日抗战》,台湾商务印书馆1987年版,第258页。
② 邹硕儒:《三迤黎庶拯危难》,载《西南人民对抗战的贡献》,贵州人民出版社1992年12月版,第19页。
③ 中国工程师学会编:《三十年来之中国工程》,第95页。
④ 邹硕儒:《三迤黎庶拯危难》,载《西南人民对抗战的贡献》,贵州人民出版社1992年12月版,第22页。
⑤ 宋洪宪:《贵州民众对抗战的支持》,载《西南人民对抗战的贡献》,贵州人民出版社1992年12月版,第34页。

战争带来的数以百万计的难民与政府机关职员、工厂工人、学校师生的需要,而且还将大量的粮食交给政府,送赴前方,以满足前方数百万将士的需要。据不完全统计,自1941年国民政府实施田赋征实以来,到1945年止,全国22个省区的田赋征实(包括征借、征购)共得稻谷 203865925 石,小麦 41186088 石,其中西部10个省区即征得稻谷 112977303 石(其中四川 77493044 石,西康 2067384 石,广西 8456201 石,云南 14281794 石,贵州 10678880 石),占总数的 55.4%;小麦 26455065 石(其中陕西 14023169 石,甘肃 6250069 石,青海 632481 石,宁夏 1971334 石,新疆 3578012 石),占总数的 64.2%。除此之外,作为主要消费城市的陪都重庆,也分别在 1944 年、1945 年被征稻谷 26631 石、26998 石。① 上面所列数字,尚不包括西部各省人民为前线捐献的粮食在内,而这个数字在八年抗战间也是相当大的。以四川为例,仅 1944 年至 1945 年为改善士兵待遇所献的稻谷即达 2344758 石。②

再如军需品的供给,由于我国兵器工业发展的先天不足,使得绝大部分武器及其原材料都要依赖外国进口。抗日战争爆发后,日军不仅封锁了我国的海岸线,而且向英、法等国施加压力,禁止外国武器从越南、缅甸等地输入中国。在迫不得已的条件下,由东部、中部地区迁到西部大后方的 10 余家兵工厂及战时在大后方新建的 10 余家兵工厂即成了战时支撑我国抗战的主要依据,广大的兵工厂工人克服种种困难,生产了大量的常规武器,源源不断地补充前线。据不完全统计,在 1938 年至 1945 年间,仅四川境内的第 10 兵工厂、第 20 兵工厂、第 21 兵工厂、第 24 兵工厂、第 25 兵工厂、第 50 兵工厂即生产了各种枪弹 85414 万发,各种步枪 293364 支,轻机关枪 11733 挺,马克沁重机关枪 18168 挺,各种口径的火炮 13927 门,各种口径的炮弹 5982861 发,甲雷 424402 颗,手榴弹 9556611 颗,各式掷弹筒 67928 具,各式掷榴弹 1546047 颗,炸药包 3764334 个;第 24 兵工厂、钢铁厂迁建委员会则生产了各种兵工器材 717469 件(生铁、钢材、钢锭、铸品等在外);第 2 兵工厂、第 23 兵工厂、第 26 兵工厂则生产了发射药 26460 吨,氯酸钾炸药 972 吨,开山炸药 3240 吨,各种特种弹 1440000 颗,防毒面具 1267200 副,防毒衣 1872000 套,防毒口

---

① 中华年鉴社编印:《中华年鉴》下册,1948 年版,第 1340 页。
② 引自台湾周开庆著:《四川与对日抗战》,台湾商务印书馆 1987 年版,第 275 页。

罩 9504000 只。① 除此之外,刚刚迁到后方的各民营工厂也依照战时"军事第一,胜利第一"的最高原则及"经济建设以军事为中心"的生产建设方针,积极配合各兵工厂的生产,于战争期间生产了大量的军需产品供给前方。早在 1939 年,内迁重庆、复工不久的顺昌、大鑫、复兴、大公等机器铁工厂每月即可生产手榴弹 30 万颗,迫击炮弹 7 万发,飞机炸弹 6 千余个,机枪零件千套,子弹机 30 部,大小园锹 30 万把,大小十字镐 20 余万把,鱼电引信千余个,陆军测量仪器 200 套,军用炮表 10 枚,军用纽扣 500 万个。② 嗣后,随着各厂生产规模的扩大及复工厂家的增多,所生产的军需产品数量也就更加庞大。这样,以重庆为中心的西部各兵工厂即成了抗战八年前方数百万将士常规武器取之不尽的源泉。据军政部兵工署的统计,抗战期间,我国除极少数武器不能制造、仍需依赖外国进口外,一般常规武器均能满足战争的需要,有的武器甚至还有剩余,如重机枪,战时平均每月损耗 119 挺,生产 195 挺;迫击炮每月损耗 59 门,生产 144 门;枪、掷弹筒每月损耗 267 具,生产 877 具;枪榴弹、手榴弹、掷榴弹每月损耗 245821 颗,生产 352579 颗。③ 由此可见,如果没有广大西部地区源源不断的物力补充,要支撑八年之久的艰苦抗战,是根本不可能的。

以财力论 抗战初期的迅速失利,使得我国最为富庶的华北、华东、华南等地迅速陷于敌手,国民政府先前赖以维持国家财政支出的关税、盐税、统税等也因之大大减少;而战争的持续与扩大,又使国家的财政支出巨增。收入的锐减与支出的激增,形成了国家战时巨大的财政赤字。为了支撑战争,国民政府在财政税收上制定了一系列的方针政策,诸如增加税种、提高税率、发行公债、发行钞票、倡导节约建国储蓄、节约献金、实施专卖政策等等,而西部各省也就成了这些方针政策的主要实施对象,成了战时国家税收的主要供给地和国家财政支出的主要承担者。抗战八年,西部各省究竟负担了多少国家财政支出,迄今虽乏一个准确的统计数字,但我们仍可从一些支离破碎的记

---

① 四川兵工局兵工史办公室编:《抗战时期迁川的兵工单位》,载《抗战时期内迁西南的工商企业》,云南人民出版社 1989 年 2 月版,第 130—131 页。
② 《经济部工矿调整处 1939 年度上半年推进状况报告书》。
③ 兵工署外勤司制:《抗战期间与(民国)三十六年全年及三十七年一至六月平均每月械弹生产、损耗数量比较表》(1948 年 7 月 31 日),中国第二历史档案馆馆藏档案:全宗号:774 全宗,卷号:369 卷。

叙中,证明西部各省是战时国家财力的主要承担者这一论点。据不完全统计,财政部直接税署所属40个分局自1937年起到1945年止,共征收直接税38929078千元,其中西部的川康、陕西、广西、云南、贵州等13个分局所征直接税即达25349306千元,占总数的65.1%。① 其他货物税、关税、盐税等,西部诸省也承担了其中的绝大部分。而各种公债、粮食库券,西部各省人民仍是主要承担者,例如1942年国民政府所发行的美金节约建国储蓄券1亿元(以法币100元折合美金5元之比率,由储户以法币折购),自该年4月1日开始发行起,到1943年7月底止,共收法币1461099千元(折合美金约7300余万元),其中西部的重庆、四川、陕西、云南等10省市即认购了1399345千元,占认储总数的95.1%。② 再如1940年,全国征募寒衣运动委员会预计征募寒衣代金600万元,其中分配给西部各省的数字是340万元,占总数的56.6%,其中,仅四川省和重庆市即达130万元,占总数的21.6%。③ 又据孙震所著《四川进一步统一与抗战》记载:1938年,仅四川一省即向中央国库解交盐税2300万元,田赋2000万元,禁烟收入2000万元,统税、烟酒税1000万元以上;1939年、1940年上缴数亦大致相同。④ 而且此数仅限于正税,其他所承担的各种公债、节约建国储蓄、各种摊派与各种献金数均未计算在内。而所有这些,又是一个十分庞大又难于准确统计的数字。仅以献金为例,1939年3月重庆市举行节约献金,预计70万元,结果达230余万元,是预定数3倍以上;⑤1943年全国慰劳总会举行湘鄂劳军献金运动,仅重庆市献金即达600余万元,占总数2000万元的近1/3;⑥1944年冯玉祥先生发起的全川性的节约献金运动,更是取得了献金4亿元至5亿元法币的好成绩;⑦抗战胜利后,重庆市于1945年9月25日举行了规模空前的胜利劳军献金大会,仅此一天,重庆各界献金即达2亿元之多⑧……至于其他的出钱劳军、春礼劳军、慰

---

① 中华年鉴社编印:《中华年鉴》下册,1948年版,第1094—1095页。
② 《美金节约建国储蓄券发行情形》,载《金融周刊》第4卷第39期,1943年9月版。
③ 《全国征募寒衣运动委员会总会为推行1940年度寒衣征募致重庆市临时参议会函》(1940年8月13日),载重庆市档案馆等编:《中华民国战时首都档案文献》之《战时动员》,2005年内部版。
④ 引自台湾周开庆著:《四川与对日抗战》,台湾商务印书馆1987年版,第278页。
⑤ 新生活运动总会编印:《新运十年》第1卷第3章(2)——《战时重庆工作概述》。
⑥ 《中央日报》1944年1月5日。
⑦ 引自台湾周开庆著:《四川与对日抗战》,台湾商务印书馆1987年版,第287页。
⑧ 重庆《国民公报》1945年9月26日。

劳抗战将士献金、慰问伤亡将士献金、节约献金、七七献金等等,四川及西部人民无不表现出其高度的爱国主义精神与自我牺牲精神,"一有机缘,莫不争先恐后,贡献国家"。因此,有论者称:"在战事艰苦阶段,四川负担,据一般估计,当在百分之五十以上。惟作最保守之分析,以四川田赋征实占全国百分之三十以上为基准,应非过甚之论。由此可知抗战八年中,四川对于国家总支出之负担,为数达法币 4 400 亿元左右,贡献之大,自不待言。"①倘若加上西部其他省区在财力上的负担,那么,西部 10 省区在财力上对抗战的贡献,则是战时国统区其他地区不可比拟的。

综上所述,笔者认为:一、在敌强我弱的形势下实施迁都,以积蓄力量,打败敌方,乃古今中外通常采用的一种战略,而且是一种比较成功、正确的战略,也大多达到了其预期的成效和目的。二、抗战时期国民政府的两次迁都,无论是迁都洛阳还是迁都重庆,所持的理论依据均是孙中山先生有关建都的论述(即海陆都之说),但是迁都洛阳,因当时形势与条件所限,明显地带有一定的权宜性和暂时性;而迁都重庆,则是抱定了长期抗战的最后决心的,它既是国民政府为对付日本帝国主义的步步紧逼而不得不采取的一种战略,又与国民党中央长期抗战的政略有关,是国民党中央于抗战初期采取的最为重要的战略决策之一。三、国民政府迁都重庆,既符合古今中外的先例,也符合孙中山先生有关建都的理论,更符合当时中国的国情与中日对抗的具体形势和发展规律,因而它是正确的、适宜的。它不仅在当时得到了全国各地各阶层人民的欢迎与拥护,而且对中国的抗日战争,对整个中国抗战大后方的建设和开发,都起到了不可估量的巨大作用,从而有利于整个中国社会的发展与进步,因而也是应该肯定的。

---

① 引自台湾周开庆著:《四川与对日抗战》,台湾商务印书馆 1987 年版,第 280 页。

编辑说明

1. 所辑档案资料,一般以一件为一题,其标题以"1. ×××(题名+时间)"表示之,且其标题为编者重新拟定;同属一事,且彼此间有紧密联系者,以一事为一题,下属各单项内容,以"1)×××"表示之,且一般用原标题和时间。换言之,本档案资料的标题级数为三级:"一";"1.";"1)"。

2. 所辑档案资料,不论其原档案文本有无标点,均由编者另行标点;如沿用原有标点者,均加注说明。说明统一采用脚注形式,其形式如后所示。

3. 所有文稿中,编者如遇有其他问题或需要向读者解释和说明的地方,也一律采用脚注方式。

4. 所有文稿中,年份的使用尊重原文,如原文中为公元纪年的,采用公元纪年并用阿拉伯数字表示(如 1939 年 5 月 3 日);原文中为民国纪年的,采用民国纪年并用汉字表示(如民国二十八年五月三日);表格中的年份,亦同样处理。

5. 所有文稿中的数字(无论其原文中为阿拉伯数字"12345"还是为汉字数字"一二三四五"),按照出版物的有关规定,均一律改为阿拉伯数字(12345);多位数字(如 123456789)之间,不用分隔符。

6. 所辑档案资料,凡遇残缺、脱落、污损的字,经考证确认者,加□并在□内填写确认的字;无法确认者,则以□代之。错别字的校勘用〔 〕标明之。增补漏字用[ ]标明之。修正衍文用( )标明,内注明是衍文。改正颠倒字句用( )标明,内注明是颠倒。整段删节者,以〈上略〉〈中略〉〈下略〉标明之;段内部分内容删节者,以〈……〉标明之;文件附件删略者,以〈略〉标明之。

7. 原稿中的如左如右,在左、右后面一律加〈〉,并在〈〉内加上"下"、"上"字,如原稿中的"如左",改为"如左〈下〉","如右"改为"如右〈上〉"。

8. 鉴于种种原因,原稿中的一些统计数字,其各分项之和与总数并不相符,为保持档案的原貌,未作改动。

9. 本书因其特殊缘由,多数文稿形成于抗战胜利后的 1947 年,时国共双方处于战争状态,故个别文稿中有"共匪""蛮夷""骚扰"等污蔑性词语,为保持文稿原貌,编者未作文字处理,在此特别说明并敬请读者注意。

编 者
2012 年 2 月

目　录

总序 …………………………………………………………………………… 1
抗战时期国民政府迁都重庆及其作用(代序) ……………………………… 1

编辑说明 ……………………………………………………………………… 1

1. 抗战时期中国国民党中央执行委员会概况(1948 年) ………………… 1
2. 抗战时期迁都重庆的国民党中央党部秘书处(1946 年) ……………… 12
3. 抗战时期迁都重庆的国民党中央调查统计局(1946 年) ……………… 16
4. 抗战时期迁都重庆的国民党中央抚恤委员会(1946 年) ……………… 17
5. 抗战时期在重庆成立的国民党中央文化运动委员会(1946 年) ……… 19
6. 抗战时期在重庆成立的国民党中央农工运动委员会(1946 年) ……… 22
7. 抗战时期迁都重庆的国民党中央党史史料编纂委员会(1946 年) …… 23
8. 抗战时期的三民主义青年团概况(1948 年) …………………………… 28
9. 抗战时期的国民政府(1948 年) ………………………………………… 31
10. 抗战时期国民政府军事委员会留渝经过纪要(1947 年) …………… 34
11. 抗战时期的国民政府行政院(1948 年) ……………………………… 52
12. 抗战时期迁都重庆的内政部(1947 年) ……………………………… 59
13. 抗战时期迁都重庆的外交部(1944 年) ……………………………… 61
14. 抗战时期的财政与金融(1943 年) …………………………………… 72
15. 抗战时期的贸易委员会及其工作(1948 年) ………………………… 90
16. 抗战时期的经济部及其工作(1948 年) ……………………………… 111
17. 抗战时期迁都重庆的资源委员会(1947 年) ………………………… 171

18. 抗战时期的中央地质调查所及战时地质调查(1948年) ……… 192
19. 抗战时期在重庆成立的社会部(1945年) ……… 222
20. 抗战时期的教育(1943年) ……… 231
21. 抗战时期迁都重庆的国立编译馆(1940年) ……… 256
22. 抗战时期迁都重庆的国立中央图书馆(1947年) ……… 261
23. 抗战时期迁都重庆的交通部(1947年) ……… 262
24. 抗战时期在重庆成立的农林部及其工作(1941年) ……… 284
25. 抗战时期在重庆成立的粮食部(1943年) ……… 312
26. 抗战时期的侨务委员会及其工作(1944年) ……… 320
27. 抗战时期的蒙藏委员会及其工作概况(1944年) ……… 337
28. 抗战时期的振济工作(1945年) ……… 348
29. 抗战时期的卫生署及其工作(1945年) ……… 354
30. 抗战时期迁都重庆的地政署(1947年) ……… 360
31. 抗战时期迁都重庆的水利委员会(1947年) ……… 364
32. 抗战时期迁都重庆的扬子江水利委员会(1947年) ……… 382
33. 抗战时期迁都重庆的立法院(1947年) ……… 390
34. 抗战时期的司法工作(1948年) ……… 406
35. 抗战时期迁都重庆的行政法院(1947年) ……… 433
36. 抗战时期迁都重庆的考试院(1947年) ……… 435
37. 抗战时期迁都重庆的考选委员会(1947年) ……… 439
38. 抗战时期迁都重庆的铨叙部(1947年) ……… 446
39. 抗战时期迁都重庆的监察院(1947年) ……… 457
40. 抗战时期的国民政府主计处及其工作(1945年) ……… 479
41. 抗战时期迁都重庆的中央研究院(1947年) ……… 491
42. 抗战时期的国民参政会(1948年) ……… 500

后　记 ……… 510

1. 抗战时期中国国民党中央执行委员会概况
（1948 年）[①]

一、常务委员会

二十七年临时全国代表大会决定常务委员会名额增至 9 人至 15 人，国民政府五院院长得当选为常务委员，当经四中全会推定丁惟汾、居正、于右任、戴传贤等 15 人为常务委员。迄六中全会，复经决议以国民政府五院院长为常务委员会当然委员，不计在规定名额之内。除行政院院长蒋总裁、立法院孙院长科、司法院居院长正、考试院戴院长传贤、监察院于院长右任为当然委员外，当推定王法勤、丁惟汾、邹鲁、孔祥熙等 15 人为常务委员。常务委员名额，实际增为 20 人。洎乎六届一中全会，常务委员改用选举方法，名额规定为 25 人，选举结果，于右任、居正、孙科、戴传贤、陈果夫、陈诚、何应钦、叶楚伧、邹鲁、吴铁城、宋子文、丁惟汾、白崇禧、冯玉祥、陈布雷、李文范、潘公展、张厉生、朱家骅、张治中、程潜、陈立夫、段锡朋、张道藩、陈济棠当选为常务委员。至四中全会，为加强革命力量起见，乃实行党团合并，中央执行委员会常务委员名额增为丁惟汾、居正、于右任、朱霁青、李文范、邓文仪、康泽、蒋经国、何浩若、张其昀等 55 人。

[①] 本文选摘自《中华年鉴》（中华年鉴社 1948 年出版发行）内"政党"部分之"中国国民党"的相关内容，中有选择，但有关抗战时期的整节内容，全文照录，未作改动与删减。

二、各部会处之组织

中央执行委员会各部会之组织,临全大会以来颇多变更。除秘书处外,初设组织、宣传、社会、海外4部,各部设部长1人,副部长2人。另设训育委员会,由总裁兼任委员长,掌管全国党政干部训练事宜。设党务委员会,以秘书长为主任委员,各部部长及副部长等为当然委员,掌理关于党务之审议设计事宜。并设政治委员会,为政治之最高指导机关。二十八年一月,五中全会决议,设置国防最高委员会,统一党政军之指挥,并代行中央政治委员会之职权。社会部则于二十九年十二月改隶政府。此外,为办理特定事务,分设有抚恤委员会、党史史料编纂委员会、革命债务调查委员会、革命勋绩审查委员会及华侨捐款保管委员会。二十九年恢复财务委员会,负党务经费审核之责。三十年春,八中全会决议,设置三民主义丛书编纂委员会。三十年六月,增设党务工作人员从政资格甄审委员会。三十一年六月,为统一出版事业之管理,爰有出版事业管理委员会之设置,嗣为调整机构,复于三十三年四月裁撤,其工作划归宣传部接管。革命债务调查及华侨捐款保管两委员会,亦先后裁撤。三民主义丛书编纂委员会,于是年六月改归宣传部管辖。党务工作人员从政资格甄审委员会于还都后裁撤。文化运动委员会原属宣传部,六届一中全会改为中央直属,于三十四年十月一日改组成立。妇女运动委员会原属组织部,亦于六届一中全会决议直隶中央,于三十四年十二月成立。农工部于三十五年十一月改组成立,甄选委员会于三十五年十二月正式筹组成立。理论研究会与青年会均经四中全会决议增设。兹将临全大会以来各部会处历任负责主管人员列表如下:

职 务	姓 名	到任年月
一、秘书长	朱家骅	二十七年四月
	叶楚伧	二十八年十一月
	吴铁城	三十年三月(现任)

续表

职 务	姓 名	到 任 年 月
副秘书长	甘乃光	二十七年四月
	狄膺	三十一年十二月
	郑彦棻	三十六年九月(现任)
	王启江	三十五年十月(现任)
二、组织部部长	张厉生	二十七年四月
	朱家骅	二十八年十一月
	陈果夫	三十三年五月
	陈立夫	三十三年十一月(现任)
副部长	谷正纲	二十七年四月
	吴开先	二十七年四月
	马超俊	二十八年十一月
	张冲	三十年三月
	张强	三十一年十二月
	余井塘	三十三年六月(现任)
	彭昭贤	三十四年九月
	谷正鼎	三十三年六月(现任)
三、宣传部部长	顾孟余	二十七年四月
	叶楚伧	二十八年一月
	王世杰	二十八年十一月
	张道藩	三十一年十二月
	梁寒操	三十二年十月
	王世杰	三十三年十一月
	吴国桢	三十四年八月
	彭学沛	三十五年五月
	李惟果	三十六年七月(现任)

续表

职　务	姓　名	到　任　年　月
副部长	董显光	二十七年四月
	潘公展	二十八年二月
	程沧波	三十一年十二月
	许孝炎	三十三年二月
	李惟果	三十四年九月
	李俊龙	三十六年七月（现任）
	陶希圣	三十六年七月（现任）
四、海外部部长	陈树人	二十七年四月
	吴铁城	二十八年十一月
	刘维炽	三十年四月
	张道藩	三十二年十月
	梁寒操	三十三年十一月
	陈庆云	三十四年一月（现任）
副部长	周启刚	二十七年四月
	萧吉珊	二十七年四月
	陈庆云	三十年四月
	戴愧生	三十年四月（现任）
	赖琏	三十四年一月（现任）
五、训练委员会主任委员	陈诚	二十七年五月
	段锡朋	三十三年七月
副主任委员	周亚卫	二十八年三月
	段锡朋	二十八年三月
	朱怀冰	三十三年七月
	何联奎	三十三年七月
六、党务委员会主任委员	朱家骅	
	叶楚伧	
	吴铁城	三十年四月（现任）
七、抚恤委员会主任委员	王法勤	临全大会以前任命
	丁惟汾	三十年六月（现任）

续表

职 务	姓 名	到 任 年 月
副主任委员	李文范	临全大会以前任命（现任）
	洪陆东	
八、党史史料编纂委员会 主任委员	徐忍茹	代主任委员
副主任委员	梅公任	临全大会以前任命
	罗家伦	临全大会以前任命
	杨庶堪	二十九年十二月
	徐忍茹	三十一年十月
九、革命勋绩审查委员会 主任委员	林森	二十七年五月
	吴敬恒	三十三年十二月（现任）
十、财务委员会主任委员	孔祥熙	二十九年五月
	陈果夫	三十四年九月（现任）
十一、文化运动委员会主任委员	张道藩	三十四年十月（现任）
十二、妇女运动委员会主任委员	刘蘅静	三十四年十二月（现任）
十三、农工部部长	马超俊	三十五年十一月（现任）
副部长	陈剑如	三十五年十二月（现任）
	骆美奂	三十五年十二月
	陆京士	三十六年十二月（现任）
十四、甄选委员会主任委员	吴铁城（兼）	三十六年四月（现任）
十五、理论研究会主任委员	梁寒操	三十六年十一月（现任）
十六、青年部部长	陈雪屏	三十六年九月（现任）
副部长	郑通和	三十六年九月（现任）
	倪文亚	三十六年九月（现任）

历年党员数：

党部别	二十八年	二十九年	三十年	三十一年	三十二年	三十三年	三十四年	三十五年	三十六年
总数	522907	1180123	1715571	2001878	2315084	2555279	3114638	3533628	4035413
中央	25912	37042	44182	56530	66435				2948
各省党部	471849	1097532	1608948	1859478	2135123	2427160	2957687	3333301	3649850

续表

党部别	二十八年	二十九年	三十年	三十一年	三十二年	三十三年	三十四年	三十五年	三十六年
各市党部	11644	15784	20866	30229	47748	49841	60818	99774	167243
各蒙旗党部	589	1994	2654	3017	3540	10390	17855	21095	24889
各铁路党部	10214	19789	26429	34208	38530	31521	37880	48334	85416
各公路党部	632	2947	3808	7315	10727	9647	12714	10248	16664
中华海员党部	2067	5035	8684	11101	12981	12563	13579	17744	74916
各学校党部						6937	8237		
各工矿党部						7220	5868	3132	13487

党员职业统计表：

总 数	4035413					
类 别	农业	工业	商业	党务	公务	教育
党员数	941810	436592	404626	17888	851830	374145
类 别	学生	自由职业	社会服务	失业	其他	—
党员数	218785	394897	44562	39264	311014	

党员年龄统计表：

总 数	4035413					
组 别	20以下	20—24	25—29	30—34	35—39	40—44	45—49
党员数	177411	636136	885538	869884	757157	292028	206836
组 别	50—54	55—59	60—64	65—69	70以上	未详	—
党员数	91651	41290	15645	5701	1426	54710	

党员籍贯统计表：

省别	党员数	省别	党员数	省别	党员数	省别	党员数
江苏	310035	广西	83720	宁夏	90951	松江	4683
浙江	283671	云南	127300	绥远	48905	兴安	3894
安徽	154632	贵州	167321	察哈尔	56989	黑龙江	10113
江西	267231	河北	160010	热河	49985	新疆	39780

续表

省别	党员数	省别	党员数	省别	党员数	省别	党员数
湖北	240893	河南	109731	辽宁	10205	蒙古	150936
湖南	183691	山东	98175	吉林	96536	台湾	10796
四川	310153	山西	140958	辽北	16859	未详	9982
西康	120042	陕西	190101	安东	6490	总数	4035413
福建	109370	甘肃	230223	合江	3094		
广东	110342	青海	18908	嫩江	2708		

三、临全大会后历次会议

（一）临时全国代表大会后历次全体会议

自二十七年四月临时全国代表大会闭幕,迄三十四年五月五日召开第六次全国代表大会为止,计自第4次迄12次,其间共召开全体会议9次,兹略述其概况如左〈下〉：

1. 第四次全体会议 此次会议承临时全国代表大会之后,会议3日,对于党政制度,为具体之规划。其重要决议案,计有改进党务与调整党政关系案、三民主义青年团组织要旨案、国民参政会组织条例案等。

2. 第五次全体会议 于二十八年一月二十一日开幕,会期10日,时适在第二期抗战开始之际,全会决定设置国防最高委员会,并颁布国民精神总动员纲领,及第二期战时行政计划与财政金融计划等案。

3. 第六次全体会议 于二十八年十一月十二日开幕,二十日闭幕,中经9日。时欧战爆发未久,敌伪之迷途愈远。全会除对于军事、政治、经济、教育诸端,为缜密之规划外,为求于抗战时期奠立之建国基础起见,特决议于二十九年十一月十二日召开国民大会,并推该党总裁兼行政院院长。

4. 第七次全体会议 于二十九年七月一日开幕,会期8日。此次会议举行于抗战第四年开始之际,时敌寇对我加紧封锁,国内经济渐臻困难,全会特设物价审查委员会,对于平抑物价加强经济统制,有切实之规划。此外,并决议设立中央设计局及党政工作考核委员会,推行行政三联制,以期提高党政工作效率。

5. 第八次全体会议 于三十年三月二十四日开幕,四月二日闭幕。时敌寇企图南进,太平洋局势日臻严重。全会于过去党政工作,检讨至为详尽。其重要决议案有战时三年建设计划案、动员财力扩大生产实行经济统制案、各省田赋暂归中央接管案,及关于加强国内各民族及宗教间融洽团结之施政纲要等案。于战时经济体制及边疆政策,有重要之决定。

6. 第九次全体会议 于三十年十二月十五日开幕,二十三日闭幕。此次会议适在太平洋战争爆发之后,该次全会因应内外环境之新情势,除详细检讨党政工作报告,分别予以切实之决定外,并通过加强国家总动员实施纲领案、增进行政效能厉行法制案、确定战时经济基本方针案、确定社会救济制度案。并为适应战时情况,推行土地政策起见,特组织特种审查委员会,详细审议,制成土地政策战时实施纲要,通过施行。

7. 第十次全体会议 于三十一年十一月十二日开幕,会期16日,共举行大会14次,其中9次为听取中央及各省市党政报告。复特设审查委员会以检讨历次大会宣言及决议案之实施。盖其时适英、美对我宣布废除不平等条约,为循名责实,以求进步,故特重检讨。其重要决议,除对于中央各机关报告分别作详尽之指示外,关于改进党务、建设西北、策进役政、加强战时财政,以及管制物价、实行限制政策,均有具体之规划。

8. 第十一次全体会议 于三十二年九月六日开幕,十三日闭幕。时我抗战胜利之期日益接近,该次全会特重战后建国工作之研讨,其重要决议案,计有关于宪政实施总报告之决议案、中共问题决议案,及战后工业建设纲领案、确定战后奖励外资发展实业方针案、战后社会救济原则等案。此外,并修改国民政府组织法,一致推选蒋总裁为国民政府主席。

9. 第十二次全体会议 于三十三年五月二十日开幕,二十六日闭幕,时抗战已入最后决战阶段。该次全会除通过加强管制物价方案紧急措施案,以期安定民生外,复经决定确立中央与地方行政之关系案、加强推行地方自治案、改进出版检查制度等案,于厉行法制、保障民权诸端,有重要之决定。

(二)六次全国代表大会

1. 大会召开经过

自二十七年四月召开临时全国代表大会以后,以抗战军事倥偬,交通困难,历时7年,迄未能召集大会。三十四年一月八日,第五届中央执行委员会常务委员第274次会议,乃决议定于三十四年五月五日召开第六次全国代表大会。五月五日,大会在重庆复兴关中央干部学校大礼堂开幕,会期原定10天,嗣经延长5天,于五月二十一日闭幕。大会前后举行20次,收到提案448件。兹将会议经过情形,择要纪述于后:

五月五日上午九时,大会开幕典礼与革命政府成立纪念会合并举行,蒋总裁指示三项任务:一、加强战斗力量,争取抗战胜利;二、确定实施宪政,完成革命建国大业;三、增进人民生活,贯彻革命终极目标。

七日上午开第一次大会,由吴秘书长作党务报告。下午开第二次大会,由吴文官长鼎昌及程代参谋总长潜分别报告政治与军事。

八日举行第三次大会,首为继续上次大会未完之军事报告,次为党务之检讨与质询。下午,党务、政治、经济、教育、军事、外交各组提案审查委员会分别开会。

九日上午举行第四次大会,继续党务检讨。下午开第五次大会,进行政治质询,发言者集中于如何解除人民痛苦。

十日上午第六次大会,首为军事质询,继由总裁致词,最后由秘书长提出第六届中央执监委员会选举办法,全场一致通过。下午分别举行党务、政治、军事、教育、外交各组第二次审查会。

十一日上午第七次大会,经济部部长翁文灏作经济报告,然后开始讨论提案审查委员会报告第一号,均照审查意见通过。

十二日上午第八次大会,听取山东、山西、河北、浙江4省党务报告。

十四日举行第九次大会,通过于本年十一月十二日召集国民大会,嗣讨论宪法草案。下午十次大会,继续讨论宪法草案,通过决议。

十五日上午十一次大会,开始讨论总章。下午十二次大会,继续逐条讨论,结果将总章送总章审议委员会重加审议。

十六日上午第十三次大会,讨论总裁交议之该党政纲案,决定组织政纲政策组审查委员会。下午第十四次大会,继续研讨总章,除召集全国代表大会期间,改为每2年1次外,其余均照审议会所拟之修正"本党总章"通过。

十七日第十五次大会,根据总章规定,推选总裁,全场一致推选蒋主席为总裁。继通过政治组拟具对于政治报告之决议案,及教育组拟具对于教育报告之决议案。下午第十六次大会,通过外交报告决议案。

十八日上午第十七次会议,总裁莅会,作开会以来第二次政治总报告,继通过政纲政策案,此为本次大会之重大决定。下午举行第十八次大会,讨论总裁交议之《促进宪政实现之各种必要措施案》,经逐条讨论,决议修正通过。

十九日上午第十九次大会,所有本次全会提案之讨论,均经大会通过。继进行第六届中央执监委员之选举。本届中委名额,增为460人。

二十一日举行本届最后一次之第二十次大会,总裁任主席,宣布第六届中央委员选举结果。继全体通过第六次全国代表大会宣言草案,举行闭幕式。

2. 大会重要决议

中央执行委员会常务委员会第274次会议决议召开第六次全国代表大会,并决定四大重要议题:一、国民大会之召集。二、宪法草案之研讨。三、国民党总章之修订。四、政治纲领之研讨。兹将通过决议简述如下:

(一)国民大会之召集日期,定于三十四年十一月十二日。关于国民大会职权问题,以及其他与国民大会召集有关之各项问题,交中央执行委员会或其常会慎重研讨后酌定之。

(二)所有各代表意见及宪政实施协进会等团体对宪草之修正意见,并交下届中央执行委员会组织宪法草案研讨委员会详慎研究整理。此项整理案,于国民大会讨论五五宪草时,以适当方式提供国民大会采择。

国民党现经决定召开国民大会实施宪政。若干准备工作,必须即予完成。各种措施,凡可为未来宪政预立规模而可提前实行,宜于本届代表大会闭会后,分别予以实施,以示本党实行宪政之真诚与决心,兼以保证未来宪政之顺利推进。

①本党在军队中原设之党部,一律于3个月内取消。

②各级学校以内不设党部。

③在6个月内,后方各县市临时参议会应依法选举,俾成为各县市正式民意机关;后方各省临时参议会于所属各县市参议会有过半数已经成立时,立即依法选举,俾成为各省正式民意机关。

④制定政治结社法,俾其他各政治团体,得依法取得合法地位。

⑤本党党部在训政时期所办理有国家行政性质之工作,应于本届代表大会闭幕后,陆续移归政府办理。

（三）政纲政策，计分民族、民权、民生三大纲。民族主义现阶段之中心要求，在造成独立自由之统一国家，与分担维护世界和平之责任。民权主义现阶段之中心要求，在提早实现宪政，与维护人民权益。民生主义现阶段之中心要求，在增进战时生产，提高人民生活水平。

（四）政治纲领计通过劳工政策纲领16条，农民政策纲领18条，战后社会安全初步设施纲领12条，民族保育政策纲领21条。

劳工政策之目标，在依国家民族至上之原则与国际合作之精神，发展劳工组织，提高其地位，改善其生活，并促进劳资合作，调节劳力供求，增进劳动效能，加强国际劳动联系，以确保社会安全，适应国防民生之需要。

农民政策，在发展农民组织，刷新农村政治，改革农村土地，改善农村经济，推进农民福利，以保障农民权益，提高农民生活，实现三民主义之新农村社会。

战后社会安全设施之目的，在本国父民生主义之精神，维护并改善国民之生计，以保障并提高人民之生活，而达成社会之安全与进步。其主要工作为：①辅导就业；②举办社会保险；③加强社会救济。

民族保育政策，目的在提倡适当生育，增进国民健康，提高生活标准，减少灾病死亡，以期人口数量之合理增加。

2. 抗战时期迁都重庆的国民党中央党部秘书处（1946年）[①]

一、前言

中央党部秘书处于民国二十六年十一月迁移重庆，假上清花园为办公处，迄三十四年十月起分批复员还都。8年间，秘书处凡3易，职员由70余人增至270余人。举行临时全国代表大会各1次，中央执行委员全体会议共10次。敌机狂炸重庆，园屋先后5度被炸，落弹6枚，人员无恙，最可欣也。

二、迁移经过

政府决定迁移重庆，秘书处亦奉命于二十六年十一月十六日离京来渝。全处职员原有170余人，迁移前，经决定疏散，留70余人，由秘书处叶楚伧率导，搭江新轮船沿江西上，在汉口换民来轮入川，同月三十日抵渝，觅定渝简马路（后改称国府路）上清花园内办公室，十二月五日正式开始办公。二十九年敌机狂炸重庆时期，在迁建区小湾乡间设办公处，移一部分公事在乡间处理，而重心仍在上清花园。上清英园原有沿马路3层楼房1所，约30余间，嗣以不应敷用，在园内逐渐添建大礼堂、会客、图书楼、饭厅大楼房屋共5栋，

[①] 本文系国民党中央执行委员会秘书处自撰稿，原名为《抗战期中迁都重庆之中央党部秘书处》。原件存于重庆市档案馆。

约40余间。园内景色,颇多改观。

三、组织与人事

关于组织方面:中央执行委员会,自二十七年四月起,改设下列各部会,共计14单位:秘书处、组织部、宣传部、社会部、海外部、训练委员会、党务委员会、抚恤委员会、党史史料编纂委员会、革命债务调查委员会、革命勋绩审查委员会、华侨捐款保管委员会、三民主义青年团、政治委员会。

自三十四年五月起,六届中央执行委员会第一次全体会议以后,中央组织略有变更,计设14部会如下:秘书处、组织部、宣传委员会、海外部、训练委员会、党务委员会、财务委员会、农工运动委员会、妇女运动委员会、文化运动委员会、党史史料编纂委员会、抚恤委员会、革命勋绩审查委员会、政治委员会。

关于人事方面:二十五年十一月,第五次全国代表大会选举中央执行委员120人,候补中央执行委员60人,中央监察委员50人,候补中央监察委员30人。

二十七年三月,临时全国代表大会选举蒋中正为本党总裁,执监委员仍旧。

三十四年五月,第六次全国代表大会选举中央执行委员222人,候补中央执行委员90人,中央监察委员104人,候补中央监察委员44人。

中央执行委员会常务委员改选情形如下:

二十七年四月,五届四中全会推选:丁惟汾、居正、于右任、戴传贤、孔祥熙、孙科、阎锡山、冯玉祥、叶楚伧、邹鲁、陈果夫、何应钦、李文范、白崇禧、陈公博。

二十八年十一月,五届六中全会推选:蒋总裁、孙科、居正、戴传贤、于右任、王法勤、丁惟汾、邹鲁、孔祥熙、阎锡山、陈果夫、李文范、何应钦、白崇禧、陈济棠、陈树人、张厉生、王泉生、邓家彦。

三十一年十一月,五届十中全会选举:蒋总裁、孙科、居正、戴传贤、于右任、陈果夫、何应钦、孔祥熙、张厉生、白崇禧、宋子文、邹鲁、叶楚伧、丁惟汾、李文范、冯玉祥、陈济棠、吴忠信、潘公展、邓家彦。

三十四年五月，六届一中全会选举：于右任、居正、孙科、戴传贤、陈果夫、陈诚、何应钦、叶楚伧、邹鲁、吴铁城、宋子文、丁惟汾、白崇禧、冯玉祥、陈布雷、李文范、潘公展、张厉生、朱家骅、张治中、程潜、陈立夫、段锡朋、张道藩、陈济棠。

三十五年三月，六届二中全会选举：于右任、孙科、戴传贤、居正、陈果夫、陈诚、白崇禧、邹鲁、何应钦、梁寒操、宋庆龄、陈立夫、朱家骅、吴铁城、贺衷寒、谷正纲、张道藩、张治中、张厉生、李文范、宋子文、段锡朋、刘健群、丁惟汾、潘公展、朱霁青、萧同兹、赖琏、陈布雷、田崑山、萧静、白云梯、王烈江、麦斯武德、邓文仪、柳克述。

本处秘书长、副秘书长更迭情形：

秘 书 长　叶楚伧，二十五年十一月任命。

　　　　　朱家骅，二十七年四月任命。

　　　　　叶楚伧，二十八年十一月任命。

　　　　　吴铁城，二十七〔三十〕年四月任命。

副秘书长　甘乃光，二十七年四月任命。

　　　　　狄膺，三十一年十二月任命。

　　　　　郑彦棻，三十四年六月任命。

秘书处分设机要、文书、人事、会计、总务5处办事，8年间该项组织未曾稍变，而人员时有增减，二十六年迁至重庆时有职员70余人；二十七年五月起增至100人；迄三十一年起，业务开展，人员逐渐增加，至复原前计有280余人，还都后复缩编至100人。

四、重要决议

历届全国代表大会及每次全体会议，均有重要决议，分志如下：

二十七年三月临时全国代表大会通过：《中国国民党抗战建国纲领》《非常时期经济方案》《战时各级教育实施方案纲要》《推行兵役制度案》。

二十七年四月，五届四中全会通过：《改进党务与调整党政关系》《三民主义青年团组织要旨》《国员参政会组织条例》。

二十八年十一月，五届五中全会通过：《设置国防最高委员会》《颁布国民精神总动员纲领》《第二期战时行政计划与财政金融计划》。

二十八年十一月五届六中全会通过：二十九年一月十二日，召开国民大会，推总裁兼行政院院长。

二十九年七月，五届七中全会通过：设立中央设计局，设立中央党政工作考核委员会。

三十年三月，五届八中全会通过：战时3年建设计划，动员财力扩大生产实行经济统制案；各省田赋暂归中央接管案；加强国内各种族及宗教间融洽团结施政纲要。

三十年十二月，五届九中全会通过：加强国家总动员实施纲要；增进行政效能厉行法治制度案；确定战时经济基本方针；确定社会救济制度。

三十一年十一月，五届十中全会通过：党务改进案；积极建设西北案，策进役政案；加强财政案；加强管制物价案。

三十二年九月，五届十一中全会通过：宪政实施总报告决议案；战后工业建设纲领；确定战后奖励外资发展实业方针；战后社会救济原则；修改国民政府组织法。

三十三年五月，五届十二中全会通过：加强管制物价方案紧急措施；确定中央与地方行政关系；加强推行地方自治；改进出版检查制度。

三十四年五月，第六次全国代表大会通过：促进宪政实施之各种必要措施案；战后社会安全初步设施纲领；工业建设纲领实施原则；农业政策纲领；土地政策纲领。

三十四年五月，六届一中全会通过：水利建设纲领。

三十五年三月，六届二中全会通过：政治协商会议报告之决议《加速经济复原紧急措施办法》。

五、复原经过

三十四年八月敌人投降后，本处职员分批复原还都，第一批5人，于十月离渝赴京，从事一切复员之布置；第二批300余人，中有一部职员眷属，于三十五年四月间分次搭轮返京；第三批500余人，连同工友及全部眷属，于五月搭轮返京；末批10余人，则于七月间由陆路乘汽车回京。

3. 抗战时期迁都重庆的国民党中央调查统计局 (1946年)①

一、战时西迁

二十六年十一月,沪战我军撤退,首都感受威胁,本局随中央各机关之后,于十一月十五日开始迁移,由水、陆两路向西进发,数日后抵达汉口,即在黄陂路45号借用汉口市党部房屋作为办公处所。迨二十七年八月武汉会战,又作迁渝之准备,乃于八月四日开始行动,一部搭轮溯江西上,于八月十七日安抵重庆;一部由长沙经桂林、贵阳赴渝,临时租九道门药材业公会部分房屋权作办公地点,不久迁至川东师范。惟在二十九年三月至三十年八月此一时期中,敌寇以前方军事失利,遂集中飞机对重庆大举狂炸,川师附近机关林立,成为轰炸之目标,致本局办公大楼及宿舍均被炸毁。为避免牺牲,一部分疏散郊外办公,三十一年以后敌寇空中攻势已疲,迁回原址,重建礼堂及办公大楼各乙②座,以迄胜利未有移动。

二、胜利还都

三十四年八月十四日敌人宣布投降,本局当即派遣部分同志先行赴京布置一切,在渝同志积极作各种准备工作。嗣于三十五年三月间开始由水、陆、空三方面分期起行,惟以交通困难,至八月底还都事务方告完成。

---

① 本文系国民党中央调查统计局自撰稿,原名为《中央调查统计局抗战时期西迁及胜利返都之经过》,时间系编者所加。原件存于重庆市档案馆。

② "乙"即"一"。

4. 抗战时期迁都重庆的国民党中央抚恤委员会（1946年）①

（一）迁渝与还都

自"八一三"事变发生以后，中央为疏散办公地点及重要档案策安全计，乃有设置中央党部宣城办事处之决策，并推柏文蔚、陈访先两委员分任正副主任，地点租宣城东大街广昌行。八月十四日，中央各单位奉命动员迁宣，嗣以房舍不敷分配，本会又迁城西南隅不厌居办公，计3阅月。在此期间，沈科长默留京负联络之责。迨十月二十日始正式奉命迁渝时，王主任委员法勤因公滞沪，刘秘书瑶章乃遵照中央迁渝办法资遣沈默等8人，留任者刘瑶章、续琅、明少华3人，刘、续两同志及明同志分水、陆两路，于二十一日离宣西上，十二月二十九日先后抵渝，假上清寺上清花园办公。王主任委员则取道香港飞汉西上，于十二月十日先期抵渝。此后会内业务日繁，职员逐渐增加，艰苦办公，瞬经8载。

三十四年秋，倭寇降伏，经派易海峰同志会同中央各单位接收人员，于九月二十八日搭轮东下，十月十日返抵首都，接收办公房舍，租定职员宿舍。同年岁梢布置就绪，翌年之春为配合中央工作便利起见，丁主任委员惟汾于三月十五日先行飞京，其余人员得陆续还都。第一批于五月二十一日飞京。第二批适值京沪粮荒、共军动乱，交通工具日益艰难，而滞渝员眷为数尚巨，经四出〔处〕接洽，多方设法，始于五月十三日动身，五月二十四日抵京。第三批于五月二十八日启掟〔碇〕，六月二十九日到京。第四批包租江利木船，派工友3人押运档案及公用物品、员眷行李，六月十九日东下，十月十日抵京。第

---

① 本文系国民党中央抚恤委员会自撰稿，原名为《抗战时期迁都重庆之中央抚恤委员会》，时间系编者所加。原件存于重庆市档案馆。

五批搭轮于八月二十日离渝,九月八日抵京。至会内之笨重公物及桌椅等,则于离渝之前分函重庆市党部、中央监察委员会交接与监交,并有收据存案云。此本会迁渝与还都之经过也。

(二)在渝各项重要措施

本会主管先烈及党员褒恤事宜,依照党员抚恤条例及参酌党政军抗战殉难人员奖惩办法,审议褒扬、抚恤、扶助及遗族免费入学并养老金之给予等案件。在8年抗战中,同志成仁取义,牺牲壮烈,颇多可歌可泣之事迹,不克一一备述。至于恤金数额,亦因物价之变动有数次之调整也。

(三)本会组织

委员11人,主任委员1人,副主任委员2人,秘书1人,分审查、文书2科,科长各1人,总干事3人,干事4人,助理干事2人,佐理员、服务员各1人。

(四)本会人事之变动

王主任委员法勤,于三十年五月二十日出缺后,三十年六月间经中央常务委员会议推选丁委员惟汾为主任委员。

(五)地址之移徙

二十六年八月十四日由南京迁宣城,十二月二十九日迁重庆上清寺上清花园,抗战敌机轰炸时期,并未迁乡办公,还都仍在丁家桥中央党部办公。

(六)抗战公文之处理经过

公文处理力求简化与迅速确实,并在可能范围内力求表格化与缩短公文旅行途程。

5. 抗战时期在重庆成立的国民党中央文化运动委员会(1946年)①

抗战军兴,政府迁蜀,各种文化运动需要至殷,文化动员工作益见迫切。当二十八年道藩任中央社会部副部长时,特建议组织文化运动委员会以为文化界之领导中心。经陈部长立夫核定,列入二十九年社会部工作计划。翌年谷正纲同志继长社会部,正继续筹办中,旋因社会部改隶政府,此案移交中央宣传部办理,至三十年二月本会乃告成立,隶属宣传部,聘请道藩为主任委员,赁重庆观音岩义林医院为会址。三十一年四月迁至重庆会府街巴县女子中学旧校舍,三十四年经第六届中央第一次全会决议改为中央执行委员会直辖,特派道藩为主任委员,遂于是年九月改组。时已胜利受降,旋于三十五年与中央各机关迁还南京。

本会当三十年二月创办伊始,每月经费仅有5000元,工作人员仅10余人。其规模之偏小,尚不及一民众团体。然以负荷之使命至为重要,不敢不勉力进行,频年经费虽尚有增益,而以物价腾贵,仍无时不感觉拮据。至今工作人员仅以30人为限,故因经济、人才两俱缺乏,实为对于文化运动未能充分发展之最大原因。兹举历年工作大要,略述如次:

一、本会职司文化运动,惟树之风声,振响全国,以期各地文化界一致动员。故自成立后即着手各省市文化运动委员会之组织与指导,截至三十四年九月胜利前,计已经成立者有广东、江西、福建、宁夏、河南、陕西、青海、甘肃、

---

① 本文作者为张道藩,原题名为《抗战时期之中央文化运动委员会》,时间系编者所加。原件存于重庆市档案馆。

西康、新疆、浙江、湖南、湖北、安徽、云南、绥远、四川、贵州、重庆等19省市。

二、为领导文化界一致动员，关于文化部门之各团体必须设法组织，俾能团结努力，历年对全国性的文化社团，如中华全国美术会等，均经常切取联系。而由本会辅助成立者，则有全国文艺作家协会，音乐、戏剧、电影各协会，国际文化合作协会等。其经常联系者，有陪都刊物联谊会、出版界联谊会、音乐戏剧界联谊会、各文化团体联谊会等。此外，更随时举行各种集会及某一文化活动或研究问题之座谈会等。又本会附属机构有中国文艺社及文艺奖助会管理委员会，前者对文艺界取得联系，后者办理奖助事宜。

三、自三十年成立后，即在重庆经常举办文化讲座，每两星期1次，延请各科学专家或社会名贤讲演。此外更举行史学、宪政、法律、社会问题、文化建设、时事问题等之特种讲座等。

四、为沟通全国文化消息，经常每月举行文化广播1次，就中央广播电台播讲。

五、举行全国文化人士及文化团体调查及各地方文化动态调查，并于各重要省市聘请通讯员，随时报告各地文化消息。

六、为提倡青年写作，特设青年写作指导委员会，担任评阅、修改并介绍、协助作家之著作出版。每年举行中等以上学校学生国语竞赛1次。

七、自三十年九月起，创刊《文化先锋》半月刊及《文艺先锋》月刊。前者为综合性之学术杂志，后者为纯粹之文艺杂志。自发刊至今，按期出版，虽因后方物资缺乏，纸价昂贵与本会经费之困难，惟极力维持，俾勿中辍，故抗战时期刊物以此两刊为长久。此外，并编印文化丛书，惟因经费限制，未能大量付印，在重庆时仅出版7种。

八、在抗战时期各处出版优良书刊均随时予以评介。三十三年并举行遴选著作、国父传记投稿，于三十四年选录3名。旋接办中央宣传部三民主义文艺奖金，于还都后继续办理。

九、历年为策进文化活动或对某一事项之特殊活动，及有关抗战配合时势、适应需要之活动，其最重要者有：国防科学运动、国家总动员运动、民族文化建设运动、宪草研究运动、转移社会风气运动、守法运动、尊师重道运动、劳军运动，皆在重庆举行，并先期通函各省市同时举行。

十、自三十一年太平洋战争发生，港沪文化界人士络绎退至桂林、重庆两地。本会特商请振济委员会拨发50万元为招待专款,并特设文化编译社为暂时安插之计。其无住所者则款宿于会内之文化招待所,以便徐谋就职。惜以经费拮据,此项文化编译社仅维持半年而止。迨三十三年湘桂战事发生,湘桂两地文化人士退至重庆,多数感觉生活艰苦,本会复经向振济委员会、青年团、社会部、贵州省政府各机关及重庆出版、造纸、印刷各同业公会募捐救济,并由道藩亲赴贵阳招待,设法备具汽车资送来渝,并与重庆市党部各办招待所。至三十四年三月结束,综计救助人数,除家属外,凡995人。

以上为本会在重庆自三十年二月至三十五年二月止,5年以来大概情形。自维文化运动,业务繁重,在此浅短时期,良无显著成绩可云。惟于抗战时期文化界之动员工作,庶几勉能实践。自三十五年四月,本会即从事还京准备,先由道藩率领一部分职员回京,以南京香铺营为会址,其余人员则于五、六两月回京。历年所置木器移交重庆市党部接收,所赁会府街会址经与巴县女子中学商洽,由巴县政府接管。

6. 抗战时期在重庆成立的国民党中央农工运动委员会(1946年)[①]

自三十四年五月中国国民党第六届中央执行委员会第一次会议遵照代表大会关于健全党务及党的组训活动之决议案,修正中央执行委员会组织大纲并决议设立中央农工运动委员会。会后同届第十次中央常务委员会乃派谷正纲同志为主任委员,萧铮、吴开先、朱霁青、叶秀峰、范予遂、张国焘、贺衷寒、唐纵、钱昌照、孙越崎、祝平、寿勉成、包华国、刘不同、范争波、吴任伧、朱学范、陈泮岭、李雄、倪文亚、于锡来、吴望伋、顾建中、刘健群、王启江、滕杰26同志为委员。旋于第十九次常务委员会复派李中襄、葛武棨两同志为副主任委员。经过短期之筹备,先后呈奉核定编制,计分农运、工运两执导处及秘书、编审两室,工作人员名额共计54人,每月经费预算686690元,开办费2024500元。乃于三十五年二月一日假重庆中四路78号前新闻检查局原赁局址开始办公,正式成立,制定年度工作计划。组织方面为建立全国省(市)县(市)农工运动委员会;宣传方面创办农工日报及编印农工丛书与农工通俗读物;训练方面于中央调训高级干部1000人,于地方集训基层干部25000人;视导方面则先完成港、沪、津、汉、苏、浙、川、陕、冀、渝、台、穗等12单位之工作,全部事业经费共列177650万元。嗣以抗战已告胜利,中央为规划复员建国工作,于同年三月召开二中全会,乃筹议改组中央农工运动委员会为农民、工人两部。致上项计划及事业经费未奉核定,旋中央明令复员还都,遂于四月二十二日集合全体员工连同眷属由川陕公路转道陇海、津浦铁路返都,于五月十三日抵达,为时凡22日。此中央农工运动委员会在渝成长及返都期中之概况也。

[①] 原名为《抗战时期在重庆成长之中央农工运动委员会》,时间系编者所加。原件存于重庆市档案馆。

7. 抗战时期迁都重庆的国民党中央党史史料编纂委员会(1946年)①

自二十六年抗战开始,敌机滥施轰炸,本会因首都既为敌人最注意之目标,史库难保安全,乃先将库藏之重要史料运往长沙岳麓山保存。及是年十一月中旬,京防告急,中央各部会奉令西迁,本会亦即将印信、文卷及所存史料循京滇路运移至湘,暂假长沙岳麓山张公墓庐为办公处所。至二十七年一月间,又奉命令西迁,遂由长沙转移到渝,择定巴县北碚之绍隆寺为会所,所有史料及档案均运往储藏。嗣以绍隆寺附近匪警频传,距北碚百里左右之白峡口地方竟发现股匪,复迁往江北县属之磐溪②及玉带山。未几,沿江各地方屡遭敌机轰炸,磐溪及玉带山亦时受威胁,乃于二十七年五月间将秘书办公室及其他有关单位迁至山洞黑天池之宝光寺(即亚光寺),并以该寺附近之吴家大洞为安藏史料之所。惟总纂办[公]室,则仍留磐溪,从事抗战史料之编辑。至是年八月间,始由磐溪迁往宝光寺。当时,本会以所有各单位已集中宝光寺办公,经报请中央执行委员会备案。兹就本会迁渝及关于征集、编辑、典藏等工作及人事之变动,择要分述如下:

一、征集工作

本会在抗战以前,只注意于党史史料之征集,自抗战军兴,懔于此次抗战

---

① 原名为《抗战期中迁都重庆时之中央党史史料编纂委员会》,时间系编者所加。原件存于重庆市档案馆。
② 即今重庆盘溪,下同。

为本党革命过程中最大任务,其一切经过事迹无不为本党之重要史料,亟应及时搜集。遂自二十七年起,对于抗战史料之征集,同样重视。依照工作计划,增订征集通则,对于党史史料及抗战史料加紧征集。其征集方法,约分为4种:一、派员征集。按实际需要,随时派员赴重庆及附近地区,访问革命先进,记录讲述之革命史实。访问协征人员及各机关团体,洽商史料之征集或选购各事宜。二、委托征集。聘请各机关团体指定人员,负责协征史料。三、通讯征集。随时函请各地机关团体或个人征集史料。四、广告征集。于各种公报、期刊及各地报纸刊登广告,普遍征集。

8年来,虽因战事关系,一切日感困难,但征到史料尚能质量并增。其中最珍贵者,为广东革命纪念会所藏总理手订三民主义讲演稿,经本会于三十二年七月派员赴粤接收。又东北地下工作同志郭镇华君几经周折,历尽险阻,于抗战时亲赴日本,将日军由南京掠往东京之国父亲笔撰著三民主义原稿及序文,又亲笔孙文学说序原稿及亲笔手令函电,以及革命先烈先进致力于革命之重要文件,计共60余件取回。复亲送至重庆本会典藏,均为稀世奇珍。郭君爱护史料之精神,甚堪钦佩。兹将二十七年起至三十四年止所有征到史料件数,列表统计为左〈下〉:

历年征到史料件数统计表

	二十七年	二十八年	二十九年	三十年	三十一年	三十二年	三十三年	三十四年	合计
总理史料	17		69	262	230	149	104	68	899
总裁事迹					547	210	99	127	983
革命史料	72		606	1759	1305	1260	1828	1340	8170
宣传案					170	283	266	285	1004
军委会抚恤案				444					444
党史参考资料				105	1227	249	133	339	2053
抗战史料	3090	3576	1829	5936	5089	5101	1858	1725	28204
反宣传品						343	15	18	375
一般参考资料						228	83	116	427
报纸				12647	29711	1517	1834	1398	1579	48686
期刊				13107	4975	7282	4844	5014	6321	41543
其他	35				179	541	48	321	86	1110
合计	3214	3576	28258	43371	17908	14548	2019	12004	133898

附注:1. 二十八年各机关团体及党国先进应征之党史史料径行存档,未列入统计。

2. 二十九、三十两年之报纸数字,以 1 日为 1 件;自三十一年度起,改为以 1 月为 1 件。

3. 三十一年以前只总裁事迹及宣传案备入抗战史料。

凡应征史料者,本会每半月叙奖 1 次,遇有极珍贵史料或曾以极大之势力搜集者,则呈请中央议决褒奖或予以其他特殊之奖励。其奖品分金、银、铜三等奖章,甲、乙、丙三等奖状。惟战时情形特殊,改订叙奖办法,在抗战期间奖章暂停,只发奖状。自二十九年以及三十年,旅缅曾允明同志应征党史史料 409 件,均甚珍贵,由会呈经中央常会第 179 次会议议决,发给奖状,交由缅甸总支部转发。三十四年郭镇华应征之总理及先烈珍贵史料,亦经中央常会议决,并另给运费 150 万元。其余依章叙奖 9 次,计颁发甲等奖状 23 份,乙等奖状 43 份,丙等奖状 84 份,另具函申谢 504 份。又自三十年度起,对于协征人员应征史料,每年亦叙奖 1 次,计共叙奖 3 次,颁发甲等奖状 9 份,乙等奖状 20 份,丙等奖状 34 份,另具函申谢 233 份。

二、编辑工作

本会在渝期间,虽屡受空袭威胁,然以会址移驻乡间,重要业务仍照常进行。关于编辑工作,已编就之党史书刊计有:总理全书、总理史绩稿、总理年谱长编稿、总理本〔大〕事日记稿、党史纪录、党史概要、本党简史、兴中会至中国国民党时期史料汇编、党史史料丛刊、革命先烈传记、本党 50 年纪念特刊等 10 余种,约有 1400 万字之谱。惜因战时物力关系,不能尽量付印。惟为配合抗战、激励国民爱国情绪、发扬先烈革命精神起见,曾就上述已编之党史书刊印行数种。兹概述如次:

(一)党史纪要　全稿约 12 万字,二十八年十月由青年书店付印发售。

(二)党史概要　原稿先由本会主任委员在中央训练团演讲,继由中训团印发各学员。三十年二月复由中央宣传部印行,嗣增订为再稿。三十三年五月,仍由中央宣传部印行,全稿约 88000 字。

(三)本党简史　该书系奉总裁令编辑,供给各训练团分别印行,作为训练教材,全稿约 45000 字。

（四）党史史料丛刊　编印4期，交各书店发售，共约32万字。

（五）革命先烈传记　原名《护国豪贤传》，编印1集，三十年九月由中央宣传部出版，交各书局发售，约125000字。

（六）革命纪念日讲述资料　编就总理第一次起义纪念日、清党纪念日、革命政府纪念日、总理广州蒙难纪念日、国民革命军纪念日、肇和兵舰纪念日等讲述资料6篇，供各级党部每次举行纪念时之用者。

（七）本党50年纪念特刊　三十三年十一月，本会为纪念本党成立50周年，除遵照中央常会决议举办革命史绩展览及编辑本党50年大事记外，并编印本党50周年纪念特刊，分赠发售。内载党国先进文稿52篇，约20万字。

三、典藏工作

抗战军兴，本会为保护史料，于二十六年八月十五日、二十五日，分将史料由京取水道运长沙岳麓山。二十七年元旦离湘，西运入川，一月二十七日抵渝，二月十三日迁北碚绍隆寺。北碚地僻，九月转迁渝市北岸之磐溪。值敌寇空袭，又迁藏史料于玉带山，旋觅得山洞镇北吴家湾吴家大洞，始于二十八年五月二十一日将史料全部迁往洞侧，筑屋数间，作办公室及晾晒史料之用。遇空袭，则移史料入洞。盖本会自西上以还，播迁至再，频受敌寇之空袭，迄未得庋藏史料处所，影响业务上之进程至巨。至是以后，乃得照常工作，收藏史料比较安全。典藏工作分整理与保管两项，新征史料送主管处，予以列号总登记编制目录卡片，分类编号，索引内容，然后归库保存。保管时即照史料所分数号，分别珍藏，以备调用，并按时检点晾晒，加放药品，以防腐免蛀。遇空袭，则急搬入大洞。计西迁后整[理]归档史料，连前为总理史料3948号，总裁事迹476号，革命史料12826号，其他档案及报纸68102号，共85352号。

逮日寇请降，政府还都，本处所有重要史料，先于三十五年十月三日运放李子坝石庙子中央银行仓库，准备复员。五月六日，第一批史料由渝循川湘公路经汉口东下，同月二十六日抵京。其余史料，自五月八日后运存于城中枣子岚垭反侵略会旧址，至九月十、十一两日留渝史料全部循水道下运，同月二十三日安返首都。

四、人事之变动

本会副主任委员梅公任,于二十九年十二月中央第 165 次常会决议改任为委员,推杨庶堪为副主任委员。三十一年八月八日,杨副主任委员病故,十月五日中央第 212 次常会推徐忍茹继任副主任委员。

本会委员刘守中、王法勤等相继逝世,三十二年五月中央第 229 次常会推吴铁城、孙科、陈果夫 3 委员继任为本会委员。

本会职员于抗战初起时原有 96 人,迁渝时遂照中央紧缩办法,大部职员均经资遣,除纂修、采访外,仅留 14 人。嗣后会址移至宝光寺,业务拓展,恢复原有编制,至还都时,共有职员 123 人。

及三十四年秋间,日本投降,本会即组织还都委员会,筹备还都事宜。至三十五年十月杪,先将重要史料派员分水、陆两道押送还都。嗣因山洞亚光寺地势偏僻,在还都过程中,多所不便。故特租赁渝市枣子岚垭前反侵略运动委员会旧址为驻渝临时办事处,于五月初旬策动所有员工,押同史料及公私物件,陆续由山洞亚光寺迁入该处,自五月十五日起正式办公,并分派干员经向陆水空交通机关商拨交通工具,于是所有员工、史料及一切公私物件,分批循陆水空 3 道,先后东运抵京。至九月杪,还都事宜始告结束。但在渝时会同前国史馆筹备委员会接收中央各机关过时之档案,尚留存渝市,现正设计运京。

8. 抗战时期的三民主义青年团概况(1948年)①

七七卢沟桥事变发生,举国在空前危难之中,中国国民党于民国二十七年三月召开临时全国代表大会于武汉,决议"为健全党的组织,巩固党的基础,将预备党员制取消,设立三民主义青年团"。六月十六日,蒋总裁兼团长发布告全国青年书,指出其成立之动机在:一、为求国民革命新的力量集中;二、为求抗战建国之成功;三、为求三民主义之具体实现。而其主要任务则为:一、积极参加战时运动;二、实施军事训练;三、实施政治训练;四、促进文化建设;五、推行劳动服务;六、培养生产技术。此为本党给予全国有志青年献身国家之绝好机会,亦为全国青年自辛亥革命、北伐进军以来第三次大结合。七月,中央临时干事会成立,第一届干事为陈诚、陈立夫等31人,陈诚任书记长。书记长之下,设书记长办公处等7处。八月,创办干部训练班,招训优秀青年干部。九月,中央机构改组,书记长之下,仅设书记长办公处、组织处、宣传处3处,组织较前简化。

民国二十八年六月,首次创办夏令营,以后逐年举办,范围亦逐年扩大。七月,中央临时干事会第四次会议决定,修改团章,成立中央干事会,并增设中央监察会。九月,三民主义青年团筹备时期,中央干事会与中央监察会宣告成立,由团长选派陈诚等35人为干事,并指派陈诚等9人为常务干事,仍以陈诚为书记长。书记长之下,设书记长办公室及组织、训练等6处。中央监察会则由团长选派王世杰等35人监察,指定王世杰等5人为常务监察,以王世杰为书记长。

---

① 本文节选自《中华年鉴》(上),中华年鉴社1948年版。

二十九年陈诚因军务繁忙,请辞团中职务,经团长派张治中接替。十一月,《工作纲领》核准通令施行。

三十年十一月,中央干事会任期届满,由团长重新选派,为网罗全国优秀青年干部,将干事名额、候补干事名额增加。中央监察会任期届满,由团长另行选派,名额亦稍有增加,仍以王世杰等5人为常务监察,王世杰仍兼书记长。

三十一年二月,中央干事会令颁团员行动指导纲要。八月,召开第一次全国团员代表大会。

三十二年三月二十九日,第一次全国团员代表大会在重庆召开,团长亲临主持,通过《发展团务十年计划》《统一全国青年组训纲领》等要案,并制定团纲,选举中央干事及监察,计当选第一届中央干事张治中等72人,候补干事李俊龙等25人,经团长指定张治中等15人为常务干事,仍以张治中任干事会书记长。当选中央监察王世杰等39人,候补监察韦永成等19人,经团长指定王世杰等9人为常务监察,仍由王世杰任中央监察会书记长。四月十六日,第一次全国团员代表大会闭幕,发表宣言,号召全国热血青年,参加国防、经济、文化三体合一的新中国建设。十一月,发动团员及青年从军运动,中央团部会同有关部会成立学生志愿从军指导委员会,各地分设指导委员会。截至三十三年八月,从军学生达6000余人。十二月一日,中央干部学校成立。

三十三年十月,中央发起10万知识青年从军运动,由党与团各认配额5万人,预定编为10个师,分区集训。团长发布告知识青年从军书,全国各地闻风响应,在短时间内,应征青年逾15万人,而由团各级所号召应征者,即达93000人,几超过原配额1倍。

三十四年九月抗战胜利,敌区各级青年团组织,由秘密转为公开,协助国军接收及配合政府复员工作。东北及台湾青年团组织,亦相继开始活动。

三十五年四月,中央干事会张书记长治中调西北行营主任,辞书记长职,由陈诚继任。九月一日,第二次全国团员代表大会在庐山举行,团长亲临主持,会期12日,九月十二日闭幕。大会通过《举办团员总甄核》等要案多起,并发表宣言,提示青年团团员在国家建设期中之庄严任务。大会推选第二届中央干事监察,计当选中央干事陈诚、蒋经国等72人,候补干事蔡劲军等25

人;当选中央监察谭平山等49人,候补监察罗翰芹等19人。九月十四日第二届中央干事监察举行第二次联席会议,选举陈诚等15人为中央常务干事,陈诚为书记长,袁守谦、郑彦棻为副书记长。中央常务监察亦同改选竣事。

三十六年一月十五日,中央干事会决自该日起举办全国团员总甄核。为使团员明了总甄核意义,特发表告全体团员书。六月三十日,国民党中央常会及中央政治委员会联席会,在总裁兼团长亲临主持之下,决定集中党团力量,以应付戡乱建国的需要。

9. 抗战时期的国民政府(1948 年)①

1. 西迁重庆

二十六年抗战军兴,国民政府为策划长期抗战,于十一月西迁重庆陪都,并授权军事委员会委员长执行国民政府组织法第三条所规定统率全国陆海空军之职权,并指挥全国军民,负国防之全责。

当时长期抗战之形势已成,为发挥战时行政之高度效能,党、政、军三方面之机构,均有大规模之调整。

2. 党、政、军机构之裁并

在军事机构方面,二十七年初,经将直隶国府之参谋本部改为军令部,训练总监部改为军训部,并将该二部及军事参议院移隶军事委员会。同时将行政院所属之海军部裁撤,其经管事务归并军事委员会之海军总司令部办理,行政院之军政部兼由军事委员会管领。

在行政方面,经将行政院所属之实业部改为经济部,铁道部并入交通部;同时原隶国民政府之建设委员会亦并入经济部,并将全国经济委员会各部分事务,分别性质,并入经济、交通二部及卫生署掌理。

---

① 本文节选自《中华年鉴》(上)中《中央政制》内《国民政府》第五、六部分,中华年鉴社 1948 年版。标题为编者所拟。

在党务方面,则中央党部之组织、训练二部并入军事委员会之第六(民众训练)部,同时军事委员会之第五(国际宣传)部取消,将其职掌划归国民党中央宣传部,而受军事委员会之指挥。但不久国防最高会议,又根据军事委员会之请求,调整该会机构,而将该三部复划归中央党部,而归复原来系统。

3. 主席职权之改变

二十九年三月,成立国史馆筹备委员会;三十年十一月,设立稽勋委员会,均直隶国民政府。

三十二年九月,中国国民党第五届中央执行委员会第十一次全会,依据当时情形,复将国民政府组织法局部修改。国民政府主席为陆海空军大元帅,任期改为3年,连选得连任。五院院长、副院长,由主席于国民政府委员中提请中央执行委员会选任,对国民政府主席负责,主席对中国国民党中央执行委员会负责。此次改制,主席职权改变,大致与二十年未改制前相同,亦即主席不负实际政治责任制之结束。

至当时直属于国民政府之机关,除五院及军事委员会暨府内之文官处、参军处、主计处、政务官惩戒委员会、稽勋委员会外,尚有总理陵园管理委员会、中央研究院、国史馆筹备委员会及西京筹备委员会等。

同年十月,国防最高委员会第121次常务会议决议:国民政府设置顾问8人至16人,备国民政府主席之顾问,由国民政府主席遴选聘任之。三十三年十二月,为配合盟军,加强对日作战,成立中国陆军总司令部。

三十四年三月,国府裁撤西京筹备委员会,将其任务移交陕西省政府接办。十月,国府参军处下,增设军务局;文官处下,增设总务局。十一月,参军处复增设机要室。十二月,恢复国民大会筹备委员会,积极筹备国大开会事宜(按该会成立于二十九年十月,旋因战事紧张,停止工作)。

4. 还都后的国民政府①

三十五年五月,国府还都南京。六月,国民政府为树立现代军制,增强国

---

① 原标题为《还都后之国民政府》,内容为其中的第一节《现代军制之树立》。

防，而谋军事与行政之密切联系协调起见，将原设之军事委员会及其所属各部会，以及行政院之军政部裁撤，改于行政院设立国防部；唯军事委员会所属之军事参议院，仍暂存在，直隶于国府。同时，中国陆军总司令部，以受降遣俘工作完成，亦一并裁撤。

七月，原设各地军事委员会委员长行营，改称为国民政府主席行辕，其组织及职权均照旧。十一月，国史馆筹备委员会，正式改为国史馆；同时成立战略顾问委员会，而将前暂存之军事参议院裁撤。

10. 抗战时期国民政府军事委员会留渝经过纪要（1947年）[①]

第一章 总说

溯自"九一八"敌占我东北四省后，其侵略我国、征服世界之野心，已暴露无遗。我政府及全国同胞，深知国难严重，情势日急，均能体念时艰，在最高领袖领导之下，忍辱负重，一面刷新政治，一面加紧整理军队，充实国防一切设施，作应战之准备。中经《淞沪协定》与《塘沽协定》，仍不能稍戢日寇野心，不久卢沟桥[②]事变又起，我实忍无可忍，乃振奋哀兵，与敌周旋。平沦津陷，战事蔓延，迄于淞沪，全国同胞，无不义愤填膺，争先赴难，前线将士亦拼死作战，以血肉作长城，真可谓民气如潮，军心如金石也。我政府为打破敌之速战速决企图，采取长期抗战计划，乃于二十六年十一月二十日宣布迁都重庆，其后改为陪都。军委会为便于指挥计，先行迁汉，至武汉会战后，乃继续迁渝。8年间历尽艰苦，其中经敌寇长期轰炸，我陪都人民，始终同仇敌忾，险夷一节，盖以我战略指导正确，战术运用得宜，乃得愈战愈强，转危为安，终致最后胜利，其可纪者，良足多矣。

[①] 此文系国民政府国防部史料局撰稿，原标题为《军事委员会抗战留渝经过纪要》。原件存于重庆市档案馆。

[②] 原文为"芦沟桥"，今统称"卢沟桥"。下同。

第一节　军委会组织及其播迁

民国十四年,国民政府成立于广州之际,同时设立军事委员会,为军事最高首脑机关。北伐完成,军事委员会撤销,分别成立参谋本部、军政部、训练总监部,民国十八年,复增设海军部与军事参议院。"九一八"事变后,中央为应付国难,于二十一年三月恢复军事委员会,以统一全部军事之设施。二十六年,抗战军兴,中央为求政略与战略之配合,于军委会之下,曾设第一至第六各部,分掌作战、政略、国防工业、国防经济、国际宣传、民众组训等事宜,又设国家总动员设计委员会、后方勤务部等单位。二十七年秋,旋经调整,将参谋本部、训练总监部等并入,改为军令部、军训部、政治部、后方勤务部、航空委员会、海军总司令部、军法执行总监部、抚恤委员会等机构。又二十四年,军委会为统一人事行政,特设置铨叙厅。至兵役行政计划机构之组织,至二十六年始于军政部内设兵役司,适至三十三年乃扩充为兵役部,抗战结束,兵役部仍改为署,归入军政部编制。此为军委会组织之大概情形也。

第二节　自京迁渝之经过及运输情形

继卢沟桥事变后,淞沪会战相继发生,经我军猛烈抵抗,亘3月之久。政府为贯彻长期作战计划,即宣布迁都重庆,军委会亦继之迁移,大部工作人员则利用水陆船只输送,先行到汉,重要人员则于情况紧要时乘机离京至汉,始继续西迁到渝,领导全国军民从事艰苦抗战,直至胜利受降事宜大部完成,始于三十五年五月五日宣布还都。

第三节　轰炸时期之军委会及防空情形

迄政府宣布迁都重庆,国府及各院部会均陆续迁渝,纯商埠之重庆,遂一跃而为全国之政治、经济、军事、文化中心。敌为屈服中国,乃对此中心,实行不断轰炸。武汉撤退,敌机场随之推进,初于二十八年对我重庆市民,实行"五三""五四"之大轰炸,损失甚巨。我陪都军民乃利用渝市地形,自动开凿防空洞,并加强消防救护救急等组织,结果收效甚大。关于积极防空及防空情报,由航空委员会办理。消极防空则由卫戍总部负责指挥。军委会及所属工作人员,则妥当分配防空洞,发给入洞证,重要公文亦均藏于地下室,防空洞中并有办公设备,虽在敌疲劳轰炸下,重要公务之处理,未尝中辍。迄宜昌沦陷,敌机更为推进,经数年来之不断轰炸,全市精华大遭摧毁,而士气民心,反益加奋发,市街房屋毁而又建者,不知若干。军事委员会并备有帐篷,准备万一全部被毁,仍在原地办公,以此不屈不挠之精神,乃收最后胜利之全功。

第四节　机构系统增减之经过及驻地

军委会为战时军事最高指挥机构,为配合战局,适应需要,对其所属各部门,时有改进调整。设而复撤者,有考核委员会、军事运输总监部、军运统制局、校阅委员会及点验委员会。其因需要而设置者,有工程委员会、战时运输管理局、水陆交通统一检查处等机构。

附表:军事委员会所属各单位在渝驻地表

机关名称	驻　地	备　考
军委会办公厅	林森路	前行营旧址即老镇守使署
军令部	林森路	前行营旧址即老镇守使署
军政部	林森路	前行营旧址即老镇守使署
军训部	璧　山	原驻巴县中学
政治部	两路口	
后勤部	高滩岩	
铨叙厅	中山三路	巴县中学内
军法执行总监部	桂花园	尔后迁洛碛
航空委员会	上清寺	
海军部	山　洞	
军事参议院	綦　江	
抚恤委员会	石桥铺	
防空总监部	复兴关	

第二章　办公厅

办公厅为军委会本身之行政机构,迁渝时在旧镇守使署内办公,掌管命令文书呈转连系及总务警卫诸事宜。下设军事处,后改为第一组,掌本会各部院会厅主管业务军事上之连系呈转,及不属各部院会厅之军事攸关事项,与本会会议会报等事项。总务处,后改为第二组,办理本会及厅文件之收发传达暨刊发印信,及中外来宾之登记引见接待,及调查联络警卫与本会会属,及厅交通通信之计划筹备管制运用,以及本会会属及厅经临费预计算之编造,及出纳保管事项。秘书处,后改为第三组,办理本会一切文件之收拆登记呈阅,及分配文电之拟撰,及人事命令之传达,与统计职员录编辑,典守印信与会内外党政上及边务机关之连系等事项。法制处,办理军事机关学校部队章制审核及军事法规之拟定审核与调整等事项。特检处,办理全国邮电检查之设计及实施事项。机要室,办理机要电报之翻译,及有线无线电报通信,典守本会印信,及机密档案之保管暨本会各部译电稿、密电本之编印及使用,全国军事译电人员之调查统计考核指导等事项。

第三章　铨叙厅

铨叙厅于迁西时,驻中山三路办公,继续办理下列业务：

一、军事铨叙之确立

军委会为军事铨叙之推行,曾于二十一年夏,设置铨叙事务处,二十三年改设铨叙厅,办理军人人事行政,而以军官佐属为对象,以官职为铨叙之本身,以资绩为铨叙之方法,以勋奖励其功,以惩罚课其失,以恤赠褒其忠烈,以服役为推陈布新之总枢,以登记审核为绳各核实之宝笈,凡此种种,均经缜密执行。抗战军兴,军务孔急,部队调动频繁,人事行政之趋向迥异,自须争谋改进,以应特殊情势。战争结束,更需作继往开来之计划,以行而未备者,加以修正；已策定而未行者,从速推行；应行而未行者,提前实施。

二、军事人事政策之确定

建军首重人事,人事尤重管理,过去人事制度未臻健全,管理亦未彻底实施,致若干主官,自由用人,每多形成封建势力。此种缺点,自当力为矫正,以使各官佐成为国家之官佐,期能权责分明、统一任免,以完成人事上之正轨,达成军队国家化之目的。其次,铨叙与教育亦须切连系,以期提高素质,加强国军战力。盖以教育之目的在育才,铨叙之目的在用材,学用两途,均以作战训练管理为唯一目的,故须密切配合,方能日臻上理。

三、军事人事制度之加强

健全人事制度,须先实行以官为控制人事之中心,故积极调整官职,无官不任职,无职及外职者,应予停役或退除役。已经调整官职者,总计陆海空军官佐为265649员。战事发生后,动员数目庞大,地区辽阔,部队调动无常,交通困难,联络不便,为使任免得宜,管理便捷,乃实行分层负责制。规定尉官以军为中心管理机构,校官以战区为中心管理机构,将军以军事委员会为中心管理机构。军事委员会战时人事行政之困难,遂得以解除,已定之人事方针,亦仍能继续实施。

第四章 军令部

军令机构,为国家最高统帅之作战军令所从出,在抗战以前为参谋本部。抗战军兴,设陆海空大本营第一部。未几,大本营撤销,第一部仍改隶军委会。民国二十七年二月,经国防最高会议决定,将参谋本部及第一部合并改组为军令部,辖第一、二、三厅及测量总局(其后改为第三厅),分别主办作战、情报、参谋、人事、教育及测量业务,留渝期间驻旧行营内,轰炸时期曾被毁一部分。

第一节 作战

作战业务,系由军令部第一厅承办,在渝期间驻旧镇守使署内,对作战业务分两期指导。

一、抗战第一期(自"七七"抗战至武汉会战终了)

日寇一贯政策,不容我有余裕时间建设国防,"九一八"与"一·二八"以后,复于二十六年发动"七七"事变,大举进犯。我不得不起而全面抗战,战事一起,我即决定"持久战",采用以"空间换时间"之战略。为避免与优势装备之敌在华北平原作战之不利,乃毅然使用主力于淞沪,期在湖沿地区牵制敌人,争取时间。淞沪会战鏖持至3月之久,敌锋大挫,国际视听为之改观,而我之物资内迁，与军民士气则获相当成就，抗战必胜之信念，实奠基于此。当暴敌之初来也，袭平津、趋沧保、陷大同、窥太原，其焰甚炽，然一挫于淞沪之阵地战，再挫于忻口之运动战，更于台儿庄造成有名之歼灭战，于是敌锋顿挫，我得完成我中部抗战之准备。次又遭我武汉保卫战重大之打击，粉碎其"速战速决"之企图，深陷泥淖，不能自拔，我乃得从容完成西南抗战与反攻之准备，胜利基础，于焉奠定。

二、抗战第二期（武汉会战后至敌投降前）

第一期作战结果，敌自觉其"速战速决""速和速结"之企图已告失败，乃一变而为"以战养战""以华制华"之战略，于其军事占领下，豢养伪组织，施行政治统制、经济榨取，以支持其所谓"百年圣战"。我政府之战略，则为"积少胜为大胜"，故主在打击并消耗敌之野战军，与敌进行艰苦之持久战。其后与盟军联合作战，乃采取积极战略，培养国军战力，准备总反攻。故首在敌后发动广泛的游击战，使敌疲于奔命，同时施行战术攻势，摧破敌之进犯，并努力打通中印国际通路，装备国军，以利总反攻。本期自二十七年冬起，时间逾6年，敌使用兵力经常保持达38师团之众，战线北起阴山，西至怒江。国际通路，完全阻绝，物资来源，极度困难，为我抗战最艰苦亦最卓绝之期间。而我陪都市民，始终信念坚定，共忾同仇，闻胜不骄，闻败不馁，以支楮此空前之民族大战，卒底于成。

三、受降及接收

三十四年夏，我甫发动反攻，而敌已投降，我除派军令部徐部长永昌为特使，参加东京湾之盟国受降外，并一面办理中国战区受降事宜。当指定中国战区陆军总司令何应钦为受降官，于九月九日在我首都南京接受敌驻华派遣军总司令冈村宁次之投降，并区分16个受降区，分别派员受降，迄十月底，大都受降缴械完毕。

四、全战争经过之结果

暴敌横侵，迫我仓卒应战，8年以来，饱经艰辛。其间经过计大战22次，大小战斗38000余次，共毙伤敌军2762808人，俘敌130余万人，国军伤亡失踪者共3211909人，受降时计降敌官兵1240741人，收缴武器材1129871件。

第二节 情报

情报业务系由军令部第二厅办理，留渝期间，在旧镇守使署内办公，不断搜集敌情,并研究各国军事、政治、经济、外交、社会状况、国际动态等,以供作战指导之参考。惟我国以物力财力在在缺乏,情报设施未臻完备,搜索机关尤欠发达,与敌人相较,情报搜集之难易,诚判若天渊一斑,即获查其全豹。此则情报整理适切,判断正确之功也。

第三节　参谋人事

参谋人事,由军令部第三厅第一处办理,以夫子池为办公地点,主办业务如左〈下〉:

一、任免

各级参谋须经军令部审核遴选,合格者呈军委会核准后,照一般任命程序办理。实施以来,国军之参谋人事,渐渐能步入正轨。

二、储备

抗战期间为适应各部队之需要,订颁《陆军储备参谋遴选办法》,由军及师于所属中少校及上尉各级军官中遴选编制内参谋员额3倍之人数,报军令部存案,轮流预习,以备调充参谋之用。实施以来,收效甚大。

三、考核

自民[国]三十年订颁《陆军参谋考核及调职办法》,严格考核,逐次实施,每年举行校阅,参谋业务尤为校阅之主要课目。抗战以来,曾四度派员视察,督促改进之处实多。

第四节　参谋教育

参谋教育由军令部三厅二处主办,随厅驻夫子池办公,主管下列业务:

一、陆军大学校

为养成陆军高级指挥官及幕僚之最高学府,开办已30余年,二十八年三月迁重庆,先后毕业学员共2995员。抗战中对教育方法改进颇多,该校毕业学员,对此次抗战之贡献亦甚大。

二、留学生选派

在民[国]三十[年]以前,送留日、德、法、意、美等国,共50余员。三十年以后,又选送留土、法计5员;入美国参谋学校短期班者,先后共40员。历年归国各员,对于国军学术及教育训练之改进,以及军令军政诸方面俱有相当贡献。

三、参谋补习班

民[国]二十四年,于陆军大学校内附设参谋补习班,召集现任参谋人员,施以1年之短期教育。二十八年将该班分设桂林、西安两地,现已抗战胜利,先后结束。

第五节 测量

民[国]十七年,于参谋本部下组设陆地测量总局,掌管全国测量,及制图业务之规划与实施。抗战时政府西迁,初移贵阳办公,迄三十二年三月,改变为军令部第四厅,迁重庆石桥铺。另由各省局队改设测量队12队,及水利航空测量队1队,分负测量业务实施之责。关于测量人员之养成,计中央测校及分校先后毕业者1289名,尚有在校受训学生共396名(十八年以前各省测校毕业人数未列入)。

第五章 军政部

军政部为办理军事行政之机构,属行政院之一部,战时归军委会指挥,主管军务、军需、兵工、军医及兵役等业务。迁渝期间,部本部在旧行营内办公,曾一度为敌机投烧夷弹焚毁,旋即改建。

第一节 军务

整军建军之业务,系由军政部军务署承办,在留渝期间驻旧镇守使署内,主办业务如左〈下〉:

一、整军

二十七年冬南岳军事会议,策定国防军整理各方案,于二十八年春开始至二十九年冬整理完竣。嗣鉴于军队数量仍未能紧缩,质量尚待加强,自三十年起遂采逐步精兵主义,以充实战斗单位,调整军师组织为目标。三十一年秋,西安军事会议,决定以军为战略单位,策定各部队改造大纲及实施办法,至三十三年底始改造完成。迨抗战胜利,开始复员,国家兵力之保持,自应以国防方针及国家经济力量为衡量依据,现已根据3人小组整军方案实施,完成一部,以后再视情况办理。

二、建军

整军为建军的基础,建军为建国之要图。政府有鉴于此,于二十九年订有国军建设五年计划,旋以实施匪易。三十年春,复订国军三年建设方案及计划大纲,期于3年之内,建立主力部队,旋因太平洋战起,装备武器不能如期达到,故未实施。三十一年秋,利用美国租借方案,建设我驻印部队,逐次整补,质量遂以增高,于横过缅北原始森林,打通国际运路之役,收效至大。政府对于军队之建设,尚随工业之进步,以完成我现代之国军,肩负国防上之使命。

第二节 军需

经理粮服补给业务,由军政部军需署承办,在留渝期间驻林森路东华观办公,其主管业务如左〈下〉:

一、历年粮服之筹办与补给

我国以往为粮饷合一制度。自抗战开始,供应浩繁,乃适时适地按其需要,购屯价发。二十九年二月,实行粮饷划分,所有官兵主食,一律按照定量改发现品,另发副食费。惟以物价不断激涨,各地悬殊过甚,虽迭经调整,终感不敷不平,乃于三十三年二月,试办实物补给。施行以来,尚有成效。

我国陆军服装,本以设厂自制为原则,抗战以后将原有各国民营工厂迁建后方,并发动各地手工业,逐渐增设小型工厂,以增制造。截至抗战胜利止,共扩增至26厂,可担任至500万人之服装。

二、历次陆军待遇之调整

官兵待遇虽迭次提高,然不及物价之激增远甚,政府一面固须顾虑人民负担,一面亦须维持官兵最低生活。8年抗战,我官兵实属未遑饱暖,备历艰辛,幸能达成任务者,实为高度之爱国热情所致也。

第三节 军医

军医业务为军政部军医署主办,留渝期间,驻新桥办公。战争开始之际,共有陆军医院22所,临时陆军医院19所,兵站医院10所。抗战期间,乃有《战时卫生勤务纲要》之颁布,为适应需要,积极编组卫生机关,颇著成效。

抗战以来,为使负伤官兵残而不废,二十八年设残废军人生产事务局,开发边荒训练工艺,始具荣誉军人安置之规模,全国计有教养院9、休养院11、临时教养院20、盲残院2、屯垦队4、模范生产队1、临教所1,收容各残等荣军75000人。

第四节 兵工

筹划国防兵器技术之改进,与全国兵器之制造,由军政部兵工署承办,留渝期间,驻观音岩办公。抗战军兴,政府为保持原有兵工厂,陆续使之迁移后方,几经努力,生产量历年均有增加,品质方面亦逐次提高,且逐年增添兵器种类,以应作战上需要。直至"珍珠港事变"后,盟邦始逐渐加以援助,但延至三十三年,有一部分取给于租借或贷与者,终以运输困难,大部仍赖本国兵工厂之产量以维持。中印公路通行后,始源源而来,然未几敌已投降矣。

第五节 兵役

兵役业务由军政部兵役署(一度扩为兵役部)主办,留渝期间在夫子池办公。二十八年二月始,由军政部兵役司扩充为兵役署,复于三十三年十一月扩充为兵役部,抗战胜利后紧缩机构,于三十四年十二月一日,仍缩编为兵役署,归还军政部建制。

一、管区创设及其变迁

"九一八"以后,鉴于日人谋我益急,乃于二十五年九月颁布征兵令,正式划定管区,先于苏浙豫皖鄂赣六省设置12个师管区司令部,每师管区下设4个团管区,依征兵程序开始征兵。三十年将团管区一致撤销,改三级制为两级制,计全国共有军区16、师区89、独立团区2。

二、兵员补充

为保持前方持久之兵力,必须储备兵员。抗战初期,成立补训处及各师区补充团(营)。二十六七两年,经常储备新兵约50万人,拨补各部队缺额。二十八年征编补充兵力为100万人,并经南岳会议决议增设补训处及军师野战补充团(营)。二十八九年各约训练新兵200万名,以补充各部缺额。三十二年九月黄山会议决定,将各区处团队,分别裁减至50万人,三十四年三月复裁员至20万人。所有兵员补拨均由中央统筹,历次战役伤亡尚能补充无缺。抗战大业赖以支持完成,尤以川湘渝3省出兵为多,实属难能可贵。

第六章 军训部

军事教育、部队教育、训练等,均由军训部主办,到渝时驻中山三路巴县中学,后迁移璧山办公。

一、部队教育

由于第一期抗战教训,战斗技术训练不足者,则战力薄弱,不能达成战略战术要求。乃决定训练重于作战之原则,分期整训各部队。三十年春,应战局需要,继续训练攻击部队、突击部队,积极实施,颇收成效。

二、干部教育

1. 正规教育。为适应作战需要,并谋各战区干部补充及入学便利起见,除原来成都军官学校外,曾增设第三、七、八、九等4个军官分校,取消交辎学校,改设辎重、通讯、机械化3个兵科学校,增设西南、西北2个步兵学校,及特种兵联合学校,特种教育班,驻冀、驻鲁、驻苏干训班,及5个入伍生团等。在抗战期间,颇多贡献,胜利后概行裁撤,现仅留成都军官学校,及迪化第九分校与步、骑、炮、工、辎、通、机7个兵科学校。

2. 临时训练。二十七年组设巡回教育班,分赴大江南北,以新的战斗技能及武器使用,训练战区控置或待机之部队干部,施行以来,实获相当成效。又为使部队能自行提高干部素质,于二十九年春令饬每战区成立干部训练团,以遂行战地教育。为借助盟军教育经验,三十三年以租借新式武器器材,成立驻滇、驻桂2干训团。为普及游击战术思想,培养游击干部,特于二十八年春成立南岳游干班,同年秋成立西北游干班,计承训游击干部共9090员。各受训员生士兵,在抗战中或成功或成仁,其贡献实有足多者。

第七章 后勤部

运输补给业务,为后勤部所主管,留渝期间驻高滩岩办公,业务实施分述如左〈下〉:

一、兵站机构之调整

二十六年八月成立后方勤务部,并于各战区及部队分设兵站总监部、分监部、支部、分站、派出所等。三十四年二月,为谋军需生产储备与补给连系密切起见,改组为后方勤务总司令部,受军政部指挥,并分全国为西南、西北、东南3个补给区,分区担任补给。战争结束,复参酌盟国军制趋势,配合整军、建军要求,划全国为8个补给区,并依省区各设供应局,归区司令部统辖,下设供应站及各种补给供应仓库。

二、运输与补给设施

运输为兵站主要业务,除航空运输兵站未正式组织外,铁道、船舶、公路均设有之。

(一)铁路设有铁道运输司令部,各部设线区司令部、车站司令部,以及调度所。三十二年运输司令部裁撤,并将所属各级机构改组,改隶战时运输管理局,仍受后勤部指挥。三十五年战运局改组,又恢复各区铁道军运指挥部。

(二)船舶长江区航运,由后勤部船舶管理所负责,三十四年六月改组为长江船舶管理处,并将船舶修造厂拨归隶属,各省船舶运输业务归各兵站办理。抗战胜利,渝沪通航,船舶管理处于各地设立分处,旋因水陆军运扩及南北洋,乃改组为水路军运指挥部。

(三)公路前设有线区司令部、车站司令部办公处,三十四年二月,改组为军运参谋室,拨归战时运输管理局,受后勤部指挥。三十五年一月,战运局改组为公路总局,军运参谋室仍归后勤部接管,二月间划分西南西北公路干线为6区,分设军运指挥部,将军运参谋室改为军运办公处。

三、补给设施

(一)粮秣补给。军粮补给自三十一年三月起,全国部队实施补给现品,统归兵站办理,三十三年底军粮总局及各地军粮局撤销后,改定分区担任办法,按实际情形酌为调整,实施以来,尚无贻误。

(二)弹药补给。各部队装备所需之械弹,由军政部按照编制及武器种类配赋之,作战之消耗始由兵站担任补充。抗战以来,大小战役所需弹药,尚能勉力补充,未虞匮乏。关于作战部队损坏武器,则在各战区兵站所在地,设置野战修械所,担任修理。

第八章 政治部

军队政工,为政治部所主管,留渝期间,一部在两路口,一部在三圣宫办公。

一、政工机构之调整

原各战区设政治部,集团军设特派员室,军师及军事学校设政治部。二十九年,废除军政治部,增设连指导员,移工作重心于基层,并确立军政交流制度。三十三年随军制改变,恢复军政治部,并侧重军中文化及康乐工作。

二、干部培养

抗战军兴,为适应政工制度之扩展,先后设立下列各种训练班团,以期增加干部。

(一)战时工作干部训练团,二十七年春开始成立,全国先后成立6个团,受训学生1677人,除一部分从事军事工作外,其余大部分从事政治工作。

(二)党义研究生,三十二年创立,其目的在培养军事学校党义教官人材,毕业101人。

(三)军中文化工作研究班,三十二年五月成立,分新闻、戏剧、日语3系,已办2期,毕业284人。

(四)军中文化工作研究生,三十二年四月成立,已办3期,毕业107人。

(五)扩音技术人员训练班,三十四年六月成立,毕业132人。

(六)电影技术人员训练班,三十四年八月成立,仅办1期,毕业83人。

三、部队政治教育

在灌输官兵政治常识,以加强其政治警觉性,藉以提高国家民族意识,除随时随地施行机会教育外,每周并规定正式课程4小时,编印政治教材颁发各部队实施。军官政治教育,则以自我检讨与小组讨论实施之。

四、军事学校政治教育

抗战以来,军分校扩充,各兵科学校一律增设政治部,范围扩大,其教育课程,计分基本教程与普通教程 2 种。基本教程有国父遗教、主席言行、东西历史、地理、法律、经济、国防、革命史、近代史等,补充教程有抗建纲领、国家总动员、军队政工、日本研究、美英苏研究、哲学、理财学等。

第九章　军法执行总监部

军法业务,战时由军法执行总监部主管,留渝期间,驻两路口桂花园办公,后大部迁洛碛办公。

一、机构之调整

抗战军兴,适应需要,军委会下设军法执行总监部,三十四年将军政部军法司编并。胜利后总监及各总监部陆续撤销,由军政部恢复军法司,另于各行营、绥署、绥靖区成立军法处,处理各该单位军法案件。

二、审判制度之改进

我国审判程序,殊嫌简略,尤以军事检察制度尚未成立,各级军法犯罪者经察觉或告发前,无人负责。抗战结束后,始于各级军法机构内,分别设置军事检察科,或军事检察官,专负检举罪犯及纠察军风之责,以期达成严明法令,整肃军风纪之任务。

三、军人监狱之整理

抗战军兴后,有四川、成都、贵州、湖南第一、二、江西、福建、桂林等 8 军监。三十三年,湖南第一军监及桂林 2 军监撤销,湖南第二军监改为湖南军监。并于湖北谷城,恢复湖北军人监狱。抗战结束,将江苏、浙江 2 监恢复,并收回河北地方军监。

四、战犯之处理

敌人投降后,各地战犯之处理,亟应进行,经于三十四年十月间,由行政院秘书处与军令部、军政部、司法行政部、外交部等机关,会组战争罪犯处理委员会,先后拟定战争罪犯处理办法、战争罪犯审判办法及其他有关法规,呈经军委会委员长核准施行,并于各行营绥署设立审判战犯军事法庭11、战犯拘留所12,办理战犯之审判及拘押事宜。

第十章　航空委员会

空军之训练作战业务,由航委会主办,留渝期间驻上清寺办公,略述其要务如下:

一、抗战中空军之发展

战争初期,我仅以9个大队、飞机305架之兵力参加作战,与敌力量悬殊,故在作战过程中不得不节约兵力,集中使用于各主要战场及重要城市方面,幸赖士气旺盛,指挥适切,终能以寡敌众。二十七年至二十九年,飞机之补给主要依赖苏联以货易货之协助,保持7个至11个大队之番号。三十年以后,飞机器材油料之补给,逐渐改向美国现款购买;租借案实施后,则几全赖美国之协助。三十三年起已达到足以经常维持一定作战飞机架数,对前方战场之支援及重要城市之防空,两项任务均能发挥有效威力。

二、人员之补充及训练

空军进步,业务增繁,各种空勤地勤技术人员之补充及增加迫切需要,为此需要除战前之空军军官学校外,陆续增设空军军士学校、空军通讯学校、空军幼年学校、测候训练班等教育机构。其中之空军军士学校,以我国不适应于实施飞行军士制度,已于三十四年撤销。抗战以来,在国内训练完成之空勤人员共1057名,各种地勤技术人员共11541人。为迁就国外汽油供给之便利,及其教育设备之利用,经先后派美国完成训练者,计空勤学生及补训之空勤官佐共3446名,地勤人员1059名。

第十一章　海军总司令部

海军总司令部,为策定海军作战方针,抗战期间,以巩固江防与海军整建

为主要任务,留渝时驻山洞办公。兹将指挥作战经过及海军之整建分述如左〈下〉:

一、海军之作战方针

为封锁江阴扼阻敌舰,关于封锁工作,计调用海军舰艇8艘,商船20艘,敌趸船8艘,民船盐船185艘,下沉阻塞,舰队员兵监视封锁任务,受敌机袭击,损失甚重。除封锁外复拆卸舰炮,安装于长江两岸各要塞区,武汉下游自葛店至江阴各段之炮台,曾先后击沉之舰艇,计33艘。武汉放弃,于上游荆河洞庭湖水道各布水雷13000具,复组织布雷游击队分别在长江下游,于敌后布置漂雷,袭击敌之舰船,此项工作进行5年又4月,颇获成果。战争结束后,各布雷队改为扫雷队,从事清扫雷区、恢复航路之工作。

二、海军之整建

海军原有舰艇,经战役后仅余10艘。三十一年三月,英美两国本军事合作精神,赠我炮舰4艘。三十三年九月,我国与法国民族解放委员会,开始正常邦交,法赠我炮舰1艘。此外我国复与美国接洽规目〔模〕较大赠舰,亦告成效,计美国护航驱逐舰2艘,布雷舰4艘,驱潜舰2艘,总计8艘,另有登陆舰艇辅助舰艇98艘。英国则有巡洋舰1艘,拱卫舰1艘,潜水舰2艘,海岸巡防艇8艘,仅一部接收,其余则尚需待我海军训练完毕后始能着手。至胜利后,接收敌伪海军舰船,现有1631艘,约5万吨,其中不堪使用之自杀艇,占50%强。

第十二章 军事参议院

军事参议院为最高当局对于军事之咨询机构,办理有关军事应行调查,及编纂一切建议及有关军事之书报图表杂志等,成立于民国十八年,政府迁渝后,该院驻綦江办公,三十五年随同还都南京。

第十三章 抚恤委员会

抚恤伤亡优待遗族之业务,由抚恤委员会主管,留渝期间,驻石桥铺办公。抗战初期抚恤业务由铨叙厅办理,三十年始于军委会下设此机构,先后成立驻豫、陕、浙、桂、湘、粤、黔、皖、赣、鄂、闽、川、晋13个抚恤处。以核发恤令、给恤金、颁发奖哀状为主要业务。次则主动会同中央各有关机关,拟订优待遗族及伤残官兵就业及子女就学暨表彰纪念忠烈等办法,而促请实施。

第十四章 防空总监部

防空业务由防空总监部主管,留渝期间驻复兴关办公。兹略述工作经过如下:

一、防空机构与组织

总监内部设积极防空处、消极防空处、防空情报处。受总监部直接指挥者,有高射机炮团队、中央防空情报所及防空协进总会。至各省或要地则设防空司令部,或各要地防空指挥所,指挥驻在地高射枪炮团队,及驻在地空军站,当地防护团等。

二、防空教育之创设

(一)干部教育

1. 中央教育,设置防空学校,训练高射炮人才,并设情报训练班,召集各都市公务员及省县政警,或人民团体职员来校受训。

2. 地方教育,举办防空人员训练班、防护干部训练班、防空情报训练班,大多由防校毕业员生主持,充任防空干部。

(二)社会教育

1. 军警宪校防空教育,在军警宪学校设防空一科,以便促进防空业务,应付时代之需要。

2. 普通学校防空教育,中心小学及中学防空课本会同教育部编印,使每一国民皆有防空知识。

3. 民众防空教育,举办防空扩大宣传及防空展览会,使全国民众对防空理论与事实,得以相互印证。

第十五章　结言

　　以上乃我军事委员会留渝期间所有业务之概略情形。回忆8年抗战之中,我军委会同仁与陪都民众,风雨同舟,险夷一节,冒敌机之轰炸与战时一切困苦缺乏,再接再厉,卒获最后胜利。我百年之积弱,与不平等条约之束缚,因8年抗战而全部扫除。从兹发奋图雄,永奠我五强之一坚固基础,乃我全国同胞无可旁贷之责任。他年鉴往规来,我陪都市民当年艰苦奋斗之精神,亦将与青史流传、永垂不朽也。

11. 抗战时期的国民政府行政院(1948年)①

一、行政院在政府中地位之变迁

民国十七年十月,中国国民党中央执行委员会决议实施五权制度,行政院即于是时与其他四院同时成立。当时行政院乃构成国民政府之一部分,国务一律由国务会议处理,国民政府主席负实际政治责任。民国十九年间,中央改制,以前之"国务会议"改为"国民政府会议";以前以行政院长为主席,以行政院所属各部会长官组成之"行政院会议",则改为"国务会议"。在此时期内,实际政治中心由国民政府移转到行政院。二十年十二月改制,国民政府主席"不负实际政治责任",但行政院之会议则仍称"行政院会议",不称"国务会议",国民政府则有国民政府委员会,亦无国务会议,行政院在政府中所居之地位仍甚重要,而为一负有实际政治责任之机关。三十二年九月改制,取消国民政府主席不负实际政治责任之制,但行政院则仍居最重要之地位。三十六年四月,中国国民党为结束训政,完成实施宪政之各项准备,改组国民政府,扩大政府基础,由各党派及社会贤达共同参加,并根据宪法精神,提前试行行政院责任制。行政院之地位,乃与民主各国之内阁相等,而益形重要矣。

---

① 此文节选自1948年中华年鉴社编印发行的《中华年鉴》(上),原名为《行政院组织沿革》。文后附表选自1943年7月出版的《国民政府年鉴》。

二、历年来行政院各部会之演变

行政院最初以内政、外交、军政、财政、农矿、工商、教育、交通、铁道、卫生各部及建设、蒙藏、侨务、劳工、禁烟5委员会组织而成。在行政院内部，则设有秘书处与政务处。二十九年起，行政院依照主计制度设会计处，办理岁计、会计、统计等事项；人事管理条例实施后，复增设人事室。至上列各部会，历年来为因应时务，曾经多次之添设裁并，变动颇大。兹为叙述方便起见，除内政、外交、财政、教育各部及蒙藏、侨务两委员会机构历年来并无变动，略而不叙外，其他各部会就其性质，分为军事、粮食与土地行政、经济建设、社会与救济、卫生行政暨司法行政等6部门，概述如下：

1. 军事机构之变迁

十七年行政院成立之初，下设有军政部，与其他各部并列。二十一年初，国民政府决定设立军事委员会，直隶于国民政府，行政院之军政部，同时隶属于军事委员会。

二十一年为积极推进海军建设，经将军政部所属之海军署裁撤，扩大为部，与军政部同隶行政院。二十七年初，军政机构大调整，复将该部裁撤，将其经管事务归并于军事委员会之海军总司令部办理。

三十三年十二月，复将军政部之兵役署扩大，改组为部，直隶行政院，办理全国兵役事宜。三十四年底该部裁撤，仍于军政部下设兵役署，办理兵役事宜。

三十五年五月，国府为树立现代军制，增强国防，决定成立国防部，隶属于行政院，而将原设之军事委员会及其所属各部会，以及军政部一并裁撤，国防部即于六月一日正式成立。

2. 粮食与土地行政机构之演变

粮食与土地两项政务，有极密切之关系。抗战第四年，我国粮食问题逐渐发生，政府乃于行政院下特设全国粮食管理局，开始实行粮食管理政策。三十年七月，将该局改组为粮食部，成为行政院中之一部，以迄于今。

土地行政原为内政部地政司所主管。三十年，五届九中全会决定为依照土地政策战时实施纲要，积极推行土地政策，将内政部地政司裁撤，另设地政署,直隶于行政院。三十六年四月,政府改组,鉴于绥靖区土地问题严重及推行土地政策之重要,又将地政署扩大为地政部,成为构成行政院之一部,于五月一日成立。行宪后,该部仍为构成行政院之一部。

3. 经济建设行政机构之演变

①工商与农林行政机构

我国工商与农林行政,远在民国元年,即有专管机构。当时设有工商部,专管工商业务;农林部专管农林业务。民国三年,改定政制,将两部合并,改称农商部,由南通张謇任总长。张氏就任后,曾宣布棉铁政策,并颁订工商各项条例章则,当时耳目为之一新。迨十七年国民政府奠都南京,鉴于工商行政之重要,复设工商部,以专责成;另成立农矿部,为主管全国农矿行政之最高机构。同年三月,五院制开始实行,工商、农矿两部,均改隶于行政院之下。二十年,工、农两部,复合并为实业部,下设农业、工业、商业、矿业、渔牧、劳工等司及林垦署。二十六年抗战发生,为适应客观需要,乃实行战时体制,前国防最高委员会①爰于是年十二月决议将实业部改组为经济部。二十七年一月,经济部成立,所有中枢骈枝经济机构,全部并入该部,过去纷杂零乱之现象,至此乃趋于统一。当时经济部内分设农林、工业、商业、矿业及水利等司,其附属机关之主要者,计有:资源委员会、工矿调整处、燃料委员会、中央工业试验所、中央地质调查所、矿冶研究所、全国度量衡局、商标局、贸易委员会、中央农业试验所、农本局以及黄河、扬子江、珠江等水利工程机构,其组织之庞大,事权之集中,斯为极盛。后以抗战步入艰苦阶段,经济作战任务,愈趋艰巨,感觉必须专业分工,而后始能迅赴事功,乃于二十九年及三十两年,先后成立农林部与水利委员会,而将原属经济部管辖之农林与水利业务及其附属机构,分别划归该部会等管辖。是为中央经济行政集权制度之一大转变。

农林部成立之初,设有农事、林业、渔牧、农村经济等司及垦务总局,三十年增设粮食增产委员会,胜利后又设立农业复员委员会。旋将垦务总局裁撤,三十五年复增设垦殖司,并将渔牧司分为渔业及畜牧两司,并设立联络委员会,为我国农业粮食主管机关与联合国粮农组织(F. A. O)之联络机构。

三十五年五月,原属经济部之资源委员会,改为直隶行政院。至是经济

---

① 此处有误,国防最高委员会成立于1939年,此时应为国防最高会议。

部之行政工作,较前益为单纯,下设工业、商业、电业、矿业、管制与国际贸易等司,盖已完全属于工商业务之范围矣。三十七年五月,行宪政府成立,为使名实相符起见,政府复将经济部之名称改为工商部。

综上所述,农林、工商两部,时而分离,时而合并,而两部之名称,更时有改易,实为我国行政机构中变化最大之部也。

②交通与水利行政机构

国民政府统一全国之后,与农矿、工商等部同时,即有交通部之设,直属于国民政府,主管全国交通建设行政。民国十七年三月,实行五院制,该部改隶行政院。嗣为加强铁路建设起见,经将该部主管之铁路行政划出而单独设一铁道部,亦隶属于行政院。二十七年一月,为适应当时抗战环境,实行战时体制,简化中央机构,复将铁道部裁并于交通部内,同时并将原属全国经济委员会所主办之公路建设事项,及军事委员会之水陆运输联合办事处,亦均并入交通部。至是,我国之交通行政,始归于统一。

我国之水利行政机构,历年来事权分散,颇不统一。民国十八年,国民政府下设有黄河水利委员会及导淮委员会;同时建设委员会下,亦有华北水利委员会之设。十九年,原属建设委员会之华北水利委员会,改隶于内政部。二十二年,黄河水利及导淮两委员会,亦改隶于直属国民政府之全国经济委员会管辖。二十七年一月,中央成立经济部,为全国经济行政之最高机关,经将原有分散于内政部及全国经济委员会之水利机构,一体划归该部,而在部内设水利司专管其事。历来分散之水利行政事权,至是始得统一。

三十年夏,中央为积极推进水利建设,成立行政院水利委员会,将原有经济部经管之水利事业,均移归该会专管。三十五年,该会改称水利委员会;三十六年四月,政府改组,该会复改组为水利部,而为全国主管水利行政之统一而最高之行政机构。

③其他有关经济建设行政机构

经济建设之范围至广,中央主管经济建设之行政机构,除上述之工商、农林、交通、水利4大部门外,历年来亦多有其他机构之设立。如国民政府统一全国后,除设立农矿、工商及交通等部外,为实行总理实业计划起见,并特设建设委员会,直隶于国民政府。十七年政府改制,成立5院,该会乃改隶于行政院之下。十九年,该会复改隶国民政府。二十年六月,复成立全国经济委员会,掌理国家经济建设及发展计划之设计、审定、监督、指导及特种经济建设之实施等事项。该会原隶属于行政院,二十二年后,改为国民政府直辖。

二十六年抗战爆发,军事委员会之组织大加扩充,其下分设6部,其中第三部主管国防工业,第四部主管国防经济。同时政府复提出增进生产调整贸易办法大纲,于军事委员会之下设立农产、工矿及贸易3调整委员会,并将原属该会之国防设计委员会改为资源委员会,此外,复设一对外易货委员会。凡此纷歧驳杂之经济建设性之机构,至二十七年,中央机构大调整,而成立经济部后,始趋统一。经济部成立于二十七年一月,该部成立后,即将原有之实业部裁撤;同时并将建设委员会全部、全国经济委员会之水利部分,以及军事委员会之第三、第四两部,农产、工矿两调整委员会,资源委员会以及财政部之粮食运销局,一体并入经济部内。至全国经济委员会所主办之公路建设事项及军事委员会之水陆运输联合办事处,则与铁道部同时并入交通部。经此调整后,我国之经济行政事权,始趋统一。

三十六年五月政府改组,为统筹开发全国经济,加强建设,复于行政院设立全国经济委员会,以为经济决策之最高机构。该会之主要任务为:决定主要经济政策、制定主要经济计划及方案、有效利用全国资源、督导特种经济措施以及联系各种经济部门之工作等。

4. 社会与救济行政机构之演变

抗战时期,中央党部曾有社会部之设,藉以训练民众,期以党为社会服务,一切人民团体,亦均由党予以指导监督。

二十九年,中央决议将中央社会部,移隶于行政院,该部遂由党的机构而成为政府之行政机构。同时并将原属内政部民政司所掌管之社会福利事务,划归社会部专设社会福利司掌理其事。而经济部所属之全国合作事业管理局,亦改隶该部。

与社会行政有关之振济行政,原系内政部所主管,嗣中央将其划出成立振务委员会,抗战后更名为振济委员会,隶属于行政院。三十四年一月,为执行联总在中国区域所负之任务,中央乃于行政院下成立善后救济总署,同时撤销振济委员会,将其任务移并该署。三十六年底,行政院善后救济总署结束,其经办振济任务,移交社会部接办;其所办善后救济工作,则移交于新成立之善后事业委员会。

5. 卫生行政机构之演变

我国中央政府办理卫生行政之机构，近年来变动亦颇剧烈。在十七年国民政府初实行五院制度时，卫生行政系沿袭民国初年之例，于内政部设立卫生司办理。十七年十一月，中央决定将卫生司裁撤，改设卫生部，为行政院之一部，同时并设立中央卫生委员会及中央卫生试验所。二十年政府调整机构之结果，将卫生部裁撤，成立卫生署，属于内政部。二十五年十二月，卫生署改隶行政院。二十七年行政机构大调整，卫生署又改归内政部。二十九年，卫生署复改归直隶行政院，而与地政署同为直隶行政院之署。

三十六年四月，政府扩大改组，复将卫生署改为卫生部，而与地政部同为隶属行政院之部。

6. 司法行政机构之演变

司法行政部在行政院与司法院之间，曾经往返改隶多次。民国十七年十一月十六日，司法院成立，其下设司法行政部，是为司法行政部最初之成立。二十年十二月，中央决定将该部改隶行政院；二十三年十月，又将该部改归司法院；三十二年一月，又改回到行政院。三十六年四月，政府改组，司法行政部仍为构成行政院之一部。盖以就各国通例而言，司法行政均列为行政机关之一部门，此后当不致再常有更动也。

就上述以观，可见历年来行政院所属各部会除内政、外交、财政、教育各部暨蒙藏、侨务两委员会，因其性质比较单纯而固定，无甚变动外，其他部会变动颇剧。其中尤以经济建设行政机构之变动为最大。三十六年春政府改组时，原有设立邮电部之拟议，嗣因故暂未成立。此外，此次改组，于行政院下，另设一新闻局，而将原属中央宣传部之国际宣传处并入该局之内，于三十六年五月一日正式成立。

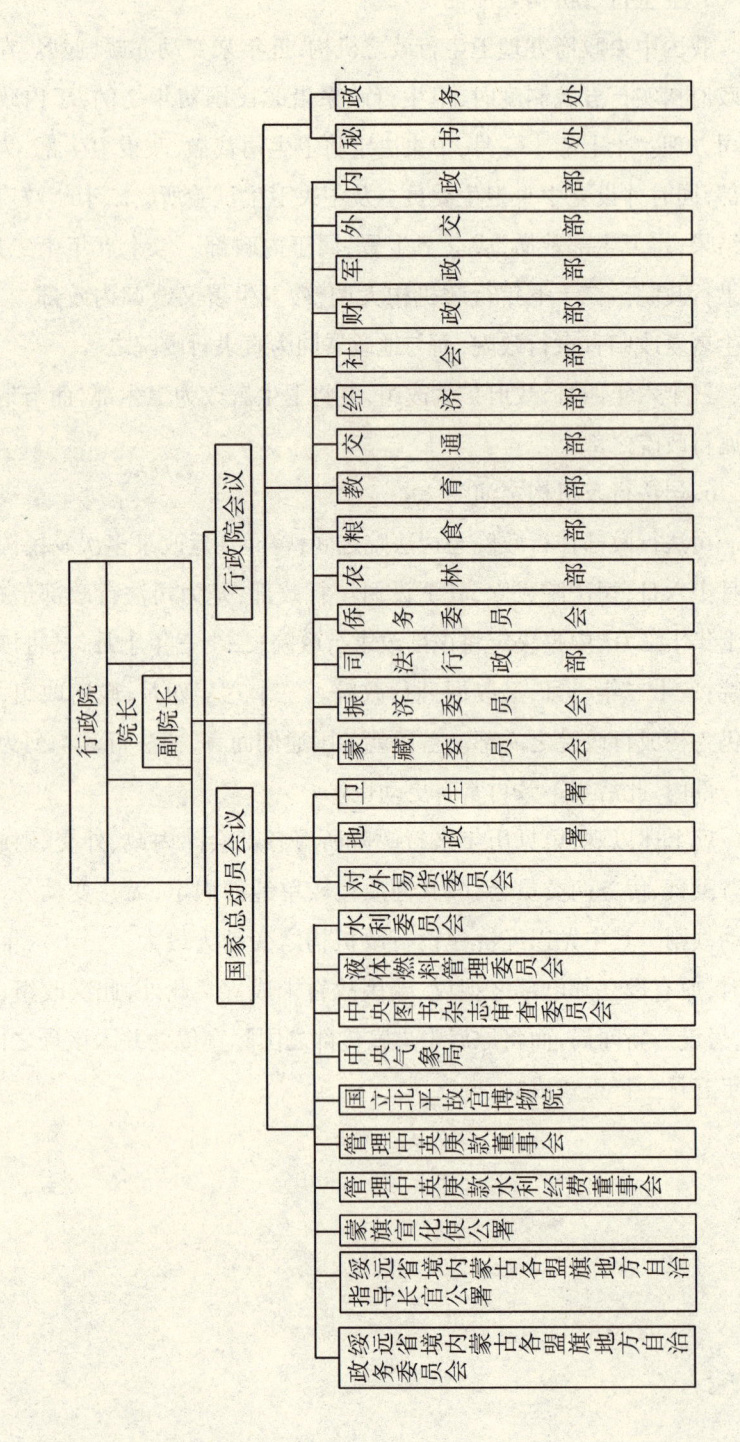

行政院组织系统图

```
行政院
├─ 院长
└─ 副院长
    │
    ├─ 行政院会议
    │   ├─ 政务处
    │   ├─ 秘书处
    │   ├─ 内政部
    │   ├─ 外交部
    │   ├─ 军政部
    │   ├─ 财政部
    │   ├─ 社会部
    │   ├─ 经济部
    │   ├─ 交通部
    │   ├─ 教育部
    │   ├─ 粮食部
    │   ├─ 农林部
    │   ├─ 侨务委员会
    │   ├─ 司法行政部
    │   ├─ 振济委员会
    │   └─ 蒙藏委员会
    │
    └─ 国家总动员会议
        ├─ 卫生署
        ├─ 地政署
        ├─ 对外易货委员会
        ├─ 水利委员会
        ├─ 液体燃料管理委员会
        ├─ 中央图书杂志审查委员会
        ├─ 中央气象局
        ├─ 国立北平故宫博物院
        ├─ 管理中英庚款董事会
        ├─ 管理中英庚款水利经费董事会
        ├─ 蒙旗宣化使公署
        ├─ 指导绥远省境内蒙古各盟旗地方自治
        │   政务委员会
        └─ 绥远省境内蒙古各盟旗地方自治
            政务委员会
```

12. 抗战时期迁都重庆的内政部(1947年)①

(一)

本部于二十六年十一月奉命迁渝办公,遵照积极筹划,所有全部人员及公文等,分由津浦路车及长江轮运至汉口集中,再由汉口转运至长沙,复由长沙经湘黔公路经贵阳达重庆,时为民国二十七年一月。综计此次西迁,自奉命之日起至全部到渝办公止,费时虽仅月余,其间艰苦备尝,非笔墨所能形容。

(二)

本次西迁员工人数不多,公文箱堆积如山,非有巨大之办公室足以容纳此多数之人与物,乃于渝中赁中一路义林医院为部址。二十八年五月起,日寇大肆轰炸渝市,本部奉令疏散,乃迁往巴县虎溪乡陈家桥,并设部址于傅家院子。其时傅宅屋宇虽可容纳全部办公人员,然因年久失修,屋舍皆有倾圮之象。本部乃雇工修葺,复于后山建屋10余幢为职工及眷属住所,另建档案室、图书室2处于部外,以避日寇轰炸目标,复于图书馆侧建筑大礼堂。至渝市方面为便利长官办公,乃先后租赁增置罗家湾9号、复兴关李家花园、神仙

---

① 此文系国民政府行政院内政部自撰稿,原名为《抗战时期迁都重庆之内政部》。原件存于重庆市档案馆。

洞街98号为本部驻渝办事处,并赁义林医院下层及牛角沱四维小学校址为驻渝办公职员宿舍。

(三)

三十四年八月抗战胜利,奉命办理还都复员,始则由部、次长统帅部分人员来京办公,继则由水、陆、空三面运输,将重要公文次要文件以及职务需要之职员及眷属运京,终则全部人员以及图书、档案悉数运京,迄上年十月底止,本部已将在渝房屋用具完全移交与重庆市接收中央留渝公产管理处,拨交当地原地主及胥宇中学接收使用。现本部仍在南京瞻园路旧址办公,所有公用房屋家具均经分别修理或添置使用,一切已复旧观。

13. 抗战时期迁都重庆的外交部(1944年)①

甲、外交行政概述

外交部之主要职掌,为管理国际交涉,及关于在外侨民、居留外人、中外商业之一切事务。部长综理部务,并监督所属职员及各机关,政务、常务两次长辅助部长处理部务。部内分设下列各司处室:一、亚东司;二、亚西司;三、欧洲司;四、美洲司;五、条约司;六、情报司;七、礼宾司;八、总务司;九、人事处;十、会计处;十一、机要室;十二、统计室。

亚东司掌理关于日本、泰国之有关政治、通商、经济、财政、军事之外交,本国侨民以及各该国在中国侨民保护及取缔等事项。亚西司掌理关于苏联、土耳其、伊朗、阿富汗、伊拉克及其他亚西各国之有关上述事项。至欧洲澳洲及非洲各国之有关上列事项,由欧洲司掌理之。美洲各国之有关上述事项,则由美洲司掌理之。条约司掌理关于国际联合会及其他国际组织、国际会议、条约之研究撰拟,解释法律以及对外协定合同等事项。情报司掌理关于搜集国内外情报、宣传外交政策、撰拟中外新闻稿件、编行刊物等事项。礼宾司掌理中外使节之征询同意、接待外宾、签证、护照等事项。总务司掌理典守印信、经费出纳、保管、庶务等事项。人事处掌理人员任免迁调之拟议以及考勤、训练等事项。会计处掌理经费之概算、决算之核编,以及会计报告之编送。机要室掌理机密事件及密电码之编订、电报之收发等事项。统计室掌理

---

① 此文系国民政府主计处统计局编制的1944年2月号统计月报《外交与侨务》专号中的外交部分。原件存于重庆市档案馆。

各种资料之登记、调查、整理及汇编以及外交统计总报告之造送等事项。此外关于部长会议、外交官会晤及其记录等事项,则由秘书分掌之。关于撰拟审核本部法案命令等事项,则由参事担任之。另设有顾问及各种委员会,掌理各种专门事宜。兹将近年来外交行政经过略述于后:

一、外交行政管理

自"卢沟桥事变"以来,全国入战时状态,国内一切设施,固因抗战需要而变更,国际间一切接触,亦随战争进展而有兴废。有因处敌对行为而断绝外交关系者,如日、德、义①等国是。有因格于环境而暂停往来者,如对西班牙、丹麦、芬兰等国是。因此使领馆之设置,遂有所变更。民国二十六年计有 101 处,三十二年则已减至 82 处。计于该年底我国设驻外大使馆者有苏联、英、美、荷、比利时、挪威、波兰、巴西。设有公使馆者有加拿大、墨西哥、古巴、哥伦比亚、委内瑞拉、多明尼亚②、巴拿马、洪都拉斯、哥斯达黎加、萨尔瓦多、秘鲁、智利、瑞典、捷克、瑞士、葡萄牙、教廷、土耳其、伊拉克、伊朗、埃及、澳大利亚。设专员公署者有印度 1 处,设总领事馆者有海参威、布拉哥、伯利、塔什干、新西北利亚、伦敦、约翰尼斯堡、加尔各答、惠灵顿、金山、纽约、芝加哥、火奴鲁鲁、里斯本、夏湾拿、马拿瓜、瓜地马拉、雪梨、温哥华等地。设领事馆者有赤塔、阿拉木图、安集延、华桑、斜米、利物浦、孟买、千里迟、京斯敦、佐治城、西雅图、坡特崙、毛里西斯、罗安琪、威廉斯坦、覃必古、多朗多、温尼群、阿尔及尔、麦息、吉达、哥伦坡。设副领事馆者有曼哲斯特、阿庇亚、苏瓦、纽阿连、霍斯敦、波士顿、米市加利、马沙打冷、答巴租腊。又有设办事处者有大溪地、美尔钵、波史等 3 地。惟使领馆之设置虽略有减少,而因外交往来之频繁,外交部及使领馆之外交人员,则显有增加。计民国二十六年上述员额为 936 人,三十二年增至 980 人。

二、核发护照

关于护照之发给,分外交、官员、普通 3 种。自抗战以来,经济紧缩,交通

---

① 今译意大利。
② 今译多米尼加。

梗阻,加以缅甸、越南沦陷以后,战争烽火,遍及全球,出国者日渐减少。故民国三十年核发者为5060纸。三十二年则仅1757纸。

三、华侨捐款

年来旅外侨胞,踊跃输将,对国家经济财政基础之增强,实有莫大帮助。侨胞汇回国内之款项,可分为汇款、认购储券及捐款3类。除认购储券因格于事实未能加以统计外,汇款及捐款2项,详见侨务委员会之报告。

四、签订条约

抗战以来,我国与外国发生之条约之关系,可分为2种:一为参加国际公约,一为修订中外条约。兹分述如次:

缔约国	条约名称	订约时间	订约地点	批准时间	条约简要内容	备考
1.国际条约						
国际	1937年最低工龄（工业）修正条约	1936年6月3日	日内瓦	1936年12月2日		
国际	国际邮政公约	1939年5月23日	布诺赛尔	1940年11月2日		
国际	国际邮政保价信函及箱匣协定	1939年5月23日	布诺赛尔	1940年11月2日		
国际	国际邮政包裹协定	1939年5月23日	布诺赛尔	1940年11月2日		
国际	国际邮政汇兑协定	1939年5月23日	布诺赛尔	1940年11月2日		
英吉利国、中国	暂时修改载重线国际公约	1941年8月18日				
英吉利、美利坚、苏联、澳大利亚、比利时、加拿大、哥斯达黎加、古巴、捷克、多明尼亚、萨尔瓦多、希腊、瓜地马拉、海地、洪都拉斯、印度、卢森堡、荷兰、纽西兰、尼加拉瓜、挪威、巴拿马、波兰、南非、犹古斯拉夫、中国	二十六国联合宣言	1943年1月5日	华盛顿			

续表

缔约国	条约名称	订约时间	订约地点	批准时间	条约简要内容	备考
二十六联合国同前，另拿哥伦比亚、伊朗、利比尼亚、伊拉克、阿比西尼亚、菲律宾、玻利维亚、墨西哥、巴西	同盟国抵制敌人劫占财产宣言	1943年1月5日	伦敦		警告各国人民避免与轴心国家及同伴发生财产之关系。	
美、英、中、苏联	四强宣言	1943年10月30日	莫斯科		宣示维护国际和平及安全之普遍原则。使各国善后救济工作能于事前通盘筹划，以收合作协助之效	
美、英、中、苏联	联合国救济善后总署协定	1943年11月9日	华盛顿			
美、英、中	三国开罗会议联合公报	1943年12月1日	开罗		宣示中、英、美对日作战之宗旨，在剥夺日本自1941年第二次世界大战开始后，在太平洋上所夺得或占领之一切岛屿，并使得日本所窃取于中国之领土，如东北四省、台湾、澎湖群岛等归还中国，其他日本以武力或贪欲获取之土地，亦务将日本驱逐出境，并决定在相当时期，使朝鲜自由与独立。	
		2. 中外条约				
苏联、中国	中苏互不侵犯条约	1937年8月21日	南京		(1)重申1928年非战公约之精神。(2)规定互不侵犯及不协助侵犯者。	
利比里亚、中国	中利友好条约	1937年12月11日	巴黎	1941年10月16日	建立友好关系	互换于里斯本
爱司托尼亚、中国	中爱友好条约	1937年12月21日	伦敦	1939年1月10日	规定两缔约国自由出入领土，以及关于旅行、居住、作工及经营工商业享受第三国待遇。	互换生效
多明尼亚、中国	中多友好条约	1940年5月11日	特鲁希育	1941年12月29日	派使设领，建立友好关系。	互换于夏湾拿

续表

缔约国	条约名称	订约时间	订约地点	批准时间	条约简要内容	备考
古巴、中国	中古友好条约	1942年11月12日	夏湾拿	1942年11月18日	(1)两缔约国人民得在其他国人民所在同样条件之下,自由出入彼此领土。(2)古巴现行法律如有足以解释为歧视华人者,不得施行。	互换生效
美、中	中美关于取消在华之治外法权及处理有关问题条约及换文	1943年1月11日	华盛顿	1943年5月20日	(1)美国放弃在华治外法权及各种特权。(2)关于旅行居住经商等权利,关于法律手续、司法事件、征收租税、船舶等事项,互给国民待遇。(3)凡本约及条文外涉及问题,如有问题,如有影响中华民国主权时,依近代国际惯例解决之。	
英、中	中英关于取消英国在华治外法权及其有关特权条约换文及同意记录	1943年1月11日	重庆	1943年5月20日	同前	互换生效
巴西、中国	中巴友好条约	1943年8月20日	里约热内卢		大致同前	
比利时、中国	中比条约	1943年10月20日	重庆		大致同前	
挪威	中挪条约及同意记录	1943年11月10日	重庆		同前	

五、各国驻华使领馆及员额之变动

自欧战发生以来,各国驻华使馆及员额,亦多所变更。民国二十六年中日战事发生以后,我国与日本断绝邦交,使领馆及人员相继撤退。迨之二十九〔三十〕年太平洋战事爆发后,我与德、义声明宣战,遂亦断绝往来,使领馆相继裁撤,并因同盟关系,于民国三十一年以后,与澳大利亚、加拿大等国建立外交关系,互派使节。计民国二十六年各国驻华使馆计有使馆及专员公署21,民国三十二年仅有2。至于各国驻华使馆员额,民国二十六年为214人,民国三十三年为146人。

六、外国报社记者注册

外国在我国创办之报纸、杂志甚多,按照规定,其记者须向外交部注册,核发注册证后,方得从事报导新闻工作。注册证有效期规定2年,期满须补请注册。各外报记者并非完全为外国人,亦有我国人担任,因我与各国外交关系频繁,国际地位提高,外国报社记者在我国国内从业者,年有增加。民国二十六年仅有13人,民国三十二年已增至35人。

以上所举为外交行政工作制可以以数字表示者。至其他折冲樽俎,所完成之工作,不能以数字表现者亦多。

乙、外交部近年办理统计工作之经过

外交部统计室成立于民国二十五年,以外交部统计事务较简,故仅额设科员2至3人,雇员1至3人。但抗战以前各年,实际上任用之人员,仍未及此数,该室自成立以来,办理工作之重要者,为历年造送主计处之外交统计总报告资料以及部分临时应用之统计。惟以办理上项统计,尚未有完确之方案,故自二十七年起,即由主计处督促该室拟订《外交部公务统计方案》及《外交部公务统计方案实施办法》,已由主计处会同外交部于三十三年三月间公布。今后外交统计之办理,当有轨道可循。此外该室近年来并编有(1)外交部统计手册,以供长官之参考。(2)战时外国各种指数丛刊,以供各方参阅云。

表一:历年外交部及驻外使领馆员额与经费

1. 馆数

名称	馆　数						
	二十六年底	二十七年底	二十八年底	二十九年底	三十年底	三十一年底	三十二年底
总计	101	80	92	85	78	99	82
大使馆	8	7	7	6	4	5	8
公使馆	17	16	16	13	12	18	19
专员公署	—	—	—	—	—	1	1

续表

名称	馆 数						
	二十六年底	二十七年底	二十八年底	二十九年底	三十年底	三十一年底	三十二年底
总领事馆	26	25	26	26	25	20	20
领事馆	29	24	24	25	24	14	22
副领事馆	11	10	10	9	8	8	9
办事处	10	7	9	6	5	3	3

材料来源:根据外交部人事处登记册。

说明:二十六年至三十年办事处数,除领馆所属办事处外,尚有驻香港签注货单及泰国商务委员会两办事处,并入计算。

2. 员额

机关别	人数						
	二十六年底	二十七年底	二十八年底	二十九年底	三十年底	三十一年底	三十二年底
总计	936	566	674	706	661	754	980
外交部	403	125	217	263	252	397	418
各省特派员公署	—	—	—	—	—	57	74
大使馆	109	87	86	89	70	51	88
公使馆	87	88	86	70	70	95	123
专员公署	—	—	—	—	—	7	10
总领事馆	—	—	—	—	—	100	147
领事馆	337	266	285	284	269	37	94
副领事馆及办事处	—	—	—	—	—	10	26

3. 经费

单位:国币元

项别	二十六年	二十七年	二十八年	二十九年	三十年	三十一年	三十二年
总计	9735816	9205046	9356953	8204626	8732680	47395141	53490334
经常	8938083	8459693	8303323	7180694	7949613	45863941	51459234
临时	797733	745353	1053630	1023932	783067	1531200	2031600

表二：历年核护照

名称	二十六年	二十七年	二十八年	二十九年	三十年	三十一年	三十二年
总计	—	—	—	2859	5060	1364	1757
外交护照	282	85	160	152	245	128	182
官员护照	302	116	215	153	272	284	302
普通护照	—	—	—	2554	4543	952	1273

材料来源：根据外交部护照科登记册。

说明：民国二十六年至民国二十八年之普通护照，因资料散失不全，未能统计。

表三：普通护照领照者职业分类

类别	领照人数		
	合计	三十一年	三十二年
总计	2225	952	1273
农业	4	4	—
矿业	9	8	1
工业	454	21	433
商业	447	306	141
交通运输工业	352	160	192
公务	142	108	34
自由职业	96	36	60
人事服务	104	70	34
无业	617	239	378

材料来源：根据外交部护照科普通护照登记册。

表四：外人入境护照签证

民国三十二年

国籍别	人数
总计	418
英吉利	9
美利坚	11
法兰西	65
苏联	6

续表

国籍别	人数
德意志	55
义大利	41
荷兰	1
瑞典	6
丹麦	4
奥地利	17
加拿大	2
瑞士	9
挪威	18
匈牙利	19
西班牙	105
波兰	4
保加利亚	1
澳地利亚	4
卢森堡	23
其他	18

材料来源:根据外交部护照科登记册。

表五:外国报社记者注册

民国二十七年至三十二年

国籍别	人数					
	二十七年	二十八年	二十九年	三十年	三十一年	三十二年
总计	15	40	26	30	31	35
中国	3	9	5	5	3	6
美国	—	—	1	—	16	23
英国	1	4	2	11	3	4
苏联	2	7	2	2	1	1
法国	2	—	—	1	2	—
加拿大	—	—	—	—	—	1
瑞士	—	—	—	—	1	—
波兰	4	13	13	11	—	—
丹麦	—	1	—	—	—	—
比利时	—	2	1	—	—	—

续表

国籍别	人 数					
	二十七年	二十八年	二十九年	三十年	三十一年	三十二年
德国	2	4	2	—	—	—
印度	—	—	—	—	1	—
朝鲜	—	—	—	—	3	—
无国籍	1	—	—	—	—	—
不详	—	—	—	1	—	—

材料来源:根据外交部外国报社记者注册登记册。

表六:各国驻华使馆员额

二十六年至三十二年

使馆名称	员 额						
	二十六年	二十七年	二十八年	二十九年	三十年	三十一年	三十二年
总计	214	179	183	156	148	110	146
美利坚大使馆	31	31	32	27	32	26	26
英吉利大使馆	49	42	41	28	42	32	33
苏联大使馆	9	15	15	12	15	15	50
波兰大使馆	3	3	4	2	3	2	—
比利时大使馆	6	5	6	6	6	3	4
荷兰大使馆	7	7	6	6	7	4	6
挪威大使馆	3	3	3	2	2	2	3
加拿大大使馆	—	—					5
法兰西大使馆	15	19	23	18	16	4	—
德意志大使馆	14	13	13	21			
义大利大使馆	16	17	15	12			
日本大使馆	46	—					
巴西大使馆	2	2	2	1	2	2	—
智利大使馆	1	2	2	1	1	1	—
古巴大使馆	1	1	1	2	1	1	—
捷克斯拉夫公使馆	2	1	1		1	2	2
丹麦公使馆	3	3	3	3	—		
秘鲁公使馆	1	2	2	1	1	1	4
葡萄牙公使馆	4	3	4	4	5	6	—
西班牙公使馆	1	1	1				

续表

使馆名称	员额						
	二十六年	二十七年	二十八年	二十九年	三十年	三十一年	三十二年
瑞典公使馆	1	3	3	2	2	2	—
瑞士公使馆	1	1	1	1	1	1	—
墨西哥公使馆	—	3	3	3	3	1	1
芬兰公使馆	—	2	2	2	1		
土耳其公使馆	—	—	—	2	3	1	2
澳大利亚公使馆	—	—	—	—	—	3	5
印度专员公署	—	—	—	—	—	1	5

14. 抗战时期的财政与金融(1943年)①

一、我国战前财政金融的重要措施

理财之道,不外开源节流,本人于二十二年十一月继长财政,一本斯旨办理。一面从发展经济,以开拓税源;一面节省不必要的支出,以期培养民力。同时鉴于国难的严重,并注意树立战时财政的基础,其中值得特别叙述者,约有三事:(一)宽筹建设事业费。过去国家收入,几全部用于军务政务的支出,无所为建设经费。军需工业重工业乃至民生工业,可谓几无基础,一旦战事爆发,将无所资以应付。如何能够维持抗战的进行?本人有见于此,故对于不必要的开支,虽力主撙节,而于国防经济、交通等建设费,则竭力宽筹,此项经费数额历年均有增加,所占国家全部预算的比例数颇大。抗战以来,国防

---

① 本文系财政部部长孔祥熙所作,原名为《战时财政与金融》,对抗战时期国民政府所实施的有关财政金融的重要措施叙述甚为系统详细,但对财政部组织机构未曾述及,现简介如下:

国民政府财政部为行政院下属的一个重要部门,职掌全国财政事务,为全国财务行政最高机关,对各地方最高行政长官有指导监督财政事务之责。抗战爆发前后,其内部组织设部长、政务次长、常务次长、参事、秘书、编译、视察等。部长综理该部事务,政务次长、常务次长辅助部长处理部务。参事数人,撰拟审核有关该部之法案命令。秘书10多人,掌理机要文、电综合稿。编译数人,办理财政金融文件编译事务。视察数人,考察该部各机关办理税务缉私及其他事务之成绩。下属机构设有关务署、税务署及总务、赋税、盐政、公债、钱币、国库6司,以及所得税事务处、会计处,另设有盐务总局,为盐税征收机关。

抗战期间国民政府曾3次修正公布《财政部组织法》,财政部内部机构亦随之发生变动。1940年3月,国库司改为国库署,直接税事务处改为直接税事务署。1941年3月成立统计处。1943年3月,变更甚多。其内部机构置国库、直接税、关务、税务、缉私5署及钱币、公债、盐政、专卖事业、地方财政、总务6司及人事处。

在组织法规定之外,尚有贸易委员会、田赋委员会、货运管理局、花纱布管理局、盐务总局等组织。

民生物品的供应所以不感巨大缺乏,战前的预为筹谋,实大有关系。(二)创办所得税。所得税,税源丰富,其收入能随战争需要为比例增加,各国都恃为筹措战费的主要源泉。我国主要税收为关、盐、统等间接税,不合战时需要。政府爰积极筹办所得税,以期树立战时税制的基础,并于二十五年实行开征,税收增加甚速。(三)实行法币制度。战时各国为保持银行现金准备,安定和调节金融,莫则由不实施钞票政策。上次欧战,德国于宣战第2日即停止帝国银钞券兑现,法国于开战后第5日停止法兰西银行钞券的兑现,英国政府发行钞票,以替代英商银行的流通,亦即等于停止兑现。此种停止兑现政策,在欧美币制统一、金融组织严密、信用发达的国家,行于战事发生的时候,犹恐人心不安,动摇钞票信用,况在币制紊乱的我国,故不可不思患预防。我国币制,自废两改元以后,银本位币始得确立。后因世界银价高涨,引起我国巨量白银外流,形成信用紧缩、百业停滞的现象。政府继开征白银出口平衡税之后,复实行法币制度,停止现币行使。同时成立发行准备管理委员会,一面规定领券办法,奖励银钱业,搜集现银,领用法币,寓厚集准备于推广之中,自此我国币制才不受世界银价涨落的影响。不但经济日趋繁荣,抗战发生以后,社会金融亦得以运用灵活,安定如常,较之德、法等国所采停止兑现办法,更能从容应付。当予于民国二十二年就任中央银行总裁之时,该行的发行仅有3900余万元,因那时候所谓大陆、金城、中南、盐业、中国实业、四明、通商以及中国、交通和后来的农民银行都有发行,极为分歧,所以中央银行不能达到使命。嗣经改革将7行发行停止。到去年我们终于做到统一发行的地步,这对于我们战时及战后的金融必有很大的益处。此外在收支方面,如确立预算制度,国家收支的规范,而树政务兴革的准绳。在财务行政方面,如确立公库制度以革除侵蚀挪移的流弊,而树立公库独立的精神。在税务方面,如改善旧有各税则,删繁就简,严格稽征;消除积弊,以纾民困,培养税源,以收间接增收之效。在债务方面,如巩固基金,按期偿付本息,分别整理无确实担保的外债,定期偿付,以维债信。在地方财政方面,如确立县预算,整理田赋,废除苛杂,以减轻人民负担,而收调整地方财政之效;同时秉内外相维之义,于国库艰难之中,仍尽力辅助各省,促使废除苛杂,并协助地方建设,以期全国平均发展。在金融方面,则为健全金融机构。我国自前清末年即有金融新组织,但当局对于金融财政的关系,认识未清,专恃银行为外库,以致金融大受影响。迨民国初年,虽以中国银行为国家银行,交通银行除协助发展交通事业外,负有代理国库的职责,但两行亦迄未实行其使命。自国民政府成立,鉴于英美等国完善的金融制度,都于各种私家银行之上,更强有力的中央银行,或联邦准备银行以为之枢纽,在平时可使社会金融周转灵活,弛张合度,而战时亦可掌握全国基金的调度,运用裕如。于民国十七年设立中央银行,但以资本薄弱的缘故,仍未能兼负全国银行之使命。遂即充实中央、中国、交通3行资本,并将豫、鄂、皖、赣4省农民银行改组为中国农民银行,增加官股,一面将中国实业银行、中国通商银行、四明银行3行官股增加,使协同中央银行共同促进全国金融的发展,同时发展中央银行的业务。在10年之间,中央银行的资产总额增加230余倍。在抗战前政府为健全中央银行的组织起见,曾草拟《中央储备银行法》,以期完成金融枢纽制度。嗣因抗战爆发暂告停顿。类此种种,虽属战前措施,都直接间接有助于战时财政的适应。

二、太平洋战事爆发前我国战时财政金融的重要措施

战时财政,以平时财政为基础,我国战前财政,归经若干年来次第整理之后,已逐渐纳入轨道。中央税收,由二十一年度的5800余万元,增至二十五年度的79000万元,但因国防经济等建设费增加甚巨,中央支出二十一年仅70500余万元,至二十五年度增至107000余万元,二十六年预算更增至140000万元之巨,因之每年收支不能平衡,遂不得不以公债为弥补,预期之健全财政自难短期做到。战事发生以后,财政的调度愈感困难,困难原因有为战时国家一般所共有的,有为我国所独具的。我国所独具的困难,约有4点:(一)中央决策,是抗战建国同时并进,故除支付巨大的职务费和购械费外,尚需支付国防、经济、交通、水利、文化等各项建设,其数额均甚巨大,且系逐年增加。(二)人民受战争影响,荡析流离,一切救济安置之费,为额亦大。(三)战事发生之后,社会经济失其常序,国家收入已不免为之减少。况我国以弱敌强,一部分土地以战略关系,不能不暂时予以放弃,此一部放弃的土地,非我国家统治权所能及,原来税收,自归无着。较之上次欧战德、英、美等国本土始终未受战争的蹂躏,其财政调度上的难易,不难想象。(四)战前我国税收,大部分仰赖于关、盐、统3税,战事发生以后,沿海沿江各商埠及各重

要省市,均告沦陷,3税收入大部分已无着落。一面则所得税的创办,为日尚浅,杂税收渐增,尚未能构成以直接税系统为主干的税制。财政部处此危难之局,仍本增设与募债两者并重的原则,策划推进,一面整顿税收,创设新税,以补充旧税短收的损失,并以巩固公债基金,一面调整旧债,募集新债,以弥补国库收入的亏短,同时并举办各种收集捐款献金的办法,略资补助。而对于受战事影响的战区,仍于可能的范围内,减免其捐税,并以加强抗战卫国的信心。意在国计民生,兼筹并顾,使有力者尽力输;无力者,酌予体恤,以维持其生活,培养其生产力,使国民经济,得以历久不衰,且能逐渐发展,以适应持久抗战的需要。这就是抗战以来我国财政措施的主旨。兹将太平洋战事发生前,我国抗战财政金融措施的大略,分述如下:

(一)租税的改进

增税为筹措战费比较妥善的方法,学者早有定论,英、美等国均于开战后不久即采取激进的增税政策。我国抗战初起之时,社会经济失其均衡,一般事业,都有不安与衰落现象,人民亦以流离转徙,生活不能安定,租税措施,一时自未便采取激进办法,只能依照预定计划,逐年推进。

关税方面,既因战事蔓延,收入锐减,调整办法,因顾虑外交上的困难,及沦陷区域的难予控制。其已实施者:(一)调整进出口税,意在促进必需品的输入,遏制非必需品的输出,凡军事上急需应用的物品,如医药、交通器材、钢铁等金属品及铁器等,均分别减税免税,或准予记账,以奖励输入。至如烟、酒、丝及其织品、毛织品、皮货、海菜、玩具、化妆品等非必需品,则均予禁止输入。嗣为使人民生活上所切需的物品,得以廉价供给起见,凡未经禁止进口的物品,其进口税一律按现行税率减征1/3。在出口方面,凡与军事有关的国产物资,如粮食、五金等,则均分别禁止出口。至外销土货,为集结外汇巩固法币基金起见,先后将生丝、茶叶、草帽、桐油、猪鬃、皮革、皮货等均予免税出口。(二)扩大转口税,战前转口税,仅对往来通商口岸间的轮船与航运货物课税,二十六年十月扩大征收范围,凡在海关所在口岸,由船舶公路铁路飞机邮政运输往来的土货,一律征收转口税,以补助战时财政。惟对于米麦、手工艺品、杂粮、肥料、鲜菜以及肩挑负贩的零星货物,都予免税。自三十一年四月开办战时消费税以后,转口税一律取消,以免重复之嫌。(三)严密查缉工作,为防止商民漏税避结外汇起见,分饬各海关于巨要地点,添设分卡,严密查缉,凡由沦陷区远来洋货未照国民政府税则纳税者,均须补税;又为统一缉私行政起见,特在部中设立缉私处,以加强缉私工作,而实施统一检查办法。(四)增加从价课税范围,凡凭证特许进口的禁止进口物品,改行从价课税,以减少国内非必需品的购用。转口土货,具有奢侈性或后方生产量充裕者,亦改为从价课税。因此种种整顿的结果,三十年度的关税收入总额,已超过5亿元。

盐税方面,盐税一方关系财政,一方关系民食,自战区扩大,内地存盐及产量不敷支配,人民有淡食之虞。故整理办法,首在增加常量,次在调剂运销,最后为增加税收。(一)增产,政府对于四川盐区,设法充实产运机构,提倡新法制盐,统制卤水、燃料及五金器材,由公家垫款趸买,再有灶商备价领用,举办增产贷款,规定保障条件等。此外粤、闽、浙、滇及西北等区,亦均预定增产计划,分别施行。三十年度各区产盐,实达1920余万担。(二)运销,依照各地缺盐及地势情形,妥为分配,大致以粤盐济销湘、赣、桂、黔,以浙盐济销赣、湘及皖南,以川盐济销湘、鄂、黔、陕,以滇盐济黔,以闽盐济赣、桂,以西北盐济销陕、豫,以潞盐济销豫省。此外并充实运输机构,添设仓厂盐码,以便临时囤积。又请交通机关,加拨火车轮船,由盐务机关添购汽车,组织运输队,并尽量利用帆船、手车、肩挑负载,分途并进,以期源源拨运接济民食。又拟定处理战地食盐产运办法,更进一步调剂战地运销。(三)税收,战时物价高涨,一般人民货币收入,均有增加,旧时食盐税则,已不能适应,故于三十年秋,予以改定,将全国食盐税收征为产税销税两种。产税系在盐出场时征收实物,或折价;销税,系在各销岸中心地点,从价征收。产销两税,不得并征,以轻民负。改制以后,税收大有增加。

统筹烟酒各税方面,统税系就厂征收,自沿海各省沦陷后,为防止沦陷区域内工厂出品内销时的逃税,改由入境第一道机关查验补税,一面奖励工厂迁移内地,并扩大统税区域于西南西北各省。三十年复将卷烟、火柴、水泥以及矿产品烟酒等,改征从价税,又将火柴报运国外免征统税办法中止实行,以平抑国内火柴价格。如此办理,税收颇有增加。计三十年度的统税收入,共9300余万元。

直接税方面,现代各国税制,均趋重于直接税。如英国直接税收入1913

年度占税收总额48%,至1932年度增为56%,同期美国直接税收入,由11%增至48%,均蔚为税纲的主干。我国于二十五年创办所得税,实开我国税制史的新纪元,其收入逐年增加,现在已成我财政收入最重要的项目。抗战以来,政府除继续推行所得税外,并鉴于直接税的重要,又开办非常时期过分利得税及遗产税两种新税。战时因物价上涨,人口移动,以及若干物品的特殊需要,常使一部分人民不劳而获得额外的利益,国家对于此种额外利益,另予课税,以均负担,兼符战时有钱出钱的原则。所以战时利得税,是一种优良的税制,我国于二十七年公布《非常时期过分利得税条例》,于二十八年一月开征,税收亦颇有可观。遗产税为直接税系统中的重要项目,各国采行者达30余国,我国筹征遗产税,远在抗战之前,但因人民财产缺乏普通调查与登记,未即实施。抗战发生以后,政府为完成直接税体系,奠定近代化税制基础,遗产税的实行,不容再缓,乃于二十七年十月公布《遗产税条例》,采总遗产税制,规定5000元以上的遗产方予征税。其由5000至50000元者,一律课以1%的比例税;其超过5万元者,则分别按级课以超额累进税,最高级超经1000万元遗产,征税50%。此外对于免税评价等都有详密的规定,而因我国向无缴纳遗产税的习惯,前两年则重在宣传,直至二十九年七月才实行开征。我国直接税行政具有下列两特点:(一)稽征机构与经收机构,绝对分立。稽征由财政部直接处理,经收则委托中央银行办理,由纳税者直接向国库缴纳。(二)办理税务人员均系考试录用者,并于任职前施以相当训练。这两点都是针对过去我国税务行政弊端而作的必要改革,实行以来,大收成效。

田赋方面,为调剂军民粮食,增加国库收入,本部于三十八年遵照八中全会决议总裁指示,将各省田赋暂收归中央,并开始筹备改征实物。九月即行开征。全国除辽、吉、黑、热、冀、察及新疆7省情形特殊,暂缓办理外,计征实者21省,1200余县,该年度征起实物及法币之总额,已超过原核定数额甚多,较之以往各省田赋征收每年平均仅能达七八成者,大不相同。田赋征实的成功,不但前方得以士饱马腾,全国物价变动,亦以粮价稳定,而不至于过度恶化。

(二)公债的募集

募集公债,不但在使国库获得巨额收入,以应紧急需要,具有收口通货,提倡储蓄,限制消费,藉收稳定金融、平抑物价的功效。举借外债、换取第三国资源,以供应作战的需要,既减轻人民的物资负担,又可减少国库的货币支出,更切合于战时财政与战时经济的原则,所以战时各国支出,以取自债款者为最巨,我国自亦不能例外。在内债方面,前后发行者计短期库券5万万元,救国公债5万万元,国防公债5万万元,金公债约合国币55000余万元,振济公债3000万元,二十八年发行建设公债及军需公债各6万万元,二十九年再发行军需公债12万万元,建设金公债英金1000万镑,美金5000万元,三十年变更发行军需公债及建设公债各12万万元。这些公债的发行,均系指定的款,担保本息,国库依法按期发行,债信甚为稳固。公债的发行,必须做到向民间普遍募集,才能有利无弊。政府除了在公债发行条件上,予人民以若干奖励和便利之处外,复专设战时公债劝募委员会,于三十年度开始劝募工作,方法分劝募和派募两种。外债方面,计先后成立美国第一次桐油借款2500万美元,第2次锡借款2000万美元,第3次钨借款2500万美元,第4次金属借款5000万美元;英国第1次信用借款300万镑,第2次信用借款500万镑,币制借款500万镑,及苏联3次借款35000万美元。三十年四月美国更提拨5000万美元,英国亦再拨付500万镑,与我共同成立外汇平准基金,以稳定法币汇价。这些借款都能适应我战时需要,供应抗战物资,减轻国库负担,实由我国在抗战前数年履行合约,树立债信,有以致之。

(三)金融的调整

金融与财政,关系密切,必有健全的金融,然后有健全的财政,金融感觉锐敏,战时与财政尤有不可分离的关系,处置偶一失当,影响极为重大,兹略述抗战发生以后关于金融的重要措施如下:

安定社会金融。战事发生,经济震动,人心惶恐,信用最易动摇,提存挤兑,跟踵而至,苟不设法补救,则银行无从应付,社会金融,必陷混乱。故上次欧战发生时,法德等国,莫不发布支付犹豫命令,以维银行信用。我国于"八一三"沪战发生的翌日,即命令银钱业休假2日,随即于八月十六日颁布《安定金融办法》限制提存,其用意在顾全人民生活用度,防止资金逃避,直接维护银钱业的信用,间接限制外汇的购买。抗战初期,金融界祈以未发生骚动,中央银行收进外汇反见增加,都是安定金融办法的功效。

巩固金融枢纽。金融运用力量,以集中而愈宏,机构办事效能以联系而益巨,平时如此,战时尤然。我国金融机构,战前虽已加以调整,但力量仍感分散,应付非常事变,尚感不足,自安定金融办法实施后,社会金融,虽趋安定,但仍恐不免信用周转不灵、金融呆滞的现象。故复令饬中、中、交、农四行组织联合办事处,以坚实中央金融枢纽,同时就各地成立联合办事处,以健全地方金融的骨干,俾收加强统制力量,活泼金融,及扶助工商之效。嗣复颁布《战时健全中央金融机构办法纲要》,于中、中、交、农四行联合办事总处设理事会,由政府特派的主席综览一切事务,中央金融机构,益加充实健全,战时金融政策,得以着着实施。

调剂市面金融。抗战发生以后,银钱业为自卫计,对于散款业务,采取紧缩政策,社会资金,顿感缺乏,苟不设法调剂,工商百业,势必停顿,军需民用,无以为继。故上次欧战时,德国曾在全国各地普遍设立借贷金库,发行借贷金库券,以资调剂。我国于抗战发生后,除一面颁行《安定金融办法》,一面即在全国 12 大都市,成立四行联合贴放委员会,颁行《内地贴放办法》,办理贴现放款事宜,以应农矿工商事业的需要。更进一步为使贷款深入农村发展生产起见,复颁行《改善地方金融机构办法纲要》,规定各地方金融机关,得按照该办法向四行领用 1 元券及辅币券,地方金融机关,得此领券便利,转而融通资金,调剂内地金融,一切生产事业,因之逐渐发展。对于维持平民生计,则令饬中国农民银行贷款典当业,予以资金上的援助,俾推广小额贷借,而济平民生计。对于救济农村,则督促中国农民银行,会同农本局及各省合作金库,积极办理合作农贷,以剂调农村金融发展农业生产。而于一般放款的利息,则责成各银行斟酌市面情形,逐渐减低,并严禁高利贷款,及减轻生产者的负担。因此虽在戎马倥偬敌机轰炸紧张状态下,各地市面,仍得以灵活如常,后方生产,仍得以兼程迈进。

维持战区金融。金融惯性,趋向安全地带,战争区域频类多规避,但为应付环境供给需求计,在战区之内,又非有相当金融的运用不可,政府有见于此,特密颁分区金融处理办法,责令战区金融机关,于可能范围内,照常维持,以便利当地人民,而加强法币信用。同时,运筹策应,以粉碎敌伪破坏我金融的诡计。至于邻近战地的金融机关,则规定在 100 里以外者,不准撤退。俾金融机构,得以随时随地保持健全,而予军民以周转的便利。同时为预储钞票供饷糈起见,责成中、中、交、农 4 行分区存储大宗钞券,并随时补充规定数目,俾饷款不虞缺乏,而战地金融,亦得以活动裕如。

管理外汇。战时国家为防止资金逃避、平衡国际收支,统制对外贸易,莫不实行外汇管理制度;我国法币制度,实施未久,即遇抗战发生,内有资金的逃避,外有敌人的套收,复因我国情形特殊,如外商银行与租界的存在,均为我们充实外汇管理的障碍,但政府仍排除万难,采取逐渐步骤,以达到严厉管理外汇的目的。兹将外汇管理情形,分述如下:(甲)实施管理外汇,抗战初起之时,政府顾念法币施行未久,如严格管理外汇,或不免影响国民对于法币的信念,所以只采取限制提存的间接管理办法,而未尝对外汇购售有所限制。迨二十七年三月,敌人在平津成立伪联合准备银行,企图以伪钞换取我外汇,政府为粉碎敌人的阴谋起见,乃实施外汇管理,颁布《外汇清核规则》,对于外汇的购买加以限制,由中央银行负外汇清核管理的责任。旋又颁布《商人运货出口及售结外汇办法》,规定凡外销货品,概须将售货所得的外汇,售于中国银行或交通银行,以法定汇率换取法币,应售结外汇货物,初定 24 种,后改为 13 类。(乙)设置外汇平衡外汇基金,我国法币外汇,既实施管理,自不免有黑市的发生,加以敌人于二十八年三月,在华北禁止法币的流通,又于上海设立伪华兴银行,发行华兴券,与我法币同价行使。于长江一带,政府为维系沦陷区人心,稳定汇市,及保持法币原有流通区域,以粉碎敌人扰乱我金融、破坏我币制的阴谋起见,乃与英国成立稳定币制借款 500 万镑,连同中、交两行所出 500 万镑,共 1000 万镑,作为外汇平衡基金,组织外汇平衡基金管理委员会,察酌市面情形妥为运用,自由市场的汇价,乃得长期稳定。三十年四月,我国复与英、美两国先后成立中美、中英平准基金协定,由美国方面拨美金 5000 万元,英国方面拨 500 万镑,我国方面提出美金 2000 万元,加上前次中英平准基金余款,共约美金 1 亿元,更设立外汇平准基金委员会,重新核定汇率,计英金价为 $3\frac{5}{32}$(即每英镑元合法币 76.04 元),美金价为 $5\frac{5}{16}$(即美元合法币 18.82 元),按照这种汇率,供给正当商人所需外汇。同时成立外汇管理委员会,并由财政部指示方针,授权平准基金委员会与上海中外 14 家银行合作,努力消灭港沪外汇黑市。

巩固法币基础。巩固法币基础,有赖于法币准备的充实,与发行的节制。

关于充实准备方面,政府于抗战发生之初,即于四行成立金银收兑处,制定各种奖励办法,责成收兑处委托全国金融机关,努力收兑。一面又创设采金局,力谋金矿的增产。除管理出口贸易,规定结汇办法,以吸收国产外销所得的外汇外,复责成金融机关,负责吸收侨汇,以充实外汇基金,此外复于二十九年九月颁布《巩固金融办法》,规定将短期商业票据货物单据及生产事业的投资,亦加入充作法币的准备。俾通货的弛张,适应生产的需要,而使币值建筑于国内物资之上,脱离国际汇价的影响。关于节制发行方面,除严密实行准备检查公告办法,推行小额币券,并斟酌地方情形,准许省地方银行发行 1 元券及辅币,以代替法币流通外,一面推行国家银行及全国各省市银行,完成西北西南金融网,使法币深入民间,并督促各银行办理储蓄,发行节约建国储蓄券与节约建国储金,及外汇定期储蓄存款等,藉以吸收法币,奖励节约。

(四)物资的管制

现代战争恒视物资的丰啬而决其胜负,战时物资的管制,尤非政府致其最大之努力不可。我国自沪战发生后,交通梗阻、货物停滞、商旅观望、物资不调,政府乃设立农产、工矿、贸易 3 调整委员会,拨给 6000 万元以为营造资金,分别转理调整物资事宜,使生产激进,输出增加。其后调整行政机构,贸易委员会仍归财政部管辖。又为减轻土货成本,促进外销以增加外汇来源,特颁《维护生产促进外销办法》。对于国内生产的增加,物资的流畅,出口贸易的扶助,不遗余力。于调整陈丝,则补助运费,垫付价款,运港代销,并提价收购,以资救济。于改进土丝,则扶导丝商,组织生产合作机构及贷款,添置新式制丝设备,以改良其品质,并承认其合于外销的蚕丝。于促进茶叶生产,则订定管理全国茶叶产销计划及管理全国茶叶贸易办法,组织各省茶叶管理机关,俾与各产茶省密切合作,为大规模有计划的产制,并加强控制力量,以应付易货及外销,稳定国际市场。于改进桐油,则协助桐农,推广植桐,并协助桐商,制设机器榨油厂,及储藏轻炼等设备,又与四川省政府合作管理桐油贸易,由全省油商组织合作机构,设置公栈,布告各地收买价格,公开买卖,以稳定桐油市场,维护农商利益。于改良皮毛产销,则协助西北各省创设洗毛厂,并协助华西大学硝制羊毛。对于易货方面,如苏联的易货借款,美国的桐油借款、锡借款、钨借款、金属借款,美国的出口保证信用贷款等,则提高价格,尽量收购本国农矿产品,分期输出,以便交换我国国防交通及经济建设必需的机械器材,对战区及接近战区的物资,亦提高价格加紧收购,以防资敌。至于调整物资所需的运输工具,则多方设法,力予协助增进,如渝昆公路的贷款购车,泸昆公路的拨用车辆,叙昆大道的协助驮运设备,滇缅公路的贷款购置马车,及贸易委员会自行购置车辆,设置运输处,以备大量输出等,无不兼程迈进,以期迅收宏效。故虽在困难之中,而各地土产,仍得大量输出,以平衡国际收支,而充实法币准备。二十九年秋,更调整贸易委员会,将行政与业务划分清楚,该会负执行政策法令责任,业务方面,分由该会管辖的复兴(桐油)、中茶(茶叶)及富华(其他物资)3公司负责。凡外销物资,由国家统购统销的外贸物资,则国营省营公司,均可自由经营,但所得外汇,均须交予政府。此外如实行禁止非必需品进口,以统制进口贸易,改善出口外汇结汇办法,统予商人汇价差额,以刺激生产,鼓励输出,及对禁止进口物品,如有正常原因,确实需要得核发特许证,酌准购用。此等重要措施,均于国内物资的调整,裨益滋多。

三、太平洋战事爆发后我国财政金融的主要措施

太平洋战事爆发之后,英、美均与我国结为同盟,抗战胜利,益有把握,但以初期敌人侥幸得占上风,尤其缅甸的沦陷,使我国海外交通断绝,敌人又加强对我封锁,物资进口供应的缺乏,使物价继续增涨,财政支出自不免因而增加。而军需民用物品,又应本自力更生之旨尽量谋求自给,故各项建设经费,亦同时大形增加,于是财政的筹维肆〔适〕应乃益感困难,兹将太平洋战事爆发后财政上的重要措施,分述如下:

(一)推广所得税范围及修正税法

直接税经逐年努力推进,已成为主要税源之一,惟课税范围,尚未普遍。如财产所得税即未课所得税,盖因顾虑我国财产调查不易,所得税又系新税,不便操切从事。现在所得税之推行已历数年,积有经验,人民亦渐感习惯,爰于本年颁布《财产租赁买卖所得税法》,凡财产租赁所得超过3000元以上者,商业用地超过10000元以上者始予课税。财产租赁所得税率最低者,为就其

超过额课税 10%，最高以递加至 80% 为限；财产出卖所得税率最低者为就其超过额课 10%，最高者以递加至 50% 为限。又所得税及过分利得税率，一般意见均认为太低，税级亦过少，未能充分依能力课税，本部遵奉总裁手令，将所得税及过分利得税税率予以提高，营利事业所得最高税率由 100‰ 改为 200‰，过分利得税最高税率由按超过合法利润征 50% 改为 60%，衡以各业所得税丰厚，税率不能调重，较之英、美诸国亦尚轻征。营业税自去年归财政部接管，列入直接税系统内，除修正税法外，对于机构人事已作初步调整。现在直接税收入已占国税的第 2 位了。

（二）开办战时消费税及新统税

消费税在税制尚可辅直接税的不足，在经济上减少消费的作用，在行政上则手续简单征收方便，在税收上可充裕国库的功效。我国抗战以来，各省多有举办通过产销等税及以统制管理物资名义征收的捐费，政府以此类税节节重征，阻碍货运流通，影响生产建设，故与海关转口税并予废止，另办战时消费税，对于在国内运销货物，只征税一次，即通行全国，不再重征。其次，战时消费税税率视物品性质分轻重。奢侈品税重，非奢侈品税轻。其三，战时消费税税款不满 20 元者不课税，并不分巨细，凡此都系战时消费税，较过去各省所办通过产销等税优良之点。战时消费税于三十一年四月十五日开征，嗣遵奉总裁意旨为体恤民力起见，征课货品减为棉花、生丝、夏布等 19 种，规定分省征收。因此收入锐减，国库损失甚大。自本年起，增加征品目，酌加税率，并扩充征税区域，期能增加收入，俾与十中全会决议应致力于增加税收，并应以税率鼓励必需品生产及限制非必需品生产税旨结合。统税系一种出厂税，就产地征收之后，通行全国，不再重征，系一种优良的间接税。茶叶已于三十年四月改办统税，税率从价征收 50%。政府并已于本年三月予公布，举办竹木、皮毛、陶、纸箔 4 种新统税的条例，现在亦已开始实行，由各省税务机关派员驻厂或产区市场一次性征收税后，通行全国不再重征。又已完纳统税之货品运销国外时，准予退税。至海关对各该货品原征之战时消费税于统税开征之日起，即行停止征收。此项改革对于增裕库收，必多裨助。

（三）加强田赋征实及实行棉麦统税征实

田赋实施征实以来，国计民生，收益甚大，三十一年核定征实征购数额及带征县级公粮较之三十年度增加甚巨,现各省业经全部开征,并均已遵奉总裁电令发动省府委员会各厅处长行政督察专员一律出巡宣导,并劝谕士绅大户及当地公务人员,尽先完粮,以为表率。至本年一月底为止,征起总额约占应征应购额80%,各省征购成绩良好(川省已全数征足),预计征起足额,已有把握。政府鉴于田赋征实的成绩良好,为辅助物资管制,配合战时需要起见,自三十二年起,将棉纱麦粉统税改征实物,预计全年收获实物的变价收入,必有可观。

(四)提高地价税税率及开办土地增值税

地价税及土地增值税为贯彻平均地权,实现民生主义的主要方法。战时土地有集中趋势,地价飞涨,土地投机之风甚盛,地价税及土地增值税尤应积极规划推行。我国各省开征地价税者,计46县市,其税率系依《土地法》规定,大半为10‰,最高者为16‰,较之改征实物后之农田赋额,相差甚巨,故决将市地税率由20‰起,乡地由10‰起,均采累进办法,规定累进起点,地价数目超过者按级累进课税,以累进至70‰为止。土地增值税依《土地法》,应于规定地价后产权移转时,或至《土地法》公布15年后(十九年公布至三十四年满15年)主权无移转时征收之。目前征收年限未至,无从征收,即间有转移的土地,亦以过去地价未经合法规定,征收无所依据,爰经根据土地政策,战时特实施纲要,拟定《非常时期征收土地税实施办法》,将增值税征收时间缩短为5年,自规定地价之日起算,产权移转者随时征收之。自三十年度起,凡开征地价税之处一律开征土地增值税,以平抑土地的畸形分配,充裕国库收入。

(五)筹备征收兵役及劳动义务金

兵役义务金及劳动义务金,系以人为课税标的物所课之税,类似古代的人丁税,现代欧陆各国亦有兵役税的举办,其税率依纳税人家长所有的财产为标准。此种赋税的举办,除充裕国库收入的意义而外,并欲使人明了服兵役、工役,系人人应尽的义务,而加强其国家意识。其课税对象既甚普遍,其税率又依纳税人家庭富力而为轻重,于国家战时财政,自有巨大补益。我国实行征兵制为日尚浅,国民对服兵役的义务缺乏认识,劳动神圣的观念亦极薄弱，值兹加强争取军事胜利及增加后方生产，国家财政又倍感困难之际，举办兵役义务金及劳动义务金，实系切需。政府几经筹备之后，业经决定于三十二年起征收，按纳税人负担能力累进增收。此事关系重大，除普遍宣传，使人民深明大义外，尚需社会各方面的协助，方能推行顺利，征收足额。

（六）改进税务行政

税务行政的健全与否，与人民负担及国库收入关系甚大，故亚丹斯密以经济原则为税收四大原则之一。财政部有见于此，年来于税务行政，尤注意改进，举其要者约有三事：（一）缉私工作于税收的丰啬，货运的畅滞，至有关系，过严则近于苛扰，有碍货运；太宽则无以制止走私，不独税收遭受损失，兼碍正当商人的营业。故财政部对于缉私机构与办法，一再改进，整编税警，统一事权，藉以增加缉私力量，并为避免一货数查之弊，实施统一检查办法，订定货物检查证明单，与检查封志，颁发应用，凡货物于起运地点，经核查后非至终点，不得无故复查。实施以来，破获不法走私案件，在去年上半年即达9000余件之多，于防止奸宄，亦均有相当的功效。（二）税务的整理，有赖于税收人的整饬，故复依照中央统一训练办法，设立全国财务人员训练所，轮调原有税务人员，甄别训练。同时考训大学毕业生，储备人材，以期税人税制能配合进行。（三）为便利人民纳税及节省征税费用起见，除田赋及关税外，凡间接税、直接税各级征收机构，均予统一合并，省设税务管理局，县设税务征收局，县以下设查征所。

（七）推行专卖制度

专卖政策为现代国家所通行，在税源较紧的国家，推行尤力。其于国家财政的补助甚大，例如法国专卖收入占总收入25%，土耳其占51%，南斯拉夫占40%。且专卖政策并具有重大的社会意义，专卖的正当目的在于创造国家资本，节制私人资本，资消灭居间剥削阶级，调节社会供需关系，不仅以财政收入为目的，同时更注意经济的调剂及民生的需要，实为实现民生主义的有力政策。此外，专卖制度复具有下列诸优点：（一）可以减少无益的消费，即对于具有奢侈性质的物品，提高其价格，俾收寓禁于价的成效。（二）可因专卖结果获收平抑物价的实效，专卖物品价格稳定，一般市场连带减少波动，可使市场价格逐渐趋于规范化,而消弭操纵居奇之风。(三)可以适合消费者的负担能力,专卖物品的价格既依其性质的差别及需要的程度而定其高低,则如烟酒等物品,具有奢侈性者,人民本身可以认清多用多费,少用少费,不用不费的原则,而自行决定其购用数量。同时更可因其自身消费量的多寡,而无形的定其负担的增减,实最合公允负担的原理。(四)可以提高品质以保护人民福利健康及发展国际贸易的基础。商人图利,对于品质不事改良,甚至有意掺杂,对于人类身体健康大有妨碍,实行专卖以后,便可规定专卖物品品质的标准,以达纯洁美观的品质,而无害于人类健康,同时亦可发展国际贸易,使我国品质优良的物品,推行全世界。自八中全会决议实施以来,本部即遵照国父遗教与总裁指示,积极筹备,现经实行盐、糖、烟类、火柴 4 种专卖,4 种专卖物品性质各有不同,所以各条例规定的专卖办法也不能一律。食盐关系必需,它的专卖政策,应该以福利人民为主,而不应专以收入为衡。卷烟近于奢侈品,它的专卖政策,应该以提倡国货,寓禁于征,而节糜费,不必侧重收入。食糖与火柴均系人民必需品,对于补偿国际漏卮有很大的希望,它的专卖政策,应于统筹民事民用之中,兼顾国家收入。这 4 种物品的历史与生产环境,以及供需分配的关系,彼此都不同,所以在各该专卖法规中,管理统制方法也就各异。盐专卖办法规定场产盐斤,许可人民制造,由政府核价收购。以增加产量、调剂运销两项为中心工作,一面促进生产的丰裕,减轻成本,提高质量;一面就各区供求状况及运输难易,支配办运,以求分配均匀,取消盐税名目,寓税于价,改收专卖利益。因盐业向系统制办理已有成规,推行专卖尚称顺利,产运供销,均能相济。三十一年度专卖利益收入,较原定预算略有超过,本年度预算数而更行提高食糖、火柴、烟类等 3 类专卖,除注意存货处理及办理制造商、承销商、零售商的登记外,关于产制方面注意于产制技术的指导,对运输业务,尽力扶助商运,配销工作,亦能斟酌各地供需情形,妥为筹制分配。并核定各项专卖物品价格,严格管制各承销商、零售商切实遵照销售,各项售价,已先后归于稳定。

我国各项赋税经年来不断的整理与改造,税收随之激增,计三十年度的税额收入,占总收入 41% 强。而本年度的预算税项收入,较去年又增加 1 倍以上;衡诸战前税收,超越 10 数倍而有余;再与同年度的支出比较,亦占全年岁出三分之一强。查美国去年度的预算额为 770 亿美元,而税项收入为 240

亿美元,不及1/3,故我国的财政收支,比之英美各国的战时预算,亦无逊色,这都是年来税务改进所收的效果。

(八)举借内外债与整理省债

自日美战事爆发以后,中、英、美同为盟友,美国赞同我政府的提议,一次贷我美金5亿元的巨款,英国亦同时宣布贷我英金5000万镑。而美国借款无利息、无担保、无偿期,在我国外债史上,实为空前之举,援助热情,良可钦佩。当经决定用途,除拨用2亿美元作发行国内公债的基金外,其余大部分均拟拨作法币发行准备基金(可使我国法币发行准备在100%以上)。此外,去年六月间与美国订立租借协定,可资尽量购进物资,去年以美国借款为基金先后发行的公债,计有建国同盟胜利美金公债及美金储蓄券各1亿元,并发行同盟胜利国币公债10亿元,本年拟发行同盟胜利公债国币30亿元,并将公债劝募委员会改组为公债筹募委员会。至推销公债的办法,遵奉总裁"城市以公平摊派为原则"的指示,及九中全会对于推销公债应采派募办法的决议,拟具三十一年推销公债计划纲要及实施办法呈奉行政院核定,分劝募与派募两种。对于商人、房屋营业及自由职业之收入丰厚者为公平的派募,对于乡村农人工人及其他各界人民仍劝导自由认购,照《三十一年推销公债补充办法》规定,富户财产总额价值额50万至100万元者,按5%派募公债;总数额超过100万元者就其超过累进派募,按级计算加派;超过200万元至300万元者10%;以后每超过100万元,其派率增加5%,直至超过1000万元者,应就超过额派募50%为止。这种规定,不能谓重。三十二年度拟更遵照十中全会决议案的指示,以公平普遍为基本原则,仍兼采劝募与派募两种方法,此种强迫派募的方法,实为最近募集公债的特点。诚以发行公债必须全由国民消纳,方不至压迫信用的膨胀,而人民的过剩购买力如不以有效方法予以吸收,则或用以囤积居奇,或作过量的消费,均足以促进物价的膨胀。摊派公债即以有计划的处理办法,使有钱者不能不出钱,钱多者不能不多出钱,移用社会过剩购买力于国家,使不能贻害各经济财政,实为适时的妥善办法。

省地方公债,财政部依照八中全会改进财政收支系统的决议,于第3次全国财政会议中提议接收省公债,并订定接收省公债办法,呈奉核准施行,其实施步骤,可分两方面:一方面停止省新公债的发行,规定自三十一年度起,各省不再发行新债,即已经呈准尚未发行的公债,亦一律停止发行;如因事业上确切需要,则另行核办。计停发的公债,有江西省三十年建设公债第 2 期债票 1500 万元,四川省兴业公债第 3 期债票 4000 万元,甘肃省三十年建设公债第 3 期债票 400 万元。所有截至三十年底止尚未发出的余剩债票,并须悉数纳存国库保管,以资清理。另一方面接收整理旧公债,自三十一年度起,所有省公债到期应付本息,均由国库按期核实发付,以巩固政府的信用。同时派员赴各省办理调查接政,本部接收的省区,计有川、湘、桂、粤、浙、赣、陕、晋、豫、皖、苏、康、闽等 15 省。关于统一整理方案,现正妥为拟订,一俟各省全部接收到部,实核后,即可呈请核定施行。

(九)改订收支系统与奠定自治财政

我国中央与地方财政收支的划分,向分中央、省、县 3 级,但战时财政利在统筹,故八中全会有改订财政收支系统的决议,分为国家财政与自治财政两大系统。国家财政包括中央与省的财政,通盘筹划,统一支配;自治财政,则遵国父遗教,以县为单位,俾收因地制宜之效。三十年六月第 3 次全国财政会议,复对实施办法,详加研讨,由部拟定《改订财政收支系统实施纲要》,呈奉国府公布施行。在国家财政方面,将省级直隶行政院市财政划入省市的税收,分别由中央各省有关税务机关接收,并将省市支出,统列入中央预算中,按月照数由国库直接拨发,实施以来,尚称便利;在自治财政方面,则首先培养其独立的财源,自新县制实施后,县市已有屠宰税、房捐、营业牌照税、使用牌照税及筵席捐等独立税收,现已分别将各税制定税法或征收通则普遍整理,一方面公产与实施造产,时间虽短,已著成效。此外复由中央拨款补助,除照规定在中央税收的田赋、营业、印花、遗产等税划拨外,复国库拨给补助费,计全国 28 省,除辽、吉、黑、热、冀、察、新 7 省外,其余 21 省的县市,中央均有补助。此外如调整地方财政机构,增设财务督导人员,加强管理,都已次第举办,而收支与补助款的划拨,亦已妥定方案,照预算数先行拨付,以应地方财政的需要。

(十)增加建设教育等事业费

我国建设事业不兴,故国力薄弱,致启日寇侵略的野心。抗战以后,虽财政支需浩繁,筹维应付,备感困难,政府对国防经济交通等建设费,而犹尽力宽筹,未尝忽视者,盖不但为充实抗战的力量,亦所以为后日富强树立不拔的基础。自太平洋战争爆发后,盟国初期失利,我海外交通几完全断绝,政府尤感应本自力更生之旨,力谋经济之自给自足,与教育文化之充实发展。故对于各项建设费,更予大量增加。计国防建设费(包括陆军、兵工、空军及特种军事等建设费用),二十六年度为4.1余亿元;二十七年度(只半年)1.7亿元;二十八年度4.3亿余元;二十九年度增至7.5亿余元;三十年度增至16.6亿余元,较上年增加1倍以上;三十一年度更增至52.7亿余元,较上年增加2倍以上,较二十六年度增加达11.5倍以上。经济建设费二十六年度为1.1亿余元;三十年度为1.6亿余元;三十一年度即增至5.7亿余元;较上年约增加2倍。其中重工业建设费用增加最速,由二十六年度的1500余万元,增至二十九年度的5800余万元,三十年度的1.2亿余元;三十一年度更增至4.3亿余元,较上年几增加2.5倍,较二十六年度约增加27倍。交通建设费由二十六年度的7500余万元,增至二十九年度的3.7亿余元,三十年度的4.3亿元;三十一年度更增至15.2亿余元,较上年度约增加3.5倍,较二十六年度约增加20倍。农林建设费三十年度为1700余万元,三十一年度增加为4100余万元,1年之间,增加1倍余。教育文化支出,亦由二十六年度之2300余万元,增至二十九年度之9800余万元,三十年度之1.9亿余元,三十一年度5.1亿元,5年之间,约增加24倍。综合国防、经济、交通、农林、教育等建设费来说,二十六年度6.22亿元,二十七年度为(共半年)2.5亿余元,二十八年度为8.003亿余元,二十九年度为13.3亿余元,三十年度为24.6亿余元,三十一年度为79.3亿余元,其增加速度均愈来愈快,三十年度比二十九年度增加不及1倍,三十一年度,则较三十年度增加2倍余,较二十六年度增加达12倍以上。由于各项教育事业费能够逐年大量增加其供应,故我国国防、经济、交通、农林、教育各项建设才能有今日之基础,不但军民需要大量供给无缺,即国家前途之发展亦富有无穷之希望。

15. 抗战时期的贸易委员会及其工作(1948年)①

一、十年来国际贸易政策之变迁

10年国难,经济的一切部门,都受了战争的摧残和蹂躏,国际贸易自然也不能例外,无论对外贸易的政策,或是主管国际行政的机构和实践,国际贸易的企业经营与个人,乃至进口本身的量与质,都深刻地受了战祸的磨折,并不断地发生了显著的变化。

请首先略述这10年来国际贸易政策的演变。

在抗战开始以后,军事委员会取得指挥全国的一应军事和行政大权,政府为了适应战时体制起见,在军事委员会之下,附设国际贸易调整委员会。当时的对外贸易政策是以政府的力量在运输方面、在贷款方面,尽量给予出口事业一切的便利。在必要时,并得自行采购物资,直接出口,期于公私两种经营制度之下,经过出口而易取必要的物资。

无何,军事的局势急转直下,海岸各地相继沦陷。本来即须对外贸易支持的法币制度,至是更加显露其依赖性。于是国际贸易在争取物资而外,同时更须兼顾币值的平衡。原有的贸易调整委员会之职权和范围,乃嫌不足应付,二十七年夏遂改组为贸易委员会,因此争取外汇的任务,并将其直属于财政部。

---

① 本文节选自经济部国际贸易司司长杨树人著《十年来之国际贸易》(见谭熙鸿主编《十年来之中国经济》,中华书局1948年版),标题为编者所拟。

同时因与苏联订立信用贷款合同,举办易货,又接受英美两国的信用贷款,均须以出口货物抵偿,于是国际贸易政策逐渐趋向于国营的途径,尤其因为交通上的困难,私人经营日益艰于发展,乃更加速促成了国营的办法。若干种主要出口物资如猪鬃、桐油、生丝、茶叶等的统购统销,自是必然的结果。至为掌握外汇起见,最初曾由贸易委员会办理全面出口物资的结汇,其后缩小结汇范围,以14类物品为限,最后核定为13类。

贸易委员会所属的中茶、复兴、富华3公司以及其海外代理机构所共同经营的业务,更配合上租借法案下的物资采运,一时可谓政府直接营运对外贸易之最高峰。

日本投降以后,政府原期恢复对外贸易的本来面目,结束战时不得已的国营办法。遂于三十四年冬决定裁撤贸易委员会,将其行政及业务移转隶属于经济部。旋又决定将其业务移并中央信托局办理。这是政府逐步取消管制对外贸易的一个尝试。乃因政治经济及财政诸种问题,迄不解决。出口无法复原,而不必要的输入,反而涌进。遂致欲取消管制办法而不可得。

三十五年三月一日起施行《进出口贸易暂行办法》,进口物品分为自由进口、许可进口及禁止进口3大类。向海关申请许可后得行输入的物品,暂定为煤油、糖、烟叶、汽车及已洗电影5类,范围不大,也可以说是一种试办性质。指定为奢侈品而禁止输入的约有22个税则号列项下的货物。此外,加征现行税率50%奢侈附加税的,则有25个税则号列项下的物品。出口方面除政府管制的矿产、食粮、纱布及少数其他物品而外,其余一概自由出口,但必须经过结汇的手续。

同时并在前最高经济委员会之下设置输入设计临时委员会主持进口物资策划的事宜,其下并附设有专门委员会。自此以后,又开政府加强控制对外贸易之端。

上项暂行办法,范围本不甚大,加以一般经济及金融情形日益严重,所以在施行约半年以后,国际贸易固属没有起色。而以控制贸易为手段,冀求维持外汇平衡的目的,同样没有达到。同年十一月十七日,乃有修正《进出口贸易暂行办法》的颁布和实施。根据这修正办法,输入许可制的范围是颇为扩大了。生产器材,其价值超过美金2000元以上者,在输入以前,须先经过审核许可的手续。属于此类者共涉及税则号列12项,网罗一切农、工、动力及交通机器在内。

事前须申请获得限额分配,方能输入的货物,其涉及税则号列141项,包括大部分工业原料在内。须申请外汇获得许可,方能输入的货物共涉税则号列122项。其余一切货物,概在暂时停止入口或禁止入口之列。换言之列,按照这修正办法,全部输入悉在政府控制下,输出方面则仍旧规定输出商应将全部外汇结售于指定银行。

为了执行此种规定,在最高经济委员会之下设立临时管理委员会,并附设执行委员会输入限额分配处及输入品管理处,会同中央银行的外汇审核处,共同办理。

修正办法实施以后,入口货物虽有严格控制,而出口贸易,则因结汇的官价既不能领导外汇黑市之价,又不肯追随后者合理调整,以致成本竟高出国际市场价格,迄无法开展。本年二月七日,一面成立输出推广委员会,一面对于出口在结汇款额而外加给1倍津贴,同时并对入口货物一律增加附加关税50%。可惜这些措施不但未能压平当时所谓的"黄金风潮",反而另生出许多对外贸易上的枝节,责难四起,所以不数日即宣告停止,另采调整外汇官价的办法,以勉渡当时的危机。

外汇官价调整以后,对外贸易理应增加。唯以国内物价亦增高,外销物资的成本,也同样水涨船高。所以不久以后,提高结汇价格所给予对外贸易的利益,又化为乌有了。本年夏季,政府再进一步求在配合外汇管理办法之下,作一彻底的调整。在外汇方面,放弃了固定官价的办法,而代以逐日挂牌升降,希望藉以压制黑市,吸收外汇(包括侨汇在内)。在对外贸易方面,则合并输入临时管理委员会及输出推广委员会为输出入管理委员会,直隶于行政院。至于机器及生产器材、工业原料,与经常需要杂项货品等输入许可及限额分配的办法,则大致如旧,在若干方面,管制且更较前此为严。

目前,此项办法实施又近4月。在出口方面虽稍有起色,但是如欲下一最后定谳,似乎尚嫌过早。至于在输入方面,因为外汇与限额的拘束,物资供应不足供应全国需要,则是人所共知的事实,尤其机器与生产器材的输入,亦同在桎缚之列,对于全国工业发展造成的可能障碍,目前尚不能全部估计。

归纳前文所述,若谓这10年来,竟无国际贸易政策之可言,或许不免过甚其辞;然而国际贸易浸假沦为外汇政策的手段,逆处于金融财政的附庸地

二、贸易调整委员会

位,则亦属无可否认的事实。

在简括地叙述过这 10 年来国际贸易政策(或是对外贸易管理方法的变迁)的概况以后,现在该进一步将这 10 年来主持国际贸易行政的机构和实践,对外贸易的企业经营,简短的介绍一下。

前文已经提过在抗战一开始以后,军事委员会之下即曾附设有贸易调整委员会。这个委员会的主要任务,是"对于全国国际贸易事业负促进调整之责,并予以资金运输之协助及补助其亏损"。共有营运基金 2000 万元,由财政部一次拨足。

按照预定计划,拟在全国产物荟萃的地点,遍设办事处。

举行茶叶贷款 1300 万元:

皖 赣	500 万元
浙 江	300 万元
福 建	300 万元
两 湖	200 万元

生丝贷款 700 万元:

浙 江	300 万元
广 东	200 万元
四 川	200 万元

(江苏初在战区,不久又沦陷,自未列入)

收购计划 2500 万元:

川湘矿油	1000 万元
四川猪鬃	500 万元
牛羊皮	500 万元
其他货品	500 万元

另有协助商人运销及自行运销的计划。这些计划,因为时间迫促,后来并未全部实施。而委员会本身亦于二十七年二月改组为贸易委员会,隶属于财政部了。计自成立迄于二十七年六月底止(包括贸易委员会继续工作),共

拨充各种物产调整贷款收购基金 391 万元：

  一、国货运输管理处基金 650000 元

  二、甘肃收购羊毛基金 800000 元

  三、皖赣绿茶贷款基金 1200000 元

  四、湘茶贷款基金 700000 元

  五、调整浙丝基金 560000 元

垫款运销 734000 余元：

  一、重庆陈油 10 万余元

  二、汉口存茶 13000 余元

  三、万县存油 14000 余元

  四、川丝垫款 28 万余元

  五、四川畜产 28.4 万余元

  六、蛋品垫款 3.9 万元

自行收购 287.4 万余元：

  一、桐油 159.5 万余元

  二、羊皮 40 万余元

  三、猪鬃 19.2 万余元

  四、苎麻 17.4 万余元

  五、牛皮 13.5 万余元

  六、生丝 14.9 万余元

  七、棉花 12 万余元

  八、其他（梧子、狼皮、麂皮、猪肠等）约 10 万元。此外尚有预付货款约 71 万余元。

  贸易调整委员会改组为贸易委员会，为抗战期间唯一主管国际贸易行政的机构，历年既较久，而范围亦大，请于下节专述其业务概况。

三、贸易委员会

  贸易调整委员会改组为贸易委员会，隶属于财政部以后，同时经济部原有的国际贸易局亦结束撤销，于是该会即总揽一切有关对外贸易的行政管理

之权,加以财政部复授以管理出口外汇之权,愈足增进该会在对外贸易上的绝对权威。其主要职掌如左〈下〉：

一、关于进出口贸易之管制事项；

二、关于国营对外贸易之督促考核事项；

三、关于商营对外贸易之调整协助事项；

四、关于出口外汇之管理事项；

五、关于对外借款购料易货偿债之筹划查核清算事项；

六、其他关于物资供求之调节事项。

其本身组织方面,计分设有出口贸易、进口贸易、财务、外汇、技术、储运等处,另设外销物资增产推销委员会,在各省分设办事处,并直辖东南、西北两运输处及复兴商业、富华贸易、中国茶叶3公司(后富华归于复兴)。

营运资金在调整委员会时代,已有2000万元,其后又增加5000万元,备易货基金之用,最后又增加3000万元,共为1万万元。二十九年改组,贸易委员会所营的业务移交复兴、富华及中茶3公司经营,财政部拨与3公司资本各1000万元,贸易委员会亦将其原有营运资金1万万元所订购的货物及各项投资,分别移交3公司接收。以富华公司接收全部货物资产$\frac{5}{10}$,复兴接收$\frac{3}{10}$,中茶接收$\frac{2}{10}$。又指定将原资金1万万元划拨复兴公司周转资金3000万元,富华中茶两公司各2000万元,所余3000万元,即作为3公司临时调拨周转之用。自此以后,由公司名义运用外汇及法币的贷款以及押汇透支等款项,其总数尤非上述各项营运资金所可比拟。

贸易委员会及其所属3公司实际上的营运总数,迄此似无官方揭露的统计数字,目前亦难于再为确切的调查。兹就现存资料所及,杂列若干数字于后,略示其经营的范围。

二十七年六月以后,收购：

砖茶	448348箱,990944元；
茯茶	120块,400000元；
红茶	45757市担,4370178元；
绿茶	34690市担,1933453元；
共	7694575元。

代销红茶　　　　　　　　　　　　24383 市担,港币 3089464 元;(另预付茶价尚存港者)67908 市担,港币 4248826 元;

绿茶(预付茶价尚存港者)　　　　25336 市担,港币 1244597 元;

合计港币　　　　　　　　　　　　8582887 元。

收购桐油　　　　　　　　　　　　111339 关担,3022864 元;

生丝　　　　　　　　　　　　　　1945 包,820453 元;

黑猪鬃　　　　　　　　　　　　　1579 担,738389 元;

外收购皮、毛、肠衣、苎麻、桮子等连同上列 3 项,共值 6217253 元。

二十八年收购茶叶　　　　　　　　23401834 公担,3607169286 元;

　茯茶　　　　　　　　　　　　　119600 块;

易货茶叶　　　　　　　　　　　　775264 公担,131794800 元;

　茯茶　　　　　　　　　　　　　84000 块,529200000 元;

协助商销茶叶　　　　　　　　　　13193730 公担,1427460290 元;

　茯茶　　　　　　　　　　　　　17888 块,14939200 元;

收购桐油　　　　　　　　　　　　37509444 公担,3046498059 元;

连同猪鬃、丝茧等其他项目,是年共收购出口物资达 9330 余万元。

二十九年在各省订茶 805000 箱,成交 213207 箱。收销桐油 134000 余公担;生熟各色猪鬃 11980 余公担,值国币 2280 余万元;羊毛 74500 余公担,值国币 10921000 余元;驼毛 3560 余公担,值国币 9938000 余元。连同其他各项物产,是年共收购 76511146 元。

三十年度工作计划预定收购:

桐　油　　　　　　　　　　　　　52000 公吨;

滇　锡　　　　　　　　　　　　　4000 吨;

茶　叶　　　　　　　　　　　　　600000 箱;

茯　茶　　　　　　　　　　　　　200000 块;

羊　毛　　　　　　　　　　　　　180000 担;

生　丝　　　　　　　　　　　　　7000 担;

猪　鬃　　　　　　　　　　　　　22000 担;

山羊皮　　　　　　　　　　　　　1500000 张;

以及其他产品。

三十一年收购：

桐油　　　　　　　　　　82372 公吨,22533157 元；

黑白猪鬃　　　　　　　　26512 关担,93187249 元；

生丝　　　　　　　　　　1322 关担,26452950 元；

羊毛　　　　　　　　　　110565 关担,58526058 元；

羊绒　　　　　　　　　　1921 关担,1243847 元；

驼毛　　　　　　　　　　2841 关担,2423949 元；

皮张　　　　　　　　　　426851 张,2807556 元；

茶叶　　　　　　　　　　184813 市担,37265726 元；

砖茶　　　　　　　　　　224000 片,154560 元；

杂货　　　　　　　　　　22400 片,517502 元；

合计　　　　　　　　　　346503589 元。

三十二年收购：

桐油　　　　　　　　　　6706673 担,73159471 元；

猪鬃　　　　　　　　　　1953408 关担,266520245 元；

生丝　　　　　　　　　　248622 关担,222816887 元；

羊毛　　　　　　　　　　7011234 关担；

驼毛　　　　　　　　　　419473 关担；

羊绒　　　　　　　　　　428756 关担；

茶叶　　　　　　　　　　1644988 市担；

此外，贸易委员会曾负责动支左〈下〉列各项自英、美、苏获得的贷款：

中英第 1 次信用贷款

中美第 2 次信用贷款

中英财政协助协定拨借购料款额

中英第 1 次借款

中美第 2 次借款

中美第 3 次借款

中美第 4 次借款（包括现款及贷款两部）

中美 5 万万元借款拨款拨借购料款额

中苏第 1 次借款

中苏第 2 次借款

中苏第 3 次借款

右〈上〉列各项借款总计英金 28500000 镑,美金 429389927.64 元。计至三十四年八月底止,其实际动用英金 8055406 镑,美金 3502046740 元。这庞大的款项都是用以购买一切需要的物资的,均由贸易委员会直接或其委托或代理机构经手。若干借款指定应由易货偿还者,其大部分亦已由该会如约交货。其营运范围之广,可以概见了。

三十四年底,政府决定撤销贸易委员会,并指定其行政及业务归还经济部,其后又训令将其营业移归中央信托局接管。但是在叙述经济部的国际贸易行政主管以及中央信托局有关的业务经营以前,请先概述输入设计临时委员会、输入临时管理委员会、输出推广委员会以及其后继的输出入管理委员会,因为这一串的委员会正是贸易委员会主要对外贸易行政管理的真实继承者。

四、输出入临时管理委员会〈下略〉

五、十年来输出入概况及统计数字

最后,该谈到这 10 年来对外贸易本身的变化了。就商品来逐项分析,因为限于篇幅的关系,事不可能,此处也只可极其笼统地略为一叙。本来在战前,我国的对外贸易已呈衰落的现象,但是逐年比较,多少还是有些常道可寻。自战事开始以后,逐年变动太大,几乎全无定轨,大概在战争最初的数年以迄于太平洋战事爆发为止,进出口虽因对外交通隔绝而大见减少,但是能以飞机运载出境,或假道后方公路输出的物品,尚能由我国邻近的中立口岸经过太平洋转运销售。待太平洋战事爆发,南洋缅甸相继沦陷于敌手以后,除掉飞机运送而外,直无其他交通途径之可言,乃至当时的进口贸易,即与战争初年,亦不能相较。

简括言之,在战时出口锐减的原因,不外下列诸种:(一)沦陷的地区日益广大,受战争蹂躏的地区,亦日益辽阔,出产减少。(二)主要交通路线,除掉后方西北、西南两大干线而外,其余不是全部断绝,即是时通时断,所以即国内的货运,亦不易流通,遑论外销。(三)运费昂贵增加成本。(四)币值继续贬价,物价涨落弥定,影响成本计算,结汇条件不利,经营为难。(五)环球烽火,原有市场,扰乱一空。至于入口方面,则因为军需的关系,除与战争有关的资源而外,其余禁止进口,故其质与量的内容,亦有变动。

就进出口统计数字而论,表面上有时贸易总额似乎增加了,但这完全是通货膨胀的赐予。在这表面膨胀的数字后面却好像隐藏着对外贸易上可惨的低落。

在复原以后,倘使经济财政的一般情势,能日趋稳定,对外贸易不是不可以逐渐恢复到比较健全的境地。徒以此种先决条件不存在,乃至对外贸易始终沦落在衰败的境况当中。有些贷款的贸易虽在极恶劣的环境中,略有起色,另有些原来相当地位的货品,如茶叶等,竟至一蹶不振。在出口方面,主要困难的原因,大致和战时相同,因为对日战争虽已终止,而战乱则始终未已,所差的只是程度而已。如若干主要交通干线,迄未打通,运费亦昂贵如自;地方不安,生产亦难有显著进步;工资特高,影响成本;至于结汇的条件,也难优于战时。最近外汇管理施行新法,出口比较进步,可是物价还在续涨,国家银行的挂牌,是否能无限制跟踪提高,亦颇有疑问。

在入口方面,开始复员时,一度曾由美国涌进若干消费品,而举国渴望的机器和生产器材,则为数寥寥,即在施行管理入口以后,对于消费品及奢侈品在公开方面确有相当控制,但是结果引起了大规模的走私,其范围除了战前日本浪人在华北走私而外,历史直无前例。其时从香港方面侵入华南的走私,已可与华北走私的旧事先后争辉了。

至于为求制止变相囤积起见,从严管理输入的结果,竟至阻滞机器及生产器材在自备外汇途径上的输入,其对于工业发展所造成的束缚,则更是超出对外贸易范围以外的问题了。

面对这可悲的对外贸易现状,也许很自然地流露出一个疑问:有改进的方法没有?并且在这一点上,略有陈述,也并非与本题不相融和。不过轻谈将来,终究是一件危险的事,而且在若干基本的先决条件,尚未解决以前,即有所论列,亦属徒乱人意,我们深信一般经济财政情形,终有趋入正轨之一日,以我国幅员之大,人口之庶,人民之勤俭,资源之丰富,我们的对外贸易,亦终有康复健全之一日。请即此信念,为本文之结束。

附有关10年来对外贸易各表,本身明显,似亦无须再为赘释。

十年来我国输出入货物价值表

表一:价值单位

年别	输　出	输　入
1936	705741	941545
1937	838256	953386
1938	762641	886200
1939	1027247	1333654
1940	1970121	2027143
1941	2901000	2400000
1942	甲:自由区　191160 乙:沦陷区　1497640	甲:自由区　1445285 乙:沦陷区　651065
1943	甲:自由区　164459 乙:沦陷区伪联币　622642 丙:沦陷区伪储币　1759499	甲:自由区　3384330 乙:沦陷区伪联币　515137 丙:沦陷区伪储币　1549487
1944	甲:自由区　996878 乙:沦陷区伪联币　525669 丙:沦陷区伪储币　4693424	甲:自由区　4418262 乙:沦陷区伪联币　644423 丙:沦陷区伪储币　4508972
1945	4484981	14382752
1946	412111811	1501165246
1947	2169591	5108716721

表二:十年来中国主要出口货物量值表①

年别	生丝		茶		桐油		猪鬃	
	数量 单位公担	价值单位 国币千元	数量 单位公担	价值单位 国币千元	数量 单位公担	价值单位 国币千元	数量 单位公担	价值单位 国币千元
1936	36891	36152	372843	30662	867383	73379	52648	25304
1937	40769	45305	406572	30787	1029789	89846	40449	27921
1938	31313	33288	416246	33054	695777	39237	36338	28064
1939	46511	130700	225578	30385	335016	33615	33237	41118

---

① 甲,代表后方自由区;乙,为沦陷区伪联币;丙,为沦陷区伪储币。甲、乙、丙数字均表示通栏情况。1947年之数字截至9月份为止。

续表

年别	生丝 数量 单位公担	生丝 价值单位 国币千元	茶 数量 单位公担	茶 价值单位 国币千元	桐油 数量 单位公担	桐油 价值单位 国币千元	猪鬃 数量 单位公担	猪鬃 价值单位 国币千元
1940	37971	258998	334925	104571	232472	56358	35567	94184
1941	29136	203133	91180	45967	209895	99344	26922	133044
1942 甲	22430	13516	1000	668	9000	12255	640	2641
1942 乙	—	66076	14000	17682	15000	25062	780	1290
1943 甲	—	68725	—	95	1000	412	2720	33413
1943 乙	10250	—	—	99	—	802	—	—
1943 丙	—	29326	—	25750	20000	58236	100	319
1944 甲	—	221942	3000	11785	1000	2792	19430	414544
1944 乙	3120	7	—	—	—	—	—	29
1944 丙	—	12503	—	89890	2000	69642	600	2202
1945	1210	1083091	5000	23125	1000	55359	6030	426096
1946	15930	33496983	68000	15340617	3530	67998094	4759	67004730
1947	11830	35910155	91000	58422324	5514320	384746697	29620	212231466

续上表(一)

年别	绵羊毛 数量 单位公担	绵羊毛 价值单位 国币千元	苎麻 数量 单位公担	苎麻 价值单位 国币千元	茧丝 数量 单位公担	茧丝 价值单位 国币千元	丝织物 数量 单位公担	丝织物 价值单位 国币千元
1936	160875	15444	197427	7962	5911	5389	5588	7613
1937	124106	19427	132998	5073	7313	6910	4113	5679
1938	38055	7051	111918	4513	5362	4637	4622	5896
1939	12720	2484	11732	641	4594	5466	9262	14376
1940	9517	5484	20227	7143	1417	4699	9503	23337
1941	4377	3481	11224	4223	1065	5632	10044	62508
1942 甲	—	—	6000	10972	—	—	—	—
1942 乙	—	—	4000	7269	70	277	120	13155
1943 甲	—	—	200	1401	—	—	—	—
1943 乙	—	—	—	—	30	153	—	—
1943 丙	—	—	—	—	—	—	440	17432
1944 甲	—	—	—	—	—	—	—	—
1944 乙	—	—	—	56	—	—	—	17
1944 丙	—	—	—	—	—	176	260	49511
1945	2410	216849	—	—	200	11239	60	14979
1946	4699	7902	1264	263000	240	1663473	187	11133219
1947	7867	3541297	1240	489995	376	5334143	3157	60973399

续上表（二）

年别	棉织物 数量 单位公担	棉织物 价值单位 国币千元	黄豆 数量 单位公担	黄豆 价值单位 国币千元	芝麻 数量 单位公担	芝麻 价值单位 国币千元	花生 数量 单位公担	花生 价值单位 国币千元
1936	68792	8970	61591	590	1063310	18560	748586	10930
1937	50071	7980	19978	243	724329	14497	693796	12134
1938	79469	13640	23080	315	82349	1522	582433	9563
1939	147102	36797	61249	853	81510	2894	717731	14938
1940	139386	79540	116844	871	159435	11736	540101	26789
1941	203325	203280	73575	4871	231554	12885	599203	36309
1942	甲 47	102	—	4153	—	4	—	—
1942	乙 2537	9169	—	—	35000	8997	323000	29395
1943	甲 —	—	—	—	—	—	—	—
1943	乙 —	1431	—	—	—	—	154000	42449
1943	丙 7343	30405	—	—	—	128	—	89
1944	甲 92	573	—	—	—	—	—	—
1944	乙 —	97	—	—	—	3912	68500	19151
1944	丙 39150	309061	—	—	128000	232561	—	1042
1945	224	50253	—	—	—	—	—	178
1946	2892	3330712	—	—	1097	73982	15000	1221733
1947	31895	118182352	568787	102545305	36682	14958673	107526	40018056

续上表（三）

年别	花生油 数量 单位公担	花生油 价值单位 国币千元	铁矿砂 数量 单位公担	铁矿砂 价值单位 国币千元	钨矿砂 数量 单位公担	钨矿砂 价值单位 国币千元	生铁 数量 单位公担	生铁 价值单位 国币千元
1936	31084	11012	13027041	5009	70499	9342	675	4
1937	414765	17332	5865300	2294	165178	40758	—	—
1938	242515	8539	786341	281	123577	50492	39839	407
1939	282192	12878	1017042	413	106691	44675	—	—
1940	245505	24406	2303613	2431	28737	13616	1	—
1941	116075	11700	5084590	10598	101109	101020	4200	137
1942	1000	2016	3000	3305	—	2	—	—
1942	52000	8917	3000	3858	51800	12713	—	—
1943	甲 —	2194	—	—	—	—	—	—
1943	乙 144000	68730	—	—	88130	24360	—	—
1943	丙 —	1342	—	—	—	3	—	—

续表

年别	花生油		铁矿砂		钨矿砂		生铁	
	数量 单位公担	价值单位 国币千元	数量 单位公担	价值单位 国币千元	数量 单位公担	价值单位 国币千元	数量 单位公担	价值单位 国币千元
1944	甲 —	—	11000	41990	—	—	—	—
	乙 29000	18132	—	—	45380	15426	—	—
	丙 —	4521	—	—	—	—	—	—
1945	—	225	—	—	—	—	—	—
1946	4411	1353492	49000	5912573	49330	5913573	20001	200087
1947	20651	11864650	—	—	35109	28046558	—	—

续上表（四）

年别	纯锑		锡锭块		烟叶		煤	
	数量 单位公担	价值单位 国币千元	数量 单位公担	价值单位 国币千元	数量 单位公担	价值单位 国币千元	数量 单位公担	价值单位 国币千元
1936	131675	8246	112604	26769	172007	8980	1374942	11025
1937	125202	10001	130772	39717	152993	8307	1834566	13533
1938	71826	5657	117916	35987	150615	9215	2077400	14420
1939	57067	4856	105890	32793	91630	8252	2964603	29141
1940	52841	8881	63493	38269	15541	3585	4838009	68305
1941	9847	5257	75667	118872	25442	7728	197914	121953
1942	甲 —	—	11000	16212	11000	10969	—	—
	乙 —	—	4000	10462	5000	12400	6966000	187935
1943	甲 —	—	—	—	2000	12092	—	—
	乙 —	—	—	—	500	186	7438000	175121
	丙 —	—	—	740	9	12640		
1944	甲 —	—	1000	4426	182	—	—	—
	乙 —	9	—	—	1137	5113000	182326	
	丙 —	—	—	—	3000	1650	—	2754
1945	—	—	—	—	—	31510	—	—
1946	47329	3543683	16000	6235869	9409	2905619	51000	1258415
1947	60444	25878766	34501	26757505	6461	5636163	14545	1582389

续上表（五）

年别	木材		地毯		席
	数量 单位公担	价值单位 国币千元	数量 单位公担	价值单位 国币千元	价值单位 国币千元
1936	—	1880	4448	5086	5272
1937	—	2179	1660	8109	4380

续表

年别		木材		地毯		席
		数量 单位公担	价值单位 国币千元	数量 单位公担	价值单位 国币千元	价值单位 国币千元
1938		—	1637	12349	6356	5956
1939		—	2342	14870	7131	7596
1940		—	3469	17378	14038	14342
1941		—	637	17394	21316	15154
1942	甲—	—	—	—	—	10025
	乙—	—	—	—	—	7314
1943	甲—	—	—	—	—	3300
	乙—	—	—	—	35	4602
	丙—	—	—	—	1	5829
1944	甲—	—	—	—	—	165
	乙—	—	—	—	7	3760
	丙—	—	—	—	—	44572
1945		—	—	2	142	18966
1946		—	—	4154	2897524	63879
1947		—	11244688	2089	2935864	2012360

表三：十年来中国主要输入商品量值表

年别		棉种		棉花		棉织物	
		数量 单位公担	价值单位 国币千元	数量 单位公担	价值单位 国币千元	数量 单位公担	价值单位 国币千元
1936		406904	36147	6006	1629	42233	12090
1937		153186	16005	11193	2696	54037	14669
1938		165918	12735	17064	3312	89659	22540
1939		2477328	172857	37498	7166	39593	15598
1940		2444141	261877	105045	40939	55561	56464
1941		1837167	271647	238615	409105	185077	309206
1942	甲	7000	4399	23000	160210	—	214282
	乙—		4161	4000	3000	—	2295
1943	甲—		10	—	232062	—	476018
	乙—		—	—	21	—	1379
	丙—		13526	—	2057	—	29942
1944	甲—		—	—	282546	—	430945
	乙—		—	—	—	—	58
	丙—		—	—	29268	—	21705
1945		21000	1370431	7000	2341530	—	3225077
1946		2814000	335197415	2000	938048	—	47835358
1947		919239	751721153	16574	145217	4561	14671553

续上表（一）

年别	小麦		小麦粉		糖	
	数量单位公担	价值单位国币千元	数量单位公担	价值单位国币千元	数量单位公担	价值单位国币千元
1936	1168003	11848	310068	4669	—	20535
1937	430467	6071	303865	6183	—	22031
1938	27	—	2547783	52985		19363
1939	4670837	35575	3572813	76817		52151
1940	1488510	19449	3203493	141801		70102
1941	1601840	54056	4320333	228595		97841
1942	甲—	—	2000	819		37540
	乙—	7	27000	4988		37448
1943	甲—	—		35		1495
	乙—	90		6279		19762
	丙—	53	202000	1176		104019
1944	甲—	—		9		2777
	乙—	—	—	—		13979
	丙—	60	100000	3930		123472
1945	—		200	4286		71441
1946	46000	583254	547000	22744125	—	2160606
1947	752	60860	976024	146496904	119094	21998834

续上表（二）

年别	石蜡		纸	木材	煤	
	数量单位公担	价值单位国币千元	价值单位国币千元	价值单位国币千元	数量单位公担	价值单位国币千元
1936	204802	6603	51849	28911	560687	6442
1937	342310	8227	59134	23239	426906	4988
1938	333971	9488	39960	22344	1091842	20809
1939	280289	8830	52905	34443	1413672	25313
1940	255642	14588	67554	54162	2008350	49647
1941	203020	12518	95255	41719	1331777	30602
1942	甲 –2972	5707	25288	37632	26942	8090
	乙 –3	—	34312	475	269000	8089
1943	甲—	9352	139377	513	—	—
	乙 4	555	25031	11021	—	—
	丙	581	29280	9491	82000	10360

续表

年别	石蜡		纸	木材	煤	
	数量 单位公担	价值单位 国币千元	价值单位 国币千元	价值单位 国币千元	数量 单位公担	价值单位 国币千元
1944	甲—	5140	195825	3948	—	136
	乙 0.3	15	37378	13616	—	—
	丙	644	217053	18053	16000	7046
1945	0.1	10376	873326	7070	—	1634
1946	52	3323054	86373752	25127315	73	5650560
1947	45480	17416670	288418706	159917059	131338	15926755

续上表（三）

年别	水泥		滑物油		透明细麻布	
	数量 单位公担	价值单位 国币千元	数量 单位公担	价值单位 国币千元	数量 单位公担	价值单位 国币千元
1936	349498	797	496668	7847	289	286
1937	254158	544	473579	8724	236	254
1938	626599	1764	263171	7824	51	58
1939	674436	2352	314496	8868	55	69
1940	443790	2475	300671	13860	50	177
1941	540803	3182	286556	17938	11	122
1942	甲 17282	1050	23213	4042		
	乙 17000	108	2321	1062		
1943	甲—	1850	170	24593		
	乙 67	416	989	329		
	丙—	6	—	2824		
1944	甲—	1773	1793	92001		
	乙—	1476	1033	593		
	丙 158	4426	—	10718		
1945	2	19425	560	69548		
1946	459	5618305	63654	17763846		
1947	158761	2839608	50801	51680868		

续上表（四）

年别	硫酸铔		纯碱和烧碱		人造靛	
	数量 单位公担	价值单位 国币千元	数量 单位公担	价值单位 国币千元	数量 单位公担	价值单位 国币千元
1936	1240001	14746	430855	3583	7121	12681
1937	1634345	19586	498294	4173	5895	10260

15. 抗战时期的贸易委员会及其工作(1948年)

续表

年别	硫酸铔		纯碱和烧碱		人造靛	
	数量 单位公担	价值单位 国币千元	数量 单位公担	价值单位 国币千元	数量 单位公担	价值单位 国币千元
1938	1004082	18760	377233	4659	4112	9693
1939	1221781	21871	551845	7676	4004	11927
1940	264187	8113	459494	8620	1826	12362
1941	104707	5400	303365	6574	2057	11141
1942	甲 89067	16950	28194	1366	—	87217
	乙 —	4708	—	1366	—	3882
1943	甲 4	12431	4	30542	231	142698
	乙 154	7476	16	329	194	843
	丙 —	1121	—	1619	—	30329
1944	甲 4	42170	2	67686	27	100360
	乙 —	3420	4	216	166	12466
	丙 —	2826	—	578	—	96272
1945	—	12035	10	449541	9	61842
1946	40	2220086	251	8224115	2947	9859922
1947	167764	40482595	125338	56052189	19352	29184752

续上表(五)

年别	汽油		煤油		柴油	
	数量 单位公担	价值单位 国币千元	价值单位 千公升	价值单位 国币千元	数量 单位公吨	价值单位 国币千元
1936	172252	22730	395256	39808	313480	16175
1937	207365	27613	447561	47860	258997	14968
1938	120753	20528	252596	30046	165976	10723
1939	135851	24760	234447	3043	168685	10755
1940	129087	33148	263985	49412	207311	13666
1941	116888	44783	156507	45425	170090	19036
1942	甲 3340	1794	3680	1561	4909	1527
	乙 —	1210	291	1427	63	392
1943	甲 210	30556	35	1364	10	375
	乙 2052	213	2014	1167	6339	886
	丙 —	1660	—	702	5	3894
1944	甲 2400	99724	4	350	5	558
	乙 2724	1222	2324	623	3335	369
	丙 —	100482	—	4937	—	17212
1945	7125	4702142	2290	159377	1346	82502
1946	355745	54946821	292918	47219843	3210659	25410230
1947	438919	336332657	315919	121268416	814576	241952899

续上表（六）

年别	苘麻袋		绒线		毛织物	
	数量 单位公担	价值单位 国币千元	数量 单位公担	价值单位 国币千元	数量 单位公担	价值单位 国币千元
1936	118835	3489	6129	3025	458562	3628
1937	166401	5242	5344	3666	381052	3650
1938	85023	2883	4743	2572	443777	4140
1939	98436	4960	5178	2736	455067	4865
1940	179375	29453	2493	2923	—	5842
1941	43562	7274	2997	1786	—	12396
1942	甲 5551	729	374	272	5000	1540
	乙 —	50	260	20977	—	29584
1943	甲 —	20	1210	12088	103000	1772
	乙 16000	5571	—	2	23	327
	丙 —	5328	60	1438	—	382
1944	甲 —	6	40	10798	—	34593
	乙 7000	7074	—	—	—	8
	丙 —	15444	2	2316	—	22
1945	—	3299	40	25298	3000	18459
1946	147000	11919682	2190	3224129	1927000	51215795
1947	152045	85388554	4268	19136356	3000863	133837653

续上表（七）

年别	人造丝		黄铜及紫铜	钢铁	机器及工具	车辆
	数量 单位公担	价值单位 国币千元	价值单位 国币千元	价值单位 国币千元	价值单位 国币千元	价值单位 国币千元
1936	40787	7540	7536	90631	59549	50471
1937	38122	6991	12789	108539	64632	40233
1938	33527	6996	4882	52865	56073	32514
1939	62105	13050	3641	62361	60484	45650
1940	56643	14919	4132	108034	57073	45788
1941	65969	26957	3443	39744	64051	63077
1942	甲 61268	23910	852	852	17314	10781
	乙 —	7103	421	412	73805	38246
1943	甲 —	6	6279	6279	43522	10521
	乙 —	7103	421	412	49336	15232
	丙 30880	27442	83	83	74633	77488

续表

年别	人造丝		黄铜及紫铜	钢铁	机器及工具	车辆
	数量 单位公担	价值单位 国币千元	价值单位 国币千元	价值单位 国币千元	价值单位 国币千元	价值单位 国币千元
1944	甲 —	—	3969	3969	124868	62715
	乙 —	3659	165	165	51649	15695
	丙 5280	141874	2496	2496	88883	44741
1945	5	582	16747	16744	209701	82162
1946	97	801149	7653144	7653144	43031801	93218950
1947	46842	15448648	2278099	226871431	389648474	165155851

续上表（八）

年别	电汽材料	柏油	纸烟	
	价值单位 国币千元	价值单位 国币千元	数量 单位百万支	价值单位 国币千元
1936	11332	18278	97	1273
1937	12253	16231	142	1348
1938	12051	14181	136	1657
1939	13814	23338	297	3407
1940	18074	231	331	4677
1941	15968	93	693	5483
1942	甲 20685	119182	—	3162
	乙 5065	7614	—	1554
1943	甲 42436	401424	—	1976
	乙 9748	12507	—	255
	丙 12277	34012	—	1147
1944	甲 53833	643134	—	2062
	乙 7858	60518	—	2726
	丙 21223	33299	—	24604
1945	62307	174985	—	13309
1946	23734612	21472849	—	16852236
1947	10327106	404057	—	10288463

续上表（九）

年别	烟叶		橡皮及其制品	米谷	
	数量 单位公担	价值单位 国币千元	价值单位 国币千元	数量 单位千公担	价值单位 国币千元
1936	13810	14998	16005	3103	26736
1937	168822	19449	17812	3457	40280
1938	190426	19661	11004	4061	56390

续表

年别	烟叶 数量 单位公担	烟叶 价值单位 国币千元	橡皮及其制品 价值单位 国币千元	米谷 数量 单位千公担	米谷 价值单位 国币千元
1939	348042	30468	16482	3202	55142
1940	393301	41746	27938	6495	171283
1941	190473	23750	37652	8943	303783
1942 甲	32257	3790	32726	1212	34909
1942 乙	—	—	8002	17	208
1943 甲	—	—	155487	16	55
1943 乙	—	7019	4200	1657	6397
1943 丙	—	34377	15009	—	286647
1944 甲	—	—	348043	—	249
1944 乙	—	7044	7452	241	2308
1944 丙	—	21272	109801	—	106034
1945	—	29773	449498		684
1946	—	34824239	35919452	192	9939516
1947	174291	206112426	206189118	1063	161625738

16. 抗战时期的经济部及其工作(1948年)[①]

一、历年经济机构之递嬗

10年来之中央经济机构,以适应时势需要,多为更迭。语其趋势大抵"分久必合,合久必分",然以经济部为综理全国经济行政之中心机构,则迄仍未变。兹略述递嬗演变之沿革如后:

(一)第一时期(民国二十七年一月至二十九年九月)——由分散到集中

抗战前夕,正我国经济建设兼程迈进之时,政府对各项经济事业之促进,曾分设专管机构以司其事,洎抗战事起,后经增设若干战时经济机构,以应经济作战之需要。因之在二十六七年之交,中枢经济机构,名目繁杂,关系重叠,步调凌乱,列举之有以下诸单位:

(1)实业部　主管农、工、商、矿、渔牧、林垦、农工、合作等行政。

(2)建设委员会　主管电气事业及一部国营矿业铁路建设事宜。

(3)全国经济委员会　主管水利、公路、公共卫生建设事宜。

(4)军事委员会第三部　主管重工业动员事宜。

(5)军事委员会第四部　主管轻工业、贸易、农业等动员事宜。

(6)军事委员会第三部资源委员会　主管国营工矿事业建设事宜。

---

① 本文节选自经济部秘书齐植璐所著《十年来之经济建设》(见谭熙鸿主编《十年来之中国经济》,中华书局1948年版)一书,标题为编者所拟。

(7)军事委员会第三部工矿调整委员会　主管民营工矿事业调整事宜。

(8)军事委员会第四部农产调整委员会　主管农产调整事宜。

(9)军事委员会第四部贸易调整委员会　主管贸易调整事宜。

战时体制,重在简单灵活,上项组织自难切合需要,前国防最高委员会爰于二十六年十二月三十一日决议将前实业部改组为经济部,二十七年一月七日通过该部组织法,并决定将建设委员会,全国经济委员会,及军事委员会所属第三、四两部,资源、工矿调整、农产调整 3 委员会,全部或局部并入该部,中枢经济机构,始由分散趋于统一。

兹将经济部成立时组织系统,表列于下,以供参考。

(1)本部

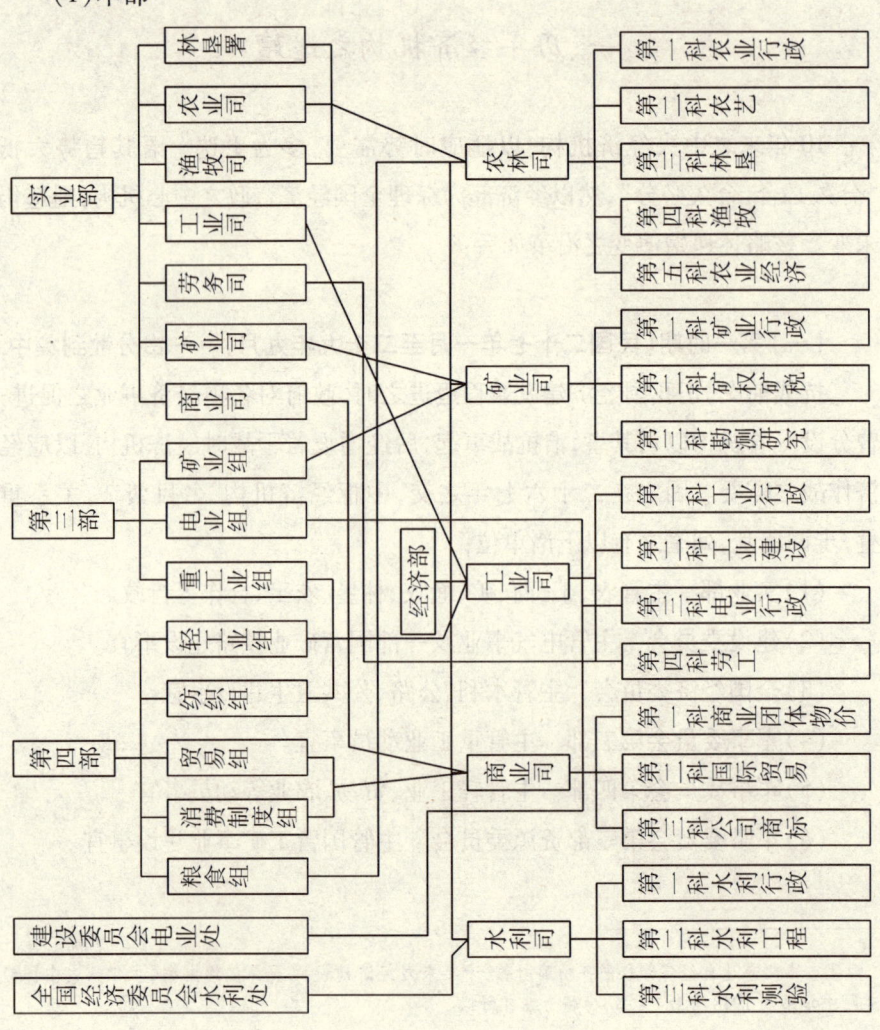

实业部：林垦署、农业司、渔牧司、工业司、劳务司、矿业司、商业司

第三部：矿业组、电业组、重工业组、轻工业组、纺织组

第四部：贸易组、消费制度组、粮食组

建设委员会电业处

全国经济委员会水利处

经济部：

农林司——第一科农业行政、第二科农艺、第三科林垦、第四科渔牧、第五科农业经济

矿业司——第一科矿业行政、第二科矿权矿税、第三科勘测研究

工业司——第一科工业行政、第二科工业建设、第三科电业行政、第四科劳工

商业司——第一科商业团体物价、第二科国际贸易、第三科公司商标

水利司——第一科水利行政、第二科水利工程、第三科水利测验

(2)附属机关

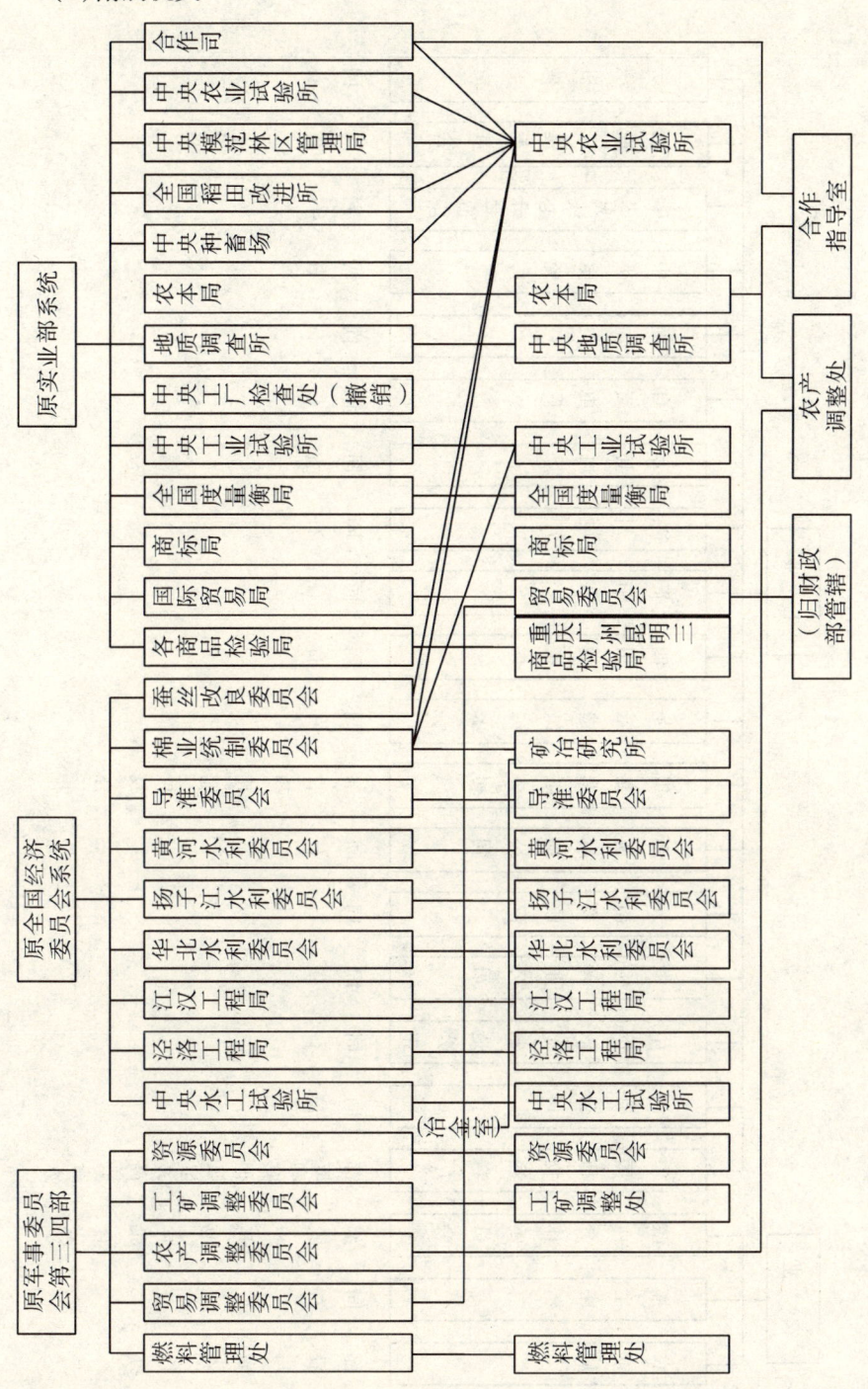

原实业部系统：
- 合作司
- 中央农业试验所
- 中央模范林区管理局
- 全国稻田改进所
- 中央种畜场
- 农本局
- 地质调查所
- 中央工厂检查处（撤销）
- 中央工业试验所
- 全国度量衡局
- 商标局
- 国际贸易局
- 各商品检验局

原全国经济委员会系统：
- 蚕丝改良委员会
- 棉业统制委员会
- 导淮委员会
- 黄河水利委员会
- 扬子江水利委员会
- 华北水利委员会
- 江汉工程局
- 泾洛工程局
- 中央水工试验所

原军事委员会第三、四部：
- 资源委员会
- 工矿调整委员会
- 农产调整委员会
- 贸易调整委员会
- 燃料管理处

合并后：
- 中央农业试验所 → 合作指导室、农产调整处
- 农本局
- 中央地质调查所
- 中央工业试验所
- 全国度量衡局
- 商标局
- 贸易委员会（归财政部管辖）
- 商品检验局（重庆、广州、昆明三）
- 矿冶研究所
- 导淮委员会
- 黄河水利委员会
- 扬子江水利委员会
- 华北水利委员会
- 江汉工程局
- 泾洛工程局
- 中央水工试验所（冶金室）
- 资源委员会
- 工矿调整处
- 燃料管理处

(3)附属事业

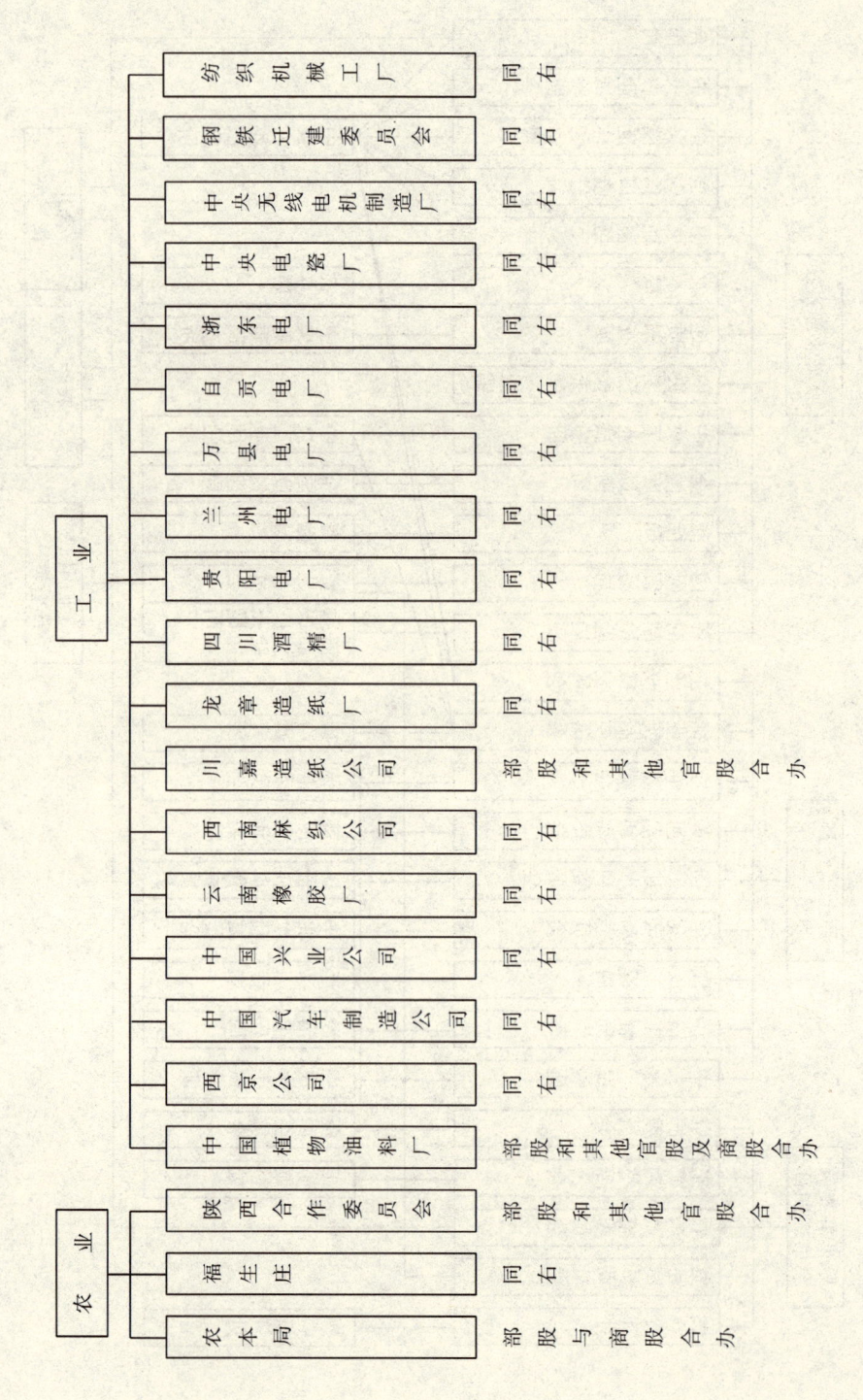

工业	纺织机械工厂	同右
	钢铁迁建委员会	同右
	中央无线电机制造厂	同右
	中央电瓷厂	同右
	浙东电厂	同右
	自贡电厂	同右
	万县电厂	同右
	兰州电厂	同右
	贵阳电厂	同右
	四川酒精厂	同右
	龙章造纸厂	同右
	川嘉造纸公司	部股和其他官股合办
	西南麻织公司	同右
	云南橡胶厂	同右
	中国兴业公司	同右
	中国汽车制造公司	同右
	西京公司	同右
	中国植物油料厂	部股和其他官股及商股合办
农业	陕西合作委员会	部股和其他官股合办
	福生庄	同右
	农本局	部股与商股合办

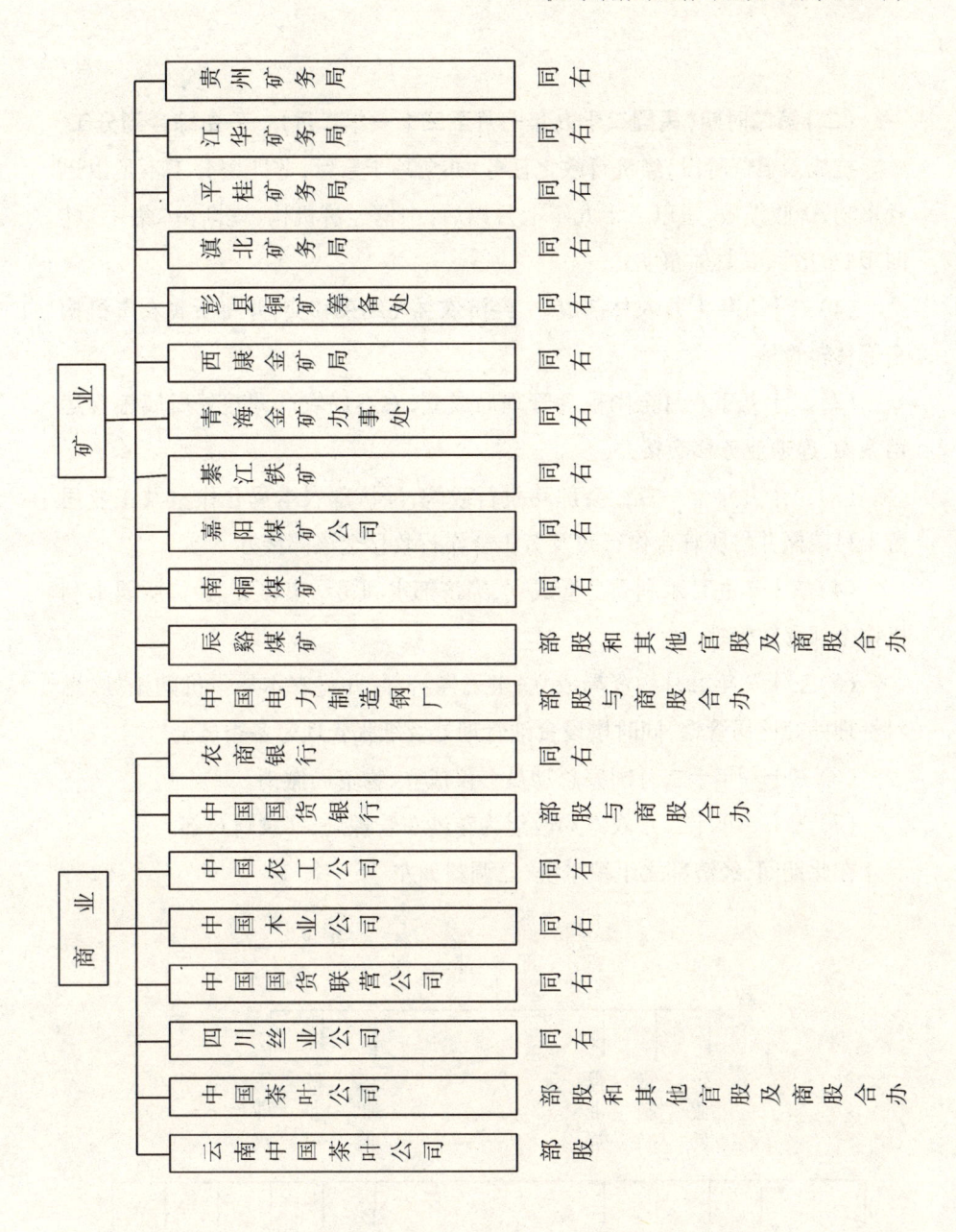

矿业	贵州矿务局	同右
	江华矿务局	同右
	平桂矿务局	同右
	滇北矿务局	同右
	彭县铜矿筹备处	同右
	西康金矿局	同右
	青海金矿办事处	同右
	綦江铁矿	同右
	嘉阳煤矿公司	同右
	南桐煤矿	同右
	辰谿煤矿	部股和其他官股及商股合办
	中国电力制造钢厂	部股与商股合办
商业	农商银行	同右
	中国国货银行	部股与商股合办
	中国农工公司	同右
	中国木业公司	同右
	中国国货联营公司	同右
	四川丝业公司	同右
	中国茶叶公司	部股和其他官股及商股合办
	云南中国茶叶公司	部股

此外于接管后停办者，尚有渔业银团、上海渔市场、松江林业公司、铁嫩森林公司、温溪造币公司、中国酒精厂、丹华火柴厂、扬子电气公司、国窑厂原料精制工厂、蚌埠平民工厂、江南铁路公司、汉冶萍煤铁公司、烈山煤矿、斋堂煤矿公司、大通煤矿公司、湘潭煤矿公司、天河煤矿、萍乡煤矿整理局、恩口煤矿、禹县煤矿、淮南路矿公司、益华铁路、龙烟铁矿公司23单位。

(二)第二时期(民国二十九年七月至三十一年二月)——由综合到分工

抗战入艰苦阶段,经济行政之任务,亦愈趋于繁巨,非严密分工不足以迅赴事功,确收绩效,是以二十九年七月以后,中枢经济机构,逐渐由"集中"转向于"分散",其具体事实:

(1)二十九年七月农林部成立,经济农林司结束移交,并将所属农事机构全部移转管辖。

(2)二十九年八月全国粮食管理局成立,农本局农产调整处所属粮食运销裁撤,递遗业务移交接办。

(3)二十九年十一月社会部移隶行政院,经济部农本局合作室及工业司劳工科裁撤并将所管合作行政及劳工合作行政移交该部接办。

(4)三十年九月水利委员会成立,经济部水利司结束移交,并将所属水利机构全部移转管辖。

(5)三十一年二月物资局成立,隶属经济部,并将农本局平价购销处、燃料管理处交该局管辖,同时增设食油管理处及纸张管理筹备委员会。

(6)三十一年十二月国家总动员会议成立,物资局撤销。

(7)三十一年十二月农本局改组为花纱布管理局,移隶财政部。

在此期间,经济部之组织系统,已调整如左〈下〉:

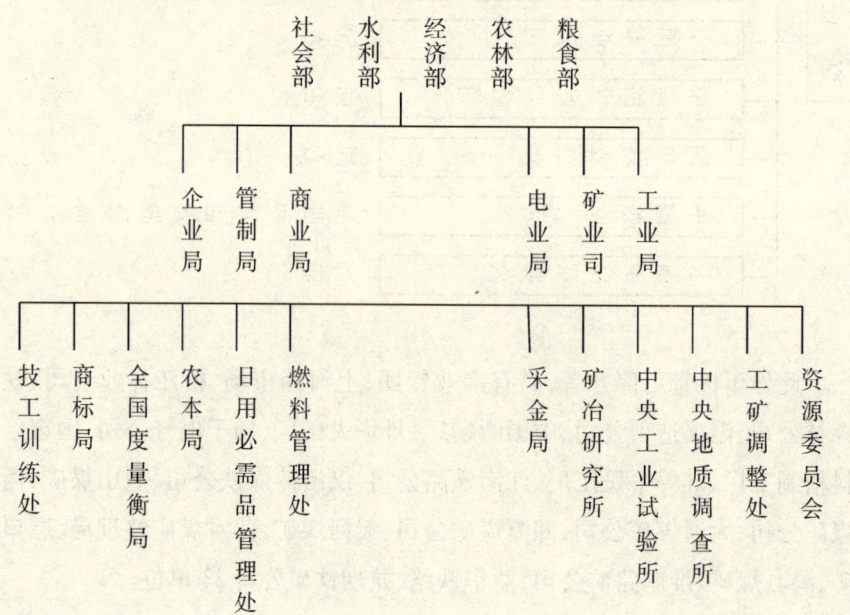

```
            ┌─────┬─────┬─────┬─────┬─────┐
          社会部 水利部 经济部 农林部 粮食部
                          │
       ┌──────┬──────┬──────┬──────┬──────┐
      企业局 管制局 商业局        电业局 矿业司 工业局
       │
┌────┬────┬────┬────┬────┬────┬────┬────┬────┬────┐
技工  商标  全国  农本  燃料        采金  中央  中央  工矿  资源
训练  局    度量  局    管理        局    工业  地质  调整  委员
处          衡局        处                试验  调查  处    会
                                          所    所
日用必需品管理处
```

(三)第三时期(民国三十二年一月至三十三年十二月)——由变动到稳定

三十二三两年间,中央经济结构,多仍旧贯,经济部内部及附属组织,亦殊少变动。有之,则仅为三十二年末采金局之裁撤,及三十三年初国防工业设计委员会技工训练处之接管。至该部所属事业机构,由于数年来惨淡经营,则颇多进展,兹将在此期内各事业机构分布情形,列举如下:

(甲)资源委员会系统

(子)工业

(1)机器工业 有中央机器厂(昆明、宜宾),甘肃机器厂(兰州),江西机器厂及车船厂(泰和),粤北铁工厂(曲江)5单位。

(2)电器工业 有中央电工器材厂(昆明、桂林、重庆),中央无线电器材厂(昆明、桂林、重庆),中央电瓷厂(沅陵、宜宾),华亭电瓷厂(华亭),江西电工厂(泰和)5单位。

(3)冶炼工业 有钢铁厂迁建委员会(巴县),云南钢铁厂(安宁),资渝钢铁厂(重庆),陵江炼铁厂(巴县),资和钢铁冶炼公司(重庆),威远铁厂,电化冶炼厂(綦江),昆明炼钢厂8单位。

(4)液体燃料工业 有动力油料厂(重庆),犍为焦油厂(犍为),遵义、咸阳、简阳、资中、四川(内江)、甘肃(天水)、泸县、北泉(北碚)、云南(昆明)等酒精厂11单位。

(5)化学工业 有化工材料厂(昆明),重庆耐火材料厂,江西硫酸厂(泰和),甘肃水泥公司(永登)等4单位。

(丑)矿业

(1)煤矿 有湘南矿务局,祁零(零陵)、永登等煤矿局,明良(昆明)、宜明(昆明)、贵州(贵阳)、威远、四川(成都)、建州(巴县)、辰谿、甘肃(兰州)等煤矿公司,南相(桐梓)、八字岭、天河(吉安)等煤矿共14单位。

(2)石油矿 有甘肃油矿局(玉门),四川油矿探勘处(巴县)2单位。

(3)铁矿 有易门、綦江铁矿2单位。

(4)铜铅锌矿 有滇北(会泽)矿务局,川康铜业管理处2单位。

(5)钨锡锑汞矿 有钨业、锡业、锑业、汞业等管理处,云南锡业公司(个旧),平桂矿务局(贺县—兼产煤矿)等4单位。

(寅)电业

有龙溪河(长寿)、岷江(犍为)、宜宾、昆湖(昆明)、湘西(沅陵)、汉中、西昌、泸县、万县、自流井、柳州、兰州、天水、西宁、浙东、西京(西安至宝鸡)、贵阳等电厂17单位。

(乙)工矿调整处系统

(子)工业　有乐山木材干馏厂、遂宁纺织厂、广西纺织机械厂(桂林)3单位。

(丑)营业　有土铁管理处及材料库2单位。

(丙)中央工业试验所系统

(1)机器工业　有机器制造及电工仪器修造实验工厂2单位。

(2)化学工业　有纯粹化学品、窑业原料、制革鞣料、油脂、淀粉酿造、盐碱、纤维等实验工厂7单位。

(3)纺织工业　有纺织实验工厂1单位。

(四)第四时期(民国三十四年一月至三十五年五月)——由紧缩到扩张

抗战末期,后方工矿事业愈感艰困,政府为增加国防重要物资生产,以应军事反攻需要起见,特于三十三年终成立战时生产局,并将经济部燃料管理处、工矿调整处、行政院液体燃料管理委员会,于三十年初先后移交管辖,工矿调整处旋即宣告撤销。

迨日寇投降,国内情势改观,经济机构爰复有重大之变更:

(1)财政部贸易委员会裁撤,递遗业务处由经济部接办。

(2)战时生产局结束,所属煤焦管理处、液体燃料管理委员会、工业器材总库,移交经济部接管。

(3)经济部增设苏浙皖、湘鄂赣、粤桂闽、鲁豫晋、冀热察绥、东北、台湾7特派员办公处,办理收复区工矿事业接收事宜。

(4)经济部成立纺织事业管理委员会,并由该会附设中国纺织建设公司,统筹接收敌伪纺织工厂。

(5)经济部设置上海区燃料管理委员会,统筹京沪、武汉、青岛、广州等地燃煤之产运与供应。

(6)经济部设存印物资接收委员会,筹运存印之美国租借法案、加拿大互助法案、英国信用贷款案、世界贸易公司等项之物资。

在此期间,中央经济机构复由分散转趋于集中,由紧缩转趋于扩张。

二、战时经济建设之前奏

民国二十七年三月中国国民党临时全国代表大会于汉口通过抗战建国纲领,都32条,于经济一章,揭橥经济建设"以军事为中心,同时注意改善人民生活,本此目的,以实行计划经济奖励海内外人民投资,扩大战时生产"。同时,并决定"非常时期经济方案",其重要条目:一、曰推进农业以增生产。(1)安定农民生活;(2)增产有用作物;(3)积储并调剂农业特产;(4)活动农村经济;(5)改进土地分配。二、曰发展工矿以应供需。(1)保存固有工矿设备;(2)筹设国防急需工厂;(3)妥筹燃料动力供给;(4)促进农村手工业;(5)辅导民营事业;(6)兼顾资本劳工利益。三、曰筹办工垦以安难民。四、曰发展交通便利运输。(1)添设国内交通线;(2)开拓国际交通线。五、曰分别地区调剂金融。六、曰管理贸易以裕外汇。七、曰厉行节约以省物力。(1)养成良好生活习惯;(2)限禁奢侈品。其中除第5项及第4、6两项之一部分外,当时几均为经济部所主管。经济部部长翁霓氏爰于同年六月间手订《抗战建国经济建设实施方案》,以抗战时期经济设施之准绳,其主要内容如下:

(甲)农业

(子)农业金融宜力求健全　推广合作金库,增设农业仓库,举办农业生产贷款。

(丑)农产运销宜统筹调节　收运棉花粮食。

(寅)地方农民组织宜妥为改善　调整各地农事试验机构。

(卯)战区难民宜移殖垦荒　移民开垦西南西北荒地。

(乙)工矿业

(子)基本事业宜以国力经营积极建设煤、钢、铁、铜、铅、锌、钨、石油、机器、电工器材等工矿事业。

(丑)民营事业宜予充分协助　协助内迁,资金补助,代购材料。

（寅）动力事业宜统筹建树　　改造旧厂增设新厂。
（卯）制造产品宜注重军需　　督导民营工厂为兵工辅助制造。
（辰）乡村工业宜积极倡导　　提倡土法工艺，促进工人生产合作。

（丙）商业
（子）贸易机构宜力图充实　　充实中植、中茶2公司，管理钨锑贸易。
（丑）国货产销宜加紧推进　　倡用国货，增产军需工业原料。
（寅）平准物价宜妥定办法　　组平价委员会，取缔囤积居奇。
（卯）燃料宜妥筹供应　　增加湘赣煤产，供应工厂军运需要，并管理液体燃料。

（丁）水利
（子）江河治导试验宜继进行　　督导中央水工试验所迁川继续工作。
（丑）水文雨量观测宜择地举行　　在黄河长江上游增设观测站。
（寅）农田灌溉宜择地推广　　兴建农田水利，扩增灌溉面积。
（卯）水道运输宜增辟航线　　改进重要水道，沟通水陆交通。
（辰）水利发电宜积极筹划　　调查各地水力，创办水电工程。
（巳）堵口防汛宜妥及统筹　　救济黄河水灾，妥筹江汉防汛。

经济部初期之工作，即依上项方案积极进行，其可得而充者约如下述：

(一) 确立经济事业标准

战时建设，至为艰苦，非集中全国力量，共同迈进，不足以克服困难，确收绩效。故企业，无论国营、民营、公营、合营，凡有裨于经济建设之需要者，自均应切实倡导扶助，而无分轩轾。顾经济事业，事类繁颐，设不斟酌性质，妥定范畴，则仍难收一的同趋齐头并进之效。经济部成立之初，各项工矿事业，方在部署创建，对于国营事业之管理，省营事业之监督，民营事业之资助，经次第筹订规章，确立标准，以为共同遵守之规范，兹分述之。

1. 国营事业　　国营事业之经营标准应为，"(1) 就有关国防之基本矿业及工业，创建新式设备及组织规模，以奠立国防工业之基础。(2) 就后方重要工业区域，设立动力工厂，以公平价格供给电力，使工业化计划得以推进。(3) 就后方重要富源，如煤、铁、石油、金、钨、锡、锑、汞等类，认真建设，以期增加生产,提高品质,使可内增供给,外利贸易。(4)对战时必需之重要物品,如工业机械、电工器材、酒精、油、碱等,建立新式制造基础,以提高自给力量,而减少外购数量"。唯国营事业之进行方式不一,其管理办法,亦因之而异。(1)在矿业方面,经制定《国营矿区管理规则》,对规定应属国营之铁、石油、铜、钨、锑、锰,及适于炼焦或炼油之煤矿严格施行监督,并劝导人民入股或承租,以期扩大后方生产。(2)在工业方面,经拟订国营工业经营之范畴,以(子)国防急需应行特别经营者;(丑)有统筹或统制必要者;(寅)规模宏大设备艰巨非寻常财力所能胜任者;(卯)国防民生所急需而盈亏无把握者;(辰)为工业供给燃料或动力者为限。(3)在电力方面,经拟订国营电厂经营之原则,应(子)于选定之适当工业中心提先设立,以引导其他工厂之建设;(丑)尽先供给工业用电;(寅)以公平低廉之价格,供给充足动力,以期减轻生产成本。至国营事业组织之一般原则,则重在划分行政与业务机构,使能职责分明,事功专一,由经济部及资源委员会、工矿调整处分负其责。

2. 省营事业 省营事业经营之标准:"(1)重要国防工矿业应由中央主持,不宜枝节分裂;(2)省营企业应尊重中央之法规及方针,并不宜与民争利,妨碍合法组织之营业;(3)省营贸易应注重民生物品及省与省间之运输,不宜自分畴域,阻碍流通;(4)省营贸易不得经营未经中央许可之专卖事业,及未经中央委托而自行收购政府指定之统销物品;(5)省营贸易不得提高市场价格,或妨碍生产者之利益;(6)省营企业应依照《特种股份有限公司条例》组设公司。"对以上原则,经制定《省营工矿业管理规则》及《省营贸易监理规则》,规定各省营事业应行呈报中央之重要事项及审检监查之办法,俾收指臂相使之效。

3. 民营事业 政府对民营事业之主要方针,大致有以下数端:"(1)引导并奖励民间资力用于正当生产途径,而禁阻或尽量避免其为投机操纵扰乱市场之行为;(2)促进正当事业之合理利润,而禁阻其过分高利及居奇垄断之行为;(3)在每一时期就经济建设之需要着想,指出亟待生产之物品,尽先协助并督促其生产,对不合需要而专图营利之事业,则酌予限制;(4)对民营事业于辅导奖助之中,即寓监督管制之意,期能逐渐指导纳之轨道;(5)国营与民营事业,方式虽有不同,实皆为全国经济之主要成分,故务使相辅相成,而不致倾挤致害。"为达成上项目的,经制定《非常时期工矿奖助条例》。对于电气、机械、化学、纺织、采矿、冶炼等重要事业,分别予以(1)保息、(2)补助出品生产费、(3)减免出口税、(4)减免原料税、(5)减免转口税及其他地方税捐、(6)减低国营交通事业运输费、(7)减免租用公有土地地租、(8)协助低利贷款、(9)便利器材成品及工人必需品运输等便利。此外,复订定《小工业贷款暂行办法》,及《非常时期华侨投资国内经济事业奖助办法》,次第付诸实施。

(二)筹订经济管制法令

《非常时期农矿工商管理条例》,原为《总动员法》中物资动员之基本,自颁行以来,经济部即经呈准将本条例第1格所列企业或物品47种,指定管理,并分别缓急,拟订管理法令,设置专管机构,执行管制事务,以极战时经济动员之始基。兹将当时受管制之各项企业物品分述如次:

1. 粮食 粮食为军糈民食所必需,经济部于二十八年间曾会同军政部、后方勤务部拟定《战区粮食管理办法大纲》,对非战区省份复经制定《非常时期粮食调节办法》,嗣又依据该办法第25格之规定,订定《非常时期简易农仓暂行办法》,责由农本局负责办理其事。

2. 花纱布 花纱布亦系由农本局负责管理,经先后订颁《管理重庆市棉纱棉布买卖暂行办法》《检举重庆市纱布商人不法行为给奖办法》,及《纱布商人运销陈报须知》,嗣后相继订颁《统筹棉花管制运销办法》《统筹棉纱平价供销办法》《管理直接用户织制成品转列办法》等。

3. 日用品 对一般日用品之调节,经于二十八年末公布《日用必需品平价购销办法》,并设立平价购销处,负责购运供应各项日用重要物品。三十二年该处改组为日用必需品管理处,除继续办理上项业务外,并经制定规章,着手食油及纸张之管理。

4. 煤炭 煤炭管理,始于抗战初起之时,经济部于二十八九年间,先后订颁《管理煤炭办法大纲》《管理重庆市、嘉陵江流域、岷江流域煤炭实施办法》,并责由燃料管理处分配供应事宜。

5. 钢铁 二十九年初,经济部制定《钢铁管理规则》,应成立钢铁管理委员会,负责钢铁登记、运输给照、内运奖助及废金属、土铁等管理工作。

6. 水泥 二十八年五月,经济部制定《管理水泥规则》,成立水泥管理委员会,负责登记、分配事宜。

7. 铜　二十八年一月,经济部订颁《川康铜业管理规则》,并由资源委员会成立川康铜业管理处,管理及收购精粗铜及废铜。

8. 钨锑锡汞　钨、锑两项于经济部成立前,即已由资源管理委员会着手管理,曾分别制定管理、专营规章,并设置专管机构司其事。泊二十八年一、六两月,经济部复先后制定《汞业管理规则》及《管理锡业规则》,仍责由资源委员会分别设处,执行管理业务。

9. 工业器材　工业机器,化工材料(包括烧碱、纯碱、染料、漂白粉、盐酸等数项)之管理,始自三十及三十一年间,由工矿管理处订定规章,次第施行。

10. 液体燃料　液体燃料之管理,由行政院液体燃料管理委员会统筹办理,其属于经济部主管者,则为酒精及植物油炼油工业,曾于三十年间分别订颁规则,执行管理。

此外,由贸易委员会负责管理之物资,尚有以下3种:

1. 茶叶　二十八年,财政部贸易委员会制定《全国茶叶出口贸易办法大纲》,由该会所属之中国茶叶公司统筹外销。

2. 猪鬃　二十八年八月后,经订颁《全国猪鬃统购统销办法》及施行细则,并责由该会富华公司统一办理。

3. 桐油　二十九年十月,续订《全国桐油统购统销办法》,并责由该会复兴公司统一办理。

(三)办理战区难民移垦

战区日益扩大,黄河又告决口,各地难民亟待收容救济,故当时急务,莫过于移殖垦荒,盖于辑抚流亡之中,可兼寓增加生产之意也。经济部成立之初,即经派员分赴各省调查可垦荒地,以为难民移殖之张本,嗣复先后订颁《非常时期难民移垦规则》,及《补助各省难民移垦经费办法》,并洽商有关各省政府组设垦荒务委员会,筹设国营省营垦区,积极进行移垦工作,其垦荒分布,有如下述:

1. 陕西省内,以黄龙山区为最要,经划为国营垦区,设管理局主其事。所有垦区治安、垦民组织、垦种技术及卫生教育等工作,几经惨淡经营,均已树立基础,计开垦荒地2万余亩,容纳难民3万余人。其次如山泻、黎坪及鄜扶3区,可共有垦地20万余亩,容纳难民15000人,由陕西省政府负责办理移垦事宜,垦民及陇海路员工及黄灾难民为主。

2. 河南省内,以邓县垦区为主,曾移殖黄灾难民 7000 余人。

3. 宁夏省内,以宁夏、灵武两县为主,有可垦地 20 万亩,初步移垦,可容难民 2000 人,经中央拨助经费积极进行。

4. 青海省内,经划定都兰县洼沿河为垦区,协助该省政府着手筹办。

5. 四川省内,曾督导省府筹办平武、北川垦区,可有垦地 60 万亩,垦民 3 万人,第 1 期可先移垦民 2000 人,已补助经费,开始进行。

6. 西康省内,经设立宁属屯垦委员会,筹办该属 8 县垦务并已核准设立复兴公司,在大小麻柳一带安插俘夷。

7. 湖南省内,湘西 6 县,有可垦地 65 万亩,可容纳难民 6 万人,已就沅陵、芷江两县之熟荒,先行移垦难民千余人,并增设靖县垦区处。

8. 广西省内,柳江 9 县,有可垦地 30 余万亩,可安插难民 1 万人,已先就柳州露塘区等移垦 4000 余人。

9. 江西省内,吉水等 28 县有可垦地 34 万余亩,可移垦难民 3 万人,经先就吉安等县熟荒区域,移垦 4000 余人。

10. 福建省内,崇安、建宁、泰宁 3 县,原已有垦民 3000 余人,经再就永安等 16 县可垦区域,扩充移垦范围。

11. 云南省内,在滇边各县筹设垦区,收容由暹罗归国华侨。

(四)督导战区厂矿内迁

"七七"之变,政府深信必需长期抗战,为保全国家经济元气,建立后方工业基地起见,乃决定将沿海、沿江及铁路沿线之工厂矿场,尽量拆迁内地。自二十六年七月起,即着手从事战区工矿内迁,其经过可分为下列几个时期。

1. 发动拆迁 二十六年七月至二十七年一月为发动内迁时期。当"八一三"沪战将起之时,即由前军事委员会工矿调整委员会组设厂矿迁移监督委员会,派员分赴临近战区各省市,督导各公私厂矿迅速拆迁,同时并订定办法,对国防有关之工矿事业优予奖助,视其需要分别,(1)补助迁移费用;(2)免税;(3)减免国营交通事业运费;(4)贷助低利借款;(5)给予优先运输权;(6)发给奖金;(7)拨给建厂土地,俾能于艰险紧急之中,鼓舞勇气,完成任务。各工矿主持人,亦多能深明大义,踊跃遵行,北自晋豫,东自苏浙,厂矿均分别陆续向西拆迁,蔚成一大运动。迄二十七年初,各地内迁器材,陆续安全运抵汉口,克告初步之段落。

2. 整理转运　二十七年一月至九月,为整理待运时期。其时南京撤退,武汉成为全国军事政治之重心,后方水陆交通之枢纽,军需物资,需用浩繁,非当地原有各厂所能供应。经经济部督导一部战区内迁工厂,利用往内地寻勘厂址之时间,在武汉借地开工,改制各项重要军需品,接济前方,以增强作战力量。综计在此期间内临时开工各厂,已达当时迁抵武汉厂矿总数 1/3 以上。此种工厂在长途跋涉之余,仍不愿放弃片刻喘息之机会,努力工作,其拥护国策恪尽职责之精神,颇为称道。至其余未开工各厂,亦大都留集汉口,筹划内地厂址,待命输运。

二十七年九月至十二月,为继续内迁时期,此时广州沦陷,武汉会战已起,经济部爰再督饬留汉待运或开工以及原设武汉之各厂矿继续外移。一面斟酌各地经济条件,及后方实际需要统筹工业区位,指定迁建方向;一面洽拨交通工具,代购建厂地亩,补助迁移费用,筹贷建筑基金,俾于多方督导协助之下,完成较前期更为艰苦繁巨之迁建工作。迄二十七年底止,内迁各厂矿,几经跋涉备历艰辛终于指定区域内筹划建厂,其地区分布以四川为最多,其次则为湘、陕、桂 3 省。

3. 完成迁建　二十八、二十九两年为完成迁建时期。此期工作重心,为尽快恢复生产,经济部经就设备补充、技工招致、资金贷助、原料供应、成品规划、技术设计各方面,分别尽量协助,并规定有效办法,奖励尽先复工厂矿,实施以来颇多成效。迄二十九年底止,内迁工厂除少数在迁移时中途失事,机件损失,或与其他同类性质之厂矿合并开工者外,完全复工者已达内迁总数 70% 以上。

综计 3 年以来,经政府协助内迁之厂矿,共达 448 家,机器材料 70900 吨,技工 12080 人。其性质分配,以机器工业为最多,计机器工业占 40.4%,纺织工业占 20.7%,化学工业占 12.5%,电器工业占 6.5%,饮食品工业占 4.9%,矿业占 1.8%,钢铁工业占 0.24%,其他工业占 12.1%。其地域分布,以四川居第 1 位,计四川占 54.1%,湖南占 29.2%,陕西占 5.9%,广西占 5.1%,其他各省占 5.7%。由此可知,内迁厂矿以有关国防生产者为最多,其区位分配,亦甚合于实际之需要,而此巨量可用器材与大批熟练技工之内移,颇足为此后后方工业建设有力之支柱。

（五）开发后方水利事业

我国地势，各河流均以东南为尾闾。抗战军兴，沿海一带，先遭蹂躏，正在进行之水利事业，如淮河、永定河、珠江、扬子江下游等，皆告停顿，水利机构，亦先后内迁。同时西南各省为我国抗战建国之根据地，以言粮食生产，则待垦殖之土地甚广；以言工业建设，则可利用之水力尤丰；以言军事运输，则待整理之河流密布。故各项水利事业之设施，在在与军事及民生有关，自应悉力促进，以树立始基：

1. 农田水利　农田水利昔日试办于西北，绩效宏著，泾惠渠以180万之经费，灌田66万余亩，每年农产增益，达650万元，地价之增值，则自每亩五六元激增至六七十元，约10倍有奇，其为效速利薄之事业，由此可见。抗战以来，后方食粮增产，既增重要，而西北西南各省可资开发之土地，复比比皆是，经济部爰于民国二十七至三十年间，先后在陕、甘、川、黔、滇、桂6省，积极兴建农田水利工程，共可灌田150余万亩。此外在上述6省及绥、宁、豫、鄂、湘、赣各省中正在查勘设计及准备施工者，尚可灌田260万余亩，由水利委员会继续完成。

2. 整理航运　战时运输至称频繁，而铁路公路，即需巨额之外汇，运货亦较水运为昂，所幸后方各省水运水道纵横，流域面积，遍及全境，工程材料及运输船舶，均可不假外求，允宜充分利用，以利运输。惟是西南各河道地处上游，大都坡陡流急，滩险罗列，或仅局部或短期通航，欲言根本整理，全部渠化，则所费过巨，且亦缓不济急，故先普遍查勘，并与陆运配合。分为国际运输线，计长1400公里；军事运输线，计长5480公里；及物资运输线，计长800公里，总长7880公里。工程种类或系局部渠化，或加疏导或以炸礁，或辟纤道，其目的为增加运量，延长通航时期，缩短航行时日，均已成效渐著。总计已查勘者，计13395公里，已施工者2900公里。地域分布，有湖南之湘江、沅江、资水、酉水，广西之柳江、桂江、右江、左江、郁江，广东之西江，四川之金沙江、岷江、綦江、盐井河、威远河、大渡河、青衣江，贵州之乌江等。

3. 整饬河防　抗战发生以来，各河流修守失常，加以敌人恣意破坏，黄河决口于花园口赵口，长江下游决口亦达1928处之多，河北之永定、漳、卫诸河亦以溃决闻，洪流所至，灾情惨重，欲求根本救济，则以形格势禁，无法着手进行，只能查勘实情，对各地河防，作局部之整饬。二十八年间，曾于苏北悉力修防,藉以缩小灾区,农产丰收,总值在 1 万万元以上,安徽北部,亦以办理工振,因而减少灾害,估计所保全者约值 2 万万元,其他如豫鄂各省亦经分别疏导、截堵、培修,灾情得以减轻。

4. 勘修水利　西南各省电力需要骤然增加,亟待筹建电厂,以裕供应,而兹数省者,蕴蓄水力资源,甚为丰富,自应积极开发,以建立今后工业建设之基础。经济部各水利事业机构及资源委员会水力发电勘测处,对各重要地区如四川大渡河、瀼渡河、长寿河,云南之螳螂川,广西之柳江等处,水力之勘测设计,经分途进行,均已得有初步结果。

(六)筹建内地经济中心

抗战开始,政府西迁,亟宜于后方重要地区,建立经济中心,以为抗战建国之根据地。惟此项中心之选择,应注意及原料供给,运输便利,动力来源,及产品销路诸条件,经济部经就西南西北地理情形,选定经济区域如下:

1. 湘南省中部及西部,以沅陵辰谿为中心,已设有电厂、电器厂、水泥厂。

2. 川东万县长寿一带,已设有水电厂及榨油厂。

3. 陕西西安宝鸡等处,已设有电厂,并运往纺织厂数家。

4. 重庆附近,因有多量之电力设备,故已迁入之工厂为数特多,种类有纺织、钢铁、炼铜、机械、电器、酸碱、炼油等等。

5. 沱江、岷江流域,包括泸县、内江、资中、简阳、五通桥、犍为、威远、自流井、宜宾等地,有盐、糖、煤、木材各项出产,土肥人众,条件优越。已建有较具规模之电厂 3 处,并积极建设酒精、盐碱、造纸、炼铁、炼焦、炼油等工业及煤矿业。

6. 贵州东部及中部,已开采省溪等县之水银矿,贵筑等县之煤矿,扩充贵阳之电厂,并筹采威宁、水城煤、铁、石膏各矿。

7. 甘、青 2 省,人口较稀,然仍注意少数事业之建设,以玉门油矿之开采为显著,此外并建设兰州、西宁等电厂,开采青海金矿,阿干、永登煤矿。

8. 西康省内,已在康定、泰宁、道孚、会理等地开始办理金矿及铜矿,并派员查勘雅安、天全、荥经等地矿产,大渡河、青衣江水利,以为开发建设之准备。

9. 云南省内,已在昆明建设国营电厂及机器厂、电工器材厂、炼铜厂、炼铁厂,并开采易门、禄丰铁矿,宣威煤矿,会泽铜矿,扩展个旧锡矿。

10. 广西省内，以桂林、柳州、全县等地为中心，经建立电厂，并协助省政府办理富钟贺锡矿，上林金矿，田东锑矿，桂杯纱厂及机械厂。

三、战时经济建设之全貌

战时后方经济之建设，乃以《抗战建国纲领》为准绳，一面应抗战之需要，扩展军需工业，开发国防资源，增产作战物质，以争取决定性之胜利；一面本建国之鹄的，建立基本工业，发展国营事业，奖助民营企业，以奠立工业化之基础，故其任务至称艰巨。经济部于二十七年组织成立，负责全国工矿事业之建设与促进，8年以来，尚不无相当成就。兹择其数项重要事业，分述其梗[概]于后：

（一）开发矿产资源

1. 煤　我国主要煤矿，多在华北，战起未久，即相继沦入敌手，经济部为供应行车、航运燃煤急切需要起见，经积极督率整理，期间计河南禹县，湖北大冶，湖南湘潭、恩口，江西萍乡、天河、高坑各矿，均经增产煤斤，以助军运。迨武汉撤守，复以中福一部机器，迁转入川，扩充天府、石燕及开发嘉阳、威远各矿，并督导三才生、宝源、江合、东林等矿添装设备，开辟运道，协助建川、华安、华银、全济、华昌、义大等矿，完成建置，开始生产，以建立四川煤业基础。在二十七年，该省产煤不过140余万吨。迄二十九年已增达279万吨。同时复于滇省接办明良煤矿，筹办宣明、祥云（未开工）各矿；于黔省投资扩充筑东、林东煤矿；于康省协办益门煤矿；于湘省筹办祁零、辰谿、永兴各矿，投资湘江煤矿，协助湘南醴陵观音滩、中湘各矿；于桂省筹办及协助西湾、合山2矿；于赣省维持及协助天河、鄱乐2矿；于粤省筹办八字岭煤矿；于豫省协助英豪、民生2矿；于陕省筹办同官煤矿，并协助新生（白水）、新兴（蒲城）、雍兴（陇县）各矿；于甘省筹办永登、阿干2矿。8年中次第开工，分别增产，对各工业区及交通线所需燃煤，尚能勉敷供应，其总产量亦递年增加，计二十七年后方国营民营各矿，共产煤4700000吨，至三十二年递增达6617000吨。惟三十三年以湘、桂相继被寇，一部矿区失陷，三十四年以敌寇遽告投降，各方需要锐减，致煤产较为减少，然于此2年中，经济部对各矿应变措施，及增产准备工作,仍亟谋补救。如三十三年衡桂撤守之际,祁零煤矿不避艰险,迄仍勉力工作,维持每日 300 吨之产量,嗣复于黔西筹办都匀煤矿,以济当时之湘桂、黔桂两路军运,均有贡献,三十四年以湘桂大矿停产,后方工业交通用煤,不能不仰给川、滇各省,经对嘉陵江、岷江各区煤矿,认真督导协助,产力运量均有增进,每月产量由三十三年十二月之 347250 吨,增至三十四年六月之 3900100 吨,每月运量由三十三年十二月之 58079 吨,增至三十四年六月之 67987 吨,且煤之灰分亦续见降低,切合各方需要。

2. 石油　关于石油开发工作,二十七年初,即由经济部督饬资源委员会与中央地质调查所,分别于四川、陕西、甘肃三区域,从事钻探。其中陕西延长、永平油矿,曾少量出油,嗣以时局关系,改由地方政府维持旧井产油工程,四川巴县石油沟虽未发现油层,但已获得大量之天然气,可供轮渡及汽车燃料之用,自二十七年起,已开始生产。惟以缺乏钢瓶,产量较受限制。隆昌圣灯由自三十二年起,着手钻探,亦发现丰富之天然气,现在计划设厂提炼汽油,并利用该地所产卤水,筹办制盐厂;江油水观音地方,亦发现油源,可能有开采价值。其最占重要地位者,厥为甘肃玉门油矿,自二十八年矿井试探,即产油 4000 加仑,二十九年经凿油井 7 口,平巷 3 处,正式大量生产汽油,产量已达 70000 加仑,自是递年陡增,三十年产汽油 209000 加仑,煤油 113000 加仑;至三十一年度产汽油 1896000 加仑,煤油 597000 加仑,又柴油 5000 加仑;三十二年产汽油 3037000 加仑,煤油 558000 加仑,柴油 5000 加仑;三十三年产汽油 4046000 加仑,煤油 2160000 加仑,柴油 155000 加仑,汽油产量较二十九年已增加 58 倍。迄三十四年该矿已共有油井 61 口,其中正在产油者 13 口,生产能力持续增高,惟以运输能力有限,盛器设备不足,矿上存油过多,经加强井口控制,可免除原油喷发逸散之损失,并改良储油池设备,以贮余油,但对油品产量仍不能不酌予限减,以待运输。故是年仅产汽油 3843000 加仑,煤油 1651000 加仑,柴油 300000 加仑,至汽油品质方面,经改善炼炉设备,及分馏塔、冷凝池等部分装备,成分已大见提高,其辛烷值可增达 65 度,行车效率远较酒精为高,即较之苏联汽油,且犹过之。此外新疆乌苏油矿,原苏联人经营,三十三年经政府交涉收回,交由甘肃矿局兼为开采,每月曾出汽油 30000 余加仑,旋以地方遭遇匪患,员工被迫撤离,故已暂行停产。

3. 钢铁　后方冶炼事业,以往多用土法,所产白口铁颇不适用。而炼钢设备为数尤少。抗战发动之初,经济部即谋在川、滇两省,建立钢铁事业,以助各种工业之发展,始则将沪、汉各重要钢铁厂,分别西迁。继则开发四川綦江、涪陵、彭水,云南易门等重要铁矿,并协助建设新式小型炼炉,增加土铁生产。二十七年间,资源委员会与兵工署合组钢铁厂迁建委员会,将汉冶萍公司汉阳铁厂与汉口扬子铁厂炉座机件拆迁于重庆大渡口改建新厂,重要设备有100吨及200吨化铁炉各1,100吨平炉、3吨贝氏炉各2,1.5吨电炉1,轧钢铁及钢板厂设备全部,并开采綦江铁矿与南桐煤矿,以供给冶炼原料。嗣又于蒲江附近,添设大建分厂,为后方钢铁事业第一大厂。此外在抗战期中,经经济部筹办或协助创建之钢铁厂,在四川有渝鑫、中国兴业协和(后改为资和)、和人(后改为资蜀)、新威(后改为威远)、资渝电化冶炼、中国制钢各厂。而小型炼厂亦不下10余单位,其主要者有陵江(后并入资渝)、大昌、永荣、永和、上川、清平各厂;在云南有中国电力制钢、云南各厂;在湖南有湘华、民生2厂;在贵州有康黔钢铁事业筹备处;在广西有八步、中渡口2厂;在广东有粤北铁厂;在江西有天河铁厂;在陕西有耀县铁厂;在甘肃有兰州铁厂。生产趋势,三十一年以前注意于灰口铁之生产。三十一年而后,则置重于钢材之制造。惟逐年比较,则大都递见增高,如二十七年后方国营民营各厂,共产生铁41000吨(一部为土铁),钢品1200吨;二十九年产生铁55200吨,钢品1500吨;三十年产生铁62800吨,钢品2000吨;三十一年产生铁77500吨,钢品3000吨;三十二年产生铁70000吨,钢品6800吨;三十三年产生铁40100吨,钢品13300吨;三十四年一月至八月产生铁6650吨,钢品3082吨。

4. 铜铅锌铝　铜铅锌3项,为兵工重要原料,我国产量无多。抗战以来,由经济部资源委员会积极探勘,二十八年接采滇北东川铜矿,并收购永北巧家易门一带土铜,设厂提炼,近可年产粗铜200吨,该区纯铜储量,据估计可达170万吨,较有发展希望。又二十九年接办四川彭县铜矿,并设有临时炼厂,冶炼粗铜,嗣以该矿矿床复杂,含硫较多,须俟国外机器易于输入时,始能正式采炼,因于三十二年停工保管。关于精铜提炼,该会曾先后设有重庆电化冶炼厂及昆明炼铜厂,皆以电解法炼制,每日生产能力,前者可达6吨,后者则为2.5吨。两厂原可年产电铜2000吨,只以原料(粗铜)来源有限,故皆减产,但其品质则甚见进步,纯度可达99.95%以上。铅锌矿以西康会理天宝山所产为最著,亦由该会开采冶炼,并兼采益门之煤以炼焦,俾供炼锌之用,滇北矿务局亦产净铅、净锌，昆明炼铜厂亦兼产电锌，惟量俱有限，湖南省原设有炼铅炼锌两厂，采用水山之矿砂，可年产净铅2000吨，净锌400吨，二十七八年拆迁于常宁松柏镇，由工矿调整处协助其建厂复工。三十一二年间，可产净铅1000吨，净锌200吨，颇能供应各项兵工及工业之用。三十一二年间，于贵州修文、贵筑，云南昆明、安宁两区，先后发现铝矿，并由矿冶研究院及昆明炼铜厂分别试提纯铝，俱告成功，三十三年，后者且曾为小规模之提炼，已有少量出品。

5. 钨锡锑汞　钨、锡、锑、汞，均为我国对外易货偿债物品，亦为盟邦对敌作战必需物资，经先后交由经济部资源委员会统筹产收运销，办理尚收成效。锑之管制，着手最早，其产区在湖南，每年产量可达10000吨。惟年来以国外代替品之竞争，盟邦需要激减，致销路逐趋萎滞，外运几于停顿，为避免积压资金，并维持最低生产起见，不得不酌予限制生产，一面积极提倡锑品制造，推广国内自销，俾战时减少亏累，战后易于恢复。至锑品加工，则自三十二年起设厂制造。出品有锑养颜料油漆，尚合各方需要。钨之管制，始于二十五年，其主要矿区为赣南、粤、桂、湘3省亦有相当产量，每年可共产10000余吨，以盟邦需要尚多，故生产尚能维持正常。惟近年来价陡涨、工资激增，采矿成本增高，而国际收价迄仍如故，外销亏累甚巨，致生产困难日益加重，虽几经合理调整收价，然较之物价指数，上升程度仍感不逮远甚。迄三十三年，终准扼生产萎缩之趋势，年产量遽减至3000吨。锡之管制，始于二十七年，其主要产区为云南，其次为湘、桂各省。纯锡至二十八年始少有出品，仅产1800吨，二十九年积极增产，额收成效，其产量遽跃增至15000吨，嗣是以后，以盟邦需要日减，及收价亏损日增，因亦改取限产方针。汞之管制，着手较晚，其产区大都在黔、湘、川3省边境，年来盟邦尚有需要，原应在增产之列，惟以矿床变化，有日趋贫瘠之势，加之矿区荒僻，每遭匪患，致历年生产，未能尽如预期，综计毛汞产量：二十八年为170吨，二十九年为90吨，三十年为120吨，三十一年为160吨，三十二年为120吨，三十三年为100吨，三十四年上期以粤、赣、湘、桂等钨、锡、锑矿产区，均尚沦陷敌手，生产全部停顿，仅滇锡与湘黔汞品，有少量产收，计各为1700吨与74吨。钨、锑则均无产量。以上各项矿品，历年均经依约外销美、苏，以交换物资，偿付债款，或昆明、桂林交飞机接运，或由猩猩峡转运出口，虽在运程迢遥，运费高昂，运量很少等困难环境之下,尚能勉维交量,无损国际信誉。而矿品品质之增进,尤为盟邦所推许,如滇锡成分已达99.95%,合含铜铅杂质减至0.1%以下,桂锡含砒可达0.2%以下,粤赣钨含重可达1%以下,湘汞成分可达99.8%,湘锑含砒亦可达0.1%以下,均超越国际市场标准。

(二)促进工业生产

1. 电力　战前内地各省,电厂既少,设备复多陈陋,所有甘、陕、青、宁、川、康、滇、黔、湘、桂各省发电设备,仅共25000余千瓦,约占全国总容量4%。抗战以来,后方工厂林立,人口麋〔糜〕集,动力及光热用电,需要激增。经济部为使后方动力事业迅速建立基础,以促进工业建设起见,经督饬资源委员会于各重要中心筹建电厂,并督导各民营电厂与工业自用电厂,积极调整扩充,以期增大供电能力,故年来后方电力事业,颇有显著进展,经资源委员会创建经营完成供电者,在四川有龙溪河(长寿)、万县、宜宾、岷江(五通桥)、自流井、泸县6厂,在云南有昆湖1厂,在贵州有贵阳1厂,在甘肃有兰州、天水2厂,在陕西有西京、宝鸡、汉中3厂,在青海西宁有1厂,在西康有西昌1厂,在湖南有长沙、衡阳、辰谿3厂,在广西有柳州、八步2厂,又在浙江亦有丽水1厂。以上国营各厂,迄三十四年止,已共有发电容量23800千瓦,对各区工业用电之供应,裨益至大。此外经经济部协助民营筹建完成供电,又敷设输电网及水力电厂之创设与勘测,成绩均斐然可观。

2. 机械电器　机械为各种工业之母,特值重视,故机器工厂在内迁厂矿中,最占重要地位。而初期新建之厂,为数亦甚众多,迄三十二年后机器厂数已不下800余家,拥有工具机4190余部,其中在规模上以国营各厂为巨擘,在数量上则以民营各厂占优势。前者有资源委员会经营之中央、宜宾、兰州、江西4厂,中央机器厂于二十五年间原设于湘潭,后转迁昆明,故其设备能力,均非内地其他各厂所能望其项背。宜宾、甘肃、江西各厂,大都创设于三十年及三十一年间,其产品则仅足供当地局部之需要。后者以重庆之新民、顺昌、恒顺、民生、公益、上海、祁阳之新中,桂林之中国汽车,六河沟各厂较为重要。各厂工作,最初着重于兵工器材之承制,继则努力于动力机、工具机、作业机之生产,并兼及于交通工具之修造,其产量视需要增减为转移。但三十二年以前,则大体呈上升之势,如工具机之产量,二十七年为332部,二十八年为 639 部,二十九年增为 1124 部,三十年再增为 1221 部,三十一年略减为 1147 部,三十二年则转增至 1752 部,三十三年又减为 1335 部。动力机产量,二十七年为 610 马力,二十八年为 870 马力,二十九年为 2507 马力,三十年为 3758 马力,三十一年为 4475 马力,三十二年为 7187 马力,三十三年为 8210 马力,迄在扶摇直上之中。电器工业以资源委员会经营之中央电工器材、中央无线电器材、中央电瓷 3 厂最为重要,均于战前筹设于湖南,后因战事转进,其总分厂分别迁建于桂林、昆明、重庆、沅陵、衡阳、宜宾等地,为后方电器生产之中坚。此外,江西电工厂、华亭电瓷厂、中国兴业公司电业部、华城、华生、中建、电声、大陆各厂亦均有相当产量。综计后方国营民营各厂,共约 80 余单位,大都系由战区迁入,各厂出品,种类颇为繁多,惟因各项重要原料,向须仰给国外,以战事输入困难,来源颇感缺乏,致正常生产大受限制,但若干重要产品,则仍见增产。抗战初期数年中,尤为显著,如发电机产量,二十七年为 299 千伏安,二[十]八年即增为 439 千伏安,二十九年再激增为 6308 千伏安。电动机产量,二十七年仅 600 马力,二十八年陡增为 9595 马力,三十年更增为 11601 马力。变压器产量,二十七年为 4390 千伏安,二十八年增至 6509 千伏安,三十年增至 10792 千伏安,三十一年再增至 15383 千伏安,三十二三两年亦均在 11000 至 12500 千伏安之间。无线电机产量,二十七年为 660 具,二十八年增至 1132 具,二十九年增至 2239 具,三十年再增至 2615 具。电灯泡产量,则二十七年之 68640 只,至三十三年达 1685779 只,几为直线之上升。综观机器及电器工业在战时之发展,初感设备之不足,继虞原料之缺乏,终又为销路萎缩、资金周转不灵所苦。但历年产品,则均尚感勉敷各方需要,而技术上之进步,尤堪称述。第一,为制品之专业化。如巨型纺纱机以制造程序繁复,经采行分工合制制度,分配各厂承造,由恒顺制清花机、弹花机,公益制梳棉机、并条机,顺昌及惠工制细纱机、打包机,俱达专精程度。此外上海及中国兴业公司之水轮机,新中之煤气机,中国汽车公司之桐油机,大川之卷烟机,顺昌之球磨机,渝鑫、恒顺之鼓风机,元利之面粉机,六河沟之绞车,植物油料厂之榨油机,兴国之缝纫机等,亦均臻专业化。第二,为新出品之试制。中央机器厂之锐刀、砂轮、麻铁、500 倍显微镜、重试刨床、搪床及大型动力机,中央电工器材、无线电器材 2 厂之钢丝绳、荧光灯氯气整流管、动卷调压器、步声机等,均为国内之创制。第三,为代用原料之研制。如制造电工器材所需之云母子、胶木粉、黄蜡绸布、绉纹漆、锰盐、锌皮等皆已试制成功,可完成代替外货,以逐谋自给。

3.液体燃料　战时运输频繁,工具胥赖汽车,而所需汽油,以西北矿油取给不便,国外油料输入日难,甚感难敷供应,经济部为迅谋增产液体燃料计,于抗战开始即先行从事于动力酒精之制造,责由资源委员会将咸阳酒精厂机器设备,拆运资中筹建新厂,其原设于内江之四川酒精厂,同于二十八年开工出货。此后该会经营之简阳、泸县、北泉、开远、遵义、兰州各厂,军政部交通司及后方勤务部经营之盘县、安顺、纳谿、广汉、褒城各厂,民营之大成、国民、复兴、胜利各厂,以及省营之湖南、广东、福建、陕西各厂相继成立,酒精生产顿呈突飞猛进之势。如二十七年仅为 300000 加仑,二十八年增为 810000 加仑,二十九年陡升至 4590000 加仑,三十年续增为 5400000 加仑,三十一年再增达 7880000 加仑之最高峰,是为后方酒精工业最繁荣之时期。嗣是以降,则以糖品减产,土酒禁酿,原料供应渐感不继,制造成本亦递趋加高,产量稍减,然三十二年以次 2 年中,则仍维持每年 700 加仑之标准。代汽油之生产,以资源委员会二十七年在重庆所设之植物油提炼轻油厂(后改为动力油料厂)开其先河,利用土产之菜油、花生油(后改用桐油)经过高温制化程序,提制轻质油料,可用作汽车燃料,几经研究,幸告成功,于二十八年正式开工出品。及太平洋战起,汽油输入与桐油输出,倍感困难,是项事业,乃转为各方所重视。三十一年中央特拨专款,交由前运输统制局筹设新厂。经济部除督导原有公私各厂增加设备,扩充产量外,并在各桐油产区提倡商民广设新厂,以资提炼。迄三十二年六月止,经核准登记之公私炼油厂,已达 60 余家,代汽油生产能力,年约 2900000 加仑,但因技术及设备,尚多困难,实际产量仅能达生产能力 1/3。三十三年间,行政院以桐油供应不足,价格复趋上涨,代汽油生产成本月益加高,殊不合经济条件,应酌予收缩,饬由经济部拟定办法,分区分期,逐步停办,产量因锐减。以三十三四两年仅达原有生产能力 1/10。代汽油之另一种来源,为煤低温蒸馏,由资源委员会键为焦油厂从事提炼。该厂二十九年开始筹办,三十年正式出货,利用五通桥附近煤产,提制汽油、柴油、灯油及焦炭沥青、来苏水,全年可产汽油 6000 加仑,煤油 600 加仑,柴油 8000 加仑。所出汽油,品质甚佳,辛烷值已达 90 度以上,惟以设备所限,迄未能大量增产。

4. 化学工业　后方原有化学工厂，多属小型，抗战以还，战区各大厂相继内迁，如五通桥之永利化学公司制造纯碱，重庆天原电化厂制盐酸、烧碱、漂白粉，长寿之中国煤气公司制造电石，重庆之庆华颜料厂制造染料，沅陵之华记水泥公司（后改为华中水泥公司）与原有之四川水泥公司制造水泥，均具成绩。新建工厂，则有资源委员会之昆明化工材料厂、甘肃化工材料厂（由甘肃酒精厂改建）制造纯碱、烧碱，裕滇磷肥厂制造磷肥，江西硫酸厂制造硫酸，重庆耐火材料厂制造火砖，甘肃水泥公司制造水泥，工矿调整处之乐山木材干馏厂制造醋酸钙、甲醇、丙酮、甲醛，民营之四川嘉华水泥厂、昆明水泥厂制造水泥，重庆华中化工厂制造拷胶，中国化工企业制造染料，长寿中国火柴原料厂制造赤磷，重庆中南、普利橡胶厂翻制再生橡胶，太平化学公司制造金刚砂，新原电化厂研制电木粉，光华、建华、竟成等化工厂制造油漆、油墨，四川裕川、中国、永源、广益，贵州新筑、大众，云南大利，陕西集成各化工厂，制造版酸、硝酸、盐酸，中央工业试验所亦办有盐碱、油脂、鞣料、纯化学品、胶体等实验工厂，制造重要各项化学成品，后方化学工业基础逐渐建立，成品门类数量亦递趋加多，尤以酸碱等基本化学成品为最著。如硫酸：二十七年产 170 吨，二十八年产 124 吨，二十九年产 428 吨，三十年产 543 吨，三十一年产 689 吨，三十二年产 624 吨，三十三年产 768 吨。盐酸：二十七年产 99 吨，二十八年产 72 吨，二十九年产 151 吨，三十年产 130 吨。纯碱、烧碱：二十七年产 520 吨，二十八年产 940 吨，二十九年产 1486 吨，三十年产 2079 吨，三十一年产 2263 吨，三十二年产 3251 吨，三十三年产 6101 吨，对后方其他工业之发展，颇有裨益。

5. 民生工业　民生工业，包括纺织、面粉、造纸、制革、肥皂、火柴等工业，后方尚略有基础。惟当此战时，一面人口麇集需量加多，而另一面则原料不足，生产困难，仍有待加以导助，以利推进。兹分言之，在纺织工业方面：战前后方原有纱锭 25000 枚，此后复有内迁 260000 枚，连同新设备厂在内，共为 55 厂，已开纱锭 252000 余枚、布机 1878 台，未开纱锭 58000 余枚、布机 989 台。西北盛产羊毛，但机器毛纺织工业，则自抗战后始有建立，计有以重庆之中国、民治，乐山之川康 3 厂为最著。三十二年已开毛纺锭 2400 枚，月产毛呢 2000 公尺，三十三年产量益增。此外光大、福民、西京、西北等厂亦均有相当出品。麻纺织厂曾有湖北、广东江录 2 厂，分迁万县，与信宜、衡阳织造麻袋。西南麻织及申新苎麻实验 2 厂，以棉麻交织织造布匹，成绩亦甚良好。丝织厂以普益织绸厂较为重要，其出品可供制造降落伞之用。在面粉工业方面：川、陕、湘各省，原有机制粉厂，尚粗具规模，抗战后复有内迁陕西宝鸡之福新、大新，内迁西京之和合、同兴，内迁重庆之庆新（后改为复新）、正明各厂，加入生产。生产能力综计可日达 25000 包左右。在造纸工业方面：川省铜梁、大竹、夹江等处，原系纸张著名产区，唯类皆手工业制造，机制纸厂则仅有乐山之嘉乐、兴蜀数家，规模甚小。战后上海龙漳纸厂迁重庆，旋由财政部接办，改组为中央造纸厂。杭州中元纸厂迁宜宾、汉口谌家矶纸厂迁成都，改组为建国纸厂。战前拟设之温溪纸厂，不及兴办亦由经济部工矿调整处投资合股川嘉造纸公司于嘉定。嗣是以后，新厂相继建立，为数日多，其主要者，有中国（四川）、中南（湖南）、黔元（贵州）、陇元（甘肃）各厂。迄三十四年，已共达 23 家，生产能力可日达 30 吨，实产每日 12 吨。道林纸绝缘纸及邮票、钞券、打字用纸，均已大量出口。在制革工业方面：重庆、成都等处，夙为手工制革业之中心，机制革厂为数甚少，抗战后内迁者，以自汉口迁渝之汉中暨求新厂规模较大，此外四川有华胜、光华、大成、成都、二明、庆鑫各厂，陕西有西北、长安、东寨各厂，甘肃有丰记、建华各厂。产品分轻革，重革两种。近数年来，年产均在 100000 张左右。在制皂工业方面：过去内地肥皂厂，设备均甚简陋，抗战后内迁复工者有永新化学厂，新设有利民、西南等厂，规模较为庞大，迄三十一年新厂愈多，仅重庆一地，即已有 70 余家。后方肥皂总产量最高可达 350000 箱。三十三年以后，因物价增涨，原料缺乏，较小各厂，渐趋淘汰，肥皂产量，遂亦递见减退。

兹将抗战 8 年来后方重要工矿产品产量统计列表如下：

战时后方重要工矿产品产量

产品	单位	二十七年			二十八年		
		共计	国营	民营	共计	国营	民营
电力	度	73622000	3287000	70335000	91494000	9609000	81885000
煤	公吨	4700000	504459	4195541	5500000	192316	5307684
汽油	加仑	52900	—	—	4160	4160	—
生铁	公吨	—	—	52900	62730	—	62730

续表

产品	单位	二十七年			二十八年		
		共计	国营	民营	共计	国营	民营
钢	公吨	52900	—	900	1200	—	1200
电铜	公吨		—	—	427	427	—
净钨	公吨	12556	12556	—	11509	11509	—
锑品	公吨	9464	9464	—	11988	11988	—
纯锡	公吨	—	—	—	1840	1840	—
毛汞	公吨	—	—	—	169	169	—
工具机	部	331	—	—	639	—	639
作业机	部	842	—	331	1512	—	1512
动力机	马力	610	—	842	870	—	870
发电机	KVA	299	—	299	439	89	250
发动机	马力	600	—	600	9594	2094	7500
变压器	千伏安	4390	—	4390	6509	9	6500
发射及接收机	具	660	660	—	1132	1032	100
电泡	只	68640	68640	—	49647	192647	300000
水泥	桶	21498	—	21498	48794	—	48794
硫酸	吨	170	—	170	124	—	124
盐酸	吨	99	—	99	72	—	72
硝酸	吨	3	—	3	2	—	2
碱	吨	520	—	520	940	—	940
酒精	加仑	303861	61861	233000	811740	269740	532000
机制纸	吨	492	—	492	526	—	526
面粉	袋	1513000	—	1513000	1926000	—	1926000
机纱	件	24515	—	24515	27451	—	27451

续上表　战时后方重要工矿产品产量

产品	单位	二十九年			三十年		
		共计	国营	民营	共计	国营	民营
电力	度	11931000	11117000	100814000	123302000	131146000	110156000
煤	公吨	5700000	306015	5393985	600000	517482	5482518
汽油	加仑	73462	73462	—	209311	209311	—
生铁	公吨	45000	2494	42006	63637	4437	59200

续表

产品	单位	二十九年			三十年		
		共计	国营	民营	共计	国营	民营
钢	公吨	1500	—	1500	2011	26	1895
电铜	公吨	1240	1240	—	697	697	—
净钨	公吨	9542	9542	—	12392	12392	—
锑品	公吨	8471	8471	—	7991	7995	—
纯锡	公吨	15099	15099	—	6995	6995	—
毛汞	公吨	91	91	—	121	121	—
工具机	部	1024	123	902	1221	72	1148
作业机	部	3775	82	3692	2575	119	2456
动力机	马力	2507	706	1801	3758	571	3187
发电机	KVA	6308	4791	1517	5503	2653	2850
发动机	马力	3102	2552	1550	116601	3603	7998
变压器	千伏安	6124	1624	4500	10772	5792	5000
发射及接收机	具	2239	1442	797	2615	2220	395
电泡	只	699272	264370	434900	628384	231384	397000
水泥	桶	50479	—	50479	25429	—	25429
硫酸	吨	428	—	528	543	3	540
盐酸	吨	151	—	141	130	—	130
硝酸	吨	16	—	16	12	—	12
碱	吨	1468	18	1468	2079	119	1960
酒精	加仑	4590055	669055	3921000	3408376	1298376	2110000
机制纸	吨	660	—	660	4200	—	4200
面粉	袋	3239000	—	3239000	4510000	—	4510000
机纱	件	29518	—	29518	111500	—	111500

续上表　战时后方重要工矿产品产量

产品	单位	三十一年			三十二年		
		共计	国营	民营	共计	国营	民营
电力	度	136850000	24016000	112834000	146407000	30831000	115606000
煤	公吨	6313697	746301	5567396	6617000	757964	5859306
汽油	加仑	1895724	1895724	—	3219236	3219236	—
生铁	公吨	96000	13478	82511	70000	20853	49147

续表

产品	单位	三十一年			三十二年		
		共计	国营	民营	共计	国营	民营
钢	公吨	3000	1506	1494	6800	4646	2154
电铜	公吨	566	566	—	533	533	—
净钨	公吨	11897	11879		8973	8973	
锑品	公吨	3510	3510	—	429	429	
纯锡	公吨	7209	7209	—	3769	3769	
毛汞	公吨	163	163		118	118	
工具机	部	1147	136	1011	1752	279	1473
作业机	部	2631	182	2450	2110	76	2034
动力机	马力	4476	717	3758	7302	1258	6044
发电机	KVA	5780	2780	3000	4790	3190	1600
发动机	马力	1052	6933	3578	11451	6651	4800
变压器	千伏安	15383	10183	5200	12484	4284	8200
发射及接收机	具	2104	1654	450	2008	1918	90
电泡	只	984379	638379	310000	1435906	685906	750000
水泥	桶	39843	150	39693	35287	1389	33698
硫酸	吨	689	23	666	628	44	580
盐酸	吨	300	—	300	368	—	368
硝酸	吨	17	—	17	15	—	15
碱	吨	2263	151	2112	3251	173	3078
酒精	加仑	7885237	2396257	5489000	7713824	2845824	4868000
机制纸	吨	4250	—	4250	3580	—	3580
面粉	袋	4880000	—	4880000	4130000	—	4130000
机纱	件	114100	—	11400	116681	—	116681

续上表　战时后方重要工矿产品产量

产品	单位	三十三年			三十四年		
		共计	国营	民营	共计	国营	民营
电力	度	174220000	45520000	127700000	19669500	67315000	129300000
煤	公吨	5502000	753066	4748934	5238000	625001	4612999
汽油	加仑	4047540	4047540	—	4305270	4305270	—
生铁	公吨	40134	12523	27611	48495	22550	25945

续表

产品	单位	三十三年			三十四年		
		共计	国营	民营	共计	国营	民营
钢	公吨	13361	7603	5758	18234	10206	8028
电铜	公吨	834	834	—	556	556	—
净钨	公吨	3225	3225	—	—	—	—
锑品	公吨	204	204	—	—	—	—
纯锡	公吨	1577	1577	—	2704	2704	—
毛汞	公吨	103	103	—	74	74	—
工具机	部	1350	173	1177	775	161	614
作业机	部	3307	259	3068	1421	101	1320
动力机	马力	8210	2205	6005	2866	1618	1248
发电机	KVA	4926	1829	3097	2028	628	1400
发动机	马力	6277	5112	1165	6683	5927	766
变压器	千伏安	11185	4719	6466	10496	5563	4933
发射及接收机	具	1542	1368	174	848	788	60
电泡	只	1685779	835779	850000	968519	837819	130700
水泥	桶	40655	2602	37853	42229	2136	40093
硫酸	吨	768	25	743	257	56	201
盐酸	吨	416	—	416	337	—	337
硝酸	吨	9	—	9	5	—	5
碱	吨	6101	346	5755	3342	158	3184
酒精	加仑	7345992	2825992	4520000	16221394	4012894	12208500
机制纸	吨	3669	—	3669	3900	—	3900
面粉	袋	2881000	—	2881000	2055860	—	2055860
机纱	件	115000	—	115000	69200	—	69200

编制机关:经济部统计处

说明:一、国营生产量系根据资源委员会经济研究室三十四年之修正数字,其范围仅限于资源委员会所经办之厂矿。

二、民营生产量系根据前工矿调整处之统计。

三、煤、生铁(包括土铁在内),及钢之生产量为经济部矿业司之估计数字。

(三)奖助民营事业

1.协助疏建

各内迁及新建工厂,虽经政府协助,先后完成建厂开工,但开工以后,对敌机之滥事轰炸,仍咸怀戒心。经济部为安定人心,保障生产起见,乃会商财政部,订定中央信托局承办兵险办法,自二十八年十二月起,由该局开始办理。因此,对于有志后方工矿事业之人士,给予很大之鼓励,各民营厂矿,亦颇收一时之惠。迨及二十九年夏秋以来,敌机轰炸肆无忌惮,工厂损失愈趋重大,而机器设备一经摧毁又常有无由补充之感。而兵险赔款,仅足保障资金价值,生产工具终难获得实际安全。经济部为迅谋补救以策万全起见,爰复于二十九年九月,饬由工矿调整处召集各重要厂商详为商讨,决定紧急处置办法3项:(1)制造工程之能划分者,予以拆迁,另设分厂;(2)设备能在洞中使用者开凿山洞,移内工作;(3)无法分迁或入洞工作之厂,则加筑工事,保护主要设备。当时决定疏散设备,设立分厂者11家,开筑防空洞者18家,加筑防护工事者7家,皆渝市附近规模较大之工厂。至三十一年终其由工矿调整处协助进行者,已大部疏建完成,资力较厚,自行筹建分厂者,亦在积极进行中。至重庆动力关系重要,经济部曾督令电力公司将发电设备疏散迁建安全处所并加建保护设备以策安全,其迁建费用15700000元均由政府设法补助。

2. 贷款资金

协助民营厂矿资金之方式:有(一)保息、(二)补助、(三)贷款、(四)投资、(五)担保借款、(六)存货垫款或预付定金、(七)给奖励金等7项。对特种工业小工业由经济部直接办理,一般工矿业由工矿调整处办理,煤矿由燃料管理处办理,金矿由采金局办理,钢铁原系由钢铁管理委员会办理,三十一年起亦划归工矿管理处。此外,川康铜业管理处、汞业管理处等机关,亦订有各商矿贷款救济办法。

(一)保息 保息即对于某一工厂集股或募集所得资金,当其本身不能给付利息时,即照规定息率,由政府发给。得享受保息之工矿业,依照二十六年四月公布,二十七年六月修正之《特种工业保息及补助条例》之规定,仅有资本在100万元以上之制造原动机、电机、工作机、金属材料、液体燃料、运输器材等6种;依照二十七年十二月公布,三十年十二月修正之《非常时期工矿业奖助条例》之规定,则除与前条例所谓"特种工业"性质相当之机械、采矿、冶炼等工业外,并增加了电气、化学、纺织、农产制造和其他经济部认为重要者等5种,而资本额的标准则一概减低至20万以当应战时之需要。依此项办法,经经济部核准保息者,计有永利化学工业公司等数家。

（二）补助　对民营工矿业之补助，亦悉依以上两项条例办理，其办法即当全年出品生产成本与同年平均市价比较，超出甚多时，其超过部分，即由政府酌给现金，以资补助。经经济部核准给予此项补助金者，有华中水泥公司、妇女指导委员会、松溉纺织厂及西康、湖北、湖南各省重要工厂。

（三）贷款　工矿之范围甚广，政府资金有限，为应付非常时期之需要，对协助贷款之厂矿，不得不酌予相当限制，其种类暂定为：1. 燃料、2. 金属原料及机械、3. 酸碱及其化合品、4. 水泥、5. 酒精及其溶剂、6. 交通及电力器材、7. 棉毛织品、8. 糖、9. 纸、10. 皮革、11. 橡胶等11种。而请求借款之条件，又限定为：1. 与军事有关、2. 为民生所必需、3. 可增加出口或减少入口、4. 可增加内地生产能力、5. 所拟计划能于相当期间的完成等5项。

由工矿调整处主办之工矿贷款，可分为以下6种：1. "迁移贷款"，为协助内迁厂矿所需机器运费及技工旅费之用，可分3年归还；2. "建筑及增加设备贷款"，为协助各厂矿建筑厂房及添购机器之用，期限以3年至5年为限，自二十七年起开始贷放；3. "营运资金贷款"，为协助各厂矿购买原料，发付薪金及一般管理费之用，期限6个月至1年，自二十八年开始贷放；4. "复工贷款"，为协助各内迁厂矿复工之用，二十七年开始办理，二十九年已全部收回；5. "招募技工贷款"，为协助各厂矿招募技术工人之用，自二十八年起开始贷放；6. "疏建及保护工程贷款"，为协助各厂矿筹建分厂，及建筑防空与保护工程之用，自二十九年开始贷放。受贷款厂矿之类别，以化学工业为最多，机械工业次之，煤矿业及钢铁工业又次之，由此亦可表现政府对民营事业协助之方针。

此外，由燃料管理处主办之民营煤矿贷款。有1. "生产设备贷款"，协助添购器材；2. "洪水贷款"；3. "枯水贷款"，于洪水及枯水时期分别贷助；4. "临时贷款"。三十一年起又增加造船贷款，协助各主要煤矿，修建运煤船只，以增运力。由采金局主办者，则有民营金矿贷款1项。

小工业贷款，以实收资本5万元以下1万元以上之纺织、制革、造纸、金属制炼、化学陶瓷、农产制造等工业为对象，凡合乎：1. 出品能供应军需及民生必需或运销国外者；2. 原料大部为国产者；3. 能用现代方法或改良之土法者；4. 营业上有发展希望者；5. 有新发明或意匠创作者等条件，均可请求贷助。

（四）投资　工矿调整处对各重要民营事业资金协助之另一方式，即为投资合办，自二十七年起投资额与年俱增。投资业别，二十七年仅有纺织工业1种。二十八年增加钢铁、电器、化学、食用工业4种，其复增加机械工业及公用事业2种，贷款数目则以化学工业最多。

（五）担保借款　三十年以后，工矿调整处对民营矿厂之贷款，以可贷之资金有限，贷款之请求无穷，乃不得不专力应付较长期性之贷款，而对于合于银行业务之营运资金，尽量转请四联总处贷放，其中以属于原料成品之抵押，透支性质之借款为最多。

（六）存货垫款及订货贷款　存货垫款已开始办理者，为燃料管理处之"存煤垫款"，土铁管理处亦订有存铁垫款办法。订货贷款则系工矿调整处及战时生产局先后所举办，于收购各厂矿成品时预付一部定金，以利周转，详见定购成品①一项。

兹将历年工矿调整处贷款投资及担保借款，于本部直接办理之小工业贷款数字列表说明如下：

工矿调整处历年各项贷款投资及担保借款累计金额
（1）业别

二十六年至三十三年

业别	二十六年	二十七年	二十八年	二十九年	三十年	三十一年	三十二年	三十三年
总计	26812	8948363	1544071	11955000	31065227	108940130	216096344	315053295
钢铁工业	—	660000	1509540	3515450	5090000	8696600	27140000	15899968
煤矿业	—	500000	650000	874000	2640805	11772000	26910000	12485700
机械工业	3172	436947	1980863	4084401	5558760	10482732	28801320	68670887
电器工业	6700	358870	207245	672381	1023800	399800	229800	25379449
化学工业	6940	2196917	5293224	12466892	18607021	131844096	84338060	85530370
纺织工业	—	541129	1434227	3089340	6628051	20883098	35871051	29080471
食品工业	—	43800	118382	195545	822000	1947500	690000	695000
教育用品工业	—	91200	124480	164950	1694900	3244000	2150000	120000
公用事业	—	2785000	3380000	5825000	11365630	17950314	25125314	64517500
其他	10000	371500	744110	1057960	2759110	1729000	3957000	2474000

材料来源：经济部统计处

---

①　后文仅有"定制成品"一项，原档如此。

工矿调整处历年各项贷款投资及担保借款累计金额
（2）性质别

二十六年至三十三年

项别	二十六年	二十七年	二十八年	二十九年	三十年	三十一年	三十二年	三十三年
总计	26812	8984363	15440072	31955221	561190078	108949131	317313445	315053295
各项贷款	26812	4408026	6624835	14317207	20162545	25162545	49525084	154142444
迁移	26812	1161764	926367	609389	154131	578805	567725	64569485
建筑设备	—	1728087	2567858	6717753	9732440	16107517	29373695	50813411
复工		158475	43550	—	—	—	—	—
营用资金	—	38200	1313410	4052235	6592034	5953714	18005864	38919540
招工			1540	41540	41540	22000	22000	
疏建及保护工程	—	—	—	2225000	3641400	2478400	1505800	440000
其他	—	1321500	1752110	671110	—	—	—	—
事业投资	—	176337	3877237	7428194	10877533	73958695	62938361	160910851
担保借款	—	4400000	4960000	1021000	25150000	59850000	704850000	—

材料来源：经济部统计处

经济部历年小工业贷款

二十八年至三十一年

业别	总计		二十八年		二十九年		三十年		三十一年	
	厂数	金额（元）	厂数	金额（元）	厂数	金额（元）	厂数	金额（元）	厂数	金额（元）
总计	100	2055900	15	1909000	31	586000	26	564000	28	765000
纺织	30	680000	2	40900	7	98000	6	162000	13	380000
制革	5	147000	2	47000	3	100000				
造纸	7	185000	2	55000	2	35000	3	95000		
机器	19	401000			5	60000	6	132000	8	700000
印刷文具	12	112900	4	26000	4	26000	2	20000	7	30000
制药	6	70000	1	10000	2	20000	3	40000		
酒精	4	75000	1	5000	2	50000				
皂烛	2	60000			1	32000	1	30000		
农产品制造	3	52000	1	7000			2	45000		
其他	12	273000			5	148000	3	40000	4	85000

材料来源：经济部统计处

其后战时生产局于三十四年间后举办各项贷款,总额达40亿元。其中煤焦贷款20亿元,钢铁贷款2.5亿元,机器贷款4.3亿元,非铁金属贷款1亿元,液体燃料贷款8.5亿元,化学工业贷款2亿元,电器贷款3000万元。

3. 招训技工

内地工业向极落后,熟练技术人才,自甚感缺乏,故各等技术人员之补充,实亦为一最急迫之问题,政府在发动厂矿内迁,早即注意及此,一方面规定资助技工内迁办法,使能携眷西迁安心为国效力,另一方面派员赴邻近战区各省尽量招募,转为介绍各厂矿服务,同时并在后方加紧训练新技工,以资补充。在战区厂矿内迁期间,由工矿调整处资助内迁之技工共达12164人,依业别分析以机器工业为最多,共达5968人,纺织工业、化学工业次之,各达1688人及1408人。自太平洋战事爆发,至三十一年底止,后由工矿调整处会同社会部振济委员会,由香港九龙招募技工,除就近分送桂林、柳州、贵阳、昆明各厂就业者外,运达重庆者亦达数百余人,均派赴各厂工作。至技工训练,则由技工训练处司其事。该处系于二十九年九月间筹备,同年十月组织成立。初隶国防工业委员会,三十一年国防工业委员会改组为中央设计局工业设计委员会,技工训练处随即改隶,三十二年一月奉令改隶经济部,定名为经济部技工训练处,主持技工训练事宜,提高生产效率。该处训练业务,始于二十九年秋季,训练单位包括国营民营及国立大学实习工厂,区域散布川、滇、湘、桂、甘各省,种类分特别、普通、速成3种。特别技工,训期3年,由兵工署指定工厂训练;普通2年,由国营工厂及国立大学实习工厂训练;速成1年,由民营工厂训练。计共训练人数如次:

经济部技工训练处所属技训班艺徒人数统计

二十九年十月至三十四年十二月

期别	总计	第一期	第二期	第三期	第四期	第五期
人数	6378	2011	1941	1507	536	383

材料来源:技工训练处

4. 供应器材

抗战后民营厂矿所需工业器材,或因外汇不易获得,或因国际运输困难,每感无法补充,经济部有鉴及此,乃今〔令〕工矿调整处于二十八年筹设材料库,并向国内外订购五金、化学、电气等项器材,以裕供应,是年即向国外订购5800吨。敌占海防,曾一部损失,余则均已抢运国内。二十九年我与英、美信用贷款案先后成立,复审度时势,分别开单洽购,购定货物,在三十年内已有一部运抵昆明及重庆,同年为应目前急需,又向香港采购变压器油、矽钢片等材料,为数甚多,均已运达内地。三十年以缅甸战事逆转,国际运输更趋艰困,英信贷购料,交货较为减少,乃复因时制宜,改由印度购入各项工业零件,如钢丝针布,铜丝网,毛毡鞣料等。另一方面,为统筹国内器材分配,调剂厂矿金融,并谋机器成品之合理运用起见,对各地散存之工业器材,仍责令工矿调整处加以管制及收购。所购器材,均经斟酌需要,分配各方使用。其分配情形有如下表:

工矿调整处材料库售料价值
(1)机关别

民国二十八年至三十三年　　单位:国币元

类别	总计	二十八年	二十九年	三十年	三十一年	三十二年	三十三年
总计	79206805479	213895000	1540416779	1674992000	5023343200	17001193100	53752969400
兵工机关	4076729838	22440000	280156238	230866000	533611700	1100596600	1909059300
资委会所属工厂	3810933017	—	242681417	293123900	664448500	1374080200	1236599000
学校及机关	38720000	38720000	—	—		10360443600	
民营工厂	56360480644	149580000	598830144	767674500	7636751000	416607090	41847201400
其他机关	11315481980	3155000	418748980	383327600	1188532000		5155645700
外埠售材	36044640000	—	—	—			3604464000

材料来源:经济部统计处

工矿调整处材料库售料价值
(2)材料别

民国二十八年至三十三年　　单位:国币元

类别	总计	二十八年	二十九年①	三十年	三十一年	三十二年	三十三年
总计	79206809479	21295000	1540416779	1674992000	5023343200	17001193100	53752969400
钢铁材料	2237744300	196506500	—	716715800	2087698900	5939072900	3437449600

---

① 二十九年只有总值无分类系数。

续表

类别	总计	二十八年	二十九年①	三十年	三十一年	三十二年	三十三年
非铁金属材料	3931976500	—	—	—	330317700	1036496000	2565162800
非金属材料	22321957200	—	—	—	421629000	2965918500	18934409700
电气材料	6462082400	—	—	—	518139700	2041007500	3898935200
动力机械	6567907200	—	—	—	958832200	2907185000	2621890000
工作机械	2852986800	17388500	—	435526500	147703000	532077400	720291400
机器零部件配件	708735800	—	—	268047900	235620900	675058600	6593805400
工具	708735800	—	—	44110400	56313600	100960700	507351100
油料燃料	3445079500	—	—	75034700	250091900	448238400	2671714500
其他	2229490800	—	—	135556700	16996300	274978100	1801959700

材料来源：经济部统计处

及战时生产局组织成立，曾复经多方设法供给，如代购土铁，分向湘黔产区及国外采购锰砂及矽铁、锰铁等合金，收集铜币，委托康黔钢铁事业筹备处在威宁一带收购土铅土锌，鼓励种植杂粮，制造土酒，提炼动力酒精，协助宜宾中国造纸厂，装建木浆机，出产木浆，以供造纸之用，凡此种种成效均著。

5. 奖励技术

政府曾于三十一年九月三十日公布《奖励工业技术暂行条例》，二十九年二月二十五日又订定《奖励工业技术补充办法》。依《奖励工业技术暂行条例》规定：关于物品或方法首先发明者，给予专利权5年或10年。关于物品之形状构造和装置配合而创作合于实用之新型者，给予专利权3年或5年。关于物品之形状色彩，或其结合而创作适于美感之新式样者，给予专利权3年。战时国人在工业上有新发明或创作经审查合格予以专利权如次：

工业技术奖励

民国二十七年至三十四年

年别	首先发明		创造新型		创造新式样
	专利5年	专利10年	专利3年	专利5年	专利3年
总计	103	37	127	195	—
二十七年	13				
二十八年	13				

---

① 二十九年只有总值无分类系数。

续表

年别	首先发明		创造新型		创造新式样
	专利5年	专利10年	专利3年	专利5年	专利3年
二十九年	4		2	4	
三十年	6	2	43	38	—
三十一年	3	6	34	33	
三十二年	17	8	20	48	
三十三年	31	12	15	35	
三十四年	16	9	13	36	

材料来源:经济部统计处

此外经济部关于奖励工业技术上有下列3种方式:

(1)其对发明有所研究,并有具体实验计划无力从事实验或已经实验而无力完成者,则给予补助费及生活费,俾得继续实验,克底于成。

(2)其已经呈准专利,无力设厂实施制造者,则贷予资金,助其设厂。

(3)其对于战时急切需要之工业器材,悉力研究仿造代用品者,给予奖励金。

6. 扩充设备

增加各民营厂矿生产能力,其最重要者,莫如生产设备之扩充。8年来经工矿调整处之督导,各钢铁厂之马丁炉、贝士麦炉、电炉、轧钢机,酸碱厂之漂粉塔、电解槽,水泥厂之球磨机等,均已次第装建完成。在运输设备之扩充方面,则各煤矿之运煤设备,轻便铁道工程,经协助完成者,为数亦属不少,对各重要工矿事业产运能力之增进,均甚收成效,及战时生产局成立,仍继续加强协助。在煤方面以轻便铁道及车辆租予天府、建川、东林、华昌、全济、江合各矿使用,并供给天府煤矿锅炉3具。在化学方面,则向美军洽借汽油皮桶5万只,分交各酒精厂,并向美孚油行购到万县50万加仑汽油池1座,运交资中装置;天原电化厂向以电力不足影响生产,由该局给250匹马力之蒸汽机2具,并协助其修理电厂机件。在电力方面,除对国营各厂拟定办法,利用航空委员会、兵工署及云南锡业公司向美订购1000千瓦发电机9套,于运华后,交由资源委员会,分装昆明、成都、重庆3地外,并协修重庆电力公司、成都启明电力公司等民营厂,以增加供电能力。在钢铁业方面,以往因缺乏碾轧锻制设备,成品种类不多,今则由该局改良各厂装置,俾钢品出产种类增加,以适应各方需要。

7. 改进品质

工矿调整处对各重要民营工矿业之生产成品,大都榷度时势需要,参酌各厂矿本身生产条件,予以详密之规划,其最著者莫如机械工业,由该处采用定制验收办法,对各种动力机、工作母机及鼓风、轧钢、打浆、球磨、棉纺、抽水等作业机,均经分别指定工厂,集中录制,使能提高其技术之专精标准,发挥生产之最大效率。施行以来对品质之改进,甚收成效。而前所未有之成品,如每部能力达500匹马力蒸汽机、重型工作母机、大型棉纺织机及各式工具、与日用五金,均已能于三十一年制成,以适应当时之需要。炭精电极为电炉炼钢所必需,过去国内尚无制造,三十年国外来源断绝,亦经督导规模较大之钢铁厂,自行设厂制造,三十一年已开工出货。此外对代汽油、酒精、酸碱、电讯、器材、变压器、电机、耐火材料、水泥、水石灰、煤膏蒸馏品等工厂,均经参照战时国防工业生产计划,配合国营工业生产,进度妥为规划,分别督导各业工厂加紧增产以应需要。战时生产局成立后,复经聘请钢铁、炼焦、酒精、化工、纺织、电力、石油、机器及非铁金属等美籍专家多人,分赴各厂矿实地考察,对于技术之改良贡献甚大。如大渡口化铁炉,经实行将矿砂压碎后入炉,产量由每日12吨增加至18吨。自去硫法用后,贝麦色钢品质因而提高,由马丁炉及电炉制炼军用电化线之低碳钢,亦经试炼成功。冶金焦炭各矿,原以土法洗炼,消耗大而品质劣,由美籍专家协助,试建蜂房式炼焦炉,以资改进。此外对于刨床、铣床之准确标准及检定方法,对于电厂发电设备,均建议改善,并改进液体燃材、酸碱、纺织各业之生产技术。

8. 定制成品

抗战后期后方生产事业愈形艰苦,新事业及新工程之筹建,亦与日俱增,因之若干基本工业如钢铁、机器等,均深感销路萎滞之苦。经济部有鉴于此,爰于民国三十二三年间,责由工矿调整处推行订货制度,收购滞销成品,以解决各该业资金呆滞生产停顿之困难,经先后订制动力机、作业机、工具机及工具等,总值约达3亿余元。及战时生产局时期,仍继续加强办理,并扩展订制范围,计截至三十四年止,向各厂定制成品总值108亿元。计地雷、炮弹等军用品60亿元,钢铁20亿元,非铁金属5亿元,车床、刨床等工具机7亿元,电品6亿元,铁轨、机车、枕木等铁道器材3亿元,汽车配件1亿元,化学品5亿元,纺织品及金刚砂布砂轮石棉8亿元。

(四)管制企业物资

《非常时期农矿工商管理条例》施行以来,经济部即呈准将本条例第1条所列企业物品47种,指定管理。并斟酌需要,分别设定机关积极执行。惟所应注意者,统制工作,至为繁重,政府既有确定之方针,尤须有执行之步骤,其要旨尤在使人民深识通盘筹划之必要,接受政府之协助指导,而不使不肖官吏有苛扰或勒索之举动,故6年以来政府管制政策之推行,至为审慎,兹分为企业与物资两项,略述管制之经过及成果及后:

1. 工矿企业管制

1)国营企业 自抗战以来,国营事业日益增加,此种事业或由中央官署办理,或由中央与地方合署合办,或由中央及地方官署举办,兼许人民投资,性质既不同,自应制定规章,严密管理,俾得树立良好事业之基础,为一般民营事业之表率。

(甲)统一会计制度 会计制度为事业之成败攸关,最初各国营事业之财务,类皆重于报销,致使资产负债以及损益之各项实况,不能明了,各种新兴事业复多各自为政,未达制度之划一,亟应加以调整。自三十年以来,就各企业之性质,分别订定工、矿、电、商4种月报表,转饬各企业机关按月填报。至审核方面,除注意其业务的推进、生产效率、销货成本、管理方法外,尤严密注意其财务之处理,予以适当之指导。

(乙)调整员工待遇 最初国营企业,对于员工待遇,重于薪给,轻于奖金,视职员如同官吏,对工作不重效率,事业往往不易发展。近数年来政府投资经营之企业既多,员工人数动辄以千计,欲求改正过去之弊端,自应订定统一办法,以便管理而予保障,经济部有鉴及此,爰经根据现行法令,兼顾各企业之实际情形,及德、苏各国之成规,研拟办法,加以调整。

(丙)加强业务考核 三十一年间由经济部制定《直辖机关办理生产事业[进]行呈报事项》及《合办事业理事董事监察人派免办法》,随时指示各主管事业机关,每3月编造报告,以凭分期考核,并应切实注意生产数量、价值及销售情形之分类编记,藉以窥见建设事业之进程。

(丁)厘定官商合办标准 凡国营事业由政府组织准许人民投资者为特种股份有限公司,业经本部于二十八年拟定《特种股份公司条例》,呈奉国民政府明令施行，该条例对官股商股权利之行使，公司可许容纳外资之比率，官股董监之产生，均订有适当明确之标准，俾资遵循。三十一年时本部为加强管理此种特种公司，爰又拟定《特种股份有限公司条修〔例〕实施办法》，呈奉行政院核准颁行。对于特种公司之组织，及其对外对内之关系，更有详明之规定。至对于纯粹由政府出资经营之公司，尤应确定其在法律上之地位，及明定其权利义务之主体，亦经本部详拟具体意见，呈奉行政院核准照办，正商同有关机关筹拟专法藉资运用。

2）省营企业　抗战以后，各省当局多倡导组省营贸易企业、运输等机关或公司，从事开发各省工矿及交通事业，此种趋势对战时经济之建设，自有裨益。惟因省自为政办法歧异，亦亟有调整之必要，确定经营范围。经济部于三十年先后制定《非常时期省营贸易监理规则》及《省营工业矿业监理规则》，分别颁布施行，其要旨已如前述。

（乙）①划一经营组织　规定省营贸易，应依照《特种股份有限公司条例》，组织公司经营之。省营工矿业则规定：（一）省政府独资经营之工矿事业，受省政府或直辖机关之监督；（二）省政府与其他不隶于省之机关合办者，应共同组织理事会，或依法组织公司；（三）省政府发起募股经营者，应依法组织公司。惟无论系独资、合资，抑募股经营者，均不得兼办行政事务，其经营应完全事业化。三十年以后，依以上办法分别调整改组者，有陕西、贵州等企业公司，甘肃、广东、广西、安徽、湖南、江西等贸易公司、贸易处、贸易局、贸易部。

（丙）参加国营或归并　自三十年起，一部分省营企业，即已改为中央及地方合办，如甘肃之机器酒精工业，四川煤业，贵州之煤矿电力业，广东之机器炼铁工业，江西之硫酸炼铁、机器工业，均已先后由资源委员会投资或接办，三十一年中央改订财政收支系统以后，对省营事业之收回，更再拟具体办法，筹划积极进行之中。

3）民营事业　《非常时期农矿工商管理条例》中，有关民营企业管理之规定，有以下几点：1. 厘定其生产办法、工作时间、劳工待遇、运销方法、售价利润等项之适当标准；2. 对战时必需之矿业，制军用品之工业，供动力之电业，收归政府办理，或投资合办；3. 限制特定企业之歇业、停业或停工；4. 防止

---

① 原件无（甲）。

特定企业员工之罢市、罢工或怠工;5.勒令特定企业迁移指定地区;6.禁止特定企业之投机操纵行为;7.督导特定企业增资合并或缩减范围;8.勒令以军用必需品为原料之企业,及制造非必需品而原料缺乏之企业停业;9.指导利用原有设备改制军用品;10.指导改善生产技术及管理方法等项。6年以来,大都已见之实施,举其要者如下:

(甲)限制权益移转　二十七年四月公布《非常时期营利法人维持现状暂行办法》,对于营利法人股东会之召集及董监察人之改选,均得延期办理,旨在巩固我国固有企业之基础,藉防伪敌势力入侵。二十年十月复颁订《战区或接近战区各项事业限制办法》,其中关于工矿业之规定:(一)国营矿业承租人,或取得特种营业权者之更名,应一律呈经核准,否则一概无效;(二)各工矿工场之场所及设备与其不动产非经呈核,不得移作别用或抵押于他人;(三)属于公司组织者,关于公司股份移转抵押,或股东更名,须一律呈报备案,至各公司或其他事业主办人或代表人,与外商订立关于权益之合同或契约,非经呈准,一律无效。三十二年一月同盟国鉴于敌人在占领或控制区内蹂躏人民财产及权益,日益加剧,特发表共同宣言,声明保留宣告无效之权,与上开法令原则不谋而合。为切实制止敌人侵夺起见,复经经济部于同年一月十六日重申前令,并颁行《限制沦陷区各项事业产权转移补充事项》,其要点:(一)凡产权被敌人劫夺或移转者,产权所有人或其同人或其利害关系人,均得检举证件,呈报本部,藉以保留宣告无效;(二)前订《战区或接近战区各项事业限制办法》所谓外商,系指敌国以外之外籍合法商人而言,如与敌国商人订立有关权益之合同或契约,不论内容如何,及经何程序,概为无效。此项规定对于沦陷区内我国人民及盟国人民之合法权益,当可予以法律上保护也。

(乙)严密创业登记　公司非在本店所在地主管官署登记后,不得成立,《公司法》已有明文规定。至商业登记,亦经经济部改明令为强制规定,嗣后各地商号,非呈准所在地主管官署登记后,不得创设。工矿业而为公司或商号之组织,除分别申请矿区设权,工厂登记电气事业注册外,并须依照上开法令为公司或商业之登记。至政府对于工矿业某一种类人为有特加管理之必要,复分别颁订特别法令,限令其登记与注册。(子)在工业方面者:有(一)必需品工业,如碾米、面粉、棉纺织品、植物油提炼、造纸等及煤矿业,依三十年颁行之《非常时期工商业及团体管制办法》办理;(二)液体燃料工业,如酒精制造工业及植物油炼油工业,依三十年颁行之《酒精制造业管理规则》及三十一年颁行之《植物油炼油厂管理规则》办理。(丑)属于矿业方面者:(一)煤矿,依二十一年颁行之《战时领办煤矿办法》办理;(二)金矿,依二十八年颁行之《非常时期采金暂行办法》办理;(三)特种矿产如钨、锡、汞、锑、铋、钼,依三十年颁行《领办特种矿类暂行办法》办理。(寅)属于电业方面者,各工矿动力之设备,依三十二年颁行之《自用动力厂登记规则》办理。

(丙)统筹原料使用与产品推销　对各民营工业生产之管制,其最重要者,莫如原料之限制,与成品之分配。故近年来,政府亦颇致力及此,对必需品工业,责令其同业公会督导所属工厂会员,将每次购进原料,每日售出成品,及制造营运成本,逐一登簿记载以备随时查核。植物油炼油及酒精工业,则更令其按期申报,并对其所需燃料及桐油及桔糖糖蜜等原料,订定办法,统筹供应,对其成品,亦悉予订定价格,合理分配而限制其自行销售。

(丁)考核工程及业务进行　(子)在矿业方面:对已呈请设权给照之各民营矿场,应即督促其依期施工,其规模较大者,并须于每年度终了时,编其本年度矿业工程报告书及下年度施工计划书,以凭督导和考核。(丑)在电业方面:对各电厂新工程之设施,则核发工作许可证,并督导其工程之进行。(寅)在工业方面:对已登记之工厂,经常举行工厂检查,并督饬其按期填送报告表,以考核其业务之进行情形。

(戊)督导劳工福利设施　对各工厂劳工福利之设施,除于执行工厂检查时加以考核督促外,并经订颁《空袭时间工厂停工复工及核给工资暂行办法》,对工人空袭时之安全设备、停工复工时间,以及停工时间内工资给付之标准,均有详细之规定。同时,对工人之管理方面,亦曾于三十一年颁行《非常时期工业技工管理规则》,并分区组织技工管理委员会,进行技工之登记给照、技工工作之分配介绍、技工流动之管制取缔及协助厂矿招募技工诸工作。三十二年又另行订颁《非常时期厂矿技工受雇解雇限制办法》,以作更进一步之管制。

(己)提存特别准备　战时各工厂意外损失之机会加多,政府为谋巩固并保护其企业之基础起见,特于三十年颁行《非常时期工商业提存特别准备办法》,规定凡公司组织之工商业,每届营业年度终了有盈余时,除依法令提出公债金等项外,其盈余在实收资本总额 1/5、1/4 乃至 1/3 以上者,仍应分别提出盈余 10%、20% 乃至 30% 为其特别准备,呈报主管官署转报经济部备核。

4）职业团体

职业团体为团结人民组织力量，遂行经济管制政策之重要机构。中央于抗战开始未久，即颁布《非常时期人民团体组织纲领》，以加强对各人民团体之监督与指挥。嗣后对于农民农工商等职业团体订颁许多有机管制的法规，责由各主管机关切实实施，兹举其要者如次：

（甲）强制入会与限制退会　二十九年政府颁布《非常时期职业团体会员入会与限制退会办法》，规定凡合于各种职业团体会员资格之从业人员或团体均须分别加入当地之工会、商会、同业公会。非因废业或迁出团体组织区域或受永久停业处分，不得退会。否则，得勒令加入，如仍不接受，则予以罚锾、停业，或整理、解散之处分。三十年颁行之《非常时期工商业及团体管制办法》，对经营必需品之工商业，更予加强规定。

（乙）派遣书记人员　二十九年中央复颁行《职业团体书记派遣办法》，对于性质重要及经济充裕，而无适当书记人员；或经济困难，无财力任用书记之职业团体，派遣曾受特种训练之合格人员充任，其薪给并得由政府开支。

（丙）审核业务报告　三十年中，经济部曾订颁《商会及重要商业公会填送业务报告表办法》，规定各地商会及重要商业公会须按季填具业务报告表，送由主管官署递转经济部以备查核。

（丁）考核目的事业　经济部鉴于各职业团体办理各项"目的事业"之努力与否关系于同业福利，及政府管制政策之推行者至重且大，爰经订定办法，对各职团目的事业之举办，切实考核，严加奖惩，以利施行。

（戊）督导自订业规　物价管制，固有赖于政府之加强推动，但各同业公会，如诚能本自动自觉精神，相互督察策勉，则收效必更宏大。故政府近2年来，对各业公会自订业规，或自订管理本业企业及物品之办法，加意策动，重庆已在开始进行。

（己）限制改组改选　对战区之职业团体会员大会之延期举行，职员之延长任期，亦经订定《非常时期农工商团体维持现状暂行办法》于二十七年公布施行。

2. 工矿物资管制

1）出口矿产　出口矿业品之管制，系由资源委员会执行，管理对象为钨、锑、汞、锡、铋、钼6种。铋、钼产量极微，且多系附产于钨、锡，故重要性较小，其他 4 种均为军事工业重要原料,尤以钨锑两种,在国际市场尤占有重要地位。过去以全听商人自由产销,经营不能得当,又以受外商操纵,以致工业上重要原料,渐渐没落下去。二十五年起,政府才开始注意及此,先后成立钨锑业管理处,将是两项重要矿区收归国营,对民营矿场亦开始管理与督导,并将收购矿砂统筹出口。二十六年正式实施专营统一购销办法,锡、汞则至二十八年才实施管理,迄今亦达 3 年。惟迩来国内各地工价物价,急剧增涨,收购价格亦提高甚速,加以出口路线,逐年加长,运费亦屡有增加,上项矿产,至出口地点成本,类多超出国际市价。如钨砂在西南出口者,收支尚不难相抵;在西北出口者,则有若干亏拆。汞之出口,不论何处,均有赔累。锑之国际市场价值,不及成本半数。锡则仅及成本 1/4。输出既多赔蚀,而又运输艰困,出口不易,故不得不择政府亏蚀少而国外需要较多者,尽先运出;国外需要较少又系亏蚀较大者,酌为限产,同时推广内销。唯此等矿产,不但关系人民生计,亦且关系将来国外贸易之前途,因之虽在万分艰困环境之下,仍尽量维持其生产。如自三十年后,锑品外销几濒断绝,但仍在主要地点维持相当产额,锡价则叠次提高,使生产者能勉力维持而不堕。综观政府管理此等矿产品政策之趋向,约可分为 4 个阶段:二十五年至二十六年为第 1 阶段,管制之主要目标,侧重于统一出口、调节供区及保留矿区,限制生产并禁止垄断竞卖,以挽回钨锑在国际市场之厄运;二十七年至二十八年为第 2 阶段,管制方针改为保护生产,统一运输,加强易货能力,此期对各民矿,提高收买价格,或加给补助金及贷款,并由政府负担捐税,平价供应职工必需物品等优遇,藉以增加外销数量,换取国外军需品;二十九年至三十年为第 3 阶段,工作目标为提高品质,增加生产,以维持国际信誉,由主管机关自设炼厂,将产品重加精炼;三十一年至现在为第 4 阶段,工作目标即对锑锡限制生产,并开拓内销市场,以资维持。钨汞仍力谋增产增运,以作易货偿债之用。

2)重要金属

(甲)钢铁 钢铁为国防工业重要原料,一有匮乏或分配不当,则一切建国工作皆无从下手,故管理钢铁实为战时切要之措置。经济部对钢铁管理曾成立委员会主其事,并先后公布法规 10 余种,使管理愈趋严密。其管理办法,大致可分为 3 个步骤:(子)办理调查登记,以明了内地钢铁的储存数量、生产能力与消费数量;(丑)取缔囤积,奖励出售,凭证运购,评定价格;(寅)

开拓来源,扶植民营钢铁工业增产,尽量发展内地钢铁事业,并奖励内运。二十九年四月复又设立土铁管理处,负责管理土铁事宜。三十一年钢铁管理委员会取消,所有业务,悉划归工矿调整处办理。从二十九年二月到三十一年之 32 个月中,在增产方面,已协助各民营钢铁厂矿贷款总数达千万余元之巨;又规定存铁垫款办法,凡各厂矿出品,一时销售困难者可请求按照其存铁数量与价值,由政府垫借相当款项作为营运资金,因之各厂矿生产能力大为增强,产量较施行管制前钢约增加 1 倍,澳口铁约增加 1.5 倍,白口铁约增加 1/2。在分配方面,以兵工业及重工业工厂占绝对多数,可见已无滥费。在价格方面,三十年较二十九年仅增加 90%,较二十八年增加 196%,三十一年较三十年则增加 50%,以视其他物价不能不算平稳。

(乙)铜 铜制管理暂限于川、康,其业务方针以收购废旧铜料为主,以自行探采为副。所产收之铜,除以少量售与中央造币厂外,悉交电化冶炼厂炼制电铜,售与兵工及电器工厂,其消费量之分配,军用者逾 90%,工业尚不及 10%。至于铜料价格自受管制,前后加增并不如一般物价之剧,以粗铜论,自二十七年十二月开始管理时至三十一年初,上涨不过 4 倍而已。

(丙)废金属 经济部对钢、铁、铜、锌、铝及其各种材料、工具、器皿、废机器与可能复行冶炼或变形利用之破烂物料之管理,复于三十一年七月颁布《管理废金属规则》指定工矿调整处实施管理,其办法要点为:(一)登记商号,(二)统筹收购,(三)购买请核,(四)运输限制,(五)禁止出口及资敌。

3)管制重要燃料

(甲)液体燃料 液体燃料为军事交通之命脉,亟应加强管理,行政院爰设液体燃料管理处主其事,对增加生产、统筹分配、监察用途、限制购运各方面,均收相当之成效。

(乙)煤 煤焦之管理,由经济部燃料管理处负责,自二十七年七月开始实施。其主要办法为协助各矿增产即合理分配用煤。4 年以来,实际成效,可得而言者:在生产方面,约增加 60%;在分配方面,则军用占 10%,工业占 43%,交通占 17%,其他占 30%,并注意品质之分配,对岚炭等限制炊爨燃用;在价格方面,平均每年增加不过 1 倍,尚称平稳。

4)管制工业器材

(甲)工业机器 自《国家总动员法》施行后,国内已有之工业机器,其使用与移转,亟需管理,爰经工矿调整处负责实施,其办法:(一)办理登记,于三十一年七月先行办理重庆市及附近区域内各制造厂,使各厂及运售商已有之动力机、工作机等项机器之登记,至同年底止照规定办理者已有300余家;(二)核准制造,对各制品种类图样规模加以有效之管制,使适合实际需要;(三)核准购用审核用途,合理支运,使物尽其用;(四)价格限制,审核成本,合理定价;(五)移动限制。1年以来,尚收相当效果。

（乙）水泥　水泥为军事工程及交通建设之重要材料。二十七年五月间军政部即已邀集交通、经济部等在武汉会商《水泥统制办法》,规定其价格及数量分配,其后一度停顿,至二十八年五月始正式颁布法规,成立管理委员会,实施管理。其办法为:(一)监督产销,派员常川驻厂,监督生产,防止怠工偷漏,规定提货次序支配出厂货物;(二)分配用途,对请购用户,发证准购;(三)限制增价:按月查核成本,酌加合理利润,分别核定公平价格。施行4年以来,在生产方面,水泥、代水泥、水沃均增加数倍;在分配方面则军事工程占28%,交通占23%,水利占2%,工业占19%,其他占17%;在价格方面全年仅平均增加16%。

（丙）烧碱　液体烧碱之管理,始自三十年十一月,当时因舶来固体烧碱价格飞涨,各用碱厂请求救济,爰订定办法,付诸实施。在分配方面按照后方实际需要,以产量1/3供给皂烛工业,1/3供给造纸工业,又1/3供给炼油染整及其他工业。按各厂每月需要量核发准购证,同时设法协助制造烧碱工厂增加产量,以应急需。1年以来,除其分配已悉照前述标准按月比例分配外,价格方面,全年平均增加不及2倍。

5）民生用品

（甲）食油　管制区域限于重庆市,管制品类以菜油为主,麻油、花生油为副,全市食用油由日用必需品管理处依照限价负责配售,计党政军各机关团体共653单位,连同眷属人数约23万,每月每人应购油12两,约需2500市担。一般市民之供应,由食油承销店办理,每月按旬售限价批售,食油限定价格恒较产区为低而供应公务人员者,较之市价仍减低甚多。嗣以产区价格,超出渝市限价1倍以上,该处为减轻赔贴起见,奉准改订办法。自三十三年七月一日起除军警公教人员及眷属食油,仍由该处按特定官价供应,其亏损由国库补贴外,其余市民食油则划归重庆市油商业同业公会共同组织之购运委员会,按照成本酌加利润,负责运销。

(乙)纸张　纸张之管制,依照经济部日用必需品管理处管理。重庆市手工纸,及管理国产机制白报纸及米色报纸办法,分别办理后方机制厂计有10家,年产纸约7000吨,不及战前全国产量1/2。自进口断绝以来,旧厂既难以扩充,新厂更无筹设,故机制纸张供不应求,爰经交由日用必需品管理处分配凭证购运。至于土纸,各省均能制造,川、湘、赣、闽为主要产区。重庆市每月消费纸张约3万令。其来源,以川省之梁山、大竹、铜梁、广安、夹江及湖南之衡阳(包括湘、桂、闽、赣产品)等地为主,梁山、大竹供给渝市用约70%以上,由日用管理必需品管理处直接向槽户收购或订购,并以贷款、贷料(漂粉纯碱)交换成品,招雇技工改良品质等办法协助纸张增产。

(五)对敌经济作战

敌人侵华,以"以战养战"为主要策略,因此,吾人亦不得不针对其此种企图,予以重创。我国战时对敌经济战略,约可分为两个时期,自抗战开始以迄太平洋战争为第一阶段,重点在尽力破坏敌人在我国国土内之掠夺企图;太平洋战事以后,为第二阶段,重点则在尽量与敌争取必需物资。兹各项重要经济作战措施综述于后:

1.禁运资敌物资　敌国资源缺乏,国力脆弱,为加强战力,必须向我国掠夺物资,以弥补其作战之消耗。我政府洞烛其计,爰于二十七年十月公布《禁运资敌物品条例》,令饬各军政当局及海关,认真严属查禁。禁运物品种类甚广,由中央公布者有80类,包括矿产、粮食、服用品、医药用品等170余项;依性质而言,又可分为两大类,一为可供军需制造之用者,如煤、盐、棉花等;一为虽不能直接供军需制造,然被敌人吸取,即可用以输出,套取外汇者。二十九年为加强禁运工作,复经在设置货运稽查处,并在各重要地区分设稽查网,严密查缉。对因实施禁运以后而感销路停滞生计困难之工商业者,则力谋救济,责由贸易委员会、农本局等机关,分别照价收购。收购物品,经检定后,其可以出口者,即予运输出口,换取外汇;不能出口者,则运至后方存储,以备不时之需。沦陷区域,我政令不能到达之处,则运用宣传力量,劝令人民改变生产种类,或将生产数量尽量减低,务使敌人不能利用我国物资,济其穷困。

2.管理进口贸易　抗战初期,敌寇将奢侈品、消耗品及中国可有代替品之物资,向沦陷区大量倾销,无法制止,以致入超甚巨,以二十七年而论,输入净值为 886199569 元,输出净值为 762641058 元,入超为 123558511 元,此项入超的情势,如任其继续存在,不特消耗中国外汇,抑且使敌寇经济危机得以缓和。因此政府乃于二十八年七月三日颁行《非常时期禁止进口物品办法》及《进口物品申请购买外汇规则》。禁止进口物品办法,主要内容如次:

1)依照附表所载海关进口物品 18 组 234 号则所列物品一律禁止进口。

2)禁止进口物品同时不许报运转口。

3)禁止进口物品,如因调剂后方市价供给特种用途或有其他正当原因,经政府机关核请者,得由财政部查酌实际需要核发购运特许证,其给证办法另订之。

4)禁止进口物品,凡用邮包由外洋寄递转口或由本国口岸寄递转口,亦适用本法之规定。

5)凡未经核准购运禁止进口物品,经海关或货运稽查处查获后,即将货物没收,其没收货物除由海关或货运稽查处自行处理者外,悉由贸委会报部查核处理。

禁止进口货品,或非抗战建设及民生切孔需者,或有部分需要可以本国产品代用者,或多由日本产制,输入时容易冒牌倾销者,例如洋酒、洋烟、海产、丝货、化妆品、装饰品、玩具、乐器、一部分糖果、荤食罐头、果实、蔬菜,以及带有奢侈性之毛货、棉货、纸张、木材、竹木藤器、土石制品,暨可以代用品之液体燃料等类进口物品,申请购买外汇规则主要规定如次:

1)凡进口商所经营进口物品不在禁止输入之列而为国内所需要者,得向外汇审核委员会申请购买外汇。

2)申请购买外汇时,应先将所购得物品名称、数量、价格、入口及内销地点,填具申请书连同证明文件,送请外汇审核委员会审核或由银行代转。

3)凡经核准购买外汇,由指定之中国银行或交通银行,按照法价售结。申请人须缴纳按法价与中交两行挂牌价格差额之平衡费。

4)前颁之《中央银行管理外汇办法》及《购买外汇请核规则》即行废止。嗣后依据《禁止进口物品办法》所另订之《非常时期禁止进口物品领用进口特许证办法》,亦于二十八年七月十三日公布施行。

3. 查禁敌产货物 《查禁敌货条例》系于二十七年十月二十七日颁行,并于三十九年九月三日加以修正,以谋根绝内地敌货踪迹,防止敌人夺取法币,换存外汇。其主要内容如次:

1) 所称敌货谓经公告或指定之左〈下〉列各种货物:

①敌国及其殖民地或委任统治地之货物。

②第一款区域外,工厂、商号由敌人投资经营者之货物。

③第一款区域外,工厂、商号为敌攫夺统制或利用之货物。

2) 敌货一律禁止进口及运销,国内所有敌货之检查鉴别及处分事宜,由地方主管官署办理,其设有海关或货运稽查处地方,货物之进口或转运,由海关或货运稽查处办理。

3) 敌货未经登记,给有准单及标志足资证明,皆为违禁物品,经查获后一律没收,并得处徒刑科罚金。

嗣以后方物资缺乏,政府于二十九年八月十三日公布《进出口物品禁运准运项目暨办法清表》,将粮食、棉花、棉纱、棉布、钢铁、五金材料、机器及工具、交通通讯器材及配件、水泥、汽油、柴油、植物油、医药及治疗器材、化学原料、农业除虫剂、食盐、酒精、麻袋等,列为后方必需品,无论来自何国及国内何地,均准进口。

4. 争取沦区物资 三十年十二月起,太平洋战争发生,英、美正式对敌宣战,封存资金,政府不必顾虑敌寇套购外汇。同时中国在西南太平洋方面之国际路线悉被切断,急需争取物资,充实作战力量,因而废止《查禁敌货条例》及《禁运资敌物品条例》,并于三十一年五月十一日颁行《战时管理进出口物品条例》规定:

1) 应受管理之进出口品依附表〈略〉之规定(附注:系奢侈品及非必需品——编者)①,除经财政部特许或主管机关核准者外,禁止进口。

2) 其余物品,不论来自何国何地,准由商人自由运销。

嗣后,为鼓励抢购物资起见,复于三十一年六月二十六日颁行《战时争取物资办法大纲》。其要点如次:

1) 由行政院指定抢购物资之主管机关,并由经济部随时呈准行政院指定

---

① 此处括号为原有。

抢购物资之种类。

2) 各公司行号或人民,得自备资本向沦陷区或国外抢购物资。

3) 抢购人得报请主管机关收购或自由出售。

4) 抢购人得享受奖金、补偿金、减免税捐及汇兑、运输、保险、保护等便利。

四、战后工矿之概述〈略〉

五、〈略〉

六、十年来中国经济之总结

综结 10 年来之中国经济,系在不断进步之中,可于以下几点分析中见之。

(一) 工业区位分布之调整

战前工业分布,偏集于沿海沿江一带,内地各省,经济向称落后。以工厂而论,当时分布在川、黔、滇、桂、粤、湘、赣、鄂、陕、豫、甘、闽、浙等省之重要国防民生工业,其合于《工厂登记法》规定之条件,即具备动力或工人 30 名以上者,仅有 279 家,其中包括冶炼 4 家,机械 37 家,电工器材 1 家,化学 78 家,纺织服装 102 家,面粉 6 家,其他 51 家。至于矿业,则只有煤矿 745 区,约合 500 余万亩。以言生产能力,电力仅占全国总数之 3%,纺织约占全国总数之 1%,面粉约占全国总数之 2%,其低弱可以想见。

在此次抗战期间,政府一面迁徙战区厂矿至后方重建复工,一面择定内地各重要经济中心,积极筹建新厂新矿,全国工业区位,始逐渐向西南西北各地平衡发展,经 8 年之经营,远及西昌、会理、西宁、玉门等荒僻贫瘠之区,已无不有现代工矿事业之踪迹,对国防经济区域之建立,厥功甚巨。兹将截至

三十三年止后方工厂矿场分布情形,列表说明于下:

公营工厂设立登记累计数报表

民国三十四年

地域别	本年累计数	实缴资本(元)
总计	411	1910995020
江苏		
浙江	45	226100000
安徽	19	6883000
江西	46	35310000
湖北	9	2290000
湖南	20	70700000
四川	55	365270000
西康	8	5600000
山西	15	410000
河南		
陕西	40	125090000
甘肃	24	110460000
福建	14	19320000
广东	7	5838000
广西	1	2000000
云南	26	286970000
贵州	28	6935000
绥远		
宁夏	1	110000
重庆	53	772784020

材料来源:经济统计(经济部统计处编印)

说明:(一)包括省县经营者在内。

(二)表列累计数已减去停闭数。

核准设权之国营矿区区数

1. 地域别　　　　　　　　　　二十七年至三十四年

地域别	二十七年	二十八年	二十九年	三十年	三十一年	三十二年	三十三年	三十四年
总计	75	27	10	19	34	19	14	8
四川	1	11	5	2	3	3	—	1
贵州	1	2		1	7	1	4	
云南	2	7	3	4	8	6	6	2
广西	—						1	
广东	43	—	—	—	1		1	—

续表

地域别	二十七年	二十八年	二十九年	三十年	三十一年	三十二年	三十三年	三十四年
湖南	6	1	—	1	16	5	—	—
甘肃	—	—	—	5	1	3	2	2
新疆	—	—	—	—	—	1	—	—
西康	—	—	1	4	—	—	—	—
福建	2	—	—	—	—	—	—	—
江西	20	—	—	2	—	—	—	—
河南	—	6	—	—	—	—	—	—
宁夏	—	—	—	—	—	—	—	—

编制机关:经济部统计处

材料来源:经济部矿业司

核准设之民营矿区区数

1. 地域别

二十七年至三十四年

地域别	二十七年	二十八年	二十九年	三十年	三十一年	三十二年	三十三年	三十四年
总计	382	290	377	384	516	454	457	253
四川	175	161	233	192	271	164	270	201
西康	1	—	—	—	1	—	2	1
贵州	10	12	8	24	27	22	34	14
云南	6	11	34	18	18	25	16	8
广西	40	32	12	65	65	44	41	—
广东	9	16	32	23	23	7	5	1
福建	1	1	—	—	—	—	—	1
湖南	21	27	26	78	78	151	58	1
江西	6	10	3	2	2	3	2	2
浙江	1	4	7	1	1	—	—	—
安徽	1	—	2	1	1	2	—	—
陕西	7	9	17	20	20	15	8	10
甘肃	—	2	1	6	6	14	11	16
宁夏	9	—	—	—	—	1	2	—
湖北	5	—	—	—	—	—	1	—
河南	4	5	1	1	1	3	4	—
重庆市	—	—	—	—	—	3	3	—
青海	—	—	—	2	0	—	—	—

编制机关:经济部统计处

材料来源:经济部矿业司

核准设之民营矿区面积(公亩)[1]
1. 地域别

二十七年至三十四年　　单位:公亩

地域别	二十七年	二十八年	二十九年	三十年	三十一年	三十二年	三十三年	三十四年
总计	1306618.70	1251348.53	1501752.92	1574014.48	3118.226.60	4040265.52	3453853.67	1882992.79
	131393 公尺	7090 公尺	6975 公尺	37561 公尺	17997 公尺	54290 公尺		
四川	316914.25	2082858.46	350110.77	503423.00	895615.99	1004733.83	1488928.10	1522286.50
	125757 公尺	4018 公尺						
西康	2392.43		—	6019.42	47364.04	—	1067.77	—
				18537 公尺				
贵州	31581.23	50021.07	22031.01	188718.17	272354.91	356241.57	260444.42	88318.83
云南	3079.72	140533.08	66414.72	55738.38	77931.27	205701.62	60432.30	7362.60
广西	235949.18	144618.95	98912.00	196377.51	379008.52	364560.91	401302.44	—
				3635 公尺	1633 公尺	54290 公尺		
广东	309671.46	97071.89	223879.37	206743.34	213533.81	31368.67	9616.33	31435.30
	16616 公尺	3009 公尺	6975 公尺	11425 公尺	12580 公尺			
福建	336.81	84603.00	—	—	—	—	—	189.57
湖南	158862.10	291808.13	332025.60	326430.16	921785.98	167490.64	943598.25	17425.00
江西	166322.17	154933.76	22338.40	5585.66	95278.60	—	3505.84	11824.60
浙江	33.77	1167.76	2600.06	—	172.90	—	—	—
安徽	3880.00	—	5716.53	1636.10	1359.29	1949.72	—	—
					3959 公尺			81382.69
陕西	7228.24	128101.27	371220.79	66779.16	173920.24	1742.45	149424.59	127747.44
甘肃		11299.24	354.77	37885.46	37885.46	156174.21	51526.00	
宁夏	8075.75					2818.00	2124.42	
湖北	30138.87						296.00	
河南	34346.72	22622.94	4148.70	2012.31	2012.31	51616.56	31439.05	
重庆市						12081.00	29599.45	
青海				3814 公尺				

编制机关:经济部统计处

材料来源:经济部矿业司

---

[1] 此表总计、四川、西康 3 栏原件字迹不清楚,故数字不准确。

(二)经济事业之发展

我国民间企业组织,向多墨守成规,迄民国十八年及二十年国民政府先后公布及施行《公司法》,公司组织始渐见发展。二十六年至三十四年9年间,沿海沿江各商业中心相继失陷,复遭敌寇封锁,对外交通阻绝,国内工商企业,备受打击,新事业之创建,尤感困难。然在此期间,公司设立总数,仍达2519家,平均每年增设280家,以视战前,似有逊色,但如以当时局处一隅之地区面积言之,则较之战前,实仍有过之;设再由公司业务之类别言之,则其时民间投资集中于生产事业之趋向,尤为前此所罕见。如民国二十五年全年登记公司301家,而商业公司即占148家,几占总数之一半;工业公司则仅有82家,约为总数之27%。二十六年起工业公司在公司的百分比逐渐增大,二十七年为47家,约占总数46%强;而同一时期,前者仅39家,约占总数27%。二十九年为159家,约占总数65%;而前者仅76家,约占总数31%。三十年度为205家,约占总数51%;而前者仅160家,约占总数41%。三十一年为115家,约占总数46%;而前者仅97家,约占总数37%。三十二年为185家,约占总数44%;而前者为142家,约占总数33%。三十三四两年,因工业生产愈感困难,商业公司始有凌驾而上之势。矿业公司,自三十年以来,亦逐渐发展,达16家,三十一年达18家,而以三十二年之69家,及三十三年之47家,为最高峰。战时新设公司总数达180家,较之战前亦增加1倍以上。

〈下略〉

(三)工矿生产能力之增进

战时工矿事业为后方仓卒所创建,承连年兵燹之余,销场与运输日困,器材并资金共缺,生产艰苦情形,虽在有加无已之中,然8年以来,为政府主管部门认真扶助,及朝野各方专家惨淡经营之下,工矿生产能力,及是与日俱增之势,此可由战时后方之工业生产指数中见之。如总生产指数,以二十七年为100,二十八年增至130.57,二十九年续增至185.85,三十年复增至242.96,三十一年再增至302.17,三十二年更增至375.64,三十三四两年略降,尚如达351.64及316.77。此项数字,尚系以生产用品、消费用品及出口品3项平均计算而言,盖其时敌人被我封锁日亟,对外贸易不绝如缕,外销品产量之锐减,为时势所必然,故如仅就生产、消费两项用品而言,则总指数递增之趋势,尤为显著,迄三十年即已达275.56,较之基期(二十七年)增加1倍以上;自三十二年,更增至520.41,超出基数达4倍之多。

再由产品种类分析,则产量之增进,以生产用品为最速。如电力生产指数,二十八年为135.88,二十九年为205.01,三十年为261.04,三十一年为291.65,三十二年为340.77,三十三年为332.46,三十四年为347.26,大体呈递增之趋势。发电机生产指数二十八年为71.18,二十九年骤增至1217.47,嗣是则三十年为1809.61,三十一年为1747.16,三十二年为2466.67,三十三年为3583.33,三十四年为3580.33,较之二十七年增加35倍以上。电动机生产指数,二十八年起即达10360.71,较之上年陡增100余倍,其复经二十九年之14820.24,而增达三十年26059.52之最高峰,三十一年以降,以其产量已达饱和程度,始转趋递减,然迄三十四年其指数仍达8528.570。工具机生产指数,二十八年为204.52,二十九年为296.39,三十年为367.47,三十一年为340.66,三十二年后为514.35,三十三年为497.83,尚能保持增加之趋势,迄三十四年始减低为282.61。以上数项产品生产之趋向,颇可反映后方工业建设之进度,及其电气化机械化之程度。

其次,烧碱、漂白粉为后方过去不能自制之产品,迄二十九年则已有出品,其生产指数,三十年各为300.48及348.30,三十一年各为309.81及448.98,三十二年各为441.18及425.00,三十三年各为670.59及550.00,三十四年各为505.88及566.67,有如扶摇而直上,对同一时期内制纸、肥皂等工业之发展,裨助甚大。汽油、酒精为交通工具所必需,关系军事运输尤巨,经主管部门积极促进,生产成绩尤为足称。如汽油,自二十七年开始小量出产,二十八年指数微升为103.56,二十九年即剧增至1667.23,嗣是五年中其指数由4029.46而37679.17,而65496.54,而83153.81,而96192.15,较之基年,已增加960余倍。酒精增产速度虽较见逊色,然其指数亦由二十八年之264.31,递增至三十四年之5366.23,约53倍有奇。凡此均可说明后方工业家对战时急需物品力谋自制自给之成果。

〈下略〉

(四)工业技术之进步

抗战时期,外援阻绝,而工业建设,需要又至迫切,因之国内各方专家,不得不殚精竭虑,以求自力更生。原料器材之仰给输入者,应自行设计制造,或寻求代用品,或利用废物以旧料翻新,期逐达自给自足之境地。生产能力品质之不及外人者,应设法改进制造方法,以达减低成本,提高效率之目的。是以 10 年来,一般科学家、技术家、企业家,虽在生活极度艰苦环境之下,仍多可贵之发明及成就,由工业专利及工业标准化之进度观之,即可窥知一般工业技术进步之情况。

1. 工业专利　工业专利,分为发明、新型、新式样 3 种,截至三十六年底止,由经济部核准给予 3 年至 10 年之专利权者,计共有 626 件。如逐年比较,则颇有递加之势,如二十七年为 15 件,二十八年为 17 件,二十九年为 47 件,三十年为 66 件,三十一年为 93 件,三十二年为 94 件。而专利品之种类亦递年增加,有关重工业者尤见进展,胜利前后 1 年中为数较少,但三十六年仍达 82 件。兹将历年核准专利情形列表如下:

	二十七年	二十八年	二十九年	三十年	三十一年	三十二年	三十三年	三十四年	三十五年	三十六年
机械及工具	2	3	12	13	13	9	6	11	18	14
电气器具	4	2	3	5	18	10	8	7	10	19
化学物品		5	6	20	29	44	45	39	31	7
矿冶				1	9	6	6	5	3	1
交通工具	3		4	6	8	8	5			1
家具	3	4	15	10	7	8	6	5	6	4
印刷及文具	3	3	7	11	7	8	8	9	6	22
其他					3	1	10	3	6	14
总计	15	17	47	66	93	94	79	79	80	82

2. 工业标准　工业标准化为各种工业专家共同努力之事业。经济部中央标准局现有机械、电机、化工、矿冶、农业、土木汽车、医药、纺织 8 种标准起草委员会,参加草拟工作之专家,达千余人,已审定公布之国家标准,共 79 号,已编订之标准草案则更达 1500 余号,现将已公布之标准目录列表如下:

我国已公布之标准目录

总号	类号	标准名称	总号	类号	标准名称
1	Z1	等比标准数（国际制）	41	K27—31	滑油检定法
2	Z2	标准直径	42	C12	电气事业供电率标准
3	B1—21	工业制图	43	K32—34	酒精及酒精检定法
4	B22—61	公差标准	44	K35—36	工业用甘油及检定法
5	P1	纸张尺度	45	K37—38	蓖麻油及蓖麻油检定法
6	H1	铜	46	K39—47	汽油检定法
7	H2	铅	47	H5	镍
8	H3	铝	48	K48	分析用硫酸铵
9	H4	锌	49	K49	肥料用硫酸铵
10	K1—K8	煤油检定法	50	K50	分析用碳酸氢铵
11	K910	桐油及桐油检定法	51	K51	工业用碳酸氢铵
12	K11	油漆用生亚麻子及其检定法	52	K52	工业用氯化铵
13	K13	油漆用碳酸铅白	53	K53	肥料用氯化铵
14	K14	油漆用硫酸铅白	54	K54	工业用硝酸铵
15	K15	油漆用锌钡白	55	K55	肥料用硝酸铵
16	K16	油漆用二氧化钛	56	K56	肥皂分析法
17	K17	分析用盐酸	57	K57	蓝墨水分析法
18	K18	工业用盐酸	58	K58	石棉分析法
19	K19	分析用硝酸	59	K59	石灰分析法
20	K20	工业用硝酸	60	K60	石墨分析法
21	K21	分析用硫酸	61	K60	十特兰水泥
22	K22	工业用硫酸	62	K61	分析用碳酸氢钠
23	K23	分析用氢氧化钠	63	K62	工业用碳酸氢钠
24	K24	工业用氢氧化钠	64	K63	分析用结晶碳酸钠
25	K25	分析用碳酸钠	65	K64	工业用结晶碳酸钠
26	K26	工业用碳酸钠	66	B76—78	颈圈
27	B62	传动轴之直径	67	B79	对边距离
28	B63	传动轴之转数	68	B80	方头及方孔，用于轴、手轮及手柄
29	B64	传动皮带轮	69	B81	工具方头及方孔
30	B65	传动皮带轮速率之图解	70	B82	压花、十字压花、倾纹压花
31	C1	电线线规	71	B83	标准圆锥
32	C2	铜之电阻	72	B84—85	公制圆锥

续表

总号	类号	标准名称	总号	类号	标准名称
33	C3	输电及配电之标称电压	73	B86—87	工具圆锥
34	D1—D2	汽车配件检验规范	74	B88	工具圆锥柄至较粗处之过渡尺寸规则
35	B67	标准检测度温度	75	B89	锥套分楔用于C1573工具圆锥
36	B63—75	工具机检验规范	76	B90—91	公制圆锥量规
37	23—6	时公厘换算表	77	B92—93	莫氏圆锥量规
38	C8—C10	询价与定购电机应开列之条款	78	B94	顶针
39	C11	控制器运动方向标准及断路开关指示灯	79	B75	压花轮及倾纹压花轮
40	C1—66	钢铁符号及型钢			

3.工业试验 经济部中央工业试验所成立最久,过去颇多可称之成就,胜利以后,该部复采分区设所原则,于北平、兰州、重庆各设工业试验所1所,4所共设有化学分析、酿造、陶瓷、油脂、皮革、塑胶、纺织染、纤维、木材、电工、电子、热工、机械、造纸、制糠、盐碱酸、纯化学药品、动力等18种。

综叙抗战数年工业技术进步情形,可择要举例言之如下:

(甲)新资源之开发 如四川之煤、铁、油气、金,云南之煤、磷、铝,贵州之煤、铁、锰、铝、汞、金,西康之铜、锌、铁,陕西、宁夏之煤、铁、金,甘肃、新疆之石油、煤、铁,以及四川、湖南、广西、贵州、云南、陕西、甘肃、青海等省水力及资源。

(乙)新原料之利用 (子)液体燃料。其一为以桐油炼制汽油及柴油,以菜油炼制滑油;其二为以烟煤低温蒸馏,炼制汽油;其三为以木屑、蔗渣、蔗杆为原料以代替制酒精所需之蔗糠,硫酸□亦可以人尿制造。(丑)耐火材料。虽因镁砖缺乏,然亦能另用代替品加以制造。(寅)酸碱盐。用接触法制硫酸所用钒金接触剂之主要原料钒酸,来源困难,已以锡铬接触法加以替代,利用盐卤胆巴提制氯酸钾硼酸,亦见成效。(卯)木材干馏。木材干馏亦为中国战时之新兴工业,已能制取丙酮醋酸。(辰)鞣料。已能以五倍子、青杠树皮,或青杠丸及檞树皮提制,足供实用。利用废牛羊皮制全力片,及无水阿摩尼亚,亦有成效。(巳)燃料。用五倍子、没食子酸、柏树皮、松皮、白鼠树皮、合锁树皮,及金刚藤制造青、蓝、棕、灰等色植物染料。

（丙）新器材之制造　工业器材之制造，经各业专家之努力，亦有优良之表现，其方法或为扩增以前已能自制之机器容量，或为仿造以前不能自制之机器，或为设计或使用前所未有之器材，或对能自制之机器提高其精密水准。（子）动力机，抗战后以小型锅炉之需要激增，因之新型之创作，如旋蓰蒸汽锅炉、竖立之回火锅炉等，为数甚多，冷轮机、水轮机亦有出品。迄三十二年三年间，容量最大者，已制成1500千瓦及2000千瓦之汽轮发电机。（丑）工具机，国内各机器厂对工具机之制造，均已达到相当之精密程度，单位尺寸，亦见增大，如车床过去多为单杆，长度仅及10尺；在三十二三年间所制者已多为双杆，而长度可达12尺。龙门刨床亦由8尺增至16尺。200米厘插床，1吨蒸汽锤，及精密牙齿箱式车床，均已能开始制造。（寅）工业机械，炼铁所需要之小型炼铁炉，炼铜所需之鼓风机，纺织所需之大型及小型棉纺机，采矿所需之抽水、通风、提炼各机，炼油所需之炭化甑，水泥所需之切磨机等，均经分别适应需要，自行制造。（卯）工具及其他材料，齿轮罗拉、轴承、绞刀、麻花钻、螺丝板牙、各种电杆丝，国内均经自制。

（丁）新出品之研究　抗战以后，各工厂颇有就其业务有关方面不断研究，以产生新的设计或制品，对此资源委员会致力为尤多。其重要者，如（子）短波无线电定向器，（丑）炭质电阻，噪音检验器，（寅）真空管电压表，拍频振动器，（卯）电解质电容器，（辰）电压稳定器，（巳）工具钢、高速锋钢等，为数甚多。

（戊）原有产品之改进　其最著者为钨、锡、锑、汞等出口矿产。（子）钨砂经利用反射炉烘炒去砂试验，结果含砒量已减至0.2%以下，适合国际限度；（丑）低成分之锑，用纯碱法精炼，所制品品，已可与英国柯克生、美国拉瑞多尔公司产品相伯仲；（寅）汞之提炼，经用酸液改进精洗方法，出品精度已达99.8%之国际标准；（卯）锡，经根据低熔原理加以试验，已能炼成99.75%以上之世界标准纯锡，所含铜铝等杂质，能低至1‰以下。

17. 抗战时期迁都重庆的资源委员会(1947年)①

一、沿革与迁都经过

本会胚胎于前参谋本部国防设计委员会,民国二十一年十一月成立,二十四年以军事系统之变更,改隶军事委员会,同时,合并兵工署之资源司,易名资源委员会。二十七年因政府机构全部调整,改隶经济部。

抗战军兴,淞沪撤退,敌骑进逼首都,中枢策定长期抗战,政府西迁,本会随同行动,于二十六年十月开始疏运,初之汉皋,嗣即溯长江,沿公路分途西上,二十七年三月陆续抵达重庆,租上清寺街彭孝友堂住宅1幢,职员40余人作息于此。未几,邑人萧笠生氏等在牛角沱滨江兴建房屋数幢落成,本会租为办公处所,彭宅则改充宿舍,稍资安顿。时寇焰方炽,我方战线节节移转,武汉沦陷,重庆有空袭威胁之虞,爰又择西郊——新桥南去5里许,上桥镇双碑地方。自二十八年先后自建办公室1所、图书馆1所、职工住宅10数所,两地均辟有地下室。当二十八九年敌机滥施轰炸时期,本会重心一度移乡,一切工作,未尝或辍。三十一年复在牛角沱购得华西公司等楼房2座,集中工作,迄于胜利。

---

① 此文系国民政府行政院经济部资源委员会自撰稿,原名为《抗战时期迁都重庆之资源委员会》。原件存于重庆市档案馆。

二、组织与人事

本会自始设以来,几经改组,工作范围前后有异,而内部尚少更动,精神尤称一贯。兹将历来组织系统列表如下:

甲、国防设计委员会组织系统
民国二十一年十一月至二十四年四月

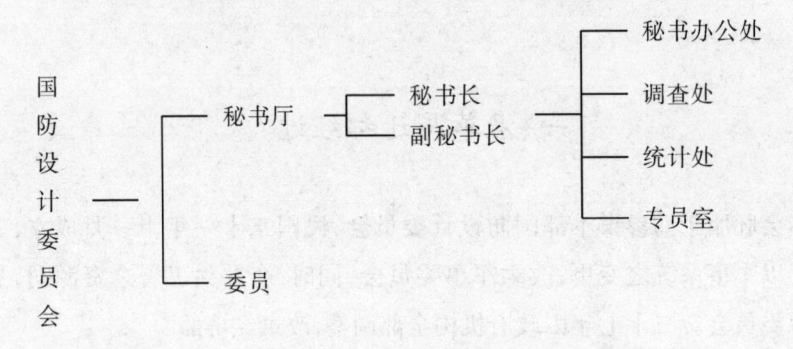

```
                              ┌─ 秘书办公处
                  ┌─ 秘书长    ├─ 调查处
国防     ┌─ 秘书厅 ─┤         ├─ 统计处
设计  ──┤         └─ 副秘书长 └─ 专员室
委员会   │
         └─ 委员
```

乙、军事委员会资源委员会组织系统
民国二十四年四月至二十七年三月

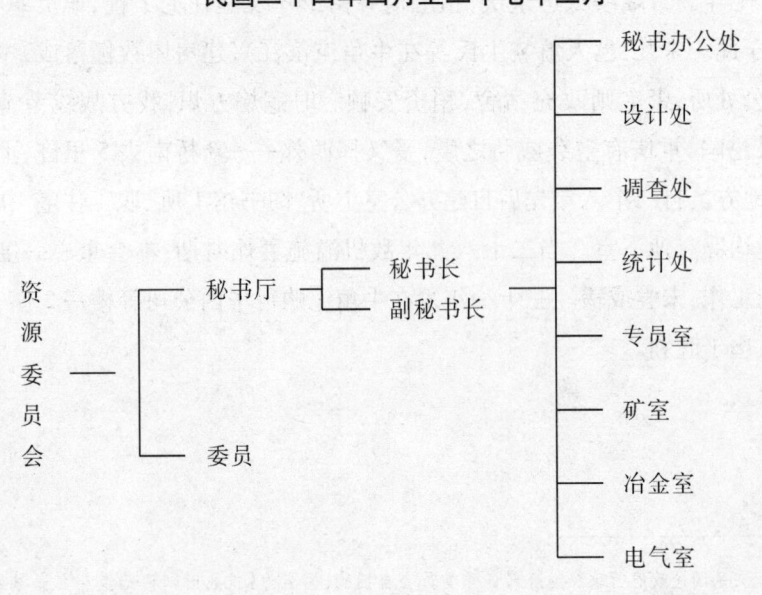

```
                              ┌─ 秘书办公处
                              ├─ 设计处
                              ├─ 调查处
                  ┌─ 秘书长    ├─ 统计处
资源     ┌─ 秘书厅 ─┤         ├─ 专员室
委员会 ──┤         └─ 副秘书长 ├─ 矿室
         │                    ├─ 冶金室
         └─ 委员               └─ 电气室
```

丙、经济部资源委员会组织系统
民国二十七年四月至三十二年三月

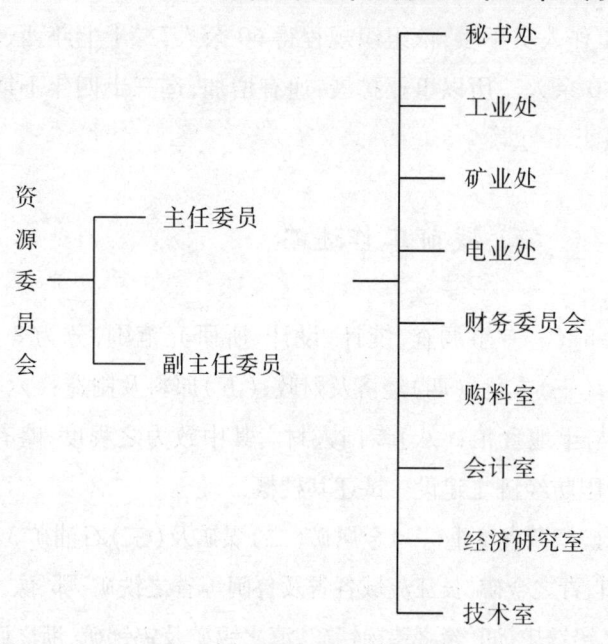

```
                        ┌── 秘书处
                        ├── 工业处
                        ├── 矿业处
       ┌── 主任委员     ├── 电业处
资源委员会               ├── 财务委员会
       └── 副主任委员   ├── 购料室
                        ├── 会计室
                        ├── 经济研究室
                        └── 技术室
```

民国三十三年以经营事业范围益张,组织方面有增强必要,爰又依法修正,增设财务处、会计处、材料处、人事处,均就原财务委员会、会计室、购料室分别改组,人事处系就秘书处人事组织为基础,扩充成立。其系统如下:

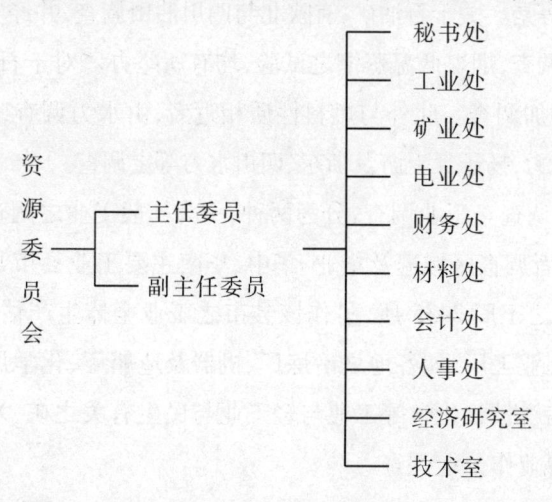

```
                        ┌── 秘书处
                        ├── 工业处
                        ├── 矿业处
                        ├── 电业处
       ┌── 主任委员     ├── 财务处
资源委员会               ├── 材料处
       └── 副主任委员   ├── 会计处
                        ├── 人事处
                        ├── 经济研究室
                        └── 技术室
```

国防设计委员会及隶属军事委员会之资源委员会时期,委员长一职,均为今国府主席蒋任之,翁文灏(咏霓)、钱昌照(乙藜)两氏分任正副秘书长,改隶经济部以后,翁氏以经济部部长兼主任委员,钱氏副之。

本会始设时期,工作人员不多,依组织规程得60余人,二十七年西迁重庆之初,在职人员仅40余人。历以事业扩展,递有增加,迄三十四年下期达500人,附属事业之员工不与焉。

三、战前工作述略

国防设计委员会时代,专事调查、统计、设计,所研究范围,分为8部:(一)军事;(二)国际;(三)文化;(四)经济及财政;(五)原料及制造;(六)运输及交通;(七)人口与土地食粮;(八)专门人材。其中致力之程度,略有差别,所最注视者,厥为国防经济之建设。试述其梗概:

(甲)矿产调查 矿产调查注重(一)金属矿(二)煤矿及(三)石油矿3者。金属矿所调查者,为川、青之金矿,长江流域各省及鲁闽等省之铁矿,鄂、豫、晋、川、滇之铜矿,湘、桂之铅锌矿,湘、赣之钨锑锰矿,滇之锡矿及钨锑矿,浙之矾土矿等,大部拟有开采计划。煤矿调查,分为两类,一为沿铁路、长江已开发煤矿之详细调查,深究其生产状况,运销情形,以为战时燃料统制之准备。二为内地发展重工业所需新开采或扩充之煤矿调查之,如江西之萍乡高坑、天河及湖南之谭家山煤矿等是。关于石油矿,有陕北与四川油田调查,并经实地钻探,四川自流井火井之调查,烟煤低温蒸馏之试验,均有所举办。对于石油类国内之供需情形,亦经详加调查。此外与燃料性质相近者,由水力调查,如黄河壶河水力,甘肃黄河水力,扬子江上游及浙东、四川水力等之调查。

(乙)工业调查 工业调查,分为两种,一为一般工业之调查,二为特殊工业之调查。前者调查区域遍及华北、华中、华南主要工业县市凡145处,查得合于《工厂法》之工厂2435所,另作该县市之工业全体生产估计。后者之调查,大抵为重工业工厂,如各地之冶炼厂、机器及造船厂、化学厂、电气器材厂等是。其后更就机器、化学等工业与轻工业与民生有关之矿、米、面粉、榨油、棉纺织、火柴等业作分业调查。

此外,关于交通运输、粮食、财政、经济以及专门人材,均曾分别致力,搜集资料,研编报告,尚称完备,除此分项调查外,尚有特殊区域之整个调查,分西北、西南两区进行,历时3年余,具有相当收获。

（丙）研究设计　调查以后,继之利用其资料,研究设计,分拟方案,以期逐步实施,巩固经济基础。举其要者,一为重工业建设5年计划之拟订,以为开始建设之准绳;二为战时燃料及石油统制计划,战时成立之燃料管理处及液体燃料管理委员会,均本此计划,而付诸实施;三为全国铁路事业运输能力报告及运输报告与运输动员及统制初步计划,曾提供主管机关资为重要之参考;四为粮食存储及统制计划;五为四川水力发电计划,龙溪河水力发电之开发基此计划进行。其他如财政经济、专门人材等等之研究报告,在抗战期间,有助各方参考之处弥多。

（丁）工矿事业之筹建　本会隶属军事委员会时代,一面赓续各种资源调查统计研究,一面开始重工业建设。关于重工业建设,本会所拟5年计划,以供应国防需要及经济自给为目标,分为(一)冶金工业,(二)燃料工业,(三)化学工业,(四)机械工业,(五)电气工业,约需要经费27000余万元。二十五年,政府指拨1000万元,本会即着手筹设以下事业:

（一）冶金工业——中央钢铁厂,茶陵铁矿,彭县铜矿,灵乡铁矿,江西钨铁厂,阳新、大冶铜矿;

（二）燃料工业——高坑煤矿、天河煤矿、禹县煤矿、四川油矿、植物油提炼轻油厂、煤气车推行处;

（三）机械工业——机器制造厂;

（四）电气工业——电工器材厂、无线电机制造厂、电瓷制造厂、四川水力发电厂。

二十六年复经指拨经费2000万元,是年计划,大体继续上年事业,仅于冶金工业中增设湖南铅锌矿及化学工业中设氮气厂。

以上事业,筹备未竣,抗战遂起,不得不将全盘计划调整。其已筹备粗具规模者,加紧进行,迅谋生产,如机器制造厂,电工厂,无线电机厂,高坑、天河煤矿等,均先后局部或全部开工生产,一部分暂行停顿,以待时局之演变而决定方针。

四、战时建设事业概况

本会经营工矿事业,开始抗战前1年基础方肇,遽遭战事摧残,其后随战区之转移播迁,困难重重,不堪想像〔象〕,然为配合长期作战,增加生产,充裕军需,应为首要。本会使命所在,弗避艰险,突破环境,于 8 年苦战中次第创办工矿事业,凡生产及管理单位共达 119 个,分布区域,普及大后方川、滇、康、黔、赣、桂、粤、湘、陕、甘、青、新等 12 省区,重要部门有电力、煤、石油、冶炼、机械、电工、非铁金属及化工 8 大类,产品有数百种之多,类皆为军需民用所必需者,兹述其始末如次:

(一)电力　电力事业,有水力、火力发电两种。大后方经本会先后创建火力发电单位万县、泸县、自流井、岷江、宜宾、昆湖、贵阳、湘西、湖南、柳州、汉中、西京、王曲、宝鸡、天水、兰州、西宁、浙东等 17 单位;水力发电单位,有四川龙溪河、万县瀼渡河、西昌安宁河、汉中藉水、天水渭水、西宁湟水、昆湖喷水洞及贵州修文河等处,前 6 处次第完成发电后,后 1 所尚在积极建设之中。二十六年仅得发电容量 2275 千瓦,三十四年已达 59115 千瓦,递增 26 倍余,发电度数亦自二十六年之 1522709 度迄三十年增至 70135979 度。

(二)煤　我国煤藏富集于东北、华北,而贫乏于内地,西南各省煤质煤层低劣,矿区内外交通亦多困难不便,煤业基础幼稚。自中枢西迁,工厂相率内移,湘桂、黔桂铁路延伸,交通与工业激增,本会对此目标,分途开辟新矿,并参加民营各矿,增厚资本,改善设备,促进生产。8 年之中,独办及与人民或地方政府合营煤矿,迄三十四年已达 18 个单位,计四川 5 单位,贵州 2 单位,甘肃 2 单位,湖南 4 单位,江西 3 单位,广东 1 单位,以言产量,二十六年为 19808 吨,三十四年达 75 万吨以上。

(三)石油　石油矿质调查计划开发,着手最早,除战前之陕北油田钻探以时局关系停顿外,战时致力持探者,厥为四川油田之调查钻探与甘肃玉门油矿之开发。四川油矿探勘处在巴县石油沟虽未发现油源,但已获得大量之天然气;重庆轮渡及海棠溪、南川间公路汽车燃料,均所取用,其效率不亚于汽油。隆昌圣灯山开井钻探,亦发现丰富之天然气,可供当地制盐燃料。江油水观音地方亦有油藏希望,正在进行钻探。甘肃玉门油矿,二十八年钻探出油以后,庚即成立甘肃油矿而大量开采,建置炼油设备,经年不断努力,颇具成效,西北军运商运,唯此油源是赖。二十八年生产汽油煤油 4000 余加仑,三十三年以还,汽油产量突破 400 万加仑记录,煤油亦达 200 万加仑。要其生产能力,仍不止此,惜以该矿地处边陲,交通困难,油品外运确艰,益以储油设备不充,时以存油过多,限制生产,未能充分发挥。出品汽油之辛烷值达65度,行车效率,堪称满意。此外新疆乌苏油矿,原为苏联经营,规模不大,三十三年经我政府交涉收回,交由本会接办,每月产汽油30000余加仑,足敷地方需求,后以地方不靖,员工被迫撤退,陷于停顿。

(四)冶炼 冶炼事业为基本重工业,后方向乏基础,此种事业,技术工程,均极艰巨,本会经营不遗余力,兹分钢铁与非金属冶炼两者,记述其经过:

(甲)钢铁 抗战初起,本会会同兵工署拆迁汉阳铁厂一部分机器设备,西迁巴县大渡口,是即钢铁厂迁建委员会之始基。其后设备年增,规模扩展,为后方钢铁事业之巨擘。主要设备有100吨及200吨化铁炉各1座,100吨平炉及3吨贝士麦炉各2,1.5吨电炉一座,轧钢厂设备全部,并自行开采綦江铁矿、南桐煤矿,原料燃料,均能自给。所出产品,专供兵工制造。其次为云南安宁之钢铁厂,二十八年开始筹建,三十二年开工生产,供应云南区需求。三十年于四川威远创办威远铁厂,就地采砂炼铁,以应川西方面需要。同年又参加民股合办资和钢铁公司,另与经济部矿冶研究所合办陵江炼铁厂,二十九年间曾收购民营大华铸造厂,其后经扩充为资渝炼钢厂(资和、陵江、大华等厂均在重庆近郊)。三十三年合并以上3厂,改组为资蜀钢铁厂。此外在江西吉安设有江西炼铁厂,供给区域用铁。

(乙)非铁金属 非铁金属主要冶炼单位,初有重庆炼铜厂、昆明炼铜厂。前者后经合并纯铁炼厂及綦江炼锌厂,改称电化冶炼厂,生产电铜、电锌及特种钢材,均为兵工上特种材料。后者亦改称昆明电冶厂,以电炼铜锌为主,三十二年试炼成功,开我国炼铝工业之滥觞。两厂限于原料,历年产量不大,然成品精度99.95%以上,技术上之进步极为彰者。

(五)机械 机械工业,采分区设厂,便于供应。战前原有机器制造厂之筹设,厂址设于湖南湘潭,战时迁昆明,称中央机器厂,内分透平发电设备、锅炉煤气机、发电机、汽车及工具机、纺织机等部门,设备新颖,效能优越,为后方同业冠。二十九年正式生产,除承制兵工器材外,主要出品有2000千瓦蒸汽透平发电设备、煤气机、水轮机各式作业机、工具机以及交通工具等,类皆工程艰巨。而齿轮铣刀等工具之精密准确,尤具价值。嗣设分厂于四川宜宾,后称宜宾机器厂,以制造工具机、作业机为主体。此外,在赣者有江西机器厂及车船厂,在粤亦有粤北铁工厂,在甘者有甘肃机器厂,系与各该省府合资经营。

（六）电工　电器工业之建厂，发轫于战前，战时扩展至大。主要单位有中央电工器材厂、中央无线电器材制造厂、中央电瓷厂、华亭电瓷厂及江西电工厂等。中央电工厂原设于湖南湘潭，以战事迁昆明，是为总管理处，设分厂于桂林、昆明、重庆、兰州、贵阳各地，产品有发电机、电动机、各式电话机、变压器、绝缘电线、灯泡、电池等，其品质不下外货；尤以原料多种，素所外求，于国际通路遮断之后，自行研制代用品，以维持生产。中央无线电器厂，亦系自湖南移设桂林，昆明、重庆两地设有分厂，生产各种收发报机、臂空发射机、大小收音机、手摇发电机。二十六年即已开工，战时源源生产，以应军事通讯器材之补给。中央电瓷厂总厂设于四川宜宾，湖南沅陵设分厂，制造各种绝缘瓷件。沅陵厂以原料关系，后迁衡阳，于湘桂战役又迁贵阳。华亭电瓷厂在甘肃华亭，江西电工厂在江西吉安，均系与地方政府合并，规模不大。

（七）金属矿业　非铁金属矿有铜、铅、锌及钨、锑、锡、汞、铋、钼等多种，前者为兵工器材重要原料，后者乃我赖以易取物资之外销特种矿产。后方铜、铅、锌资源贫乏，历年经营，殊不遗余力，而成就不大。先后开发者，有四川彭县铜矿及西康会理、越巂与云南东川等铜、铅、锌矿。钨、锑、锡、汞诸矿，民间开采甚早，以往系由商人自由经营，战时以为对外易货偿债物资。本会于二十五年受命管制，分于重要产地，设立管理机构，一面协助材料之供给、技术之改进、资金之融通督促开采；一面自营生产，统制出口，因应国际需要，历年以来，维持国外债信于不堕。尤以品质经年努力大获改良，锡之成分达 99.9%，跻于国际标准；钨之含砒低至 0.2% 以下，汞之精度可达到 99.8%，锑之含砒不及 0.1%。

（八）化工　后方创办化工事业，多为因应战时需要而设，主要者为酒精厂，次为油料厂，再次为酸碱厂、水泥厂、耐火材料厂等是。战时运输燃料需要量大，汽油外来途径日蹙，国内生产，时方发蒙，难望大量供应。动力酒精制造，法简易行，本会于二十七年首创咸阳酒精厂及四川酒精厂，二十八年成立资中酒精厂，以资中厂规模最大，该厂并可制造无水酒精。此外在各省由本会自办或接办酒精厂大小 19 单位，三十四年生产动力酒精达 400 万加仑。油料制造厂有 3，一为动力油料厂，位于重庆小龙坎，以桐油及菜油为原料，裂炼蒸油、柴油、润滑油等；一为犍为及北碚两焦油厂，用煤低温蒸馏，两厂历年产量甚小，但此种技术之施用，在我国尚属创举。酸碱厂后方原无基础，本会在云南昆明、甘肃徽县、江西吉安所办各厂，规模亦小。昆明厂亦制造纯碱烧碱为主,甘肃厂兼及硫酸,江西厂用钒金接触法制酸,产量均不甚大。水泥厂在甘肃永登与中国银行等合办甘肃水泥公司,贵州、江西方面,亦曾投资民营水泥事业各1。重庆耐火材料厂,为配合冶炼事业而设,制造各种耐火砖,年产百万吨以上。

八年抗战,环境艰险,际此时会,缔造工矿事业,未敢以言贡献,然于前后方重要物资之供应,不无相当之成效也。

附本会战时经办事业一览及员工人数统计与历年主要产品产量表。

资源委员会战时经办事业一览

民国三十四年十二月三十一日

	合计	独资	参加主办	参加不主办
合计	119	63	38	18
工业	57	30	17	10
矿业	33	19	9	5
电业	29	14	12	3

资源委员会经办事业统计表

民国三十四年十二月三十一日

	合计	独资	参加主办	参加不主办	附注
合计	119	63	38	18	
工业部分	57	30	17	10	
冶炼	9	5	2	2	
机械	8	2	4	2	
电工	5	2	3	—	
化工	35	21	8	6	
矿业部分	33	19	9	5	
煤	14	3	6	5	
石油	2	2	—	—	
铁铜铅锌	4	3	1	—	
钨锑锡汞	10	8	2	—	
金	2	2	—	—	
矿产勘探	1	1	—	—	
电力部分	29	14	12	3	
电力	28	13	12	3	
水利工程	1	1	—	—	

资源委员会经办事业一览表

民国三十四年十二月三十一日

○独资经营
△参加经营并主办
×参加经营不主办

事业名称	地址	经营方式	主持人	参加经营者	成立时期	备注
甲、工业部分：						
一、冶炼工业：						
1. 资渝钢铁厂	四川巴县	○	郑葆成		三十三年三月二十日	原名资渝炼钢厂，于三十二年七月一日成立。三十三年合并綦江、资和两钢铁厂后改今名
2. 蜀钢铁厂	四川巴县	○	高祀重 许道生		三十三年八月一日	
3. 威远铁厂	四川威远	○	靳树梁		三十年一月八日	
4. 电化冶炼厂	四川綦江	○	赵际昌 叶渚沛		三十年七月	由前钝铁炼厂及重庆炼铜厂合并改组而成
5. 昆明电冶厂	云南昆明	○	阮鸿仪		二十八年三月二十日	原名昆明炼铜厂，三十四年更今名
6. 云南钢铁厂	云南安宁	△	严恩	兵工署、云南省政府	三十二年二月一日	
7. 江西炼铁厂	江西吉安	△	汤尚松	江西省政府	二十七年三月一日	已停顿
8. 钢铁厂迁建委员会	四川巴县	×	汤继曾	兵工署	二十八年三月一日	第6制造所，南桐煤矿及綦江铁矿
9. 中国兴业公司	四川江北	×		商股	二十八年十一月	
二、机械工业：						
10. 中央机器厂	云南昆明	○	赵季和		二十八年九月九日	
11. 宜宾机器厂	四川宜宾	○	王守泰		三十年七月十一日	原名中央机器厂四川分厂，于三十三年六月六日更今名，已停顿

续表

事业名称	地址	经营方式	主持人	参加经营者	成立时期	备注
12. 甘肃机器厂	甘肃兰州	△	夏安世	甘肃省政府	三十年九月十五日	已停顿
13. 江西机器厂	江西泰和	△	徐有谙	江西省政府	三十年七月一日	已停顿
14. 江西车船厂	江西泰和	△	陈薰	江西省政府	二十九年十一月一日	已停顿
15. 四川机械公司	四川成都	×			三十一年	
16. 江西兴业公司	江西泰和	×		赣省府,四联总处		
17. 粤北工矿公司	广东坪石	△	王野白		三十年	停顿

三、电器工业：

事业名称	地址	经营方式	主持人	参加经营者	成立时期	备注
18. 中央电工器材厂	云南昆明	○	恽震		二十八年七月一日	辖5分厂
19. 中央无线电器材厂	云南昆明	△	周维干	湖南省政府,中央广播事业管理处	二十七年四月一日	辖重庆、昆明2分厂,前桂林总厂于三十三年湘战停工,昆明分厂已停顿
20. 中央电器制造厂	四川宜宾	△	任国常	交通部	二十六年十二月六日	辖衡阳分厂以战事迁筑复工,自三十四年十一月份结束
21. 江西电工	江西泰和	△	袁行健	江西省政府	三十一年七月一日	在结束中
22. 华亭电瓷厂	甘肃华亭	○	温步颐		三十年八月八日	自三十四年十月结束

四、化学工业

续表

事业名称	地址	经营方式	主持人	参加经营者	成立时期	备注
23. 动力油料厂	四川重庆	△	徐名材 曹玉祥	兵工署	二十八年八月二十二日	
24. 巴县炼油厂	四川巴县	○	罗宗实		二十九年五月	三十四年由公路总局移交接办
25. 犍为焦油厂	四川犍为	○	陈梓庆		二十九年五月十六日	
26. 北碚焦油厂	四川北碚	○	赵宗燠		三十四年十二月	三十四年由军政部移交接办
27. 重庆酒精厂	四川重庆	○	罗均		三十二年六月	同上
28. 北泉酒精厂	四川北碚	△	齐尉	液体燃料管理委员会	三十年五月十二日	
29. 四川酒精厂	四川内江	△	沈熊庆	四川省政府	二十七年六月六日	
30. 内江酒精厂	四川内江	○	杨守珍		三十三年三月一日	三十四年由军政部移交接办
31. 资中酒精厂	四川资中	○	张季熙		二十八年六月二十三日	三十四年由交通部移交接办
32. 简阳酒精厂	四川简阳	○	金贵琔		三十一年一月一日	
33. 泸县酒精厂	四川泸县	○	陆宝愈		二十九年三月一日	三十四年由交通部移交接办
34. 纳溪酒精厂	四川纳溪	○	高永祥		三十一年一月一日	三十四年由军政部移交接办
35. 广汉酒精厂	四川广汉	○	于升峰		三十一年九月	

17. 抗战时期迁都重庆的资源委员会(1947年)

续表

事业名称	地址	经营方式	主持人	参加经营者	成立时期	备注
36. 遵义酒精厂	贵州遵义	○	汤元吉		二十九年六月一日	
37. 安顺酒精厂	贵州安顺	○	朱洪祖		三十一年十一月	
38. 盘县酒精厂	贵州盘溪	○	杜年全		三十三年十月	三十四年由军政部移交接办
39. 云南酒精厂	云南开远	△	黄人杰	云南省政府	二十九年四月一日	原名开远酒精厂
40. 上饶酒精厂	江西上饶	○	何之瑾		三十二年三月	
41. 南城酒精厂	江西南城	○	高铿		三十一年十一月	军政部本年移交本会接办曾交东南行辕暂管
42. 鹰潭酒精厂	江西鹰潭	○	王洪		三十二年三月	
43. 褒城酒精厂	陕西褒城	○	李永捷		三十一年五月	
44. 咸阳酒精厂	陕西咸阳	○	蔡尧元		三十年四月十日	
45. 益门动力酒精厂	西康会理	×	常隆庆	西昌行辕乐西公路工程处		辖泸沽支厂
46. 中国联合制造公司	四川内江	×	吴皋			
47. 乐山木材干馏厂	四川五通桥	○	严仁荫 郗国城	中国银行	三十四年一月一日	由工矿调整处移交接办
48. 重庆耐火材料厂	四川重庆	○			三十年十月二十七日	

续表

事业名称	地址	经营方式	主持人	参加经营者	成立时期	备注
49. 昆明化工材料厂	云南昆明	○	张克忠		二十九年七月一日	原名化工材料厂
50. 甘肃化工材料厂	甘肃兰州	△	沈觐泰	甘肃省政府	三十二年十一月十六日	由前甘肃酒精厂改组（三十四年）
51. 甘肃水泥公司	甘肃永登	△	张光宇	甘省府、中国银行交通部		已停顿
52. 江西硫酸厂	江西	△	洪中	江西政府	三十年八月八日	
53. 贵州水泥公司	贵州贵阳	×		江西政府		
54. 江西水泥公司	江西泰和	×				
55. 华新水泥公司	云南昆明	×		华新水泥公司		
56. 裕滇磷肥厂	云南昆明	△			三十一年七月一日	
57. 天原电化厂股份有限公司	四川重庆	×	吴蕴初	云南经济委员会商股	二十八年三月二十日	本会于三十四年参加

乙、矿业部分

一、煤矿业：

| 58. 建川煤矿公司 | 四川巴县 | × | 潘铭新 | 商股 | 三十年十月一日 | |
| 59. 威远煤矿公司 | 四川成都 | × | 孙越崎 | 总务局、中福公司 | 二十九年七月一日 | 矿产在威远，公司在北碚 |

续表

事业名称	地址	经营方式	主持人	参加经营者	成立时期	备注
60. 嘉阳煤矿公司	四川犍为	×	孙越崎	中福公司,商股	二十八年一月一日	矿产在犍为,公司在重庆
61. 四川矿业公司	四川成都	△	史维新	四川省政府,商股	三十年六月一日	公司在成都,矿产分在璧山、江北
62. 贵州煤矿公司	贵州贵阳	△	江山寿	贵州企业公司,商股	三十年五月八日	公司贵阳,矿产在筑东等地
63. 黔南煤矿筹备处	贵州都匀	○	王翼臣		三十三年七月	
64. 明良煤矿局	云南宜良	○	王德滋		二十八年九月一日	前有商股合营,本期已将商股收买独营,改称今名
65. 宣明煤矿公司	云南宣威	△	谭锡畴	云南省政府	二十九年一月十五日	
66. 辰豁煤矿公司	湖南辰豁	△	孙守五	商股	二十九年四月一日	
67. 辰豁煤业办事处	湖南辰豁	○	孙守五		二十七年八月一日	
68. 湘江煤矿公司	湖南永兴	×	朱谦	商股	三十二年十月一日	
69. 天河煤矿筹备处	江西吉安	△	王镇	江西省政府	三十六年二月一日	
70. 甘肃煤矿局	甘肃兰州	△	刘兴亚	甘肃省政府	三十二年十二月二十一日	由前永登煤矿局改组
71. 甘肃矿业公司	甘肃兰州	×	简锡珍	甘肃省政府及四行	三十一年一月	
二、石油矿业:						
72. 甘肃油矿局	甘肃玉门	○	孙越崎		三十年三月十六日	局址在重庆,辖乌苏油矿,在新疆

续表

事业名称	地址	经营方式	主持人	参加经营者	成立时期	备注
73. 四川油矿探勘处	四川巴县	○	王絜		二十五年九月八日	
三、铜铝锌铁矿业：						
74. 川康铜铅锌矿务局	四川成都	○	谢树英		三十三年一月一日	原名川康铜矿管理处，系二十七年七月一日成立
75. 康黔铜铁事业筹备处	贵州威宁	○	程文勋		三十二年六月一日	原名黔西铁矿筹备处，于三十年五月成立
76. 滇中矿务局	云南易门	○	董纶		二十八年二月二十五日	原名易门铁矿局
77. 滇北矿务局	云南会泽	○	孙延中	云南省政府	二十八年三月一日	原名滇北矿务公司
四、钨锑锡汞业及管理处：						
78. 钨业管理处	江西大庾	○	张莘夫		二十五年三月一日	辖湖南及广西两分处
79. 锑业管理处	湖南零陵	○	刘基盘		二十五年一月一日	
80. 锑品制造厂	贵州贵阳	○	赵天从			
81. 锡业管理处	广西桂林	○	徐韦曼		二十八年二月二十七日	
82. 汞业管理处	湖南晃县	○	林济青		三十年五月一日	辖湖南分处
83. 云南出口矿产品运销处	云南昆明	○	徐厚孚	云南省政府	二十八年十一月一日	
84. 云南锡业公司	云南昆明	△	缪嘉铭	云南省政府及中国银行	二十九年九月一日	

续表

事业名称	地址	经营方式	主持人	参加经营者	成立时期	备注
85. 平桂矿务局	广西八步	△	黄昶芳	广西省政府	二十七年十月一日	
86. 新疆钨矿工程处	新疆伊宁	○	韩春暄		三十三年七月十五日	为匪军占据已停顿
87. 国外贸易事务所	四川重庆	○	郭子勋		二十七年九月二十一日	辖纽约分所
五、金矿业:						
88. 西康金矿局	西康康定	○	李丙口		三十三年四月十四日	
89. 湘黔金矿局	湖南洪江	○	刘孝叔		三十三年四月十五日	
六、矿产勘测事业:						
90. 矿产勘测处	四川重庆	○	谢家荣		三十三年十月一日	
丙、电业部分:						
91. 万县电厂	四川万县	△	董舒培	四川省政府	二十七年八月十六日	
92. 龙溪河水力发电厂	四川长寿	○	黄育贤		二十六年七月二十四日	
93. 泸县电厂	四川泸县	○	蔡增杰		三十年一月一日	
94. 自流井电厂	四川自贡	△	吴运宏	四川盐务局	二十九年十一月一日	
95. 岷江电厂	四川犍为	○	鲍国宝		二十八年七月一日	

续表

事业名称	地址	经营方式	主持人	参加经营者	成立时期	备注
96. 宜宾电厂	四川宜宾	○	叶家垣（代理）		三十年九月十二日	
97. 西昌电厂	西康西昌	△	李运煇		三十年五月八日	
98. 昆明电厂	云南昆明	○	桂迢黄		二十八年六月一日	
99. 贵阳电厂	贵州贵阳	△	韩德举	贵州企业公司	二十七年七月一日	
100. 修文河水力发电厂工程处	贵州修文	○	陈亚光（代理）		三十三年三月十日	
101. 湘西电厂	湘南沅陵	○	杨以运		二十八年一月一日	辖辰豀分厂
102. 湖南电气公司	湖南长沙	△	李炳奎	湘省府，商股	三十年七月	
103. 柳州电厂	广西柳州	△	王监二（代理）	广西省政府	三十一年十一月十六日	
104. 汉中电厂	陕西南郑	○	顾文魁（兼）		二十八年十一月一日	
105. 汉中水力发电厂工程处	陕西南郑	○	顾文魁		三十四年四月十六日	
106. 天水电厂	甘肃天水	△	黄长谦	甘肃省政府	三十一年九月十六日	
107. 天水水力发电厂工程处	甘肃天水	○	张昌龄		三十二年十一月一日	

续表

事业名称	地址	经营方式	主持人	参加经营者	成立时期	备注
108. 兰州电厂	甘肃兰州	△	杨正清	甘肃省政府	二十七年八月十六日	
109. 西京电厂	陕西西安	△	常荫集	陕西银行、中国银行	二十五年九月九日	辖宝鸡分厂
110. 王曲电厂	陕西王曲	○			三十二年二月一日	交西京电厂管辖
111. 西宁电厂	青海西宁	△	沙荫田	青海省政府	二十九年六月一日	
112. 西宁水力发电厂工程处	青海西宁	○	覃修典		三十三年一月二十二日	
113. 浙东电力厂	浙江金华	△	赵曾钰	浙江省政府	二十八年七月	
114. 都江电厂	四川灌县	×	童舒培	商股		
115. 巴县工业区电力厂	四川巴县	×		商股		
116. 富源水力发电公司	四川北碚	△				
117. 武昌水电厂	湖北武昌	△	黄文治	湖北省政府		
118. 安庆电厂	安徽安庆	○	刘祖辉			
119. 全国水力发电工程总处	四川长寿	○	黄育贤		三十四年七月七日	

资源委员会战时经办各事业历年员工人数统计

民国二十八年至三十四年

年份		总计	电	煤	石油	金属	钢铁	机械	电工	化工
二十八年	共计	10672	646	2862	—	3866	330	1026	1410	542
	职员	1345	82	208	—	311	87	201	319	147
	工人	9327	564	2654	—	3555	243	825	1091	395
二十九年	共计	27830	2024	11841	—	5459	3577	1436	2728	1125
	职员	3273	516	602	—	338	719	284	490	324
	工人	24557	1508	10879	—	5121	2858	1152	2238	801
三十年	共计	52286	2896	21196	4158	8255	6137	2129	4760	2775
	职员	5683	750	1108	682	517	1095	351	680	500
	工人	46603	2146	20088	3476	7738	5042	1778	4080	2255
三十一年	共计	65696	3623	17942	7699	11223	11182	3463	6420	4144
	职员	8179	936	1507	1323	807	1645	696	991	814
	工人	56977	2687	16435	6379	10416	9537	2767	5429	3330
三十二年	共计	69076	4592	20664	8758	8873	11670	4006	7153	3990
	职员	9168	1139	1567	1298	782	1589	782	1250	761
	工人	60538	3453	19097	7460	8091	10081	3224	5903	3229
三十三年	共计	58659	5418	14121	10082	6396	11523	3178	3966	3975
	职员	8313	1091	1022	1729	669	1429	645	973	755
	工人	50346	4327	13099	8353	5727	10094	2533	2993	3220
三十四年	共计	63733	5321	16079	6978	6995	13572	3012	6658	6658
	职员	8258	1171	1067	683	640	1607	591	1133	1366
	工人	55475	4150	15012	6295	6355	11965	2421	3985	5292

说明:历年人数以各该年十二月底人数为准

资源委员会战时经济各事业主要产品生产量

民国二十五年至三十四年

产品类别		单位	二十五年	二十六年	二十七年	二十八年	二十九年	三十年	三十一年	三十二年	三十三年	三十四年
电力类	电力	千度	—	1533	3840	7045	10992	17301	24402	34776	51683	70136
煤焦类	煤	千吨	—	20	504	192	306	517	746	758	753	625
	焦	千吨	—	—	4	4	18	40	70	54	52	44
石油类	汽油	千加仑	—	—	—	4	73	209	1896	3219	4048	4305
	煤油	千加仑	—	—	—	4	32	113	597	559	2158	1654
	柴油	千加仑	—	—	—	7	62	141	53	50	155	270
	天然气	千立方公尺	—	—	—	—	—	27	233	267	273	237

续表

产品类别		单位	二十五年	二十六年	二十七年	二十八年	二十九年	三十年	三十一年	三十二年	三十三年	三十四年
金属矿	净钨砂	公吨	8806	11926	12556	11509	9542	12392	11897	8973	3225	—
	锑	公吨		14597	9464	11988	8471	7991	3510	429	204	—
	精锡	公吨	—	—	—	2501	17416	16589	14003	10800	5102	2704
	精汞	公吨	—	—	—	—	124	95	148	108	121	63
	精铜	公吨	—	9	580	582	1415	779	693	613	898	623
	精铅	公吨	—	—	—	262	326	277	94	94	161	106
	精锌	公吨	—	—	—	40	13	20	189	231	258	243
钢铁类	铁砂	公吨	—	6313	14942	55446	57668	38243	60275	80670	35253	42594
	生铁	公吨					2494	4437	13468	20853	12523	22556
	钢锭	公吨					—	116	1506	4646	7603	10206
机械类	动力机	马力					706	571	718	1258	2205	1618
	工具机	部					122	73	136	279	173	161
	作业机	部					83	119	182	76	259	101
电工类	发电机	千伏安	—			89	4791	2653	2780	3190	1829	628
	手摇发电机	架	—			91	92	1044	754	508	428	
	电动机	马力	—	—		2094	1552	3601	6933	6651	5112	5917
	变压机	千伏安				9	1624	5792	10183	4284	4719	5563
	电话机	具	—	—	—	3487	—	3169	1266	3801	4968	3379
	交换机	门					2770	1110	6500	3996	4570	5155
	电讯机	具	—	425	710	1042	1162	2302	1699	1931	1607	1373
	钢铁线	公吨				536	330	668	452	367	267	325
	绝缘线	圈			—	4263	26556	26631	33507	59082	44043	
	电子管	只			572	7445	36992	3668	17058	23865	11393	211
	电灯泡	千只			69	193	264	231	638	686	836	838
	干电池	打			30579	101160	141178	212668	207375	251377	189185	149043
	蓄电池	只				45	183	564	784	914	884	2894
	绝缘电瓷	千件	—	—	2030	343	1284	1731	1389	1802	2114	2236
化工类	酸	公吨	—	—	—	—	3	23	44	25	56	
	碱	公吨					18	119	151	173	346	158
	酒精	千加仑	—	—	72	280	669	1298	2396	2846	2826	4013
	代汽油	千加仑				1	14	34	61	111	55	113
	代煤油	千加仑				—	6	—	4	4	3	17
	代柴油	千加仑				1	89	215	89	350	211	467
水泥类	水泥	公吨	—	—	—	—	—	150	1390	2791	2137	

18. 抗战时期的中央地质调查所及战时地质调查
(1948年)①

(一) 十年来之地质机构迁徙与兴替

中国地质工作,已经推行30多年,最初因为农商部地质调查所设在北平,所以调查区域,多半在华北及东北各省。到了民国十七年,中央研究院地质研究所成立,初在上海,后迁南京,因之南京附近地质,曾作较详的研究。这表示调查区域,和地质机构的所在地,有密切的连带关系。中国从民国二十六年夏,到了抗战爆发的一天,遭遇空前外侵的压迫,地质机构随着当时的环境,各向安全的地带迁移,并且各就可能范围,继续工作。亦有因当时的需要,随着产生了新的机构。兹将10年中各机关的动态,简述如下:

1. 经济部中央地质调查所 在民国二十七年以前,地质调查所隶属于实业部,初在北平,二十四年迁到南京。待至抗战军兴,首都危急,乃迁到长沙,二十七年一月经济部成立,地质调查所改隶经济部。春天再搬到重庆,并于昆明、桂林分设工作站两处。二十八年桂林工作站撤销,二十九年昆明工作站亦结束,三十二年春在兰州设立西北分所。胜利后总所于三十五年夏秋迁回南京原址,并将北平旧址收回,恢复北平分所,同时又接收伪满洲地质调查所,成立了东北工作站。

2. 中央研究院地质研究所 十七年成立,初设上海,二十年迁南京。日人侵及京沪,搬到庐山,继又搬到桂林良丰,在贵阳设有工作站,三十二年冬迁至重庆沙坪坝,三十五年还都南京。

3. 湖南省地质调查所 民国十六年成立,设于长沙。二十七年武汉失守,迁往湘西黔阳。胜利后重回长沙。

---
① 本文系经济部中央地质调查所所长李春昱所著,原名为《十年来之地质调查》,见谭熙鸿主编《十年来之中国经济》,中华书局1948年版。

4. 江西省地质调查所　初名地质矿业调查所,二十六年改组,易为今名。所址在南昌,二十七年秋迁泰和,后来并一度搬到兴国,三十五年搬回原址。

5. 河南省地质调查所　在省立地质调查所中成立最早。所址在开封,后迁豫陕鄂接壤处之荆紫关,三十五年搬回开封。

6. 两广地质调查所　成立于民国十六年秋,设于广州,广州沦陷,迁于云南澄江,后回广东坪石,以损失颇重,现已无形停顿。

7. 四川省地质调查所　成立于民国二十七年,设于重庆。

8. 福建省地质土壤调查所　成立于民国二十九年秋,设于永安,胜利后迁至闽侯。

9. 西康省地质调查所　成立于民国二十八年秋,所址在康定。

10. 新疆省地质调查所　民国三十三年夏,所址在迪化。

11. 贵州省地质调查所　民国三十五年成立,前此有贵州矿产探测团,已有5年历史。设于贵阳。

12. 云南省地质矿产调查所　民国三十一年成立,与联大地质系合作,调查全省地质矿产。三十五年,联大北迁,无形停顿。

13. 台湾省地质调查所　民国三十三年,日人在台湾设立地质调查所,胜利后中央地质调查所派员接收,成立台湾省地质调查所,属省政府,所址在台北。

14. 察绥矿产调查所　三十五年成立,设于张家口。

15. 资源委员会矿产测勘处　初成立于民国二十九年,名为叙昆铁路沿线探矿工程处;继改为西南矿产测勘处。初设于昆明,继迁昭通,再迁贵阳,又迁重庆,胜利后迁至南京。

(二)十年来区域地质调查与地图图幅之测制

自从民国二十六年,日本发动了侵略战争,地质机构大部西迁或在西部设立,因之地质调查工作亦随着在西南和西北各省展开,兹按省区扼要叙述如下。

1. 四川省

抗战初期,四川省即成立了省立地质调查所,不久中央地质调查所又搬到重庆，所以四川省的地质调查工作，要比较进行的快一些。先在盆地四周分段调查，以期明了大概地质情形，在东边的有李陶、任绩和、苏孟守、萧有钧调查万县巫山间长江南北两岸，作成 1∶500000 地质图一幅。曹国权、萧安源调查大宁河流域地质，测制地质图一幅，原稿 1∶200000，印成了 1∶400000。从万县往北，李春昱、杨敬之、孙善明、张其泽等，曾调查开县、城口、万源、宣汉一带，并曾进至陕南的岚皋，测成 1∶200000 地质图一幅。由此而西，从南江到广元间的地质，先后经侯德封、王现珩和杨敬之与谷德振调查过，分别在东西各测绘了一幅 1∶200000 的地质图。广元、剑阁间的 1∶200000 地质图，是任绩和、杨敬之在二十九年所调查的。江油、梓潼一带的地质，地层比较发育，构造亦相当复杂，曾由重庆大学教授朱森和中央地质调查所的叶连俊及四川省地质调查所的吴景祯，共同作一个较详的研究，绘成 1∶100000 地质图 2 幅。什邡、彭县、灌县一带的煤田，曾经潘钟祥、萧有钧调查，并测制 1 幅 1∶200000 地质图。彭县西北以至灌县一带，亦经朱森、吴景祯、任绩和测成 1 幅 1∶120000 的地质图底稿。从这里穿过盆地边缘往北，侯德封、杨敬之调查绵竹、江油，到了平武，测制路线地质图，缩成大约 1∶250000。沿着岷江往北，先后经李贤诚、熊永先、李陶、赵景德走过数次，但是因为岩石变质，时间匆促，所在的路线图都比较简单，其结果和民国二十年谭锡畴、李春昱所调查的还是大同小异。从灌县到懋功山路崎岖，更不容易作精细的观察，岳希新、米泰恒在民国三十一年做了一个简单的路线图。最近中央研究院地质研究所的李承三亦由灌县到松潘，并且经墨洼、阿坝、马塘从杂谷脑这条路出来，调查资料，正在整理。由灌县而南折向大邑、崇庆一带，李陶从盆地穿向西北，走了几条路线。赵家骥从灌县到大邑，张遹骏从大邑到天全，都曾测绘 1∶200000 的地质图。峨眉山地质在 17 年前，曾经赵亚曾、谭锡畴、李春昱等先后研究，并绘测 1∶50000 地质图，所以近 10 年来未往详细工作。但在峨眉山之南，则峨边县北部地质由熊永先、张其泽调查，测有 1∶200000 地质图；金口河地质由盛莘夫调查，峨眉山至瓦山间之地质经苏孟守调查，大渡河马边河间道路很难走，且有罗夷的骚扰，地质工作非常困难，不过曾繁祁、何春荪亦曾测了 6 张 1∶50000 路线地质图。屏山、雷波一带，其情形亦如马边，李贤诚深入调查一匝，补了一个角上的地质空白。宜宾南行以至云南的昭通，李承三、叶连俊作了 6 幅 1∶100000 地质图。宜宾、筠连间杨敬之、钱尚忠亦作了 1 幅 1∶300000 地质图。古蔺、珙县的地质,李贤诚曾在二十六年去调查过,二十七年熊永先、罗正远、冉往复勘有 1∶500000 地质图,已在四川省地质调查所发表。南川、綦江和金佛山的地质,先经常隆庆调查过,二十七年潘钟祥、彭国庆再去研究,测制一幅 1∶200000 地质图。四川东南角一带在二十六年时曾由重庆大学刘祖彝在北段作过较简单的地质观察,二十九年萧有均再向南调查酉阳、秀山。吴景祯亦到过酉阳附近调查。侯德封、赵家骧、钱尚忠、曹国权调查石柱、黔江。熊永先、彭国庆调查了涪陵、彭水,使这一个角落的地质,比较上有了正确的认识。盆地四周,经过 10 年的调查,大致明了。较老的地层都在盆地边缘,才有较好的剖面。而因为盆地北部的大巴山一带,岩石多已变质,所以就地层上来说,盆地南缘的研究,要比较清楚一些。

盆地内部,比较简单,老地层出露较少,但是华蓥山亦有寒武纪地层见于地表。李春昱、孙明华、杨登华作了一幅 1∶100000 的地质图。长寿、梁山间李陶、罗正远测制一幅地质图,是 1∶200000。嘉陵江、沱江间常隆庆等调查煤田,作了 1 幅 1∶500000 地质图。比较详细的在重庆附近。四川省地质调查所作了 10 余幅 1∶25000 的地质图。在北碚附近,王朝钧等亦作了一大张 1∶25000 地质图。更详细的工作,是威远地质图的测制,由黄汲清率领,动员了中央地质调查所和四川地质调查所 10 多名地质和测量人员,经过两三年的时间,自测地形,做成了 1∶10000 地质图 20 幅,1∶25000 地质图 5 幅,可算是一种基本工作。此外小面积的地质调查和矿区测量,不及一一枚举。

根据以上的资料,四川省地质调查所编成全省 1∶500000 地质图一大幅。又根据已有资料及补充调查,编成 1∶200000 地质图,重庆、涪陵、广安、威远、乐山、綦江及贵州省属的桐梓等幅。

2. 贵州省

贵州地质在 10 年之前,调查较少,但丁文江所组织之调查队,工作范围,亦颇广袤,北自重庆,南经桐梓、贵阳以至荔波,西迄大定,均测有路线地质图。厥后贵州矿产探测团成立,又有中央地质调查所和四川省地质调查所位于北面的四川,中央研究院地质研究所位于南面的广西,湖南地质调查所位于东面的湖南,矿产测勘处亦曾一度搬到贵阳,所以贵州省地质除掉探勘矿床以外,测制的地质图,亦还不少。在贵阳以西的清镇、普定之间,乐森璕曾测制轿子山 1:200000 的煤田地质略图。贵州省西南部兴仁、兴义、安龙、册亨、贞丰一带,李树勋测制 1:200000 路线地质图 2 幅。贵阳以南的定番、长寨亦经李树勋测有 1:50000 或 1:100000 的路线地质图。最西部盘县、普安一带,郭宗山测成 1:100000 地质图 4 幅。在省境西北角上的威宁、水城两县,因为煤矿和铁矿的关系,有数度的调查,先有燕树檀、陈庆宣的威宁、水城、赫章、纳雍 1:100000 地质矿产图,继有边兆祥大河边煤田地质图,后有刘国、宫景光、李广源等威宁、水城一带地质图,系 1:100000,及毕节、赫章间的 1:200000 的路线图。在贵州北部为研究地层,尹赞勋、秦鼎、湛义容在绥阳、遵义、湄潭一带作的有 1:100000 地质图或 1:50000 路线地质图。苏孟守亦测过一幅绥阳境内的路线图。张更、秦鼐、丁传谱有 1:100000 桐梓县地质图。为搜寻铁矿,侯德封、赵家骧、杨登华、萧安源等曾在桐梓、习水、怀仁、遵义各县,测成数处小面积地质图和黔北 1:500000 之地质图 1 幅。东北角的梵净山,王曰伦、熊永先、吴希曾曾作过 1 幅 1:50000 的地质图。刘之远君以在遵义浙江大学教书之便,利用暇时作较广泛的调查,测成大楼〔娄〕山区 1:200000 地质图。杨怀仁、施雅风作一幅金沙、黔西、修仁 3 县 1:250000 地质图。其他如修仁产铝矾土与煤矿,开阳、息烽产汞矿,贵阳有煤田,亦都因之有小面积的地质调查。黔东有溪锦屏、天柱县境的金矿、汞矿,经田奇㻝、王晓青、靳凤桐调查,作成或详或略的地质图。在贵州南部,张兆瑾、李树勋曾在独山、三合、八寨、永从、荔波、榕江各县调查,王曰伦、吴希曾亦在三合、独山、炉江、翁项各县勘测,都曾作过局部的 1:50000 或 1:10000 地质图。由都匀到独山,杨博泉、余伯良亦有一大幅 1:50000 的地质图发表。此外还有零零星星的调查。依据上述的资料,乐森㙺编绘了一幅贵州省地质图,是 1:500000 的。

3. 云南省

云南省地质,在清末时曾有英人和法人调查,到民国初年丁文江是第一个中国地质学家到云南来。此后 10 余年中都不曾有地质学家来此工作。赵亚曾于民国十八年冬从四川宜宾南行,刚进了云南的昭通,便遇匪被戕。二十三年尹赞勋、路兆洽曾来云南东南部调查,都是局部,而且简略。直到了民国二十七年,中央地质调查所在昆明设了工作站。北大、清华、南开 3 个大学迁到昆明成立了西南联合大学，这里面有一个地质系，并且和建设厅合作成立了一个云南地质矿产调查所，在昭通有资源委员会的矿产测勘处，又有中央研究院地质研究所的云南地质调查组，经过10年的工夫在各地调查，使云南的地质，逐渐明了。尤以昆明附近，经联大地质系师生的研究，比较详细，所作的小面积地质图，为数甚多。许德佑、边兆祥作过1幅1:100000地质图。昆明以东，金耀华、马祖望在罗平、师宗、陆良、路南间测成1:200000地图册一幅。王鸿祯、李广源有弥勒县1:200000地质图一幅。个旧锡矿经孟宪民、陈恺研究甚详，并测有地质图，在《地质学会志》和《地质评论》用1:270000和1:300000发表。更向南从蒙自金平，有邓玉书、李璞、赵康裕1:100000地质图。在滇东宣威、沾益、曲靖各县产煤或褐炭，周德忠、谭飞曾在各区分作1:50000地质图数幅。王竹泉、毕庆昌亦曾在宣威近郊调查，周德忠并利用已有资料，从昆明经宣威到贵州的威宁，编成铁路沿线1:500000地质矿产图。林文英沿着设计的叙昆路亦作了数幅1:100000地质图。云南东北角上郭文魁、黄劭显调查过盐津、大关、彝良、昭通、巧家、鲁甸、永善等县，作成了1:100000路线地质图多幅。联大的马杏垣、司徒穗卿亦曾到绥汇、永善2县调查，各区都作了1:20000地质图。鲁甸、巧家、会泽间还有一幅地质图是周德忠、黄朝环所作的。从昆明向北去，杨博泉作了4幅1:100000地质图，包括昆明、富民、武定、禄劝、嵩明、寻甸等县。定宁、禄丰到元谋一带，卞美年作的有几区地质图，并在禄丰寻得龙骨化石。在昆明的西南，郭宗山、杨开庆测制易门、安宁、玉溪等县1:50000地质图6大幅。玉溪峨山间，有张炳熹、邓海泉作的1:200000地质图。向云南的西部去，谢家荣、马祖望等调查祥云、弥渡、宾川煤田，测有1:200000地质图。路兆洽、白家驹在蒙化县境亦作过1:200000地质图。王鸿祯作了一幅保山、弥渡间的路线地质图，是1:500000的。大理以北经剑川、鹤庆以至丽江、石鼓，经联大米士教授(P. Misch)几次调查，作的有1:260000地质图一幅和大理、剑川、永平及营盘街间1:500000地质图。冯景兰、郭文魁、宋淑和等在永胜作了一幅1:100000地质图。滇缅公路沿线地质，曾经联大教授、助教调查，但未编印地质图。后边兆祥、董申保君又调查龙陵、镇康一带，作成1:400000路线地质图1幅。从云县到猛勇，王超翔和宫景光作了1幅1:200000地质图。在云南的西南，李悦言为调查盐矿，曾至元江、墨江、磨墨一带，测了1幅1:200000

路线地质图。再往西南,孟宪民、陈恺由佛海到缅甸边略,作一幅1∶150000路线地质图,这可算在本省最南的一区。此外,还有大小100余次所作的地质图件,以多系表示某一矿床或地层的小面积图,在此不详举了。

4. 西康省

民国十九年谭锡畴、李春昱在西康东部作广泛的调查以后,隔了许久,一直到中央地质调查所搬到重庆,和西康省地质调查所成立了,调查工作才又积极进行。常隆庆、杨敬之调查青衣江流域,测制1∶200000地质图。二十九年程裕淇、崔克信、周德忠等曾作大面积的调查,康定、泰宁、炉霍、瞻化、甘孜、道孚、冕宁、玉隆等地,测有1∶50000,1∶70000,或1∶100000路线地质图及矿区地质图。张兆瑾、任泽雨测制雅安、荥经、汉源、越嶲、冕宁等县1∶200000地质图。及张兆瑾、兰仲良的冕宁、西昌、昭觉、会理、宁南5县及德昌、宁东两设治局1∶200000路线地质图。民国二十七年中央大学组织过西康调查队,由李承三、袁见齐、郭令智等组成,到康定、道孚、瞻化、泰宁、泸定等地调查。西康技艺专科学校的刘之祥,测有西昌盐源1∶400000路线图。彭琪瑞、朱夏调查越嶲之海棠、安顺场及富林等地。岳希新、米泰恒从懋功到丹巴,汪国栋、郝颐寿调查天全,均有路线地质图。此外,汤克成、姚瑞开、孟昭彝等调查宁属铜矿,亦有矿区地质图。在西康历史最久,调查最广的,是西康地质调查所的崔克信君,他从民国三十年到三十五年,不断的深入调查,西北到玉树,西南到盐井,在这以东的区域都测有路线地质图。按经度1度、纬度40分的分幅,划作42幅,现在尚未完稿。

5. 广西省

10余年前两广地质调查所,曾派员到广西调查,丁文江亦到过广西,均测有地质图,但都很简单。民国二十七年中央研究院地质研究所搬到桂林,中央地质调查所亦一度在桂林设立工作站,使得广西地质得有普遍而较精详调查的机会,广西省1∶200000地质图,除掉最西端还空着一个角落外,其余全部省境差不多都包括在内,东北角尚且伸一部到湖南境内,都是在民国三十年的前后几年里,经过地质研究所的赵金科、张文佑、孙殿卿、徐煜坚、邓玉书等作成的。现在分为42幅(经40余分纬约半度),将来印刷时,对于分幅上或将有小的变更。其他区域调查以高振西、王植所走的面积为较广,在广西南部的桂平、武宣、贵县、横县、永淳、邕宁、武鸣、宾阳及上林等县境内调查金矿、锰矿、锑矿、铅银矿等,作的有 1:100000,1:20000 或 1:10000 地质图多幅,并作成 9 县 1:500000 地质图一大幅。吴燕生和周光调查面积亦颇广袤,在西南的田东、田阳、天保、向都及东北的全县、兴安各测成 1:250000 地质图一幅。斯行健、张文佑、李有爵调查柳城、罗江两县煤田,各测有 1:100000 地质图一幅。张文佑、吴磊伯调查来宾煤田,亦测有 1:100000 地质图一幅。张兆瑾在南丹河池一带调查钨锡锑矿床,除掉测有小面积矿区地质图外,并作成河池、南丹两县间 1:200000 地质图一幅。此外谢家荣、王恒升、孟宪民、张更、杨志成、张寿常、李树勋、彭琪瑞、何成銮、徐瑞麟等,为调查某一矿物或研究某一问题,亦均有其地质图,兹以所占面积较小不尽列举。

6. 甘肃省

甘肃省地质在 60 余年前有洛米氏(L. LOCZY)调查过,厥后又有翁文翰、谢家荣、袁复礼、侯德封、孙健初调查,但都限于几条路线,到民国二十七年孙健初再到玉门勘察石油,并勘定地点,从事开采,接着不断的有人前往作地面上或地面下较详细的地质研究。二十九年秋至三十年夏,黄汲清、卞美年、毕庆昌、曾鼎乾等调查河西,作 1:100000 路线地质图数幅,又有叶连俊、关士聪调查甘肃中部和南部,从东南角的两当经徽县、礼县、天水以至兰州,并曾到永登一行,复由兰州经阿干镇顺洮河及白龙江经临洮、岷县、武都以至碧口,均作有 1:200000 地质图,后来印成 1:500000 地质图。到了民国三十二年中央地质调查所西北分所成立,有计划的地质图测量,更逐渐展开,1:200000 地质图,以经度 1 度、纬度 40 分为 1 幅。路兆洽、陈梦熊测制靖远、景泰 2 幅,毕庆昌、胡敏、乔作忾制海源、三岔 2 幅,徐铁良、陈梦熊作陇西、定西 2 幅,李树勋、张尔道作永登、古浪 2 幅,何春荪、刘增乾作静宁幅,路兆洽、刘增乾作兰州幅,刘迺隆、胡敏作临夏幅,郭宗山、杜桓俭调查山丹幅,徐铁良、乔作忾调查陇南、临洮、岷县到西固、武都的 10 余县作路线图,并完成岷县、成县 2 幅地质图。自三十五年中国石油公司成立,其甘肃分公司设有探勘处与西北分所合作,在河西走廊作油田之研究,并派员作祁连山调查队,由河西向南进入祁连山中,刘迺隆、乔作忾测制酒泉、高台间 1:200000 地质图,胡敏、张尔道作高台、民乐间1∶250000地质图。最近又组织柴达木盆地调查队,尚在进行中。此外,宋淑和、卢振兴等在兰州、榆中,米泰恒在永登、临夏、宁定,卢衍豪、郭宗山在略阳、徽县、凤县亦都有小面积测量。何春荪利用前述资料,编成全省1∶500000地质图一大张。

7. 宁夏省

宁夏地质,以前所知甚少,三十二年中央地质调查所,派边兆祥、李星学从四川经过陕[西]南部及甘肃的平凉、固原,沿黄河到宁夏省会再西行至贺兰山,沿途作有1∶200000路线地质图。三十三和三十五两年,西北分所再派黄劭显、杜恒俭到宁夏去,在石灰井、汝箕沟、小松山等地都作过1∶100000小面积地质图,对铬矿有较详的研究。

8. 新疆省

新疆的地质,前经外人考察者颇有数次,中国地质学者去过的有袁复礼、杨钟健、丁道衡诸氏。厥后以政治情形特殊,多年无人前往调查。到了民国三十一年,情形变更,中央地质调查所首先派员前往,黄汲清、杨钟健、程裕淇、周宗浚、卞美年先在北疆乌苏、独山子、四苏木等地调查,又到南疆的库车、温宿、阿克苏各地勘察,都测有地质图。待至新疆省地质调查所成立,除掉所长王恒升率领少数工作人员前去外,中央地质调查所又派去岳希新、米泰恒、宋淑和、关士聪等作较久的工作,关君留新最久,直至三十五年方才归来。岳希新有北疆绥来1∶100000路线地质图2幅,南疆哈什一带1∶100000路线地质图7幅。宋淑和、关士聪测制伊宁、温泉1∶200000地质图,博乐、伊宁间1∶500000地质图与和硕县照壁山、托克逊间1∶200000地质图。关士聪又在孚远、哈密、吐鲁番及迪化附近为调查煤田铁矿,测过小面积地质图。最近正整理其调查所获及其他地质资料,编绘东天山1∶200000地质图,包括面积相当广袤。此外,中国地质研究所的李承三、林超,中央大学的丁骕骍和盐政总局的袁见齐亦都到过新疆。李承三有阿尔泰山金矿分布路线图。袁见齐有迪化、博乐、库车、温宿等地的盐矿地质图。这都是三十一年至三十五年调查所获,最近工作,又比较困难一点了。

9. 青海省

青海省地质,所知甚少,以前孙健初曾经去过。自从西北分所成立,有几次祁连山的调查,王曰伦率领数人由西宁经大通赴亹源,刘迺隆、乔作栻从酒泉、高台进入青海,胡敏、张尔道从高台、民乐进入青海。李树勋参加青新公路的调查,从西宁向西进行。靳毓贵参加行辕的祁连考察队,由酒泉往南进行。三十六年所组织的柴达木盆地调查队是从敦煌越过当金山口,赴格考库勒湖,计划到诺羌,现在尚未回到兰州。不过总以交通住宿的困难,治安欠佳,设备不够周到,不容易有理想的收获。李树勋、胡敏在青、甘交界的民和药水沟,曾测过小面积的油田地质图。

10. 陕西省

陕西省地质经调查的亦不多,在战前,王竹泉、潘钟祥曾到延川肤施一带调查石油和韩城调查煤田。又有赵国宾在关中及陕北各县调查。抗战期间,西北大学与西北工学院设于汉中城固,教授张遹骏曾在固城、凤县、安康、旬阳、石泉、汉阴各地调查,测绘1:200000或500000路线地质图。民国三十一年到三十二年中央地质调查所曾有计划,拟研究秦岭地质,虽后来未能全部实行,而在汉水流域从南郑到宁强,曾由王顺祥自测地形图,卢衍豪、郭宗山填绘1:75000地质图1幅。黄懿亦在南郑研究其结晶变质岩。四川省地质调查所考察大巴山时,李春昱等由城口越大巴山到过岚皋,经紫阳县的班〔斑〕鸠关。返回四川境内的大竹河,测有1:200000地质图。中央地质调查所西北分所,在测度1:200000地质图幅时,所作三岔镇和华亭2幅,都有一部分属于陕西省的。三十四年西北分所再派何春荪、张尔道到西安以北的耀县、礼泉、同官各县调查煤田,此外建设厅的王恭睦、吕弇声亦有局部的调查。

11. 湖南省

湖南省因为省立地质调查所已经有了相当久的历史,而且湖南的矿产亦较丰富,所以地质调查亦比较普遍,抗战初期中央地质调查所亦曾一度搬到长沙,就近调查的区域自亦不少。简述最近10年的野外工作,计湖南地质调查所有王晓青、刘国昌、靳凤桐所作的黔阳等县地质图,比例尺是1:200000;

王晓青、刘国昌所作邵阳黔阳区地质图,是 1:500000;王晓青、朱钧、王北海所作醴陵县地质图,是 1:100000。王晓青在新化、邵阳、益阳、安化、新宁各县调查锑矿,在临武调查锡矿钨矿,亦都测有地质图。田奇㻪等调查沅陵的金矿、锑矿,邵阳、祁阳的煤田,晃县、凤凰的汞矿,都测制地质图。刘国昌、靳凤桐等所作湘西南靖县、通道、绥宁、洪江间地质图和醴陵、平江、浏阳一带地质图,都是 1:100000 的。又编绘湖南西北部 1:250000 地质图和湘西地质图,包括的面积比较宽广。刘君调查各地矿产亦有不少面积的地图,靳凤桐在麻阳、江华有 1:50000 和 1:20000 的路线地质图。中央地质调查所在湖南的工作,有程裕洪茶陵县 1:100000 的约测图和铁矿调查,计荣森、高平在湘乡调查煤田,测制 1:50000 地图 2 幅,黄汲清、田奇㻪、徐克勤的攸县 1:10000 路线地质图,崔克信湘潭洪塘附近 1:55000 地质图,王曰伦祁阳零陵一带 1:100000 煤田地质图,杨钟健、卞美年所作衡阳盆地、湘乡盆地及长浏盆地 1:200000 地质图各 1 幅。此外还有经济部吴京在黔西几县调查金矿所作地质图。湖南大学胡伯素、程绍祺、汪泰葵所作绥宁 1:200000 地质图,及靖县境内 1:100000 地质图,和矿产测勘处徐瑞麟的常宁、桂阳的 1:200000 地质图。其他小面积的地质图多半是调查矿产所作,亦不在此详列了。

12. 江西省

江西南部的钨矿,和萍乡的煤矿,久已驰名,所以中央地质调查所很早就不断派人去调查。而庐山的冰川则李四光、喻德渊等作详细研究,且自测地形图。等到抗战以后,江西省一部分沦陷,而且渐渐的和后方隔离开了,除掉江西省地质调查所以外,便很少有人到江西去调查。但是江西地质调查所虽亦是辗转播迁,而调查工作,则依然不断的进行。在这几年中测成编绘了 10 余幅 1:200000 地质图。不过图的分幅没有按经纬度,大约东西宽 34 公分南北占 27 公分,是由陆地测量局就 1:50000 地形图填绘地质缩小而成的。现已完成的计有陈国达的新淦、峡江幅,崇仁、宜黄幅;夏湘蓉的丰城、临川幅,遂川、良口幅、赣县、南康幅;高平、刘辉泗的永丰、吉水幅、东乡、金豀幅;刘辉泗、莫柱荪的宜春、安福幅;刘辉泗、王超翔的南昌、进贤幅,万年、余江幅;莫柱荪、胡汉石的吉安、天河幅和严坤元南竹、甘竹幅,与南丰、黎川幅。不是分幅的地质图亦还不少,陈国达、钟咏谟调查缭水流域地质,作 1:400000 地质图。陈国达和刘辉泗测制贡水流域1:200000地质图,夏湘蓉、刘辉泗、章人骏测制浮梁、彭泽等县1:300000地质图,夏湘蓉、王超翔调查云都、青塘圩附近地质,高平调查新喻、分宜地质,玉山、广丰地质,萍乡、安源、宜春、慈化间地质和丰城县煤田地质,刘辉泗调查玉山、贵溪间地质和刘酒隆调查上饶、南乡煤田地质,莫柱荪调查敖城煤田,盛莘夫调查北部地质,严坤元调查泰和附近地质,等等地点亦都有1:100000,1:200000,或1:250000地质图。民国二十六七年,中央地质调查所先后派徐克勤、丁毅右调查钨矿,最近又有黄懿、朱福湘再度前往调查研究矿床,都作详细的矿区地质图。

13. 福建省

福建省地质在战前,中央地质调查所曾数度派员调查,后来建设厅有个矿产调查的组织,南延宗、严坤元等做了不少的工作。到了民国二十九年,福建省地质调查所成立,中央地质调查所先后派去高振西、宋达泉、盛莘夫参加工作,在这以后的8年中,调查工作都是福建调查所担任了。主要的工作计有高振西永春、德化、大田地质图,连成、长汀地质图,安溪、同安、南安、香江地质图;严坤元永安、沙县一部地质图;杨振翰、唐贵智永安地质图;唐贵智永定县地质图;盛莘夫、王励德、杨锡光之沙县、三元2县地质图,和南平、尤溪2县地质图,顺昌、将乐、泰宁3县地质图;南延宗、严坤元南靖、平和2县地质图;陈恺松溪、政和2县地质图;陈恺、王宠南平、泰宁路线地质图;陈旭、王宠福建西部地质图;周仁沾、陈培源、杨锡光的龙岩、宁洋2县地质图;周仁沾、林佛荣建宁、清流、宁化地质图和明溪县地质图,都是1:200000的。此外还有廖友仁等的古田、屏南地质图,是1:100000;严坤元、魏于铭浦城、崇安地质图,是1:30000。还有矿床、构造以及岩石的研究。另有1:50000,1:20000或1:10000的地质图。

14. 广东省

广东省因为有两广地质调查所的缘故,在战前调查的地方已颇不少,到三十一年张伯楫、刘酒隆亦还在曲江调查,莫柱荪、杜衡陵在连山、连县调查。广东省文理学院白玉衡、陈康、陈泗桥师生亦曾在连县调查研究,分别测制过1:100000或1:50000地质图。及广东沦陷,多少年没有人去调查,胜利后中央地质调查所派王超翔从广西到广东的始头、英德、翁源调查钨矿,测了几幅矿区地质图。

15. 浙江省

浙江省的地质都是在战前调查的,那时到浙江工作的有中央研究院地质研究所、中央地质调查所、两广地质调查所,和浙江省建设厅的矿产调查所。抗战发生,浙江沦陷甚早,地质工作,即告停顿。各机关还都后,才有朱庭祜、盛莘夫、何立贤等调查钱塘江工程地质,李星学到建德、兰豀、诸暨、金华等县采集植物化石,调查寿昌煤田,吴磊伯、李铭德到浙东研究构造,盛莘夫调查开化、常山、孝丰等县地质。

16. 江苏省

江苏的地情亦和浙江省差不多,在抗战期间,没有中国地质学者作过调查,直到三十五年秋天,才有程裕淇、李广源、王朝钧、沈其韩、沈永和等,在南京附近利用1:10000与1:20000地形图,作较详的地质图测制工作,还有赵家骧往东海县调查磷矿。

17. 安徽省

在抗战的几年,安徽地质亦是未经调查,胜利后矿产测勘处,应淮南煤矿的邀请,研究地质情形,谢家荣、燕树檀等在现采矿区之西,发现更好的煤田,即作1:10000地质图与更详细的矿区地质图。在淮河以北赵家骧等亦曾作磷矿的寻求。中央地质调查所亦曾派姜达权、王朝钧到贵池、安庆、巢县、和县、含山、全椒一带调查煤田,最近叶连俊、周慕林、何金海等在蚌埠、凤阳一带研究地下水,惜以治安问题,工作未能大规模的展开。

18. 湖北省

武汉沦陷之后,湖北省调查工作,大部停止,只有在西南角上还能继续进行。李捷是中央研究院的研究员,与建设厅合作,在西南各县调查甚广,并估计志留纪、二叠纪间铁矿,有相当丰富的储量。喻德渊、刘之远曾测制西南角各县地质1:200000者2幅。胜利后扬子江水力发电工程处,为研究坝基地质,曾邀请中央地质调查所派侯德封、姜达权、刘东生、陈梦熊等测制宜昌附近沿江1:2500的地质图。最近为解决武汉燃煤问题,又派高振西、楚旭春、李毓英、何立贤等在嘉鱼、蒲圻、通山、咸宁、重阳一带调查煤田,截至三十六年底,尚在野外工作。

19. 河南省

河南省地质,虽在战前经中央地质调查所、河南省地质调查所及其他地质人员调查过不少地方,但自抗战军兴,河南省地质调查所的任务,注重在探勘金矿,其他地质机关,亦以交通关系,很少派人去调查,所以河南省的区域地质调查未大进行。

20. 台湾省

自从台湾归回祖国,中央地质调查所即派毕庆昌接收了台湾地质调查,嗣又派何春荪、徐铁良前往协助工作,该所又延张丽旭、周敏等加入,先在台湾周围调查,作地质之认识,今春又作横贯中央山脉之考察。最近何春荪、徐铁良等在新竹县调查煤田,同时台湾西岸油田,亦为研究对象。中国石油公司陈贲曾在苗栗工作,今年中央地质调查所又派陈秉范前往苗栗作较详的研究。

21. 其他各省

东北各省在"九一八"事变之后,我们就不能调查,固不必说,就是河北、山东、陕西、热河、察哈尔亦是在抗战初期先后沦陷,地质工作随之停顿,绥远省虽有大部未经沦陷,而地质工作,亦未能进行。胜利后地方治安依然没有能恢复。中央地质调查所北平所除王竹泉等曾到河北滦县调查地震外,亦曾有高平、杨杰、刘俨然等到绥远大青山作短期工作。最近曾派严坤元、黄春江到山东计划调查临行、蒙阴一带,终以治安问题,没有工作,返回北平。

(三)十年来之矿产调查

1. 石油

甘肃玉门油矿,经中央地质调查所孙健初于民国二十六年发现以后,着手开采,已成为我国重要油田,嗣后黄汲清、卞美年、陈贲等亦不断在继续研究,同时西北分所,亦在甘肃其他地带搜寻。王曰伦、李树勋在民和一带找着有希望的地点。三十一年冬到翌年春,黄汲清、杨钟健、程裕淇、卞美年、翁文波、周宗浚等到新疆,曾调查天山北的独山子和天山南的库车。四川油田,连年都在探勘,巴县石油沟、隆昌、威远、江油等地,都由中央地质调查所派人研究,尤以陈秉范君差不多是无役不从的。现在台湾苗栗油田的研究,陈秉范君又被调查参加了。最近周宗浚、关佐蜀等在柴达木盆地发现新的油田,详细情形如何,尚无正式报告寄来。

2. 煤

中国近年来之地质工作,无时不在注意煤田,详为缕述,不胜其烦,仅择其重要者如下。

四川煤矿,在战前年产只有150万吨,而在抗战期间,年产增至300万吨,一方面因是应当时的需要,增加开采,而地质调查亦随时给予技术上的协助。从华蓥山到重庆西面的山洞,整个是一个大煤田;川西的犍为煤田,亦是一个重要产区,都是在这个时期调查研究的。但是全省煤储量,以前估计为9000多兆吨,现在则估计为3833兆吨,这是由于调查较详的结果。侏罗纪的煤层,厚不过30公分,以前估计的深度到了1000公尺,而现在则视开采的可能性,仅计算到地面下100、200或最深300公尺。贵州南桐煤矿是二十七年才调查开采,威宁、水城的煤田一共有5亿多吨的储量,是西南很重要的煤田。云南许多煤田,大部都在抗战初期所调查或重新研究。宣威、曲靖一带,是云南的重要煤田所在,而在开远布沼坝,曲靖茨营以及宜良可保村的褐炭,成层厚而开采易,尤其值得注意。甘肃皋兰阿干镇、永登和靖远、景泰,陕西白水、同官、耀县各煤田,都是经过几年的调查,才知道的更详细而切实一点。

宁夏煤田,以前所知甚少,经边兆祥、李星学的调查,我们晓得灵武、中卫、磴口,都有重要煤田,全省煤储量,据初步估计有 4.5 亿吨。再远到新疆,以前差不多完全不知道,而中央地质调查所和新疆地质调查所经过近三四年的调查,发现东天山有不少的重要煤田,就在迪化附近的八道湾,侏罗纪地层含煤达 17 层之多,厚的可到 27 公尺,一处的储量,估计可有 3 亿多吨。还有可以炼焦的烟煤,现在已经调查的,确知有 10 亿多吨。未调查的可能比此多 5 倍或 10 余倍,可算是我国西北的富藏。湖南省和江西省的煤田,则不断的由两个省调查所调查着。

胜利后中央地质机构,先后东迁,对东南各省煤田,又在积极的调查,其中重要的贡献,要推矿产测勘处研究淮南煤田,在现有矿区以西的八公山钻探以后得到可采之煤 9 层,厚者达 6 公尺,估计储量,到了 2.7 亿吨,成为南京近处的一个重要煤田。其次是中央地质调查所高振西等数人,在武汉以南的嘉鱼、蒲圻、通山、通城、崇宁、咸丰一带调查,在以前未曾重视的煤田,而现在知道侏罗纪煤层有六七十公分至一公尺的厚度,分布相当规则。又有个妻霞以下(二叠纪抑石炭纪尚未确定)含煤层成囊状,厚时到 15 公尺,有 1 亿多吨的储量,对于解决武汉用煤,可能成为一个主要来源。李星学在浙江的寿昌,发现寺墩头煤田,有 1400 万吨的储量。盛莘夫在常山亦见到有可开采的侏罗纪煤田。何春荪、徐铁良在台湾的新竹,尚继续调查着,对于各地煤的增产,都应该有重要的贡献。

3. 铁

四川綦江县侏罗纪的赤铁矿、褐铁矿,涪陵彭水志留纪、二叠纪交界处的赤铁矿,威远等各县侏罗纪的菱铁矿,虽说储量都不算很丰,但经过数度调查,供给了抗战期间四川所需用的铁矿。贵州水城铁矿曾有人估计到储量 1 亿多吨,亦有人说只有数百万吨,彭琪瑞的调查是 2300 多万吨。虽说已经调查了几次,若要确定他的储量,恐怕非施行钻探不可。云南易门铁矿、峨山铁矿曾经王曰伦、边兆祥、黄懿等分别调查。西康道孚菜子沟铁矿,程裕祺、李承三曾先后调查;泸沽和会理毛姑坝铁矿,均经程裕祺作较详的研究。盐边攀枝花铁矿且经李善邦施用过物理探矿,各矿储量共有 3000 多万吨,可惜以交通不便无法开采。攀枝花的铁矿,含氧化钴约 15%,在现代冶炼上比较困难。但据近年美国的研究,含钴磁铁矿中,往往含钒。攀枝花磁铁矿既是含钴,其中亦大有含钒可能。甘肃铁矿不多,皋兰白银厂铁矿陈贲调查过,成县铁矿叶连俊调查过。而永登含煤地层中菱铁矿,虽只有50万吨,但亦算黄汲清、叶连俊等的一个小发现。新疆省铁矿在10年前,除掉几个产地外,其他差不多一无所知,但是近数年中央地质调查所和新疆地质调查所不断的调查,知道夹在侏罗纪的菱铁矿,多时可有7层,而厚者可到2.5公尺,薄的亦有30公分,在孚远水西沟的一处,就有4000多万吨。这类矿床在迪化、库车、额敏、昌吉诸县亦都找到。此外伊宁、吐鲁番、鄯善、巩哈、焉耆、乌恰各县,还有其他成因的矿床,使我们对新疆的铁矿,有了大概的认识。

转向中国中部及东南各省来看,湖北大冶和鄂城铁矿,都是久已著称,在沦陷以后,未能继续研究,但湖北西南角各县,在志留纪以上、二叠纪以下,所谓写经寺含铁层,分布甚广,中央研究院李捷、吴燕生曾作过广泛的调查,在恩施、建始、巴东、长阳、宜阳、鹤峰、宣恩各县,共计约1亿吨的储量,很值得注意和长期研究。江西的永新、莲花2县铁矿,是高平在江西省地质所时所研究过的。再往东到福建,高振西调查安溪、华安、永春、德化、大田、蒲田、上坑、龙岩诸县铁矿,共有储量9000多万吨,使福建省铁矿储量亦占得重要地位。海南的田独和石禄,日本人曾发现重要铁矿,今年春天中央地质调查所曾派李毓英前往调查,可是以治安的关系,仅能到田独看了一看。

4. 钨

中国钨矿,以江西南部最为重要,民国二十六年徐克勤、丁毅曾作有系统的研究。此后王超翔、杨振翰、夏湘蓉、刘迺隆、杜衡龄、南延宗、吴磊伯、严坤元、章人骏、王嘉荫、张文佑、徐煜坚、孙殿卿、马振图等不断有人前往调查。胜利后中央地质调查所派黄懿、朱福湘经赣南到湘南各县调查,从废砂中用探矿灯找到了白钨矿,亦是个相当重要的发现。广东钨矿产于始兴、翁源、英德、乐昌等县,三十五年春夏的时候,王超翔去调查过。湖南省南部亦产钨矿,战前由湖南省地质调查所调查,著有湖南钨矿志。三十一年王晓青等又去桂阳调查。今年除黄懿、朱福湘外,还有宫景光、张瑞锡从广西到湖南和徐克勤从南京去调查,在湖南亦发现了白钨矿。广西省亦产钨矿,二十七年张更、杨志成调查怀集、信都2县钨矿,二十八年张兆瑾调查过南丹、河池2县钨矿,三十六年宫景光、张瑞锡在恭城、灌阳各县调查过几个小的钨矿。新疆的钨矿,产于温泉、奇克台等处,宋淑和、关士聪在新疆的时候,曾去调查过。

近几年来所调查钼矿甚少,偶或有之,亦多系与钨矿共生者,兹不详述。唯新疆精河钼矿宋淑和、关士聪去调查过,认为矿体不大,但未始没有发现新矿体的可能。

5. 锰、铬、镍

中国锰矿储量不算多,而分布相当散漫。江西乐平锰矿,在战前高平调查过。二十九年刘辉泗再作较详的研究。湖南锰矿除掉湘潭上五都的,经计荣森、叶连俊重勘过,大都是10年前所调查的。广西锰矿,产于桂平、武宣2县,都于民国二十七年经过高振西、王植的调查。福建厦门的锰矿,高振西亦去勘测过。贵州遵义锰矿是民国三十一年刘之远所发现。嗣后尹赞勋、朱夏、秦鼐、谌义睿亦都去调查过。四川省出产土子,熊永先研究他是锰土,含锰量不丰。甘肃皋兰西湾村锰矿是陈贲调查所获的。新疆天山中亦有数处传说产锰,其中鄯善的巴格尔经关士聪发现,有粉末状软锰矿,不过含锰的成分很低。

铬矿以前在中国尚无所闻。自从中央地质调查所西北分所黄劭显等,在宁夏汝箕沟发现以后,还是第一个铬矿。三十五年黄君再往研究。

镍矿在中国所知亦甚少,二十七年常隆庆、杨敬之在西康的天全大川于橄榄岩脉中有磁黄铁矿,经分析含微量之镍,三十一年彭琪瑞君又去调查,著有报告。

6. 铜

中国的铜矿,都集中在西南各省,尤以云南会泽的汤丹落雪,最为著称。滇北矿务公司的李洪漠、王尚文研究较详。周德忠、黄朝环亦曾去调查。易门双柏香树厂及铜厂铜矿,在二十七年黄懿去调查过。永胜米里铜矿,冯景兰、郭文魁曾于二十七年前往调查。还有路南铜矿,路兆洽、黄懿于二十七年去过一次,冯景兰、李璞于三十一年又往勘测。王植亦到过滇西保山核桃坪沙河厂调查铜矿,不过后二者都不重要。西康的铜矿以会理的通安与黎溪较为重要,川康铜业管理处的汤克成、姚瑞开,除调查前二区外,亦调查过会理鹿场。中央地质调查所于二十七八年两年，先后派徐克勤和彭琪瑞、孟昭彝调查荥经前后聚坝及天全铜厂沟铜矿，与越嶲海棠安顺场铜矿。而荥经山后坝铜矿亦经冯景兰、彭琪瑞于二十八年调查过。四川铜矿，自从宁雅两属划归西康以后，只有彭县铜矿比较重要，而琪县铜矿于抗战初期，曾一度由资源委员会从事经营地质工作，除战前进行过，最近10年未尝有人前往研究。其他各省中有阮维周、颜轸等调查贵州威宁铜矿，田奇㻞调查湖南大庸铜矿，喻德渊、刘清香调查湖北咸丰铜矿和夏湘蓉等调查江西赣县铜矿，和李树勋、彭琪瑞调查广西修仁铜矿，都是在抗战初期进行的工作。台湾的金瓜石金铜矿，早已著名，现在主要采金，其矿床情形，尚没有中国地质人员去研究。

7. 银、铅、锌

中国无重要单独生成的银矿，往往含在方铅矿里边，而铅矿又时常与锌矿共生，所以合并叙述。湖南常宁水山口铅锌矿，久已驰名，其地质情形，在战前业经调查，而于二十六年冬至二十七年，又有黄汲清、谢家荣、朱熙人、岳希新、叶连俊等先后再作较详的研究，并由李善邦作物理探查。桑植县河口铅矿，刘国昌于二十九年曾往调查。中国第二个重要的铅锌矿位于西康会理的天宝山，民国二十六年常隆庆、殷学忠曾往调查。二十八年和三十年汤克成、孙博明、姚瑞开等曾再详勘，并测制 1∶2000 地质图，云南会泽麒麟厂铅锌矿亦相当重要，民国三十年周德忠、黄朝环调查。其次金耀华、杨博泉调查过文山铅银矿，郭文魁、业治铮调查巧家茂租铅银矿，边兆祥、董申保调查龙陵、平戞、猛兴的铅银矿，王超翔调查彝良长发铜铅银矿，王植调查腾冲、保山两县铅银矿，王曰伦、毕庆昌、谢家荣先后调查鲁甸乐马厂铅银矿。在广西省高振西调查过邕宁长塘铅银矿、永淳甘棠镇铅银矿、贵县龙山县铅银矿。新疆的和硕照壁山铅锌矿和乌恰康苏与乔日两方铅矿，于三十三年经宋淑和、关士聪调查过。

8. 锡

中国的锡矿除有时和钨矿共生存，其单独生成的亦复不少。最重要的锡矿要推云南个旧，经孟宪民、陈恺、何塘等数年中不断的研究，矿床认识，比较清楚。苗树屏、周泰昕亦曾去调查。广西的富川、钟山、贺县以及湖南的江华,亦是一个产锡区域,谢家荣、王植、周德忠等曾在抗战初期,数次调查。在广西的南丹大厂芒厂乡和车河乡亦产锡矿,张兆瑾于二十八年调查过。李树勋、彭琪瑞亦在全县、钟山调查过沙锡矿床。湖南的锡矿除江华外,还有常宁、桂阳的锡砒矿,是战前王竹泉所调查。临武香花岭锡矿,王晓青于三十年去调查。来阳白沙乡铅锡矿亦经王晓青、李铭德等所调查。江西、广东的锡矿,多与钨矿共生,调查钨矿时,亦调查了锡矿。但广东连县潭源洞沙锡矿床是单独存在,莫柱荪、杜衡龄于三十一年曾去调查。

9. 锑

中国锑矿以湖南为最重要,产量常居世界首位。其他西南各省亦多有出产,近10年均不断调查。《湖锑矿志》为王晓青等所编,于民国二十七年出版,对于湖南的锑矿,都有记述。嗣后田奇㻪等复在沅陵调查乌溪的锑矿。贵州锑矿张兆瑾、王曰伦和李树勋调查兴仁锑矿,王曰伦、吴希曾调查独山苗林和榕江八蒙锑矿,广西南丹河池亦产锑矿,张兆瑾于二十八年调查,宾阳亦产锑矿,高振西曾去调查。在云南省,马希融调查过开远县锑矿,苏良赫、周泰昕调查过平彝锑矿。广东省的锑矿,张兆瑾曾于二十六年在乐昌调查,最近又调查乳源锑矿,认为很有希望。民国三十一年至三十三年,张伯楫、刘洒隆在乐县、曲江、乳源3县境内调查锑矿有十六七处。此外零星锑矿很多,或以没有经济价值,或以交通所限,近10年中,未曾调查。

10. 汞

中国的汞矿,主要产于贵州、湖南两省,近年不断有人调查。贵州省省溪县万山场大峒喇,铜仁县茉莉坪、岩屋坪,湖南省晃县酒店塘,凤凰县猴子坪、茶田各处汞矿,都经过田奇㻪的调查和研究。此外在贵州,张兆瑾调查过八寨县硃砂厂、荔波县周覃里及三合县汞矿;朱夏调查开阳、息烽2县汞矿;黄懿调查修文汞矿;黎盛斯调查婺川汞矿;李树勋调查册亨、兴仁汞矿。四川酉阳、秀山2县亦产水银,曾经萧有钧、吴景祯先后调查,张兆瑾曾在广西恭城调查过汞矿。云南有小汞矿数处,其中丽江凤科水银矿,经周泰昕调查;兰坪县澜沧江东水银矿经马祖望调查。甘肃岷县西郊,亦产水银,为路兆洽、李树勋于三十一年所发现,惟量甚微。

11. 铝

山东淄川、博山之铝矾土与安徽、浙江之明矾石，皆系战前调查。在抗战时期所研究之铝矿产于贵州与云南。贵州修文贵筑铝土矿，初为乐森璕所发现，嗣经彭琪瑞调查，后由矿产测勘处作较详之研究。云南铝土矿产于昆明安宁之间，为许佑德及联大师生所发现。福建省之漳浦，宋达泉君于调查土壤时，曾见有含高铝之红土，胜利后经矿产测勘处之研究，认为很有经济价值。

12. 金及白金

在抗战初期，经济部曾一度设立采金局，与各地质机关合作，对各省金矿，曾积极调查。其工作范围在湖南有桃源、沅陵、平江、会同、靖县、黔阳，在四川有松潘、懋功、平武、安县、绵竹、南部、峨边、峨眉、乐山、犍为、泸州，在西康有瞻化、泰宁、康定、道孚、炉霍、盐源，在云南有墨江、鹤庆、永胜，在广西有武鸣、上林、田阳、田东、天保、向都，在甘肃有临洮、天水及白河流域，在青海有亹源、乐都、民和、化隆，在新疆有阿尔泰山，在陕西有商南、雒南、白河、旬阳、安康，在河南有淅川、嵩县，在江西有南康、崇义、赣县、万安、修水，在福建有建瓯、泰宁等县。除湖南西部及新疆阿尔泰山为山金外，大部为沙金。

白金为二十九年矿冶研究所在山西汉阴县沙金矿床内，发现少许，后未继续试采，迄无采者。

13. 磷

抗战期间，在云南找到磷矿，可说是一个重要贡献。计有程裕淇、王曰伦、卞美年等调查的昆阳中邑村磷矿，王竹泉、霍世诚所调查的呈贡鸡叫山磷矿、嵩明官箐磷矿，和王竹泉、何春荪所调查的澄江东山磷矿。王竹泉所调查的昆明大龙潭磷矿，估计矿石储量至少2000多万吨，可能矿量有5000万吨。胜利后赵家骧调查江苏东海磷矿，复在安徽北部作磷矿之搜寻。西沙岛、南沙岛之鸟粪，十七年朱庭祜曾作过一部分调查，今春乘海军司令部派舰前往之便，中央地质调查所派席连之、李毓英与陆发熹、穆恩之等分赴两处调查，认为储量均极有限。

14. 硫

中国硫矿,一种是煤层上下所含之结核黄铁矿,一种是硫化铜铅锌矿,可以提出硫磺,但是这两种矿床的调查,都不是以硫为对象,所以都不列举。还有一种是成脉或大块黄铁矿,在这 10 年中,亦有几处调查,例如张人鉴调查河南新安县狂口黄铁矿,陈国达调查广东英德黄铁矿,丁毅调查四川乐山县络井沟黄铁矿,和西康天全打子塘黄铁矿。新疆乌苏、库车等地的煤之自然燃烧后,常在地面结有硫磺晶片,黄汲清、程裕淇等调查石油时曾予充分调查。

15. 盐、石膏

自抗战海岸遭封锁后,后方的井盐与池盐非常重要。四川盐矿经过李悦言的长时间调查,著有《四川盐矿志》一册,并在五通桥选定凿井地点,钻得黑卤,为一重要收获。对川东石膏,亦多调查。云南盐矿分在滇中迤西和迤南。李悦言曾在迤南调查,著有《云南食盐概论》。新疆膏盐矿,黄汲清、程裕淇等先有简单调查,袁见齐后作比较详研究,著有《西北盐矿调查实录》一册。宁夏池盐,边兆祥、李星学曾调查一二处。青海西宁湟水北岸据王曰伦调查有厚达 15 公尺之石膏层,延长颇远,储量甚丰。湖南、江西在抗战期间,东不得海盐之接济,西距井盐池盐亦相当辽远,且交通不便,为应需要计曾作膏盐矿之调查。在湖南刘国昌调查过醴县、龙山、浏阳各县膏盐矿。在江西严坤元调查泰和、永新两县膏盐矿,唯闻结果,均乏经营价值。

16. 其他矿产

在上述各矿外,还调查过其他金属矿非金属矿多种,或不便发表,或非单独调查,或价值甚低,均不逐举。兹择数种,略为泛述:如四川酉阳、广东南雄的萤石;四川酉阳、甘肃天水、广西象县、新疆伊宁的重晶石;西康丹巴和泸定的云母;西康越嶲、河南淅川、内乡、云南楚雄的石棉;湖南慈利和云南凤仪的砒;四川广元、甘肃静宁、福建邵武、安溪、永定等县的石墨;广西的独居石;四川的耐火土和江西的磁土等,均在这 10 年中有新发现,或再度的研究。

(四)十年来地质基本学科的研究

近10年来很多人认为我们地质工作,偏重在矿床,而忽视了学理的研究,实际说来,加强矿产调查,确系事实,但对学理研究,亦未曾偏废。兹择要略述。

1. 古生物和地层

近年以纸张的缺乏和印刷的困难,任何科学刊物,都未能尽量发表。但是10年内,中国古生物地层的文章发表在西文刊物上的尚有一百五六十篇,发表在中文刊物上的亦还有六七十篇。

古植物方面以斯行建的贡献为最多,其《香溪植群》一书,搜集了许多的香溪煤系的植物化石,详细鉴定,广泛比较,是一种重要的中生代植物化石参考文献,可以和战前赫勒所著《山西太原系植物化石》相媲美,可惜以印刷困难,未能出版,颇为憾事。贵州威宁玄武岩中彭琪瑞君发现了一枚树状羊齿化石,经斯行建研究鉴定,因而对玄武岩之地质时代予以讨论,还有《福建的板头系植物化石群》一文,亦是一篇重要著作,可以代表中生代晚期的植物化石。胡先骕和钱耐所著《中国山东中新统植物化石》,是第三纪植物化石的代表著作。《新疆库车层中之轮藻类化石》,是卢衍豪的研究,微体植物化石论文还是首见。此外斯行建还有《湖南跳马涧系之几种最古陆地植物》《广西大羽植物志发现》《广西石炭纪初期植物》《广西二叠最古松柏科之发现》及斯行建、李星学《宁夏古生代植物》与《甘肃古生代植物群》等文章。

无脊椎动物化石,在这10年中有不少的发现与研究,不过因为古生物志出版的困难,所以发表的文章,常与地层的研究联在一起。因此中国西南各省地层的认识,得以大有进步,甚至比北方地层的研究,还要清楚一些。孙云铸在滇西发现了凤山系化石,知道那里有晚期上寒武纪地层的存在,是一个重要贡献。计荣森研究宜昌灰岩中所含古杯类化石,把以前当做奥陶纪的宜昌石灰岩,划一部到寒武纪,而且含古杯类化石层位,可能属于下寒武纪或中寒武纪的下部。尹赞勋、谌义睿、秦鼐的《湄潭县寒武纪地层》,卢衍豪所作《昆明下寒武纪动物群》《贵州湄潭早期中寒武纪物群》,及《黔北金顶山下寒武纪三叶虫》都是有价值的著作，王钰对黔北寒武纪地层，亦有很多研究。奥陶纪的化石与地层以盛莘夫在川、黔交界处研究为较详，郭文魁亦曾研究昆明二村的奥陶纪地层。志留纪地层在川、滇、黔各省，都很发育，尹赞勋在战前曾整理过丁文江、王曰伦在云南马龙、曲靖所采的志留纪化石，并研究过施甸的志留纪地层。到四川以后再研究川、黔交界一带的志留纪笔石，著有《关于龙马溪页岩》及和穆恩之合著的《桐梓县之下志留纪笔石》。孙云铸和王洪祯乘着在西南联大教书的方便，再研究马龙、曲靖的志留纪地层，王洪祯并著有《云南北部和东部的志留纪四射珊瑚》。王钰研究志留纪的三叶虫，计荣森研究层孔虫，宋淑和研究保山下志留纪笔石，亦都有文章发表。泥盆纪地层在湖南很发育，田奇瑰的《湖南泥盆纪腕足类化石》，是一本巨著。在云南亦没有的泥盆纪地层出露，李承三、叶连俊曾在滇北见到。朱森、侯德封亦在四川勘察研究。乐森璕有一篇文章《论中国南部海相上下及下中混盆纪》，尹赞勋研究过去云南东部坡脚页岩混盆纪动物群。此外田奇瑰、乐森璕都还有《泥盆纪珊瑚化石》文稿，可惜都还没有能印出来。石炭纪、海相地层在这10年内研究较少。王鸿祯的《云南石炭纪地层概论》和《论中国西南部之威宁系》，是两篇重要著作。李树勋所作的《甘肃武威臭牛沟地质剖面》找到了不少的石炭纪化石。曾鼎乾在联大肄业时所作《昆明附近之石炭二叠纪石炭岩》一文，其中一部分是属于中石灰纪的。赵金科有《Melone—chinus 在广西之发现》，计荣森亦有一篇《贵州独山下石炭纪海蕾》的文章发表。要讲到中国的二叠纪，一向要推黄汲清是专家，在近10年中黄君虽大部时间作其他部门的研究，而对二叠纪地层工作，却亦未曾放松，三十一年夏秋之交和曾鼎乾在四川华蓥山采集了不少的二叠纪化石，分层研究，此项工作到现在还由曾君在继续研究中。盛莘夫在峨眉山和川、黔交界地带，亦对二叠纪地层有不少贡献。计荣森研究过云南东部之二叠纪化石，米士有滇西上二叠纪乐平统之发现。中国的三叠纪地层，完全是近几年的研究，才大放光明，有了正确的认识。许佑德的工作，占最重要的地位。许先生关于三叠纪化石和地层的著作，计有与黄汲清合作的《湖南耒阳县三叠纪动物群之发现》，独作的《中国南部三叠纪化石之新材料》《中国海相下三叠纪之标准化石》《湖北远安县之三叠纪地层及其动物群》《中国南部海相三叠纪之新研究》《贵州省三叠纪数个剖面》《广西安兰县安尼锡克层化石之发现》《云南个旧上三叠纪化石》《贵州之中三叠纪菊化石》《贵州之三叠纪地层》《中国之海相上三叠纪》，还有和岳希新合著的《鄂西巴东系之波纹石灰岩动物群》，和陈康合著的《贵州青岩三叠纪动物群之修正》，与《贵州西南部之三叠纪》，还有未发表论文数篇，这些研究都是许先生从民国二十七年到三十六年遇难前的工作，另有非古生物地层的著作，还未列举。所以许先生的在贵州为匪戕害，真是中国地质界的一个莫大的损失。赵金科对于三叠纪化石，尤其是对广西的菊化石，有很好的采集和研究，不过大部分还没有发表。此外还有关于三叠纪的文章不少，如计荣森、彭琪瑞的《西康荥经之一种三叠纪六射珊瑚》，陈旭的《海相三叠纪》，赵家骧的《四川之三叠纪地史》，王钰的《贵州遵义城箱之三叠纪地层》，侯德封《四川北部之三叠纪地层》，马以思的《黔北桐梓县之下三叠纪动物群》，王鸿祯《云南弥勒三叠纪剖面》和尹赞勋、秦鼐、谌义睿等所作的《贵州遵义县东乡之三叠纪地层》。侏罗纪和白垩纪地层在中国大部分是陆相，所以这10年对这两个时期无脊椎动物化石很少研究，岳希新从新疆采到些海相白垩纪化石，现在还没有发表。纯粹从地层岩石性质和构造观点上来研究侏罗纪、白垩纪地层的，有李春昱的《四川侏罗纪、白垩纪地层之分界问题》，及姜达泉的《四川自流井界限划分的一个建议》等文。第三纪以后地层，差不多都是陆相，采集所获多半为脊椎动物化石，仅新疆有海相第三纪动物化石。但是中瑞科学考察团采集的标本，由傅瑞博（H. Frebold）所研究的台湾地层，多半属于海相第三纪。台湾归还祖国后，台湾大学林朝棨教授不时在作地层及其所含化石的研究。

脊椎动物化石，在这10年中有很重要的发现。杨钟健在二十九年有一篇文章列述抗战各脊椎动物化石发现的地点和他的研究，计有14个地点，在那以后又继有所发现。最早的脊椎动物化石是计荣森等在湖南跳马涧上泥盆纪找到的沟鳞鱼化石，因此引起了斯行建、王鸿祯、卢衍豪等各从古植物无脊椎动物的立场对跳马涧系的年代发生了热烈的辩论。最重要而且最丰的是卞美年在云南禄丰县上三叠纪所发现的动物群，经杨钟健的研究，其中种属很多，有鱼类、龟类、古鳄鱼类、蜥龙类及原始哺乳类。杨君对这一个动物群发表的重要著作有：《古生物志》的《许氏禄丰龙》《巨型禄丰龙》《地质学志》《地质论评》及其他刊物上的《兀龙之一新种》与《原始哺乳类动物研究》，尤其后者意义很大，这可以代表一个很早的哺乳类动物。在四川亦发现了几处骨化石,一是曾鼎乾在威远三叠纪灰岩所找到的蛇头龙,一是岳希新在威远上侏罗纪(或下白垩纪)所找到的虚骨龙与禽龙,和杨钟健、卞美年、米泰恒在广元找到许多龙骨化石和足印化石,都是由杨钟健研究,在各地质刊物上发表。尹赞勋等在贵州松坎白垩纪地层中所找到的骨化石,亦是交由杨君研究。另外杨君的著作还有《广西八步一新剑齿象》《新疆二齿龙之补加材料》《四川万县之新化石》《中国西南部之两新种鱼化石》和《安氏鸵鸟蛋之新发现》等,还有和米泰恒合著的《中国西南及西北部新发现之新生代晚期哺乳类化石》等文。戈定邦在二十九年发表一篇新疆下三叠纪一种新爬行动物,是袁复礼20余年前在新疆所找到的。卞美年对元谋、禄丰地质和龙骨及哺乳类化石的发现,均有文记述。米泰恒亦有文章记晚期新生代脊椎动物之新发现。三十四年在重庆歌乐山曾鼎乾、顾知微等所采集的骨化石都尚未研究。三十五年王永炎等在甘肃武都亦找到了不少的骨化石。最近中国石油公司甘青分公司探勘处在青海享堂发现了龙骨化石,据云保存很好,现正计划着三十七年度前往采掘。

2. 矿物化石

近几年因为急需矿床的调查,以致矿物岩石的研究,不免受了影响,但是亦还时常有专文发表。张兆瑾有《川康火成岩及变质岩研究大纲》,程裕淇有《西康道孚附近之古生代晚期喷出岩及其变质》与《西康东部中泥盆纪前火山岩系之发现》,彭琪瑞、朱夏的《西康东部中泥盆纪前火山岩系及侵入岩》,与彭琪瑞的《西康东部富林杂岩之侵入岩体》。张沅恺和章人骏的《昆明附近晚期二叠纪火山岩系之初步研究》,杨敬之、谷德振《四川南江旺苍间火成岩体之侵入时代》,李树勋的《甘肃境内中性急基性火山岩》,宋淑和的《天山之火山岩》,张文佑、徐煜坚《广西昆仑关花岩闪长岩之构造及其与含矿石英脉生成之关系》,王嘉荫《衡山花岗闪长岩中石英脉之岩组分析》,彭琪瑞《西康田湾附近之进度变质》,都是在抗战期间我们在秦岭岩石的研究,尚未发表。还有黄懿在汉中秦岭岩石的研究,尚未发表。普通性质的论著,有程裕淇的《反应原理在混合岩内某种矿物变换上的应用》和王嘉荫的《岩组分析实例与一轴晶矿物广轴方位之测定与岩组学》。对矿物的研究有彭琪瑞的《广西田阳、天保、百色水晶之初步研究》,胡伯素《湖南沅水一带之金刚石》,

王嘉荫的《江西之层解石》，郁国城的《四川之滑石》，南延宗、吴磊伯与王炳章《对广西油矿之讨论》，谢家荣、沙光文《滇黔铝矿土之显微研究》，都各有新的见地。

3. 构造地质

说到构造地质，差不多每篇地质报告里都要提到，但是专文讲构造的，亦复不少。讲构造的文章，可分几种，一是构造现场的叙述，一是地质力学的解释，一是地壳运动之考证。几十年来研究构造地质最深切的是中央研究院地质研究所李四光先生和他们所里同仁。李先生二十八年英国所出版的《中国地质学》，里面对于东西带褶皱和山字形构造，多所发挥。最近中华书局出版的《地质力学之基础与方法》一书，有很多精辟的议论。李善邦的地球自转对于大构造之影响，是从地球物理的观点，另有一种看法。分析全国的构造区域和变迁历史，黄汲清著有一篇《中国主要地质构造单位》。

讲区域地质构造现象，除掉各地质报告外，有李四光的《广西台地构造之轮廓和南岭何在》，张文佑《广西山字型构造的雏形》，王嘉荫《湖南山系构造概论》，张寿常、邓玉书《湘南山字型构造西翼反射弧及其与新华夏式构造之干涉现象》，王超翔的《云南东北部地质构造及其与云南弧之关系》，和岳希新《四川威远背斜中部构造现象之研究》。没有发表的有吴磊伯、李铭德《浙北地质构造之轮廓》，和孙殿卿、谷德振的《淮阳弧形构造之脊骨与东西构造带之反接现象》，张寿常的《川北茂县松潘一带之地质构造》。还有正在研究进行中的区域构造问题。

研究构造形式和地质力学大都以山字型和劈理等为对象，张寿常有《谈小型构造》，张文佑有《X 及 T 式节理之研究》，张寿常亦有《岩节理之生成及其地质现象上之应用》。此外，李四光的 Oo Shean Fnacture and Strain ellipsoid，陈恺的《推劈理之初步观察》，徐煜坚、李铭德、陈庆宣等用泥浆实验研究理节之发育及地质力学，多尚未发表。

研究地壳运动发生历史的有章鸿钊先生的《震旦运动》和黄汲清对于震旦运动的讨论。程裕淇在英国时有一篇《中国之造山运动》的文章。关于一个区域的造山运动有朱士的《云南构造史》，从寒武纪前一直到了新生代把云南各个时期的地壳运动加以叙述，是一篇重要著作。郭文魁亦曾为文论到滇北之早期海西运动。在广西省张文佑、孙殿卿、吴磊伯由于地层上的不整合，从广西运动到茅山运动，指出了12次的造山运动。湖南省刘国昌有一篇《论湘西之造山运动及古地理》。喻德渊说淮阳运动是淮阳山脉的主要造山运动。四川、贵州二叠纪地层和其下的地层，是不连续沉积，赵家骧、杨登华认为亦代表一个造山运动，不过显著的角度不整合，却是没有见到。向北边到甘肃，叶连俊、关士聪有文论《陇山龙山运动之性质》。又叶君有一篇《西藏高原以东甘肃至云南境内之构造史》，以为喀里当运动为此区的主要造山运动。

4. 地文和地形

自从李四光先生认出来庐山第四纪冰川地形后，近10余年来，冰川地形，成了我国地形学研究的主要对象。孙殿卿的《广西西北部冰川现象》，孙殿卿、徐煜坚《广西第四纪冰川遗迹之初步观察》，引起了丁骕的反复讨论。郭文魁、业冶铮有《云南东北部第四纪冰川现象述要》，李承三、郭令智有《康定道孚之冰川地形》，熊永先有《松潘峄嵫山麓冰川遗迹》和《峨边寿永场附近之冰湖》，刘增乾讲《祁连山南麓大通河流域之冰川地形》，黄汲清有《新疆阿克苏北塔克拉克地方之第四纪冰碛及非冰碛停积》。翁文坡、李德生最近亦发表了一篇《南山第四纪冰川初步探讨》。没有发表的还有李四光《贵州高原冰流之遗痕》，王嘉荫《川西康东之冰川地形和峨眉山之冰川现象》。李春昱、李承三亦分别在大巴山东段见到冰川地形。讲河流侵蚀和袭夺现象的亦有不少著作，袁见齐的《西康松林口之地文现象》认为向南流的河被袭夺往北，留下了一个松林口，大概是没有问题，以前走过此地的地质学家，亦是如此想法。侯德封、杨敬之讲《四川盆地中几种地形与其形成史》，吴尚时的《巫峡》，李承三等的《嘉陵河谷之地形》，丁骕的《重庆及其附近地形》和《扬子江及嘉陵江上各水口之成因》，李春昱《雅安期与江北期砾石之生成》，都是论四川境内之侵蚀循环的文章。在福建林观得有《福州盆地地文之初步研究》，在贵州施雅风有《遵义附近之地形》，在青海孙建初有《青海湖》，孙君认为青海湖的生成是由于断层。还有孙殿卿、徐煜坚《嘉陵江下游之台地》《嘉陵江下游地形之发育与节理关系》尚未发表。此外，还有关于地形一般理论的研究，如丁骕《回春波（Rejuvenation）与地文期对比》，和王嘉荫的《喀斯特地形之地质环境》。

（五）十年来工作的检讨

回看过去10年的地质调查工作，因为受着时势的压迫，大都向西部各省发展，如广西、四川、云南、贵州、甘肃、西康，在这个时期测制不少的地质图，而且很多是1:200000的。新疆、宁夏、青海亦调查了很多地方，假使没有此次抗战的关系，这些省份的调查工作至少总要有部分比现在落后5年。但是另一方面来看，第一，我们东北华北东南各省的地质调查工作却几乎完全停顿了，日本人虽说在长春有个"满洲国地质调查所"和"矿产资源调查所"，在北平有个"华北开发公司"的调查局和"华北地质研究所"，在上海有个"华中公司"的调查所，但是工作对象差不多完全是调查矿产，而"华北地质研究所"则连矿产都没有调查，所以这一大半疆土的地质之知识，依然保持在战前的程度，直到胜利后才又慢慢的开始。第二，各地质机关都以经费所限，不能自如的进展，而且缺乏自主性的计划，往往趁着合作调查矿产的机会，测绘一些地质图，除掉小面积的矿区地质外，1:200000地质图就算比较详细的了。所以地质工作虽已历30年之久，到现在还没有一个全国地质图。中央地质调查所早有计划编绘1:1000000地质图，一直到现在，才完成了1:1000000地质图青岛、北平、济南、汉口、福州、太原、西安、长沙、桂林、广州、天水、重庆、昆明等13幅，和将要完成了的全国1:3000000地质图一大幅。幸赖经济部部长陈公[①]的关切，向中国纺织建设公司捐助了一笔印刷费，使前者得以付印，而后者还感到印刷费之无着呢，希望今后的10年中，补了以往的欠缺，增加人力和财力，有计划的调查全国地质，逐步测绘1:200000地质图，至少再有10年能完成全国面积1/3才好。然而比起美国1:62500地质图、英国1:63000地质图以及日本1:75000地质图和德国1:25000地质图全国大部完成，实在已是未免相形见绌了。

说到矿产的调查，则玉门油田之发现，云南磷矿之发现，宁夏铬矿之发现，广西铀土矿之发现，云南、贵州、福建铝土矿之发现，新疆煤铁矿的认识，

---

① 陈启天。

江西、湖南白钨矿之鉴别，云南锡矿，湖南、贵州汞矿之研究，安徽淮南新煤田之寻获，四川、云南、新疆盐矿之研究，都是重要的贡献，值得记述。但是亦因为经费的窘迫和设备的不够，不能精细的研究和探勘，比起日本人在长春、北平等地的采矿设备，就差得太多了。比如日本人在当涂马鞍山黄铁矿的发现，就完全是靠钻探的结果，否则无法可以办到的，而我们贵州水城铁矿的储量，现在还没有办法确实计算。宁夏铬矿，是我国所发现的唯一铬矿，亦没有去详细研究，这些缺点都要希望在将来予以补救的。

地质上的基本研究工作，如地层古生物矿物岩石和构造与地文等，我们一向很重视，所以在以往的刊物中地层古生物的著作，要占全体的将近1/2，而且印刷比较精美。及至抗战期间，以矿产调查需要的迫切，和印刷的困难，自然学理的研究比较落后，然利用一切机会，依然在进行。《古生物志》虽说出版较少，而西南各省的地层研究则大有进展，云南、贵州、四川、广西各省的地层认识，实在比起前对北方几省的研究，还有过之。甘肃南山系里亦不断找到化石，可以渐渐确定它的时代，矿物岩石的工作人员，多半在矿床方面努力，以致研究工作颇受影响，而西康的变质岩、汉中的火成岩亦还不时的可以得到研究的机会。构造研究则以李四光先生领导，使许多工作人员对节理劈理和山字型构造等非常注意，黄汲清的《中国主要地质构造单位》亦是一篇重要综合性的著作。地文或地形方面，亦是跟着李四光先生的趋向，近年对于冰川地形多为注意，河流侵蚀循环的观察亦复不少。这种学理的研究中，一向可以说可在"调查矿产"名词掩护之下来进行的。然而这都是地质学中的基本部门，可以说这几种研究不好，则有关的矿床不会弄清的。而况在抗战时期业已过去，就是不为矿产，而为一国的文化着想，这种研究决不能偏废。所以我亦希望在下一个10年中，能补充应用的设备，而且给研究人员以充分的便利。则10年以后检讨今后10年地质工作时，将一定胜于今日之检讨过去的10年吧。

19. 抗战时期在重庆成立的社会部(1945 年)①

我国固有社会组织从农村为基础,以家族制度为中心,政府为健全社会组织,配合国家总动员需要,于民国二十九年十一月设置社会部,隶属行政院,主管其事。社会部成立后,为整顿人民团体之组训,于国民三十一年三月订颁《全国人民团体总登记办法》,规定在是年二月底以前成立之团体,均应限期履行登记。然后视其合法与否,分别予以合理登记,或予以解散,或予以整理,或予以改组。截至三十三年六月底止,经登记核准备案之人民团体,并自三十二年起实施人民团体干部人员训练,加强工商团体管制,务期能配合战时动员之需要。

社会福利事业种类繁多,择要可分为社会保险、社会救济、社会服务、职业介绍、农工福利、儿童福利等类。我国历史上所举办者仅限于消极性之社会救济方面,其余积极性之各种福利事业,现尚在发轫时期。际兹抗战建国时代,政府正以全副力量向工业化前途迈进,故对于劳工福利一端尤为重视。如查编工人生活费指数、产业职业工人工资指数等,均为保障工人生活拟订法定工资解决工资纠纷之依据。其详参看表 68 至表 71 各表所列数字。此外并为安定战时公务人员生活,以为按期调整公务员生活费之根据,由国民政府主计处按月查编公务员生活费指数,以供政府应用(见表 74)。②

合作事业之推进,亦为健全社会组织、发展社会经济及增进社会福利最有效之措施。我国合作事业之发轫,系在民国七八年间,国府奠都南京后,始

---

① 本文选自国民政府主计处统计局编《中华民国统计提要》1945 年辑"第七类"。
② 即表 74,编者略。

有政府确立合作政策,提倡合作运动,抗战军兴,继续推进,历年合作社数,社员数及股金数,均系逐年激增。二十九年八月为使合作事业配合新县制之推进,订颁《县各级合作社组织大纲》,自此全国合作组织,益趋普遍化。合作业务之分配,在三十一年以前信用业务所占比例达80%左右,自三十二年起各类业务渐趋平衡发展,产销业务比例猛增,尤以农业生产为最。合作贷款方面,亦以农业生产所占比例为最大(见表75及表76)。可见近年起合作业务已能与一般经济政策及设施发生密切配合。

各重要城市工人生活费指数

表67　民国三十一年十一月=100

公式:加权综合法

时期别	重庆		成都	自贡	内江	乐山	万县
	产业	职业					
民国三十二年一月	106.0	108.1	108.2	98.5	106.8	106.6	114.9
二月	121.0	127.3	128.4	115.3	120.9	121.4	127.4
三月	115.6	120.9	142.9	124.6	129.1	135.6	150.8
四月	122.7	129.5	172.7	148.7	153.4	158.6	173.5
五月	161.5	173.7	220.2	207.3	192.1	229.9	226.5
六月	185.1	198.3	255.0	230.4	218.3	271.7	255.8
七月	216.1	288.5	378.4	245.1	206.5	307.6	291.0
八月	248.0	263.8	361.2	268.9	306.8	305.2	346.2
九月	244.9	260.1	349.1	295.2	301.8	333.3	341.1
十月	254.0	269.2	341.0	302.6	291.8	340.3	323.6
十一月	283.9	303.4	371.2	301.1	315.5	345.5	344.8
十二月	311.2	333.5	406.2	347.7	343.5	369.1	407.0
民国三十三年一月	340.4	367.0	553.6	472.8	440.0	486.0	465.6
二月	391.5	422.8	645.2	560.9	525.2	682.1	634.2
三月	550.6	710.9	601.2	638.0	627.3	777.6	702.5
四月	634.7	701.0	776.5	772.2	761.0	837.9	823.2
五月	763.2	856.8	948.8	943.1	885.5	1218.9	1043.5
六月	810.1	906.0	1138.8	1025.4	959.6	1187.0	1158.2

续上表

时期别	西安	兰州	桂林	衡阳	曲江	吉安	南平	贵阳
民国三十二年一月	145.9	99.2	124.1	129.0	—	102.4	—	110.5
二月	231.9	101.2	145.0	126.2	—	108.2	—	102.4
三月	273.3	117.9	169.1	135.3	—	119.3	—	121.3
四月	210.9	122.5	211.8	150.1	185.1	134.8	—	144.0
五月	239.2	142.3	229.8	182.3	213.4	157.3	—	161.4
六月	289.4	171.6	268.6	214.1	234.4	187.8	—	188.7
七月	393.7	226.7	334.3	242.9	264.5	221.2	—	232.2
八月	379.5	273.8	345.6	264.1	326.4	219.7	—	238.2
九月	358.9	298.8	346.4	275.3	346.7	325.9	—	261.4
十月	316.3	296.5	361.8	297.6	366.5	352.1	—	302.3
十一月	312.0	295.4	374.6	344.3	380.8	363.7	340.4	—
十二月	351.3	291.7	398.9	362.3	421.9	429.7	301.6	—
民国三十三年一月	416.7	311.4	437.6	369.0	436.7	422.3	307.1	—
二月	486.2	349.9	497.9	421.6	565.3	504.0	358.7	—
三月	502.8	406.8	655.5	514.2	593.4	603.5	511.4	—
四月	509.9	426.6	723.8	546.1	660.1	671.5	620.6	—
五月	528.4	456.5	763.2	—	726.5	746.0	700.0	—
六月	521.9	471.6	875.9	—	—	922.8	883.9	—

材料来源:社会部统计处根据各县市调查报告编制

重庆市产业工人工资指数

表68　民国二十六年一月至六月＝100

公式:加权综合法

时期别	工资率	工资实际收入	真实工资
民国二十六年	103.7	102.9	101.5
二十七年	141.9	179.8	154.6
二十八年	233.7	225.9	117.8
二十九年	346.9	437.0	79.5
三十年	595.1	1017.6	55.3
三十一年	1054.9	2082.4	50.4
三十二年	1972.0	4823.0	41.9
三十三年一月	2665.0	8226.0	41.5

续表

时期别	工资率	工资实际收入	真实工资
三十三年二月	2930.0	11070.0	48.6
三十三年三月	2890.0	12622.0	39.4
三十三年四月	3506.0	14536.0	39.3
三十三年五月	3681.0	16203.0	36.9
三十三年六月	3753.0	17227.0	36.5

材料来源：社会部统计处根据各工厂之工资记录及产业工人工资调查表制

说明：产业工人工资之调查，采用标准选样方法，就重庆市工厂分布情形及使用动力，并有工人20人以上之机器、印刷、面粉、纺织4业工厂，选出27家直接调查。

重庆市职业工人工资指数
表69　民国二十六年一月至六月＝100

公式：加权综合法

时期别	工资率	工资实际收入	真实工资
民国二十六年	104.7	103.5	101.1
二十七年	154.4	167.4	145.0
二十八年	360.0	315.0	183.0
二十九年	896.7	718.2	143.9
三十年	1962.6	1650.8	92.1
三十一年	3853.7	2076.8	82.1
三十二年	10229.0	7775.0	74.2
三十三年一月	23437	13196	72.0
三十三年二月	27600	15890	75.2
三十三年三月	34161	21548	70.4
三十三年四月	34070	24699	70.6
三十三年五月	35965	27230	64.4
三十三年六月	34835	28719	63.5

材料来源：社会部统计处根据各业之职业工人工资调查表编制

说明：职业工人工资之调查，系随机选样直接调查法，调查人力车、肩舆、渡船、驳船、码头、梗车、挑水、木作、石作、泥水等10业工人，每业以30人为原则，分于每月七、八、九3日及二十二、二十三、二十四3日各调查一次，用以代表上下两半月算术平均数，实际收入则为上下两半月工资之总和。

真实工资指数　各重要城市产业工人工资指数

表70　民国三十一年十一月＝100

公式：加权综合法

时期别	重庆	自贡	内江	乐山	万县	成都	昆明
民国三十二年一月	99.6	103.9	97.3	93.0	89.0	—	101.8
二月	92.9	85.9	95.8	82.4	100.3	—	102.6
三月	104.3	83.3	89.1	73.7	86.2	—	98.0
四月	103.1	87.1	88.7	72.5	81.2	—	90.5
五月	84.6	80.5	89.5	52.1	80.3	—	82.4
六月	87.5	84.0	102.4	45.6	84.3	—	97.9
七月	81.5	86.3	70.6	54.2	78.7	—	79.0
八月	81.6	78.9	66.1	52.4	72.5	—	91.9
九月	89.3	75.9	70.3	51.5	71.5	—	118.3
十月	99.9	75.0	75.0	59.8	78.4	—	116.4
十一月	94.4	82.9	71.5	60.5	89.5	—	103.1
十二月	91.2	71.7	69.6	59.4	78.1	—	106.1
民国三十三年一月	89.6	62.2	74.9	58.7	76.8	62.2	85.4
二月	104.0	85.4	84.9	47.4	100.2	57.5	76.4
三月	84.0	81.2	90.1	44.6	83.3	69.9	80.0
四月	85.7	87.9	83.1	43.1	104.1	74.9	77.0
五月	77.7	98.7	86.7	51.4	84.1	64.3	69.4
六月	77.0	85.8	86.2	61.3	83.0	54.1	78.3

续上表

时期别	桂林	衡阳	吉安	曲江	贵阳	西安	兰州
民国三十二年一月	91.6	92.6	97.9	—	93.7	—	114.3
二月	85.8	90.7	98.8	—	93.0	—	121.9
三月	77.0	94.9	86.5	—	88.0	—	124.5
四月	62.7	88.2	110.5	—	78.1	—	118.3
五月	69.0	84.4	97.1	—	77.3	47.0	100.9
六月	69.0	72.7	88.9	67.2	72.7	47.3	116.2
七月	65.7	71.5	78.9	69.6	69.3	39.4	101.2
八月	70.0	68.0	87.0	56.7	89.4	44.5	106.5
九月	74.8	69.6	82.0	57.2	83.6	50.0	94.2

续表

时期别	桂林	衡阳	吉安	曲江	贵阳	西安	兰州
十月	69.3	67.0	79.1	61.1	75.4	57.2	98.6
十一月	67.9	68.8	89.1	65.4	74.3	58.1	105.6
十二月	68.5	82.9	88.5	63.3	72.1	53.0	104
民国三十三年一月	61.1	81.1	79.5	63.3	—	49.2	100.9
二月	51.9	75.7	72.5	72.1	—	47.4	106.7
三月	47.0	71.4	71.2	73.8	—	48.7	103.5
四月	46.4	68.8	72.4	93.5	—	53.4	94.0
五月	38.8	—	71.0	86.6	—	55.5	106.0
六月	—	—	64.8	—	—	55.9	120.3

材料来源:社会部统计处根据直接调查之资料编制

说明:重庆市指数系根据机器、印刷、面粉、纺织、烟草、牙刷、火柴、动力油料、玻璃、公用事业等14类44工厂工资计算。

真实工资指数　各重要城市职业工人工资指数
表71　民国三十一年十一月=100

公式:加权综合法

时期别	重庆	自贡	内江	乐山	万县	成都	昆明
民国三十二年一月	95.8	112.7	91.6	96.3	90.9	—	95.3
二月	83.3	34.6	80.2	101.0	88.1	—	114.8
三月	96.0	88.2	91.2	91.8	90.4	—	101.8
四月	96.6	76.2	78.6	88.2	83.2	—	107.8
五月	77.2	67.3	70.1	62.9	81.2	—	98.5
六月	88.0	70.0	70.6	67.6	82.8	—	104.0
七月	84.1	65.7	64.2	65.9	90.1	—	101.7
八月	77.4	63.8	72.7	72.1	78.0	—	93.7
九月	89.2	64.2	81.7	87.6	77.8	—	97.8
十月	94.1	73.6	85.6	92.7	86.2	—	94.6
十一月	91.4	78.0	83.2	94.4	79.3	—	98.0
十二月	97.0	66.6	81.0	89.9	71.2	—	87.2
民国三十三年一月	87.4	62.5	71.2	73.8	59.1	101.1	89.7
二月	90.9	65.1	69.1	65.8	71.1	90.5	83.2
三月	82.5	57.2	56.7	59.0	58.1	97.9	80.4

续表

时期别	重庆	自贡	内江	乐山	万县	成都	昆明
四月	83.3	64.7	47.6	59.8	63.3	97.1	74.9
五月	76.6	65.9	48.6	66.6	55.9	90.9	76.7
六月	75.8	53.7	49.5	68.4	55.8	79.6	82.7

续上表

时期别	桂林	昆明	兰州	衡阳	曲江	西安	贵阳
民国三十二年一月	94.3	103.9	114.1	103.5	—	84.0	93.6
二月	95.2	95.5	116.0	109.3	—	58.0	110.3
三月	85.6	104.0	104.6	108.2	—	64.7	138.9
四月	71.1	102.7	109.9	102.6	—	64.6	119.5
五月	84.0	71.3	104.6	90.0	—	67.1	83.7
六月	82.6	84.6	104.8	119.4	—	68.2	87.8
七月	95.7	74.9	90.3	105.9	49.1	57.9	89.6
八月	89.9	74.1	88.0	111.7	42.2	69.9	88.2
九月	87.0	98.9	119.5	134.9	52.6	79.2	110.0
十月	87.8	84.1	158.0	151.1	51.4	100.4	113.0
十一月	97.7	89.2	167.1	147.7	50.8	107.6	102.4
十二月	90.8	80.2	174.2	156.1	45.7	102.5	96.3
民国三十三年一月	131.9	75.3	153.0	141.5	55.6	96.2	99.7
二月	123.5	71.6	113.5	146.4	44.7	105.5	70.5
三月	121.6	79.7	136.0	123.7	48.9	110.7	68.2
四月	124.0	85.8	140.9	131.8	47.7	114.1	58.1
五月	143.0	88.7	144.5	132.0	48.2	117.0	76.1
六月	—	88.7	146.5	—	—	126.1	62.7

材料来源:社会部统计处根据直接调查之资料编制

说明:重庆市指数系根据人力车、肩舆、渡船、驳船、码头、板车、挑水、木作、石作、泥水、油漆、理发、成衣、澡堂、佣工等15业工资计算。

表 75　全国合作社

时期别(1)	社数	社员数(千人)	股金数(千元)	业务分配百分比								
				信用	供给	农业生产	工业生产	运销	消费	公用	保险	其他
民国二十六年底	46983	2140	5309	73.6	0.4	5.7	—	2.5	0.4	0.1	—	17.3
民国二十七年底	64565	3113	7994	85.9	0.4	11	—	2.3	0.4	—	—	—
二十八年底	91426	4367	12612	88.3	0.4	8.5	—	1.8	0.5	0.4	0.1	—
二十九年底	133542	7237	25523	87	0.4	8.7	—	2	1.4	0.3	0.1	0.1
三十年底	155647	9374	48302	84.9	0.6	10.6	—	1.8	1.7	0.3	0.1	—
三十一年底	160393	10142	93292	82.4	0.6	7	5.5	1.8	2.3	0.3	0.1	—
三十二年底	166826	13803	326485	48.1	8.1	14.2	4.6	10.3	10.1	2.6	2	—
三十三年六月底	173328	15192	501517	44.2	8.3	15.5	5.4	10.4	11.8	2.7	1.7	—

材料来源:社会部合作事业局统计室根据各省市造送之合作事业进度月报表编制

说明:(1)民国二十九年起,以后方 18 省之资料为限。

(2)社员系指个人社员数,不包括合作社社员数在内。

(3)业务分配百分比在民国三十一年以前,以一般合作社为分析对象,根据各社专管或主管之业务社数计算,民国三十二年起全部单位为分析对象,根据各社专营或兼营之各类业务单位数计算。

表 76　各省市合作贷款

民国三十三年六月底　国币千元

省市别	贷款性质及金额									
	结欠总数	信用	供给	农业生产	工业生产	运销	消费	合用	一般	其他
总计	876227	271950	12180	471704	22074	29066	13822	263	40946	13062
浙江	17663	2610	364	10752	1546	1082	878	9	25	397
安徽	10083	—	190	9423	—	319	121	—	—	—
江西	20295	613	2038	818	2091	5307	7862	2	27	1537
湖北	24584	7379	597	13876	—	802	273	—	—	1747
湖南	108170	44301	110	58196	2429	96	2975	—	—	—
四川	179095	69553	89	64746	—	2282	—	57	39568	—

续表

省市别	贷款性质及金额									
	结欠总数	信用	供给	农业生产	工业生产	运销	消费	合用	一般	其他
西康	13370	13267	—	—	—	—	—	—	—	—
河南	27521	1319	—	25476	36	—	42	—	—	—
陕西	219582	—	1138	205214	648	13042	188	—	—	—
甘肃	52722	21799	—	23505	—	1356	15	—	—	—
广东	6181	—	—	3485	—	315	—	—	—	2381
广西	74052	46270	18	19568	400	4287	223	—	—	3259
云南	81641	36854	8039	26631	5847	—	—	—	—	4270
贵州	30961	26632	47	3419	546	148	40	127	—	2
绥远	2920	—	—	2920	—	—	—	—	—	—
宁夏	1719	—	—	1719	—	—	—	—	—	—
重庆	6274	1430	—	—	—	2113	—	1205	—	1526
福建	2421	150	—	1956	315	—	—	—	—	—

材料来源:社会部合作事业管理局统计室根据各省市造送各省市贷款机关贷放合作项目报表材料编制

20. 抗战时期的教育(1943年)①

一、引言

教育为立国之本,本党政治设施,向以发展教育为急务,国民政府成立后,尤注重于三民主义教育之实施。十八年四月,公布中华民国教育宗旨及其实施方针后,全国各级教育在三民主义指导原则下,循正常之轨道,年有进展。抗战军兴,中央于二十七年四月,制颁《抗战建国纲领》及《战时各级教育实施方案》,不仅适应战时特殊之需要,兼为国家百年树人之正轨。历年各届中央全会暨国民参政会历次大会,以及二十八年三月教育部在陪都召集之第三次全国教育会议,对于教育设施,亦多指示与建议。而总裁"平时要当战时看,战时要当平时看"及其他有关教育之重要训示,尤为全国一致遵循之途径。6年以来全国教育文化事业,悉依上述准则推行,得以积极迈进。

兹检讨抗战以来之教育设施,综其要旨,不外适应战时需要与改进教育基础两方面。关于适应战时需要之主要工作,则有抗战工作之协助实科教育之发展,战区教育之推行,以及各级员生之救济等。依照5年计划,尽力推进以期普及;在中等教育方面,则规定各省分区设校及各类学校数量比例,使质量兼顾,以求有计划之发展;在高等教育方面,则力求联〔院〕系之调整,内容

---

① 本文选录于国民党中宣部1943年编印的《抗战六年来之教育》,该文系统地反映了抗战时期国民政府的教育方针、教育设施及教育工作推进情况,但未述及教育行政机构,故略作如下介绍:

抗战时期国民政府管理全国学术及教育行政事务的最高机关,是隶属于行政院下的教育部。该部迁渝期间驻青木关,重庆城内设办事处。部内置部长、政务次长、常务次长各1人,设总务、高等教育、中等教育、国民教育、社会教育、蒙藏教育等6司,又置秘书、参事、视导3室及会计处、统计室。

之充实,及管理之加强;社会教育则视财力之许可,集中于若干事项之提倡与示范,以适应环境之需要而求普遍与深入;边疆教育则注重师资之培养,实用职教之倡行,与基层教育之推广,使边胞确能受其实惠,以求教学之适应与实在;侨民教育除救济工作外,并作战后师资教材之准备;战区教育则加强推进,使敌后人民不致奴化,敌后青年相率来归,同时对于教育之内容,亦注意改进。如:行政组织之改善,课程教材之整理与编订,经费之增筹,设备之补充,训导之推进,体育军训之加强,劳动生产之推行,以及各级教育师资之培养与奖励,学生程度之注重与奖励,均经积极施行。至若学术审议机关之设立,及著作发明与美术作品之奖励,旨在提倡学术研究。又如国防科学之促进,与建教联系之加强,尤在裨益抗战,发挥教育之效能。

6年以来,各级教育在数量上均各有相当之进展,其详分见以下各节。足见我国教育不但不因战事而萎缩,反以暴敌之压境,而益显其共同努力之成果。

至历年政府当局,对于教育事业之维持,与经费之增筹,在国库艰险情况之下,亦属费尽心力。试列举抗战前后历年国库列支教育文化经费预算数字,以见一班〔斑〕(所列为各年度原预算数包括经临部分、补助部分及追加数)。

年度	教育文化费预算	备注
二五	55406050 元	
二六	48157512 元	此系紧缩预算数
二七	27617119 元	此系半年度预算数
二八	69368893 元	
二九	105999524 元	
三〇	230705748 元	
三一	479635163 元	
三二	665172538 元	年度尚未终了追加数未与合计

就教育方面一般现象而言,则近年学生已多能刻苦耐劳,对于实际生活之体验,服务能力之增进,非常局面之应付能力,较战前多显有进步。教职员中亦多坚贞笃实之士,乐育为怀,卓然自守。各地方士绅及一般民众,捐资兴

学合力建校之事实,更时有所闻。训导工作加强实施后,虽尚未能骤获预期之效果,但亦有若干学校,颇获相当成绩。公私立各级学校,因战争播迁,归并调整,转较平时为易,而往昔教育未臻发达之后方各省区,今日则学府林立,文化流转,亦为难得之机会。

十中全会检讨教育工作报告有云:"自举办近代教育以来,迭经多难,虽缺陷在所难免,但革命教育之精神,已逐渐灌输于全民,各级学校及施教机构之数量,亦已相当扩充。当5年有余之英勇抗战数年来造就之数十百万人才及其贡献,与夫一般国民近代教育所培养而成之国家民族意识,其成效亦可略观。且抗战以来,物质环境,至形艰苦,政府及从事教育人员,仍能排除困难,辛勤奋斗,以维国家民族之命脉于不坠,深堪嘉慰。"云云。

目前我国教育上,实尚多急待解决之问题,同时尚另有若干方面,未达到理想之标准,仍有待于加紧努力,总裁曾训勉吾人,应为抗战建国无可比量之功绩。而《中国之命运》一书,其中关于教育方面提示綦详,所列10年建设所需人才240余万人,是项干部,即有待于教育之培成。今后教育之发展,正方兴未艾,而教育人员之责任,亦愈为重大矣。

二、高等教育

我国大学教育,以研究高深学术,培养"治学、治事、治人、创业"之通才与专才为目的;专科教育,则以培养各业专门技术人才为目的。高深学术与专门技术,实为现代国家精神命脉之所寄。当兹抗战建国并进之际,高等教育之改进,尤关重要。特将6年来高等教育方面之重要设施略述如下。

一、高等教育新制之推行　为养成中等学校健全师资起见,教育部特于二十七年起,建立师范学院制度,师范学院修业年限为5年,规定以单独设立为原则,或于大学中设置之,得分男女两部,并得设立女子师范学院,由教育部审核全国各地情形分区设立之。现已设立之师范学院计10所,在学学生4714人,第一届学生300余人应于今暑毕业。均已依照规定分发附近学校,充任实习教师。全国中等学校师资得有统一训练之所,中等教育素质,可望逐渐提高。我国专教学校修业年限,原定自2年至5年,自二十八年度起,先后创行5年制6年制专科,招收初中毕业生,予以较长时期之专业训练,技术期更娴熟,办法比较经济。专科以上学校招生,向由各校分别办理,学校、学生,两不经济。教育部因于二十七年起,举办国立各院校统一招生,连续办理3年,继因交通困难种种关系,特改为分区招考。本年又订颁《高中毕业生夏令营与专科以上学校招生联合举行办法》,指导赣、黔、甘3省先行试办。又自二十七年起,鉴于各中等学校毕业生因受战事影响而程度低落不能升入大学,特成立大学先修班,给予此项学生以大学教育之预备训练。嗣后就各大学附设大学先修班,以收容升学未能录取及新由战区退出之高中毕业生,此项先修班本学期已增办至53班。

二、专科以上学校之调整　战前大多数专科以上学校,每集中设立于沿海三数大都市,致成畸形发展。抗战以后,因战区院校内迁之便,指定应迁入之省区,西南西北各省昔日高等教育未发达地区,现均已分设专科以上学校若干所。专科以上学校院系设置,过去亦缺乏统一标准,在同一地点,各校院系甚多重复,其中亦有设备简陋,或缺乏中心目标,及不适于社会需要者。自二十七年起,教育部审度事实,将各校重复院系予以归并,其内容简陋者,则予以裁撤。并规定新增科系,于需要与师资设备之条件外,并须兼顾均衡发展。历年继续经意督导实行,科系设置得以渐趋合理化。此外则由国库筹拨巨款,按年增设实科班级。二十八年春令中央大学等校,特设机械、采矿、电讯、化验、汽车、畜牧、兽医、农业、经济、卫生、工程、蚕桑、会计、统计等专修班,修业年限均为2年,仍继续办理中。二十九年秋,奉总裁手令,限期训练机械电机机师及工程师,因又令各校增设电机机械及机电系班级共25班。历年继续增办中,今共增至75班。

三、专科以上学校实质之改进　专科以上学校课程之整理,发动甚早。二十七年起,教育部特就历年搜集资料,加以分析统计,订颁《大学各学院分院共同必修科目表》通令施行。二十八年复颁行《各学院分系必修选修科目表》,同时并制定实施部颁科目要点。二十九年起征集各校院所编教材以备编辑各科目教材纲要,同时并征集各专科学校现行科目表以为编订专科学校统一科目表之准备。现《大学各科目教材纲要》草案,已令发各校院签注,计有文理、师范、法、商、农、工等7学院必修科目42种,其余各科目正陆续整理编拟中。专科学校科目表则有农艺等外7科3类合共20余种,已整理竣事,其余尚在整理中。关于大学用书之编辑,二十九年,教育部成立大学用书编辑委员会，拟订编辑计划。其办法分公开征求、特约撰述及采用成书，并聘定各科专家为编辑委员。一面由国立编译馆进行调查已通行之大学教本，编成初选书目。二十九年十月公开征求大学用书书稿，截至最近止，特约编著者计有 58 种，公开征稿者计有 88 种，采用成书者计有 17 种，正由国立编译馆分别审查校订。二十九年教育部制定《大学及独立学院教员资格审查规程》，明定专科以上学校教员，分为教授、副教授、讲师、助教 4 等，由部审查其资格核定之。自二十九年至今，全国各院校送审教员达 4000 以上，审查合格者 2503 人。对于大学教员一面施行资格审查，同时对于服务年久成绩特著者，则予以特别尊崇与保障，除给予奖状外，又签奉委员长核拨专款 200 万元，作颁给奖金之用，现时核发总数，业已超支。此外更有部聘教授之设置，自三十一年开始，暂定名额 30 人，其人选除由部直接提出外，并由国立院校或经部备案之具有全国性之学术团体提出合格人员，呈部提交学术审议委员会决议，由部聘任，派往各大学任教。本年度拟增加 15 人，人选正在荐举中，预定可于本年教师节发表人选。国立各院校教授休假进修，已办理 3 届，共 50 人，现仍继续办理中。为提高学术程定起见，教育部于二十九年公布施行毕业总考令，规定大学学生毕业时，加考二三年级专门主要学科 3 种，历年顺利施行。又为培养青年研究兴趣起见，曾于二十八年举办专科以上学校学术抗战论文比赛。为奖励学生学业起见，自二十九年起举行全国专科以上学校学生学业竞试，俱择优予以奖励。为调整各校行政组织计，于二十八年订颁大学及独立学院专科学校行政组织补充要点 12 项，规定设教务、训导、总务 3 处。大学设教务长、训导长、总务长，独立学院及专科学校设教务主任、训导主任、总务主任。处下分设各组，亦有明白规定。自三十一年起，此项学校行政主管人员，均由校长遴荐呈部圈定充任。

　　四、6 年来专科以上学校数量之扩展　二十五学年度，即抗战开始之前一年，我国共有专科以上学校 108 校。其中大学 42，公立者 22，私立者 20；独立学院 36，公立者 14，私立者 22；专科学校 30，公立者 19，私立者 11。学生总数 41922 人。三十一年度，全国专科以上学校，共计 132 校，较战前增加 24 校。其中大学 41，公立者 23，私立者 18；独立学院 44，公立者 25，私立者 19；专科学校 47，公立者 33，私立者 14。学生总数 63605 人，较战前增加 21683 人。兹将 6 年来各科学生人数，表列于次。以见我国高等教育，不仅不以战事而萎缩,反较战前为进展;并以见调整之结果,文实两科已能渐趋于平衡发展。

学度年别	共计	文类					实类					师范	其他
		小计	文	法	商	教育	小计	理	工	医	农		
三十一	63608	29931	6991	12933	7507	2500	29160	5963	13238	5115	5114	4714	—
三十	59457	28096	6156	12041	7275	2624	23066	6202	12584	4607	4673	3295	—
二十九	52376	24897	5920	11172	5199	2606	29262	6090	11226	4271	3675	2217	—
二十八	44422	19809	5137	8777	3690	2205	22645	5825	9501	4417	2899	1691	377
二十七	36180	16716	4852	7024	2809	2031	18003	4802	7321	3623	2251	996	465
二十六	31188	15562	4140	7129	1846	2451	15414	4458	5768	3386	1802	—	212
二十五	41922	23152	8364	8253	3243	3292	18495	5485	5989	3395	2590	—	311

五、抗战工作之协助 自二十八年起,教育部先后会同有关部会,商定理、工、农、医各院校与各种有关工厂及技术机关合作实习,各项办法,尚著成效。又屡次接收军事机关下达有关各类问题,均经发文研究,亦获相当成果。此外关于奖励学生从军办法,以及励行战时服务办法,早经订颁遵行。关于战时服务之征调,对于医药院校毕业生,实施已及4年,他如参加修建紧急工程,招待盟邦志愿空军及协助办理空军招生与随军翻译等事,各校员生皆能踊跃应征。抗战以来,教育部征专科以上学校员生参加抗战工作者,计达5000余人。至参加前方服务,或在沦陷区与敌伪搏斗而牺牲生命者,其中更不乏大学员生,至假期从事社会服务,如战时宣传及助耕、助收等事,实施亦尚著成效。

六、学术研究之推进 大学研究院所,战事发生后,曾暂告停顿。教育部于二十八年秋,令各校恢复进行,并令酌事扩充。现已成立之研究所,计有文科10所,理科9所,法科5所,商科1所,师范3所,农科5所,工科6所,医科6所,共计45所。较二十五年度,实增23所。现有研究生共300余人。学术团体经政府认可者,计有200余团体。其中研究成绩较著,在国际上负有相当声誉者,有中国科学社、中国工程师学会、中国天文学会、中国地质学会、中国气象学会、中国物理学会、中华农学会、中华医学会等,其研究成果,或印成专册,或披露于国内外报章杂志。至由政府设立之研究机关,则有国立中央研究院，设有物理、化学、工程、地质、天文、气象、心理、历史语言、社会科学、动植物等10所研究所，共有研究人员240余人。国立北平研究院设有物理、镭学、化学、药学、生理、动物、植物、地质、史学等9研究所，共有研究人员130余人。各种研究成绩，均有专门报告。教育部又设有国立编译馆，规模亦渐次扩大，历年审查之教科书，计有1万余册，编订之学术名词凡80种，编译之图书200余种，现正致力于大学用书之编辑。

教育部为审议学术文化事业及促进高等教育设施起见，于二十九年春设立学术审议委员会，其任务：(1)建议学术研究之促进与奖励事项；(2)审核大学研究院所研究生之硕士学位授予暨博士学位之候选人之资格事项；(3)审议专科以上学校之重要改进事项；(4)专科以上学校教员资格之审查事项。教育部为奖励国内学术界致力专门著作、科学技术发明及美术作品起见，经订颁奖励规则，公告征求，截至三十年十一月底止，收到申请奖励之件，凡196起，除不合规定者43起未予审查外，经分送专家审查，提交学术审议委员会，决选优良作品29件，分别予以奖励。计一等奖2名，各10000元；二等奖10名，各5000元；三等奖17名，各2500元。三十一年度经根据第一届办理经验，将原规则加以修正，计申请者共148起，经接收审查111起，另逾限送到移至下届办理者9起，决选结果，得奖者48人，计一等奖4人，各15000元；二等奖16人，各8000元；三等奖25人，各4000元。另奖助金者13人，计3000元者4人，2000元者9人。第三届应自本年七月一日起开始接受申请。

七、留学教育及国际文化合作之促进　国外留学，抗战以后限制颇严，无论公自费生，均以学习军工理医切合国防急切需要者为限。除特准派遣之公费生与得有外汇奖学金或补助者外，出国留学者甚少。唯中英庚款留英考试及清华留美考试仍赓续举行。另有林主席七秩寿辰奖学金留学考试，已由部办理两届，各考选留美学生1名。本年教育部又奉令计划扩充留学教育，已拟具办法呈核。本年春英国文化协会允赠中国学术奖学金10名，英国工业协会允赠免费实习名额31名，印度政府允赠奖学金10名，均考选完毕，分批出国。而美国教授蒋易顿，英国教授尼得汉、陶得斯，既先后来华讲学。我国大学教授张其驹等6人，复应美人之邀，赴美讲学。又美政府允赠我国大学用书100种，供我翻印，现已调查各大学最迫切需要之教科书目，寄往征集。国际文化合作，已日趋密切。

三、中等教育

抗战以来,中等教育制度,大体上无甚变更。惟为适应战时之情况,配合国防经济建设之需求,中等教育亦多积极推进之处。兹将6年来中等教育方面之重要设施,分述如次:

一、中等学校分区设置政策之推行　为使各类中等学校之设置有均衡之发展,并使与地方需要密切配合起见,教育部因自二十七年起,先后订颁划分各类中等学校区办法,令各省依照省区各地交通、人口、经济及文化发达情形,划定3类中等学校区,并订定整个实施计划,呈经核定后切实调整推进。三十一年度复订定中等学校设校增班注意事项,规定高中、师范、高职3类学校设班比例,及与初中设班配合标准,通饬施行,俾能确立计划教育之基础,使人才训练得以配合实际之需要。

二、中等学校课程内容之改进　为适应抗战建国之需要,各类中等学校课程内容,均经加以整理与将改革。高初级中学教学科目及时数表于二十九年二月修正公布,各科课程标准于三十年度全部修订完成。其特点为:(一)减少每周教学总时数,以减轻学生负担。(二)统一支配课外活动时数,俾便实施课外运动、生产劳动训练及战时后方服务训练。(三)实施分组选修,以适应学生个性。(四)初中外国语改为选修。(五)延长军训年限等。嗣以新县制实施,地方基层干部需才孔亟,教育部复订颁初级中学设置地方自治及高级中学设置业务管理科目办法,以谋适应。国民教育实施以后,师范生之任务,于教育以外,须兼重地方自治干部。师范学校课程,本此原则,重加修订。二十九年三月公布教学科目表,增设地方自治、农村经济及合作等科目,并以地方行政、地方建设等科目列为选修,期使未来之小学教师,能以教育力量为中心,以推动地方自治,促进新县制之建立。至各科课程标准亦已于三十一年度内全部修订完成。职业学校除加强生产技术训练,使益切合实际需要外,所有各科课程自二十八年起陆续修订公布。

三、中等学校教学与训导之改进　教科用书为教学之直接工具,关系教育效果者最为重大。而其中公民、国文、历史、地理4科,对于青年思想影响尤深。教育部爰于二十九年起设置教科用书编辑委员会,从事编辑。现公民等4科教科书稿本业已编审完成,陆续付印。其余各科在继续编辑之中。又为推行战时教程,业已编就中学战时补充教材,国文、公民、历史、地理4科,交由书局印行,颁发各省市采用。对于中等学校教员之进修,一面赓续督导各省举办暑期讲习讨论会或进修班,一面编辑中等教育学校各科教学辅导丛书,以供全国中等学校教师之参考。此外并实施师范院校及农工学院辅导中等学校教学办法,督促各中等学校组织各科教学研究会进行研究,藉此增进教学效果。抗战以来,训导方面之重要设施,为加强军事化,实施导师制,注重学生思想训练等,其详见"训育"一节。三十年十一月为整饬学风,制定促进中等学校校务培养学风之一般实施方案,通令遵照施行。三十一年将青年守则12条,正式规定为中等学校训育目标,使全国学校训育标的明确统一,易于实施。

四、国立中等学校之设置及战区失学青年之收容　中等学校以省县政府设立为原则,惟抗战以来战区各省中等学校相继停闭,大量青年同时失学,退至后方,中央为充实民族力量,适应事实需要,乃于二十六年底在后方各省筹设国立中等学校,以资收容,继续施教。自二十七年春起至三十一学年度止,先后设立国立中学30所,国立师范学校11所,国立职业学校7所(各专科以上学校附设之中等学校及设于边省之中等学校均未计入),计收容学生约5万余人。关于《国立中学课程纲要》已于二十七年由教育部指定公布施行,计分精神训练、体格训练、学科训练、生产劳动训练、特殊教学及战时后方服务训练5项。所有在校学生80%以上,均由政府供给膳食。特别贫苦学生,并分别核发制服及书籍零用等费。三十年起,为免除战区员生来到后方远道跋涉之不便,特令战区各省教育厅就地筹设临时中学或就原有学校增设班级收容战区退出青年。所有经费及学生膳食,均由教育部统筹发给。现江苏、河南、安徽、江西、浙江、福建、湖南、陕西、甘肃等省,均有此项校班之设置,计共10校,168班,收容学生约8600余名。

五、6年来中等学校数量之扩展　抗战军兴,战区中等学校因战事停闭损毁者,为数颇多。军兴之初,教育部除订定办法督促各省为学校内迁及安全措置外,复鉴于抗建大业之完成,有赖于基本干部之培养。故虽在战时人力物力十分艰苦之状况下,仍积极推动,以谋中等学校数量之恢复与扩展。6年以来,各类中等学校校班数及学生数均逐有增加,其增加率较之战前为尤大。兹将进展状况列表如次:

学年度		二十五	二十六	二十七	二十八	二十九	三十	三十一
学校数	合计	3264	1896	1814	2278	2606	2812	3079
	中学	1956	1240	1246	1652	1900	2060	2224
	师范	814	364	312	339	374	408	506
	职业	494	292	256	287	332	344	367
学生数	合计	627246	389948	477585	622803	768533	846552	886353
	中学	482522	309563	389009	524395	642688	703756	727694
	师范	87902	48793	36879	59431	73342	91239	101662
	职业	56822	31592	51697	38977	47503	51557	56997
备考		本年度数字系根据本年五月各省市教育行政工作检讨会议各省代表报告						

据以上统计,抗战以来,各类中等学校及学生数逐年均有增加。虽学校数尚未恢复战前旧观,但学生数则较战前增加 20 余万人。且战后统计数字中沦陷区之资料,只以已报资料为限,可见后方各省 6 年来中等教育之发展,不仅未因战事影响而稍有停顿,且因时代之迫切需要,而有突飞跃进之象。

四、初等教育

抗战以来,因国民教育制度之创行,初等教育设施,可分为 2 期:第 1 期自二十六年八月至二十九年止,为继续实施义务教育时期;第 2 期自三十年起迄于今,为实施国民教育时期,兹分述如下。

(一)继续实施义务教育时期

抗战军兴,战地各级教育,均受相当影响,尤以初等教育为甚。教育部一面仍督促各省市遵照实施义务教育暂行办法大纲继续实施,一面为适应特殊环境起见,除督饬全国各省市小学遵照战区内学校处置办法处理外,更制颁战区儿童教养团、小学增设儿童义务随习班等办法。并令战区各省对于游击区义务教育酌定推进办法,以利进行。以是全国义务教育,仍能在艰难困苦之中继续推进。在此一时期中,全国办理小学之总数,计二十六学年度为 229911 校,二十七学年度为 217394 校,二十八学年度为 218758 校,二十九学年度为 224403 校。全国收容学龄儿童数,计二十六学年度为 12847924 名,二十七学年度为 12281837 名,二十八学年度为 12669976 名,二十九学年度为 13804488 名。

(二)实施国民教育时期

(一)国民教育法令之颁布

自二十八年九月国民政府公布县各级组织纲要后,教育部为谋义务教育及失学民众补习教育与新县制之实施相配合,藉收政教联系及促进地方自治起见,于二十九年三四月间,先后公布国民教育实施纲领、保国民学校设施要则,及乡镇中心学校设施要则,规定自二十九年八月起,实施国民教育。期于5年内每保设一国民学校,每乡镇设一中心学校,以完成国民教育之普及。关于经费之筹集,除由国库补助及县地方分担外,并颁布保国民学校及乡镇中心学校基金筹集办法,及筹集基金奖励办法等,以利进行。关于师资之训练,先后颁布《各省市国民教育师资训练班办法》《特别师范科及简易师范科暂行办法》《各省市小学教员总登记办法大纲》等,督促各省市大量造就师资,以应需要。关于教师待遇之改善,先后颁布《小学教员待遇规程》《薪给支配及实施办法》《儿童家庭供给食宿办法》《地方津贴米谷办法》《年功加俸办法》《子女入学免费办法》《优良教员奖励办法》《储金办法》及各种小学教员待遇实施办法等。关于行政方面,先后颁布办理各级教育行政应行注意事项,各省市县教育行政机关在实施国民教育时应行注意事项,以加强县教育行政之效率。此外并颁布《幼稚园规程》,重行修正小学各科课程标准,小学训育标准,以利实施。于是国民教育之法令,渐臻完备。

(二)国民教育之实施概况

依照国民教育实施纲领之规定,国民教育之普及,以5年为期。自二十九年八月起,至三十四年七月止,分3期进行:

项别 \ 时期	第一期 二十九年八月 至三十一年七月	第二期 三十一年八月 至三十三年七月	第三期 三十三年八月 至三十四年七月
在本期内	各乡镇均应成立中心学校1所,每3保至少成立国民学校1所	保国民学校数应逐渐增加。或就原有之国民学校增加班级	保国民学校增加,以期达到每保1校为目的

续表

项别 \ 时期		第一期 二十九年八月 至三十一年七月	第二期 三十一年八月 至三十三年七月	第三期 三十三年八月 至三十四年七月
在本期内	入学儿童须达到学龄儿童总数之百分数	65 以上	80 以上	90 以上
	入学民众须达到失学民众总数之百分数	30 以上	50 以上	60 以上

其有特殊情形之省市,国民教育及普及期限得呈准中央缩短或延长之。

自《国民教育实施纲领》颁布后,教育部即制定后方四川、云南、贵州、广西、广东、湖南、福建、浙江、江西、陕西、甘肃、河南、湖北、重庆市等 14 省市,先行实施,其他各省市仍分别维持原有义务教育设施,并酌量推行国民教育。

至民国三十年,教育部又指定安徽、宁夏、西康、青海、新疆等 5 省,自三十一年起又开始实施国民教育。目下全国实施国民教育之省市,共计 19 省市。

后方四川等 14 省市实施国民教育时期,以种种关系,有在二十九年下半年起开始者,有在三十年上半年起开始者。教育部为统一办理起见,特规定后方四川等 14 省市,一律作为自三十年上半年起开始实施,即较《国民教育实施纲领》第 4 条所规定之开始时期,展缓半年。

至三十一年底止,后方四川等 14 省市,实施国民教育已满 2 年。依照《国民教育实施纲领》设施程序之规定,第 1 期工作应予完成。兹将两年来此 14 省市关于国民教育方面,学校之设置、学生之收容及文盲之扫除,各项结果分述如次:

三十年内四川等 14 省市,共有 377358 保,已设中心学校 18458 校,国民学校 137757 校,共计 156215 校,平均各省市约 5 保设有 2 校(尚有其他小学等 40459 校未计算在内)。又 14 省市共有学龄儿童 29505260 名,已入学儿童 14632319 名,外加在学龄儿童期内已受 1 年至 4 年义务教育儿童 3031712 名,共计已受教育儿童 17664031 名,占学龄儿童总数 59% 强。

三十一年内四川等 14 省市共有 327492 保(较上年减少),已设中心学校

21202 校,国民学校 156054 校,共计 177156 校,平均各省市已超过每 2 保设有 1 校之规定(此外尚有其他小学等 30939 校未计算在内)。又 14 省市共有学龄儿童 30317088 名,已入学儿童 16129406 名,外加在学龄儿童期内已受 1 年至 4 年义务教育儿童 4552101 名,共计已受教育儿童 20681507 名,占学龄儿童总数 68% 强。

全国人口总数以 450000000 计算,估计失学民众约有 202000000 人。自民国十七年至二十九年止,共扫除文盲约为 24116885 名,三十年扫除文盲约为 6556891 名,三十一年 19 省市约扫除文盲 8215354 名,连前总共扫除文盲约 38839130 名。尚有文盲 163160870 名。以历年扫除文盲总数计,约占全国失学民众人口总数 19% 强。

五、社会教育

抗建工作之进行,有赖于社会教育推动之处甚多,兹将 6 年来社会教育之重要兴革,及后方各省社会教育设施情形概述如下。

一、战区社教人员之救济与后方社会教育之开展　二十七年春起,教育部在汉渝两地登记收容战区社教人员,先后共达 1800 余人,先组教育部第一第二社会教育工作团,在鄂、湘、黔、川各省施教,继复将登记人员,分发鄂、湘、赣、陕诸省,展开教育工作。自二十九年以后,登记人员旋因正式任用,救济性质逐渐减除。至三十一年春,组设西南、西北、川康 3 社教工作队,分别在黔、滇、桂、川、康、陕、甘各省施教。三十二年春,复将西南队归并于川康队。6 年以来,西南西北各省级公路沿线城铁〔镇〕,均曾一度或数度施教。

二、中央各社教机关之内移与发展　国立中央图书馆、中央博物馆、北平图书馆,均于二十六年冬西迁,经指定相当地点,勘定馆舍,收藏散失古物文献,继续工作。三十一年春夏筹设中央民众教育馆,于十一月十二日正式成立。本年春复于西北筹设国立图书馆 1 所。

三、补习教育之推行　扫除文盲工作,进行已历多年,在战时更加紧推行,二十七年教育部在武汉分派战区社教人员推行战时失学民众补习教育,以两月为期,授以识字教育及战时公民常识。继在重庆、成都、泸县、贵阳、昆明、西安、兰州各大都市推行。而广西省复以二十八年为成人教育年,计二十

七、二十八两年先后受教之失学成人共达 11783033 人。在二十九年，新县制施行，成年失学民众教育工作，遂归入国民教育范围之内。

四、戏剧教育之推行　二十七八年教育部先后组设戏剧教育队 4 队及实验戏剧教育队 1 队，遍历东南、西南、西北各省重要城镇。巡回上演，观众逾千万人。各省教育厅亦奉令先后组设戏剧歌咏教育队，共 20 队。应用剧本，6 年来搜集颇丰，凡经审查之话剧、评剧及其他地方性剧本，其有裨抗建及民族道德者，则提要而汇刊之；其不良者，则公布剧目，禁止上演。历年审查剧本达数百种。

五、礼乐教育之倡导　教育部原设有音乐教育委员会，从事教材之搜编，并刊行国乐曲谱及齐唱合唱歌曲多集。二十七年秋，复组设实验巡回歌咏团，巡行川滇黔桂各省演奏。而近年来复在渝蓉各地倡行大规模合唱，名家之音乐演奏，及各管弦乐团之演奏，尚能提高社会人士之音乐兴趣。

礼乐教育，渊源自古，立国精神，于焉有寄。教育部特遵奉总裁指示，积极推行。并通令全国社教机关，以现代已有之礼乐为主要教材，以收正人心、严组织之效。同时复设立国立礼乐馆，从事礼乐之整理制作，俾国家大典及民间礼俗，悉有准则，期受移风易俗之效。

六、学校兼办社会教育之施行　自二十七年五月起，教育部令全国各级学校兼办社会教育，嗣复订定工作标准，提倡学生社会服务。其中国立各院校办理社会教育，年有改进，颇能各纾专长，造福社会。至省立各学校呈报计划及工作，亦能渐臻切当。最近复拟定星期日为德育日，期以休沐之暇，力行服务，修己善群，化行社会。

七、各省市社教之整顿　自二十九年施行新县制，中心学校及国民学校，均应办理社会教育。各县民众教育馆，亟应整顿充实，使能辅导进行。数年来扩充整顿，规定工作大纲，补助设备经费，训练工作人员。视遵施教状况，切经切实办理。而县立图书馆、体育场，如经费充裕，则独立设置，现时大多归并于民众教育馆。计民众教育馆数，二十七年度为 774 所，三十一年底已增至 972 所。

八、电化教育之推行　抗战后，教育部曾在港沪收购电化教育器材，并接收江苏省立镇江民教馆之电化教育施教车，改组训练，令开赴西北、西南各省施教，历年观众达数百万人。各省教育厅所辖之电教队，经整顿补充，计有 41

队。又自三十一年成立中华教育电影制片厂,摄制教育影片,增强施教效能,现已制成影片 10 余部,每部复印多份,分发各省应用。又以幻灯为社教利器,教育部历年自制灯片,及供应同盟国宣传片为数甚多。更为解决电源之困难计,设厂制造植物油幻灯,现已出货。

九、社教人材之训练　推行社会教育,需要各种专才,教育部于二十七年曾在汉办理各省市社会教育督导员训练班,在渝举办电教人员训练班。二十八年办音乐教导员训练班、民众教育馆长训练班。二十九年办国语师资训练班,筹设国立音乐院、国立歌剧学校,充实戏剧专科学校。三十年春筹设国立社会教育学院,负研究训练推广之责。同年九月开学,先设社会教育行政、社会事业行政、图书博物馆学 3 系,及艺术教育、电化教育 2 专修科。三十二年春添设礼俗行政组,现该院学生已增至 450 余名。而湖南、江西各省,复先后专设师范学校,训练中级社教干部人才,至图书戏剧音乐等各种训练班,各省均视其需要,依时办理。

十、社教扩大运动之举行　三十年及三十一年国父诞辰,教育部在陪都主办社教扩大运动周,以普及三民主义之文化建设,纪念国父。活动项目有展览、宣传、戏剧、音乐、电影、民间艺术及宗教布道等,极一时之盛。而三十一年度之社教扩大运动,川、滇、黔、桂、湘、鄂、陕、甘、青、宁、皖、赣、闽、康各省,均同时举办,效果尤为宏大。

十一、第三届全国美术展览及其他展览会之举办　三十一年十二月二十五日起至本年一月十日止,教育部主办第三届全国美展于陪都,计审定参加展览之今代名家作品 650 件,并同时附带展览古代艺术品,观众合计逾 14 万人。本届出品,虽以交通困难,数量较上届为少,然受抗战之锤炼,作风颇见进步。他项展览,历年亦多举办,如边疆文物之展览、敦煌艺术之展览、社教教材教具之展览等。

十二、科学教育之推广　为推广科学教育促成国防建设计,教育部曾办理科学文化运动及国防科学展览。三十年二月复订定省市立科学馆规程及工作大纲通令遵办。至三十一年底,各省已成立科学馆 9 所,此后科学教育可望逐渐开展。

十三、民众文库之编印　自二十七年至今,教育部暨各省教育厅均努力编印民众读物,如鼓词故事、连环图书、课外自修材料等,已刊行数逾 600

余种。

十四、国语教育之推行　国语教育之范围,包括靠语言文字及民众文艺。推行之目标,分国语统一与语文普及两目。最近6年来之重要工作,可举四端:(一)编定中华新韵,依标准国音,分部18,各别4声,斟酌古今,权衡文质,由国民政府颁布,允为民国重典。(二)推行注音识字,失学民众于短期间认识注音符号,即能读注音国字书报,功效显著。(三)制定全国方音符号及拆音符号,以供方言歧异及边疆语文特殊各地民众读书识字之用,藉以统一国语,并备语言音韵学者调查研究之用。(四)训练国语师资,分省进行,以促国语教育之进展。

六、边疆教育

边疆教育之设施,虽发轫于战前,但类多因时因地暂谋适应,迨抗战军兴,国人认为推进边疆教育为开发边疆巩固国防之要图,政府对于边政设施,亦多积极规划。兹将抗战以来,边疆教育重要设施,略述如次:

一、边疆教育方针之确立　民国二十七年,教育部鉴于推行边教亟应确定方针,爰召集各有关机关代表及专家,几经商讨,草拟边教方针及办理边教原则;嗣经教育部边疆教育委员会再加研讨,至二十八年第3次全国教育会议遂综合整理,而有推进边疆教育方案之决议。全案首列推进边教方针,旨在融合大中华民族各部分之文化,并促使其发展;其次分列各级边教之中心目标,对于培养边教师资,编译边教用书,推进边疆学校教育、社会教育之步骤,及确立边疆劝学制度等项,均有具体之规定。及三十年秋,教育部复与有关各机关对于边地教育及人事,共作通盘之筹划,呈经行政院公布《边地青年教育及人事行政实施纲领》,除边教目标与前述方案所列大致相同外,并对边教设施办法、经费之筹措以及边地人才之登用,均有详细之规定,自此边疆教育之实施,更有明确之依据。

二、边教设计机构之设立　边疆教育设计机构,在中央有教育部边疆教育委员会,成立于民国二十八年,由教育部与各有关机关代表及部聘专家组织之。其主要任务为研究边教设施原则及实际问题,筹拟并审议边教方案,建议调整边疆教育经费等项。按期召开各届年会,先后议定要案如:"组织边疆教育团","推进边疆寺庙教育","迅速划定边地师范学校区,并应按期设校","编辑边疆教材及读物","优待边疆教育人员"及"加紧边疆教育视导"等,均已付诸实施。三十年三月,复由教育部订颁《各边远省份边地教育委员会组织纲要》,规定由省教育厅指定主管边教之科长督学,并遴聘有关机关人员及当地熟悉边地教育之专家组织之。现各边省均已遵照组成。

三、边地各级学校之增设　抗战以来,各地边胞子弟设立学校者甚多,教育部为示范兼辅助地方起见,直接在各边地设立各级学校,6年期中先后设立边地师范学校11所、职业学校8所、中学1所、专科学校1所、小学8所(内有2所已改为边地师范附小,1所由地方接办),本年又在各边地进行筹设小学9所。

四、边地劝学工作之推进　边胞对于教育认识尚浅,儿童入学有赖于劝导奖助。教育部于二十九年颁布《边远地区劝学暂行办法》,对于劝学员工作成绩优良者、边地私人或地方团体捐资兴学者,均规定标准,优予奖励。边胞子弟入学者,则予以优待,其升学内地专科以上学校者,按其成绩分别核给补助或奖金,对于边疆教育工作人员原规定于提高薪额,除给旅费之外,另予边疆服务津贴。本年五月,国府复订颁《边疆从政人员奖励条例》,对于边疆服务人员之年资计,任满休假及旅费安家费等,均予优待。今后教育工作人员前往边疆服务者,当更趋踊跃。

以上为6年来边教设施之荦荦大者,他如边地社会之调查、边教用书之编印、边地社教之推行、边疆建设讲座之设置等,亦均在积极进行中,兹不备述。

七、侨民教育

6年来之侨民教育,虽因受抗战影响,未能获得预期之成果,太平洋战事爆发后,侨教所受损失尤重。兹综合检讨,特就今年侨教设施之重要事项,略述如下。

一、侨教设施方案及设计机构之确立　二十二年,行政院会议通过之《侨民教育实施纲要》,为近年侨教设施之重要根据。二十九年八月本党五届七次中央全会通过"推行侨民教育方案",是为抗战后对于侨教之具体规划。二十九年十一月教育部又设立侨民教育设计委员会,聘派专任人员,主持海内外侨教有关事项之推进。数年以来,对于侨民教育,多所规划。

二、侨教经费之增加及侨校之创设　二十九年以前,中央指拨侨民教育经费每年仅 20 万元,三十年度增至 120 万元。三十一年度增为 170 余万元,三十二年度复增至 260 余万元。近数年间曾由中央拨款在海外创设侨校,计于澳洲之雪梨、美利滨,缅甸之景栋,马来亚之槟榔屿,印度葛伦堡等地,各设侨民小学 1 所。景栋及槟榔屿两地之侨校,虽因战事影响,致功败垂成,但其余各地之侨校,尚能筹备成功。在国内方面,教育部自二十九年起,先后在云南保山、四川江津及广东乐昌,设立国立华侨中学 3 所(第一华侨中学已由云南迁贵州清镇)。复于闽粤两省设立国立侨民师范学校 2 所。同年,又拨款著国立复旦大学、中山大学、广西大学及广东省立文理学院,各增设先修班收容侨生。又拨款交粤省内之中等学校增开 50 班,收容由港澳等地退回之侨生。

三、侨校师资之训练及教材之编订　侨务委员会曾于二十九年创设侨民教育函授学校,训练海外侨校原有师资,共有学员 1250 人,分布于亚美非澳四大洲,又续办侨民教育师资训练班训练新师资。第 2、3 两期共得毕业学员 77 人。因受战事影响,均于三十一年暂行停办。现教育部在闽粤 2 省所设之国立侨民师范学校 2 所,则以造就侨民初等教育之师资为目的。编订侨校教材工作,于二十八年冬继续进行,至三十年度已将小学教科书及教授书完成。至中学教本三十年起进行编辑者,有侨校初中国文、公民、历史、地理、算学及博物教科书。

四、侨校立案及视导制度之推行　海外侨民学校约共 3000 余校,二十八年以前立案者仅 431 校,二十九年核准立案者 62 校,三十年核准立案者 95 校,连前共达 588 校。惜因战事影响,各侨校多已停办,或暂与中央断绝联络。三十一年度核准立案者仅 23 校,连前合共 611 校。又自二十九年起,教育部会同侨务委员会曾派专员驻港、澳,督导侨教。三十年又增派视导专员,分赴菲列滨①、缅甸等地视导侨教。太平洋战事发生后,驻港澳及缅甸专员,均因当地沦陷,先后归国。驻缅专员,现经改派驻印。教育部并经常派员视察各国立华侨中学及侨民师范,指导改进及收容救济华侨学生事宜。

---

① 今译菲律宾。

五、侨生升学之指导与奖助　二十八年在渝设立回国升学华侨学生接待所,接待侨生。三十年复予扩充。对于各侨生升学则由侨务委员会保送或介绍,由教育部通令各专科以上学校从宽录取。计三十一年度全年由会保送介绍就学侨生共 723 名,连其他附属机关介绍者共 4553 人。对于清寒优秀侨生则给予公费或奖学金。

六、侨校内迁之补助及员生之救济　太平洋战事发生后,部、会会拟办法呈请行政院前后共拨侨教救济费 400 万元,举办侨教救济事宜,补助侨教内迁,救济归国侨校教员及在国内就学之侨生。截至本年五月底止,此项救济经费业经核发 320 余万元。

七、南洋研究机构之设立　南洋为我千万侨民数百年来筚路蓝缕艰苦开辟之所,详加研究,实为我国当前之急务。故教育部与侨务委员会于三十一年四月遵照中央决议,设立南洋研究所,上年度内该所曾就有关南洋之政治、经济、教育、史地各方面选择重要问题 19 项进行研究,已有专著发表。又进行编译书籍 10 余种,介绍有关南洋之知识。本年再增聘人员开展工作,并从事有关南洋各项问题战后处理方案之拟订,期供政府之参考。

八、训育

青年训育之改进,为民族复兴之要图,抗战以来,教育部关于训育工作,规划颇详,推进亦力,兹略述如次。

一、训育标准之规定　训育之实施,应有共同一致之目标,俾资依据。教育部于二十七年颁布《青年训练大纲》,详释伦理之基本观念,缕列训练要项与方法,以为学校共同校训,颁发各校制匾悬挂。同年颁布《训育纲要》,确定自信信道、自治治事、自育育人、自卫卫国,为训育四大目标,并依学生程度规定各级学校实施要则,俾为有系统有步骤之实施。又制颁《小学训育标准》,并拟订《中等学校训育标准》暨《专科以上学校训育标准》。

二、导师制之推行　为矫正训育上偏重消极管理,忽视积极陶冶,并挽回师生关系之日渐疏远起见,教育部特于二十七年创行导师制。订颁《中等以上学校导师制纲要》及实施应注意之要点,阐明趣旨及实施时应有之认识,注重德术兼修,言教身教及个别导正之利用。通饬慎选导师,切实推行。过去教育上偏重知识传授之流弊,可望藉以转变。近复就各校实施情形,详加研究,以中等学校与专科以上大学校训导情形不尽相同,因将导师制纲要分别订颁,以期切合实际需要。

三、训育机构之建立　学校训育机构,向少一致规定。教育部于二十八年特将专科以上学校及中等学校行政组织,分别加以增订或补充。规定专科以上学校设训导处。处下分设生活指导、军事管理、体育卫生等3组。中等学校之在八学级以下者,设训导组于教导处之下;九学级以上者,应专设训导处,处下分设训育、管理2组。又教育部于二十七年设立训育研究委员会,以研究学校训育及社会教育机关训育实际问题,于三十一年改组为训育委员会,专负训育工作研究、指导与推进之责。

四、训导书刊之编发　为提高训导人员之研究兴趣并增进其工作效能,特编印训导书刊分发参考应用。计已编印者有《教育与人生》《青年心理与训育》《德行竞赛》《课外活动》《课外学艺研究》《社会教育机关训导实施法》《中等学校训导与各科教学》(上编)、《三民主义与社会科学》(上编)、《学校社会服务》《中等学校劳动生产训练》《大学生用钱问题研究》等11种。尚在编纂中者有《专科以上学校训导实施法》《领袖最近对于军事教育之指示》《学校训导手册》《童军管训人员手册》等10余种。此外复编成《训导通讯》,刊发有关训育之法令及训导消息,藉备研讨。又研讨中等以上学校训导设备要项,并编制训导图标与标语,分发应用,以资改进。

五、训导会议之举行　为检讨并策进各校训导工作,经于三十一年十月召集陪都附近中等以上学校训导会议。除陪都附近中等以上学校主管人员外,其他各地院校亦推派代表参加。本年复扩大会议范围,将会议分区举行。计分陪都(包括陪都附近及鄂省)、成都(包括成都附近及西康)、昆明(包括滇黔)、兰州(包括陕甘宁青等省)、桂林(包括湘桂等省)、江西(包括赣粤闽等省)6区。除陪都区由部直接办理外,其他各区,均经由部分别派员前往主持。

六、青年思想之善导　教育部二十七年九月制定《高中以上学校新生入学训练实施纲要》,令饬各校实施始业训练,以培养青年正确思想之基础。又编纂《青年必读文选》,选辑有关道德修养之文字,印发中等之学生,按期研读。并规定各校应多选有关青年思想启导之教材,以增进青年对于为学与做人之认识。更举办全国中等以上学生三民主义论文比赛，以奖进青年从事总理遗教之研究。

七、青年训练之加强　学校军事管理与童军管理，施行已久，战时更督促加强进行。关于全国青年应实施国民精神总动员，各校应励行新生活规律举办秩序竞赛，均经先后制定具体办法，督导实施。又特颁整饬学风令，并制颁培养学风之一般实施方案。又制定中等以上学生礼节，督饬遵行。为适应战时特殊需要，二十六年九月订定《高中以上学校学生战时后方服务组织与训练办法大纲》，使学生有协助军事推进之机会。二十八年十月订定《中等以上学校学生假期兵役宣传实施纲领》，使学生利用假期，协助役政之推行。二十九年三月订定《高中以上学生参战奖励办法》，与学生以直接参战之机会，而为民众之表率。关于生产劳动服务训练方面，二十八年订颁《公私立学校推行造林事业办法》，二十九年五月订颁《各级学校实施农业生产办法大纲》，三十五年五月订颁《中等以上学校员生助耕助收实施办法》，本年三月复订颁《中等以上学校指导学生劳动服务应行注意事项》。凡此设施均为适应战时特殊需要，而对于青年教育亦可收相当之效益。

此外更规定学校专任训导人员，须经资格审查合格，始能担任。为增进教导人员修养起见，特分期派至中央训练团党政训练班受训。第 1 期至 26 期，此项调训人员，计达 1700 余名。

九、体育

抗战以来，政府及社会人士，鉴于体育对于抗建工作影响之重大，提倡不遗余力，数年之间，尚著成效。兹就行政、事业及师资训练 3 方面，约述如左〈下〉：

一、体育行政之推进　二十九年教育部召集全国国民体育会议，对于国民体育实施办法，多所商讨，各项决议，多经采择施行。为便利中央法令计划之推行，并选拔专业人材以应急需，同年特举行体育行政人员特种考试，及格者加以训练，分发各省任用。三十年九月九日国民政府公布《修正国民体育法》，教育部依法主管全国体育行政，一切有关事业，完全依据该法积极推行：如督促各省市成立国民体育委员会，加强体育行政机构，确定体育事业经费以利事业之推行,举办各省市体育行政工作竞赛,实行严格考核。此外为适应时代需要起见,先后修正各级学校体育课程标准4种、体育场重要法规3种、各级学校体育实施方案、体育设备暂行最低限度标准及各种法令10余种。

二、体育事业之发展　关于学校体育,举办体育实施成绩竞赛,以为考核之依据,随时督促改进,充实体育场地设备及编订体育教材以利教学。并订颁《中等学校体育实施成绩考核记录表》,及《中等学校学术运动技能测验法》,是为考查体育成绩较为客观而合理之方法。关于社会教育,督促各省市按年分期举办运动会及各种体育比赛,国民兵运动会,藉收锻炼之效。又订九月九日为体育节,依时扩大宣传,并举行各项体育活动,以引起民众参加运动之兴趣。并订颁《各省市体育场分期设置办法》,期于5年内普遍设立,以利国民体育之推行。

三、体育师资之训练　除原有国立师范学院体育系2处加以充实外,增设专修科3处,师范专科学校2处,并为治标计,设体育师资训练班7班,训练1年后,即分发任用,以应国民体育之需要。同时为供给现任体育教师进修机会,每年分省举行中小学体育教员暑期讲习会,藉谋体育师资质量之改进,使能配合行政之需要,而获得切实之成效。

十、战时教育特殊设施

抗战军兴,教育部为谋战区教育之维持与推进,特于二十七年拟具《沦陷区域教育设施方案》呈准施行,数年以来多依此积极推进。

一、战区教育人员之救济　二十六年十一月起,教育部即举办战区教育人员及中等以上学生登记,嗣复订定处理由战区退出各级学校教职员及社会教育机关、工作人员办法。凡由战区退出之教育人员,由部级各省市教育厅登记合格者,均按其所长指派工作,或由各省市教育厅局战区教师服务团及社教工作团分配工作,由教部发给生活费。截至三十一年年底止,历年登记合格各项教育人员达19400余人。其由各省市教育厅局支配工作者,以担任地方教育为主,由教部发给生活费,以利进行,并逐渐由各服务机关正式任用,以节公帑。

二、战区青年之招致　为大量收容战区中等学生起见,先后于豫、陕、甘、川、鄂、赣、浙等省,设立国立中等学校多所。又曾于各地分设中山中学班,嗣经分别归并于国立各中学,或划归省办,改为省立学校。除国立中等学校收容沦陷区学生外,凡经登记合格之战区中等以上学校学生,均予分发至国立或各省市公私立中等以上学校肄业。又自二十九年成立战区学生指导处,并于临近战区冲要地点,分设战区学生登记处、接待站、进修班及职业班,专事招训战区青年。又由战地失学青年招致训练委员会在各战区设立招训委员会、青年接待所及招致站,并密派干员,深入敌后,经常负责,积极招致,分别组训。留学生之在国外或回国失业者,历年亦并予救济,截至上年底止,历年招致登记战区中等以上学生,约达 78000 人。

三、员生生活补助与贷金之规定　抗战以来,为救济战区学生,使能继续安心求学,即定有膳食贷金办法(战区贫寒学生医药救济,及各校空袭损失之救济。并经竭力办理),二十九年秋冬之间,物价高涨,非战区学生膳食,及一般教职员生活,亦需由政府予以救济。乃订定《安定国立各学校员生生活办法》,嗣经修订改善,教职员除薪津外(薪,指原支薪额;津,指战时生活补助费,视各地生活指数而定,原薪较低者,生活补助费多已超过其薪额),本身及直系亲属,每人每月之定量食粮(按 2 市斗 1 升米量计算)依所在地米价,每市斗 5 元以外之价额,由政府补助之。至战区学生膳食贷金,则分甲乙两种,甲种以所在地熟米 2 市斗 1 升之市价(自本年六月份起增为 2 市斗 3 升),另加副食费(其数额视各地物价酌定),悉数由政府贷给余数。非战区学生补助膳食贷金,亦分为甲乙两种,除去每人月缴 18 元外,依其家庭经济之状况,甲种贷给超出数之全额,乙种贷给半额。享受公费待遇之学生,则膳费全由政府供给。关于学生贷金及教职员米代金补助费用,二十九年最后两月,共支经费约×百×十万元,三十年度共支经费约×千×百×十万元,三十一年共支经费计×万×千×百×十余万元。本年度预算列支×万×千×百万元,平均每月合×千×百万元;①但每月实需 4000 万左右。

---

①　原件如此。

十一、校舍与设备

我国沿海各省及平津京沪等地,素为文化中心,教育发达之区,抗战以后,多已先后沦陷,教育文化机关各项损失,至堪痛惜。为保存国家元气计,在抗战初期,教育部曾制颁《总动员时督促工作办法纲领》,通饬遵行,并一面集其全力于战区学校之内迁。惟各校原有基地校舍,既随所在地被敌侵占,而原有之图书、仪器、标本、机械,亦不易悉数运出,其后辗转迁徙,及其他意外事件,更不无损失。战时补充增置,自属匪易,而各校员生类能持艰苦卓绝之精神,凭藉不完善之物质环境及工具,照常教学研究,循序发展。教育部督同各级教育机关,于艰难困苦环境之下,以最少之人力、财力,从事最低限度之物质建设,数年以来,亦有堪值陈述者:

一、校舍之修建 各校校舍,过去多按照经济状况及组织范围,个别设计,核其实际,有所费甚巨,不切实用者。战后中央首先注意,明白规定:"各级学校之建筑,应只求其朴实合用,不宜求其华美。"各校迁移后方,或设置新校,其校址之选择,与基地之租借或征购,大都深赖当地各级地方行政机关之赞助,各校校舍有向学校租借者,有利用地方公产加以改造者,有租赁庙宇祠堂或会馆者,有租借或购置私人园林屋宇者。初以战时力图经济或急遽疏散关系,自未免有过于简陋者。教育部依据中央规定,从事改善校舍建筑之规定,其主要目的,在求新建校舍,务必与巩固、适用、安全、经济等原则相符合,一反过去徒饰外表之积习。数年以来,先后拨款增修校舍,各校应需房舍,现多已合用。

二、设备之补充 学校设备,如图书仪器标本之类,战时补充极感不易,而教育部数年以来,则就力之所及,采用种种有效办法,藉谋各项设备之充实。

(一)向海外购置并征募图书仪器 专科以上学校之图书仪器,采自欧美各国出版制造者颇多。战后外汇限制綦严,教育部曾主持征募各国图书工作,英国牛津大学首先表示赞助,此后各国人士纷纷捐送。截至二十九年度止,从英国方面募得图书杂志为62箱,计图书3047种,3769册,约值英金3000镑以上;杂志15种,246册,约值英金350镑。均经分配于国立中央大学等 30 校及省私立大学图书馆等。美国方面,亦征得图书 300 余箱。教育部又于二十九、三十两年,先后请准核拨美金 100 万元,向美国统筹购置图书仪器。均按照各校原有设备情形,审慎分配。各校所购物品,三十年年终运抵仰光者,计有 4 批。缅境战事发生后,空袭炮击,略有损失,但已设法抢运到渝,其续到滞存印度者,正设法办理内运。又经与美国方面洽商,允以大学用书影印片赠送我国,以补充教科书本之缺乏,正设法运送中。

(二)仪器标本之制造　抗战之初,教育部除将战前委托中央研究院物理研究所承制之理化仪器,设法内运百套以应急需外,并委托四川省立科学仪器制造所、私立华西协合大学、教育部小工艺训练班,分别承制理化仪器、生物标本、模型及教学教具。对于各省原有科学仪器制造所,复积极予以奖助,俾能逐渐增加产量。复于三十年春委托北平物理研究所代制显微镜 200 架,上年已制成镜头 20 余具。又商请中央工业试验所,从事大规模各项设备制造之设计。同年在合川成立生物标本制造所。三十二年三月在重庆设立科学仪器制造所,均聘有专门技术人员,划拨巨款,以便大量制造,供应后方各省中等以上学校之需求。

(三)教科图书之编印　大学各教科书,教育部已积极进行编著。关于中小学教科用书,除接受书局贡献版权,督导各省市翻印外,国立编译馆编辑之中小学教科书,现已陆续脱稿。上年更筹拨专款,充实四川及江西两国立造纸印刷科职业学校设备,以便大量印刷教科书,统筹供应,更能制成纸型,分发各省市翻印。并经迭令各省市教育厅局,设法扩充印刷机构,统筹购运。更召集各大书局,协商编辑及分类分区供应教科书办法,由部予以协助。此外又以教科图书版本纸张与印刷是否合宜,关系学生视力綦巨,特商定改善办法,督导遵行。

21. 抗战时期迁都重庆的国立编译馆(1940年)①

弁 言

本馆自民国二十一年成立以来,迄今8载有半,初以惨淡经营,规模略具;军兴以还,数经迁徙,今工作于白沙,行及2年,爰将本馆情况,综述如下:

(一)馆址:二十六年十月本馆奉令由南京迁庐山,嗣迁长沙,次年一月复迁重庆,二十八年四月奉令疏散,乃迁江津之白沙。

(二)经费:本馆经费,战前每月经常费为11000元,军兴后曾减至3960元,二十八年七月,改为5500元,并由教育部拨给临时编译及编审员等事业费2000余元。其他因赞助本馆工作而予以补助者,有洛氏基金董事会、管理中英庚款董事会,与教育部医学教育委员会等机关。其全部支配,除编辑大学用书由教育部指定专款举办外,用于审查教科图书者4/10,用于编订名词者3/10,而以其余用于纂辑辞典、编译图书及整理文献等工作。

(三)人员:本馆人员,战前达80余人。军兴后,经费锐减,留馆人员仅及1/4。二十七年春,迁渝办公人员,逐有增添,除教育部派馆服务之临时工作人员外,现有专任编译12人,编译及部派编审员42人,事务及缮写人员26人。顾本馆工作多端,又多专门之业,其工作人员分配,犹未能与之相副;所幸国内专家声气互通,学术合作,举重若轻,时收其效,如各科名词之厘订,即

---

① 此文系国民政府行政院教育部属国立编译馆自撰稿,原名为《国立编译馆工作概况》。原件存于重庆市档案馆。

其显例。

（四）图书：本馆图书除一部分运出者外，并于二十七年秋接管安徽大学图书，现共有中文书籍45000余册，西文书籍（杂志除外）3500余册。年来交通不便，犹四处搜求，除随时入藏者外，计添购中文书籍4200余册，西文书籍800余册。此外海内外定期刊物之购订，西南各省方志之征求，所得亦复不少。惟以经费有限，尚难尽量购求。

以上为本馆情况之荦荦大者。今后工作，凡已举者，促成之；未举者，创始之，时求进展，俾臻于完善。尚希国内学者，不吝赐教，加以匡助，斯又不仅以本馆之幸也。

工作概况

本馆工作，可分为（一）审查教科图书，（二）编订名词，（三）编译辞典，（四）编译图书，（五）整理文献，（六）主办编辑大学用书等项。兹分述如次：

（一）审查教科图书

我国中小学教科用书，自兴学以来，即采用审定制。司审政者，清季为学部，民国十六年前为教育部，十六年后为大学院图书审查委员会，十八年后为教育部编审处，二十一年后由本馆负责，仍由教育部核定行之。每书付审，须经初审、复审及终审之手续。自初审以至审定，送审次数，平均约在3次以上。综计中小学、师范教科用书，凡146种，中学每经3年，小学每经4年，或遇课程标准修改时，均须重行改变送审。本馆成立后，曾经审查之教科用书凡2900余部，10000余册；自二十五年修正课程标准公布后，经审定核定之教科用书凡299部。

（二）编订名词

我国学术名词之编订，由学术团体主持者，始于民国四年之医学名词审查会，嗣改为科学名词审查会；由政府主持者，远在清季宣统元年，学部奏设编订名词馆，派严复为总纂。民国五年后教育部亦曾从事于此，十七年大学院更设立译名统一委员会，专负此责。迨本馆成立，更竭力以赴，成为中心事业之一。其编订程序,由本馆人员,搜集各科英、法、德、日名词,参酌旧有译名,慎予取舍,妥为选择,复经教育部聘请国内专家组织审查委员会加以审查,再由本馆整理后呈请公布。一编之成,亦有审核三四次,历时二三年者。其已公布者,计有天文学、物理学等名词 15 种;编订完成在审查中者,计有社会学、哲学等名词 32 种;在编订中者,计有体育、生理学等名词 33 种。总计 80 种,分志如后:

〈以下书名略去〉

(三)编译辞典

辞典为工具用书,与学术之关系甚为密切。本馆进行编译之辞典,计有中等各科辞典、专科辞典及大英百科全书 3 种,分述如次:

(甲)中等各科辞典

本馆为供中学师生及大学初年级学生之参考起见,从事编纂中等各科辞典,其已着手进行者,有下列 6 种:数学、物理学、化学、生物学、地理、教育。

(乙)专科辞典

本馆编订名词,已具基础,业经审定者,凡 15 科,亟应释源诠义,著之专书,是故分科辞典工作,刻不容缓。第因范围广博,须待逐年分科进行。兹特先就天文、心理、社会 3 科着手注释,其负责编纂者如下:〈略去〉

(丙)大英百科全书

本书体制宏伟,自 1768 年第 1 次出版于爱丁堡后,迄今 160 余年,经 14 次之修订,逐渐扩充,蔚为大观。本馆为国家学术机关,负沟通世界文化之责,对斯巨构,殊有促进翻译之必要,现已按照所拟计划分科进行。其第 1 年应行翻译之科目,计有下列 5 种:天文学、哲学、教育、政治学、经济。

(四)编译图书

编译图书为本馆重要工作之一,第为经费所限,只能就现有人力,渐次进行。其历年已经出版及付印之图书,约可分为名词、编著、译述、挂图诸类,凡 136 种。至在编译中之稿件,大部分系由部派临时编译担任。除出版书目详见附录外,兹将在进行中编译工作及在印刷中、待印中之稿件,分列如次〈略〉:

（五）整理文献

我国历史悠远，典籍丰富，顾多散漫无纪，致不易寻其嬗递之迹。本馆之整理工作，意在以科学方法从事整理，期固有文化，藉资阐发，学者亦得其便利焉。兹就现在进行中者，分述如下：

（甲）史料方面

本项工作，可分3类：（一）关于文化史料者——我国史籍浩繁，向缺精密之分类，如欲从事全部文化史之编纂，必先经过史料整理之工作。惟其范围甚广，势难全部同时并进。兹先就政治、经济、社会3方面，加以整理，再及其他。（二）关于民族运动史料者——太平天国之创建，为我国近代民族革命运动之发轫。顾其史料散佚，搜求不易，故特从事于此项文献之搜集。（三）关于断代史料者——我国各代史实，俱有综合之正史，可资参考。满清易代，垂30年，一朝典实，未经整理。《东华录》一书，包括有清300年来之史实，但因卷帙甚巨，检阅为难，学者苦之。兹特分类比次，事具始末，以为研究清史之一助。兹将以上3类书目正在进行中者，列举如左〈下〉：《中国政制史料索引》《中国经济史料汇编》《中国社会史料汇编》《东华录类编》《太平天国丛书》第2集（第1集已出版）。

（乙）志书方面

我国疆域广大，山川交错，风候土宜，往往因地而异，欲考其异同之点，作政治上之设施，是必有赖于地方志书。惟旧日方志，多偏于地方文献，而忽略实地考察。本馆此项工作，重在以科学方法，从事实地调查。其关于水利者，有《黄河志》之编辑；其关于方志者，有《广汉初步调查报告》。今后将以此种方法从事于其他志书之编辑焉。

〈书名略去〉

（丙）总集方面

本项工作，注重文学总集之整理，盖综合群籍，网罗散佚，颇为不易，过去学者虽曾注意于此，然此书尚不多见，致文学史家，搜求考稽，每感困难。已成书者，有下列2种：《全宋词》《全元杂剧》。

（丁）三民主义论丛

数10年来，承学之士，演述总理三民主义暨其学说、思想、政策等之余绪,发为有关学术之宏论,散见于各杂志中者,比比皆是。本馆以此等论文,不惟足以阐扬总理学术,抑且关系一代文献,若不加以有系统的类聚,无以观其汇通。适中央有三民主义丛书编纂委员会之设立,遂以三民主义论丛编辑事宜委托本馆办理,已于本年九月开始,正在进行中。至上述各项论文搜集范围,以散见于民国纪元前至"七七"抗战止所出版之报章杂志为限。抗战以后发表者,自有其划时代之意义,当编为续辑。兹将编辑大纲附列于后:

(一)总类　凡讨论总理学说、思想及政策等论文均属之。

(二)各论

(甲)三民主义　(一)三民主义概论,(二)民族主义,(三)民权主义,(四)民生主义。

(乙)心理建设　讨论知难行易学说及总理哲学思想等论文均属之。

(丙)物质建设　凡解释总理实业计划及研究各种经济建设计划等论文均属之。

(丁)社会建设　凡解释或讨论民权初步等论文均属之。

(戊)国民党　(一)党史,(二)政纲与政策,(三)党的组织问题,(四)党的训练与宣传问题,(五)党与政府,(六)党与民众。

(己)国民革命　凡讨论中国社会问题与中国国民革命诸问题等论文均属之。

(庚)其他　凡国内外学者讨论中国问题而涉及主义与国民党者,或虽不涉及而可以解释或阐扬主义者,均选录之。

(六)主办编辑大学用书

各国大学无不以其本国文字编著教科用书,数 10 年来吾国学者虽曾致力于斯,仍有待政府之促进。教育部有鉴及斯,首于二十八年颁大学科目表,并组织大学用书编纂委员会,由本馆主办编辑事宜。依照计划,第 1、2 年编辑各学院共同必修科目用书,第 3 年编辑各学系二年级必修科目用书,第 4 年编辑各学系三年级必修科目用书,第 5 年编辑各学系四年级以上必修科目用书,各年亦编辑选修科目用书。编辑方法一为采选成书,二为公开征稿,三为特约编辑。现均在积极推进中。

〈以下书名略去〉

22. 抗战时期迁都重庆的国立中央图书馆（1947年）[①]

国立中央图书馆于民国二十六年十一月十八日奉令西迁,二十日离京抵汉,携有重要图书130箱。十二月十五日雇民船至岳阳,旋改雇民轮至宜昌。二十七年一月由宜入川,二月一日抵重庆。假川东师范大礼堂办公。另租上清寺聚兴村民房为本馆兼办之出版品国际交换处办公地点。鉴于当地无适当之图书馆,乃于五月一日开放览阅,顾限于房屋仅能容纳少数阅者,因先办参考阅览室,而杂志报章亦尽量陈列。至二十八年三月频遭敌机侵袭,奉命疏散至白沙。是年八月,设白沙民众阅览室,以中文图书为限,分普通、杂志、日报、图表4部分。并附设儿童阅览室,专供儿童阅读图书。另辟参考阅览室,以西文图书为主,专为迁沙各文化机关参考之需。

时重庆定为陪都,尚无稍具规模之公共图书馆,因于二十七年十月计划建筑规模较备之图书馆,择定市区两浮支路建立本馆重庆馆厦。三十年一月全部竣工,二月一日开放阅览,内分普通、特别、参考、研究、日报、儿童阅览等各室。另辟大展览室,以供陈列展览品及开会之用。屋宇高旷,庭院幽美,实具城市山林之胜。抗战胜利,白沙部分迁回重庆。三十五年五月复员还都,重庆馆厦改设办事处,继续开放阅览。十一月中央筹设罗斯福图书馆于重庆,本馆遂移赠全部馆厦暨一切设备与罗斯福图书馆,以垂永久而留纪念。

---

① 此文系国民政府行政院教育部中央图书馆自撰稿,原名为《抗战时期迁都重庆之国立中央图书馆》。原件存于重庆市档案馆。

23. 抗战时期迁都重庆的交通部(1947年)①

一、行政

(一)迁渝经过

抗战军兴,国府西移重庆。彼时西南西北交通落后,中枢乃决心筹拨专款从事兴建。交通部秉承中枢意旨积极筹划建设内地交通,俾能负担战时交通之任务。故抗战初期交通部暂迁长沙,俾便筹划指挥。二十七年一月,中枢调整交通机构,将铁道部及全国经济委员会之公路部分并入交通部,并迁武汉办公,而于长沙、湘潭、桂林、重庆等处设办事处。是年夏,敌人进扰武汉,交通部一方面尽力调度军运,一方面协助疏散人口、物资,虽迭遭轰炸,仍本不屈不挠之精神完成任务,即于二十七年六月份由长江水路,粤汉、湘桂两铁路及湘西公路先后迁渝。旅途虽极艰苦,均能通力合作,克服困难,达成迅速确实之任务,二十八年春大部分员工前后抵渝,照常工作。

(二)组织概况

交通部内部组织设秘书、参事、技术3厅,路政、邮政、航政、材料、财务、总务6司,会计、统计、人事3处及设计考核委员会。邮电司系由电政公司改组,主持邮电行政,而以邮政总局专办邮政业务。复于三十二年四月成立电信总

---

① 本文系国民政府行政院交通部自撰稿,原名为《抗战时期迁都重庆之交通部》。原件存于重庆市档案馆。

局,专办电信业务;设计考核委员会系于三十二年奉令将交通事业综合设计委员会考核委员会改组;于四月成立会计处、统计处,隶属于主计处;人事处系于三十二年九月间由人事司改组,隶属铨叙部。均归交通部之指挥监督。

附属机关,铁路部分有各铁路工程局、管理局、机器厂、铁路测量总处等;公路部分有公路总局、各公路工务局、运输局、重庆公共汽车管理处、运输总队等;电信部分有各电信管理局、工程队、国际电台等;航空部分有中国航空公司、中苏航空公司,至中央航空公司原为欧亚航空公司,于三十二年三月收归国营,改称今名;水运部分有国营招商局、各航政局、航政办事处等;邮政部分有各邮政管理局、邮政储金汇业局等;驿运部分有驿运总管理处、各省驿运分处等;材料部分有材料供应总处、各材料厂库等。

三十三年底,撤销驿运总管理处及各省驿运管理分处。三十四年一月,公路总局改组为战时运输统制局,直隶于军事委员会,驿运事业亦由战运局办理,以期集中各种运输力量,配合反攻。日本投降后,复员开始,战运局于三十五年一月明令撤销。材料供应总处于三十四年二月撤销。交通所需各项器材由材料供应司统筹供应。

(三) 部址迁移

交通部西迁重庆后,部址系在上清寺街彭姓大厦。最初一部分人员曾在川盐大楼及左营街办公。二十八年五月三日敌机轰炸重庆,市区发生大火,左营街之电政司、航空司均遭烧毁,继即迁入牛角沱部内办公。此外,磁器街电政司同人宿舍被毁,都邮街邮政储金汇业局等均遭毁损,幸赖同人奋勇抢救,重要公物机料全数抢出,措置得宜,遂即恢复工作。

中央因敌机滥炸重庆市区,积极疏散重庆各机关至附近四乡,交通部遂将一部分员工及不必居留市区之眷属疏迁至廖家店、南温泉两处,并设立办事处经办各该区之管理及设施事宜。

(四) 协助管制物价情形

《加强管制物价方案》交通部拟订之实施办法都〔有〕51条,分运输及邮储两部分。运输部分复分原则、机构、限制运价、便利运输等项;邮储部分分原则、组织办法、准备等项,兹略述实施情形于左〈下〉:

(1) 限制运价　交通部对于各运输事业之运价早已实施管制,均以最低运输成本为标准。如因最低运输成本发生重大变动,非经呈准,不得增加运输价目外之一切运输所需费用,如栈费、押运费、中途搬运费、运输损失费、转运手续费等,亦均同时设法减轻与限制,不论国营公营或民营,均顾及社会利益,对价格也请求加价审核正严。

(2) 便利运输　管制物价之根本办法须从便利运输入手,俾便货畅其流。交通部综管运输事业,曾分别计划实施,如建筑湘桂、黔桂、滇缅、川滇、宝天等铁路,赶筑滇缅、西祥、川中、乐西等公路,及改善西南西北各省公路,创办驿运,建造木船及浅水轮船,建设绞滩站绞驳船舶,创办川湘、川陕水陆联运,增辟国际航空线等。调度运输工具,力求迅速,运输手续力求简便,以增加运输之能力,以便利物资之运输。

(3) 掌握物资　登记管制电信器材,无论公私机关对于电信器材之储存使用及无线电之装备,均须向电信机关登记;汽车配件之购置、使用、运输,均须呈请登记;并将渝市存料调查登记。

(4) 加强同业公会组织　加强民船业同业公会、汽车业同业公会、铁路转运业同业公会组织,使其健全,以达到便利运输之目的。

(5) 发展邮政储汇业务　添辟通海邮路、邮差邮路,增设局所,创办军邮,充实储金种类,开办定额汇票等,以期协助管制金融,加强管制物价之力量。

(五)实施行政三联制

三十年中央加强推行行政三联制,饬设立考核机构。交通部因于是年三月二十六日成立交通事业综合设计考核委员会,分设计、考核、技术、视察4组。三十二年三月遵照国防最高委员会颁布之《党政各机关设计考核委员组织通则》,改组为设计考核委员会,并依照通则,拟订办事细则,设秘书室及设计考核两组。原通则并无设置秘书室之明文,交通部因交通事业错综繁重,非有充分机构不能达到设计考核之任务,故改组时于设计考核两组外,仍设置秘书室。各附属机关之组织与业务较繁者,如公路总局、邮政总局、驿运总管理处、各铁路局等,均一律成立设计考核委员会,藉以实现分层负责,分级考核之目的。

交通部设计考核委员会其重要之工作,设计方面为编造年度计划,可概别为普通政务计划与特别计划两种。其因为交通事业某种特殊需要拟定之特种计划,与遵照交办意旨拟定之特种计划,亦由设计考核委员会编制,如《西北十年建设计划》之拟订、《战后五年经济建设计划》拟订、《加强管制物价方案》之拟订等。考核方面为审核汇编各种考核表报,加强实地考核,指派高级人员分区视察,以补书面之考核之不足,并协助解决工作或技术上之困难。

抗战时期物力为艰,各种交通事业建设计划仍能逐步推进者,端赖设计、考核、执行三者之系连,使有限之物力,能发挥强大之效能,此则实施行政三联制之效果也。

(六)推行工作竞赛

工作竞赛之目的系在提高工作效率。交通部于三十一年一月成立工作竞赛推行委员会,并于五月间设立工作竞赛办事处,以办理部内及附属机关竞赛。

推行伊始,先择一地一事试办,以期获得实际之竞赛标准,以为普通推行之依据。电报工作竞赛始自川康藏电政管理局及重庆电报局,铁路工作竞赛先就湘桂、黔桂铁路试办,水运方面先就招商局之轮运试办,驿运方面先就重庆驿运服务所之马车推行,部内则先就总务司文书科举行,兹将工作竞赛实施情形略述于左〈下〉:

(甲)部内业务工作竞赛

(1)缮校工作竞赛　缮校工作竞赛,结果良好,多数人员均能日缮出5000字以上,工作效率增加25%。

(2)交通问题作业竞赛　第1次竞赛题为如何节省本部公物,第2次竞赛题为本部同人应如何参加开发西北交通工作,参加竞赛者颇踊跃。

(3)公文勤速及代表作竞赛　公文竞赛,一为勤速,一为代表作,竞赛标准采用相对制,即由各参加人员所送成绩比较,以定优劣,竞赛结果尚佳,公文减少积压。

(4)其他竞赛　其他业务用竞赛方式办理者,如人事登记工作竞赛、研究代用材料竞赛、办理交通统计年报工作竞赛、编订无线电机程式工作竞赛、小组会议等项。

(乙)附属机关工作竞赛

(1)邮政汽车运输竞赛　就准确班期、节省汽油、节省钢板、行程安全等项,举行竞赛,实施结果,邮政行车次数增加,误班减少,油类节省率及行车安全率均增高。

(2)电报报务工作竞赛　竞赛项目分凿孔打字送报、人工电报机收发、电动电报机收发等项,实施结果,每小时字数均增加,键盘机每小时最高纪录达1713字。

(3)电话竞赛项目分长途电话接线、查修电话机、查修电机线等项,竞赛结果成绩均增加。

(4)铁路工作竞赛　竞赛项目分行车效果、保养工程等项,实施结果,行车效率增高,保养工程优良。

(5)水运工作竞赛　竞赛项目分轮运工作、木船运输工作等项,实施结果,轮运迅速,木船行驶时日缩短,安全增进。

(6)驿运工作竞赛　竞赛项目分套车安全、饲马及马夫清洁等项,实施结果良好。

二、建设

(一)修建铁路

二十七年十月,武汉、广州相继沦陷,政府更积极筹划建设西南西北铁路,开发资源,以利继续抗战。西南西北皆系崇山峻岭,地形险阻、运输不便、器材缺乏,施工之难,非战前所能想象。兹略述重要者如次:

(1)湘桂铁路　湘桂路之修筑,系以接通越南海口及西江水运为目的,自衡阳至镇南关同登车站止,全长1027公里,分段修筑衡桂段及桂柳段,于二十九年前完成通车。以后运输军队调剂物资颇见成效,柳南段因敌人侵入桂南,二十八年十二月停工,复自三十年四月复工,展筑至来宾,复修筑大湾支线及零陵支线。镇南段因南宁失陷中途停工。

(2)黔桂铁路　黔桂铁路自柳州至贵阳,全长620公里,为我国西南区东西行之干线。二十八年间,由柳州开始建筑,二十九年十月接通至宜山,三十年二月接通至金城江,三十二年六月接通至独山,三十三年三月接通至都匀,旋以敌骑侵入,黔桂全路沦陷停工。

(3) 滇缅铁路　滇缅铁路为西南国际交通之新路线,自昆明至缅南边界之苏达,全长880公里。二十九年计划营筑,三十年全线分4个工程处兵力赶修路基,工程进展颇速,原定三十一年底完成,因太平洋战争发生,缅甸沦陷,滇缅铁路失其价值,三十一年四月停工。

(4) 叙昆铁路　叙昆铁路之功用在沟通川滇,联接缅甸、越南,完成国际通路,以输入国外物资,为抗战中重要之交通线。自昆明起至叙府止,全长859公里,因战事关系,材料不能输入,工程因之停顿,仅就昆明至曲靖段利用滇越铁路拆卸轨料,先行铺轨,于三十年三月通车曲靖。此后复拆移滇越铁路一部分路轨,展铺至沾益。其余工程暂行停办。

(5) 宝天铁路　宝天铁路为陇海铁路之延长线,自宝鸡至天水,全长168公里。二十八年开工,沿线多方石隧道,总长达22公里,工程艰巨。后以材料缺乏,运输不便,原定工期屡经延展,至三十四年底完成通车。

(6) 其他新路　修筑陇海路咸同支线,由咸阳接同官煤矿;及粤汉路白杨支线,由白石渡站接至杨梅山矿场;湘桂路黄阳司支线,通达窑冲煤矿;并赶筑綦江铁路,以开辟煤源,发展铁矿。

(二)修筑与改善公路

(1) 修筑国际公路　为沟通国际路线而建筑之公路,计自兰州至猩猩峡之甘新路,长1179公里;自长沙经衡阳至九龙之湘粤港路,长1100公里,以补助粤汉铁路之铁路之运输;自衡阳至镇南关之湘桂公里,长1107公里,以与滇南公路、铁路相联络。同时赶筑滇缅公路,自昆明以达畹町,计长959公里,由此可达腊戍,再与铁路衔接,以通仰光。三十一年五月,敌寇侵入滇境,惠通桥以西沦陷,惠通桥至宝山段自动破坏。三十二年七月滇西我军反攻,由交通部组织抢修队,随军推进配合抢修。三十三年八月为配合雷多公路军事之推进,兴筑宝密公路,自宝山经腾冲越37号界桥至密支那,计长389公里。在龙腾未克复前,宝密公路工程处已派员潜赴敌后,勘测路线,反攻进展,即分段赶筑,于三十四年四月打通中印公路,乃全线通车。该路穿越原始地带,瘴疠为患,工程艰巨,给养困难,幸赖员工努力,终得迅速完成。

(2)兴建与改善国内公路　为适应军事需要及流通物资,而兴建与改善之公路,择要述之如后:

1)贺连路　自广东连县经连山至鹰扬关入桂省贺县,计长153公里,为粤桂交通要道,二十七年十二月开工,二十八年九月完成通车。

2)黔桂西路　自黔滇路沙子岭经兴仁、安龙、八渡至百色,计长413公里,为黔桂两省西部交通孔道,二十八年十一月开工,二十九年三月完成通车。

3)川滇公路　自四川隆昌经泸县、叙永、毕节、宣威而达昆明,全长969公里,为西南西北联络重要路线,于二十八年八月全线打通,二十九年二月完成。

4)桂惠路　自桂林经龙腾、靖远以达三穗与湘黔路衔接,全长480公里,于二十九年开工,三十年全路打通。

5)汉白路　安康至白河段,计长258公里,为联络西北与武汉之重要路线,于二十七年十一月完成通车。

6)甘川路　自兰州经岷县、武都而达绵阳与川陕路南段相衔接,为四川通西北之安全路线,全长891公里,于二十八年底完成。

7)汉渝路　自重庆小龙板〔坎〕经大竹、达县、万源以达西乡,与汉白路相接,计长592公里,为重庆至汉中之捷径,于三十年底完成。

8)乐西路　自四川乐山迄西康、西昌,计长517公里,为川康主要干线,于二十八年八月开工,三十年一月完成。

9)西祥路　自西昌经会理永仁以达祥云,全长562公里,为乐西滇缅两公路之联络线,二十九年十一月开工,三十年六月完成。

10)川康路　自成都经雅安而达康定,全长374公里,于二十九年全线打通。

11)南疆路　自甘肃安西经敦煌入新疆至库尔勒,全长1234公里,为接通之重要路线,三十一年十一月开工修筑,至三十五年一月完成。

12)青康路　自西宁经黄河沿歇武至玉树,全长797公里,为由青入藏之干线,于三十二年七月兴工,三十三年九月完成。

13)康青路　自康定自甘孜,以达歇武与青藏路衔接,全长792公里,于三十一年兴工,三十三年九月全线通车。

兹将历年公路新筑与改善里程列表于左〈下〉：

历年公路新筑与改善里程表

年度	新筑里程(公里)	改善里程(公里)
二十七年	973	5584
二十八年	2583	9802
二十九年	949	9317
三十年	2616	11883
三十一年	755	15343
三十二年	1571	16666
三十三年	2228	20306
合计	11675	88901

（三）开辟驿运路线

武汉、广州沦陷后，国内物资运输以昆筑渝为枢纽。汽车运输力有不逮，行政院乃召集水陆交通会议，决定利用人力、兽力增强运输力量，先设驮运管理所，主办叙昆、渝筑、筑晃等驮运线。

二十九年二月先后成立兰猩、汉渝、泸昆、川陕、川康、滇桂、黔川、黔滇越等车驮运输所8所，办理车驮运输。二十九年夏成立驿运总管理处。并在各省设立驿运管理处，规定干线由中央主办，支线由地方主办。

中央驿运干线，计有川黔、川滇、川陕、甘新、新疆等线，共辟重要驿运路线6889公里。各省驿运支线，计有川、陕、甘、粤、桂、闽、赣、湘、鄂、浙、皖、豫、滇、黔、康等省，共辟重要驿运路线20000余公里。国际驿运路线共有下列3线：

（1）新苏线　该线由猩猩峡经迪化以迄苏联接壤之霍尔果斯，连同辅线，共长2013公里。

（2）新印线　该线自斯令那加①，经驿路至列城，而达新疆之叶城，由列城至叶城，分东西两线，东线1005公里，西线1160公里。

---

① 今译斯利那加。

(3)康藏印线　该线自康定经拉萨至印境葛伦堡,共长 2501 公里。

(四)开辟水运路线

国内运输随军事之转移逐渐向内河推进,航线日渐缩短,运量不免削减。交通部为发展水运、增进运量起见,致力于增辟新航线。武汉沦陷后,增辟之航线于次:

(1)嘉陵江航线　川省嘉陵江航线为贯通西南西北之水运要道,自设置绞滩站及炸除险滩后,小轮可驶航至南充,浅水轮可驶达广元。

(2)白水江航线　白水江航线为由四川通达甘肃之要道,自广元沿嘉陵江上游至白水江镇,可与公路相衔接。

(3)沅江航线　湖南常德至沅陵航线,木船航行迟缓。轮船试航成功后,常沅段轮船即源源航行沅陵。辰谿段继起开航,湘西水运愈臻繁盛。

(4)湘宜航线　湘鄂交通本经汉口或城陵矶转道,武汉失守后,增辟长沙经安乡、公安、松滋而达宜昌线,自二十八年起,至宜昌沦陷止,运输物资器材及旅客正多。

(5)金沙江航线　金沙江为衔接滇西各交通线,穿越西南腹地及通达国际运输线之最近水道,由交通部邀同有关机关组织测勘队测勘全线,复经金沙江工程处择要修浚,先行通航宜宾至屏山段。

(五)开辟空运路线

(1)国际航线　抗战以后,以欧亚航空公司所营汉口经长沙、广州至香港线,及中国航空公司自重庆经桂林、广州至香港航线需要最大,复增辟自昆明至河内线,以加强空运力量。武汉、广州沦陷后,复先后增辟重庆经桂林至香港线,南雄至香港线,重庆经昆明、腊戍至仰光线,重庆经昆明、腊戍至加尔各答线,及哈密经迪化①、伊犁至阿拉木图线。太平洋战事爆发后,香港航线停航,滇缅战后复增辟丁江至昆明、丁江至宜宾及丁江至泸县航线,国内外物资之输出、输入均由此中印航线空运,以维抗战之需求。

(2)国内空运线　抗战以后,沿海及华北航线均告中断,我国航空运输,

---

① 今乌鲁木齐。

以汉口、重庆、昆明为中心,先后开辟自昆明至成都,汉口至西安,重庆至桂林,汉口至长沙,重庆经泸县、叙府至嘉定,重庆经西安、兰州、凉州、肃州至哈密,重庆至兰州,成都至兰州,昆明至桂林,重庆经兰州、肃州至哈密,重庆至汉中,重庆经芷江至柳州,成都至雅安等航空线,以适应运输之需要。

(六)建设电信线路

抗战以来,电信所受损失颇巨,政府西迁后,积极建设报话线路,并修整扩充原有路线,采用新式报话机件,如韦氏电报快机及载波电话机等,先后完成重庆至昆明、贵阳、成都、西安、兰州等处重要报话干线,并完成中心制长途电话网,以配合军事通讯之需要。防空情报线及国内各空军基地通信网之修建,浙、赣、湘、鄂、滇、缅各战区被毁线路之恢复,东南各省与后方无线电通信之维持,市内电话之增设扩充,均能完成任务。自二十七年至三十四年三月,共计新设长途电话线25065公里,新设电报线路16897公里,修整报话线5300公里。

(七)增辟邮政局所及邮路

抗战军兴,邮政局所停闭者颇多,唯泰半仍冒险维持,以利通讯。政府西迁重庆,后方局所年有增加,至三十四年八月,后方邮局计有26620所。

自武汉、广州沦陷,邮政有全区多半完整而管理局所在地已告沦陷者,则在陷区完整地区另设管理局办事处,计先后成立广东、河南、湖北、浙江、安徽等办事处,并积极推展西南西北邮务。

抗战开始时,内地与沿海交通因京沪路阻断,改以沪杭路维持邮运,旋复以浙闽沿海及广州为通道,而以汉口为全国邮运中心。武汉、广州沦陷后,利用浙、闽、粤等省沿海小港口为出海邮路,以滇越铁路为邮运中心,后复利用滇缅公路及渝港航空线运邮。太平洋战事发生后,后方与沦陷区邮路先后组成浙东、湘北、鄂中、豫东等线,迨后因交通阻断,乃组织秘密邮路维持邮运。三十四年八月,后方邮路计有382746公里。

(八)敷设中印油管

自滇缅路封锁后,油料须赖空运入国,为减少空运油料吨位起见,特敷设中印油管,自印度加尔各答,经雷多密支那至昆明,总长3000余公里。国外段由美方自印度接至畹町附近,国内段由美方供给材料,我方工作由畹町沿滇缅公路至昆明后,复将油管展筑至曲靖、沾益、陆良、呈贡等地,以谋昆明以东各机场输油之便利。

中印油管为世界最长之油管,自三十四年五月底油管输油,迄同年十一月停止输油,每日输油量为18000吨。

三、业务

(一)铁路运输

抗战以来,各铁路线虽因战事之演变而逐渐缩短,但运输军事军品及人民器材任务繁重并未减少,幸能改善车辆调度,编组运煤等车及军运列车,举办水陆空联运,加强运输设备,添建岔道,抽换枕木,改善弯道坡度,及加强修车能力,以最经济、敏捷之方法运输公商物资,以发挥最大之运能,完成战时铁路运输之任务。

兹将抗战以来各铁路运输数量列表于左〈下〉:

各铁路历年运量表

年份	人数			吨数		
	合计	军士数量	旅客数量	合计	军品吨数	货物吨数
二十七年	8543900	2050500	6493400	7350000	1249500	6100500
二十八年	10282100	2467700	7814400	3560000	605200	2954800
二十九年	12045440①	2968744	9076644	2636827	459543	2177284
三十年	14134650	2089665	12044985	3136340	363700	2772640
三十一年	13459668	2131625	11528043	3460247	380518	2688729
三十二年	18970789	2984456	15986333	3741429	455849	3285580
三十三年	9228121	1529887	7698234	1611608	250244	7361362

(二)公路运输

武汉、广州沦陷后,公路负荷战时运输之重任,除一般军公运输外,尚有

---

① 此处合计数有误,但原文如此。

更重要之任务,为打破封锁,争取国际运输路线,以运入国外之物资,增强抗战力量,同时并将国内物资输出,以巩固经济基础。进出口运输之公路线,有越桂、滇缅、南疆等线。

(1)越桂线 为南宁经镇南关①通至同登,及车河经岳墟通至同登两线,接同登至河内之铁路,工程艰巨。通车后敌机白昼轰炸,车辆仅在夜间行驶,运输困难,幸抢运均能达成任务。

(2)滇缅公路 运输情形:全线分为3段,自仰光至腊戌为第1段,系铁路运输;腊戌至遮放、羊市为第2段,系边境公路;遮放、芒市至昆明为第3段,系国内公路。运输力以第1段为较大,进口以兵工原料及军械为大宗;出口以桐油、锡块为大宗。该路初通车时运量甚少,后因统筹调配商车,召集南洋华侨司机技工回国服务,运量乃因之较增。该路山坡高峻,不易行驶,而敌机之轰炸、雨季之山崩、设备不齐等,在在均使运输增加困难,本驾驶者均能不避险阻,克服困难,完成任务。

(3)南疆线 由兰州经哈密、迪化至霍尔果斯,运输日用品及运输器材。

国内运输路线以西南公路、川滇东路、西北公路为最重要。

(1)西南公路 以贵阳为运输中心,东起长沙,西迄昆明,南抵柳州,北达重庆,有川湘路川段为之辅,实为战时国内后方运输之大动脉。其路线计分筑渝线、筑柳线、筑桃线、筑曲线、川湘线等,客运及军公物资运输均极繁剧。

(2)川滇东路 里程较短,物资运到泸州后可水运至重庆,兵工器材、航空用油,均取道该路,运输任务极为繁重。

(3)西北公路 运输路线计有甘新、西兰、甘青、汉白、宝平等线,除军车担任运输外,公建商车亦参加运输,唯因轮胎配件来源不易,配修困难,致运量有限。

滇缅路被敌封锁后,公路运输所需之车辆配件、油料等,来源不易,凡油料之采用、零件之制造,均赖自力更生,以维持抗战之需要。

此时公路运输虽倍感困难,各重要运输,如黔南战时之紧急军用、美空军物资之接运、西北移民之运输,均能适应机宜,完成任务。

兹将历年公路客货运量列表如左〈下〉:

---

① 今友谊关。

各公路历年运量表

年别	客运		货运	
	人数	延人公里	吨数	延吨公里
二十七年	1432200	247770600	49690	28581800
二十八年	1141600	197496800	39510	22218300
二十九年	916574	159173001	36592	21956675
三十年	484450	74447386	341686	487205206
三十一年	372392	71021732	381702	189166517
三十二年	3825705	179729127	320373	153635826
三十三年	17433416	183922955	30383	42887085

(三) 驿运业务

驿运事业,旨在利用民间运输工具从事运输服务。惟因民间工具不敷调配,各干支线亦自行增造舟车,并贷款于人民增造,以增动力。站房、仓库,原以利用民间旧有仓栅、马厩为原则,但因旧有民间设备或过于简陋,或不合储藏及不合牲畜卫生,各驿运干线历年添造站房、仓房、车栅、马厩、食宿站等,共1300余所。二十八年至三十三年六月已造各式车辆11781辆,并制造各级木船290艘,共计2498吨。三十二年十一月,交通部与藏商驮运股份有限公司,自三十三年二月起开始营运。三十二年二月建设西北驿运旅客站,自广元以迄哈密,计长2322公里,共计79站。

驿运运量干线方面,二十九年九月至三十三年底,货运共1249832吨,17365928延吨公里;三十一年四月至三十三年底,客运共4024963人,15160003延人公里。

三十三年底,空运运量增加,驿运总管理处及各省驿运管理处先后撤销,驿运事业归军事委员会战时运输局及各省公路管理局负责。日本投降后,驿运事业乃先后停办,由人民自由经营。

(四) 水陆空联运业务

水陆空联运足以增进运输之效率,自武汉、广州沦陷后,交通部特办水空及水陆联运,以增强运输能力。兹略述如左〈下〉:

(1) 水空联运 水空联运方面,三十二年办理了宜渝水空联运,增强进出口物资运量,并积极筹备了沪渝水空联运事业,以应需要。

(2)水陆联运　水陆联运有川陕、川湘两线,为陕棉、川盐、湘米及其他重要物资之主要运输线,川陕线自重庆溯嘉陵江而上,经合川、南充而达广元利用水运,广元至宝鸡利用车运。川湘线分为两路,一由重庆经涪陵至龚滩利用水运,龚滩至龙潭驮运,龙潭经沅陵至常德利用水运;一由重庆经涪陵至彭水利用水运,彭水至龙潭或沅陵车运,龙潭或沅陵至常德利用水运。由重庆至涪陵121公里,涪陵至龚滩275公里,龚滩至龙潭70公里,龙潭至沅陵287公里,沅陵至常德203公里,共长956公里。

(3)公路联运　西南西北各省公路,先后举办联运,如重庆—常德—恩施联运。重庆—兰州,重庆—老河口,重庆—迪化,重庆—宁夏至绥远、陕坝,重庆至宝鸡之直达联运。

(4)铁路与公路联运　公路与铁路亦实行联运,如西北公路与陇海路之联运,西南、川东、滇缅公路与川滇铁路亦举办联运。

(五)空运业务

抗战之初,沿海及华北空运均告中断,乃以汉口为中心,迨武汉与广州相继沦陷,中国航空公司迁至重庆,欧亚航空公司迁至昆明,渝昆两地遂为空运之中心。此外,交通部更与苏联中央民航总管理局订立合约,合资组织中苏航空公司,专营自新疆哈密经迪化、伊犁至苏境阿拉木图航线之空运业务,于二十八年十二月战时成立,开始空运。欧亚航空公司,则因中法绝交收归国有,改为中央航空公司。此期航线虽增辟,惟因飞机甚少,运输能力有限,爰尽最大之可能,日夜飞行,以增运能。故飞机数量虽未增加,运量则增加甚多。当时我国海岸被敌封锁,物资输入全恃空运,及后飞机稍有补充,复增强国内空运力量,以维后方交通,虽器材困难、汽油缺乏及敌机轰炸破坏,均赖坚强之毅力,维持国内及国际运输,输入国际兵器与生产物资,对抗战大业贡献至巨。

兹将历年空运数量列表于左〈下〉:

历年空运数量表

年　别	客运(人)	货运(公斤)	邮运(公斤)
二十七年	14657	138911	124636
二十八年	25775	430676	209684
二十九年	28575	937492	159589
三十年	29060	4151740	193318
三十一年	30853	4349374	99878
三十二年	35612	19663473	88788
三十三年	39823	27170898	96899
三十四年	59294	27551021	258948

(六) 中印空运之成就

滇越、滇缅两路阻断后，国内国外物资之运输，均赖空运，爰增辟中印空运线，起点为印度之丁江，终点本为昆明，俟乃增辟丁江至宜宾及丁江至泸县2航线，以便物资自印度运至宜宾与泸县后，利用长江水路转运重庆。

中印空运开始时，运量月仅百余吨，逐渐改善增加月达千吨左右，最后曾达2400余吨，勉维供应我国所最需要之物资。惟因吨位有限，分配颇感困难，乃由各物资机关派代表组织分配机构，按月开会一次，议定分配数字，通知驻印主管机关，执行配运。

中印空运飞机性能优良，惟须飞越喜马拉雅山驼峰，常须克复〔服〕恶劣之气候，故中印空运举世闻名。除中国航空公司所经营之运输外，尚有美国空军运输队之运输，最高运量月达3万余吨，起迄站为印度之茶保及附近之机场，到达站有昆明、呈贡、陆良、沾益、云南驿等地。

兹将中国航空公司3年间中印空运，内运物资数量列表于左〈下〉：

年　份	合计物资吨数
三十二年	9650144
三十三年	17887177
三十四年	19351481
合　计	46888802

(七)维持国际电信

抗战军兴,国际电信业务以成都、重庆、昆明为重心,与国外直接通信,三十一年并开办中美无线电传真,更于重庆等设大型无线电机件,与旧金山、伦敦、巴黎、洛杉矶、孟买等处通讯。

(八)国内电信业务

战时国内电信,以军信频繁与人口迁移需要激增,虽受战事影响迭遭破坏,但使用者日广,国内电报及长途电话业务,均逐年增繁。三十三年全国电报去报字数较战前增加1.5倍,长途电话通话数次较战前增加2倍,惟市内电话,则因大城市多数沦陷,用户总数仅及战前1/10。

为便利公众通讯,于三十二年积极推行特快电报,先从重庆与成都、桂林间,重庆与衡阳、长安间试办,规定自收报至送达时间至迟不得逾8小时,嗣后积极增辟,最多时曾达190余路。

自敌人进逼粤桂后,东南各省与后方有线电报、电话完全断绝,爰加强无线电信,如恢复重庆宁都间无线电话,开放重庆宁都间、重庆永安间、重庆龙泉间无线电报快机电路,以维持东南各省与后方之通信。

(九)国际邮运

抗战以后,我国除与英、美、苏等盟国维持通邮外,与其他各国之邮务均陷于停顿。太平洋战事发生后,国际邮运除赖中印、中苏维持外,皆以空运,发由印度加尔各答转英国海外航空线,及泛美航空线转运。因中苏中印两陆路线邮运需时甚久,寄信者多,改寄航空邮件为数激增。

三十四年八九月间,因中苏中印两线不能利用,陆路邮运几遭阻断,普通邮件当经商准,由英美军机免费带往旧金山及伦敦邮局投递或经转;挂号邮件则交由中航机带运至印,再经由水陆路运投递。香港等处之邮件,亦由美国军机带运。苏联邮件在中苏路运未通前,交由中苏航空公司运至阿拉木图,再由陆路续运。

陆路互换包裹曾商准苏联印度两邮政,往来苏联者以中苏本国包裹为限,往来中印者除中印本国包裹外,所有我国与英、美、加、澳、新西兰及其我各国互寄之包裹,均可由印度邮政转递。

(十)国内邮务

(1)军邮业务　抗战军兴,创设军邮,机构分配于各主要部队内,复在军事交通要冲设置军邮收集所,配合战局。普通设置,师部以上均配置军邮局及军邮派出所,团部以下则配设军邮联络站,发售军政邮票,并优免费汇兑,颇著成效。印度、缅甸、越南等地,亦均设置,以利远征将士之通信。至三十四年八月,共有军邮收集所12所,军邮局292所,军邮派出所173所,军邮联络站223处,兼办军邮局2035所。

(2)汽车运邮　抗战以后,铁路轮船运邮干线均受阻碍,先后开办太原—大同线、南京—上海—汉口线、六安—汉口线及南昌—浮梁—屯溪线长途汽车协运邮件。武汉、广州沦陷后,又增辟滇黔、黔川、川陕、桂黔、湘赣、赣粤、赣闽、赣浙等线,加速运输邮件。内地邮运则着重自浙江经赣粤、湘桂以及贵阳干线,及自云南经黔川以迄陕西、宝鸡干线,西安至兰州之邮运亦租用商车维持,使后方各重要城市之邮运畅通无阻。

四、器材

(一)交通工具及器材之修造

(1)修理机车车辆　各铁路机厂拆卸抢运之机器材料疏运后方,分配于各铁路,先后建立各铁路机器厂,藉以生产及修理机车车辆,如湘桂路之全州、桂林、苏桥3机厂,以修理机床车辆为主;柳州、黔中2机厂,以制造工业机器为主。柳州厂并制造机车车辆之配件,并于三十三年五月设立铁路总机厂,统筹修车工作,以加强修理机车车辆之能力。

(2)整修汽车车辆　直辖各公路运输局均设置修车厂所及保养厂,以修理损坏之车辆。三十一年四月成立汽车配件总库,总筹供应汽车之配件。三十二年六月为加强整修汽车之能力,组设整车委员会,先后于重庆、贵阳、西安、易隆设立整车厂,以整修汽车。

(3)修建轮船　我国战前原有轮船约60余万吨,抗战后或转移国籍,或在前方充阻塞之用,或在后方被敌机炸毁,或因损毁拆卸损失殆尽。除利用内河所存轮船,促进航业合作,增进水运力量外,并奖励民营航业公司,积极修复旧轮,复贷款与航商制造浅水轮船及煤汽机船,航行川、桂、湘、鄂等省水道。国营招商局由长江下游撤退之江华、江安、江顺、江新、江汉、建国6大江轮,约2万余吨,亦分别整修完成,惟战时交通梗阻,限于人力、物力,历年所造轮船为数不多。

(4)修造木船 战时举办水空、水陆联运船舶需要增加,原有轮船不敷供应,兼以内河航道特殊,乃决定修造木船,贷款航商,并设置造船处,积极制造木船,并承造各机关委托船只。自二十八年至三十四年底,共造木船2600余艘,计42000余吨,长江上游及桂省浔江、郁江、柳江、粤省东江、西江、北江,湘省湘江、沅江,赣省赣江等线之水运得稍加强。

此外,后以交通器材来源困难,8年中经先后创设交通器材制造工厂或与其他机关联合经营之公私工厂,计有钢铁配件厂、西北林木公司、中国林木公司,制造钢板、道钉、枕木等铁路器材;中央汽车配件厂制造公路器材;泸县电器机料器材厂、桂林电信机料修造厂、中央电瓷制造厂、中央湿电池制造厂、邮电纸厂制造电话、电报机件及各种瓷隔电子、湿电池、电报纸条、邮票用纸等电信器材;桂林电器修配厂、甘肃水泥公司制造工作机、铁路配件及水泥等器材。各厂均能积极制造增加生产,抗战期间之新工建设及维持材料赖以供应。

(二)交通材料之抢运与储转

汉口、广州相继失守后,交通材料储转之重心已移至川滇桂3省。先增设桂林、昆明、重庆等材料厂,成都、桂阳、柳州、同登、三合等材料库,复在柳州设立材料运输队,办理同登、三合等材料库,复在柳州设立材料运输队,办理同登至柳南之运输,并兼办柳渝间料运。海防被敌占领后,材料运输路线侧重滇缅公路,先后运入电料、公路材料共1万余吨,迨滇缅路阻断,外洋材料仅赖中印空运进口,爰在印度新德里设立总代表处,分别办理国外材料接收、储转、内运及接洽联系事宜,交通器材内运数量得以逐年增加。三十一年度内运交通器材仅数十吨,三十二年增至700余吨,三十三年增至1600余吨。

五、复员

(一)办理复员运输

抗战胜利,复员运输需要殷切,交通部爰就水陆空交通工具运输力量,办理复员运输,以应紧急需要,兹略述如左〈下〉:

(1)公路运输　公路复员运输其较重要者,为办理重庆区工厂停业工人免费运输,由社会经济两部会同交通部办理,自三十四年十二月二日开始实施;其次为运输难民还乡,由交通部与善后救济总署签订运输合约,由该署补贴票价。运输路线计分由重庆经沅陵至长沙,重庆至衡阳、长沙,昆明经贵阳至柳州或衡阳、长沙,潼关至洛阳等路线,并开办渝浦(浦口)渝京联运,以便利一般人员之复员。自三十五年三月至十月,直辖公路运输机关办理复员运输共运158687人,公物50990314吨,行李1655335吨。

(2)水运　水运复员运输,初时由战时运输局成立水运复员委员会负责办理,旋因业务繁重,原有轮船不能充分配合调用,交通部为统筹调配,加强运能,乃于三十四年十二月成立全国船舶调配委员会,主持其事。至三十五年六月,复将调配业务改由重庆招商局分局及各航业公司合组渝宜轮船联合办事处办理,该处先后受中央党政机关留渝联合办事处及重庆行辕之督导,自三十四年九月至三十五年十一月,轮船共运203024人,货物84497吨,民船共运44588人,货物32515吨。

(3)空运　复员以来,空运需要至为重大,中国、中央航空公司原有飞机自属极不敷用,在抗战胜利后调用一部分原任中印空运之飞机,分配各线办理空运,继由两航空公司购用美军在华剩余运输飞机及零件,以资应用。各线运输至为繁重,尤以自重庆经汉口至京沪一线,因还都人员众多,需要迫切,机位之支配由行政院及军事委员会复员委员会管制,优先配给公务人员及军事人员搭乘。三十五年八月底,军委会复员委员会撤销,另组织重庆行辕复员运输委员会管制空运机位,自九月一日开始工作,至十月底结束,空运机位仍由交通部自行支配,以应需要。自三十四年九月底至三十五年十月,空运复员人数共计141286人。

(二) 救济并安置撤退员工

交通员工以铁路人数为最多,抗战以后各路相继沦陷,铁路员工于完成任务后奉命后撤,此项人员之救济安置乃成为迫切之问题。二十七年四月,交通部于汉口组设战时交通员工训练委员会,并于汉口、长沙、湘潭、重庆、广元等地筹设交通人员训练所,集中训练各路撤退员工,编组服务队,协助当地交通机关为旅客服务,并分发后方各铁路公路工作。三十年五月,交通员工训练委员会于重庆结束,3年来共计救济安置员工8814人。

三十三年底湘桂战役,粤汉、湘桂、黔桂3路及铁路总机厂员工转辗迁移,艰苦备尝。我军在黔南获胜后,3路员工被困于南丹、独山、都匀、贵阳及重庆者达18000余人亟待救济,当经交通部呈准行政院拨发救济费1.5亿余元,及生活维持费5.1亿元,乃于三十四年二月派员前往各地,慰劳并分发救济费及尽量设法安置或介绍工作。

抗战胜利,收复区各铁路需要重要员工殷切,经颁订登记办法即收复区各铁路旧有人员任用办法,凡经失业登记之人员,先行分发输送各回原路服务,在未输送前发给维持费以维持生活,重庆、贵阳、广元、柳州等地登记员工总计10335人,分发于各区铁路局任用。

邮政人员中央有命令留在原地服务,服务人员较少,电信技术及报务人员复撤后均分派与内地各电信机关服务,空运人员全部内撤,水运后撤人员则较少。

(三) 培养交通人才

交通事业需要专门人才极为殷急,交通部除与教育机关合作培植外,三十三年三月奉令派员出国学习,一为美国租借法案拨款训练我国农工矿技术人员1200名,统案交通部分配得有377名,一为美国租借法案拨款训练我国铁路人员110名专案,两案共计487名。交通部赶办考选,于三十四年一月录取足额,分批赴美复选,派高级人员赴美考察,藉以提高专门技能。

(四) 拟定交通技术标准

各项技术之标准化为建设之最要条件,交通部爰特设立交通技术标准委员会,研究编订各项交通技术标准,以为战后交通建设之规范。铁路技术标准其已编订公布者如《中华民国铁路建筑标准及规则》《铁路建筑标准图》《铁路钢桥规范》《各类车辆规范》《铁路号志表象标准图》《铁路单线区截止分级标准图》《铁路电讯设备标准》等,以树立铁路建设之规律。电信技术标准、邮政技术标准、航业技术标准亦均详为编订,完成多种。

六、战时损失

(一)交通事业战时财产损失

抗战以来,交通事业所遭受之财产直接间接损失为数甚巨,按照行政院规定折合标准计算,总计战前美金13亿余元,各部门之损失数如左〈下〉(战前币值):

(1)本部　损失总值为2500万元,约占总数0.56%。

(2)铁路　损失总值为23.2亿元,约占总数50.31%。

(3)公路　损失总值为10.5亿元,约占总数22.88%。

(4)水运　损失总值为4.5亿元,约占总数9.84%。

(5)空运　损失总值为2600万元,约占总数0.56%。

(6)电政　损失总值为2.58亿元,约占总数5.60%。

(7)邮政　损失总值为1.26亿元,约占总数2.75%。

(8)材料　损失总值为3.46亿元,约占总数7.50%。

兹将所遭受直接与间接损失列表于左〈下〉:

交通事业战时财产损失表(不包含东北)

民国二十六年七月至三十四年九月三日　　单位:元

项目	合计			直接损失		间接损失	
	战前法币价值	战前美金价值	百分比	战前法币价值	战前美金价值	战前法币价值	战前美金价值
总计	461242004	1360565880	100.00	3117765330	919694786	1494654710	440901094
本部	25680485	7575365	0.56	25678062	7574650	2423	715
铁路	2320340443	634480955	50.31	1532206443	451978391	788184000	232502654
公路	1054766167	311140482	22.88	729058975	215061645	325707192	96078817

续表

项目		合计			直接损失		间接损失	
		战前法币价值	战前美金价值	百分比	战前法币价值	战前美金价值	战前法币价值	战前美金价值
航务	海洋沿海	209767315	61878264	9.84	209767315	61878264		
	内陆	244411267	72097718		69922439	20626088	174488828	51471630
航空		26070982	7690555	0.56	26012003	7673157	58979	30487856
邮政		126873856	37425917	2.75	23520028	6938061	103353828	30341003
电政		239072851	76127684	5.60	155216851	45786681	102856000	30341003
材料		346386674	102178960	7.50	346383214	102177939	3460	1021

(二)交通员工战时伤亡人数

抗战以来,敌人袭击轰炸铁路、桥梁、机车车辆、轮船、汽车、电台等交通工具,企图阻断交通运输与通讯,幸我交通员工奋勇抢修,随炸随修,仍能维持通车与通信,不论在任何困难危急情形下,均能履险为夷,完成任务。

交通员工为尽忠职守不及撤退,致为敌俘虏,惨遭杀害者屡见不鲜,其可歌可泣之忠勇事迹,国家自有明文褒扬,其他呈报交通部有确切记载者,伤亡人员共为5868人,受伤者计1657人,死亡者4211人。

兹略述于左〈下〉:

(1)本部　死亡4人。

(2)铁路　受伤986人,死亡1036人。

(3)公路　死亡1215人。

(4)驿运　受伤1人,死亡33人。

(5)水运　受伤436人,死亡1569人。

(6)空运　受伤16人,死亡32人。

(7)电信　受伤61人,死亡137人。

(8)邮政　受伤155人,死亡165人。

(9)材料　受伤2人,死亡20人。

其未经调查明确失踪无下落者,为数当亦不少。

24. 抗战时期在重庆成立的农林部及其工作(1941年)①

暴敌侵凌,举国震愤,吾侪为保护国土,复兴民族,在最高领袖督导之下,发动神圣之全面抗战,已4周年于兹矣。艰苦奋斗,扫荡凶顽,抗战必胜,可操左券。惟抗战胜利,有赖于前方将士之效命疆场,而支持前方之长期抗战,尚有赖于后方生产不断之供给,一切物资,需要迫切,农、工、矿业必有大量生产,始足以供需求。农业为工业资料之源泉,在战时当居重要之地位。总裁历次训示曾昭告抗战最后胜利,实赖广大之农村,此项明训,更使吾人深信农业与抗战胜利关系之密切。良以吾国地大物博,适宜农植,国民之以农为业者,占全人口3/4以上,凡衣食原料之供给,外销特产之增进,耕牛役畜之配备,建设木材之供应,均非藉农业部不为功。抗战军兴,敌人虽能破坏于一时一地,决不能阻遏吾后方农业生产之增进,况西南、西北天然蕴藏,甚为富厚,有待开发与改进,随处皆可致力,以增加生产而适应抗战需要。

近4年来,军事方面之力量愈久而愈充实,农业方面之进步,亦愈久而愈显著。以言粮食,抗战以前,我国粮食即形不足,输入洋米每年平均达1600余万担,输入小麦(包括麦粉)每年平均达2000余万担。抗战以后,各处海口,被敌封锁,惟近年军糈民食,差堪自给。除因天时等关系外,农业改进之工作,颇有相当功效。以言棉花,西南诸省,棉产向感不足,近年政府设法增产,对于川、陕两省尤为注意,颇著成效。据中央农业实验所农情报告估计,近年川、陕、滇、桂、黔、湘、赣、豫、甘、浙等10余省之棉产逐年增加,超过战前7年平均数(上列各省棉花产量战前7年平均数为4831000市担,二十七年为4688000市担,二十八年为5833000市担,二十九年为6078000市担)。以言油菜、蚕丝、茶叶、桐油生产之增进,农作物病虫害之防治,林、垦、渔、牧之推

---

① 本文系国民政府行政院农林部部长陈济棠所著,原名为《四年来的农业建设》,中国国民党中央执行委员会宣传部编印,1941年7月7日。

进,农村经济之发展,以及农业机构之调整等项,均有相当之进展。至其所以致此之原因,盖有下列诸端:(一)中枢及各省当局对于农业之发展,特加注意倡导。(二)从事农业之改进,农业行政及其他有关农业之工作人员,鉴于农业生产与抗战关系之重要,加倍努力进行。(三)雨水调匀,无重大灾荒。(四)各界人士对于发展农业,多能尽力赞助,例如金融界投资农村,举办农贷,以协助调剂农村金融。工厂提高价格,收购改良种之农产品,以鼓励农民采用优良种籽。(五)农业改良工作,在平时注重试验研究,已有相当结果。在战时注意推广工作,改善农民生活,而成效易于显示。(六)战时农村,壮丁虽然减少,而留居乡村之农民,手足胼胝,辛劳倍蓰,溢以士兵妇孺等之助耕,农田工作,仍可进行如常。

近年农业施政方针,注重增进农业生产,以求衣食自给,工业原料充裕,及增加换取外汇之特产,同时注意发展农村经济,改善农民生活,以充实国家及人民所需要之资源,增厚抗战之实力,并奠定建国之基础。自中央设立农林主管部后,机构益臻完备,业务更为扩展。以前举办之事业,俱以继续扩充进行,新兴事业如关于农事、林业、渔牧、农村经济、垦务等项,无不依据实际需要,选择适宜区域,广罗人才,次第举办,并拟具农林部3年施政计划纲领,经由第一次全国会议讨论通过,分别筹划进行。复鉴于战争胜利之关键,不惟在于足兵,而尤在于足食。自本年度起,对于粮食一项,特别深切之注意,举凡足以增进稻、麦、杂粮生产者,莫不悉力以赴之。本年各省增产粮食数额,以3170余万市担为目标,自中央以至地方,皆能同心尽力,齐一步骤,以求粮食储备充裕,可无匮乏之虞,俾与民族武力,配合迈进,共达胜利之目的。

济棠忝长农林,荷膺重任,受命以还,瞬届周年,夙夜勤励,陨越时虞,惟有秉承总裁及中枢当局忠诚谋国、励精图治之至意,竭忠尽智振兴农业事业,以助成抗战必胜、建国必成之大业。兹值抗战周年纪念之期,用就4年来农业设施情形,择要陈述于后。

一、整理农业机构

农林建设之进行,有赖于健全之农林机构。该项机构,可分为中央及省、县3部分,兹分述于左〈下〉:

（一）中央方面之农业行政，在抗战开始时期，仍由前实业部主管，此外全国经济委员会设有棉业统制委员会及蚕丝改良委员会，分别办理棉蚕改进事宜。抗战军兴，军事委员会设置第四部，兼办食粮棉花之生产运销等事宜。二十七年一月，中央为统筹调整经济行政机构，将实业部改为经济部，将全国经济委员会棉蚕及军委会第四部并入经济部，由经济部设置农林司主管农、蚕、林、垦、渔、牧、农村经济及农村合作等事项。同时将蚕丝改良委员会与棉业统制委员会主办之中央及各省棉产改进所及实业部所属关于稻、麦、种、畜、林业等技术机关，一律归并中央农业实验所统筹办理（该所系前实业部所创办，二十七年一月移归经济部管辖），该所成为全国农林技术之总枢，并于川、黔、滇、桂、湘、陕等省设立工作站，分派技术人员常驻各站，协助各省农业改进工作。二十七年二月中央复将军委员会之农产调整委员会及原属财政部之粮食运销局，一并归并于经济部农本局。

中央鉴于发展农林事业与抗战关系之重要，深悉农林机构应加强其力量，提高其地位，充实其内容，扩展其业务，俾能运用较大之行政力量，以推进全国农林事业。特于二十九年七月成立农林部，直属于行政院，管理全国农林行政事业，将经济部农林司及所属之中央农业实验所等机关移并农林部部内，分设农事、林业、渔牧、农村经济等司及垦务总局。成立以来，积极扩展各项农林业务，加紧督导协助各省改进农林事业，整理各省农业机构并充实原有之中央农业实验所及江西农村服务区管理处等机关。复由部次第设置国营农场改良作物品种繁殖场、粮食增产委员会柑橘试验场、耕牛繁殖场、淡水鱼养殖场、兽疫防治大队、西北羊毛改进处国营经济林场及筹设中央林业实验所、中央畜牧实验所肥料制造厂、国营垦区、国营屯垦实验区等以增进生产，适应抗战需要。

（二）各省之农业机关，以往为数过多，系统散漫，工作目标无定，与中央农业机构亦少密切联系。经济部成立后，即加以督促调整，经制定《经济部补助各省农业改进经费办法》，规范受补助之机关，须为农业改进集中组织，受补助机关除由中央予以经费补助外，并予以技术上之指导，主旨在使省立各农业改进机构，成为集中之组织。每省有一总枢纽，已成立者，计有四川、贵州、陕西、甘肃、湖南、湖北、河南、西康、浙江等省农业改进所，广西省农业管理处，福建省农业改进处等。农林部成立后对于各省农林机构，继续加以督促调整,已成立者,有宁夏、绥远、山西等省农业改进所。惟为谋更进一步调整机构起见,农林部经拟具《各省农业机构整理办法纲要草案》俟经中央核定,即可施行。该项办法拟提高省农林机关之地位,扩充其积〔职〕掌为行政、实验、推广3部分,并统一其名称,充实其内容,俾各省有一健全合理统一农林机构,使中央与地方之农林系统有条不紊、上下一贯,步骤一致,以增进工作效率。

（三）各县农业机关,应从事农业推广工作,所有职员,须赴乡村实地指导扶助农民,将中央及各省农事实验研究机关所得之优良方法及优良种子、种畜、农具、肥料等,推行于农村,使得农民能普遍实地应用于农场,以增加农业生产,发展农村经济,并改善农村生活。此项工作在平时不可或缺,在战时为迅速增加生产及充分发挥人力、财力之功效起见,尤有积极进行之必要。故近年中央对于各县农业机构,注意促进县农业推广所之设置。现时各省已设置县农业推广所或设其他县农林推广机关,或未设机关而暂设县农林推广指导人员者,计有四川、陕西、河南、甘肃、广西、广东、贵州、湖南、湖北、江西、浙江、福建、西康、云南等省(河北、江苏、安徽等省,以前设置县农业推广机关甚为普遍,近以战事影响暂行停顿)。此后当继续督促各县农业推广机关逐渐普遍设立并健全其组织充实其内容,以宏其功效。

二、增进农业生产

（甲）增加粮食生产

粮食为战时之生命线,为长期抗战,应谋粮食之自给自足,并谋粮食之充裕储备。为增加粮食生产,经举行推广良种、防治病虫害、增施肥料、改良农具及增加种植面积等项。兹分述如次：

（一）水稻　水稻增产,除进行育种及栽培实验外,注重推广工作。（子）推广良种　水稻品种经中央协助各省举行多年之试验研究,已有可供推广之优良品种120余种。以产量而言,平均较当地农家之品种,每亩增62.95市斤。其中产量最高者与农家品种比较,每亩增加可达196市斤。抗战以来,历年在各省推广,均有成效。就二十九年而言,中央协助湘、桂、赣、川、浙、粤、闽等省推广优良稻种90万余亩。其中推广面积,以湖南为最多,计65万余亩,广西、江西等省次之,其他各省又次之。以上各省合计增加稻谷 57 万市担。(丑)推广再生稻　在中熟水稻收割以后,其剩余之稻根上仍能抽生新枝,并能重新开花结实,是谓之再生稻。如栽培得宜,每亩可收获 200 升以上之稻谷,实为农民之意外收益。二十八年中央协助湘省推广 19 万余亩,川省推广 24000 余亩;二十九年中央协助湘省推广 25 万余亩,川省推广 3 万余亩,浙省推广 1 万余亩。以上 2 年,合计推广 50 万余亩,增加稻谷 39 万余石。(寅)减糯增籼　糯稻用途,大部用于酿酒制糖,非作正粮,在抗战期内,急应减少其种植面积,改种籼稻。中央协助湘省减糯种籼,二十七年减少糯稻栽培面积 766000 余亩,二十八年减少 423000 余亩,二十九年减少 52000 余亩,3 年合计增产籼稻 7754000 余担。(卯)水稻试验　中央协助川、湘等省育成优良稻种 120 余种,其中有若干种如胜利籼、抗战籼南特号、东莞白等适应力颇大,在川、渝、鄂、黔、赣、粤、桂等省产量均较该省之本地种为高。此外协助川、湘各省举办各项稻作试验,改良工作,其主要结果如下:1. 在西南各省之梯田内,应提倡直接播种,以防旱灾。2. 优良陆稻,在水田内种植,其产量与早熟水稻产量相等。3. 西南各省稻田应多施氮肥、磷肥(在湘省试验结果每亩稻田施行肥料 1 元可增稻谷 40 市斤)。

(二)小麦杂粮　小麦杂粮增产,除进行育种及栽培试验外,特别注重推广工作。(子)推广良种　小麦改良品种,如金达 2905 号、中农 28 号等,较农家普通品种之产量,每亩可增加 15 市斤至 41 市斤,二十七年、二十八年中央协助各省推广良种,二十九年继续推广。计协助川省推广优良麦种 8 万余亩,陕省推广 18 万余亩,黔省推广 2 万余亩,浙省推广 2 万余亩,赣省推广 26000 余亩,豫省推广 34000 余亩,其他各省亦有良种推广。以上各省二十九年合计推广 36 万余亩,可增加小麦 9 万余市担。(丑)推广面积　利用冬闲田地,增种小麦,亦为增加生产要图。二十七年、二十八年中央协助广西、贵州、湖南、浙江等省增加小麦栽培面积一百数十万亩,增收小麦一百数十万担。二十九年增种小麦面积更多,另详推广冬耕部分,兹不赘述。(寅)育成优良品种　各省小麦品种,经多年之试验改良,已有优良品种多种,其中尤堪注意者,为中农 28 号小麦。中央农业实验所在抗战前曾搜集中外品种 5600 余种,抗战后运至后方试验,其中有 1 种意大利品种,经在成都试验 3 年,结果良好,每亩平均产量较成都光头麦(农家最好之大麦)多收 41 市斤。且另有优良之特点,茎秆坚强,经风不倒,抵抗病害之能力亦强,该项品种,定名为中农 28 号,现正大量繁殖推广中。(卯)改进杂粮 玉蜀黍马铃薯甘薯等,经在黔、滇、桂、川、陕等省举行试验改良已有相当结果,正在繁殖推广。

(三)推广冬作 农林部二十九年秋季拟订推广冬耕办法,通电各省政府、各省农业改进机关及重要农业实验所积极办理,并请有关机关协助进行。推广冬耕之目标,在于倡导各省推广冬耕面积,增种冬季食粮作物,如小麦、大麦、荞麦、燕麦、马铃薯、蚕豆、豌豆等,以增加食粮生产。施行之省份,计有川、黔、粤、桂、湘、滇、赣、浙、闽、陕、豫、鄂、甘等 10 余省,推广结果,计增加小麦面积 920 万市亩、大麦 170 万市亩、豆类 200 万市亩,共计增加面积 1300 余万市亩,可增加粮食 1500 余万市担(其中四川省增加 2500000 担)。

(四)三十年度粮食增产 农林部鉴于非常时期增加粮食生产之重要,经拟具《三十年度各省粮食增产计划纲要》,呈奉行政院核准。该计划纲要暂定以川、湘、桂、鄂、粤、黔、浙、闽、赣、滇、豫、陕、甘、康等为实施增产区域(后又增加宁、绥、青、晋 4 省)。藉增加耕地面积、增加单位面积产量、补充农业劳动力 3 大途径,以达到增产之目的。而以节约消费为辅助工作。关于增加种植面积,分为利用隙地、垦殖荒地、减少非必要之农作物、改种食粮作物、利用冬夏季休闲田地等项。关于增加单位面积产量,分别推广改良品种、防治病虫害、增施肥料及推广改良栽培方法、举办农田水利等项。关于补充农业劳力,则为发动农家妇孺,及党政军学各界协助收获耕种等项。本年度预期可增加粮食生产 3100 余万市担。农林部经设置粮食增产委员会,专司统筹规划设计及审议有关各省粮食增产事项。复依据呈院核准之计划纲要,订定三十年度各省粮食增产计划大纲,配定各省补助经费数额,分咨各省政府查照办理。并由部派高级技术人员 5 人分赴各省商洽进行,派专家 10 余人分驻各省,担任各省粮食增产副总督职务(规定各省建设厅厅长等为总督导)。又派各级技术人员百余人,分驻各省协助办理各省之增产工作。截至本年四月底止,各省冬季作物,纷纷收获,预购今秋之种子。夏季作物之推广,亦已顺利进行。又鉴于陪都附近各县人口稠密,粮食需要最殷,对于附近各县粮食生产,须特加注意。经另行拟具"陪都附近各县粮食增产计划"呈准施行。以江北、璧山、巴县等 24 县为工作区域。预计可使粮食增产 100 万市担左右。此外经颁下列 3 种重要办法:(子)由部公布《各省粮食增产办法大纲》。

(丑)由部会同教育部公布《调用各级农业学校学生从事粮食增产工作办法》,俾各学校学生能参加增产工作。(寅)由部拟具《减糯改籼紧急措施办法五项》,呈请行政院通令各省办理。

(五)粮食增产原则 《农林部三年施政纲领》增加粮食生产部分所列之原则如下:1.增加食粮产量,力求自给自足,以供前方士兵及后方民众之所需,并有余裕,可资储备,以备歉荒。2.稻麦与杂粮并重。对于产量丰富之食粮作物,尤须注意推广。3.食粮生产充裕之省份,须注重在不易受战事影响之区域,进行增产工作。4.易受旱灾区域食粮生产,须注意防旱工作,并预先储备杂粮种子以备发生灾害时应用。5.各省粮食消费市场附近之产粮区域,尤须特别注意其生产之增加。

(乙)增进棉花及工艺作物生产

抗战以来,我国产棉主要省份,大部分沦为战区。西南诸省棉产向感不足,急宜增加后方棉产,以供需要,数年以内,已著成效。至于工艺作物如菜子、蓖麻籽及麻类等,亦为人民衣食所需,及工业与军事用品,均经注意改进。

(一)棉花 棉花增产,除进行育种及栽培试验外,注重于推广良种,或增加栽培面积,兹分列如下:(子)四川 川省为后方各省中适宜植棉之区,惟以往每年平均所产皮棉不过40万担,且品质低劣不合纺细纱之用。抗战以来,后方衣被需要骤增,川省缺乏皮棉产量,每年平均约在七八十万担以上。中央有鉴于此,特协助川省改进棉产,一面求量的增加,一面求质的改进。近年所推广之改棉良种,一为德字棉,二为脱字棉,三为优良中棉。其中以德字棉为最优,该项棉种,每亩平均皮棉产量在二十八年为63.4斤,较土棉增收37.6斤;二十九年为50.1斤,较土棉增收31.6斤。中央协助川省推广优良中美棉种,二十七年推广67485亩,二十八年推广131668亩,二十九年推广381260亩(其中德字棉140683亩,脱字棉167519亩,优良中棉73085亩),就二十九年换种之德字棉1种而言,计增收皮棉42000余担。(丑)陕西 陕省为产棉重要区域,近年后方需棉浩繁,自宜增进该省棉产,以供应用。查4号斯字棉及719号德字棉,不但产量高,品质佳而对本省风土亦极适合。而斯字棉之产量尤较德字棉为高,斯字棉每亩产量较本地土种增加65%,每亩可增产皮棉20斤,故在陕省不需要致力于棉田面积之扩充,而注重以斯字棉替换土种棉花,经由中央协助陕西推广斯字棉及德字棉,二十九年推广73558亩,二十八年推广250091亩,二十七年推广941418亩(其中斯字棉852006亩,德字棉89411亩),三十年度更扩大推广范围,注重在关中区推广,斯字棉以推广160万亩、增产皮棉30万担为目标。(寅)云南 中央协助滇省推广优良中美棉种,二十九年5万余亩,二十八年8.9万余亩,二十九年12.9万余亩。滇省之长绒木棉,为多年生棉花,旱地荒地,均宜种植,每年可收花2次,一次百株,可得200斤,折合皮棉约60斤。纤维细长,软而有光,与长绒美棉可相伦比。二十七年中央协助滇省推广长绒木棉5.7万余株,二十八年推广34万余株,二十九年推广50万余株,三十年度拟推广11000余亩,以每亩平均种植100株计,约推广110万株。(卯)其他各省 中央协助其他各省推广优良美棉及中棉,贵州省二十八年推广1.3万余亩,二十九年约2万亩;广西省二十八年推广12.8万亩,二十九年19.7万余亩;湖南省二十八年6.3万余亩,二十九年4万余亩;甘肃省二十九年推广万余亩,三十年拟推广6.5万亩。其他如西康、河南、浙江、江西、湖北等省二十九年推广数万亩。

(二)工艺作物 (子)改进油菜 中央协助川、黔等省推广油菜,二十八年川省推广油菜栽培面积约90万亩,贵州省二十八年利用各闲田地推广栽培面积36万余亩,每亩以收获1担计,川黔两省可增产油菜籽126万余担。此外协助湘、桂等省推广油菜数十万亩。又中央农业实验所在贵州举行油菜品种比较试验,以"罗甸"种为最佳,每亩产籽288市斤,其种籽含油量亦极高。(丑)推广蓖麻籽 蓖麻籽油在工业及医药上用途甚广,二十九年协助黔省利用荒地隙地推广栽培,可增产蓖麻籽100余万斤。(寅)改进麻类 四川省二十九年推广大麻2000余亩,江西省三十年拟推广苎麻面积3万亩,其他各省如黔、桂、粤、鄂、湘、甘等省对于麻类之改良推广,亦在进行中。又中央农业实验所除举行川、黔、桂等麻类调查,并协助各该省试验改良外,在川省举行黄麻浸渍剥制实验,已有效果。其方法较土法剥制为优,仅需用土法所需人工1/7,且制成之纤维品质亦较佳。(卯)其他工艺作物 关于甘蔗方面,中央协助川、粤、桂等省举行改良及繁殖推广工作。关于烟草方面,中央农业实验所在黔省举行烟草外来品种比较试验,已有结果。川陕两省亦已推广美国卷烟品种,此外财政部亦在川省设立烟叶示范场,推广优良品种,以供后方应用。

(三)棉花及工艺作物生产增进原则 《农林部三年施政计划纲领》,对于增进棉花及工艺作物生产,所列之原则如下:1.增加后方各省棉花产量,改进棉花品质,以期适合机纺及供给手工纺织原料之用。2.增进工艺作物生产,以适应工作方面之需要。3.依据各省实际需要,并斟酌粮食盈亏情形,将各种农作物之生产,通盘筹划,酌定增加或减少棉花及工艺作物每年种植面积,以实行计划生产,调节产销分配。4.促进农业生产者与制造者之合作联系,以期供销相应,并增加双方利益。

(丙)防治植物病虫害

近年防治病害之目标,主要在于扑除稻麦病虫害及棉作病虫害,增加食粮及原棉生产,并扩大制造病虫防治药剂与机械,充实扑除病虫力量,以应农民需要。

(一)防治稻虫 稻作害虫以螟虫等为最烈,后方各省中之螟虫以川省为最烈。中央协助川省防治螟虫,二十七年即实施防治,二十八年川省防治螟虫增产稻谷167672担,二十九年增产稻谷44770担。二十九年浙省防治螟害586750亩,增加稻产86850担。二十九年赣省早稻发生稻飞虫与浮尘子,指导扑灭。

(二)防治积谷害虫 二十七年中央协助湘、桂等省实施防治,二十八年中央协助川、湘、桂等省处理受虫害积谷31万余石,增加收益136000余元,二十九年协助桂、湘、鄂等省处理受虫害积谷43.9万余石,增加收益43万余元。又江西省二十九年处理受虫霉害积谷48.8万余石。

(三)防治棉花 棉花害虫如棉蚜虫等,每年为害甚烈,急应扑除。中央协助川陕两省防治棉花害虫,二十七年防治72000余亩,每亩平均可增收籽棉18斤,增加收益299000余元。二十八年中央协助川、陕、滇等省防治棉花害虫236000余亩,收籽棉75000余担,增加收益2630000元。二十九年中央协助川、陕、滇、豫、甘等省防治棉花害虫70万余亩,增加收益1140余万元。

(四)防治麦病 后方各省麦病猖獗,麦类之损失约有2成。二十七年及二十八年中央协助川、黔等省防治麦病。二十九年中央协助川、黔、陕、滇、甘、浙等省采用中央农业实验所自制之碳酸铜粉及该所创制之线虫分离器,或采用温浸处理,以防治麦类黑穗病与线虫病,每亩可增收产量10%至

25%。二十九年川、黔、陕、滇、甘、浙等省防治之面积,计80000余亩,增加收益20余万元。

(五)制造病虫防治药剂与机械　农林部中央农业实验所近年来创造及制造之药剂,有下列诸种:1.中农砒酸西、2.砒酸铅、3.除虫菊浸出液、4.氯化苦、5.硫酸烟精、6.烟精、7.下石灰硫矿合剂、8.捕虫胶、9.波耳多剂、10.松碱合剂、11.硫磺粉、12.除虫菊粉、13.碳酸铜、14.硬水植物油乳剂、15.硫酸铜、16.乳化精等。又该所制机械有下列4种:1.自动喷雾器、2.双管喷雾器、3.七七喷雾器、4.单管喷雾器。

(丁)改进肥料

(一)肥料试验　中央农业实验所,4年来对于肥料试验,已进行下列各项:1.西南西北之土壤以及一般农业之调查、2.田间肥料实验、3.土壤中速效磷素之研究、4.云南磷矿石加工利用研究、5.中农混合指示剂之研究与制造、6.冬水田肥力之研究、7.根瘤细菌及豆科绿肥作物之研究、8.人类粪尿之贮藏研究等项。关于田间肥料实验所得之主要结果为各地土壤中以氮素最为需要,有普遍缺乏之现象。西南区域磷肥之需要,远较其他区域为甚。施用磷肥不但能增加产量,并有提早抽穗与成熟之现象。对于其他各项之肥料试验研究,亦有相当结果。各省农业机关,对于肥料之试验,注意田间肥料试验等项,均有相当效果。

(二)肥料制造及推广　(子)制造磷质肥料　骨粉为最佳之磷肥,四川省农业改进所,已设立骨粉制造厂6处,利用废骨蒸制骨粉,二十八年推广骨粉186273斤。二十九年推广285175斤,即江西省骨粉制造厂所制骨粉在甘蔗、柑橘产区指导施用,效力甚著。浙江省正筹设有机肥料厂制造骨粉等肥料。农林部为增进磷肥起见,三十年度决定与各省合办骨粉制造厂5所,正在筹划实行。三十一年拟继续增设。又近年经济部地质调查所在云南昆明附近发现磷矿藏量颇丰,拟采用试制磷肥,正注意研究。倘确属经济有效,即拟采用为制造原料,以供西南各省磷肥之用。(丑)推广绿肥　近年经协助桂、黔、湘、川、赣、粤、浙、闽等省推广绿肥作物之栽培,面积数10万亩,以增肥料。(寅)其他如制造堆肥菌种与指导农民制造堆肥及增进油饼之利用等项,均已分别进行。

(戊)增进蚕丝生产

蚕丝为外销重要农产品,近年江苏等省之产丝区域,因战事关系,已受影响,中央乃协助后方诸省,增加产量,改良品质,以换取外汇,增强抗战之力量。兹分志于下:

(一)四川　川省蚕业区域,分布甚广,古称蚕丛。民国十九年至二十二年间,以海外丝价暴跌,产量突减,至民国二十五年,输出生丝仅4000余担,近年为谋复兴过去川丝之繁荣,一方面大量培植桑苗,一方面积极制造蚕种,从事推广。二十九年于乐山、合川等12县,各增设桑苗圃1所,培育实生苗1亿株,三十年预计再增植8800万株。复于三台、盐亭等土制种场,制造改良蚕种75万张,三十年拟制成100万张,约可练制改良外销生丝16000余担。上项桑苗成林后,计可年产标准丝5万余担,每担以时值7000元计,总值3.5亿元。又财政部贸易委员会与四川省农业改进所,为增进川省蚕丝生产起见,订立三十年度四川蚕丝增产合约,期于第5年增加生丝产量至46000市担为目标,此后川省蚕丝事业之发展,自可蒸蒸日上。

(二)西康　宁雅两属,向产蚕丝。惟农民墨守旧法,自缫土丝,经营方法,至为幼稚,特成品低劣,且产量亦逐渐减少。抗战以来,蚕丝增产,列为开发康省之重要工作,二十八年开始培育桑苗,以备分发农民栽植,同时并制造改良蚕种,以奠定蚕丝业基础。二十九年复在宁属推广秋蚕种,成绩优良,蚕农极为信仰。三十年拟尽量淘汰土种,代以改良蚕种,并扩大饲养秋蚕,以增加秋季一期之蚕丝收入。故康省蚕业前途,殊可乐观。

(三)云南　滇省于前清光绪末年,虽曾提倡栽桑育蚕,未几即渐趋湮没。自民国二十七年起,经济部派蚕桑技术人员,赴滇会同省主管机关,积极筹划蚕桑复兴事宜,迄今事业机构如蚕桑改进所、丝业公司、蚕业新村公司、生产农场、缫丝厂、桑苗圃、蚕业推广区指导所等,均先后成立。二十八年培育桑苗3500万株,二十九年制培蚕种,除改良种之扩充饲育以作推广外,并注意丝量丰富之品种试验,以期获有[新]颖品种之发现,同时并缫制改良丝,预计三十二年新植桑苗,全部成林,可增产生新丝11000余担,现正筹划制造原蚕种及合作养蚕等,其规模及计划,尚比较宏远而周详。

(四)广东　粤省蚕丝改良事业,向侧重于三角洲一带,自该处沦为游击区后,所有过去育成之优良蚕种,计有"09Y""乙白33""仲104""仲258""083"等,均抢出继续保育,以备推广。在阳山县及连县各设天蚕试验场1所,研究天蚕丝,藉资指导农民经营及改良。二十九年在江西开拓新蚕区,辟桑苗圃,培育桑苗10万株,设制种场,制造改良蚕种1万张,颇著成效。三十年拟在西北两区继续扩大蚕丝增产工作,该省之蚕丝事业,不难迅速恢复旧观。

(五)浙江 浙省蚕丝生产数量,过去为全国之冠,现浙西沦陷,大半已非吾有,二十九年培育原蚕种9197张,制造改良蚕种535062张,三十年预计制造改良蚕种500000张,能缫制改良丝约8000担。

(六)贵州、河南 黔、豫两省,柞林遍布,素称柞蚕产地,惟以农民所采柞蚕种均系土制,品质既劣,病毒更多,致流传蔓延,遭受莫大损失。乃于黔省研究柞蚕纯系选种、人工孵化及交杂试验。豫省制造改良柞蚕种,推广缫丝技术,冀扩大生产途径,增厚国力。

(七)中央农业实验所蚕桑系 该系4年来工作中最值得重视者,为"中农29"蚕种(原名黄皮蚕种)之育成。历经试验,其最优良之性状,为减蚕百分率小,即抵抗力强,其次为解舒良好,故虽每蚕丝量小而丝率大,解蚕缫折小。此两种优点,一则适宜农民饲养,一则合于缫厂家之需要,为日本改良种及四川土种所不逮。

(八)今后方针 检讨以往工作成果,适应环境需要,自当本一贯之政策,为今后办理蚕丝事业之方针,举其要端,约如下列:1.扩充桑圃面积及育苗数量,以巩固蚕丝业之基础。2.举行育种试验及培育原蚕种,以谋蚕品种之改良与统一。3.研究缫丝技术,以改良丝质。4.增加改良蚕种额,淘汰土种,力求蚕丝质量之向上。5.积极进行推广指导栽培育蚕等工作,以增加蚕农之收入。6.改良柞蚕及其他野蚕,以裕蚕丝生产。7.协助地方政府或扶助人民经济制种缫丝,推进合作事业,以期蚕丝之发展。

(己)增进茶叶生产

茶叶为我国农业特产,亦占输出品之大宗,兹将近年以来茶叶之增产情形,略述如下:

(一)各省茶叶改良情形 各省茶叶改良机关,有浙江省农业改进所茶叶改进区、江西省农业院茶叶改良场、安徽祁门茶叶改良场、湖南安化茶场、湖北省农业改进所五峰茶场暨福建省茶叶改良场等。由中央主管部督促协助办理茶叶改良工作,如开辟新茶园,繁殖优良茶苗,设置示范茶园茶场,指导整理旧式茶园推广机械制茶,举办茶农、茶商贷款,组设特约茶农制茶厂,精制红茶、绿茶、砖茶,改良茶箱包装,训练制茶技术人员及栽培制造之试验研究等项,均有相当效果,二十九年浙省各区制造改良珠茶及红茶400箱,改良珍眉115箱,改良温红150箱,各地内销茶17担。赣省特约茶农制茶厂,计实交箱额9384箱。皖场共制正茶1131箱,总重68.864市斤;副茶295箱,总重19674市斤。湘场精制红茶计1381箱,总重902455斤。闽场制成15634件,总重805490市斤。

(二)湄潭实验茶场　该场设于贵州湄潭,系中央农业实验所与中国茶叶公司合作办理,研究改良茶场品种、茶树栽培及茶叶制造方法。二十九年春茶期内计收购鲜叶10236斤,夏茶期内收购鲜叶2225斤,共计造成红茶2609斤,绿茶950斤。三十年春茶期内共收鲜叶14852.4斤,制成红绿毛茶及其他茶类共3870.9斤。

(三)其他茶叶改进工作　其他茶叶改进机关之可以称述者为中国茶叶公司。曾联合各省茶场设立精制茶场、实验茶场,采用机器新法,制造外销红绿茶外,并与赣省等合办茶叶改良场,复以旧茶区接近战区,乃就川、滇、桂、康等省筹划开发新茶区,当勘定在云南宜良、顺宁、佛海3县,四川灌县,西康雅安等处,设置实验茶场,以增进外销茶叶之供给。最近财政部贸易委员会计划,拟在东南茶区中心,筹设茶叶改良指导总机关,负东南各区茶叶运制、产销、研究改良计划督导全责;一面并与各省茶场合力推行改进工作,期于今后第5年起,能年产上等改良箱茶58万箱。

(四)今后方针　农林部3年施政计划纲领茶叶部分所列原则"今后改进茶叶之方针如下:(一)提高茶叶品质,增产高级茶叶,以应外销。(二)整理茶园,利用机械,改善生产方法,以增加每亩产量,节省生产及制造费用。(三)指导鼓励茶农茶厂,改善组织及制造方法,以期茶叶品质之标准化。(四)东南各省茶区,注重整顿改良,西南各省茶区,注重整理开发"。

(庚)推进农田水利

抗战以还,政府鉴于粮食问题之严重,防止水旱灾歉,以增粮食及其他农产，为急不容缓之要纲，是以各省对于农田水利之推进，均极努力。而四行总处复予以贷款之便利，中央又作技术及经济上之协助，农田水利之成效已日渐显著，兹将各省近年办理农田水利情形列表如次：

各省近年办理农田水利之情形

（据各省二十九年农田水利报告）

省别	近年完成之工程（市亩）	正在施工者（市亩）	已勘测完成急待兴办者（市亩）	现在办理机关	备考
四川	423570	106340	857770	四川水利局	
云南		66000	1060900	云南农田水贷会	
贵州			117660	贵州农田水贷会	
广东	28000		562780	农林局水利科	
广西	40000	111400	416000	建厅	
浙江	96380		2614330	农改所农田水利工程处	
甘肃	39600	60000	1269000	建厅	
青海			1100000	建厅	
福建		7260	200000	建厅	
陕西	1452560	900000	1266200	陕西水利局	
西康		4900	186700	西康水利局	
江西	438840	44550	227840	江西水利局	
湖南	塘100145口，坝16633处			建厅	（无数字）
合计	2519950	1300450	9882630		

附注：（1）近年所完成之工程中有一部分是重修者。

（2）其余省份因无最近报告，故未列入。

按上表统计，足见抗战后对农田水利之注意。农林部成立后对于农田灌溉排水，经设置专管部分，设法推进，并经拟具《整理全国农田水利三年计划》按部实施。于行政上，协助各省加强农田水利机构及训练农田水利人才；于经济上，商由四行总处代拨巨款农贷，以应急需；于技术上，协助各省除沿河湖尽量设法开渠引灌外，对于不能利用河湖引灌之区域，尽量推进水源之养蓄及水土之保持等水旱预防工作。标本兼治，以普遍迅速为原则，务使水旱灾歉，不致影响于军糈民食，以达防灾增产之目的。

(辛)筹办国营农场及改良作物品种繁殖场

(一)国营农场 创办国营农场,为改进农业、增加生产之要图。其宗旨可分为下列数项:1.实施大规模有组织的经营兼筹并顾之管理,采用新式农具机械及科学方法,节省劳力,增加生产,期达少费多获之目的,尤注重提高每人每亩之生产额。2.作为示范经营,俟有成效,即指导农民用合作方式经营农场,以期实现耕者有其田之目的。3.垦种荒地,扩充耕田面积,增加生产。4.创造新农业,建立新农村,改进农民生活。农林部成立后已在湖南宜章、四川峨边及贵州雅淡坡3处,筹设国营农场,均已从事经营,每场面积1万余亩,逐年扩充种植面积,各场于3年内垦种完成,此后拟在各省增设国营农场多处,以增加生产。

(二)改良作物品种繁殖场 农作物改良品种,经中央及各省农业机关之试验改良,已著成效。农林部为利用已有之改良品种作大规模之繁殖推广起见,已在陕西省内设立陕西改良作物品种繁殖场,大量繁殖优良麦种、棉种及高粱、玉蜀黍、粟、甘薯、马铃薯等已有之改良品种,以备在西北各省推广,并备战后在华北各省推广之用。又在粤省设立西南改良作物品种繁殖场,大量繁殖优良稻种、蔗种及麻类等改良品种,以供华南诸省推广之用。上列两场之工作,均在积极进行中。

三、发展林垦渔牧

(甲)发展林业

(一)管理保护天然林 吾国西南北各省,遗有大面积之天然森林,为国家之重要资源,过去因未管理,滥伐摧残甚烈,直接间接之损失极大。抗战以来,先后由经济部、资源委员会及各学术机关团体派员勘察川、康、滇、桂、陕、甘、青等省天然林,综合各方报告,各区天然森林面积,估计当在5万方公里以上,以西康东部毗连青海南部、云南北部之林区为最大,此外洮河、大渡河、岷江、青衣江诸流域亦各有大片天然森林存在。农林部成立,复决定设置岷江、大渡河、青衣江、洮河及汉渭河流域国有林区管理处5处,从事天然林管理,并于二十九年分别派员前往各林区勘定设置林区地址,本年内即可一一成立。除切实管理保护防止摧残外,同时实施整理抚育工作,应用科学方法,使林相生长发育佳良,对于已达成熟伐期之林木,则加以合理开发利用,以供战时木材需要。又保安林与农田水利关系重要,黄河水利委员会于去年成立林垦设计委员会,着手在陕甘等省从事水土保持工作,并经行政院决定聘请美籍研究土壤冲刷专家罗德民为顾问,来华设计水土保持工作。农林部本年亦在甘肃祁连山设置保安林管理处,从事造林、护林、繁殖土壤被覆草木及防治冲刷试验等工作,以后拟继续在其他区域扩充。

(二)推广造林面积 造林虽费时较长,然森林效益直接间接均与抗战建国有关,故抗战以来,政府仍继续推进育苗造林工作。至二十九年止,各省育苗造林成绩,仅就川、黔、滇、桂、湘、赣、浙、陕、甘、宁、青等11省报告,二十九年已有苗圃面积33000余亩,育成苗木25100余万株,造林2亿余株,其中如陕西二十九年共有苗圃1000余亩,育苗500余万株,造林8万余亩,计500余万株。贵州二十八九两年来,由农改所自植推广及督促各县造林共达2450余万株。又数年来对于云南河口热带作物试验场举行育苗、试选试验、病害观察,二十九年计播种育苗2万余株。胡桃为制造枪柄之重要用材,杉木为造纸及重要建筑用材,樟树可以提制樟脑及饲养天虫,板栗、肉桂等可供外销,除历年督促各省繁殖推广外,农林部并于本年分别在贵州、陕西、广东设置国营经济林场,繁殖及推广各种经济林木。此外如乌桕、油茶,则由中央农业实验所森林系进行选育优良品种,以便推广。农林部更为统筹全国林业研究实验,期收林业经营之实效起见,特于本年筹设中央林业实验所,主持经济林、保安林、林病虫害、木材利用、林产制造等之研究实验及林业调查推广事宜,今后中国林业前途,当可放一异彩。

(三)增进桐油生产 桐油为吾国换取外汇之重要林产品,抗战以来,桐油产区虽有小部分沦为战区,因政府积极在后方各省提倡种植桐油及实行统制贸易,结果桐油产量不但未见减少,且较战前略有增加,一俟数年后新植桐林长成,产量更可逐年增加。兹就4年来已有成果,约略述之:(子)研究实验 我国各地种植油桐,率皆任其自然生长,不知研究改进,故用科学方法研究实验,以求增加产量,改进品质,实为必要。农林部中央农业实验所森林系抗战以来,即以改进油桐品种为中心工作,每年派员在湘、桂等省采选其产量最多及特优性状者之果实及枝条,分别在广西柳州、贵州湄潭、四川北碚设置工作站,进行播种繁殖及嫁接试验。除播种繁殖尚未达结实之年龄外,至于嫁接工作,该系用芽接及枝接2种方法验试结果,油桐以嫁接繁殖确能保持其母株之优良特性。二十七八年嫁接之油桐,本年经检查结果,原系丛生者仍属丛生,各枝有丛生□6果者,全株产量最多者已达162果,芽接之单生柿饼桐每果含籽8至13果不等。又千年桐经芽接后仅2年,其结果数最高者达227果,且能连年结果。此外对于采果、播种及嫁接之时期,栽培方法、病虫害防治等,均试验有相当结果,将来推广指导民营收效必大。又财政部贸易委员会除与该所合作研究外,并分别与中央农林实验所、中央大学农学院、中国科学社生物研究所合作研究关于桐油榨制、桐油化验、油桐害虫等,亦各有相当成效。(丑)推广种植　中央政府历年来督促各省种植油桐,不遗余力,各省增加油桐面积,亦自可观。除人民自行增植不计外,据各省报告,二十九年四川设立油桐示范场4所,增加桐林数百万株;广西贷款30余万元,推广油桐面积18万余亩;浙江二十九年推广优良桐种900余石,造林51000余亩,增加桐树300余万株;湖南推广植桐贷款65万元,贷拨桐子62万余市担,推广桐林面积17万余亩,又指导乡镇保甲造公有桐林及整理原有桐林共10余万亩;江西贷款2万元,增加植桐面积5万亩,其他湖北、云南亦各植桐甚多。自去年起由贸易委员会补助川、湘、黔、桂、鄂5省推广及改进植桐,预计5年后每年增产桐油130万担,现各省均在积极扩张中。

(四)发展林业原则　《农林部三年施政计划纲领》所列林业之原则如下:(子)关于增进林业生产者　1.调查及划分各省宜林区域,以资统筹规划林地利用,以达合理化之增产。2.督促各省市县广设苗圃,扩大推广公私造林,以增加林业生产。3.增进军工、医药、薪炭及外销等经济林之营造,以求自给并利外销。4.提倡奖励人民投资营林,以养成国人从事林产生产之心理。5.尽量与关系机关合力推行造林事业,以收扩大普及之效。6.督促中央林业实验所,研究实验各种林木之栽培繁殖及林业品之制造利用,以便改进及示范民营。切实督促各省市保护各地森林及研究防治林木患害,以利林木之成长。(丑)关于整理保护及开发利用天然林者　1.国内较大面积之天然森林,由中央设区管理之。2.重要河流之水源林,大面积之防风林、防沙林及防止冲刷,亦由中央包保护管理之。3.天然森林,其林木种类有关军工用材者,亦由中央管理。4.天然林之开发利用,应由政府经营之。5.每年采伐量不得超过生长量。6.按照林木之种类、产量、用途,酌设置锯木厂、纸浆厂及木材干馏厂等,以达到林产利用之目的。(寅)关于经营保安林者 1.保护并营造水源林,以资涵养水源,调节气候,防止水旱等灾害。2.绝对林地,一律营造森林,藉以防止冲刷而利农田河流。3.西北部沙漠内侵区域及强风地带,造防风沙林保障国土安宁,裨益卫生。4.沿河堤及公路栽植堤防林及护路林,以防河堤之崩塌及路基之冲坏。5.建造国防林及军工用材林,以利军事而固国防。

(乙)筹办垦务

抗战军兴,战区难民向后方迁移,故前数年内政府注意举办难民移垦,以救济难民,增进生产。农林部成立后,除继续进行难民移垦外,并注意其他移垦事业。兹将4年来办理情形列左〈下〉:

(一)调查荒地及公布法规 经济部及振济委员会与其他有关各部,为明了可垦荒地之实际情形,曾会同派员分赴川、陕、康、桂、湘、豫、滇等省,实地整查,以作筹办国营垦之依据。复经拟具《非常时期难民移垦条例》及《补助各省难民移垦经费办法》等法规,公布施行。

(二)筹设国营垦区及协助各省垦殖 (子)筹办国营垦区 国营陕西黄龙山垦区已移有垦民3万余人,从事垦种。国营陕西黎坪垦区亦已成立,积极移民垦种。(丑)协助省营及民营垦殖 中央协助各省政府设立省营垦区,予以经费之补助。已设置者,有江西省垦务处举办之各垦区、河西邓县垦区、陕西省沔山垦区、福建省崇安等垦区、湖南省沅芷垦区。在筹划进行者,有广西凤山河垦区、四川平北等垦区、甘肃永泰垦区、西康宁属宁夏垦区、宁夏宁武垦区、青海都兰县垦区,云南省已设置省垦务委员会筹办垦殖。以上各省省营垦殖,计划移垦10万余人,现已移往垦区之垦民3万余人。至于民营垦殖,经由中央协助中国抗建垦殖社、华南农工救济协会、战区难民移垦协会等团体,分别办理垦殖。

(三)垦务总局进展情况 农林部垦务总局于三十年三月成立,主持全国垦殖事宜,其主要工作情形如下:(子)继续协助各省省营垦殖事业,并订定补助省营垦殖事业办法,以资遵循。(丑)以前设立之黄龙山及黎坪两国营垦区,予以改进及扩充。(寅)在□□□□县、西康宁属、江西安福分别增设国营垦区3处,以谋垦殖事业之发展;(卯)筹设国营屯垦实验区1处,从事屯垦试验工作,俾作抗战胜利后大规模屯垦之准备。(辰)派员调查荒地,分西北、西南两区,西北区包括甘、宁、青、绥等省,西南区包括滇、黔、粤、桂、康等省。(巳)设立垦务人员训练班,以训练垦务干部人员。(午)鼓励荣誉军人从事垦殖,经会同军政部制定荣誉军人从垦办法以资进行。(未)鼓励回国华侨从事垦殖,经与川、滇等省商洽选定垦区筹划进行。

(四)垦务原则 《农林部三年施政计划纲领》所列垦务之原则如下:(子)关于筹办国营垦区 1.大片可耕荒地,其面积在1万亩以上而能施行大规模之经营者,得由国营垦区管辖之。2.经营方式于可能范围及物质条件之具备下,得采用集体耕作。3.垦民须以有耕作能力之荣誉军人、难民及其他有耕作能力之人民充之。4.战后国民经济机构必将呈现一伟大之变动,农业土地之利用,农村工业之发展,新式农具之制造,化学肥料之施用效果,宜先在垦殖区域予以实施,以为其他农业区域之楷模,而期一新垦业之壁垒。(丑)关于筹办屯垦实验区者 1.在大规模屯垦未经规划实施以前,先行筹办屯垦实验区,以树楷模。2.边疆大片荒地与巩固国防有关者,应多选择其适当地点,为屯垦区域;内地各省大片荒地,能容纳垦兵较多,便于集中指挥管理,其水利、土质、地势、气候、交通等适于经营垦种者,亦得选择为屯垦实验区,地点亦宜依此标准选择之。3.试验经营垦殖,应采用集体耕作方式。(寅)关于促进省营县营及民营垦殖事业者 中央为增加生产促进垦务,对于省营县营及民营垦殖事业,应予以救济上、技术上之协助,并督导之。

(丙)推进渔业

(一)救济组织民渔及管理战时渔业 抗战以来,沿海各地渔民,受敌人侵扰而致失业者甚众。经由政府拟订《非常时期救济渔民办法》及《筹设渔垦管理区计划》,通饬各关系方面分别施行。二十八年夏颁布《战时沿海渔民管理救济办法》,并于二十九年拨款补助浙省府从事救济浙省渔业。又海洋渔业,在中央原有分区设局管理办法,自抗战以来,暂由各省负责管理,其在未沦陷渔区,仍设渔业指导委员指导管理战时渔业。又政府为组织渔民使其发挥有裨抗战力量起见,二十七八年先后由经济部会同社会部订定《渔业及渔会联合会章程准则》,逐年督促渔民成立各级渔会,以作组训渔民之基础。

(二)发展淡水鱼养殖　四川省内江流湍急,鱼类产量甚少,二十七年经济、教育两部及四川省农改所为提倡川省养殖淡水鱼类,特合办合川养鱼实验场,实验采孵鱼苗,饲养鲤、鲫鱼,提倡稻田养鱼等工作。二十八年经济部拨款补助广西鱼类繁殖场,推进水田养鱼工作。农林部成立后,除继续督促合川养鱼实验场工作外,复于本年在巴县设置国营淡水鱼养殖场1所,并分别在四川江津及广西桂平附设扬子江、珠江工作站,以便大量繁殖鱼类,推广鱼苗,同时实验池塘养鱼、稻田养鱼,推广民营。又农林部对于自然水面养鱼事业,亦在研究促进中,并于本年公布保护亲鱼鱼卵、鱼苗等办法两项,以保护各地鱼类繁殖,而谋增进淡水鱼产。此外福建、江西两省亦各于二十九年设置有淡水鱼养殖场,实验各该省养鱼事业。

(丁)发展畜牧

(一)防治兽疫　兽疫为畜牧事业发展之大障碍,我国各地农人、牧民,不知家畜卫生及管理方法,每年家畜死于兽疫者,不知凡几。防治办法,以注射血清菌苗最为有效。(子)制造防疫血清菌苗　历年由中央协助川、桂、黔、湘、浙、赣等省扩大制造血清菌苗,以供各省防治兽疫之用。如四川省二十七年至二十九年间共制血清菌苗730余万立方公分,本年一至五月6个月中制成1110303立方公分。江西省农业院在二十六年至二十九年4年间共制成血清菌苗457000余立方公分。中央农业实验所于二十九年在四川荣昌县设立兽疫血清制造厂,8个月间已制成血清菌苗达120余万立方公分,仅二十九年十二月一个月内即制成血清菌苗36万余立方公分,造成我国一个月内制造牛瘟血清量之最高纪录。本年制造量至四月底止,计产血清350390立方公分,菌苗77656立方公分。(丑)实施防治　中央农业实验所先后于二十七八两年派员往川、黔、鄂3省防治牛瘟,二十七年注射牛只约8000头,二十八年注射6000头。此外四川省农改所二十七年至三十年共防治注射牛只20000余头,猪8800余头,挽回经济损失约250万元。二十九年后方各省发生牛瘟,极为普遍,贵州尤甚,范围约40余县,故防治工作,益为积极。农林部为减少农民损失起见,除饬中央农业实验所尽量供给抗牛瘟血清菌苗暨督促各省切实防止外,并由部设立兽疫防治大队,派遣5个分队赴贵州各牛瘟区域实施防治,迄三十年四月底止已完成防治工作者计13县,尚在防治中者

5县,经直接注射而保全之牛只,计2498头,经施行政治防疫间接保全者,约50000头,挽回经济损失500余万元。此外广西二十九年防治4500余头,湖南防治约1000头。(寅)人员训练　中央农业实验所为造就兽疫防治人员起见,二十九年九月由中央农业实验所与三民主义青年团重庆劳动服务营合办兽疫防治人员训练班,已于本年四月毕业55人,分赴各地工作。(卯)西北防疫　西北各省为吾国畜牧中心区域,原由卫生署办理之,蒙绥防疫处及西北防疫处之兽医部分,本年由农林部接收改组设立西北兽疫防治处,主持甘、青、宁、绥牛出血性败血症、牛瘟、羊瘟、羊疥癣、驿运牲畜疫病,制造兽用血清、菌苗等工作。

(二)改进畜牧　(子)繁殖耕牛　耕牛为农家主要动力,抗战以来,战区之牛只损失甚巨,同时后方因拓垦荒地,协助运输需要亦多,亟应大量繁殖,以应目前及补充战后之需要,由经济部协助广西利用防疫区各项设备,繁殖耕牛。又在川、黔、桂、赣等省举办耕牛保险,其中江西省自二十六至二十九年共保险牛只13000余头。农林部本年拟在川、黔、桂、赣、豫、湘等省产牛中心区域分别设置耕牛繁殖场6处,从事繁殖,现已成立3处。其主要工作,为繁殖耕牛、促进耕牛配种、改良牧草、举办养牛贷款、委托寄养耕牛等。(丑)增进猪产　中央农业实验所为增进白猪鬃产量,先后协助川、黔、滇等省推广白猪种,又协助云南畜产改进所用优良种猪,改进本地猪之品质,自二十七年七月至二十九年十二月产生杂交小猪计千余头。(寅)增进羊毛　羊毛为抗战时期换取外汇之重要产品,亟应增进其品质与产量。农林部特商同财政部贸易委员会拨外销物资增产经费,在甘肃设立羊毛改进处,负责推进赣、宁、青3省羊毛改进事宜。其主要工作,为防治羊之疫病,指导牧民存储冬草、添设避寒设备及管理利用牧地方法,改良羊群品质,改善剪毛羊毛处理方法,办理养羊贷款等。现该处正组织兽疫防治大队、巡回工作队,订购并仿制改良羊毛剪及训练工作人员,积极进行中。此外并拟由中央畜牧实验所于山西分设绵羊养殖场,改进当地绵羊之绸毛生产。(卯)增进马骡　农林部以抗战时期军队及驿运需要马骡极多,西北各省,多以马骡任耕作运输工作,亟应大量繁殖,以应需要。除马骡品质之改进,已由军政部办理,拟于本年内在陕西、西康等地设立骡马配种站,以推广良种。(辰)设置中央畜牧实验所　为统筹全国畜牧兽医之改进,本年复筹设中央畜牧实验所,推行关于增进役牛、骡马、羊毛及防治兽疫各项工作。其主要业务,有选育优良种畜,改良牧草及饲料作物研究,牲畜饲养管理办法,畜产品加工制造,协助各省防治兽疫,制造兽用血清菌苗、兽医用具,训练畜牧兽医人员等。

(三)发展畜牧原则 《农林部三年施政计划纲领》所列之畜牧原则如下:(子)增进耕牛 1.增加耕牛数量,供后方各省战时需要,及沦陷区域战后补充。2.增进役牛体型,以增加体力效能。3.发展产牛中心区之养牛事业,使生产集中改进工作易于推行。4.利用荒地养牛,以减低生产成本。(丑)增进乳牛 1.寓乳牛于役牛普遍增加乳量,供给食用,而促进民族健康。2.择适宜区域奖励促进民营乳业,以造成产乳中心区,而利乳产制造。(寅)增进骡马 1.增加骡马数量,供后方各省战时需要及沦陷区域战后补充。2.选育轻型种马,以供负挽之用。3.于养马中心区域着手以利改进工作之推行。4.与军政部马政司取得联系。(卯)增进绵羊 1.以改进羊毛适合外销及国内纺织业之需要为主要目的,肉质次之。2.划青海、西康及四川松潘之全部及宁夏、甘肃之一部及其他产绵羊各省为细毛区,以便羊毛改进工作之推行。3.奖励农民,增加养羊数量,以增生产。4.改进羊种,以增加各个羊之效能。5.改善游牧区域羊群管理方法,以减少损失。6.改良剪毛包装储运方法,并提倡洗毛,以增进羊毛质量。(辰)增进猪产 1.增加猪肉生产,以充分供给人民主要食肉。2.改良猪之品种,以增进产肉经济效率。3.增加白鬃产量。(巳)增进家禽 1.育成肉卵兼用之品种,以增加肉卵之产量。2.改善孵育方法,以广繁殖。(午)消灭牛瘟 1.全国牛瘟期于10年内彻底肃清之。2.采取包围方式,先推行牛瘟中心区域之防治工作,严密牛瘟发生县份之防疫组织。(未)消灭乳牛之结核病、传染性脑膜炎及传染性流产病 1.期于3年之内将乳牛之结核病、传染性脑膜炎及传染性流产病彻底消灭之。2.着重于发病区域之检验及隔离。(申)制造兽疫血清 1.为运动便利计,每省应各设血清制造机构。2.制造应力求进步。3.奖励民营兽疫血清菌苗制造事业,以求制品量之增加。4.管理全国兽疫血清菌苗制造事业,以求制品之准确。

四、发展农村经济

抗战以来,政府对于农村经济之设施,甚为积极,后方各省农村经济状况,视战前且为繁荣。农林部成立,复设立农村经济司,统筹全国之农村经济之发展事宜。兹将4年来关于发展农村经济之各项设施,略述于次:

(甲)发展合作事业

政府造〔近〕年扶植农村合作事业进展颇为迅速,抗战以前,实业部设有合作司,主管全国合作行政,二十七年经济部成立后,由农林司设科主管合作事宜,二十八年复设立合作事业管理局,主办全国合作事业之推进与改进,以协助加紧外勤工作,办理合作教育,实施查账制度,倡导特种合作,及扩充指导区域改善行政机构等为要务。截至二十九年五月止,后方16省市共登记合作社数为81600余社,至关于扶植小工业及手工艺之工业合作业务,则由中国工业合作协会(二十七年成立)主持推进。二十九年中央社会部改隶行政院,合作事业管理局亦改隶社会部,继续从事调整地方合作行政机构,推进地方合作事业,推进合作供销组织,举办合作教育、合作实验,及视察各省合作事业等项。据该局统计,截至二十九年年底,全国合作社社数为116199社(包括战时合作社假登记合作社互助预备社等),社员为5998476人。关于合作社业务分配,80%以上为信用合作,其他为供给、生产、运销、消费、公共保险、购用利用等。

(乙)发展农业金融

近年政府颁行关于发展农业金融之法规办法,较重要者,有下列数种:1.二十六年八月财政部为谋内地金融农矿工商各业资金之流通起见,公布《四行内地联合贴放办法》。2.二十六年底军事委员会公布《战时合作贷款调整办法》4条。3.二十七年二月经济部公布《修正合作社金库规程》。4.二十七年四月财政部公布《改善地方金融机构办法纲要》10条,使农产品资金化,以谋农业资金之活动。5.二十七年六月经济、财政2部制定《扩大农村贷款范围办法》,使数额增加,范围扩大。6.中中交农四联总处订定《二十九年度中央信托局、中央交通、农民三银行及农本局农贷办法纲要》,以改善农贷办法,促进农业生产。至于近年举办农贷之机关,有经济部农本局、中国农民银行、中国银行、交通银行、省银行合作金库及省行政机关等,此外中中交农四联总处于二十八年〔成立〕农业金融处,以调整全国农贷进行之步骤,使全国农贷渐趋于制度化。又三十年春,农本局改组所办辅助设合作金库等农贷部分,移并中国农民银行办理。

(一)农村合作贷款　各金融机关举办之农村合作放款,在二十六年年底,仅有2700余万元,自二十七年起政府之注意督导及金融界认识自身之使命,于是后方农村贷款迅速进展,二十七年底,统计各农贷机关合作放款结余数为61998345.07元,二十八年年底为11262989.15元,至二十九年底,各机关合作贷款结欠数为155578662.20元。

(二)合作金库　合作金库之组设,旨在建立金融机构,调剂农村合作事业之资金,前实业部曾于二十五年公布合作金库法规,经济部于二十七年予以修正公布,加紧推进合作金库之组设,办理放款存款、农村汇兑、家畜保险等业务。从事辅导设立县合作金库者,有经济部农本局、中国农民银行、省合作金库、中国银行及省合作行政机构等。抗战后逐年增设,至二十九年计有已成立之县合作金库369库,分布于川、黔、桂、湘、鄂、甘、滇、康、赣、浙、闽、豫,其中以农本局辅设者占多数。此外四川、江西、浙江、福建、广西等省,已设有省合作金库。

(三)农田水利贷款及农业产销贷款　(子)农田水利贷款　经济部农本局于前数年内,经举办农田水利贷款,以振兴水利。农田水利之贷款工程较大者,以各省政府为贷款对象,较小者以农民为贷款对象。二十七年、二十八年两年,即积极进行,至二十九年五月底止,该局与川、康、桂、陕、黔、滇、赣、豫等省订定贷款数额,合计8700000元,贷出数额3580285.13元,受益田亩合计871883亩。(丑)农业产销贷款　农本局经举办农业生产贷款及农业产销贷款,以增加生产。二十九年举办之贷款分为食粮生产贷款及经济作物生产贷款。截至二十七年十二月止,合计贷放358万余元。二十八年举办产销贷款分为:1.食粮及一般农业生产贷款。2.经济作物及农产加工贷款。3.垦殖贷款。截至二十八年年底止,已拨付贷款之节余数额,合计5757521.60元。自四联总处农业金融处成立后,农本局代表各行局举办农业推广贷款等项,至二十九年五月底止,该局农业生产贷款贷出资金总计6309971.42元。

(四)农业仓库　农业仓库之宗旨,在于调节人民粮食,流通农村金融。前实业部曾公布《农仓业法》及施行条例,经济部于二十七年曾公布《非常时期简易农仓暂行办法》,通令施行。除由各省市县政府督促依照该项法规举办农仓外,经济部农本局对于农仓之建设,在前数年内,亦经积极进行。自政府西迁后,该局注意在西南各省发展农仓,截至二十九年五月底止,在川、黔、桂、鄂、湘、陕等省筹设成立之农仓,计共 82 处,容量 340 余万市石。此外协助设立简易农仓 380 余处。关于该局各农仓之业务,以储押为主,其他如保管、代理运销等业务,均附带经营。放款余额合计 2275926.85 元,累计数合计 4919223.50 元,保管数值合计 11369503.28 元(以上系农本局举办或辅助设立之农仓,其他各机关及人民举办之农仓不计在外。农本局仓库业务已移归全国粮食管理局接管)。

(丙)调整农产运销

调剂农产运销,旨在调剂供求,平衡价格,并事储备,在前数年内,由经济部农本局主持办理。二十七年即从事购销食粮、棉花、纱布等项,米谷、小麦之收购区域,为港、赣、川、陕等省,将该项粮食运销不足之区域,兼事储备。又分别在陕、豫、鄂、浙等省收购棉花,在上海、香港、汉口等处采购国产纱布,运销后方。二十年继续进行棉花纱布之购销,完全由农本局福生庄自办。食粮除由农本局自购外,并与其他机关合办收购食粮,收购区域为赣、湘、川、黔等省。棉花收购区域为陕、豫、湘、鄂、浙、川等省。纱布收购地点为沪、港、沙市、重庆等处,此外并协助抗战屯粮及协助四川购粮。二十九年农本局农产运销工作,仍以棉花纱布及食粮为主。关于棉花纱布部分,除继续进行外,并发动川省农村妇女,从事手工纺织,以增加后方纱织布产量。关于粮食部分,在二十九年上半年度,除自行购销一部分外,继续协助抗战屯粮及协办四川购粮。以上 3 年内,食粮、棉花、纱布购销之数额颇巨,自全国粮食管理局成立后,农本局粮食部分,移归粮管局统筹办理。

(丁)指导改良农场经营

我国农民,经营农场,大都规模狭小、土地零散、设备简陋、方法陈旧,加以农民智识落伍、墨守成规,未能相互合作采用比较合理之经营方式,对于外界经济状况之变化,更昧于适应之措施,逐致费力多而生产少,收入微而生活艰。改革之道,固宜从多方面着手,而指导农民组织利用科学方法提高经营效率,以树立现代化农业之基础,尤属重要。再现有农村环境亟待改造,如医药、卫生、交通、教育,以及其他建设事项,亦非努力促进,不足以救农民之疾苦,改善农民之生活。农林部自本年度起,在川、康、陕、甘、豫、黔、湘、鄂、赣、浙、闽、粤、桂、滇等14省,共选代表县区20县,为施行此项工作之范围。由本部予以经费补助,每县设农场经营指导员及助理指导员,由各省农林主管机关遴选县农业推广所主任或同等资格人员,入农林部附设农场经营指导员训练班,受训期满,再行派委,业经由部检同各项办法分电各省政府转饬主管机关办理。

(戊)办理全国农情报告

农林部中央实验所为明了我国农业实际情形起见,办理全国农情报告,调查各省主要农产之收获丰歉及农村经济之兴衰事实,以供各方参考,并作实施改进之依据办理。此项报告,已历多年,农情报告之调查材料,在现时系依各地特约情报员之供给。此项情报员之人数,在"七七事变"以后,已选6000余人,分布于22省。战后骤减,现有情报员人选3500余人,分布区域遍及15省9000余县。自二十七年至二十九年3年来,经调查统计者有:1.每年各省冬夏季农作物面积估计。2.每年各省冬夏季农作物产量估计。3.3年来之农产估计。4.近3年来各省牲畜数量及价值估计。5.近2年来食粮消费盈亏估计。6.二十九年各省农村金融概况。7.近3年来农佃之分布及变迁。8.近2年之农村副业。9.3年来之农工供应及工资概况。10.麻类作物生产估计。11.羊毛、鸡蛋、猪鬃生产估计。12.冬季休闲田地估计。13.合作社统计。14.地价及田赋统计。15.近年来各省农民所得物价指数。16.各省农民所付物价指数。17.各省农民购置力指数等。以上各种统计均经中央农业实验所分别印入农情报告及其他刊物,以供各界参阅。

(己)其他发展农村经济事业

(一)辅导农会发展 农会为农民之主要组织,其宗旨为发展农民经济,增进农民智识,改善农民生活,而图农业之发达。近数年内,经政府注意指导扶助,截至三十年四月止,以及中央核准备案之各级农会计有14700余处,今后当继续扶助其事业,督导其工作,以宏其功效。

(二)实验集体耕作 农林部为改进农民耕作方法,提高其生产效率,并培养其团结精神,改善其社会环境起见,特选择适当地区,从事集体耕作之实验,以在荒地与熟地之地权关系各有不同,实验办法亦未可一律,故分别主办荒地与熟地两种集体农场,并已在四川省内着手辅导合作农场4处。

(三)改善租佃关系　农林部为谋保障佃户增加生产起见,对于农田之租用,拟加以调整改进,今已研究调查草拟实施方法,以便进行。

(四)举办重要农产品市场消息报告　此项工作之目的,在明了各大市场在各种时间所有主要农产品之供销状况及买卖价格,并考察其运销销路组织工作与方法,以谋调节人民衣食,统制农产价格及改善运销制度。农林部已在川、康、滇、黔、湘、陕、甘等7省进行。

(庚)发展农村经济原则

农林部3年施政计划纲领,所列关于农村经济部分之原则如下:(子)辅导农会发展:1.扶助自立。2.适应农情。3.配合技术。4.运用金融。(丑)推行集体耕作,在荒地者:1.利用边疆公荒。2.准备战后屯垦。3.统筹生产分配。4.扶植自立经营。在熟地者:1.采用渐进方法。2.扩大经营单位。3.改良耕作技术。4.利便普遍仿效。(寅)指导耕农改良农场经营及促进农村建设:1.扶助农民组织。2.促进合作经营。3.配合金融技术。4.改进固有环境。(卯)改进农业金融:1.适合农林建设需要。2.促进农民资金自给。3.树立完整严密体系。4.控制战区农产物资。(辰)举办保险事业:1.采取国营制度。2.保障农民资产。3.促进经济自足。4.鼓励自动投保。5.运用农民组织。6.配合技术工作。(巳)举办全农村经济研究:1.避免工作重复。2.注意实际资料。3.适应施政需要。

五、其他农业改进事项

近4年内,中央推进农林事业之机关,除经济部、农林部及其所属各事业机关外,尚有财政部贸易委员会及农产促进委员会等,从事协助改进农业。贸易委员会对于蚕丝、茶叶、油桐等项生产之增进,颇有效益。其工作情形,已分别列入本篇有关各部分,兹不赘述。至于农产促进委员会,系由行政院为适应抗战需要,迅速增进农业生产,并促进全国农业之推广事宜起见,特于二十七年夏季设立。该会之目的,在求农村之人力与财力在此抗战动员中充分发挥其功效。工作目标计有四端：一曰增加农民生产。二曰发展农村经济。三曰增进农民知识。四曰改善农民生活。

农产促进委员会事业采自筹办合办及补助办理之方式进行,工作地区遍及川、陕、黔、桂、滇、湘、豫、浙、鄂、甘、康、闽、赣、宁等14省,业务项目以效果性质分,具体方面,有农作物推广、病虫害防治、畜牧兽医推广、水利垦殖、经营桑蚕、推广农村副业、推广肥料、推广园艺、推广特用作物、推广造林等项。二十八年度动支上项事业经费394630元,增加国民收益15648316元,二十九年度动支经费681519元,增加收益36963002元;抽象方面,有树立农业推广机构、训练农业推广人才、棉毛麻纺织训练及推广、农业推广实验与调查、农业推广示范编辑出版等项。截至目前计树立并充实桂、陕、川、黔、甘、豫、鄂、闽、浙、湘等省县农业推广机构10省,设立农业推广实验县14县。组织农业推广巡回辅导团,赴川、甘、陕各省工作,训练各级农业推广及技术人员约3000名,推广77纺棉机50000余架,出版刊物小册40余种。

农产促进委员会根据过去办理经验,今后拟特别注意下列各端,加紧实施,以达既定目的:(1)加紧衣食原料增产。(2)普遍设立并加强各级推广机构。(3)积极训练推广人员。(4)大量制备战后推广材料。(5)严密实施督导制度。(6)力谋确定各级农业推广经费。(7)准备战后推广设施。

25. 抗战时期在重庆成立的粮食部(1943年)①

一、粮食的重要性

粮食为人类生活不可一日或缺之物品,全人类的生存要靠粮食来维持。每一个人的健康,都需要粮食的营养。国父云"自卫和觅食,是人类维持生存的两件大事",故民生主义的第一个问题便是吃饭问题,要人人有饭吃,民生才得安定;要人人有便宜饭吃,民生主义的目的,才能建成。再从我国历史上看,历代政府,凡是注意粮食问题的,政治均甚修明,国家莫不因之而兴盛,反之往往因为粮食问题之严重而发生变乱,甚而于亡国。因之数千年来古人遗留给我们解决粮食问题的方法很多,积极方面如屯田、移民垦荒以及兴修水利等增产粮食的设施;消极方面为赈饥救荒,设立常平仓、义仓、社仓等,以备不虞。这种种的方法,都是极良好的制度。满清时代,在北通州建造大规模仓库,并设置专官管理,经常将江南的余粮,运到北方调剂民食;举世闻名的运河,开自隋代,以浙江杭州为起点,经过苏州、镇江、扬州、山东、天津等地,至北通州为止,长达3000余里,贯通南北脉络,为运输漕粮的总汇。其他如

---

① 本文系抗战时期国民政府第一任粮食部部长徐堪所作,原名为《当前粮政概况》(《川康建设》第一卷第二、三期,1943年8月),对战时粮食施政叙述颇详,但未涉及到粮食部的组织情形,现略介绍如下:
国民政府于1940年8月在行政院下设置全国粮食管理局,管理全国粮食事宜。1941年7月将全国粮食管理局撤销,成立粮食部,隶属行政院,管理全国粮食行政。该部设部长,综理部务,设政务、常务次长各1人,辅助部长处理部务。部内置总务、人事、管制、储备、分配、财务6司,1调查处,分掌各项事务。此外设有会计处及统计室,掌理岁计、会计、统计等事务,设督导室,掌理粮政的督导与宣传。

地方官吏年有劝农之举,且列为要政之一,实皆侧重粮食问题的事例。

粮食问题在平时即有如此重要,其在战时,尤为觉得战争胜负之要素,因为战争受粮食影响,比受炮弹的影响更为重大,飞机大炮虽为摧敌制胜的必需品,但总需由人使用,而人类生命全靠粮食支持,且军事行动需要敏捷,消耗粮食数量尤大,不但要迅速补给,而且要有大量存储,如果战争进行到最后阶段,炮弹纵然不足,可是尚有充分的粮食足以维持,则士饱马腾,还能冲锋陷阵。假如一旦粮食不足,士兵缺乏营养,炮弹虽多,又有何用?第一次世界大战德国的惨败,粮食的恐慌,乃为其主因,我们不能不引为警惕。

二、现行粮食政策及其所采之方针

三民主义为抗战建国的最高准绳,我们的粮食政策,当然以三民主义为依据,民生主义的基本精神,原在针对当前的社会病态,而谋民生四大需要:衣、食、住、行的彻底解决。食的问题,虽四大需要之一,但较诸其他三者,更为重要。民生主义第3讲中,曾具体指出,要人人有饭吃,而且要人人有便宜饭吃,民生问题才能解决。因之,我们粮食政策的主旨,厥为奉行国父遗教,以达到人人有便宜饭吃的目的,而使民生问题获得彻底的解决。唯以战时情形特殊,在作战期间不能不先其所急,以适应战时需要。故如何使战时的军糈公粮民食供应无缺,以确保战争的最后胜利,尤为现行粮政的重心。

我国为农业国家,全国人口的80%以上均从事农业生产,不但不需要政府供给粮食,且为20%以下非农业生产者粮食取给之源,兼在消费方面,节约粮食,素为农村中的良好风尚,如于主要粮食不足时,则自动采取杂粮代替,甚或减少食粮,故在战时亦可不必作全面的供应,只须使军粮公粮以及都市消费区域缺粮地区民食的来源不虞匮乏,决不至发生粮食恐慌,故无实施全面管制及计口授粮等办法的必要。

基于此,粮食部两年来所采取的方针,与各工业国家或缺粮国家的战时粮政方针根本不同。综其要点:第一,对于粮食的管制,系经济力量与政治力量同时并重。在经济方面,依据供求法则须谋量的控制,进而将占有重要地位军公粮划出市场之外,由政府直接予以现品的供给,使不致影响市场,并对大都市粮食市场及缺粮或歉收地区,作适当的调剂,使供求双方经常保持均衡状态，不至发生失调现象，而引起市场价格的波动。在政治方面，注重全国粮食收获陈报及存粮调查，以便随时督促大户出售存粮，调剂盈虚，同时并作生产成本的调查，以为限价的根据。对粮食市场，则予以适当的管理，对粮食商人，必须先行登记，并加入粮食同业公会，才能取得经营粮食交易的资格，藉以防除囤积居奇投机操纵等不法行为，如此则粮食市场必呈活跃，粮食价格庶能平稳合理。关于节约问题，除限制米麦精度、提倡食用糙米粗面外，并禁止粮食酿酒熬糖及饲养牲畜，对于一般人粮食的消费量，因民间素重节约，而全国粮食总生产量与总消费量的比较，又无不足之虞，故无须加以限制。第二，对于粮食的征集，系实行田赋征收实物及定价征购粮食，并采抢购（向敌区抢购）办法，期能在不苛不扰的原则下掌握大量粮食，以充分供应战时的需要。第三，对于粮食的储运，一面建筑新式仓库及利用民间旧有仓库，并实施仓储技术管理；一面发动农夫，集中征集所得的粮食，并兼用新式及旧式交通工具，适时运输。第四，对于粮食的供应，以配拨军队所需的粮食为主，兼重公粮民食。军粮可分为经营补给与屯粮两种；公粮可分为中央公粮、省级公粮与县级公粮3种；民食的范围，则限于各大消费区域及缺粮歉收之地，并于必要地区，专设民食供应处办理之。

三、粮食的管制

民国三十年七月，粮食部成立，掌理全国粮食事宜，复于各省省政府及院辖市市政府内设粮政局，各县县政府内设粮政科。截至现在止，计设置粮政局者20省市，设置粮政科者共1070县。关于业务方面，设有陪都民食供应处，四川民食第一、第二、第三供应处设于重庆、成都、内江、绵阳各地，专办陪都及四川各重要消费区民食事宜，并设四川粮食储运局，办理四川征实征购粮食的储运事宜。并有在粮政局下设储运机构者，如云南、江西、广东、陕西、河南等省之储运处是；有在粮政局下设供应机构者，如昆明粮食供销处是；有在粮政局下设粮食市场管理处或管理员者，如四川是。至县储运业务，则概设粮食仓库，以专司其事。

在粮食部成立的第1年间，粮政工作着重于经济方面的控制供应与调节，对于政治方面的管制，仅为登记粮商、调查大户存粮的准备工作，以及取缔囤积居奇等消极工作而已,对于粮食交易及价格,尚未严格管理。去年冬,该部为加强粮食管制力量,及配合"加强管制物价方案"的实施,故于行政方面,在点(消费市场)以执行限价法令,取缔居奇操纵为主要工作;在面(生产区域)以促进生产,督售存粮为主要工作。因之,特别致力于限价工作的发展,以及粮食生产与民间存粮等的调查。至于业务方面,则以辅导粮商营运,健全粮食业同业公会组织为主要目标,使能协同公营业务机关,负起一般民食供应调节之责。

年来粮价指数,较一般物价指数为低。根据中国农民银行所编统计,三十年七月起,至三十一年十二月底止的物价指数,与粮食部所调查的粮价指数比较,三十年七月全国各重要城市11处粮价指数高于物价指数者,计有重庆、成都、衡阳、桂林、赣县、雅安7处。三十一年一月粮价指数高于物价指数,仅衡阳、桂林、雅安3处;七月以后,各地粮价指数则一概均在物价指数以下;及至十二月,各地物价指数更超过粮价指数甚远,如以贵阳三十一年十二月的粮价指数与物价指数相较,几为1∶3之比,即其著例。以目前各省市粮情而论,除灾区及接迫战区地带,尚小有波动外,其余各地,概属平稳。

三十一年十二月,政府公布加强管制物价方案,实施全面限价。粮价为整个物价的一环,自须密切配合进行,唯以我国地域辽阔,大部农村均居于自给自足状态,无普遍实行限价的必要。且人民消费习惯向以米麦为主,杂粮交易在市场上从来不占重要地位,故粮食限价,仅先就比较重要的政治经济中心与工商业繁盛的城市,择定稻谷、大米、小麦、面粉4种粮食,于本年一月十五日开始实施。其核定最高价格,系以三十一年一月三十日各该当地市价为标准,盖取其距实施限价日期不远,初步执行较便,一面并由各粮食局配置供应调节机构,加强市场管理,扶助粮商营运。对于广大的农村,并尽量督售余粮,以期粮食源源入市,供需均衡,限价得收实效。施行以来,各地粮食市场,粮源异常充足,粮价均极稳定,相信在此缜密管制之下,今后亦不致有何波动。

四、粮食征集

为使战时军公民粮供应无缺,政府必须能掌握大量的粮食,故于三十年六月第 3 次全国财政会议中,决定将全国田赋改征实物,征实标准系按三十年度省县应征正附税银,每元折征稻谷 2 市斗,或小麦 1 市斗 4 市升,但于赋额数较轻或较重的区域,得酌为增减。三十年秋季,就后方 21 省陆续开征,依照粮食部规定,每年十月一日起至次年九月三十日止,为一粮食年度。故粮食年度开征于每年仲秋,除山西 1 省,早已于二十九年先行试征实物外,计于三十年九月份开始征者,有川、赣、浙、甘、皖、粤、青、宁 8 省;十月份开征者,有湘、陕、滇、鲁、鄂 5 省;十一月份开征者,有闽、桂、豫、黔、康、绥 6 省;十二月份开征者,有江苏 1 省。自征实办法颁布后,人民即纷纷运粮送缴,计三十年度应征粮额,共为 2290 余万石,截至三十一年十月底粮食年度终了时止,实际征得 2340 余万石(各省所征得小麦杂粮均已按照定率折合稻谷计如上数),已超过预算总数,计其中照核定数超过 100% 者,有川、粤、鄂、湘、皖、浙、黔、豫、晋、宁等 10 省;在 90% 以上者,有滇、赣、陕、绥、青 5 省;在 80% 以上者,有闽、桂、康、苏 4 省;在 80% 以下者,仅甘肃 1 省。故成绩堪称良好。三十一年十月一日起,即已进入三十一年粮食年度,为应事实上的需要,征实标准改为正附税银每元折征稻谷 4 市斗,或小麦 2 市斗 8 市升,预算征数,全国共为谷麦 3340 余万石,较三十年度核定数约增加 45% 强。各省均于三十一年秋季次第开征,截至本年二月底止,征得谷麦 2810 余万石。计其中已征收益额者,有川、闽、宁、湘、□□□;在定额 90% 以上者,有苏、浙、粤、绥、晋 6 省;在 80% 以上者,有桂、鄂、陕 3 省。其余各省征收均颇努力,预料在最短期内,必能全数征足,仍有超过预算总额的希望。

田赋征实数额,对于军公民粮的需要,尚不敷其巨,仅粮食部成立伊始,即统计全年必须控制粮食的总数,决定兼采定价征购办法,以资供应。此项价购办法,系先拟定应购总数,按各省产量的多寡,统筹分配,其价格由政府分别核定。惟价购之中,又可分为征购与采购、抢购 3 类,征购系各省县普遍办理,以各省一般粮户或较大粮户为对象。采购系在余粮地区指定地点,照市价收买,以粮食市场为对象。抢购系在沦陷区及邻近作战地带收买,以战区粮户为对象。其价格的高低,也各有区别。征购方面,三十年度拟订数目,计川、滇、浙、鄂、赣、皖、粤、桂、豫、甘、宁、晋、绥、康等 16 省,共为谷麦 3050 余万石,截至三十一年十月止,已购得 2880 余万石,约达全数 94% 以上。至三十一年度拟订数额,计为谷麦 3190 余万石,截至本年二月底至,已购得

2390余万石,约达全数75%。以人民拥护抗战的热忱和征购办法的周到,相信在最短期内,当有超出定额的把握。至于征购标准,在三十一年度内,除四川1省系随赋带购外,其余各省大率均采摊赋方式,即照应购之额,平均摊购。三十一年度,政府因鉴于摊赋办法难期公平,乃一律改为随赋带购,即每征田赋1市石,附带购若干,视各省情形而定。关于采购方面,除三十年度购得之数,已并入余粮征购数字在内外,三十一年度拟在余粮地区采购稻谷160余万石,小麦60余万石,及糜谷5万石,截至现在止,已大□足额。关于抢购方面,三十年度在苏、浙、皖、湘等省抢购所得之大米,共为140余万石,三十一年度预定抢购谷麦330余万石,现已购有成数,短期内即可完成。

征购给价,在三十年度内,系以粮食库券及现金搭配付给为原则,其库券与现金配拨比率大致以7∶3为准,即给予库券7成,付现金3成。综计是年搭配粮食库券地域有:川、湘、赣、鄂、陕、豫、甘、绥、宁9省,三十年度则于搭付粮食库券之外,可听地方之便,改为配发美金公债,及美金或国币储蓄券,计是年仍搭发粮食库券者有川、湘、皖、陕、粤、桂、青、康8省,搭配国币储蓄券者有晋、滇2省。

五、粮食的储运

政府征集的粮食,既为数甚巨,而所有粮食,又系来自全国广袤的农村,又由全国农村散漫的征集以至收纳库仓,再由收纳库仓而集中仓库,而发□仓库,直到拨交需粮的对方为止,其所需仓储容量之多,运输手续之繁,不难想象。兼之内地交通尚不发达,新式交通工具尤为缺乏,仓储的容量亦非骤然可以多量增加,而军粮的供给,首重迅速,公粮民食亦须按时供应调剂,绝不容稍有迟缓,致滋贻误,故储运业务,实为现行粮政中最困难最艰巨的工作。粮食部成立后,随即设置四川粮食储运局及各省县储运机构,并大量增置储运工具,悉力以赴。在仓储方面,2年来修建的仓容,共有5400余万石,各连同征实以前各省原有仓容并计,当在6000万石以上。此外并对仓储加以技术管理,以期管理方法科学化、业务处理精确化、用费度支经济化,俾能一面避免粮食存储期间质与量的损耗,同时以较少的人力物力,获取较大的效果,如粮食时〔部〕颁行的《粮仓筹议及管理通则》《仓库病虫害防除暂行办法》《粮食检验及分级暂行通则》等法规,都是实施仓储技术管理的具体办法。在运输方面,所需运具输力,凡民夫、骡、马、驴、牛、骆驼、木船、轮船、皮筏、木筏、汽车、火车、牛车、大车(马曳)、胶轮板车及各种手车等,一切机械动力、原始工具,无不尽量利用。良以全国所征集的食粮总额,除县级公粮外,每年度不下 7000 余万石,约折合 500 万公吨,其需要远程运输者,至少在 300 万吨以上。值此全力争取最后胜利,物资人力较为困难时期,非政府与人民通力合作,不足以言事功。故对于粮食的短程集中,则发动民夫运送,对于远程运输,则尽量利用国营公营或民营运输机构,就现有水陆路线及各种新旧交通工具,迅捷办理。2 年以来,效果均甚良好,未稍贻误,殊为初料所不及。

六、粮食的供应

自粮食部成立后,对于全国军粮,概由中央统筹,使军队能以全力作战,不受粮秣的牵制,即将田赋征实及定价征购所得的粮食,首先配拨军粮。虽军队布于全国,战线长约 2 万余里,各地部队复流动无常,但 2 年来全国军粮,不但供应无缺,且多提前拨交,时有余裕。对于屯粮部分,各战区亦聚能获得相当数量,以备缓急。

其次为公粮,自抗战以来,后方公教人员的埋头苦干和前方将士的奋勇抗战同一艰苦。他们所需的粮食,政府不能不充分供应,因之对于全国各级党务员工、行政员工、教职员、警团员工,乃后方一切有关抗战工作的官营机关员工,以及此类人员眷属所需的粮食,一概予以定量的分给,使其生活安定,得以全力从事抗建工作。但在公粮中,因客观环境和事实上的需要,又分为中央公粮、省级公粮、县级公粮 3 种,配给的数量也略有不同。中央公粮由中央直接配发,省级公粮由中央在征实项下划出一定数额交由各省政府配发,县级公粮系责由各省政府就所属各县自治财政范围内必不可少的公学谷等,一并切实核计,报由粮食部核定后,于征实征购之外,另行随赋一次带征,就地配发。

再次为民食,政府控制的粮食,除供应军粮公粮之外,则以调剂民食,以稳定市场,平抑粮价,并有相当存储,以备荒灾或其他灾害时用以救济之需。调剂范围,除对各重要都市及产业区域的民食,设有专管机构经常予以供应外,则于市场供不应求或价格剧烈变动时,以较市价略低的价格出售,使供求相应,逐步压低粮价。最近更配合粮价政策,以督导民营为主,公营为辅,仍就若干重要消费区域及特别缺粮之地,由中央予以适当的供应,并拨发若干资金,贷放各省市政府,设立公仓,办理粮食储押业务,使在各重要市场经常储存一部分粮食,以安定市面。或以此资金,各就其本省官需情形,征购大户粮食或采购邻省余粮,办理粮食公卖,以贯彻控制余粮、合理分配、安定民生的宗旨。

七、战后粮政的展望〈略〉

26. 抗战时期的侨务委员会及其工作(1944年)①

甲、侨务行政概述

我国之有侨务机构,历史颇久。前清咸丰九年,于广州、厦门、天津、宁波等处,设出洋问讯局。民国七年,在国务院之下,设侨工事务局。十一年设侨务局。十三年,总理以侨胞过去努力革命,供给甚伟,特于广州大本营内设侨务局。十五年在广州设侨务委员会。十六年国民政府奠都南京,于外交部设立侨务局。十七年改为侨务委员会,直隶国民政府,翌年改隶于中央执行委员会。二十一年改隶于行政院,即今之侨务委员会。以移殖保育为施政方针,至是侨务行政基础始告奠定。该会组织系委员制,于委员长、副委员长之下,设秘书及侨务管理、侨民教育3处,每处各设2科。二十五年增设会计、统计2室,三十一年增设侨务问题研究室,三十二年增设人事室。至直属机关,或增设,或裁并,截至三十三年二月止,计有回国侨民事业辅导委员会,南洋研究所,广东、福建、云南3侨务处,汕头、厦门、江门3侨务局,回国升学华侨学生接待所,华侨教育总会筹备委员会,华侨通讯社。在回国侨民事业辅导委员会之下,计有龙州第二归侨村管理处、畹町、漳州、遂溪、东兴等4处侨民临时接待所。昆明、贵阳、金城、柳州、南宁、岳麓、芦苞、钦县等8地归侨指导员,共计26单位。侨务局设在各口岸,侨务处设在省政府所在地或冲要地

---

① 此文系节选自国民政府主计处统计局编制的统计月报(1944年2月)——《外交与侨务》专号中的侨务部分。

点,处理侨民出入之登记、保护、指导、接待、救济及侨民委托事务。接待所及指导员亦设在各省侨民出入孔道,接待所执掌接待、登记、指导及救济归侨之工作。指导员办理照料归侨旅运事宜。国外方面,各地侨民虽有870余万人,但迄今未设侨务机构。所有侨民内部事务,及侨民教育等事,均由侨务委员会指导驻外使馆就近办理。兹将侨务委员会及其所属机关近年办理工作成绩择要列下:

一、保护侨民　该项工作包括:(1)证明及保护出国。(2)证明及保护返归内地。(3)办理申诉交涉。(4)证明侨民身份及产物权益。(5)其他有关保护事宜。统计受保护者,民国三十一年度48000余人,民国三十二年度7392人。

二、接待侨民　该项工作包括:(1)由本机关接待住宿。(2)介绍住宿旅馆及其他场所。(3)代雇船车夫役输送。(4)其他有关借贷事宜。统计受接待者,三十一年度73000余人,三十二年度3369人。

三、救济侨民　该项工作(此外,会同振济委员会及地方政府临时救济难侨及救济侨生、侨教人员等不在内)包括:(1)由本机关发给侨民侨生救济费。(2)转请他机关发给侨民、侨生救济费。(3)送请他机关或医院疗病。(4)其他有关救济事宜。统计受救济者三十一年度62000余人,三十二年度7292人。

四、辅导侨民　该项工作包括:(1)指导及解答出国路线或出国手续。(2)指导或解答归侨返归内地或考察参观。(3)介绍侨民工作。(4)指导或解答侨民就业及服役。(5)辅导侨民投资企业。(6)其他有关辅导事宜。统计受辅导者三十一年度约3000人,三十二年度8441人。

五、办理侨民委托事件　该项工作包括:(1)调处侨民纠纷。(2)代收汇款。(3)代汇款项。(4)代纳税捐。(5)代查及照料侨民亲属。(6)其他有关侨民委托事务。统计委托之侨民,三十年度1200余人,三十二年度1968人。

六、鼓励华侨捐输　抗战以来,侨委会迭将此次抗战之意义及国民应负之义务,向海外侨胞努力宣传,鼓励侨胞输财出力,报效国家。各地侨民,亦能深明大义,踊跃输将,只就汇缴中央捐款一项统计,自二十六年下半年起至三十二年底止,每月平均捐款国币6830742元;内以二十九年及三十两年最多,每月平均约1000万元。此外购买公债及汇缴各省市政府团体之捐款,为数亦巨。

七、沟通华侨汇款　旅外同胞汇款回国,可以弥补国家入超,发展建设事业,与国计民生关系至切。故侨委会对于沟通侨汇工作,积极进行,著有成绩,只就最近10年以来统计,每年平均汇回国币50000元,内以二十八年1270173000元、二十九年1328160000元为最多。且自二十五年起,全国侨汇数超过全国贸易入超数,递年增加甚巨,如二十五年仅超过10800万元,二十九年则超过127100余万元,对于国家贡献甚大。

八、改善华侨待遇　海外华侨受侨居地政府颁行之苛律及各种限制,统计各地有123种之多,痛苦莫可言喻,现由外交途径,力向各国政府交涉废除,冀能改善华侨之待遇。

九、督导侨团备案　国外华侨团体,截至三十二年底止,计有3929单位,内职业团体885单位,社会团体2112单位,救国团体932单位,散布于世界各地。对于宣传祖国政令、领导侨胞,功效甚大。唯侨胞因格于当地政府之法令及其他关系,向侨委会备案甚少。截至二十八年底止,已备案者,仅314单位,经该会之鼓励督促,现已增至383单位。

十、登记出国回国之华侨　该项登记对于侨务设施,关系至巨,侨委会迭经督促各地侨务机构,认真办理登记工作,唯出国回国侨胞不登记尚多,统计三十年度登记52024人,三十一年登记248427人,三十二年度登记8475人。

十一、登记国外之华侨　侨务措施,以侨民为对象,欲明了国外各地侨胞状况,惟有赖于登记与统计,故吾国政府于十八年间,公布《华侨登记准则》,唯侨民因受侨居地政府之束缚限制,向使领馆登记者少,统计截至三十二年秋季止,已登记者只有477623人,仅占了全体华侨5%强。

十二、救济侨校员生　"太平洋事变"后,南洋各地相继沦陷,侨委会负救济海外侨校员生及在国内华侨学生之责,除督导各省府临时办理救济侨民侨生等工作,另行叙述外,兹就政府拨给侨委会之侨教救济费言,三十一年度拨到400万元,三十二年度拨到1000万元。其主要之工作:(1)三十一及三十二两年,计发侨生特种救济金4期,受救济者约5000人。此种侨生分布国内各校,计大学29所,独立学院20校,专科学校14校,师范学校4校,职业学校13校,中学60校,其他及不详者约30余校。(2)两年来核发侨校教职员救济费,计达千人。(3)补助粤省各校经费,使增班收容侨生,先后共增达70余班。(4)补助经费使国外侨校内迁,或疏散入安全地带复课,以及补助国立华侨各中学、华侨各师范学校暨公私立各专科学校、各大学先修班等,统计 30 余单位。

十三、辅导侨生就学　该项工作包括:(1)发给侨生身份证书,并介绍肄业。(2)保送入校。(3)指导侨生就学等 3 项。统计受辅导侨生,三十一年度 8635 人,三十二年度 6257 人。

十四、补助侨民学校　侨委会按年对于办理有成绩之国外立案侨校及创立之侨校,均酌予补助,计二十六年补助 154 校,需款 122734 元。嗣因太平洋各侨居地沦入敌手,对于非沦陷区侨校,仍予补助,就三十二年度言,计补助 47 校,需款 20 万元。

十五、督导侨校立案　国外各地华侨学校,截至三十二年底止,计 3300 余所(内中学 146 所,师范 8 所,职业 6 所,小学 2630 所,民众及补习学校 94 所,种类不明者 498 所),但向该会立案者尚少,截至二十六年底止,仅有 330 余所,酌经该会之督促鼓励,逐年增多,截至三十二年底,计有 610 余所。

十六、训练师资　侨委会于二十九年度创设侨民教育函授学校,至三十一年六月结束。训练之学员共 1200 余人,均系海外各校各侨校原有之教职员。又该会在南京时,即已举办侨民教育师资训练班,后改班为所。嗣因太平洋战事发生,训练之学员,未能派遣出国服务,故暂行停办,先后只办 3 期,计第 1 学期学员 60 人,第 2 期学员 37 人,第 3 期学员 40 人。

十七、编辑侨校教科书及参考书　侨委会于二十四年组设侨民教育教材编辑委员会,二十六年秋停办,二十八年冬改名编辑室,三十一年春归并入南洋研究所。截至三十二年三月止,已完成之书籍,计高初级小学课本及教学法,共 60 册,其未编完者,由该所继续办理。

十八、侨务研究工作　侨委会为谋战后侨务之复员与发展,特于三十一年初在会内设立侨务问题研究室,并于三十一年四月,会同教育部设置南洋研究所,罗致专才,就国外各侨居地政治、经济、教育、史地及其有关侨务问题,积极研究,编著书籍,或将原书翻译中文以供施政参考。截至三十二年底止,侨务问题研究室编著完成者,共 33 种,计 618000 字。南洋研究所编译完成者 39 种,未完成者 27 种,共 66 种。合计已编字数 389 万余字,总计 99 种,45008000 余字。

以上除第 12 项救济侨校员生系临时性质外，其余各项均系侨委会及所属机关之经常工作。兹再将太平洋战事发生后，侨委会会同振济委员会临时办理救济工作，择要列下：

（甲）拨发各地救济费 "太平洋事变"后，南洋各地相继沦陷，侨胞逃难回国，或流离国外，为数甚巨，中央轸念侨胞，临时特拨巨款救济，查三十一年度拨发各地政府救侨用款，计广东、福建、广西、云南、贵州等省共 4060 余万元，拨发巴达维亚及加尔各答总领事馆、缅甸腊戍南洋战区侨民疏散协助委员会华侨新村建筑费华侨招待所建筑费、侨教救济费暨各地经办救济机关等，共 927 万余元，总计约 5000 万元。

（乙）各机关救济工作 粤闽滇桂各省府，对于前项拨发之款，特设紧急救侨委员会专管其事，于三十二年二月以前均已先后结束，连同未设紧急救侨委员会之省份，总计受救济之一般难侨，为 120 余万人（难侨间有 1 人受数次救济者，兹以救济 1 次作 1 人计算），内以广东省救济 100 万人为最多，广西省 10 万人次之，贵州省 34000 余人，福建、云南两省各 23000 余人又次之。其余江西、湖南、西康 3 省最少。此外对于侨教之救济，总计侨委会暨各省救济侨校学生及教职员文化人士为 19600 余人，内以广东省 10900 余人为最多，福建省 3600 余人次之，侨务委员会 3300 余人又次之，其余广西、云南、贵州各省，数百人不等。

乙、办理侨务时对于统计之应用

一、拟定工作计划时利用统计

（1）旅外侨胞总计 870 余万人，分布世界各地。我政府对于侨民之人口、政治、社会、经济、教育及其他等，迄未举行调查，现经该会根据驻外使领馆历年报告之资料，及参考当地政府调查公布之数字，整理分析，编为统计，藉以明了战前侨民之概况，以供拟定战后侨务复员与发展计划之参考。

（2）行政院曾令饬该会拟具战后南洋各地华侨救济善后计划，以供我国参加联合国救济善后会议出席代表之参考。此项工作，经该会利用统计方法，制就"战后南洋各地华侨救济善后所需物资金额估计表"。

二、执行工作时利用统计

该会根据所属各机关按期呈送之工作报告,随时整理汇编统计,藉以考察各机关工作是否按照预定进度实施,以供指导督促之参考。

三、考核工作成绩时利用统计

该会所属单位呈送之年度政绩比较表,缺乏统计数字,未能明了工作实际情况,经该会根据所编各期公务统计,汇制各机关全年度工作概况统计比较表,所有各机关职员人数及年支经费数目,均附列表内,以资对照。并由统计人员于表内拟定每项工作之成绩分数。送由该会设计考核委员会审核后,呈该会委员长决定。

丙、侨务委员会近年办理统计之经过

侨委会于二十五年间设立统计室,迄二十六年仅有统计员、办事员、书记各1人。三十一年十月间该室机构加强,统计员改为统计主任。三十二年一月以后,并添补科员2人、办事员1人,工作乃能积极推进。除拟就该会公务统计方案外,三十二年度办理该会暨所属机关各种统计,重要者计有:(1)公务统计,(2)公务人员及其工作统计,(3)经费支出统计,(4)战时公有财产损失统计,(5)归侨投资实业统计,(6)编辑《三十一年辑侨务统计》并自行油印分发各机关参考,(7)编辑《三十一年辑侨务统计手册》,(8)编就三十一年度全国统计总报告侨务部分资财,(9)编制三十二年辑国民政府年鉴侨务部分统计表,(10)海外非战区华侨财产之调查,(11)海外非战区华侨团体、学校、阅书报社及发行新闻报杂志等之调查。

表一 侨务委员会所属机关保护侨民

民国三十二年度

机关别	保护侨民人数					
	共计	证明或保护出国者	证明或保护返归内地者	办理侨民申诉交涉者	证明侨民身份或产物权益者	其他
总　计	7392	102	4329	505	2285	171
广东侨务处	3563	83	3355	—	—	125
福建侨务处	161	—	99	61	—	1
云南侨务处	1902	18	232	124	1490	38
汕头侨务局	392	—	337	53	2	—
江门侨务局	375	1	251	47	75	1
厦门侨务局	999	—	56	220	718	6

材料来源:侨务委员会所属机关

说明:尚有各地侨民临时接待所及归侨指导员等办理该项工作,数目无多,因未据报告,故未列人。

表二 侨务委员会所属机关接待侨民工作

民国三十二年

机关别	接待侨民人数				
	共计	由本机关接待住宿者	介绍住宿旅馆或其他场所者	代雇船车夫役输送者	其他
总　计	3369	1553	503	869	444
广东侨务处	1978	1115	307	332	224
福建侨务处	79	—	28	51	—
云南侨务处	—	—	—	—	—
汕头侨务局	638	336	7	295	—
江门侨务局	—	—	—	—	—
厦门侨务局	674	102	161	191	20

材料来源:侨务委员会所属机关

说明:尚有各地侨民临时接待所及归侨指导员等办理该项工作,数目无多,因未据报告,故未列人。

表三　侨务委员会所属机关救济侨民工作

民国三十二年

机关别	救济侨民人数					
	共计	由本机关发给侨民救济费者	转请其他机关发给侨民救济费者	保送儿童入教养院者	送请其他机构或医院疗养者	其他
总　计	7292	649	2765	185	629	3064
广东侨务处	6249	359	2357	185	625	2713
福建侨务处	842	227	360	—	—	255
云南侨务处	1	—	1	—	—	—
汕头侨务局	180	53	27	—	4	96
江门侨务局	20	—	20	—	—	—
厦门侨务局	—	—	—	—	—	—

材料来源：侨务委员会所属机关

说明：尚有各地侨民临时接待所及归侨指导员等办理该项工作，数目无多，因未据报告，故未列入。

表四　侨务委员会暨所属机关辅导侨生入学人数

机关别	三十一年			三十二年		
	共计	保送及介绍入学者	指导就学者	共计	保送及介绍入学者	指导就学者
总　计	8635	4639	3996	6257	5789	468
侨务委员会	723	723	—	709	709	—
回国侨民事业辅导委员会	40	40	—	……	……	……
回国升学华侨学生接待所	312	312	—	……	……	……
广东侨务处	6412	3411	2010	4729	4637	155
福建侨务处	58	25	33	28	2	26
云南侨务处	199	73	126	86	86	3
汕头侨务局	246	44	202	39	4	35
江门侨务局	98	11	87	370	190	180
厦门侨务局	538	—	538	233	164	69

材料来源：侨务委员会教育处所属机关

说明：(一)尚有一部分机关办理此项工作，未据报会，未列表内。

(二)表内有虚线……者指数字未详。

表五 历年国外华侨捐款

单位:国币元

年 别	全年金额	每月平均金额
共 计	525967126	6830742
二十六年七至十二月	16696740	2782790[3]
二十七年	41672186	3472628
二十八年	65368147	5447345
二十九年	123804871	10317072
三十年一至十一月	106481499	9680136[4]
三十一年	69677147	5806428
三十二年	102266536	8522045

材料来源:财政部

说明:(1)表内金额系汇缴中央者,至汇拨各省市政府团体之捐款未列在内。(2)购买公债未列入。(3)6个月平均数字。(4)11个月平均数字。(5)其他均系12个月平均数字。

表六 历年国外各地侨汇估计

单位:国币千元

年 别		全国总计	广东省	福建省	其他各省市
二十年	金额	434600	345200	76820	12600
	百分比	100	79.4	17.7	2.9
二十一年	金额	334628	171700	530182	9746
	百分比	100	81.2	15.9	2.9
二十二年	金额	314226	253800	51274	9152
	百分比	100	80.8	18.3	2.9
二十三年	金额	238313	185000	46368	6945
	百分比	100	77.6	19.4	3
二十四年	金额	332489	268000	54805	9684
	百分比	100	80.6	16.5	2.9
二十五年	金额	344383	272000	62356	10030
	百分比	100	79	18.1	2.9
二十六年	金额	473502	382500	61000	800009
	百分比	100	80.8	12.9	6.3

续表

年　别		全国总计	广东省	福建省	其他各省市
二十七年	金额	644074	510000	74857	59217
	百分比	100	79.2	11.6	9.2
二十八年	金额	1270173	102000	149714	100459
	百分比	100	80.3	11.8	7.9
二十九年	金额	1328610	1020000	149714	158896
	百分比	100	76.7	11.3	12
三十年	金额	278800(1)	……	……	……
三十一年	金额	431041(2)	……	……	……
三十二年	金额	1207702(3)	……	……	……

材料来源：二十九年以前根据《广东经济年鉴》及《福建华侨汇款》两书估计之。三十年以后根据中国银行及邮政储汇局材料。

说明：(一)(1)(2)(3)3栏只列中国银行、邮政储汇局经收侨汇款,尚有少数侨汇未列入。

　　　(二)表内虚线……指数字未详。

表七　国外华侨登记人数

(甲)登记与未登记之比较

截至三十二年十一月止

地域别	共计	登记人数			未登记人数
		小计	男	女	
总计	8717416	477623	332384	145239	8239793
亚洲	8370408	359999	246072	113792	8010409
美洲	211371	93178	67386	25792	118193
欧洲	62728	10445	9159	1286	52293
海洋洲	68845	13906	9675	4231	49929
非洲	9064	95	92	3	8969

材料来源：驻外使领馆

说明：我政府于十八年九月公布《华侨登记规则》,唯侨胞受居留地政府之束缚限制,

　　　向本国政府使领馆登记身份者,寥寥无几。

（乙）按籍贯别

籍贯别	人数	百分比
共　计	477623	100
广　东	281340	58.9
福　建	145943	30.55
山　东	24123	5.06
广　西	10001	2.10
河　北	5221	1.10
浙　江	4842	1.00
湖　北	2104	0.44
江　苏	2068	0.43
吉　林	455	0.10
辽　宁	415	0.09
新　疆	257	0.05
安　徽	238	0.05
其他各省	616	0.13

材料来源：驻外使领馆

说明：在香港、泰、缅等地侨胞之籍贯，以粤、桂、滇各省最多，未据报会，故未列表内。

表八　华侨人口分布
截至民国三十二年十一月底止

侨居地别	百分比	华侨人数	调查时期及材料来源
总计	100	8717416	
亚洲	96.02	8370108	
越南	5.30	461513	内除北圻、老挝根据《南洋年鉴》1936年统计外，其余根据1940年西贡领馆统计
缅甸	2.22	193594	根据1987年仰光领馆报告
泰国	28.68	2500000	战前估计
马来亚	27.05	2358335	根据1940年海峡政府公布
砂胜越	0.99	86000	根据1936年该邦行政年报
英属北婆罗洲	0.55	47799	根据1931年婆罗洲人口调查报告
荷属东印度	15.43	1344809	根据1937年各该地领馆报告
菲律宾	1.35	117463	根据1941年马尼拉总领馆报告
葡属帝汶	0.04	3500	根据1938年国联统计年鉴

续表

侨居地别	百分比	华侨人数	调查时期及材料来源
香港	10.59	923584	根据1937年香港政府在报纸发表
澳门	1.80	157175	战前估计
印度	0.10	8750	根据1937年驻该地外交机构之报告
阿富汗	0.06	50000	根据1940年该地领馆报告
土耳其	0.08	70000	1920年该地政府调查
麦加	0.07	6100	根据193□年中国回教近东访问团报告
日本	0.23	19801	根据1937年驻日领使馆报告
台湾	0.68	59692	根据1937年台北领馆报告
朝鲜	0.80	70290	根据1937年该地领馆报告
北美洲	2.26	197400	
美国	0.91	78900	除纽阿连忒士省系1940年领馆报告外,其余系战前估计
加拿大	0.58	46000	1937年加拿大统计局公布,由驻澳太瓦领馆报告
墨西哥	0.28	25000	1930—1931年该地政府调查估计
中美洲各国	0.10	9100	
瓜〔危〕地马拉	0.01	1100	根据1941年该地总领馆报告
萨尔瓦多	0.01	1000	战前估计
尼加拉瓜	0.91	1000	战前估计
巴拿马	0.04	3500	1933年该地政府调查
其他各地	0.03	2500	战前估计
西印度群岛	0.44	38400	
古巴	0.37	32030	根据1942年该地领馆编送旅古华侨概况报告
多明各	0.00	400	根据1932年古巴领馆报告
占〔牙〕买加	0.01	1000	战前估计
千里达	0.06	5000	根据1938年该地领馆报告
南美洲	0.16	13971	
秘鲁	0.08	7030	根据1939年该地政府报告
智利	0.01	503	根据1937年该地政府报告
巴西	0.01	820	根据1931年之报告
阿根廷	0.01	600	根据1930年之报告
哥伦比亚	0.00	418	根据1937年中华总会馆报告
厄瓜多尔	0.01	800	根据1939年华侨救国总会报告
委内瑞拉	0.02	1500	根据1941年委京中华总会馆报告
圭亚那	0.02	2300	根据1930年该地政府调查

续表

侨居地别	百分比	华侨人数	调查时期及材料来源
欧洲	0.72	62738	
英国	0.09	8000	根据1932年该地政府调查
法国	0.20	17000	根据1931年该地政府调查
德国	0.02	1800	根据1937年该地政府调查
苏联	0.34	29620	根据1940年伯利总领馆调查
葡萄牙	0.01	1200	根据1929年该地政府调查
丹麦	0.01	900	根据1940年丹麦公使馆报告
比利时	0.01	550	根据1932年该地政府调查
义大利	0.01	923	根据1940年该地领馆登记人数
荷兰	0.02	2017	根据1937年该地政府调查
其他各国	0.01	728	根据1920—1940年该地政府调查及使领馆报告
大洋洲	0.73	63835	
澳大利亚	0.19	17000	根据1941年驻雪梨总领馆报告
新西兰	0.04	3400	根据1940年惠灵顿总领馆报告
海威夷群岛	0.34	29237	根据1941年檀香山卫生局户口估计
斐枝群岛	0.02	2000	根据1940年苏瓦副领馆报告
萨摩群岛	0.08	7198	根据1940年阿披亚领馆报告
大溪地	0.06	5000	根据1930年该地政府调查
非洲	0.11	9064	
埃及	0.00	64	根据1933年中国旅埃同乡会报告
南非联邦	0.05	4000	根据1937年该地总领馆报告
印度洋各岛	0.06	5000	战前估计

材料来源:(一)本表材料根据驻外使领馆、驻在地搜集报会或由当地政府调查公布加以整理。

(二)为明了战前华侨分布状况,故将国外沦陷区及在日韩等地原有侨胞人数列入以供复员参考。

表九 国外各地华侨职业估计

单位:千人

业别	共计	农矿业	工业	商业	交通业	其他及无业
百分比	100	26.47	18.92	33.72	2.54	18.35
总计	8717	2308	1649	2940	221	1599

续表

业别	共计	农矿业	工业	商业	交通业	其他及无业
亚洲	8370	2217	1583	2813	212	1535
马来亚	2358	624	446	794	59	435
北婆罗洲	48	13	9	17	1	8
砂胜越	86	24	17	31	2	12
荷属东印度	1345	356	254	453	34	248
菲律宾	117	31	22	39	3	22
越南	461	122	87	155	12	85
缅甸	193	51	36	65	5	36
泰国	2500	662	474	844	64	456
其他各地	1262	334	238	425	32	233
美洲	211	56	40	71	5	39
欧洲	63	16	12	21	2	12
海洋洲	64	17	12	22	2	11
非洲	9	2	2	3	—	2

材料来源：本表根据战前荷印政府调查华侨职业人数并参考其他材料估计之

表十　国外华侨学校
截至三十二年底止

侨居地	共计	中学	师范学校	职业学校	小学	民众及补习学校	不明
总计	3382	146	8	6	2630	94	498
亚洲	3207	138	8	6	2482	75	498
越南	349	14	—	—	305	1	29
缅甸	347	5	3	—	389	—	—
泰国	169	6	4	—	163	—	—
马来亚	1103	29	2	—	1027	43	—
新嘉坡	277	7	2	—	249	19	—
槟榔屿	138	2	—	—	122	12	—
纳闽	1	—	—	—	1	—	—
马六甲	63	2	—	—	61	—	—
毗叻	144	8	—	—	136	—	—
雪兰莪	153	6	—	—	140	7	—
森美兰	54	—	—	—	52	2	—
彭亨	35	1	—	—	34	—	—
柔佛	140	2	—	—	135	3	—
吉打	76	—	—	—	76	—	—
吉兰丹	10	1	—	—	9	—	—

续表

侨居地	共计	中学	师范学校	职业学校	小学	民众及补习学校	不明
丁加奴	11	—	—	—	11	—	—
玻璃市	1	—	—	—	1	—	—
英属北婆罗洲	81	8	—	—	73	—	—
荷属东印度	503	1	—	—	33	—	469
爪哇	241	1	—	—	6	—	234
苏门答腊	172	—	—	—	18	—	154
万里洞	6	—	—	—	1	—	5
婆罗洲	36	—	—	—	2	—	34
西里伯	28	—	—	—	4	—	14
新几内亚	20	—	—	—	2	—	18
菲律宾	149	10	—	—	117	22	—
葡属帝汶	6	—	—	—	6	—	—
香港	428	53	1	5	361	8	—
澳门	33	8	—	—	25	—	—
广州湾	6	3	—	1	2	—	—
印度	7	—	—	—	7	—	—
日本	12	1	—	—	10	1	—
朝鲜	14	—	—	—	14	—	—
美洲	104	5	—	—	89	10	—
美国	58	5	—	—	50	3	—
加拿大	27	—	—	—	25	2	—
墨西哥	9	—	—	—	7	2	—
古巴	9	—	—	—	6	3	—
瓜〔危〕地马拉	1	—	—	—	1	—	—
海洋洲	55	2	—	—	46	7	—
澳大利亚	5	—	—	—	4	1	—
海威夷群岛	45	2	—	—	37	6	—
斐枝岛	5	—	—	—	5	—	—
欧洲	1	—	—	—	1	—	—
英国	1	—	—	—	1	—	—
非洲	15	1	—	—	12	2	—
摩里斯	8	1	—	—	6	1	—
南非联邦	7	—	—	—	6	1	—

材料来源：侨民委员会侨民教育处

说明：（一）表内包括立案（根据该会核准立案册）及未立案（根据历年使领馆调查报会）学校数。

（二）为明了战前侨校分布状况，故将沦陷区及在日韩等地原有侨校列入以供复员参考。

表十一 国外华侨学生数估计
民国三十二年底止

侨居地	华侨学校间数	华侨学生人数	每校平均学生人数
总计	3382	377494	112
亚洲	3207	357312	111
英属	1966	197162	100
马来亚	1103	110300	100
北婆罗洲	81	7776	96
缅甸	347	21167	61
印度	7	567	81
香港	428	57352	134
荷属东印度	503	60863	121
菲律宾	149	16688	112
越南	349	32155	95
泰国	169	41574	246
葡属帝汶及澳门	39	5382	138
其他各地	32	3488	109
美洲	104	13312	128
欧洲	1	90	90
海洋洲	55	5280	96
非洲	15	1500	100

材料来源：侨务委员会侨民教育处

说明：本表估计数系根据已知一部分人数（占 1/3），用比例插补法求其近似之数字。

表十二 国外华侨团体历年备案与未备案数之比较

团体类别	二十八年底止	二十九年底止	三十年底止	三十一年底止	三十二年底止
总计	2181	3713	3890	3926	3929
备案	314	331	367	380	383
未备案	1867	3382	3523	3546	3546
职业团体	468	832	878	884	885
备案	154	161	165	170	171

续表

团体类别	二十八年底止	二十九年底止	三十年底止	三十一年底止	三十二年底止
未备案	314	662	713	714	714
社会团体	1084	1971	2088	2110	2112
备案	137	143	166	172	174
未备案	927	1828	1922	1938	1938
救国团体	649	919	924	932	932
备案	23	27	36	38	38
未备案	626	892	888	894	894

材料来源：侨务委员会核准备案册及使领馆报告

说明：(一)本表系累积数。(二)职业团体及商业最多,各种联合会次之,工业又次之,其他较少。社会团体以地方团体几达半数,文化次之,娱乐又次之,其他较少。救国团体以救国抗战最多,筹赈次之,募捐又次之,其他较少。

27. 抗战时期的蒙藏委员会及其工作概况(1944年)①

蒙藏地方地理环境及社会文化均具有其特殊性,凡所设施,不能与内地等量齐观。历代治理蒙藏政策不外征服、羁縻、分化、愚弄数种,影响所及,蒙藏同胞迄今仍大部度其半原始生活。加以强邻环伺,着着进逼,领土主权,久告残破。挽救之道,唯有遵行国父遗教及中国国民党历次宣言与议决案,以建设宗族融合、民生康乐、自由平等之新中国。

本会自民国十八年成立,处理蒙藏事务,一以三民主义为最高原则。关于民族主义者,以各民族一律平等为基点,进求融洽其文化习俗,消弭狭隘之民族界限,而完成大中华民族之建设;关于民权主义者,第一步在培养各民族之自治能力,使能充分使用四权而为宪政之基础,同时并使边疆各民族之人才有参与中央党政之机会,以共同负荷建国之责;关于民生主义者,确立为边地土著人民谋利益之原则,一方发展其固有之生产,一方建立边疆经济重心,并充实其劳力,开辟其交通,俾促进整个国民经济之向上,而使边疆人民克享生活优裕之幸福。然此非一蹴而就,必需审度当地实际情况,因势利导,循序渐进,倘操之过急,每易发生误会。蒙古及地方实权,尚依托于王公;西藏政治仍受宗教之支配,历史悠久,积重难移。值此战时,殊难有巨大之兴革,唯有因应现状,以求民族之团结与地方之安宁,故本会战时施政方针,即为团结蒙古与安定西藏,本此方针,妥为运用,其成效可得而言者如下:自"九一八"事变后,蒙古地方与环境关系时受敌伪挑拨离间,以致王公彷徨歧路,民众无所适从,今则团结一致,敌忾同仇;西藏地方向与内地隔绝,形同化外,今则往

---

① 本文系国民政府行政院蒙藏委员会1944年9月撰写,原名为《蒙藏委员会工作概况》。

还密切，感情融谐。在战时既获有如此之基础，一俟抗战结束，国力充沛，则理想中三民主义之边政建设，当不难期其实现也。兹将本会历年工作概况分述如后。

一、关于蒙古者

（一）召集蒙古会议以集中各盟旗意见——自民国十年外蒙二次宣布独立后，内蒙亦不无影响，本会于十八年成立后，即召集蒙古会议，以统一其意见，并博采众议，以为治蒙之参考，出席代表，由盟旗政府及沿边各省政府分别派遣，决议要案40余件，均经次第采择施行。

（二）颁发《蒙古盟部旗组织法》以确定盟旗地位——内蒙自热、察、绥建省后，其未设县治之盟旗尚未取得合法之地位，本会根据各方意见制定《蒙古盟部旗组织法》，经立法院审议通过，呈奉国民政府于二十年明令公布，并重新任命盟旗长官，颁发盟旗政府印信官章，以重职守。至此盟旗在法律上之地位，始行确立，而盟旗长官对中央不承认盟旗之疑惑，亦一扫而空，动荡之蒙旗，始复趋于安静。

（三）成立察绥两蒙古地方自治政务委员会以培植蒙古自治能力——中央徇内蒙各盟旗王公之要求特准成立蒙古地方自治政务委员会，至二十五年因该会秘书长德穆克栋鲁普欲以整个蒙古号召附逆，本会为紧急应付，准乌伊两盟国王公之请求，认为有分治之必要，遂将该会改组为察境、绥境两蒙政会，任命伊克昭盟盟长沙克都尔扎布为绥境蒙政会委员长，绥远省境内18旗首长为委员，于二十五年二月就职正式成立。该会经建各费由中央发给，人员由蒙旗地方自行选用，数年来办理蒙旗地方自治，颇具成效。同时任命锡林郭勒盟盟长德穆楚克栋鲁普为察境蒙政会委员长，适敌人进据察哈尔省境，致未成立。

（四）派遣盟旗协赞专员以协助蒙旗政务之推行并加强与中央之联系——蒙古各盟旗政府内事务官至今尚多轮流值班，实际工作人员甚少，兼之地处穷远与中央不易取得联系，遇有应办事项，每感难于推动。本会于三十一年度拟具《派驻蒙古各盟旗协赞人员办法及服务规则》呈奉行政院核准施行，并依照上项办法，派定协助专员7人，分驻绥宁两省蒙旗政府工作，派往各员薪俸旅杂各费,均由国库支给,不另由盟旗政府负担。各该员自到任服务以来,成绩尚优,深得各盟长官之信赖,迭电本会请予嘉勉,其余未经派员前往之蒙旗亦多电请派遣,现正追加预算,一俟奉准,即拟增派专员 6 人,分赴绥远、青海两省蒙旗工作。

(五)充实蒙古卫生机构并深入蒙旗工作——蒙旗医药设备,原有蒙古卫生院,初设于归绥,抗战发生,先后迁至兰州、宁夏有年。本会应蒙旗之需要,商准卫生署将该院裁撤,改设乌盟、伊盟及阿拉善 3 卫生所,分驻陕坝、扎萨克旗及定远营。开诊以来,蒙民称便,上年度伊盟宣慰大员莅扎,复于宣慰经费项下拨款 12 万元,以充伊盟卫生所建筑所址之用,以树立永久规模。最近又与卫生署商定增加各该所经费 30 万元,以资充实。

(六)增设蒙旗学校以普及蒙民教育——蒙旗教育,原由本会主管,民国三十年,移归教育部接管,唯本会仍随时根据蒙旗需要,咨商教育部增设学校,充实设备。即以伊盟而论,原有小学仅 7 所,现已增至 30 余所,其余各旗亦略有增加。

(七)整训伊盟保安队以维蒙旗治安——蒙旗保安队,骑射甚佳,战斗力颇强,唯于服装方面稍欠充实,本会准伊盟盟长兼保安长官请求整训,当商同军委会交傅副长官作义商伊盟保安长官负责整训,现已成立训练处,派陈玉甲为处长,负责办理,并配给制服 3000 套,每月经费 10 万元。

(八)增设蒙旗邮电局所以利通信——蒙旗地方公文函件之递送,原由本会所属各台站负责,自台站改设牧场,经本会先后商准交通部于蒙旗地方增设邮电所,计绥、宁、青 3 省蒙旗地方,现有电报局 6 所,邮政局信柜 47 所,此内调整邮路 3 线,目前蒙旗通信尚称便利。

(九)加强蒙旗经济联系,开发蒙旗工商业务——蒙古地方因未设有国家银行分支行,汇兑极感不便,经本会先后商准财政部于蒙旗或蒙旗附近地区,如扎萨克旗、定远营、榆林、陕坝、贵德、化隆、石嘴子等相互筹设中中交农四行办事处或分支行,以调剂活泼蒙旗金融。此外,商准资源委员会派员常驻榆林,收购蒙旗皮毛,并随时请予调整价格,以维蒙民收入;商准农林部贷款 50 万元,于乌拉特前旗设立示范牧场;商准经济部贷款 50 万元,于该旗成立毛织工厂等。明年度并拟请款 600 万元成立洗毛制革制碱等工厂,以期从经济联系上,着手开发蒙旗之工商业务。

（十）奉移成吉思汗灵榇并派员致祭——成吉思汗灵寝原在伊盟郡王旗境内，为蒙民景仰中心，每值祭期，各旗官民多来参谒。自绥包失守，敌伪每思劫持，资为号召。本会于二十八年商准伊盟沙盟长后，呈奉军事委员会核派本会蒙事处处长楚明善为护灵专使，将成灵奉移至甘肃榆中县隆山暂厝，一俟战事结束，仍护送回蒙，其随来留蒙之达尔扈特由中央拨款维持其生活。历年中央迭派本会吴委员长[①]、赵副委员长[②]、军委会办公厅姚副主任[③]前往致祭，以示崇隆。

（十一）派员赴蒙宣慰视察，召集蒙旗政教领袖来京展觐，以增强中央与蒙旗之联系——蒙旗远处边塞，交通不便，中央为使上下得以互通起见，不时派遣大员赴宣慰，内政部黄部长、本会吴委员长、赵副委员长、蒙事处楚处长[④]、军委会办公厅姚副主任等，均曾先后奉派前往察、绥、宁、青等省境内蒙旗宣慰视察，宣达中央德意。此外并依照边疆政教领袖来京展觐办法，分批轮流召集蒙旗政教领袖入觐报告蒙旗政教情形。抗战以来，交通愈加困难，而蒙旗政教领袖之来渝展觐者未因此而减少，足征内向之忱。复因接触频繁，情感自生，隔阂消除，蒙旗与中央之关系，日益密切。

（十二）策动蒙旗官民来归并优予设置——"九一八"事变后，东北四省境内之哲、卓、昭、呼、伊等盟部旗先后沦陷，现敌人已将盟级废除，旗数亦略有增并，将各旗分隶于兴安东西南北四省，而辖以蒙政部，迨敌兵进入察境后并将锡、察、乌、土各盟部联盟设立伪蒙古自治政府，现改为蒙古自治邦政府。将绥东四旗及归化土默特旗编为巴彦达拉盟，察南各县组察南政务厅现改为宣化省，晋北各县组晋北政厅，现改为大同省。连同原有锡、察两盟部及绥省境内之乌兰察布盟统归该伪政府管辖。各该地蒙旗官民深感敌伪压迫，每思相机反正，投归祖国。本会亦不时派员深入地区策动，年来经策动来归者，有乌拉特前旗扎萨克奇后峰、乌拉特后旗扎萨克贡噶色楞、镶蓝旗总发阿龄阿、茂明安旗齐王二夫人额人钦达等各率部数十人至数百人来归，均经妥为安置，准其恢复政府组织，每旗按月补助 16200 元，其随来之保安队等视人数多

[①] 吴忠信。
[②] 赵丕廉。
[③] 姚琮。
[④] 楚明善。

少分别由军政部拨给饷项服装,以资维持。本会现正拟配合军事成立统一机构,负责策动工作,并宽筹经费,以利来归。

二、关于西藏者

(一)恢复中央与西藏关系

清末,边军入藏,达赖奔英,清廷既鲁莽于事前,复束手于事后,藏事糜烂,已难收拾。辛亥革命事起,驻藏军队哗变,军民巷战,死伤盈城。达赖得英人助,乘机返藏,尽逐驻藏官兵及汉、回民众出境,宣传独立,中央与西藏关系,至此遂告断绝。此后10余年,兵戎相见,几无宁岁,感情恶化,已达极点,又处处受外牵制,驯至进退失据,一筹莫展。本会于民国十八年成立,对外第一要务,即在如何始能将中央与西藏之僵局打破。十九年呈准派北平雍和宫扎萨贡觉仲尼携蒋主席亲笔函件赴藏慰问达赖。达赖因受感召,乃有驻京代表之派遣,时尼泊尔与西藏发生战事,中央顾念西陲,复派本会参事巴文竣赴尼宣慰,藉以调解。战争既息,西藏当局曾函呈中央表示感谢之意,藏事至此始有转机。二十年本会再派专门委员谢关梁父子入藏宣达中央德意,因劳致病,同殁中途。二十年十二月第十四辈达赖圆寂,中央特派参谋本部次长黄慕松为致祭专使,入藏致祭册封,西藏官民,盛表欢迎。黄专使留藏期间,曾与西藏当局对解决藏事交换意见,西藏当局畛域之见未除,交谈卒无成果。唯离藏时候,派有总参议刘朴忱及参议蒋致余留藏办事,并留置无线电台1座。是项无线电台旋归交通部接收办理,向日西藏与内地消息阻隔,至此遂得畅通。刘总参议留藏久,即病殁拉萨,蒋参议致余因人地未洽,两年后亦内返。

(二)主持第十四辈达赖转世事宜

十三辈达赖既已圆寂,其转世事宜有关西藏政教之前途者,至重且大。达赖为西藏政教之主,其呼毕勒罕之决定,历辈均由中央中枢主其事,以示主权之所在。本会吴委员长,奉中央特派入藏主持第十三辈达赖转世事宜,并经行政院令饬青海军事当局于二十八年七月派员护送西宁灵童拉木登珠赴藏。吴委员长于是年十一月由渝启行,二十九年一月十五日到拉萨,西藏摄政热振呼图克图及四噶伦暨僧俗民众,热烈欢迎,旋即会同热振电呈中央决定以拉木登珠为第十四辈达赖之呼毕勒罕,奉国民政府二月五日明令特准,关于转世及坐床事宜,一切均照旧例办理。典礼告成,热振曾电呈林主席表示感激之德意,而中央与西藏之关系至此日益密切。

(三)本会驻藏办事处之成立及组织之加强

吴委员长于主持第十四辈达赖坐床典礼告成后,以中央与西藏间日常事务渐多,经商得西藏当局同意,设立蒙藏委员会驻藏办事处,此为民国以来,中央设立驻藏办事处之始。该处于二十九年四月一日成立,所有组织规程办事细则均经呈奉中央核准,任孔庆宗为处长、张威白为副处长,本会并于三十年增派职员前往,以资充实,日常事务之接洽及承转,颇称便利。唯至三十一年国际战局变化,日寇凶焰蠢逼南洋,我缅滇公路一时封锁,中央为支持长期抗战计,乃有开辟中印公路之筹划,此路原拟分南北两线同时勘测,北路系由西昌经滇省中甸德钦而入西藏势力范围之西康察隅,以达康印边境之塞的亚。本会奉命与西藏接洽,藏方始允终拒,并擅设外务局,以杜绝本会驻藏办事处接洽之门路;继复纵警冲入该处骚扰,并断绝对该处柴草等正常供应,一时情形颇呈逆转,经奉中央电令该处暂停对藏交涉。嗣经总裁召见西藏驻京代表等谆谆训诲,嘱其转达西藏当局后,西藏当局似知觉悟,曾托嘉木祥禅师大襄佐来渝代为婉解。前次总裁就国家主席职,西藏当局来电致贺。本会因感驻藏办事处之组织亟应加强,以应事势之需要,同时该处孔处长迭电辞职,经转呈照准,另派沈处长宗濂前往接替,西藏当局来电深表欢迎。沈处长于七月中由渝飞印入藏,现已到拉萨,据报西藏当局欢迎招待甚为隆盛,并恢复一切正常供应。现新旧处长正办理接替中。该处原有职员中一部分内调,新任职员一小部分已随沈处长抵藏外,余正办理出国护照手续。至该处之组织规程业予修正。关于人事调整,以及其他一切措施,正由沈处长规划中。

(四)班禅回藏之波折及护榇回藏

班禅大师为西藏宗教首领之一,其地位与达赖互为师弟。因见恶于达赖,于民国十二年前来内地。中心诚款,倾忱中央,时以恢复中央与西藏为志愿。当时国事蜩螗,事与愿违,遂周游国内南北,传法祈祷。自国府成立,班禅奉召赴京,共商国是,并膺国府委员之选,旋奉命赴内蒙一带宣化,勋绩卓著。惟班禅久来内地,怀旧綦切,中央为宣化西陲计,曾于二十一年春特派班禅为西陲宣化使,以时机未熟,迁延未能成行。直至二十四年间,始特派护送班禅专使,组织仪仗队,首途返藏,中途几经波折,至二十五年始能到玉树,而西藏当局对其回藏问题,仍予留难。二十六年,抗战事起,班禅忧心国事,于十二月圆寂。时值南京撤守,枢府西移,日寇派员潜赴青康活动,班禅圆寂消息传出后,人心浮动,后方秩序在在可虑。经中央决定,令班禅行辕将大师灵榇移至西康甘孜,并派考试院戴院长入康致祭,对班禅随从人员,予以抚慰。嗣以二十八年班禅行辕与西康驻军发生冲击,复将班禅灵榇移往玉树。中央为防杜意外,乃仍派赵守钰为护送班禅灵榇专使,积极筹备回藏,是时西藏地方当局对班灵回藏尚持异议,经吴委员长在藏善为开导,卒乃表示接受中央意旨,欢迎班灵回藏。二十九年十一月由赵守钰为护送专使,赵守钰率领青康所派军队自玉树护送启行,至十一月二十日安抵青藏交界地方,交由藏方所派代表接迎西返,十二月间安抵后藏扎什仑布建塔安供,中央并颁发建塔费20万元。

(五)办理班禅转世事宜

第九辈班禅圆寂后,西藏僧民均盼其乘愿再来,早承法统。中央对班禅转世事宜,决定依照藏例主持办理,经行政院会议决定,派其高徒众扎萨喇叭罗桑坚赞等负责寻访班禅灵童。有经本会依照往例,斟酌现情,拟定征认第十辈班禅呼毕勒罕办法,呈奉行政院核准,转奉国防最高委员会备案,其办法规定班禅之呼毕勒罕,准由西藏宗教首领就班禅高徒众所访获之灵童中先择候选人3名,呈报中央派员举行掣签决定1名为呼毕勒罕,此项办法早经分别电达各关系方面遵照。罗桑坚赞等在青康一带共寻获灵童10余名呈报本会备案,一面派员携带名册前往拉萨,请求宗教当局决定候选人3名,西藏当局旋以寻访未周,再令复访,又在金沙江两岸及西藏境内寻获多名,呈送西藏。惟西藏当局对中央核定之办法历时2年,置不答复,班禅属下焦灼异常,罗桑坚赞等曾请予在青海培尔寺抽签决定,就地坐床,由中央特派员护送回藏。同时班禅属下丁杰佛又坚认西康理化方面,有一灵童最为灵异,决为班佛化身。意见分歧,莫准一是。本会以此项问题若不早日解决,则夜长梦多,于西藏宗教前途颇多不利,经再一提示西藏当局注意,惟有遵照中央核定办法,始克避免纠纷,顷已接西藏打扎佛电呈,业经就班禅属下所访灵童中,用卜卦降神等办法择定班禅身口意化身3名。中央已决定即将在此3名中征认班禅之呼毕勒罕。

(六)消弭地方纠纷

青康一带土著人民之语文宗教风俗习惯均与西藏相同,秉性强悍、械斗成风,自清末以来,迭经变乱,枪弹遗民间为数甚多。小之则寻仇觅衅杀人越货,大之则称兵作乱反抗官府。以其地毗连西藏,影响边防,尤深且巨,过去数十年中央与西藏关系之不能促进,此实为其最大原因。抗战以来,枢府西迁,青康地方益为后防重地,地方之治乱与抗战整个局势息息相关。由于中央德威之感被,及边胞精诚之团结,所有抗战前以及发生之纠纷,均经圆满解决;抗战以后发生之纠纷有扩大之迹象者,亦经迅速了结。故数年以来,民族融洽,边圉又安,中央无后顾之虞,抗战立坚强之基,兹分述如后:

1. 解决大金白利纠纷

西康甘孜县所属大金与白利两寺,于民国十八年因争产构衅,经二十四军军部令饬地方政府秉公处理,并由中央派员切实开导,予以调解。大金寺终不接受,于十九年攻占白利全部,经驻军镇压后,藏方又调动部队为大金寺声援,遂由两寺纠纷转为康藏战局,其间曾经本会派员赴康调处,而战事时起时停,迄无宁岁。大金寺毁于战火,寺民遭无妄之灾,延至二十一年十月康藏双方始于冈拖协议停战条件,未获结果,二十三年双方遣代表在倭达协订办法9条,尚未履行,德格又发生劫案,因之停顿。直至二十四年一月,双方复于冈拖新订规约8项呈由行政院核准,未及施行,又有诺那与驻军之冲突,继之赤匪入康骚扰,因而搁浅。迄二十五年,西康当局经先后派遣调解甘案专员继续商讨,仍稽延不决。抗战事起,经西康当局派员与西藏所派代表再为交涉,卒能议定安置良善大金僧详细办法7条,并由肇事双方出具切结,于二十七年十二月三十日当场公布,并经西康省政府呈奉行政院准予备案。计纠纷绵延9载,生命财产损失甚巨,西藏与内地之关系为之隔绝,乃能于抗战期间尽释前嫌掬诚相见,订立协议,安定边疆,诚为幸事。所有因此案影响公私各方损失依应由大金寺赔偿,为体念僧众困苦,无力负荷,经本会及关系机关于二十九年会商呈准行政院照数发给,所有康藏双方交涉出力人员,亦经呈准奖叙。并发给大金寺建修费2万元,以示体恤。

2. 调处班禅行辕与甘孜驻军冲突

班禅行辕于民国二十六年将班禅灵榇奉移甘孜,与当地驻军24军815团因细故发生摩擦,继以甘孜孔撒土司德钦汪母与班辕卫队长伊西杰婚案而形尖锐化,终于二十八年十二月班禅行辕与驻军正式发生冲突,甘瞻头人民众亦转入纠纷漩涡,军事冲突范围延伸至炉霍一带。经由本会及军事委员会分别电令双方停止军事行动,听候中央查处,一面派西昌行营主任张笃伦、军事委员会高级参谋陈冠群及本会参事赵锡昌前往康北会同查办。在该员等到甘孜以前,班禅行辕率同甘瞻头人民众已退往青海玉树,班禅灵榇亦随同运去。甘孜地方秩序旋即恢复,纠纷至此告一段落。此次纠纷主要原因为班辕人员奉班禅灵榇迁移无定,本会遂积极筹划护送班灵回藏事宜。迨至护灵大计如期完成,班禅行辕在理论上及事实上均无存在必要,经本会于二十九年拟定班禅行辕善后办法,呈奉行政院修正核准后次第施行。(一)班禅行辕及其驻外各办事处以明令一律裁撤,唯驻京办事处暂予保留。(二)班禅转世事与班禅善后分别办理。(三)班辕裁撤后所有卫队及武器由军事委员会令甘肃朱司令长官派员前往接收。班辕所有人员由中央予以安置遣散,均经照案施行。另有班辕一部分留青人员,则经本会呈奉核准,组设班禅诵经堂每月拨经费1万元以资维持,俟班佛转世坐床时即行裁撤。至流落青境甘瞻民众头人等,除一部不能回康者另案安置外,经本会与青海马主席及赵专使商得西康刘主席同意,准其回康安居,并经中央发给遣散费4万元以示体恤。

3. 解决果洛隶属纠纷

果洛为一部落名称,清代称为野番,其驻牧地原属松潘章腊营管辖,民国以来,在名义上直隶于松潘,而实际上为政令所不及,民国二十四年青海省政府呈准该地设治,因种种困难,未能实行,故为一瓯脱之地,青省府除派员酌收捐税外,向无行政机构之设置。纠纷之起,系因二十七年秋该部落劫杀青省驻军喇旅长,青军派队前来剿抚,双方颇有杀伤,该部落余众即退至四川松潘境内。其土官康克明、康万庆等并赴成都行辕请愿,旋来渝向中央政府报告,经本会呈奉行政院核定安置该部落办法3项:(一)该部落与青军冲突事件应由四川省政府妥为调处,准该部悔过自新,从速迁回原牧地照常住牧,不究既往;(二)流落松理一带果洛难民由隶四川省政府指定住地妥为安辑,在未回果洛地方前,应受四川省政府管辖;(三)关于果洛属问题应俟关系各省派员会同勘察该地情形及交通状况,加具意见分报内政部核办。上项办法既经核定,该土官及流洛民众即陆续回原牧地上庄复业,近年来地方秩序,颇为安谧。

以上所述,系本会历年办理纠纷案件之荦荦大者,其余如何南亲王与拉卜楞寺纠纷、黑错事件、藏寺事件、白日多马族抢劫案等亦均经本会会同各省当局,预制机先,妥为消弭,均未酿成大事,抗战以来边疆各地实较战前安定。

三、对蒙藏一般共同设施

本会对蒙藏之施政方针前已述及,本此方针,除办理上述各案外,关于一般设施者,一为护佛教寺庙,优礼政教首领。如每年对西藏三大寺傅昭布施,捐助蒙藏地方喇嘛寺庙修葺费,其王公活佛来京展觐者则予以优崇之招待。道行高深之大喇嘛则请中央赠给名号,颁发册印,以示政府崇教安边之意。二为延揽边疆人才参加中央行政机构。对边疆具有地位声望及学识丰富之士,莫不多方推毂参加政府各院部会及民间机关任职。三为沟通内地与西藏文化,本会早于二十五年即经公布《补助汉藏游学僧侣规则》,历年派送汉僧入藏学法,至三十二年复修改规章,扩充名额,增加经费,以资提倡。截至本年止,已派遣公费僧20余人,并补助自费僧10余名,又补助内地僧侣考取西藏三大寺格西费用。至若西藏德行高超之大德如喜饶嘉措禅师、亲增法师东本格西或由中央聘来内地讲学,或自动前来内地观光传法,均经予以优厚之招待。对边疆青年前来内地就学,则予以介绍各学级校肄业,并发给补助费以示奖励。四为救济蒙藏同胞生计。蒙、藏、青、康地方本甚贫瘠,复以天灾人祸相乘而来,民生疾苦殊甚,先后曾经本会呈准拨款补助,如果洛流亡民众之救济、甘孜民众之安置与遣散、青海南部疫□之救拯、西藏亚东水灾之救济,其在内地蒙藏失业同胞则经订有救济蒙藏事业人员章程随时予以救济。五为鼓励边疆同胞抗战情绪。自暴日对我发动侵略战争,全国同胞在蒋总裁领导之下奋起抗战。边疆各族人民爱国热忱殊无二致,唯因僻处边疆,见闻闭塞,对抗建意义尚未充分了解,益以地位奸党荒谬宣传,挑拨离间,以冀分化边胞之团结,本会为针对此种阴谋,乃发动对边疆广泛宣传。文字方面利用本会《蒙藏月报》随时译载中枢首长之言论,并译印抗战小丛刊数十种,又用简单警惕之文字,制成标语,译为蒙藏回文,分发各边地张贴。广播方面,每周派有专人赴中央广播电台做蒙藏回语广播。六为调查蒙藏情形以作施政参考。蒙藏地区辽阔,情形复杂,语言文字、宗教信仰、风俗习惯又各所不同。在在需要作精密之调查以为施政之参考,本会先后设立绥蒙、天山、积石、金川、喀木、滇西等6调查组分驻绥宁青康滇省境内工作,数年来颇具成绩,各种调查资料除随时转报有关机关参考外,其经整理印成专册者计有8种,其余正在陆续付印中。七为设立蒙藏政治训练班培植边疆工作干部人才。计先后毕业学员4期,共有200余人,均经分发边疆地方及中央各机关服务。

  本会近年之工作概况已如上述,复查本会在组织系统上直隶行政院,与其他部会地位相埒,而在职权方面则与其他部会迥而不相同。就表面言之,举凡有关蒙藏之一切建设事宜,本会应负其全责;而就实际言之,教育由教育部主办,交通由交通部主办,其他农林经济等亦各有其主管部,本会只能尽其建议协助之力。比年以来,国步艰难,忧患迭乘,凡百设施因受人力物力之限制,进步迟缓,无可讳言,且缓急轻重兹将又不能不作适当之考虑与抉择,而边疆建设,又在在受客观环境阻碍其骤达吾人理想愿望者,自不可免。今后边疆事业,日趋重要,本会职责所在,自应秉承中央意旨,与各主管院会,努力迈进,尤盼国人多所协助焉。

28. 抗战时期的振济工作(1945年)①

政府平时对于防灾备荒,及振恤灾歉之行政,向皆属于内政部,及前振务委员会,由该两部会负责办理,抗战以来,因兵燹地区增广,难民流离日多,本院遂又设立非常时期难民救济委员会,主管其事。第以难民问题,其性质之重要急切,与其内容之繁复艰难,息息与政治及军事相关,而直接系于国本。故在时间上,不仅应迅办目前战局中之救济,尤须筹及〔集〕战后复兴之基力。在空间上,不仅须将战区民众妥为安置,同时对战区失陷地区之人民,尤须解其倒悬之痛,系其爱国之心,坚其抗战之志。在方法上,不仅消极拯救其生命,解决其短期生活,尤须积极注重疏散,配置工作,促进其生产。庶于长期抗战,能得到无尽之后援,而政府与人民,在此艰危至极时,益可团结为一体。良以我辗转流离之同胞,要皆忠纯刚正之义民,自当视同国宝,爱护母替,期于不令一人资为敌用,厥为救济之最重大意义。战斗所以争地,救济则所以争民,此同一重要也,惟其如此,乃觉欲其效率增进,确能负起责任,非集中事权并力以赴不为功,因将关系机构,合并调整,设立振济委员会以专责成。

该会为振济行政之最高机关,其地位与直属本院之各部会相同,经于本年四月二十七日成立开始办公,兹分述其工作于后。

---

① "振济"在抗战时期有着重大意义,国民政府在抗日战争时期特设有振济委员会,隶属于行政院,为振济行政最高机关,地位与各部会相同。因未查到该机关在整个战时的机构、职能、工作方面的自撰稿,故选录1938年7月行政院工作报告"第十、振济"部分来反映其机构和职能概况,另选录1945年国民政府主计处编《中华民国统计提要》"77表,难民救济""78表,振济委员会直属各儿童教养所及难童数"来反映其战时工作救济情况。故本文作者应是国民政府行政院及主计处,成文日期可能是1938年7月,或1945年,此处暂定为1945年。

一、救济战区难民

抗战军兴,兹已匝岁,战期势已延长,难民数量,自必随之激增,陷于被占区域,流离转徙者,估计当不下1万万人,其由战区分循水陆内移者,亦在1500万人左右。

一年以来,中央及地方尽其全力,以从事救济工作,而社会人士,及中外慈善团体,激发同情,共图匡济,所全自亦甚巨,或施急救,或予收容,或任资遣,或助输送,蒙受救济辅助之难民,亦达500万人以上。因难民中多有亲友可投,暂时寄顿,截至最近,尚在收容中者,仅约116万余人。已设立之收容所,共约1500余所,将来容量,亦可设法补充。凡此数字,由于机构之不充,交通之停滞,及其本身流动性之过大,事实上固不仅限于此,然距振济之最高效率,犹属甚远,自亦无可讳言。

振济委员会成立以后,办理难民救济事项,约可略述如此(振济委员会及前非常时期难民救济总会所拨救济款项,另表附列)。

甲、分区办理救济

振济委员会掌理全国振济行政,设置原委,略见前述。值兹抗战期内,难民待救,迫切万分,自应扩大效能,首先集中力量,救济战区难民,爰于振济委员会内,特设非常时期难民救济委员会,并为便利推进,厘划事权起见,分别于战地及其附近区域,设立7救济区。以京沪沿线及浙江属于第1区;皖北鲁南苏北属于第2区;皖南及苏浙边境属于第3区;鲁西豫东冀南属于第4区;豫北晋东属于第5区;绥察晋北及陕北属于第6区;豫西陕东晋南属于第7区。每区均特派委员主持办理,除督促推进各该区内难民救济分支会工作外,并由本院分饬非常时期服务团员密切合作,以利事功。其已告沦陷区域,则令酌托国际慈善团体,或宗教人士,缜密进行。至收复失地,如晋北、晋东、晋南、豫北各县及绥远蒙旗等,亦均分拨救济费,交由各主管区速办理振济。

乙、紧急及特种救济

子、安徽 该省战事剧烈,难民激增之际,经拨款20万元,派员驰往各地,急切施救,其退集豫境、赣境难民,现仍赓续振济,以补分区办法所不及。

　　丑、厦门　厦门沦陷,难民被难至惨,经拨款14万,以5万元交福建省政府,对于逃出厦民,速施救济;另10万元,交鼓浪屿国际救济委员会就地办理。

　　寅、广州　该市迭遭敌机轰炸,情势惨重,经拨款10万元,交广东省政府迅速救济,并有振济委员会派员前往视察慰问。

　　卯、黄灾　黄河花园口赵口遭受敌机轰炸,堤防溃决,灾情惨重,当由振济委员会先拨5万元,派人星夜驰往,赶办急振,并由本院核定救济费50万元,令派振济委员会副委员长屈映光先携30万元前往妥为安抚,切实救济。

　　辰、交通员工　交通部同蒲正太各路撤退员工,经分别编组,移送后方训练,特拨款72000元补助救济。此外分拨各省市政府及团体办理救济之款,具详附表,兹不赘述。

丙、难民工作及生产

　　抗战前途尚远,难民既众,尤不应令其坐食。配置生产,诚为要图。惟生产计划,规模过大,则需款自巨,值此国用浩繁之际,诚恐筹措需时,除关于难民垦殖、工艺等需用款项之筹配,另行叙述外,其有各收容所举办之小本负贩,以及缝纫、干洗、编织等项工作,亦多已随地酌办。此外,有江苏旅外救济失学失业青年委员会,拟在鄂西湘西,举办难民纺织工厂,已由振济委员会先拨10万元,督促进行。江西省政府拟送难民屯垦计划,经先拨73500元,剔选难民1000试办,以期得有成效逐渐推广。又皖籍移湘难民拟由该省同乡筹办各项工业生活社,已拨助1万元,交由湖南省政府指导办理。

丁、难童之救济及教养

　　儿童为民族生活之寄托,将来国家大任赖其担当,文化赖其延续。自抗战以来,全战区难童确数,固无详细调查。然就汉口难民收容所过去46000人之统计,难童自1岁至12岁为6851人,11岁至20岁为10079人,其中适合学龄儿童者从5岁至15岁为3000余人,准此推算,则内移之1500万人难民中,当有难童约400万人,其极待救济者至少亦数10万人。

　　惟专恃政府力量现尚难予普救,自应启发社会同情,共尽救护之责,现由政府予以协助密切合作之团体,计有儿童保育会、中国战时儿童救济协会、中华慈幼协会汉口难民儿童教育委员会等,均经派员随同振济委员会办理救济人员,分赴各地,接运难童,转送后方,实施教养。其在政府,拟积极筹设大规模之国立保育机关,尤为当务之急。

戊、难民之疏散及输送网计划

前方战事激烈,难民退集后方,多来归于武汉,惟武汉为军政重心,久为敌机空袭目标,密集此间,心有未安。经责成振济委员会及湖北省政府就收容所中难民,积极办理疏散,计先后运往湖南及鄂省外县者,为数已达3万余人。此外,并由振济委员会派员前往各重要地点,劝导难民分向赣、陕、豫西等处退集以策安全。

此后难民数目,仍恐有增无减,交通工具,亦断不敷应用。已由振济委员会赶拟送网计划,对于经过路程、安置地点、人员配备均加以妥密统筹,现当战时,交通工具极感缺乏,尤当积极推行徒步移送办法。

以上所述多急切治标之办法,政府先后拨交振济委员会430万元,使之先救民命,俾难民移置较为安全地方,而后从事于治本。

二、发行振济公债

振济工作,在在需款,民国十八年、二十年遭遇旱水两灾,即曾发行公债、举借外款,达1万万余元。今兹局势之严重,远非昔年水旱灾情之比,需款之巨,更不待言。且敌寇毒计,刚柔兼施,其在华北及京沪闻已拨款救济我难民,故政府对于振济用款,尤不能不迅速筹集,急为施用,以培国本,而系人心。本院爰经决定发行振济公债1万万元,并于七月一日起发行3000万元,以济急需。其用途拟暂如左〈下〉之支配:

(一)难民救济、运输、收容、给养、配置及临时发生天灾之救济费用600万元。

(二)办理采矿、植林、公路修筑、水利工程等,及其他预防灾荒之小规模工振暨各项小工业小本贩经济共900万元。

(三)难童教养经费300万元。

(四)难民垦殖经济 1200 万元。

(二)项内小工业小本贩及(四)项内之款项分配,尽量使用贷款方式。贷款逐渐收回,仍作贷与农工业奖励生产之用。务使分文见分文之效,一人尽一人之力。藉收人可救济、款不虚縻之功。

三、计划防灾备荒

历观灾患以来,其势甚骤;然一考其所致之由,则伏因甚久。政府救恤灾荒,糜费巨款,人民亦同时遭受重大之损失。故但能先事预防,避免此种双重之凋耗,不特减少人民之痛苦,实增国富于无形,此即振济行政积极方面意义之所在也。际兹抗战之时,一切难民之当前救济,自属刻不容缓。唯设立该会之根本意义,不仅集中权力因应非常,藉收指挥敏活之功;亦不仅于天灾发生之际,举办急工农振益蜀赋散谷,即为能事已尽。尤应于防灾护荒,作核本之筹划,以求灾患之永免,富力之累增。虽其设施所涉至广,成效亦难遽期,然此为国家根本大计所关,不于此抗战期中植其始基,将益艰于着手。自应责成该会与有关机关合力锐进以赴事功。举凡改进农产、广植森林、兴修水利、建设农仓诸端,本院各部会以往定有积极防灾备荒各项办法,必当力予督促切实推行,务以技术之成功,增进民生之福利。

四、改进振济机构

政府既已深感振济行政之必须集中事权,方克确实负责增高效率,故对于一般地方振济机构之调整改进,自不容缓,各级振济机关,上下相维如臂运指。在事权上应求集中,在关系上应谋密接。以期全国振济机关贯通一气,俾其动作达于最机敏之程度,其应循之原则有二:其一,在抗战期内,须因时制宜、因地制宜,就各原有机构,推动督促,不多更张,利用已具之规模,以适应战时救济之机敏需要,而符集中之指挥之精神;其二,因势利导,亦可改进其组织与功能,至若一切形式上名称上,须统一改易之处,仍应酌量筹划,以树紧密之制度。

各省市县难民救济机关,现仍用非常时期难民救济委员会分支会之名称,计共有分会 12 处,支会 652 处。除仍照前非常时期难民救济总会规定大纲赓续办理外,并经振济委员会分区特派委员督促推进,尚能发挥功能,尽力办理。一面并有振济委员会整理制发各种表式分行各省县分支会,实施难民调查登记,以为随办理救济之依据。

至关于社会救济,我国民间组织,本极繁复,育婴恤孤有堂,给药施材有社,穷乡僻壤,无地无之,虽用心足资钦式,而方法多有待改良。故在精神上拟一面予以鼓励与协助,在技术上则应加以指导与整理,俾可益增功效。此外对于失业救济、贫民扶助、游民教养诸端,则即从调查统计入手,以为统筹之准则。渐次分设职业介绍社会保险机关,俾可各按技能,得所效力。使固有之互助美德,益以发挥,现代之文明,亦愈以增进焉。

难民救济

时期	救济人数	职业介绍人数	移垦人数
二十七年八月至二十八年底	21805790	7472	74211
二十九年	3842232	1657	43749
三十年	1074220	16274	……
三十一年	2208458	11994	……
三十二年	882846	10876	……
三十三年一月至六月	243704	3621	……

资料来源:振济委员会统计室根据难民收容所及职业介绍选送报告编制

振济委员会直属各儿童教养院所及难童数

时期	教养院所数	难童人数
二十八年底	214	159835
二十九年底	27	8044
三十年底	25	10215
三十一年底	27	11202
三十二年底	24	11304
三十三年六月底	20	10849

材料来源:振济委员会统计室根据儿童教养院所造送之报告编制

说明:二十八年教养院所及难童人数系包括补助院所数及难童数。

29. 抗战时期的卫生署及其工作(1945年)[①]

我国卫生行政,现以直隶行政院之卫生署为中央主管机关,自二十九年颁布省卫生处组织大纲及县各级卫生组织大纲后,省县卫生机关,纷纷设立,公医制度设立之体系亦渐完成。全国医业人员之登记,除中医外,截至三十二年底止,累计28269名,较二十六年约增1/3,其中医师为11932名(见表84)。然于战时需要,仍感不足。

战时人民生活失常,疫病自易于蔓延,在11种主要传染病中,以发生疟疾县份为最多,且大部分集中于广东、广西、云南、贵州等西南省份。鼠疫年来仍有流行,以东南之福建、浙江两省为最多(见表85)。此种情形除地理环境以致之外,实以战时医药设备不充为其主因。

---

① 本文选自国民政府主计处统计局编《中华民国统计提要》1945年辑"第七类"。

表 83　全国医院及诊所　　　　　　　　　　　　　　　　　民国三十年底 1941 年

省市别	陈报县数	总计					医院							诊所				
		院所数	医师	护士	助产士	药剂师	院数	病床数	医师	护士	助产士	药剂师	所数	医师	护士	助产士	药剂师
总计	238	1311	1984	1322	274	270	287	8293	801	840	150	232	1024	1183	482	124	38
浙江	45	213	327	167	56	55	65	1402	140	94	36	45	148	187	73	20	10
安徽	8	48	58	44	4	3	7	114	16	14	1	3	41	43	30	3	-
江西	12	34	76	74	9	10	11	626	52	70	4	10	23	24	4	5	-
湖北	14	51	55	34	7	3	6	1166	10	20	2	3	45	45	14	5	-
湖南	34	138	236	174	20	37	39	661	123	125	14	37	99	113	49	6	-
四川	21	130	165	96	22	20	25	483	49	68	12	19	105	116	28	10	1
山西	7	15	24	18	2	1	1	5	6	4	2	1	14	18	14	-	-
河南	15	143	206	163	10	25	34	509	72	80	6	19	109	134	83	4	6
陕西	31	234	328	187	33	55	47	1022	121	103	25	40	187	207	84	8	15
广东	9	74	88	14	16	5	6	141	13	9	6	5	68	75	5	10	-
广西	18	102	210	196	63	32	20	951	108	146	36	27	82	102	50	27	5
贵州	14	28	35	6	2	…	1	75	4	…	…	…	27	31	6	2	-
甘肃	9	21	38	32	7	9	11	233	26	22	2	9	10	12	10	5	1
青海	1	7	15	15	2	4	2	55	9	9	2	3	5	6	6	-	-
重庆市	-	73	122	162	21	11	12	850	52	76	2	11	61	70	26	19	-

材料来源：卫生署统计室根据卫生署调查之资料编制

说明：县卫生院合于医院者列入医院内，合于诊所者列入诊所，认为行政部分无医疗业务者未列入。又中医之诊所包括在内。

表84　全国医业人员登记

年别	登记数及累计数	总计	医师	牙医师	药剂师	药剂生	助产士	护士
民国二十六年	登记数	5443	763	137	92	16	520	3975
	累计数	20383	9098	251	533	2267	3694	4540
民国二十七年	登记数	759	221	24	26	84	167	237
	累计数	21142	9319	275	559	2351	3861	4777
二十八年	登记数	954	254	5	28	472	94	101
	累计数	22096	9573	280	687	2823	2955	4878
二十九年	登记数	1468	480	16	59	481	234	189
	累计数	23564	10062	296	646	3304	4189	5067
三十年	登记数	1929	647	10	58	378	506	330
	累计数	25493	10781	306	704	3682	4695	5397
三十一年	登记数	1731	710	7	38	392	307	217
	累计数	27224	11419	313	742	4074	5002	5674
三十二年	登记数	985	513	5	52	206	84	125
	累计数	28029	11932	318	794	4280	5086	5799

材料来源：卫生署统计室根据卫生署医政处之材料编制

说明：中医及外籍医业人员不包括在内。

传染病

表 85 民国三十二年(1943)

省别	天花			流行性脑脊髓膜炎			白喉			猩红热			霍乱			痢疾		
	发现病例县数	病	死	发现病例县数	病	死	发现病例县数	病	死	发现病例县数	病	死	发现病例县数	病	死	发现病例县数	病	死
总计	346	6450	944	144	3616	733	1678	1439	163	107	1122	98	218	1738	36318	738	86621	3795
浙江	26	350	80	20	1909	217	13	54	-	3	3	1	11	145	4	51	2780	96
江西	14	306	66	15	716	267	5	13	2	1	1	-	20	43	116	57	3144	157
安徽	-	-	-	9	120	120	-	-	-	-	-	-	-	-	-	2	36	4
湖北	23	550	26	4	43	1	4	24	1	5	34	-	-	-	-	37	4562	34
湖南	24	367	66	9	170	17	13	34	1	6	25	-	38	2357	485	65	1006	505
四川	14	114	6	7	52	7	6	41	2	5	11	-	6	37	11	24	6163	16
西康	-	-	-	-	-	-	2	4	-	-	-	-	-	-	-	3	112	-
河南	51	1103	65	15	48	9	24	197	13	21	403	10	-	-	-	70	6455	77
陕西	33	597	67	8	26	2	18	170	7	16	217	42	-	-	-	48	2843	53
甘肃	24	239	23	8	10	5	24	471	45	13	97	19	-	-	-	33	1750	5
宁夏	1	1	-	-	3	-	4	54	12	3	8	-	-	-	-	7	121	-
青海	1	7	-	-	-	-	2	59	6	1	27	6	-	-	-	5	59	-
绥远	2	9	-	-	-	-	1	3	-	1	2	-	-	-	-	5	138	-
福建	9	903	132	8	226	43	7	54	18	-	-	-	25	1481	667	27	3199	103
广东	25	475	84	10	46	12	19	66	11	6	13	-	46	7081	3155	74	17560	1928

续表

省别	天花			流行性脑脊髓膜炎			白喉			猩红热			霍乱			痢疾		
	发现病例县数	病	死	发现病例县数	病	死	发现病例县数	病	死	发现病例县数	病	死	发现病例县数	病	死	发现病例县数	病	死
广西	33	560	222	9	119	18	8	49	4	2	5	—	31	2639	840	75	6568	136
云南	34	39	61	10	85	7	19	9	13	14	150	15	9	8628	268	85	8628	409
贵州	32	478	76	12	43	8	18	125	28	10	126	5	32	2404	772	70	12242	272

表85 民国三十二年（1943）传染病（续）

省别	伤寒			鼠疫			斑疹伤寒			回归热			疟疾		
	发现病例县数	病	死	发现病例县数	病	死	发现病例县数	病	死	发现病例县数	病	死	发现病例县数	病	死
总计	533	12848	668	40	5489	4135	298	4371	262	390	17484	493	781	36388	1751
浙江	36	321	17	8	673	222	12	168	43	21	169	1	55	26000	114
江西	31	368	35	1	24	29	6	46	2	13	83	1	65	26505	34
安徽	—	—	—	—	—	—	—	—	—	—	—	—	3	944	2
湖北	19	434	3	—	—	—	13	137	1	23	415	6	56	32816	7
湖南	45	1436	103	1	3	—	18	85	3	27	378	23	64	25003	81
四川	20	721	19	—	—	—	9	144	1	19	318	6	26	15613	24
西康	2	8	—	—	—	—	—	—	—	2	7	—	2	465	—
河南	61	3171	183	—	—	—	48	1362	79	64	6756	89	74	9698	25

续表

省别	伤寒 发现病例县数	病	死	鼠疫 发现病例县数	病	死	斑疹伤寒 发现病例县数	病	死	回归热 发现病例县数	病	死	疟疾 发现病例县数	病	死
陕西	46	703	9	—	—	—	36	579	35	41	2534	5	51	5133	1
甘肃	28	423	23	—	—	—	22	231	12	15	657	4	21	1120	—
宁夏	9	225	2	—	—	—	7	185	—	5	177	—	4	8	—
青海	2	50	3	—	—	—	1	2	—	—	—	—	—	—	—
绥远	8	124		—	—	—	6	92	4	7	228	—	4	9	—
福建	16	226	9	28	4764	3884	5	21	4	3	296	5	43	22147	187
广东	50	1104	86	2	7	—	17	87	8	17	91	3	76	92748	926
广西	39	583	20	—	—	—	8	39	2	41	1781	260	75	31902	128
云南	71	2064	135	—	—	—	51	715	27	53	2877	60	86	33091	118
贵州	50	887	61	—	—	—	39	478	41	39	717	30	76	40669	104

材料来源：卫生署统计室根据战时防疫联合办事处等机关报告之材料编制

说明：沦陷区各地传染病例，无法收到，故未列入。

30. 抗战时期迁都重庆的地政署(1947年)①

一、机关之组织

全国土地行政,初由内政部设司主管。抗战军兴,后方地价日涨,政府为制止土地投机现象,复于三十年七月于内政部内增设地价申报处,主办后方各省城市地价申报事宜。后为加强土地政策之执行,又于三十一年六月改设地政署,直隶行政院,并将内政部地政司及地价申报处分别裁并。自此以后,所有全国土地行政事宜,悉归地政署掌理。署内设置地籍、地价、地权、总务4处,及秘书、参事、视察、技术、人事、会计、统计7室,分掌各项事务。其组织系统如次表:(见下页)

---

① 本文系国民政府行政院地政署自撰稿,原名为《抗战时期迁都重庆之地政署》。原件存于重庆市档案馆。

地政署组织系统图

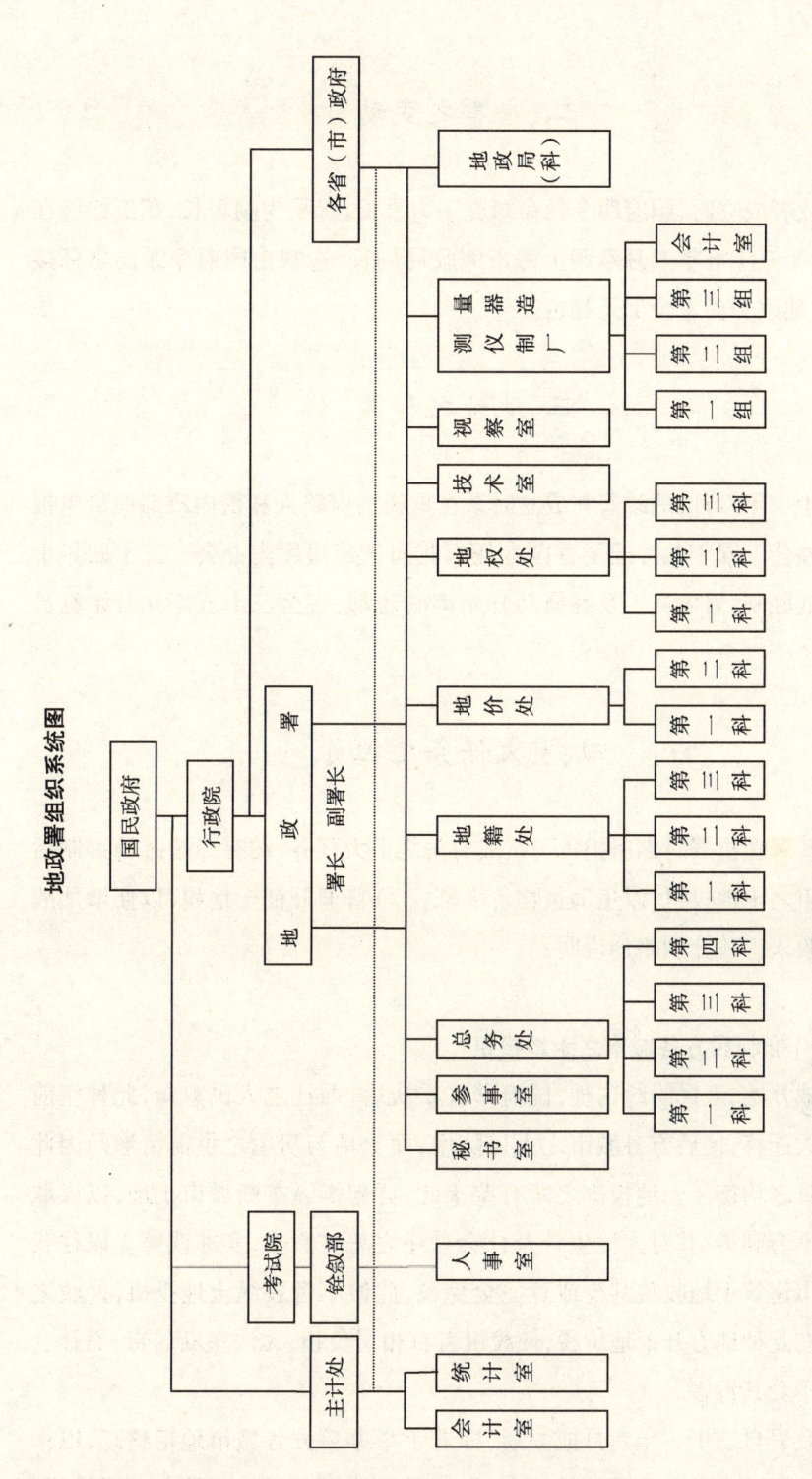

```
国民政府
   │
行政院
   │
地政署
署长 副署长
   │
   ├── 秘书室
   ├── 参事室
   ├── 总务处 ──┬── 第一科
   │          ├── 第二科
   │          ├── 第三科
   │          └── 第四科
   ├── 地籍处 ──┬── 第一科
   │          ├── 第二科
   │          └── 第三科
   ├── 地价处 ──┬── 第一科
   │          └── 第二科
   ├── 地权处 ──┬── 第一科
   │          ├── 第二科
   │          └── 第三科
   ├── 技术室
   ├── 视察室
   ├── 测量仪器制造厂 ──┬── 第一组
   │                 ├── 第二组
   │                 ├── 第三组
   │                 └── 会计室
   └── 各省(市)政府 ── 地政局(科)

考试院
铨叙部 ┄┄ 人事室

主计处 ──┬── 统计室
        └── 会计室
```

说明：虚线表示有指挥监督之权或负有辅助指导之责

二、人事之变动

地政署成立时,国府明令任命郑震宇为署长,祝平为副署长,郑氏始终在职,祝氏于三十五年五月奉调上海市地政局局长,遗缺由国府令派汤惠荪接充,其时地政署尚未全部还都也。

三、地址之移徙

三十一年六月,地政署初成立时系在重庆国府路人和街内政部地价申报处原址办公。同年九月迁至香国寺任家花园新建房屋内办公。三十四年十二月抗战胜利,署内员工及眷属乃开始离渝还都,直至三十五年九月始复员完毕。

四、重大任务之担负

地政署在抗战时期所担负与抗战有关之重大任务,约有二端:(1)抑制后方各城市之土地投机,以免助长物价上涨;(2)普遍开征土地税,以便增加战时财政收入。兹分别略加说明:

(一)抑制后方各城市之土地投机

抗战开始,人民纷纷内徙,国府移驻重庆后,西迁之人民愈众,此种空前之人口大迁移,使后方各城市之人口陡增,而土地与房屋之供需情形乃因此失去平日之均衡。土地投机之辈有鉴于此,群起操纵垄断城市土地,以谋取巨额之不劳利得,其对人民生计及社会秩序之恶劣影响,实非浅鲜。以往我国对城市建筑用地收税甚少或竟完全免税,此诚不啻放纵土地投机,挽救之法唯有在此种地方开征地价税,使投机者有相当负担,无法垄断居奇,而社会大众亦不受其毒害。

地政署自三十一年六月成立后,即着手举办后方各城市地籍整理,以作开征地价税之准备。截至抗战胜利时止,各省共开办 623 城区,758 场镇,整理面积共 2158223 亩,税地面积共 1350291 亩,地价总额共 12855561867 元,地价税额共 94191407 元。上述城镇开征地价税后,土地投机现象即渐被遏止。

(二)普遍开征土地税以裕战时财源

抗战爆发后,国库支出浩繁,财政上困难甚多,地政署为充实战时财源起见,特就后方重要城镇及若干农地陆续举办地籍整理,俾财政机关根据整理结果普遍开征土地税,土地税额为数甚大,其对财政上之补贴实不在小。

31. 抗战时期迁都重庆的水利委员会(1947年)①

一、组织概况

我国水利行政之统一,肇始于二十三年全国经济委员会,根据"统一水利行政及事业办法纲要"暨"统一水利事业行政进行办法"接管全国水利事业。然于中央专设机关专责统筹发展,实由行政院水利委员会成立后方奠其基。二十六年抗战事起,中枢旋调整机构,全国经济委员会撤销,另设经济部,于二十七年一月成立水利事业即移归该部接管。嗣后政府迁渝,各流域水利机构如导淮、华北、黄河、扬子江、江汉、珠江等会局,亦先后因事业区域沦陷,指定迁移后方,兼负后方水利建设任务。二十八年中央五届七中全会,鉴于水利事业为建国百年大计,于抗战期间军糈民食及交通运输胥与有关,抗战胜利之后更须立即大规模扩展,故决议专设水利机构以期多所建树。旋即由国府公布《水利委员会组织法》,惟行政院为兼顾战时人力财力节约起见,另拟《管理水利事业暂行办法》,送由国防最高委员会备案。依照是项办法,于行政院内设置水利委员会管理全国水利事业。其组织设主任委员1人,常务委员4人,委员若干人,由行政院聘任内政、财政、经济、交通、农林、粮食等6部部长及前振济委员会委员长为当然委员,会内设秘书、工务两处。三十年六月行政院聘任薛笃弼氏为主任委员,筹备成立,所有经济部经管水利事业及其水利司全体委员司均移归接

---

① 本文系国民政府行政院水利委员会自撰稿,原名为《抗战时期迁都重庆之水利委员会》。原件存于重庆市档案馆。

管,会址勘定重庆歌乐山生机路,经两月之筚路经营,仅具备陋屋2幢,器具用品若干,及会内办事粗略办法,即是于是年九月一日正式成立,积极展开工作。三十一年六月《管理水利事业暂行办法》经行政院核准修正,会内增设会计、统计两室,分别办理岁计、会计、统计事宜。三十二年三月设立设计考核委员会及人事室,并将会计室扩充为会计处。组织系统及各单位职掌如下图[①]:

水利委员会隶于行政院,设全体委员会议、常务委员会议,组织内设主任委员,下设秘书长一职。委员会内主要机构有:技监室、总务处、工务处、参事室、秘书处、会计处、人事室、设计考核委员会、学术审查委员会、新生活运动委员会等。兹将各机构主要职掌略述如次:

一、技监室

(一)第一组

1. 关于水利事业之研究规划事项。

2. 关于水利事业实施之推进事项。

(二)第二组

1. 关于重要工程计划之审核事项。

2. 关于水利技术问题之研究及审核事项。

3. 关于水利技术标准之拟订事项。

(三)第三组

1. 关于水文及水工学术之研究事项。

2. 关于水文技术资料之征集整理事项。

3. 关于水利文献之征集及研究事项。

(四)第四组

1. 关于查勘工作之规划事项。

2. 关于查勘报告之整理及编辑事项。

3. 关于各项水利工程之考察事项。

二、总务处

(一)第一科

---

① 原为图表,为排版方便计,现改为文字叙述,但内容未变。

1. 关于文件之收发分配及缮校印刷事项。

2. 关于档案之编存整理及保管事项。

3. 关于印信典守及刊发事项。

4. 关于本会及附属机关法规之公布事项。

5. 关于政令宣传事项。

6. 关于会议记录事项。

7. 关于各附属机关交代案件之汇办事项。

8. 关于各附属机关之设置及裁并事项。

9. 关于各公务员役因公损失补偿事项。

10. 关于撰拟不属其他各处室科主管之文电事项。

(二)第二科

1. 关于本会各处室科工作检查及考核事项。

2. 关于本会所属各机关工作竞赛之推进事项。

3. 关于本会公报之编辑及出版事项。

4. 关于本会员工医药卫生之规划及推进事项。

5. 关于本会小组会议学术会议之推进事项。

6. 关于本会图书室之管理事项。

7. 关于附属机关设计考核委员会实施成果汇核事项。

8. 其他奉交事项。

(三)第三科

1. 关于本会经临事业各费之出纳事宜。

2. 关于本会之附属机关款项之领发汇拨事项。

3. 关于现金证券契约票据之登记保管事项。

4. 关于出纳文件之撰拟核稽事项。

(四)第四科

1. 关于对外交际洽办事项。

2. 关于公物购置及配备事项。

3. 关于公物之管理登记事项。

4. 关于修缮及卫生清洁之管理事项。

5. 关于公役之管理及训练事项。

6. 关于各附属机关公产公物之稽核事项。

7. 其他有关庶务事项。

三、工务处

(一)第一科

1. 关于水权之处理及登记事项。

2. 关于兴办水利事业之奖励事项。

3. 关于水利法规之编订事项。

4. 关于水利技术人员之训练事项。

5. 关于水利刊物之审查编订事项。

6. 关于水利事业报告之编订事项。

7. 关于不属工务处其他各科之水利事业及水政事项。

(二)第二科

1. 关于淮河流域之一切水利工程事项。

2. 关于扬子江流域之一切水利工程事项。

3. 关于珠江流域之一切水利工程事项。

4. 关于台湾之一切水利工程事项。

5. 关于不属于其他各科之修防航汇及港埠等工程事项。

(三)第三科

1. 关于黄河流域之一切水利工程事项。

2. 关于华北各河流域之一切水利工程事项。

3. 关于东北九省各河流域之一切水利工程事项。

4. 关于以农贷公债循环基金及各省兴办之灌溉与排水等工程事项。

5. 关于不属于其他各科之灌溉排水及给水等工程事项。

(四)第四科

1. 关于水文测验事项。

2. 关于查勘测验事项。

3. 关于水土试验事项。

4. 关于示范工程事项。

5. 关于水工仪器制造购运及保管事项。

6. 关于农村水利事项。

7. 关于不属于其他各科之水利工程事项。

（五）参事室

1. 关于水利法规之编拟及审议事项。

2. 关于水利法案命令之审议事项。

3. 关于水利诉愿之处理事项。

4. 其他经长官交办事项。

（六）秘书室

1. 关于襄助主任委员筹划会务事项。

2. 关于各处室科文件之审核事项。

3. 关于机要文件之拟办事项。

4. 关于主任委员交办事项。

四、学术审查委员会

五、新生活运动委员会

六、设计考核委员会

1. 关于本会行政三联制之推行事项。

2. 关于本会施政方针或中心工作之草拟或审议事项。

3. 关于本会年度计划及其他计划之草拟或审议事项。

4. 关于各附属机关计划之审议事项。

5. 关于计划与预算之配合事项。

6. 关于本会工作进度工作成绩之督导考核事项。

7. 关于附属机关工作进度工作成绩之督导考核事项。

8. 关于本会派遣考核人员之拟议事项。

9. 关于本会工作经费人事考核结果之汇报事项。

10. 其他有关设计考核及工作竞赛事项。

七、人事室

（一）第一股

1. 关于人事规章之拟办事项。

2. 关于系任免迁调及级俸之签拟事项。

3. 关于铨叙案件之查催事项。

4. 关于退休抚恤之审议事项。

(二)第二股

1. 关于福利事业之规划事项。

2. 关于训练及进修之筹办事项。

3. 关于各种人事登记事项。

4. 关于人事调查及统计事项。

(三)第三股

1. 关于考勤之记录及奖惩之核议事项。

2. 关于本机关人事管理之建议及改进事项。

3. 关于考绩考成之筹办事项。

4. 关于需用人员依法举行考试之建议事项。

八、会计处

(一)第一科

1. 关于筹划拟编本会及所属机关概算预算所需事实之调查事项。

2. 关于本会概算预算决算之核编事项。

3. 关于本会所属机关概算预算决算之审核整理及汇编事项。

4. 关于本会所属机关分配预算之审核事项。

5. 关于办理本会及所属机关追加追减预算及非常预算事项。

6. 关于预算内各科目依法流用之登记事项。

7. 关于本会各项机关验收及监标事项。

8. 关于本会所属机关财务上增进效能减少不经济支出之建议事项。

(二)第二科

1. 关于本会及所属机关会计制度章则之设计修订及核转事项。

2. 关于本会所属机关会计事务之指导监督事项。

3. 关于本会所属机关会计报告之审核汇编及统制记录事项。

4. 关于债权债务契约之审议事项。

5.关于支付凭单之审核事项。

6.关于记账凭证之编制事项。

7.关于会计簿籍之登记事项。

8.关于会计报告之编送事项。

9.其他有关会计事项。

(三)第三科

1.关于本会及所属机关会计人员之任免调迁训练考绩事项。

2.关于本会所属机关交代案件之审核事项。

3.关于会计法令规章之审订解释事项。

4.关于工作计划及报告之编送核转事项。

5.关于典守印信事项。

6.关于办理各种会议事项。

7.关于处理庶务及会计出纳事项。

9.关于不属于其他各科事项。

九、统计室

1.关于统计册籍图表格式之控订及编制统计统一办法之推行事项。

2.关于统计材料之登记调查及整理汇编事项。

3.关于统计报告之编纂事项。

4.关于所属各机关统计人员之指导监督事项。

5.关于所属各机关统计工作之分配事项。

6.关于各所属机关统计册籍图表格式之审查制订及编制统计方案之统一事项。

7.关于所属各机关统计报告审核汇编事项。

8.关于所属各机关统计工作及人事报告核转事项。

全国经济委员会统一水利后,其直辖之附属机关计有导淮委员会、黄河水利委员会、扬子江水利委员会、华北水利委员会、江汉工程局、珠江水利局、经洛工程局、中央水工试验所及湖北堤工专款保管委员会。抗战军兴,迭经转徙,导淮委员会迁驻綦江,黄河水利委员会迁驻西安,扬子江水利委员会、华北水利委员会、江汉工程局及中央水工试验所迁驻重庆,珠江水利局迁驻桂林,湖北堤工专款保管委员会迁驻恩施,其余如原有之经洛工程局及经济部时代设立之金沙江工程处,因事业区域不受战事影响,始终分驻大荔、屏山原处,赓续原有工作。迁移后方各机关中,中央水工试验所因职掌试验研究及仪器制造,故工作仍旧未以迁移地址而变更业务。黄河水利委员会及扬子江水利委员会,各流域上游工作仍极繁重,均于其上游进行其原有任务。至导淮委员会、华北水利委员会及江汉工程局等,原事业区域为沦陷地区,经经济部临时指定整理后方水道工作。及三十年一月,行政院水利委员会重将各该流域机构战时事业区域予以区划,计导淮委员会为皖北、四川(扬子江以南各支流流域)、贵州(扬子江流域)、云南;黄河水利委员会为河南、陕西、甘肃、绥远、宁夏、青海;扬子江水利委员会为江西、皖南、浙东、福建;珠江水利局为广东、广西、贵州(非扬子江流域);江汉工程局为湖北、河南(汉水流域)、陕西(汉水流域)。各机关事业区域划分后,华北水利委员会由渝迁赣,江汉工程局由渝迁鄂。三十一年间因中央水工试验所业务逐渐扩展,改组为中央水利实验处,又为普遍发展民营水利事业,成立水利示范工程处。三十二年间为发展西北水利,并应新疆省政府请设立新疆水利勘测总队;各机构中其业务渐失重要性者,亦经分别予以调整。计三十二年间将金沙江工程处移由扬子江水利委员会接管,三十三年将湖北堤工专款保管委员会裁撤,至所属次一级之事业单位经裁并调整者10余处,因限于篇幅不一一赘述。

二、大事纪要

水利委员会在渝期间将近5年,其主管业务成果,一因限于篇幅非本文所能详述,再则各项事业悉由所属各事业机关经办,所属事业机关之设驻重庆者,另有专文叙述,故于此略而不论,以免重复。兹将其历年来之重大事端编列纪要如下:

年度	月份	大事纪要
三十年	九月	一、水利委员会于九月一日成立。 二、重新区划所属各流域机关事业区域。
	十月	一、饬扬子江水利委员会结束湘桂水道工程。
	十一月	一、成立珠江水利局广西灌溉工程处。 二、成立水利示范工程处。 三、饬导淮委员会筹备实施整理赤水河工程。 四、饬黄河水利委员会结束清水江工程处。
	十二月	一、举行第一次全体委员会议。 二、金沙江工程处第四工务所主任洪西清因公殉职。 三、饬各水利机关准备战后复兴水利事宜。 四、导淮委员会赤水河工程局成立。 五、薛主任委员亲自视察綦江工程。 六、饬江汉工程局结束清江整理工程。 七、裁撤水利设计勘测队总队所有各设计测量队,分别改由扬子江水利委员会等机关接管。
三十一年	一月	一、中央水工试验所改组为中央水利实验处。 二、调整各中央水利机关所属测量队及水文站机构。
	二月	一、薛主任委员亲自视察灌县、绵阳、三台一带水利工程。 二、与中中交农四行联合办事处商定,推进全国农田水利事业技术合作原则。 三、整理赤水河水道工程开工。
	三月	一、整理嘉陵江水道钩藤子纤道及羊角碛疏浚右漕工程完竣,经派员验收。

续表

年度	月份	大事纪要
三十一年	四月	一、薛主任委员亲自视察岷江马边河及金沙江等水道整理工程。 二、整理马边河马庙溪航道工程完竣，经派工验收。 三、华北水利委员会于本月九日迁江西赣县。 四、整理金沙江屏山至秉彝场间水道工程完竣。 五、整理乌江涪陵至龚滩至施南两段水道及炸滩工程完竣，经派员验收。 六、陕西黑惠渠干渠工程完竣，于本月一日举行放水典礼。 七、甘肃湟惠渠工程完成，于本月二十四日举行放水典礼。 八、甘肃溥济工程完竣，于本月二十八日举行放水典礼。 九、西康青衣渠工程完竣，开始放水。 十、整理綦江石溪口、花石子两闸坝工程先后完成，命名为"大中""大华"。
	五月	一、会同交通部兵工署呈准增减綦江车滩五岔闸坝工程，并饬由导淮委员会积极筹备施工。 二、各省农田水利贷款垫头改由国库负担。 三、四川三台坝灌溉工程完竣，于本月二十五日举行放水典礼。 四、四川遂宁南北坝灌溉工程完竣，于本月二十七日举行放水典礼。 五、河南中和渠工程完竣开始放水。
	六月	一、涪江柳林滩整理工程全部竣工。 二、四川花溪渠工程完竣，开始放水。 三、四川熊公堰工程完竣，开始放水。 四、陕西褒惠渠工程完竣，开始放水。 五、四川绵阳、河官、宋珊三堰等灌溉工程完竣，开始放水。

续表

年度	月份	大事纪要
三十一年	七月	一、七月七日奉国民政府命令公布《水利法》（按：我国水利事业向无基本法规，因以纠纷时生，事业进行颇受影响。内政部主管水政时期即着手草拟《水利法》，迭经全国经济委员会、经济部审查签注并召集专家悉心商讨，水利委员会成立后又加详细核议修订，呈由行政院转立法院审议通过奉国民政府公布）。 二、增设国立西北工学院及中央大学水利讲座奖学金名额。
	八月	一、整理乌江纤道、轰滩等工程及綦江大信、大严各闸坝岁修工程完成，经派员验收。
	九月	一、华北水利委员会成立沙溪工程处，整理沙溪水道工程。 二、黄河本年水位特高，本月十日风狂雨骤，人力难施防泛，新堤河南扶沟、西华两县交界之道，陵岗至刘干城一带溃决5口。 三、河南永新济渠工程完竣，开始放水。
	十月	一、国民政府公布修正《导淮委员会及黄河水利委员会组织法》。 二、编造《西北十年建设计划水利部门初稿》。 三、江汉工程局局长范熙绩病故，派陈湛恩代理。 四、整理金沙江屏山石角营段完成。
	十一月	一、国民政府公布《修正扬子江水利委员会及华北水利委员会组织法》。 二、本月十一日举行第二次全体委员会议。 三、洛惠渠5号隧洞改开明渠，试验段于本月二十六日开工。 四、水利示范工程处主任曹瑞芝辞职，改派江鸿接充。
	十二月	一、金沙江工程处处长胡品元辞职，改派该处副处长周承濂接充。 二、裁撤水文编辑室，所有业务划归中央水利实验处办理。 三、嘉陵江水道工程划归扬子江水利委员会接办。 四、黄河防泛新堤道陵岗、刘干城一带决口合龙。

续表

年度	月份	大事纪要
三十二年	一月	一、江汉工程局迁回湖北巴东。 二、派员陪同美籍水土保持专家罗德民赴成都转西北考察。 三、黄河陡涨,防泛新堤于本月二十八年在荣村决口4处。
	二月	一、黄河荣村决口,第4口门于本月五日堵合,第1口门于9日堵合,第2、3口门于11日堵合。 二、四川涪江柳林滩航道工程完工验收。
	三月	一、薛主任委员视察嘉陵江水道工程,并赴成都、绵阳、三台、汉中、西安一带视察各项水利事业。 二、成立设计考核委员会。 三、派员参加西北考察团考察西北水利。 四、四川梓潼宏仁堰完工,于本月二十五日放水。
	四月	一、制订《水利法施行细则》,奉国民政府明令,与《水利法》一同,自本年本月一日起施行。 二、四川彰明青莲堰及江油女儿堰于本月五日放水,乐山牛头堰于七日放水。 三、云南宜良文公堰及龙公堰及龙公渠于本月二十四日放水。 四、嘉陵江浚深工程完工验收。 五、黄河防泛新堤道陵岗决口,于本月二十七日堵合。
	五月	一、云南沾益华惠渠完工,于本月九日放水。 二、岷江水道工程局完工验收。
	六月	一、四川德阳章子堰、罗江野坝堰先后完工,于本月六日放水。 二、西康雅安周公渠完工,于本月八日放水。 三、四川江北褚公堰完工,于本月二十日放水。 四、美籍水利专家巴里特氏到会工作。
	七月	一、本月十九日公布施行《水权登记规则》。 二、与教育部商定,于国立浙江、武汉、湖南3大学各增设水利工程系1班。 三、四川巴县高坑岩水力发电厂成立。 四、中央水利实验处试制水平仪完成。

续表

年度	月份	大事纪要
三十二年	八月	一、呈奉国民政府公布《兴办水利事业奖励条例》。 二、派员陪同美籍水利专家巴里特氏赴西北各地视察水利工程。
	九月	一、召集所属各机关举行水利业务检讨会议。 二、本月十五日举行第三次全体委员会议。 三、修正江汉工程局、珠江水利局、泾洛工程局等组织规程。 四、金沙江工程处改隶扬子江水利委员会。 五、黄河沙北大堤于本月十四日在宋双阁决口。 六、陕西定惠渠渠首完工,先行放水。 七、广东曲江火山乡枫湾水灌溉工程开工。 八、与中国农民银行合组成立中国农村水利实业公司。 九、呈奉国民政府特派赵守钰为黄河水利委员会委员长。 十、呈奉国民政府特派沈百先为导淮委员会副委员长。
	十月	一、四川黛湖灌溉工程完工。
	十一月	一、成立整修豫境黄汜临时工程委员会。 二、黄河防汜新堤荣村口门,于本月二十七日合龙。 三、四川巴县南温泉堤坎水力发电工程开工。 四、江汉工程局局长陈湛恩辞职,改派湖北省建设厅谭岳泉兼代。 五、河南伊川公兴渠完工放水。
	十二月	一、黄河防汜新堤宋双阁口门,于本月二十三日合龙。
三十三年	一月	一、会计室改组为会计处。 二、成立导淮委员会綦江闸坝管理局。 三、黄泛新堤薛埠口口门,于本月十五日合龙。 四、北碚给水工程开工。 五、广东乐昌指南乡灌溉工程完工。 六、广西恭城势江灌溉工程及荔浦浦芦河灌溉工程完工。 七、陕西醴泉泔惠渠灌溉工程完工。

续表

年度	月份	大事纪要
三十三年	二月	一、完成宁夏灌溉区治理计划之探讨。 二、公布施行《征求水利著述及制造办法》。 三、四川梓潼宏仁堰灌溉工程完工。
	三月	一、黄泛新堤下炉口口门,于本月二十五日合龙。
	四月	一、成立新疆水利勘测总队。 二、水利陈列室开幕。 三、薛主任委员陪同孔副院长视察嘉陵江水道工程。 四、甘肃泾水汭丰渠灌溉工程放水。
	五月	一、公布施行《奖励民营水力工业办法》。 二、完成黄河淮河泛滥区善后救济计划。 三、美籍水利专家巴里特氏在会工作期满返美。 四、四川邛崃三桥堰及漳明长青堰灌溉工程完工。 五、西康天全渠灌溉工程放水。 六、南温泉花滩溪水力发电工程完工。
	六月	一、征求大禹纪念歌,选定3名,第一名:阮璞作词,俞鹏作曲;第二名:杨树达作词,何几作曲;第三名:杨白华作词,黄容赞作曲。 二、派张含英等8员出国参加联合国善后救济总署,考察研究水利事宜。 三、完成《全国各大河流堤防善后计划》。 四、完成《导淮实施计划》。 五、完成《永定河资本工程实施计划》。 六、完成《战后五年开发全国水利计划草案》。 七、完成《全国水文测验计划草案》。 八、江西万安梅陂灌溉工程放水。 九、绥远米仓杨家河束口工程及晏江丰济支渠灌溉工程完工。
	七月	一、川江叙渝段航道筲箕背等3主要险滩整理工程分别筹组工务所,均自本月一日成立。
	八月	一、公布实行《中等水利科及水利科短期职业学校训练班训练期满学生实习办法》。
	九月	一、中央水利实验处筹设长寿河工实验处。

续表

年度	月份	大事纪要
三十三年	十月	一、扬子江水利委员会代办南充青居街水力发电工程开工。 二、四川犍为清水溪、内江大小清流及夹江永兴堰等灌溉工程完工。
	十一月	一、保送参加考试出国实习水利人员。 二、珠江水利局因战事关系迁驻贵阳。
	十二月	一、高坑岩水力发电工程完工。 二、裁撤扬子江水利委员会湘南水利工程处。
三十四年	一月	一、公布实施《农田水利贷款工程水费收解支付办法》及《农贷工程水费保管委员会组织规程》。 二、中央水利实验处成都水土试验室及灌县水土试验站成立。
	二月	一、《战后水利复员计划稿》修正完成。 二、薛主任委员视察川江小南海工程。 三、成立宁夏工程总队,出发工作。
	三月	一、水利示范工程处主任江鸿辞职,派章元羲接充。 二、将黄河水利委员会、陇海水土保持实验区裁撤,所有业务归并关中水土保持实验区。
	四月	一、裁撤广西灌溉工程处。
	五月	一、呈奉核准补行水权登记期延长1年。 二、裁撤湖北堤工专款保管委员会。 三、举行第四次全体委员会议。
	六月	一、川江叙渝段筲箕背航行新槽完成。 二、甘肃河西水利12年计划,奉令核准。 三、歌乐山给水工程附属电厂建筑完成。 四、薛主任委员奉令赴宁夏、绥远宣导献粮献金之便,视察陕甘宁绥等省水利工程。
	七月	一、甘肃水泥林牧公司代组河西工程总队成立。
	八月	一、筹划复员接收事宜。 二、兼江汉工程局局长谭岳泉辞职,派涂允成接任。

续表

年度	月份	大事纪要
三十四年	九月	一、撤销战时划分所属各流域机关区域原案,仍各复属原有业务。 二、洛惠渠上下游整理工程开工。 三、呈奉行政院核准派定各区接收特派员分别出发。
	十月	一、完成《战后水利部门容纳兵工及战士授田草案》。 二、奉令核准恢复黄河水利委员会山东修防处,并成立河北修防处。 三、甘肃河西高台三清渠完工放水。
	十一月	一、编造金沙江、嘉陵江、岷江之航行情形及整理工程计划。 二、黄河水利委员会河南修放处,自陕西蓝田迁赴郑州展开工作。 三、黄河水利委员会堵口复堤查勘队出发工作。
	十二月	一、奉令派第一批人员还都办公。 二、北碚给水工程移交北碚管理局经营。
三十五年	一月	一、制定《水利建设纲领实施办法》,呈奉核准实施。 二、鄂境江汉堵复工程开工。 三、派员陪同美籍专家塔德顾问视察豫冀鲁黄河堵防工程及黑石关潞王坟石场。
	二月	一、成立黄河堵口复堤工程局,即日筹备进行黄河堵复工程之进行。 二、接收尹尚湖垦区,交由扬子江水利委员会接管。 三、派黄河水利委员会委员长赵守钰兼黄河堵口复堤工程局局长。
	三月	一、珠江堵口复堤工程开工。 二、珠江芦苞水闸修复工程开工。 三、黄河堵口工程开工。 四、派徐世大任海河工程局局长,并于本月十六日到局就职接收视事。

续表

年度	月份	大事纪要
三十五年	四月	一、扬子江下游四省干支流堵口复堤工程开工。 二、导淮委员会淮运两河流复堤工程局成立,淮河复堤开工。 三、东北水利特派员办公处于本月一日在沈阳成立。 四、自本月二十五日起,工作重心移南京。 五、薛主任委员还都。
	五月	一、扬子江右岸鄂省公安、石首县境朱家、蒋家塔、康王庙、杨林寺等4处溃口全部堵复。 二、浙江海塘紧急抢修工程开工。 三、运河复堤工程开工。 四、会同联总行总与中共代表会商黄河堵口复堤事宜。 五、黄河堵口复堤工程局潞王坟石场于本月二十五日夜被共军破坏。 六、黄泛区东堤整修工程完工。
	六月	一、太湖流域白茆闸修复工程开工。
	七月	一、奉令依照组织法改组,由薛主任委员改任委员长,并奉派沈白先氏任副委员长。 二、江南海塘修复工程开工。 三、黄河水利委员会山东修防处测量队于本月二十三日在济阳全体被共军俘虏。 四、组织黄河治本研究团,聘张含英氏为团长,领导团员赴黄河上中游工作。
	八月	一、派员随同冯委员玉祥出国考察水利。 二、浙江海塘紧急抢修工程完工。 三、东辽河工程局在四平街成立。 四、黄河堵口复堤工程局赵兼局长辞职,派朱光彩接任。 五、裁撤黄河上游修防处水土保持实验区及赤水河酉水等水道工程处。 六、水利委员会还都竣事。

三、会址环境

草木丛杂,盖为一荒凉出僻之山陬。初成立时,仅小楼两楹,治事栖息,局促其中,同仁于公余之暇从事开辟,筚路蓝缕经营,迄无宁息。屋之不敷或增修焉,路之不治者平治焉,更于展昏休假之日,倡导各员工劳动服务,亲事畚锸,平垫操场,栽植树木,积日既久而后屋宇罗列。举凡办公之用、居住之所,以及俱乐部、生产部、合作社、医务所,与夫沐浴理发之处,一一具备。会之内外道路平洁,并通达集镇,各处附近局面亦皆称便。而庭院花草缤纷争艳,夹道树木葱蔚成荫,气象焕然,数年之间已变荒僻而成幽美之境矣。每于天朗气清或细雨蒙雾之辰,莅临其境或登高远眺,亦复别饶情趣。会址各处摄有影片,兹附于后〈照片略去〉。

四、复员还都

三十四年八月抗战胜利,日寇投降,嗣奉国府明令,中央各部会还都南京。当于九月间,派员随同陆军总司令部大员赴京,办理接收复员事宜。十二月间第一批人员到京办公,其余员工及眷属与文卷公物等,于三十五年二月起,分别搭乘空运、船运及川陕公路车辆,陆续运京,至八月间全部还都竣事。还都之后,会址及家具等物移交相伯女子中学作兴学育才之所,发电机厂赠送歌乐山镇,作地方公营事业。自本会成立至全体还都,在重庆歌乐山5年,所有会址一丘一壑一草一木,莫非同人历年辛勤筹划之留遗,甚可念也。

32. 抗战时期迁都重庆的扬子江水利委员会(1947年)[①]

"七七"事变,抗战军兴,本会于民国二十六年十一月随同国府西迁,初至湖北沙市,工作数月,于二十七年四月迁抵重庆,最初办公地点在城内油市街4号,嗣迁至陕西街聚丰银号楼上,自二十八年五月三、四两日迭遭敌机惨烈轰炸,以后为避免精神不安影响公务进行,乃迁至市郊高滩岩凤鸣山左家院子办公,后因本会在附近自建平房数十间供员工办公住宿之用,生活更为安定,工作情绪益为奋发,尤以抗战8年间,本会主管及内部人事变动甚少变动,故能和衷共济,稳度艰危。

本会留渝时期之重大任务

日寇侵凌深入内陆,交通动脉大都沦陷,内地物资供应,多赖水道输转,原有航道失于修复,运输能力极为有限,中枢有鉴及此,乃确定在抗战期间以整理后方水道为水利中心工作,以适应抗战运输之需要。本会奉命办理者,有湘桂水道、岷江、马边河、酉水、嘉陵江、川江叙渝段及金沙江诸重要工程。兹略述概要如次:

一、桂江水道之整理

湘桂两江源出桂北中界灵渠,南通苍梧,北达长岳,长凡1400公里,为贯

[①] 本文系扬子江水利委员会自撰稿,原名为《抗战时期迁都重庆之扬子江水利委员会》。原件存于重庆市档案馆。

通长江、珠江之孔道。对于西南交通至关重要,唯年久失修,运输困难。本会为应抗战急需,乃于二十七年九月成立湘桂水道工程处,施以局部整理,以增运输效能。既有桂江大榕江镇至平乐一段,凡164公里,其间大小险滩50余处,低水时期,水浅流急,最浅处水深三四公寸,只能通行载重四五公吨之船只,上行需时约二十日,下行亦需一星期,致运输效能异常薄弱。该段航道经本会分别整理,采用浚泻航道,建筑堰工,炸除礁石,设立绞桩,整理旧堰等工程,予以整理。完成之后,在枯水时期之水深已能一律达到8公寸之标准,载重10吨之船只,可以经年畅通,并以航道展宽,上下船只可同时并行,又利用绞关过滩,航行时间亦缩短甚多。

二、岷江水道之整理

岷江源出岷山南麓,流向东南,于灌县附近分为内江外江两水系,经成都平原至江口复会合南行,经乐山、宜宾而入江,约长六七百公里,流域面积约124000平方公里。灌县以上不通舟楫,成都以下航运始繁。由成都至江口一段,长70公里,河槽尚属整齐,惟比降太陡,水量不足,浅滩甚多,航行颇感不便。江口至乐山一段,长110公里,在江口会合后,流量骤增。青神以下虽多浅滩,但情形不如以上之严重。唯乐山至宜宾一段,长约160公里,全程内大小险滩凡53处,均较上游各滩为陡险,最少航深仅8公寸,低水时载重较大之木船即无法过滩,其中思波溪、清油坝、石鸭子等22处,妨碍低水航行最甚;而以叉鱼子、猪圈门两滩最为凶险,急流处之水浪,几如钱塘江潮,沙板滩水浅流乱。由乐山绵长至竹根滩,达二十公里,最难整治。本会于二十九年秋,开始整理犍为麻柳场至乐山间之各主要险滩,计在思波溪、清油坝、夌口、石马口、碛乾、龙子等6处,从筑堰及浚泻两方面分别兴工。三十年秋,继续办理杨家滩、雷霹石、龙漩子、石鸭子、南瓜滩、萧家湾、白甲滩等处,浚泻筑堰及炸礁工程。三十一年秋至三十三年春,除加强已办工程外,更于龙场湾、叉鱼子、高荐滩及楠木林等4大险滩先后兴工,虽以经费有限,未全部完竣,而岷江宜乐段经本会5年来之整理,筑堰地段之低水航线,已由8公寸增至1.2公尺至1.5公尺。对于水流过曲、过陡情形,均有改善。碍航礁石择要炸除,木船上水行程时间已可减短1/4,载重量增加1倍有余,汽轮开行日期亦逐年提早,功效尚称显著。今后如能宽筹工款,将全部滩险整理完成,则运输效能当更增大。

三、马边河航道之整理

马边河为岷江一重要支流，发源于川西大凉山，东流经马边、屏山县境至犍为河口村，注入岷江，全长 129 公里。下游马庙溪一带，煤藏甚富，有嘉阳、张沟等矿，日可出煤 500 公吨，均以马边河为运输要道。唯河道两岸，多崇山峻岭，河中滩险密布，洪水时期，波涛汹涌，每致停航；枯水时期，水深不足，航行尤难，致煤运迟滞，影响后方燃料供给。本会于三十一年一月，奉令将马庙溪至河口段加以整理，至三十一年四月竣工。按马边河从前通航之船只，因受水深限制，常不能满载行驶，平均载重 15 公吨之船，只能装载五六公吨；整理之后，最浅航深自 3 公寸增至 7 公寸，载重 10 公吨之船只，已能畅行无阻，再加绞关牵道之辅助，上行时间可缩短 1/4。其他如搁浅触礁等损失，亦均消除，煤运通畅，运费减低，效益巨著。

四、酉水航道之整理

酉水为沅江之主要支流，川盐运湘之要道，而龙潭、妙泉两地，又与川湘公路相衔接，得有水陆联运之利。惟龙潭以上，流量甚少，不通舟楫；龙潭以下，虽可行舟，而河流仍系山溪性质，水位涨落迅速，水道陡峻，滩险密接，船只上下至为困难，尤以龙潭至妙泉一段为甚。低水时期，滩浅处虽深仅二三寸，滩浅处比降自 1/80 至 1/200，载重 2 公吨之船即须扣与推进。在妙泉纳秀山河后，流量稍增，比降减缓，但 5 公吨以上之船，须待雨后水涨方能通行。至保靖以下，河宽水深，船只之载重虽可至 10 公吨，不过滩险仍多，触礁覆舟之事时见不鲜。本会于二十九年十二月，成立酉水工程处筹备兴工，浚泻航道，炸除礁石，导流堰工，辟修牵道，建造码头，至三十二年秋，大致完成。本段航道低水时浅滩处之水深，由二三公寸增至五六公寸，船只之载重量普通可增至 5 公吨，从前保靖至龙潭之上水行程，至少须半个月以上，现在 10 日可以到达。妙泉石堤牵道完成后，功效尤为显著，并可不因水道之涨落而致停航。酉水各滩险以前毁船甚多，平均每月至少 4 只，今则船行安全，极少损失。妙泉为酉水枯水时期水陆联运衔接之处，货物之装卸甚多，自建码头以后，工人之装卸能力，较前倍增，节省装卸费用，颇为壮观。

五、嘉陵江水道之整理

嘉陵江源流有二,分处陕甘两省,会合于陕西之略阳后曲折南流入川境,经广元至昭化,与白河相会,复经阆中、蓬安、纳东西两河之水,折向西南,达南充,经武胜而达合川,与渠江、涪江相会,至重庆入江,长达千余公里。广元以上河行峡谷中;广元以下山势展开,水流骤缓,砂石乱石嶙峋,滩险较多;迨抵苍溪,再行出峡,两山宽展,滩多浅险;南充以下河道弯曲特甚,坡平流缓,故多砂石浅滩,低水时水深有不及 1 公尺者;合川以下河面较宽,除少数礁石险滩外,大部为砂石浅滩,低水时航深不足 1.3 公尺。综观全江,滩险栉比,水浅流急,航行困难,运输效能极为薄弱。该段浚泻工程早在二十八年春,即开始兴工白水镇至对溪子一段,长 709 公里,由江汉工程局办理。白对段工程不久即告结束。至三十一年十二月江汉工程局奉令迁鄂,未完工程即移本会接办,并以合川至重庆一段航运日趋频繁,须彻底整治,亦由本会兴办,于北碚成立嘉陵江工程处,积极施工。经数年整理,现在较大木船可直达川陕交界之白水镇,枯水时期昭化南充间水深已达 8 公寸,南充合川间已达 1 公尺,航槽亦已展宽,运输称便,合川以下水深八九公寸,增至 1.34 公尺。仅就民生公司行驶此段汽轮而论,往年枯水时间,过滩旅客必须起岸步行,车叶损毁颇多,今则毋须卸客,车叶亦少受损,且载重倍增,至其他运输木船亦均由三四十吨增载六七十吨,其裨益战时交通,可想而知。

六、川江叙渝段航道之整理

川江宜宾至重庆间,航道长凡 378 公里,期间滩险地点有 39 处,尤以筲箕背、莲石滩、小南海 3 处,最为凶险,每届冬春枯水时间,吃水 1.7 公尺以上之汽轮例须停航,船只失事屡见不鲜。本会为减少航行危险,增进运输效能,适应抗战需要,决定将筲箕背、莲石滩、小南海 3 主要险滩,加以整理。筲箕背在重庆以上 335 公里,低水时江中有狭长之碛洲露出,将河槽分为左右两槽,左槽上深下浅,藉碛洲中部之缺口,以资相连,故航道曲折成 S 形;加以流急槽狭,涡漩横生,航行至为危险。莲石滩在重庆以上 177 公里,低水时河槽中有暗礁数处,即俗称上、中、下莲花石与小莲花石,就中以下莲花石最碍航行,船只偶一不慎,即触礁沉没,汽轮行驶视为畏途。小南海在重庆以上 42

公里,低水时江中有碛洲露出,将河槽分为左右两槽,右槽航深不足左槽,终年可以通行,惟在小南海山下端与左岸突出之礁石夹峙,航槽狭窄,而在低水以下1公尺,左岸又有石梁突出,使流向急剧,转折水过石梁成滚流状态,舟行至此,危险最甚。以上3处滩险经实地详细查勘,决定施工计划:(一)筲箕背在原行航槽以上之另一槽口加以整理,规定航深2.5公尺,槽底宽60公尺,侧坡1:4,航线自原行左槽折45°角后直线经新航槽,长150公尺,而与原行右槽航线相接。(二)莲石滩之整理办法,为炸除妨碍航行之礁石。(三)小南海系整理右槽,为航槽工程主要为浚泻航道及建筑顺堰两项,使水深达2.5公尺之标准,俾吃水1.7公尺之汽轮可终年行驶。以上工程本会于三十三年七月起成立工务所3处,积极筹备,于九十月间分别开工,筲箕背筑堰开辟新槽工程及莲石滩水下炸礁工程,均于三十四年夏顺利完工,唯小南海筑堰工程完成大部分待封闭时,以南槽河床为砾石质,浚泻需赖机械,致为环境所限而暂停进行,胜利后海运开畅,当可继续完成。

七、青居街水力发电工程

青居街位于南充下游,约20公里,嘉陵江于此作一环形巨湾,长17公里,湾道上下游之支线距离,不过400余公尺,水位相差达5公尺,如就直线凿一隧道,引一部分江水,则能开发相当之水力,可供附近工厂动力之需,以促进工业之发展,并可吸水作高地之灌溉,以增加农产。地方人士早有此意,因经费难筹,未克实现。三十三年春,四川省政府及地方人士决定将征实结余之一部分拨作该项工程费用,并委托本会办理。经本会规划后,于三十三年秋开始兴工,全部工程分进水闸、隧道与电厂3项。(一)进水闸位于湾道上端之凹岸内,与流向成30度角,闸底墙基机构,均用钢筋混凝土建筑,闸底高出河底1.5公尺。开关机械设于机架台上面,超出最高水位1公尺,闸门之上游设拦污栅及临时闸槽。(二)隧道紧接进水闸之下端,长370公尺,横断面为圆形,直径4.5公尺,底坡为1/2000,在非常洪水时间隧道内置压力颇巨,为稳重计,隧道之结构分内外两层,为砌石,厚4公寸,内层用钢筋混凝土镶面,厚2公寸。(三)电厂位于湾道下端凹岸之中,用钢筋混凝土建筑厂房,分3层。下层为水轮间,安装780匹马力之加布兰式水轮机两部,共可发电1500匹马力,水轮机之直径约3公尺,旋率为每分钟178转;中层为电机间,设525千瓦之交流电机2座;再上层为配电室及办公室。本工程由本会设立青居街水力工程处办理之,于三十三年十月开工,逐步实施。抗战胜利,本会以下游工作繁重,人民不敷,而该工程计划及工作程序以其规模,只需循序实施即可,乃交地方政府接办,工程之完成,指日可待。

附:迁都重庆时成立的水利示范工程处(1947年)①

(一)本机关及附属机构组织沿革:本处隶属于水利委员会,于民国三十年十一月十二日成立,处址设置歌乐山,主办各种水利示范工程,以协助民营水利事业开发水利为中心工作。三十二年三月,因筹备北碚给水工程,奉令迁移处址于北碚中心路62号办公。三十五年五月起,分批复员还都。其附属机构:龙凤溪工务所,于三十一年三月成立,旋于三十二年四月改组为陪都附近小型农村给水工务所,同时随处移北碚办公,三十五年六月奉令更名为第一工务所;又,第一测量队于三十一年七月成立,三十二年四月改编为第91测量队,同时并成立第291测量队一队,分任测量工作;又,小型水力发电工务所,于三十二年四月成立,驻重庆南温泉,办理南温泉水力发电工程,三十五年六月奉命更名为第二工务所,移驻北碚歇马场小坑岩,协助富源公司办理水电工程;又,打磨滩水文测站,于三十四年四月成立,同年十二月底裁撤。以上本处附属机构,除第二工务所因小坑岩水电工程尚未竣工,现仍留驻该地外,其余一所两队,均于三十五年九月前先后还都。

(二)主管人事异动:本处成立于民国三十年十一月十二日,首届主任为曹瑞芝,三十一年十一月五日卸职,同日由江鸿继任。江于三十四年三月二十三日卸职,同日由章元羲继任。

(三)留渝期间兴建之工程:甲、南泉堤坎水力发电工程。本工程于三十二年派队测量,拟具计划,由中国农村水利实验公司投资后,本处即于同年八月派员前往主持兴工,所有土石部分,交由包商承做,于同年十一月五日开工,次年五月告成;机械部分,则向北泉机电厂订购,于四月底安装就绪,其效

---

① 本文系水利示范工程处自撰稿,原名为《抗战时期之水利示范工程处》。因该处系水利委员会下属机构,特附于此。

益在枯水时期,以七八小时蓄水,其余 8 小时即可带动 24 匹马力发电机,以供照明之用;大水时期则可终日开工,除供照明外,仍可供其他小型工业之动力。本处于全部工程竣工后,即于五月三十一日移交农村实业接管。乙、北碚给水工程。本工程于三十二年由本处派队测量,并拟具计划,后以限于经费,几经商筹与缩减,始呈准由水利委员会拨款兴建,于三十三年一月开工,同年九月完成。后因瓦管质料不佳,重行计划,更换铁管,于次年八月开工,十月告竣,试水后结果良好,即于同年十二月移交北碚管理局接管,其效益为每日可供给水量 220 公吨。丙、歌乐山蓄水池给水工程。是项工程计分新建、整修与扩大 3 项,经本处查勘拟具计划后,即于三十二年三月先后开工,十月底全部开工,计新建保育路蓄水池 1 座,扩大桂花湾蓄水池 1 座,及整修荷花池、停车场、生机路 3 处蓄水池 4 座,总容量约为 1 万立方,合 20 万担,亦即可供 40 万人一日之消耗。丁、杨公桥军政部军医署药苗种植场高地灌溉工程。本工程于三十二年一月经本处代为勘测并计划后,即先就该厂已筹得之部分工款为之订购机件,旋该场追加工款领到,即于三十三年三月派员前往协助施工,同年六月底完成抽水及机电等设备,唯试水后发现电力不足,出水难达预定高度,乃再经整修,于十一月十八日竣工,输水设备系由该厂自办,由本处派员指导,全部竣工后,其效益以电压关系,出水量减低,仅可灌溉苗圃 160 市亩。戊、沙坪坝杨公桥水利机械试验工程。本工程于三十一年春,经勘测规划后,即派员前往主持,于三十一年四月开工,年底完成,全场所需房屋及土石方等工程,所用木质机箱木渡槽以及各项机械等,均由本处预制图样,雇工仿造,亦均于年底前制就,并安装竣事,全部工程除房屋及各种闸坝渠道外,机械设备计装有水轮 3 部,分别带动碾米、吸水等机器。其效益在枯水时,可发 8 匹马力之动力,余时即可供 17 匹马力之动力碾米机,每小时可碾米 40 市石。己、歌乐山给水电厂工程。本工程经勘测计划后,限于经济困难,奉令先行实施第一期工程,于三十四年元月分别招改小包开工,同年六月竣工,计完成电厂房屋、工人宿舍、厨房及装就电机、煤汽机、输电线路、电灯等工程,其效益约为 25 匹马力,除供给工程用电外,余电仍可供给该地各机关照明之用。庚、小坑岩水力发电工程。本工程早于三十四年五月勘测竣事,并拟具计划,呈核后,于次年四月始奉令,以准富源公司之请,转饬代办该工程土木部分,遵即先于富源公司签订代办合同,嗣即转派本处第二工务所前往筹办,于同年四月二十八日正式开工。六月间因大水影响,大部工程暂停,至八九月间,始先后复工,刻正积极赶修,预计本年度初,可以完工。其竣工后效益,在枯水时期约可发动20余匹马力,大水时期则可发动100余匹马力,以补满高坑岩发电之不足。

除以上7项工程外,关于施测工作最重要者,尚有测量重庆复兴关高地灌溉工程1项,缘陪都附近复兴关石桥铺一带,地面平坦,土质亦佳,颇宜种植水稻,惜因地势过高,水源缺少,雨水稍感失调,即成灾象,更如居民日常饮水,亦以水源缺乏,取给不便。本处有鉴及此,爰有筹办该处高地灌溉等工程之拟议,以为增加粮食生产解决居民饮料,并资纪念陪都对于抗战之伟大贡献。经一再研究,并由水利委员会在渝召集各有关机关、法团会议,决议认为确有勘测必要后,始奉令派队前往施测,于三十四年底竣事,庚即绘制复兴关高地灌溉全区地形图及编拟设计意见兴修计划等书,均于本处还都前办理就绪。

33. 抗战时期迁都重庆的立法院(1947年)①

第一章　总述

立法院是国民政府最高立法机关,有议决法律案、预算案、大赦案、宣战案、媾和案及其他重要国际事项案等职权。在此次伟大而神圣的抗战期间,立法院站在他固有的岗位上,配合着行政军事各部门的工作,完成了战时立法的任务,所以这一段期间的立法史实,实在饶有意义而有加以记述的必要。但自"卢沟桥事变"之日起,至日本签订降书之日止,其间立法院计开大会170次(自第四届第113次会议起至第283次会议止),所议决的法案共有801件(内计法律案528件,预算及财政案236件,宣战案1件,条约及其他重要国际事项案36件),无法一一缕述,现在只能作一种简括的说明。

国父遗教为我们建国的最高准绳,故立法院一贯的立法精神,亦即以国父遗教为最高指导原则,而其目的在完成三民主义之法律体系,以奠定新中国永久制度之宏基。民国十八年本党第三次全国代表大会曾经有一个决议如下:

"确定总理所著三民主义、五权宪法、建国方略、建国大纲及地方自治开始实行法为训政时期中华民国最高之根本法,举凡国家建设之规模,人权民权之根本原则与分际,政府权力与其组织纲要,及行使政权治权之方法,皆须

---

① 本文系国民政府立法院自撰稿,原名为《抗战时期迁都重庆之立法院》。原件存于重庆市档案馆。

以总理遗教为依归。"立法院根据这个决议从事立法,在抗战以前是如此,在抗战期间亦是如此。

民国二十七年本党临时全国代表大会复经通过一个抗战建国纲领,特别又规定着:"确定三民主义暨总理遗教为一般抗战行动及建国之最高准绳。"因为我们抗战的目的就是建国,抗战建国同时进行。同在国父遗教的指导原则之下,集中一切的意志与力量以蕲求抗战的胜利与建国的完成。所以在抗战期间的立法,仍然是本着一贯的立法精神,这个纲领内分外交、军事、政治、经济、民众运动、教育6项,都是立法院从事立法所依据。

以上系说明我们立法的精神和依据,但从事立法,并须能随时适应时代的需要,此次我们的抗战战争和世界大战牵连在一起,其时间之久、规模之大,真正可以说是空前,无论政治、经济、国防、司法各方面平时所适用的法规,为着配合战时的需要,或因应战时的环境,自必须随时加以修正或另行制定,方能施行尽利,这是我们抗战期间立法所最注意的地方。

第二章　关于国防体系的法案

现在我们开始来叙述抗战期间的立法工作概况。为叙述方便起见,我们分为国防、政治、经济、司法4个体系。

先就国防体系的法案来讲,在"卢沟桥事变"以前,我们见到敌人咄咄相逼的情势,已经晓得他心怀叵测。关于军事方面的法案,我们都已经赶速有所准备,像《兵役法》《军事征用法》《国民工役法》等都是在战前制定好的。战事爆发以后,又赶快把《要塞堡垒地带法》重新加以修正,同时见到现代作战,空防是最重要的,于是又制定一个《防空法》,以避免或减轻敌人空袭的危害。在抗战期间为充实国防或加强军事力量所制定或修正的法规,最重大的要算《国家总动员法》和《修正兵役法》了。这一次抗战,是为了民族生存和发展、国家的独立和建设、国际的正义和自由,其意义是何等的重大!假如不发动全国的人力、物力、财力,怎样能够达成这个任务?所以有《国家总动员法》的制定。与《国家总动员法》相关联的,尚有《国家总动员会议组织条例》及《妨害国家总动员惩罚暂行条例》。国家总动员会议是策动总动员的总机构,必须有这个组织,才能够负责而有联系的执行,同时为贯彻总动员法的实施,对于存心自私破坏法令或执行法令不忠实的人,自然应有惩罚的规定。再则,此次抗战我们所以能够获致最后胜利,全在于征兵制度之实施,对于《兵役法》随时都应该察觉和改进,所以在三十三年二月间又有一度很周密的修正,以期切合实际的需要。与《兵役法》有关系的法律,还有《陆军兵役惩罚条例》及《妨害兵役治罪条例》,这两个条例本来在抗战以前都已经公布了的,战事发生以后,又分别加以修正。《妨害兵役治罪条例》原来叫做《违反兵役法治罪条例》,修正的时候,把名称也改正了,这都是为推行役政防止流弊的重要法律。随后又见到监狱里的罪犯,有许多是能够替国家服役的壮丁,他们的爱国热忱,并不后人,国家要补给战斗员,正好给他们一个立功赎罪的机会。所以又制定了一个《非常时期监犯调服军役条例》,这也是与《兵役法》有关联的法律。此外,关于国防体系的法律,有的是关于奖励功勋的,如《陆海空军奖励条例》及《陆海空军勋赏条例》,这都是战前制定而于战后又修正的,嗣后因为空军在现代战争上,占有特别主要的地位,于是制定一个《特授空军将士复兴荣誉勋章条例》以示优异。同时又见到战地文武官民,有尽力守土赖以挽回危局的,有构筑工事固守不屈的地方赖以保全的,不一定是陆海空军的官佐,一般的奖励条例,仍然不够适用,于是又制定一个《战地守土奖励条例》。以后又为鼓励后方的民众奋勇参加各种抗战工作起见,乃又制定一个《非常时期人民荣誉奖状颁给条例》,以资适用。有的是关于优待军人家属的,最主要的是《优待出征抗敌军人家属条例》,这个条例曾经修正过很多次,因为出征军人为国家效命,不能再叫他们对于家庭有后顾之忧,同时也叫他们家属得到一种安慰,所以在抗战期间前方将士浴血攻坚前仆后继,实在得力于这个法律。同时又制定有《抗战功勋子女就学免费条例》,随后又制定一个《出征抗敌军人婚姻保障条例》,这是国家替他们解决子女教育的问题并使他们在后方的婚姻得到保障,以免心悬两地而不能专心致志于抗战。有的是关于整饬军容的,行军之道最重要的是纪律严明,就是要严格执行军律,然后才能克敌制胜,所以有《中华民国战时军律》的规定。除了纪律以外,军队的礼节,也是军队组织的要素之一,上下分明,秩序井然,然后才能够指挥如意,才能贯彻命令,所以又将以前制定有《陆军礼节条例》重新加以修正。末了是关于陆海空军抚恤的法律,此次与敌人殊死作战,无论陆海空各方面的健儿,以其血肉之躯和他们的机智与能力完全贡献给国家,不幸而负伤或死亡,国家自应予以抚恤。所以曾经先后制定为《空军抚恤条例》《陆军抚恤条例》和《海军抚恤条例》以资分别适用。

在关于国防体系的法案里,还要分别附带叙述的,是关于外交方面的条约及其他重要国际事项案。无可讳言的,此次抗战的胜利,有赖于外交方面的成功,然而也是我们不屈不挠的艰苦支撑,才换得国际友情和全世界为民主而战的反侵略友邦缔结同盟并肩奋斗,可见外交和国防是有密切关系的,所以我们把条约及其他重要国际事项案附在关于国防体系的法案里来说明。

抗战期间,立法院所通过的条约及其他重要国际事项案,最重要的,无过于中美和中英的新约,这两个新约,可以说是我们由次殖民地的地位一跃而为一等强国的起点。100多年的不平等锁链,由是两个新约的签定而解除,在抗战史上是值得大书特书的。其次是《联合国宪章》的批准,这是为奠定世界永久和平,各国所共同遵守的根本大法。又次是《中苏友好同盟条约》的缔订,所以巩固中苏两大民族的邦交。此外所通过的条约案等,比较重要的,二十七年有《中国利比里亚友好条约》《中国爱司托尼亚友好条约》《中苏互不侵犯条约》;二十八年有关于《修正盟约"绪言第一条、第四条、第五条及附件之议定书"案》《中苏通商条约》《工业工作儿童最低年龄公约》;二十九年有《智育合作国际议定书》《布诺赛尔国际邮政公约》及各项协定,《中国多明尼加国友好条约》;三十一年有《中国伊拉克国友好条约》,增加《国际邮政包裹协定最后议定书》第4条第2表关于委内瑞拉额外转运费案;三十二年除中美、中英条约及换文外,尚有《中古友好条约》及换文、《中比条约》;三十三年有《中那条约》《中阿友好条约》《中加条约》《中巴友好条约》《中哥友好条约》《联合国粮食农业机构组织法》;三十四年有《中墨条约》《中瑞条约》《国际货币基金协定》及《国际复兴建设银行协定》等等。

第三章 关于政治体系法案

兹再进而叙述关于政治体系的法案,这个体系的范围很大,可以分作:一、关于调整机构者,二、关于健全人事者,三、关于地方自治者,四、一般行政法规。以下依次说明。

一、关于调整机构者　当抗战期间,在行政方面,我们首先应该注意的是各部门的机构,要使他充实合理,又能互相配合,分工合作,协力迈进。所以在抗战发生以后,立法院随时修正各机关的各组织法,尤其是行政院的各部门。当政府迁到重庆以后,就先把行政院的组织法第1条加以修正,行政院所属的机构,几乎和战前完全改观,裁撤海军部和铁道部,实业部改为经济部,卫生署由行政院改隶内政部,于是就制定了《经济部组织法》及《内政部卫生署组织条例》,并修正了《内政部组织法》《交通部组织法》以及《军政部组织法》的条文。二十九年卫生署又由内政部改隶行政院,乃又重新制定《卫生署组织法》,并修正《内政部组织法》有关的条文。同年成立农林部和社会部,并因过去水利机构的分歧亟须加以调整,又成立一个水利委员会,于是就制定《农林部组织法》《水利委员会组织法》及《社会组织法》,并将有关系的经济部、内政部组织法尤加以修正。次年因供给军糈充裕民食而成立粮食部,于是又制定《粮食部组织法》。随后内政部土地司扩大为地政署,直隶于行政院,又分别制定《地政署组织法》《兵役部组织法》,并又修正《司法行政部组织法》。兹再将抗战期间修正中央各院部会组织法的次数统计一下,《行政院组织法》修正3次,《立法院组织法》修正2次,《司法院组织法》修正4次,《监察院组织法》修正4次,《考试院组织法》修正2次,《内政部组织法》修正7次,《外交部组织法》修正4次,《军政部组织法》修正7次,《财政部组织法》修正3次,《经济部组织法》修正3次,《教育部组织法》修正4次,《交通部组织法》修正3次,农林、社会、粮食3部组织法各修正1次,《司法行政组织法》修正2次,《蒙藏委员会组织法》修正3次,《水利委员会组织法》修正1次,《振济委员会组织法》修正2次,《中央公务员惩戒委员会组织法》修正2次,《审计部组织法》修正2次,铨叙部及考选委员会组织法各修正2次。有的是全部修正,有的是修正几条条文。至于各院部会的所属机关,他们的组织法或组织条例经过立法程序制定或修正的,计行政院有《政务电讯管理处组织条例》,司法院有《法规研究委员会组织条例》,监察院有《监察使署组织条例》《新疆监察区监察使署组织条例》,考试院有《法规委员会组织条例》,内政部有《禁烟委员会组织条例》《中央警官学校组织条例》,外交部有《外交特派员公署组织条例》,财政部有《直接税署组织法》《国库署组织法》《缉私署组织法》《税务署组织法》《关务署组织法》《花纱布管制局组织条例》《战时货运管理局组织条例》《专卖事业管理局组织条例》《财政研究委员会组织条例》,经济部有《矿冶研究所组织条例》《中央工业试验所组织条例》《中央地质调查所组织条例》《全国度量衡局组织条例》《资源委员会组织法》《物资局组织法》,教育部及文化方面有《国立故宫博物院组织条例》《国立中央图书馆组织条例》《国立编译馆组织条例》《国立中央研究院组织法》《国立中央研究院评议会条例》《中央气象局组织条例》《中央图书杂志审查委员会组织条例》《国立北平图书馆组织条例》《国立西北图书馆组织条例》《教育研究委员会组织条例》《国立体育委员会组织条例》《国语推行委员会组织条例》,交通部有《公路总局组织法》《电讯总局组织法》《交通复员准备委员会组织条例》,社会部有《合作事业管理局组织条例》《劳动局组织法》,农林部有《垦务总局组织法》《中央畜牧实验所组织条例》,粮食部有《田赋署组织法》,司法行政部有《法医研究所组织条例》,卫生署有《中央卫生实验院组织条例》《西北防疫处组织条例》,侨务委员会有《各口岸侨务局组织条例》,水利委员会有《导淮委员会组织法》《华北水利委员会组织法》,铨叙部有《铨叙处组织条例》,等等。还有国民政府的直属机构,文官处和参军处原来是没有单独制定组织法的,在抗战期间中也援照主计处的办法,重新分别制定了组织法,并且和主计处组织法都曾经有几次的修正。此外关于省市方面,也曾经修正过省政府组织法和市组织法,同时为配合战时需要,又制定有省保安司令部组织条例、省防司令部组织条例,及战区各省市政府设置行署条例,又为逐渐开发西南各省土司地区而制定有设治局组织条例。

关于调整机构的法案,除了上面所叙述以外,还有几个特别重要的,一个是抗战初期国民政府所公布,旋经立法院议决追认的《国民参政会组织条例》。这个是政府为集思广益起见,设置一个国民参政会,予国民以公开参政的机会,使全国的意志和力量,都集中在一个旗帜之下,团结一致,共同负荷起抗战建国使命,同时也是政府实施民主政治的前奏,是国民大会召开以前表达民意的机关。另外两个都是抗战末期所制定的,一个是《战时生产局组织法》,一个是《行政院善后救济总署组织法》,战时生产局是为增进我们战时生产所设置的机构,善后救济总署是为配合联合国善后救济总署,办理战事结束以后善后救济事宜所成立的组织,并且还制定有《善后救济分署组织条例》,以便分区办理善后事宜。

二、关于健全人事者　考试为健全人事、革新政治之开始。关于考试的法规,抗战发生以后,因为环境变迁,感觉到有些法规规定得太硬性,手续也太繁复,不能够适应咸宜,所以首先就制定了一个《非常时期特种考试暂行条例》,虽然范围仅限于特种考试,关于手续及经费减省的地方,就是普通考试以及高等考试也可以准用。同时又见到前后方需要专门学术人才的地方很多,仅凭考试一途来罗致人才,仍然感觉不够,于是又制定一个《非常时期专门人员服务条例》,由行政院训令地方政府及国外使领馆举办总调查,各类专门人才均应登记,以备随时予以工作。随后又制定一个《备用人员登记条例》,规定全国现有的各种人才,一律在铨叙部总登记,各机关用人可以随时遴选,程序既可以简便,时间也可以节省。以上是关于人才的储备和检选方面的法规。至于公务员的任用,除经常的任命法规外,在战区或接近战区的公务员,就应该有一个例外的规定,如县长及县政人员,必须有军事学识及县政经验者,方能胜任愉快,如是有《非常时期战地公务员任用条例》的制定。此种特殊情形,除战地以外,还有边疆从政人员,在抗战期间,我们不能不重视边疆的开发,对于边疆从政人员,自应特别予以鼓励,于是又有《边疆从政人员奖励条例》的规定。此外,关于公务员的法规,在抗战时间所制定或修正的,尚有《公务员服务法》《公务员内外调任条例》《公务员交代条例》《公务员叙级条例》《非常时期公务员考绩条例》《县长考绩条例》《公务员进修及考察选送条例》《公务员退休法》《公务员抚恤法》等。从公务员服务上所应尽的义务起,以及他们的考绩、调剂、退休、抚恤,都有法律为之规定。同时对于抗战守土伤亡的文职人员,他们的退休抚恤,自不应与一般公务员同例办理,所以又有《抗战守土伤亡文职人员从优给予退休抚恤金条例》的制定。他如修正《宣誓条例》,是为健全公务员的心理,使于开始就职的时候,就激发他的忠诚与努力;修正《勋章条例》,是对于有功勋的官吏,给予一种荣誉的激励;《高等考试及格人员县长挑选条例》,是甄拔高考及格人员从事于县政工作。以上关于健全人事法规可谓大体具备,为求贯彻实施起见,特地又制定《人事管理条例》,以期树立超然人事制度,嗣后对于不经铨叙的聘用、派用人员,使其受人事方面的管理,于是又制定了一个《聘用派用人员管理条例》,以期周密。此外还有应该特备叙述的,其一是在抗战期间完成考试法规的系统,按照考试法的规定,考试共分3类,除了公务人员的考试以外,还有公职候选人的考试和专门职业及技术人员的考试,在抗战以前仅仅制定了关于公务人员考试的法规,抗战以后我们就先后制定了《省县公职候选人考试法》和《专门职业及技术人员考试法》,尤其是前者,在战时为加强基层组织实施地方自治起见,我们依据国父遗教制定这个法规。又一是《非常时期监察权行使暂行办法》,在非常时期对于公务员的违法或失职行为,如仍按照弹劾法所规定的程序办理,实在感觉迟滞而不能够迅赴事机,所以才有《非常时期监察权行使暂行办法》之制定,规定监察委员或监察使可以用书面纠举,还可以把纠举文件作为弹劾案,径行移付惩戒机关,无须经过经常的审查程序,这更是健全人事的重要法律了。

三、关于地方自治者 在抗战期间,我们一方面要遵奉国父遗教,蕲求地方自治之早日完成,以为宪政实施之张本;同时还要顾全到抗战的需要,加强加密基层的组织,以便推行中央的政令。所以总裁有县各级组织纲要之颁行,我们根据纲要,首先制定了《县参议会组织暂行条例》《县参议员选举条例》《乡镇组织暂行条例》《乡镇民代表选举条例》4个法案,随后又陆续制定有《省参议会组织条例》《省参议员选举条例》《市参议会组织条例》《市参议员选举条例》。以上8个法案,着重在先把各级的民意机关建树起来,以便监督实施各种地方自治的事项。

四、一般行政法规 关于政治体系的法案,除上面3类以外,其他一般行政法规,属于内政者,计有《建筑法》《都市计划法》《户口普查条例》《违警罚法》《修正著作权法》等。属于外交者,计有《敌国人民处理条例》《敌产处理条例》《出国护照条例》等。属于教育者,计有《国民学校法》《补习学校法》《强迫入学条例》《国民体育法》《学校教职员养老金及恤金条例》《学校教职员退休条例》《学校教职员抚恤条例》《社会教育机关服务人员养老金及恤金条例》《捐资兴学褒奖条例》等。属于卫生者,计有《奖励医药技术条例》《种痘条例》《传染病防治条例》《兽疫预防条例》《捐资兴办卫生事业褒奖条例》等。至于经济、财政、交通、社会各部门的行政法规,为便于说明起见,统统归并在经济体系的法案里。

第四章 关于经济体系的法案

关于经济体系的法案,我们可以分作财政、经济、交通、水利、地政、社会等几个部门,兹先就财政方面来叙述。

关于财政方面的法案,还可以分作财务行政、赋税、专卖和公债几点。战时财政的重要,是人所尽知的,此次空前的抗日战争,自然需要源源不断的财力来接济,同时也要为国家的百年大计设想,确定健全的财政制度。所以在抗战发生的第2年,我们就赶紧制定了3个关于财务行政的重要法律,一个是《公库法》,一个是《决算法》,一个是《审计法》。一国的财政制度是否健全,首先要看它收支的执行与现金的保管是否分开,假如两者合而为一,收支官吏现金在手,就很容易舞弊。而且保管现金须有稳固的设备,收支官吏很难兼司其事,所以各国法律的规定,都另有公库的设置。凡有收入都缴入公库,支出则由公库提取,立法院在抗战以前就拟具有公库法原则,一到迁到重庆以后,就尽先把《公库法》制定了。决算报告是在任何国家都不可缺少的,每年国家取于国民的共有多少,支出的共有多少,应该使人民明了,以表示政府对于国民负责之意。各机关在平常支出之时是否违背预算或离开预算的支出,于年度终了时,也应该加以清查,所以《决算法》的制定,是使财政上轨道的必备法律。监督财政最重要的是审计,审计的目的,就在管理预算、防止贪污,所以各国都有独立的审计,随时去检查会计,然后各级机关的官吏才能够有所畏惧。尤其当抗战建国的时候,更应该加强审计的执行,所以立法院特地又将民国十七年所颁行的《审计法》,重新缜密地修正一番,以适应战时急迫的需要,次年又曾经将第10条条文加以修正,俾更能迅应事机。随后见到公有营业和公有事业的机关日益增多,他们贪污舞弊的机会,要比普通一般机关多而容易,更应该严格执行审计,所以又制定一个《公有营业及国有事业机关审计条例》,以资适用。除此以外,我们还制定一个《战时国家总预算编审办法》,因为《预算法》是在战前制定的,对于编造预算的程序以及办理预算的机构,在非常时期,不尽适合。所以才另外制定这个办法,以期办理迅速而又合理,但是《预算法》和这个办法不相抵触的地方,是仍然适用的。

其次为供应战时庞大的支出,最正当的途径,就是增加租税的收入,我们过去的税收,大都偏向间接税,如关税、盐税等等。抗战发生以后,这些税收,都很明显的锐减,于是不得不增置几种新税,这几种新税都是比较合理而又公平的直接税,立法院很审慎的制定出法律来,使之制度化。第一是《遗产税暂行条例》,遗产制度是造成社会上财富分配不平均的最大原因之一,那些遗产的享有者,可以说是不劳利得。课以重税,不仅是基于财政上的理由,而且也含有社会政策的意义,立法院为使这种税收能够顺利实施起见,特意又制定一个施行条例,以免施行的时候,发生困难。第二是《非常时期过分利得税条例》,在抗战时期,一般人民都受很大的牺牲,而有许多从事工商业的人们,反而获得分外特殊的利益,实在是不平的现象,国家就此种过分利得征税,于情于理,均属正当,所以立法院特别制定这个税收的条例,随后又曾加以修正,并且把名称改为《非常时期过分利得税》。第三是《所得税法》,所得税更是直接税主要的一种,根据纳税能力的原则,所得税是最公平最合理的税,抗战以前曾经制定有《所得税暂行条例》,在抗战期间,重新修正改称为《所得税法》。第四是《财产租赁出卖所得税条例》,这是所得税系统的一个重要补助税,因为在抗战期间,财产的价值增高了许多。这种增高的价值,并不是个人努力的结果,而是大家以血汗抗战给他们造成的机会,所以在他们财产出卖或租赁的时候,征收所得税,也是应该的。除了创置这几样直接税以外,同时又实行田赋征实政策,这是我们能够长期抗战卒获最后胜利的一个主要因素,因为通货不断的膨胀,货币价值不断的减低,而物价则相反的不断的增高,田赋如仍以现金缴纳,显然是于国家不利的,而且又怎样能够源源接济这庞大无比的军粮和公粮呢?所以我们毅然实施征实政策,政府掌握了充分的实物,方能不断的供应维持以至于胜利,立法院曾就征实政策制定了《战时田赋征收实物条例》,以为办理征实的依据。随后又为配合实施土地政策,制定一个《战时征收土地税条例》,这也是就财富征收不能转嫁的直接税。这些直接税系统的树立,可以说是在战时财政最大的成功。至于其他的税收,曾经制定有《国产烟酒类税条例》《货物统税条例》《战时消费条例》《竹木皮毛陶纸箔税条例》《契税条例》,并修正了《营业税法》和《印花税法》的条文。关于地方财政的租税,亦经陆续制定有《筵席及娱乐税法》《房捐条例》《屠宰税法》《营业牌照税法》《使用牌照税法》《市县工程受益费征收条例》等。

在抗战期间,一方面整顿税收,使之合理化、制度化;一方面建立几种专卖事业,如烟类、食糖、火柴、盐等。这几种专卖事业,对于财政收入补益很大,同时对于这几种民生日用品的价格,也可以充分控制,所以立法院通过这几种专卖事业的条例,一、《战时烟类专卖暂行条例》,二、《战时食糖专卖暂行条例》,三、《战时火柴专卖暂行条例》,四、《盐专卖条例》,以为实施的依据。

战时财政的收入，除了租税和专卖事业以外，其次就是公债的发行，我们在抗战期间通过的重要公债法案，计有《救国公债法案》《民国二十七年金公债法案》《民国二十七年国防公债条例》《民国二十七年振济公债条例》《民国二十八年建设公债条例》《民国二十八年军需公债条例》《民国二十八年五厘英金购料公债条例》《民国二十九年军需公债条例》《民国二十九年建设金公债条例》《民国三十年军需公债条例》《民国三十年建设公债条例》《民国三十年滇缅铁路金公债条例》《民国三十年粮食库券条例》《民国三十一年同盟胜利美金公债条例》《民国三十一年同盟胜利公债条例》《民国三十一年粮食库券条例》《民国三十二年整理省债公债条例》《民国三十三年同盟胜利公债条例》等等。内中关于粮食库券条例，是政府实施田赋征实以后，另外还向人们征购或征借若干，于是就发行了几次粮食库券，这种粮食库券和公债的性质是差不多的，所以也列在公债以内。还有当抗战的时候，为避免因通货膨胀而游资增多以造成社会的不安，所以特别奖励人民的储蓄，既可以吸收游资以使法币回笼，又可以利用这些游资以作其他事业，立法院曾通过有《节约建国储金条例》和《节约建国储蓄券条例》，都是为这个用意，鼓励人民去储蓄，也有点公债的意味，所以也一并叙述在此。

兹再进而叙述关于经济方面的法案，当抗战时期，在经济方面，我们首先应该注意的是管制物资。第一是粮食，民以食为天，能够足食才能够足兵，所以在抗战刚一开始，我们就赶紧制定了一个《战时粮食管理条例》，严厉制止囤积居奇，以安定后方的民生，以充实抗战的力量。随后因通货膨胀的关系，粮食问题仍然很严重，于是立法院又拟定粮食国营原则，主张粮食由国家经营公卖。这个原则，曾经向国防最高委员会建议。粮食以外，就是农矿工商各种企业各种物资的管理。关于战时必需的各矿业，制造军用品的各工业，以及电气事业，必要时应该收归政府办理，或由政府投资核办，这是为国家民族的利益所应有的举措，所以立法院有《非常时期农矿工商管理条例》的制定。同时，我们管理物资，还要严防敌人物资的侵入，以免吸收我们的法币去套取外汇；至于我们的物资也绝对禁止运至敌区，以免为敌人所利用，所以我们制定了《查禁敌货条例》和《禁运资敌物品条例》两个重要法案。后来情势变迁，这两个法律，已经失去必要性，于是我们另外又制定了一个《战时管理进口物品条例》，来管理进出口的货物，以代替那两个法律。到了抗战末期，我们又见到物资之中以矿产品为最重要，应该特加管理，于是又制定一个《战时管理矿产品条例》，这些都是关于管理物资方面的。和物资同样重要的，还有运用物资的技术员工，这种人才在战时是很重要的，也应该加以合理的管理，因此立法院又通过一个《战时全国技术员工管制条例》。另外还有对于物价的管理，在抗战期间，我们曾经有限价议价的办法，为求有效执行起见，又制定一个《取缔违反限价议价条例》，对于故意违反限价议价的，予以严厉的处罚。

在战时除管制物资以外，还要注意到奖励生产，以增加我们的物资，充实我们的战斗力量。所以当抗战发生以后，我们就赶紧把以前所公布的《工业奖励法》和《特种工业保息及补助条例》分别加以修正，付诸实施。尤其是特种工业是各种建设事业的基本工业，政府更应该加以协助。随后又因为应实际的需要，制定一个《非常时期工矿业奖助暂行条例》，规定了10种奖助办法，以促进我们的经济建设。这些工矿业的奖助，都是偏重于事业方面的，至于技术方面，也应该加以奖助，以期随时有合于实用的新方案新发明产生，所以我们把战前的《奖励工业技术暂行条例》重新加以修正，以适应这种需要。后来到了抗战末期，又制定了一个《专利法》，这更是奖励工业技术的最根本办法了。此外，特别又制定一个《战时紧急处置公有物资奖惩条例》，以减少我们物资的损失。还有一个奖励与生产有关的法案，就是《非常时期难民移垦条例》，这是在抗战初期就制定的，一方面使流亡难民得到了安顿，一方面又可以增加农业的生产。

我们要从事经济建设，就要注意到金融，因为金融是经济建设的命脉，如鱼得水，不能分离。我们以前的金融组织，大都偏重于几个重要都市，抗战发生以后，才晓得这种金融偏在的不当，于是转移目标到地方上，普遍设置县的银行，以救助残破的农村经济，办理地方上的建设事业。曾经制定了《县银行法》以为实施的依据，后来又制定一个《省银行条例》，如此各省各县的金融组织，才能完备，脉络条贯，我们的地方经济才能活泼起来。同时为要实现国父平均地权的主张，须有办理土地金融业务的组织，我们就以中国农民银行为基础，兼办土地银行的业务，于是把《中国农民银行条例》重新修正一次，在该行内增设一个土地金融处，特别又制定一个《中国农民银行兼办土地金融业务条例》，并为办理此项土地金融业务，可以发行土地债券，于是又另外制定一个《中国农民银行土地债券法》，以为发行的根据。

关于经济方面的法案，还有一个重要的，就是《特种股份有限公司条例》。所谓特种股份有限公司，系指由政府机关组织，准许本国人民或外国人民认股的股份有限公司。抗战以后，政府有很多新兴事业，都是这种组织，然而在公司法里，却没有这种规定，所以我们另外制定这个单行法规。此外关于经济方面的法案，有修正《商标法》条文、修正《矿业法》条文等。

关于交通、水利、农林、地政各方面的法案，也都在经济体系的范围以内。交通方面有《航空法》《修正邮政储金法》等。我国航空事业，已经逐渐发达，亟待需要一个法律，所以有《航空法》的制定。邮政储金的业务，在抗战期间，也需要加以改善和充实，所以又修正了《邮政储金法》等。并且为物价不断的高涨，邮资不得不也随之提高，以免亏累。所以对于《邮政法》第4条条文和所附的邮资表，曾经有多次的修正。还有一个交通方面的重要法案，就是《战时交通器材防护条例》，这是因为交通器材在战时来源不易，为防范散失损坏起见，所以才制定这个法律。水利方面有《水利法》《兴办水利事业奖励条例》等。《水利法》是水利行政最重要的法典，办理水利各方面的业务，都要以这个法律为依据，人民对于水利的权益和义务，也都有详尽的规定。再则，我们是个农业国家，农业和水利是不可分的，不仅是政府要注意办理，并且要鼓励人们去从事水利事业，所以又有《兴办水利事业奖励条例》的制定。农林方面，在抗战期间除制定或修正法规去充实机构及从事各种试验或推广以外，曾经把以前的《兽疫预防条例》修正，又曾经把《森林法》重新修正。地政方面，有《战时地价申报条例》和《战时地籍整理条例》，这是为实现国父的平均地权，在抗战期中，先从申报地价和整理地籍入手。

末了，关于社会方面的法案，也可以归并在经济体系的范围里。在抗战期间，我们要加强人民团体的组织，所以当抗战初发生，我们就分别修正了《商会法》《商业同业公会法》和《输出业同业公会法》。随后就制定出一个《非常时期人民团体组织纲领》，嗣又修正改作《非常时期人民团体组织法》，以为人民团体组织的依据；又把《工会法》《教育会法》先后加以修正，至于人民团体各种职业团体的法规，业先后制定，如《律师法》《新闻记者法》《医师法》《药剂师法》《助产士法》《会计法》等等。要加强人民团体的组织，同时要注意社会福利,尤其是职工的福利,以稳固经济社会的基础,于是制定有《社会救济法》,倡办各种社会救济事业;又制定有《职工福利金条例》,特别注意职工的福利,以期劳资协调,增进生产;又把过去的《劳资争议处理法》重新修正,以解决劳资间的纠纷。其次政府因为限于财力,难以普遍兴办社会福利事业,所以又制定一个《捐资兴办社会福利事业褒奖条例》,鼓励人民自己去捐资兴办各种社会事业。当中最值得倡导的,要算合作社,我们曾经制定有《合作社法》,在抗战期间,又审慎的加以修正,同时又为合作资金而制定有《合作金库条例》。此外还制定有《国民义务劳动法》,规定国民义务从事筑路、水利、自卫、地方造产及其他公共福利事业,也是很重要的法律。

第五章 关于司法体系的法案

关于司法体系的法案,范围比较单纯,当抗战发生政府西迁以后,交通日益梗阻,司法管辖与各地上诉问题,常常发生窒碍。于是我们赶速制定一个《最高法院设置分庭暂行条例》,于各适当的地方,斟酌情形,设置最高法院的分庭,以资审理第三审的民刑案件。后来又修正了《法院组织法》的条文,把司法年度改为历年制。至于法典的方面,曾经把战前已经制定而未公布的《强制执行法》,重新复议一次公布施行,并且又制定一个《管收条例》。随后又把《行政诉讼法》修正1次,其次关于《民法》《刑法》和《民事诉讼法》等法典,都因为适应战时需要的关系,另外制定许多单行的特别法律。如与《民法》有关的,有《战时房屋租赁条例》《战时建筑用地租赁条例》等;与《刑法》有关的,有《妨害抗战治罪法》《惩治贪污条例》《惩治盗匪条例》等;与《诉讼法》有关的,有《非常时期民事诉讼补充条例》《非常时期刑事诉讼补充条例》《民事诉讼费用法》《处理在华美军刑事案件条例》《特种刑事案件诉讼条例》等。此外,抗战期间我们还建立起两种进步的司法制度,一种是公设辩护人制度,曾经制定有《公设辩护人条例》,这是为维护无资力的刑事被告,由公家设置辩护人来替他们辩护。一种是公证制度,公证是最强有力的证明方法,现在社会情形日趋繁复,人民一切涉及私权的法律行为,如契约等,以请求公证为最可靠,所以我们还制定一个《公证法》,附带的又制定一个《公证费用法》,以为收费的依据。另外,属于司法体系的法案,还有《司法官退养金条例》《姓名使用限制条例》《调度司法警察条例》《战时罚金罚锾提高标准条例》等。

第六章 其他工作

立法院在抗战期间所议决的法案，除上面所说之外，还有一个法案，是和立法本身有关，那就是《修正法规制定标准法》。立法院是国民政府最高立法机关，所以凡是应该用法律规定的事项，都必须拿到立法院来经过立法程序。至于各机关用命令发布的规程、规则等类，又必须于法律有根据，而且不得违反变更或抵触法律。又应该用法规制定的事项，不得用命令规定他。所以立法院曾经制定一个《法规制定标准法》，加以明确的规定。抗战以后，感觉到这个《法规制定标准法》有再加以修正的必要，所以又去悉心研讨，很详密的修正一次。

立法院除了审议法案这一个主要工作以外，在抗战期间，其他工作可资报告的，还有下列3项：

一、《宪法》草案的宣传工作 根据建国大纲第22条的规定，"《宪法》草案由立法院议订，随时宣传于民众以备到来时采择施行"，立法院特提请于院内设置中华民国宪法草案宣传委员会，经中央常会第145次会议议决通过，当即派委员傅秉常等44人为《宪法》宣传委员会委员，于二十九年五月一日成立。宣传方式分为文字宣传与讲演宣传两种，曾经推定委员傅秉常、林彬等6人草拟草案说明书，经全体委员会议修改印行，各委员并又撰著许多关于宪草的论文，陆续在各报章杂志上发表。

二、立法考察团的工作 立法院为明了各省市及边疆地方实际情况，以备立法的参考起见，曾经议订一个《立法院考察团规则》，由院长随时指派立法委员组织考察团出发考察。考察的事项，分为11项：一、现行各种法令实施之情形；二、省县市单行规章之实施有无违反、变更或抵触法律；三、地方自治推行之实况；四、边疆地方之风俗习惯；五、兵役工役之办理情形；六、土地行政；七、司法状况；八、赋税及县市财政；九、公用及公营事业之办理情形；十、物资供应之办理情形；十一、其他可供立法参考之事项。嗣经先后办理指定委员林彬、陈顾远等为第一考察团，考察川、康两省。委员刘盟训、王曾善、陈海澄等为第二考察团,考察豫、陕、甘、宁、青等省。秘书长吴尚鹰及委员史维焕、张肇元等为第三考察团,考察滇、黔、粤、桂等省。委员楼桐孙、刘克俊、刘通等为第四考察团,考察鄂、湘、赣、浙、闽等省。考察完毕之后,都编有报告,以备参考。

三、涉外立法的研究工作　自从不平等条约取消之后,关于内战、经济、司法等法律,以及民法、刑法等法典,都有加以检讨厘定的必要,所以本院设立一个涉外立法委员会,研修修订一切有关外国人民权益的法律,以期符合中美、中英等新约的精神。在抗战结束以前,曾经先后拟具涉外立法原则草案4件:1.关于金融(外商银行)立法原则草案;2.关于外国人在中国经营实业立法原则草案;3.关于对外贸易及关税立法原则草案;4.关于外国人入境游历、居留、传教、办学、出境立法原则草案。这些原则草案,都经立法院大会通过,并呈经国防最高委员会决议,将名称改为涉外事项法令原则,以为修订涉外法律的依据。

34. 抗战时期的司法工作(1948年)①

一、司法行政部隶属之变更

国民政府于十五年十一月设司法部,十七年十月改为司法行政部,隶属司法院。二十一年一月改隶行政院,二十三年十月回隶司法院。三十一年十二月中国国民党第五届中央执行委员会第十次全体会议,奉总裁交议"拟将司法行政部改隶行政院案",以"领事裁判权撤销后,吾国各级司法机关之判决,力求迅速与周妥。为督饬改进司法机关与健全司法行政起见,拟将司法行政部仍照昔年成例,改隶于行政院"。决议"通过"。爰于三十二年一月一日,复改隶行政院以迄于今。司法行政内部之组织,于三十一年七月有重要之修正如下:(一)增设人事司;(二)增设编审专司,审核裁判书类;(三)确定专门人才及书记官之名额与名称。至三十二年七月,依照人事管理条例,将

---

① 本文原名为《战时司法纪要》,系司法行政部自撰稿。原件存于重庆市档案馆。司法行政部是国民政府司法院下属机构之一(1943年改隶行政院),掌理全国司法行政事务,对地方最高行政长官有指示监督司法行政事务之权。所撰《战时司法纪要》较全面地反映了国民政府在抗战时期的司法工作概貌,但未涉及司法院的机构设置情况。特作简略介绍如下:

司法院系国民政府五院组织之一,为国民政府的最高司法机关,兼负司法行政及司法审判任务。1937年11月奉令西迁重庆,初驻中四路,后疏散至巴县歇马乡。抗战时期该院下置机关有:1.司法行政部(1943年改隶行政院);2.最高法院;3.行政法院;4.公务员惩戒委员会。除司法行政部掌理司法行政事务外,其余各机关为审判机关。司法院设选任院长、副院长各1名。院长综理院务,院长因事不能执行职务时,由副院长代理。院长下面设有秘书、参事2处,参事处撰拟审核有关司法法案命令;秘书处掌理不属于参事处掌理的一切事项,有特任秘书1人,承院命处理日常事务。并设有法规委员会、法官训练所(1943年6月裁撤)及会计、统计2处和人事室,分别办理各项业务。其司法制度为三审制,即地方法院为初级审判,高等法院为二级审判,最高法院为三级审判。

人事司改组为人事处。因会计、统计业务繁积，于三十二年四月将会计室改组为会计处。三十五年五月将统计室改组为统计处。

二、增设各省法院

普设全国第一审法院，为改革司法一大要点。管辖第二审之高等法院分院，为便利人民上诉计，亦有增设之必要。三十年司法行政部以全国司法经费业经统一，经拟具5年计划呈经国防最高委员会有案，虽为财力所限，未能如期进行，然历年均有增设。胜利复员，原停办之法院一律恢复。台湾光复，就日人复设法院分别改组，计抗战前全国地方法院共302所。经历年增设，三十六年共748所。抗战前全国高等分院共91所，经历年增设，三十六年共119所。抗战前全国高等法院24所，二十八年西康增设1所，复员后上海、南京、台湾各增设1所，东北九省恢复3所，增设6所，现共37所。至县长监理司法，有背司法独立精神，亦经分年改设为县司法处，置审判官独立行使审判职权。三十五年全国除新疆外，县长监理司法制度已一律废止，三十六年全国司法行政检讨会议，以县司法处原为一种过渡组织，建议司法行政部一律改设为正式法院。

附件：2份〈呈文略去〉

近年法院监所及县司法机关增设统计表
二十七年至三十六年

年度别	共计	法院监所									县司法处	备注
		小计	高等法院	高院分院	地方法院	小计	本监	分监	外役监	看守所		
总计	1467	489	13	28	446	532	77	7	2	446	446	
二十七年	20	10	—	—	10	10				10	—	
二十八年	52	18	1	2	15	17	2			15	17	
二十九年	84	18	—	4	14	31	17			14	35	一、包括胜利以后光复改组各法院在内 二、上海成立高等法院后原设之第一第二特区高等分院均裁撤
三十年	121	52	—	4	48	56	7		1	48	13	
三十一年	37	7	—	—	7	10	3			7	20	
三十二年	37	1	—	—	1	1				1	35	
三十三年	89	28	—	10	18	20	2			18	41	
三十四年	409	150	12	2	134	134				134	125	
三十五年	472	145	—	2	143	192	43	6		143	135	
三十六年	146	60	—	4	56	61	3	1	1	56	25	

三、简化诉讼程序

三十一年,司法行政部以二十四年公布之《民刑诉讼法》对于诉讼程序规定过繁,应予简化,以期便民。惟事属改制,关系重大,非经试办结果著有成效,未便贸然更张影响全局。爰拟在陪都附近之北碚区域,建筑北碚实验地方法院,并于该法院成立以前,就距部较近之地方法院先行试办,经呈由司法院转奉国防最高委员会第75次常务会议核准备案。同年五月璧山实验地方法院成立,司法行政部所拟订之《实验地方法院办理民刑诉讼法补充办法》,亦呈由司法院转奉国防最高委员会第84次常务会议核准备案施行。该办法关于民事部分,要点在:(一)职权推动诉讼之推行,以增进法律之基本功用;(二)增加缓起诉规定,以期情法之平。试验结果,颇见成效,其结案速度,大多数案件在15日内办结,占70%;次多数在5日内办结,占13%;其余1月内办结者,占9%;1日内办结者,占5%;特殊情形超过1月办结者,仅占3%;以视普通法院显见进步。其他改革方案比较重要者,如《试验法院设置司法助理员办法》,盖为革除执达员司法警察之陋习,故予更定其名称,提高其素质,亦经试办有效。三十三年,以原有建筑北碚实验法院之计划需费甚巨,不得不暂从缓议;而璧山实验法院各项实验工作,虽已收相当效果,但管辖范围不广,讼案较少,其实验结果尚待在通都大邑再行实验,以便将来推行全国。乃呈奉行政院核准,再就重庆地院改为实验法院,于同年七月成立,实验各项改革方案成绩亦颇良好。三十四年三月司法行政部奉行政院令饬,就两实验地院结果拟具简化诉讼程序方案送经立法程序,并将该两地院实验工作限于六月底结束。经将一、二两审程序应行简化者,一并拟具草案呈行政院送转立法院审议。惟《民刑诉讼法》修正条文,至同年十二月始奉公布施行,故两实验法院亦展至是年年底结束。

附件:4份〈法、办法、条文略去〉

四、改进检察制度

三十三年,司法行政部检察制度详加检讨,并斟酌实际状况谋为有效之改进,经于同年四月,拟具《改进检察制度方案》共 7 项。其要旨为:(一)统计法院行政,以消泯院检摩擦之原因(原 1 至 3 项);(二)调整检察官职权,俾有充分时间厉行检举(原 4 项);(三)法院预算内增列调查费,专供检察官检举犯罪调查案情之用(原 5 项);(四)加强军警团队对于司法之协助(原 6 项);(五)关于检察官检举犯罪另定考核办法等(原 7 项)。呈由行政院核转国防最高委员会审议,除第 7 项已于同年六月公布《地方法院检察官自动检举案件考核办法》(三十四年七月修正一次),八月制颁《检察官自动检举案件月报表》,十一月制颁《地方法院检察官自动检举案件考核表》。又,第 6 项已于三十四年四月公布《调度警察条例》,同年十一月公布《检察官推事指挥司法警察证格式及细则》暨《检察官与司法警察机关执行职务联系办法》外,其余各项未蒙采纳。三十六年全国司法行政检讨会议,对于可改进检察制度,复有详尽之研究,并决议各级检察机关应独立设置。

附件:7 份〈方案、训令、条例、办法等文略去〉

五、施行巡回审判

巡回审判,系抗战发生后之新制。战区各地交通失其常态,当事人上诉不便,第二审之审判与其以当事人就法官,毋宁以法官就当事人,战区巡回审判,即本此旨而设。二十七年、二十八年司法行政部草拟之《战区巡回审判办法》及《战区巡回审判民刑诉讼暂行办法》先后公布施行。其组织及诉讼程序一以删繁就简,适应战区环境为主,并分函郭①、胡②二驻英、美大使,搜集有关材料以资借鉴。此项制度,历年推行于湖北、广东、河南、浙江、江苏、安徽、陕西、山东 9 省。各省又依实际状况划分若干区。每次巡回之期,视区域之广狭,交通之难易,分别定为 1 个月至 3 个月。巡回推事于每届巡回 1 周后,填具工作报告表及日记簿,呈由高等法院报部考核。历年据报书表,巡回推事多能深入战区随审随结。三十三年,司法行政部以巡回审判除司法本身价值之外,能兼收提高人们法律常识之效果,拟在后方交通不便地带推行此制,

---

① 郭泰祺。
② 胡适。

经拟订《高等法院巡回审判条例》草案呈核。迄尚未奉制定公布。嗣因战事结束,于三十四年十二月将《战区巡回审判办法》及《战区巡回审判民刑诉讼暂行办法》同时废止。

附件:11份〈条例、办法、训令、表示、报告等略去〉

六、收回法权后之有关措施

三十二年一月,我国与英美两国政府签订新条约,撤废领事裁判权。司法行政部以法权收回,对于司法方面即应积极规划付诸实施。其重要者如下:(一)《管辖在华外国人实施条例》之废止,该条例系在二十年公布,其内容为应付当时环境,多所迁就,法权收回以后情势变更,经呈准明令废止;(二)涉外案件管辖之变通,外国人为被告之民刑诉讼,受理机关为非地方法院时,在言辞辩论前,得声〔申〕请上级法院移送附近之地方法院受理;(三)特别刑事法令之适用,外国人犯我国特别刑事法令之案件,一律归司法机关依通常程序审判,仍适用各该特别法令治罪;(四)充任律师之限制,外国人在中国充任律师,以依该国法律中国人得在该国充任律师者为限,并应遵守中国关于律师之一切法令,拟订办法5条呈准施行;(五)法院、监所之择要修建,涉外诉讼既悉由我国法院审理,外籍人犯应依法禁押我国监所,经呈准动支经费1200万元,择交通繁冲地带之法院监所提前修建;(六)其他有关事项之处理,如外侨众多之地,各法院应增设通译,各法院受理涉外民刑案件,应按月列报,遇有疑难问题应随时呈部请示。此外,对于培植审理涉外诉讼之法官人才,及移民刑法及各项程序法等工作,均经先后办理。三十三年十一月,美国国务院派遣法律专家海尔密克(Milton T. Helmick)前来研究我国法律,并考察司法行政情形,历时3月,临行时提出建议6点,经司法行政部加具意见分送有关机关参考。海氏在重庆时,曾参观重庆实验地方法院,对该院之使命及简化诉讼程序各项办法,至感兴趣,返国后美代理国务卿格鲁及总检察长毕特尔,皆有函致谢我国政府之招待,并述及司法行政部对于简化诉讼程序之致力,深信于国家必有重大裨益云。三十五年,司法行政部聘请美国法学权威哈佛大学法学院院长庞德(Roscoe Pound)为顾问,是年七月来华就职,其工作可分为两大类:(一)关于中国法律制度之研究;(二)关于法律实施状况之调查。均在进行之中。司法行政部复于三十四年七月及三十六年一月,先后派参事倪征燠、司长杨兆龙,赴美、英各国考察司法,搜集有关资料。倪征燠编有《司法考察报告》,已刊印出版。杨兆龙在考察期间,并赴瑞士、比利时出席各种国际刑法会议。

附件:11 份〈呈文、训令、建议等略去〉

七、特种刑事案件之受理

三十二年四月,司法行政部奉行政院令知,以原由军事审判之特种刑事案件移归司法机关审判一案,已经国防最高委员会第 105 次会议决议,饬遵照原决议拟订特别审判程序呈准。当经先行拟具特种刑事案件诉讼条例立法原则 12 项,承转国防最高委员会修正通过。复依据该原则,拟订《特种刑事案件诉讼条例》完成立法程序,于三十三年一月,由国民政府公布,同年十一月十二日施行,期间 3 年。嗣复奉命延长施行 1 年。所有准备及实施情形如下:(一)烟毒案件,仍暂由军法机关受理;(二)条例施行前,已系属于军法机关之案件,仍由原机关依原程序终结执行;(三)各级法院办理此类案件,指定富有丰富经验之推检担任,并与当地军警团队取得密切联系;(四)特种刑事人犯如监所不敷收容,应与当地军法机关商洽,将原借普通监所返还,如另设有监所者,商请移交;(五)规定特种刑事案件移送书式;(六)制颁《特种刑事案件报部办法》,死刑、无期徒刑专案具报,其余按月列报;(七)各省司法机关受理此类案件,应增加之经费、人员及囚粮等,编制概算呈准追加。三十五年三月,国民政府令烟毒案件,应即依照《特种刑事案件诉讼条例》移归司法机关审判。唯陕西、甘肃、河南 3 省,因情形特殊,奉令仍暂由军法机关审判,以 1 年为期,至三十六年三月始由司法机关接收。三十五年十二月,颁布《绥靖区及东北九省军政紧急措施办法》,规定绥靖区及东北九省之盗匪案件,由军法审判。三十六年十二月,公布《戡乱时期危害国家紧急治罪条例》,规定危害国家案件及重大之盗匪案件,应设置特种刑事法庭审判。并将上项军政紧急措施,关于盗匪案件由军法审判之规定予以废止。

附件:26 份〈训令、办法、代电等略去〉

八、保障人身自由法令之施行

三十三年七月,国民政府颁布《保障人民身体自由办法》,同年八月施行。同月军事委员会、行政院又会同核定《保障人民身体自由办法实施事项》两项,饬属遵办。司法行政部一面将上述法令分别转行遵照,一面会同军法执行总监部拟具《查报拘人捕犯案应行注意事项》。七月军事委员会、行政院会同修正《保障人民身体自由办法实施事项》,对于第1项丙款有权逮捕人民之机关及人员,列举更为明确。三十五年三月《提审法》施行,同时将《保障人民身体自由办法》废止。关于提审法第7条之提审票,第4条、第6条之通知书,亦经司法行政部先后制定格式,通令遵行。三十六年一月《宪法》公布,其第二章第8条关于人民身体自由之保障,规定更为周密。同年十二月,司法行政部以《宪法》施行期届提审第4条关于法院接受提审申请后,必要时得通知逮捕拘禁机关限期具覆之规定,与《宪法》抵触,经拟具修正草案,呈行政院会议通过,已转送立法院审议。

附件:15 份〈办法、训令、注意事项等条文略去〉

九、战争罪犯之处置

战争罪犯之惩处,国际上尚少先例。此次大战,同盟国胞抱有决心,以为非此不足以侵略者有所戒惧。远在战争结束前两年,即在伦敦组织联合国调查战罪委员会总会,又在重庆(后移南京),设立远东太平洋分会。国内方面,行政院于三十三年春间,设立敌人罪行调查委员会,专司其事。三十四年五月,改归司法行政部办理,原有《敌人罪行调查办法》随即修正。同年十月间,复由军事机关会同外交部、司法行政部及行政院秘书处,组织战争罪犯处理委员会,以便商讨处理战犯事务,并由会草拟《战争罪犯审判条例》,经过立法程序,明令公布。8年抗战,敌人罪行擢发难数,惟罪行证据及犯罪人姓名、被害者多不详悉,调查时最感困难,司法行政部自三十四年五月接办,至三十六年六月办竣,经审查认为罪行成立者,共计 201488 件,被告人数 8178 人,被害人数 261209 人。此项战犯依其情形,分别由同盟国特设之机构及我国军事法庭审判。前者即东京国际军事法庭,受理主要战犯20余人,我国派有推事检察官参加工作。后者则分设于南京、上海、北平、武汉、广州、徐州、济南、太原、沈阳、台北等10处,由军法官、司法官会同组织。三十六年年底,除首都外,其余各处军事法庭均已办竣结束。计受理被告2365人。

附件:8份〈代电、呈文、指令、办法、须知等条文略去〉

十、汉奸之惩治

二十六年"七七"事变之后,前军事委员会即于同年八月公布《惩治汉奸条例》,条例十二月修正一次。二十七年八月,国民政府将原条例加以修正公布。三十四年十一月,国民政府公布《处理汉奸案件条例》,同年十二月公布现行《惩治汉奸条例》。三十五年三月、三十六年四月,该条例又经修订2次,汉奸案件归军法审判。该条例施行后,除军人为被告者外,改归司法机关审判。迨《处理汉奸案件条例》施行后,又以被告原属军人复任伪军职者,始受军法审判,其余则一律归司法机关审判。

抗战开始,各地即发现汉奸助敌情事。司法行政部以汉奸案件依当时法令虽归军法审判,但各级法院检察官对于此类罪犯仍负有检举职责,经于二十六年九月通饬各检察官务须随时注意厉行检举,嗣后迭次通令,或系重申前令,或系提示与检举汉奸之有关事项,藉促注意处理。至于人民或团体对于汉奸案件之告发,国民政府为安定人心,减少奸累起见,经于三十五年十二月十三日训令,以三十五年十二月三十一日以前为限,逾期之告发,检察官不予置议。但国家之追诉权及被害人之告诉权,不因此而受影响。其在审判方面,司法行政部为慎重计,对于报部判决书类,均详加审核,即检察官起诉书或不起诉处分书亦饬经报备核。又以此类案件应迅速进行,经于三十六年二月通令各省高院首长,无论侦查或审判均应认真督率,克期妥行清结。

至于拘传不到之汉奸罪犯,依法应予通缉。司法行政部为使通缉汉奸之处置与案情相适合起见,经拟定《处理通缉汉奸案件办法》4项,呈奉国防最高委员会备案。即关于此类案件,一律责成高等法院首席检察官查核认定:(一)对于原案如经侦查认为罪证确实并应查封其财产者,应于查封财产后详列案情罪证,呈由司法行政部报经行政院转呈国民政府明令通缉。(二)原案罪证虽可认为确实,而依案情认为毋须先行查封其财产,或无财产或不知有无财产可以查封者,应开列案情罪证,呈由司法行政部核定转令通缉。(三)原案如仅系依照告诉告发或其他原因,知有汉奸罪嫌而不能断定其罪证是否确实,须缉案侦办者,应依《刑事诉讼法》关于通缉被告之普通规定径行通缉。(四)各行政机关或法团请求通缉案件,视其情形分别依照上开办法办理。又制定通缉书格式,于三十五年六月七日通饬遵照,其经通缉之汉奸并由最高法院检察署送登政府公报,期易缉获。

又次,关于汉奸财产,汉奸之已获案者,其财产如未查封,司法机关可给予扣押权之作用,予以查封;其未获案者如罪证确实,依《惩治汉奸条例》亦得由有权侦讯之机关,报请行政院核准先行查封其财产之全部或一部。在执行没收方面,关于会同或嘱托执行之机关实施执行子程序方法,家属生活费之范围、标准以及发生问题之解决方法等,亦经司法行政部拟订《执行没收汉奸应注意事项》予以规定。

附件:29 份〈训令、呈文、办法等略去〉

十一、处理民刑案件之督导

司法行政部,为考察各司法机关办理民刑案件之迟速及有无久延不结情形,曾制颁《民事案件收结表》《民事迟延未结表》《刑事案件已结未结表》。又为防止对于民刑事被告之滥行管收及羁押起见,曾制颁《管收民事被告报告书》及《刑事被告羁押一览表》。以上书表及依民刑案件报部办法所送判决书类,均由司法行政部严密审核,随时纠正。当抗战初期沦陷区域法院停办,司法职权如何行使、上述机关如何指定、覆判案件如何处置,均有详晰之指示。其时上海租界内一、二两审法院,尚能维持。唯最高法院西迁,上诉第三审不便,租界当局主张以二审终结,经交涉结果,乃于上海设置最高法庭分庭,以资救济。凡此皆对于战区司法之应变措置,至一般法院应普通注意事项,则随时发布通令。自二十六年至三十六年,是项通令繁不胜收,有系关于诉讼事件之一般指示者,有专关民事者,有专关刑事者。此外关于一切战时措施及国家新政,如兵役、军工及军实、交通、粮政、盐政、税务、物价管制、优待出征抗敌军人家属、敌伪产业、遗产税及选举等,在有关司法方面,均有详尽指示,兹择其最重要者,依序搜辑以便查考。

附件:120份〈训令等略去〉

十二、推行公证提存等制度

公证制度,为保障人民私权澄清诉讼根源之良法。抗战军兴以后,社会经济发生激变,人民所为之法律行为或其他关于私权之事实,尤需有明确之凭证,以资保障。因之推行公证,实为急务。司法行政部,爰于二十八年通令各高等法院转饬各地方法院,凡未开办公证者,限期开办;已开办者,认真整顿,加紧推进。三十一年,又通令各省尚未成立公证处之地方法院,于同年七月一日起分批成立,每3个月成立一批。一批成立后,即由高等法院呈报一次,以2年为完成期间。至三十三年六月底,全国各地法院公证处,大多如期完成。其三十三年六月以后新成立之地院,规定于法院成立时同时成立公证处,历年来成立公证处情形如下:计二十六年27处;二十七年因各地法院受战事影响,未经呈报,无法统计;二十八年11处;二十九年68处;三十年83处;三十一年63处;三十二年35处;三十三年24处;三十四年41处;三十五年128处;三十六年63处。除停办者外,现总计557处。惟公证之推行,并非成立公证处即足,而尤贵有实际成效之表现。我国教育尚未普及,人民缺乏法律知识,对于公证之内容及其效用,多不明了,司法行政部爰于三十年督饬各法院多方宣传,并聘请当地公正士绅担任劝导,就所收之公证费内提给奖金作为鼓励。又于三十一年,拟具《区乡镇公所宣传公证办法》及《公证须知》,咨请各省市政府印发各县市政府转发各区乡镇公所暨民众教育馆,随时宣传,并作为演讲资料。三十三年举行全国行政会议时,复提请各省市府,督饬各乡镇公所切实宣传,并通饬各地法院请当地电影院长期放映公证宣传标语,将部颁《公证须知》送当地各报馆分别登载,并随时向街民讲解公证法令及公证利益等。至关于各地法院推行公证之成绩,则司法行政部订有考核办法两种:其一,规定各法院应分春夏秋冬填造公证事件,按季报表呈核,如发现办理无成绩者,即详为指示,切实督促改进。又其一,自三十四年一月起,每年举行公证竞赛一次。1年内甲等法院办理600件以上,乙等法院办理400件以上者,为上等。1年内甲等法院办理400件以上,乙等法院办理200

件以上者,为中等。1年内甲等法院办理不及200件,乙等法院办理不及100件者,为下等。成绩特殊者,记大功。列上等者,记功。下等者视其情节予以记过或记大过之处分。参与竞赛人员为地方法院院长及承办公证之事务人员。历年来全国各法院受理公证件数如下:二十六年1180件,二十七年431件,二十八年995件,二十九年3347件,三十年5178件,三十一年6011件,三十二年10955件,三十三年11678件,三十四年22312件,三十五年65017件,三十六年100686件。又,各地院办理公证事务,原由推事及书记官等筹办,自三十四年起,则公证事务发达之地院,已设置专任公证人员。

提存制度,系为便利提存人清偿债务或供赔偿费用之担保而设,兼与债权人之权利有关,亦为保障人民私权澄清讼源之一法。司法行政部于三十五年通令,凡未成立提存所之地方法院,自三十六年一月起分批成立,每3个月成立一批,以2年为完成期间。

不动产登记,向系由司法机关办理,嗣《土地法》施行,各处地政机关均纷纷举办土地登记,法院所办不动产登记一律停办。三十五年《土地法》《土地法施行法》分别修正公布,就《土地法》第42条及《土地施行法》第13条法意推之,凡未依法办理土地总登记之区域,关于不动产登记,仍可由法院照旧办理,司法行政部特通饬遵办。又,法人非经主管官署登记,不得成立,而法人登记之主管官署,为该法人事务所所在地之法院。司法行政部特于三十六年通令,凡未举办法人登记之地方法院或县司法机关,均应成立登记处,以利推行。

附件:25份〈训令、报告、办法等略去〉

十三、推行法律辅助制度

二十七年司法行政部,以公设辩护人制度为一种公共辩护机关,其目的在扶助无资力之刑事被告,我国刑事诉讼法,已采用此制,亟应拟议施行。经拟订《公设辩护人条例》。二十九年五月,司法行政部令定该条例自同年七月一日起施行。随又制颁《公设辩护人承办案件月报表格式》。三十四年六月,又公布《公设辩护人服务规则》。规章具备而施行区域亦陆续制定,逐年增加如左〈下〉:

二十九年　重庆、成都、桂林。

三十一年　河南卢氏、江西泰和、甘肃皋兰。

三十二年　陕西长安、广东曲江、四川自贡、贵州贵阳、云南昆明、湖南长沙、安徽立煌、福建永安、湖北恩施、宁夏贺兰、青海西互、河南鲁山。

三十三年　西康雅安、河南淅川。

三十五年　首都、上海、北平、天津、武昌、汉口、广州、青岛、江苏吴县、江西南昌、山东济南、安徽安庆、山西太原。

三十六年　河南开封、郑县、洛阳、广东汕头、湛江、琼山、察哈尔万全，江西九江，吉林长春、永吉，热河承德、赤峰、阜新、朝阳、平泉、陵源、隆化、围场、建平、滦平。

三十年，司法行政部以我国人民大都法律知识薄弱，又无力延聘律师，致未能同享法律之保障，除刑事被告之无资力者，已有公设辩护人制度足资救济外，对于一般平民应由律师公会尽扶助之义务，经制颁《律师公会平民法律扶助实施办法》，历年督促切实推行。各省律师公会拟送实施细则，呈准施行如左〈下〉：

三十一年　江西4处、浙江3处、湖南3处、四川3处、广东2处、河南2处、湖北2处、福建1处、安徽1处；

三十二年　浙江1处、江西1处、湖南1处、四川1处、福建1处、广东4处、河南2处、陕西1处、广西2处；

三十三年　广东2处、四川2处、广西5处、湖南5处、湖北1处、云南2处、甘肃1处、浙江4处、福建4处、河南1处、江西1处；

三十四年　安徽1处、浙江1处；

三十五年　浙江6处、广西2处、福建2处、江苏1处、安徽1处、四川1处；

三十六年　广西1处、河北3处、山东1处、上海1处。

三十一年，司法行政部以民刑诉讼法规内容繁复，诉讼人每因不谙法定程序致有贻误。他如公设辩护人及公证等项办法，诉讼人往往不知利用，致权利遭受损害，经公布《高等以下各级法院民刑诉讼询问处通则》，凡不明各项程序者，均可到法院询问，由法院指派人员予以解答。各省法院历年成立询问处，情形如左〈下〉：

三十一年　广东 30 处、甘肃 20 处、浙江 19 处、湖北 17 处、湖南 15 处、陕西 14 处、河南 9 处、宁夏 45 处、青海 2 处、山西 1 处、贵州 1 处；

三十二年　河南 1 处、湖北 1 处、广东 4 处、浙江 5 处、陕西 4 处、四川 53 处、云南 8 处、贵州 15 处、广西 18 处、西康 2 处、山西 1 处、青海 1 处、宁夏 1 处、安徽 8 处、江西 17 处；

三十三年　云南 2 处、广西 9 处、浙江 10 处、四川 5 处、湖北 5 处、河南 1 处、福建 2 处、广东 9 处、贵州 2 处、安徽 1 处；

三十四年　四川 12 处、云南 2 处、贵州 8 处、西康 3 处、河南 1 处、福建 4 处；

三十五年　河南 10 处、陕西 4 处、四川 3 处、青海 2 处、浙江 9 处、云南 2 处；

三十六年　四川 1 处、安徽 1 处、河南 1 处。

附件：10 份〈训令、办法、细则等略去〉

十四、推进边疆司法

西康地居边徼，汉藏人民杂处，一切民刑诉讼，向多迁就习惯，未能依法律办理。二十七年二月，司法院公布《西康司法筹备处组织大纲》，设筹备处，以综理西康司法行政事务，并审理第二审民刑案件。嗣以西康省政府预定于二十八年一月成立，战时法院之建立不容再缓，当由司法行政部，一面与西康建省委员会切实商洽；一面为明了西康民情风俗及过去司法情形，俾得因地制宜起见，拟定《调查西康司法计划》，遴派专员前往调查。其调查区域，特别注意于比较繁盛富庶或有特殊情形之各地。其调查范围，属于全省者，注意经济、交通、人口概数及其分布设立各级法院之适当地点，及一般的民商事习惯等。属于各县者，注重行政司法现行组织及其权利、办理民刑案件之详细情形、汉民与喇嘛土人之纷争如何解决、有无监所设备、司法经费之来源及特殊的民商事习惯等。调查期间，自二十七年九月起，以 4 个月为期，调查完竣曾编具详细报告付印。二十八年三月西康高等法院成立，二十九年，司法行政部以该高院派驻康定一庭所辖关外各县其第二审上诉在途期间超过 20 日，多至 12 县，各该县当事人显有不便。经饬依照《法院组织法》临时开庭之规定,分南北两路各择 2 县为开庭地点,派员前往临时开庭,受理附近各县上诉。并饬拟具《临时开庭办法》,呈经核定。又以该省民情风俗迥与内地不同,实有制定特别民刑实体程序法之必要,经参考《调查西康司法报告书》及其他有关资料,拟具《西康民刑特别法草案》,计分总则、民法、刑法、诉讼法 4 部分。呈经司法院核转立法院参考。

西藏司法制度,清代原有旧制,自民国以来,留藏汉民诉讼事件,由该地噶布伦郎仔厦审理,遂与中央隔膜。三十年三月,司法行政部准司法院秘书处函转蒙藏委员会,请将旅藏汉民司法权,暂由该会驻藏办事处代行一案。当与该会往返咨商,拟订《蒙藏委员会驻藏办事处办理司法实务暂行办法》草案呈核,至三十三年六月该办法经国防最高委员会决议,准予照办。遂于三十四年四月,会同蒙藏委员会将原办法改为条例,并拟订《蒙藏委员会驻藏办事处处长审理诉讼暂行条例》,一并呈送行政院核转立法院审议。

此外,司法行政部以西北各省如宁夏、青海边族杂处,文化落后,人民对于现代司法之精神多未了解,欲谋司法之推行,非先事宣传不为功。爰于二十九年奉令各该省高等法院,遴派推事一二人亲赴各属,就司法机关所负之使命,法律与人民生活之关系,违反公序良俗各风俗习惯之必须革除,及浅近之诉讼程序,用口头或文字多方宣传,并饬据拟订《各该省司法宣传实施办法》呈核。又以西康省康宁两区情形相类同,有宣传司法之必要,经抄发上述办法,今饬西康高等法院参照办理。

附件:19 份〈呈文、办法、训令等略去〉

十五、改良监狱

司法行政部为改良监狱,曾于三十年拟具《战后建筑新监十年计划》,三十二年拟具《改良监狱计划》,三十三年制颁《各省监所及其监督机关工作竞赛办法》,并拟订《监狱行刑法》《羁押法》《监狱条例》《看守所条例》《行刑累进处遇条例》《保安处分执行法》等草案,呈转立法院审议。三十五年一月,《监狱条例》《看守所条例》《监狱行刑法》《羁押法》《行刑累进处遇条例》公布,三十六年六月施行。乃以限于经费,员额不敷配置,又另定《分年改制办法》,三十六年度由上海区监狱先行改制,三十七年度为各省新监所,三十八年度办各省旧监所，期以3年之期间，使全国监所一律实施。至司法行政部，历年发布命令制定规则，有关监狱改良者，至为繁多。兹择其最重要者，分（一）整顿监所人员风纪、（二）一般改良、（三）慎重戒护、（四）实施教化、（五）改善给养、（六）改进卫生医药、（七）改良建筑、（八）监所协进会及出狱人保护8种，依次搜辑以便查考。

附件：51份〈训令、呈文、办法、表式等略去〉

十六、监犯作业

监所作业，为执行自由刑之要件，战时增加生产尤属必要。三十年，司法行政部鉴于过去成绩未能满意，特通令各省一体切实推行。三十一年制颁《看守所附设监狱作业办法》，自三十二年起在预算内编列扩充作业费专款，以便分配应用，并订定《监所扩充工场注意事项》《旧监所扩充工场注意事项》及《监所作业管理人员奖惩办法》。三十五年令发《监所作业会计制度》，迭经督导，成绩渐著。三十六年，全国举办之监所共1128单位，工场共2237处，平均每日作业人数51228人，纯益金1638273826元。

附件：19份〈训令、办法、代电等略去〉

十七、监犯移垦

《徒刑人犯移垦暂行条例》公布于抗战以前，但并未实施。二十七年司法行政部，以监犯移垦既可疏通监狱，又可增加生产，一举两得，亟应举办。经先后制定实施办法、累进办法、减缩刑期办法，呈准施行。二十八年择定四川平武县荒地为垦区，二十九年遴派熟习〔悉〕狱务垦务人员前往创办，三十年十月一日成立平武外役监。历年惨淡经营，成绩昭著，已经垦熟耕地1400余亩，工人每日平均150人，实际从事农作者100人。所有产品数量，如农作科之玉米、稻谷、洋芋、瓜菜，畜牧科之猪、羊，采木科之杉料、木料等项，均有可观。平武外役之监外，安徽宣城及贵州平坝两外役监，亦于三十六年开始筹办。

附件：4份〈条例、办法、报告等略去〉

十八、监犯之调服军役及疏散

监犯调服军役,既足以加强抗战之实力,又含有刑事政策上之重大意义。二十六年八月,军事委员会公布《战时监犯调服军役办法》,二十八年九月,国民政府公布《非常时期监犯调服军役条例》,至三十五年一月废止。此9年间,司法行政部迭次申令所属切实办理,各省监犯调服军役者,共计38175人。

抗战时期,军事演变无定,监所拘禁人犯时,有急速处置之必要。二十六年九月,司法院公布《非常时期监所人犯临时处置办法》,至三十五年一月废止。各省监犯依法疏散者,共47089人。三十六年十月,行政院复公布《绥靖区各县监所人犯临时处理办法》通饬施行。

附件:21份〈条例、办法、训令、表式等略去〉

十九、罪犯之减刑及赦免

三十三年六月,国民政府公布《减刑办法》,司法行政部当即转行所属并厘定司法机关办理减刑案件注意事项饬遵,翌年办理完竣。各省人犯经减刑者,共计4084人。三十六年一月,国民政府又公布《罪犯赦免减刑令》关于赦免部分,司法行政部当即规定罪犯开释程序,通令迅速办理,并严禁需索及其他舞弊情事。各省人犯经赦免出狱者,共计73959人。关于减刑部分,经行政院司法院会同公布《罪犯减刑办法》,饬由各法院遵照办理。

附件:8份〈训令、办法、表式等略去〉

二十、统一司法经费

国家司法权之行使,统一于中央,关于司法一切收支,自应统归中央主管。过去司法经费,因由地方负担,遂致流弊丛生。举其重且大者约有两端,因司法经费划归地方,在地方政府方面仅有义务而无权利,其对司法业务苟非漠不关心,极易发生行政干涉司法之不良影响,此其一也。因地方情形各自不同，若干省区对司法人员之待遇从优，若干省区对司法人员之待遇较逊，两相比照，丰啬悬殊，以资司法工作之推进程度不能齐一，此其二也。至于法院之普遍设置，监所之改良设备，以及司法人员之教育训练等，事在必办，办则必需经费，尤非由中央统筹不为功。自十七年六月全国经济会议，同年七月第一次全国财政会议，至二十三年五月第二次全国财政会议，对于司法经费应由中央支出一事，均有决议。二十四年全国司法会议通过司法经费改由国库负担，二十八年五月，国民参议会第三次大会复提出建议案，主张确立原则，定期实施。当经国防最高委员会交付审查，原则通过，由司法行政部会同财政部妥定分区、分期实施办法，迭经会商，决定先就非战区省份，除新疆外，计四川、贵州、云南、广西、陕西、甘肃、宁夏、青海、西康9省，对于正式法院及新式监狱看守所之经费，自二十九年度起，改由国库负担。自三十年度起，无论战区或非战区省份，已设或未设法院之县份，新监所或旧监所其经费一律由国库负担。于是司法经费之统一乃告完成，岁入岁出预算数字，亦逐年增加，如左〈下〉表：

司法行政院主管三十至三十六年度各项岁入与各该年度国家预算比较表

年度	国家总预算	本部主管	百分比 %	备考
三十年	17533877542	6518608	0.086	
三十一年	17310618341	9911484	0.573	
三十二年	18886010918	32405000	0.172	
三十三年	79501431808	75200000	0.095	
三十四年	263844138900	287390000	0.109	
三十五年	252934725000	2230044000	0.088	
三十六年	9370406740000	55100000000	0.588	
说明	一、本表不包括追加减数字 二、本表列数包括临时特殊两门岁入 三、三十六年系仅上半年度			

司法行政部主管三十至三十六年度各项岁出与各该年度国家总预算比较表

年度	国家总预算			本部主管			百分比%
	经常	临时	合计	经常	临时	合计	
三十年	4289047080	320554661	4609601741	32760805	2899796	85660621	0.773
三十一年	10783485584	6437132759	17310618341	44834111	5942096	50776207	0.293

续表

年度	国家总预算			本部主管			百分比%
	经常	临时	合计	经常	临时	合计	
三十二年	20368539783	15867874078	36236413861	92610611	15868478	109479039	0.302
三十三年	42175525272	37325906536	79501431808	182856027	659527896	842383923	1.059
三十四年	176745823518	87098315182	263844138700	267808500	3396755700	3664564200	1.398
三十五年	1379716459000	1145218266	2524934725	1408258000	36012805000	37421061000	1.609
三十六年	4885894020000	4486512720000	9370406740000	6244320000	168195020000	174439340000	1.862
说明	一、本表不包括追加数字 二、临时费内包括特殊门岁出 三、三十六年仅系上半年						

二十一、储备司法人员

司法人员约可区分为司法官、书记官、监听人员、检验人员4大类。储备方法：（一）训练、（二）考试、（三）教育、（四）登记或甄用。而最重要者为司法官，其来源又可分为：高等考试、司法官考试及格，中央政治学校法官训练班毕业，各大学独立学院司法组或法律系学生铨定及格，军法人员转任曾任司法官经登记或甄用及经司法行政官审查委员会审查合格。除军法人员转任及司法官审查系经常办理外，兹将抗战以来，关于各类司法人员之训练、考试、教育、登记或甄用4项之重要工作，依年月次序，分别记载于后。此外，曾于三十年咨请教育部废止法科招生限制办法，又于三十一年通令限制推检改业律师均与储备有关，至三十五年规定司法人员回避本籍实施标准，三十六年告诫法官托词干谒，虽无关储备，亦为重要措施，一并附载于此：

附件8份：

甲、训练

二十七年九月　中央党务工作人员从事司法工作，甲种甄审合格43人，送法官训练所第五届法官班受训。

二十七年十一月　中央党务工作人员从事司法工作，乙种甄审合格87人，送法官训练所第六届法官班受训。

二十八年五月　中央党务工作人员从事司法工作,甲种甄审合格者,训练期满经再试及格者41人。

二十八年六月　法医研究所第二届检验员训练班开课。

二十九年六月　法医研究所第二届检验员训练班毕业学员7人。

二十九年十二月　中央党务工作人员从事司法工作,乙种甄审合格者,训练期满经再试及格者85人。

三十年七月　调剂川黔两省县司法处审判官21人,送法官训练所第七届法官班受训。

三十年十月　陕西高等法院检验员训练班开始训练。

三十年十二月　川黔两省县司法处审判官21人,在法官训练所第七届法官班受训毕业。

三十一年一月　调剂川鄂两省县司法处审判官25人,在法官训练所第八届法官班受训。

三十一年三月　陕西高等法院检验员训练班毕业学员59人。

三十一年七月　川鄂两省县司法处审判官,在法官训练所第八届法官班受训毕业。

三十一年七月　青海高等法院训练现任检验员。

三十一年九月　调集川、甘、陕、湘、豫、鄂、黔7省县司法处审判官75人,在法官训练所第九届法官班受训。

三十二年二月　国民政府令为法官训练所裁撤后,高考及格司法人员训练事宜,由中央政治学校办理。

三十二年八月　颁布司法人员训练大纲。

三十二年九月　广东东区检验员开始训练。

三十二年十月　广东南区检验员开始训练。

三十二年十一月　各省现任法官222人,参加中央训练团党政班第28期受训。

三十二年十一月　贵州高等法院附设第1期检验员训练班,开班学员36人。

三十二年十二月　四川高等法院委托中央大学医学院附设第1期司法检验员乙种训练班,开班学员30人。

三十二年十二月　参加中央训练团党政班第 28 期受训法官结业。

三十二年十二月　广东西区检验员开始训练。

三十三年二月　广东东区检验员 18 人，训练结业。

三十三年三月　广东南区检验员 12 人，训练结业。

三十三年三月　中央政治学校法官训练班，第 1 期开班学员 131 人。

三十三年四月　贵州高等法院附设第 1 期检验员训练班，毕业学员 30 人。

三十三年四月　四川高等法院委托中央大学医学院附设第 1 期司法检验员，乙种训练班结业。

三十三年五月　贵州高等法院附设第 2 期检验员训练班，开班学员 22 人。

三十三年五月　四川高等法院委托中央大学医学院附设第 2 期司法检验员乙种训练班，开班学员 48 人。

三十三年六月　四川高等法院举办看守所训练班训练现任看守。

三十三年六月　广东西区检验员 18 人训练结业。

三十三年八月　四川高等法院看守所训练班结业看守 28 人。

三十三年九月　四川高等法院委托中央大学医学院附设第二期司法检验员乙种培训班结业。

三十三年九月　甘肃高等法院委托西北医学专科学校附设检验员训练班开班，学员 20 人。

三十三年十月　贵州高等法院附设第二期检验员训练班结业。

三十三年十月　中央政治学校法官训练班第 1 期结业。

三十三年十二月　选调现任法官及部内具有相当资历之职员 13 人，参加中央训练团台湾行政干部训练班受训。

三十四年二月　湖北省地方行政干部训练团附设检验员训练班开班，学员 40 人。

三十四年三月　中央政治学校法官训练班第 2 期开班，学员 84 人。

三十四年四月　四川高等法院委托中央大学医学院附设高级检验员训练班开班，学员 29 人。

三十四年七月　湖北省地方行政干部训练团附设检验员训练班结业。

三十四年七月　甘肃高等法院委托西北医学专科学校附设检验员训练班结业。

三十四年十一月　中央政治学校法官训练班第2期结业。

三十五年二月　部颁《收复区监所训练看守办法》。

三十五年四月　四川高等法院委托中央大学医学院附设高级检验员训练班结业。

三十五年八月　《司法人员训练大纲》改为《司法官训练办法》。

三十五年八月　陕西高等法院调集现任检验员13人，施以短期训练。

三十六年　指定首都、上海、江苏、浙江、安徽、广东、广西、江西、湖北、湖南、河北、河南、福建、四川、甘肃、陕西、云南、贵州等省市，42处新监开办看守训练班，受训看守共计3000人。

三十六年九月　开办监所人员训练班，调集各省现任人员100人，在首都受训。

三十六年十月　国立政治大学法官训练班第3期开班，学员174人。

三十六年十二月　山东高等法院开办检验员训练班42人。

乙、考试

二十八年至三十年　高等考试3次，录取司法官共92人。

三十年八月　高等考试司法官临时考试，录取司法官205人。又，法院书记官、监狱官、司法会计、统计人员，普通考试、临时考试，录取法院书记官67人、监狱官18人、会计人员8人、统计人员6人。

三十一年至三十二年　高等考试4次，共录取司法官60人。

三十二年八月　四川省审判官临时考试，录取34人。

三十三年　高等考试2次，共录取司法官20人。

三十三年十一月　璧山实验地方法院司法助理员考试，录取26人。

三十四年一月　云南省审判官考试，录取53人。

三十四年三月　司法人员临时考试，录取司法官70人、审判官60人、法院书记官20人、监狱官7人、司法会计人员24人。又同年度高等考试，录取司法官17人。

三十四年七月　甘肃省审判官考试，正取11人，备取5人。

三十五年四月　第 1 次司法人员考试,录取司法官 164 人、审判官 94 人、法院书记官 44 人、监狱官 18 人、司法会计人员 67 人、司法统计人员 16 人。

三十五年十一月　第 2 次司法人员考试,录取司法官 192 人、审判官 98 人、法院书记官 22 人、监狱官 19 人、司法会计人员 19 人、司法统计人员 5 人。

三十五年度　各校司法组毕业生铨定司法官资格考试,及格 132 人。

三十六年五月　第 1 次司法人员考试,录取司法官 154 人、审判官 76 人、书记监狱官 27 人、法院书记官 196 人、司法会计人员 66 人、司法统计人员 39 人。

三十六年度　各大学法律系暨司法毕业生铨定司法官资格考试,及格司法官 229 人、审判官 102 人。

三十六年十月　青海省审判官考试,录取 23 人。

三十六年十月　第 2 次司法人员考试,录取司法官 101 人、审判官 77 人、监狱官 16 人、法院书记官 58 人、司法会计人员 59 人、司法统计人员 12 人。

丙、教育

三十年三月　咨请教育部废止《法科招生限制办法》。

三十一年八月　咨商教育部决定在国立中央、中山、西南、西北、广西、四川、湖南、武汉各大学及私立朝阳学院等 9 校法律学系增设司法组内,中山、中央、四川、武汉、湖南、广西 6 大学及朝阳学院司法组于秋季开班。

三十二年三月　复旦大学请准在法律系增设司法组,于秋季开班。

三十二年　西北、西南两大学司法组,于秋季开班。

三十二年九月　朝阳学院请准设立书记官、监狱司法会计人员专修班,招考学生 46 人,于十月开课。

三十三年九月　私立达德高级会计职业学校司法会计人员训练班,第 2 期开课。

三十三年十二月　上海法学院请准设立书记官专修班。

三十四年五月　会同教育部拟订法医人才 5 年训练计划,呈奉核准。

三十四年七月　私立达德高级会计职业学校司法会计人员,第 2 期毕业。

三十五年　国立甘肃学院及私立东吴大学请准增设司法组,于秋季开班。

三十五年一月　中央警官学校附设监狱官专修班第1期开班,学生130人。

三十六年七月　中央警官学校附设监狱官专修班第2期开班,学生166人。

三十六年十月　中央大学医学院附设高级检验员训练班招生。

三十六年十一月　中央警官学校附设监狱官专修班第1期毕业。

丁、登记或甄用

二十九年五月　布告曾任部派或经部审查合格之司法官监所人员,及曾任部派法院书记官而具有法定资格者,呈部审核登记。

三十年十月　布告具有《法院组织法》第33条第2、第4、第5各款资格人员,而有志充任法官者呈部审查备用。

三十年十二月　令各省高院凡现任法官及登录之律师中,如有通晓外国语文者,择优保送备用。

三十四年八月　部颁《司法人员登记办法》。

三十五年八月　《司法人员登记办法》改为《司法机关人员甄用办法》,施行期间1年。

三十五年度　登记合格司法官200人、审判官106人、会计人员185人、统计人员82人。

三十六年度　核准甄用司法官228人,审判官110人。

三十六年七月　甘肃、西康、新疆、广东、河南、青海、山东、安徽、贵州、陕西、云南、绥远、热河、察哈尔、陕西、河北、宁夏及东北几省,准予延长司法机关人员甄用办法施行期间。

司法官训练办法〈以下略去〉。

二十二、改善司法人员待遇

在各省司法经费由地方负担时期,司法人员之待遇荣枯,各别核定级俸,往往不能实支,较之行政实有逊色,尤以边缘省份为甚。自经费统一,全国司法人员不分远近一律与中央公务员同等待遇,已大见改善。无如抗战以来,物价波动,各地生活程度继长、增高,司法人员事繁责重,尤极清苦,仍有特予改善待遇之必要,司法行政部历年对此叠〔迭〕有措施。(一)关于官等官俸者,二十九年及三十一年两次修正《法官及其他司法人员官等官俸表》,将原定俸级重行厘定,酌予提高。又拟定《改善司法官书记官待遇办法》3项,于三十一年七月,呈准国防最高委员会备案。(1)各省高院首席检察官改为简任待遇;(2)各省高院主科书记官高检处主任书记官等,均改为简任待遇;(3)推检初任叙俸,分别自荐任6级或8级起叙,不以本职最低级为限。三十二年公布荐任委任待遇司法人员各种俸给规则如《候补推事检察官、书记官俸给规则》《县司法官处审判官俸给规则》《法医师检验员俸给规则》《监所委任待遇职员俸给规则》,亦将级俸分别提高。三十三年经与铨叙部商定,一部分委任司法人员因依《公务员叙级等例》受初任叙级之限制,叙级不及本职最低级者,将级与俸划分,仍得按本职最低级支俸。三十五年修正法院组织,一部分司法官之原为荐任者,改为简任书记官;通译之原为委任者,改为荐任。三十六年公布法官及其他司法人员官等、官俸表,以外人员级俸比叙表,将上开升等人员及增设之公开辩护人、公证人等级俸予以规定。同年七月商准铨叙部,实施《法院组织法》第42条规定,即任简任推检10年以上如成绩优异者,改为简任待遇,经饬遵照。(二)关于补助者,三十一年七月颁发《各省司法人员支给补助俸规则》,增加俸额并推广其范围及于各县司法机关及旧监所。三十五年、三十六年,因物价激涨又先后将补助俸级额调整增加3次。此外,如司法机关应成立公共食堂、合作社及酌给医药补助费、殓葬补助费等福利事业,亦经分别筹划经费督促实施。

二十三、战区司法人员之监督与救济

抗战期间以安定后方为要,司法机关与行政机关同负有维持地方秩序之责任,为法官者地位尊严,尤应镇静从容为民表率。二十七年二月,司法行政部通令附近战区各法院,无论军事情形如何演变,若该地行政人员尚在负责任事，司法人员即不得先图卸责自行解体，致误要务而干惩处。同年十二月，又申前令，剀切告诫，至司法机关人员及律师中之不良分子，甘心附逆参加伪组织者，则先后令饬查明严办，以儆异动而振纲纪。二十八年抗战进入第二阶段，战区各省高等法院院长及首席检察官，以军事推移靡定类多，一再迁地办公。司法行政部以高院首长为一省司法长官，负有处理及监督全省司法行政之责，应与省政府保持联络，迭令严饬回省，于省政府所在地或另择适当地点继续办公。又通令各省法院及监所长官，非确因疾病或要公呈经核准，不得擅离任所。其因所在地方发生特别事态，不及奉准者，亦应于事后立即详叙理由，专案呈报，否则定予严惩。至上海特区各法院基于协定而设置关系我国法权甚巨，自二十六年国军西移，环境险恶，司法行政部迭次令饬各该院长官，审慎应付，艰苦支持，法权赖以不坠。及二十九年、三十年，国际局势变迁，第一、第二两特区法院，先后被敌伪占取，当由国民政府分别明令宣告上海法租界、公共租界：任何非法组织之法院，其所谓裁判及任何行动，一律无效。

至司法机关职员在战区内，因不能执行职务而离任者；及在战区外，因紧缩办法而疏散者，司法行政部为维系人心及爱护人才起见，经于二十七年二月制定《战区司法人员登记办法》6条公布周知，凡曾经司法行政部核准任用人员离任以后尚未另派职务者，均得开具姓名、官职、离任日期及志愿服务区域，于所定限期内呈部请求登记。俟登记截止以后，分发后方各法院监所办事，并酌给生活费，一面仍遇缺补用。二十九年对于失业司法人员之救济益趋积极，战区退出或疏散人员，经分发办事者，两次加给生活补助费。自愿请假停薪留职者，原仅登记，暂不分发，亦准一体分发办事。至去职在抗战以前，或非因疏散而去职者，以及历年经部审查合格存记候用人员，亦经登报通告，概得开具履历，声明志愿服务区域呈部审核登记，以备任用。三十年为便利战区各省登记分发人员，转移后方服务期间，订定《战区登记分发人员调任支给旅费办法》。凡此项人员赴后方者，均得依照程期支给膳宿杂费及舟车费。又以战区登录之律师，退至后方者渐多，特规定《战区律师迁移后方执行职务办法》，减轻其负担，并予以种种便利，以示体恤。对于上海律师并另订救济办法5项，二十九年十月，上海前法租界第二特区各法院被敌伪以武力强迫接收，大多数法官、书记官以下，及监所职员均能洁身引退，悉予改派在第一特区各法院监所办事。三十年十二月，上海前公共租界第一特区法院，亦被敌军占据，司法人员类能深明大义，退至后方。司法行政部特明定撤退办法，限于三十一年六月底以前撤退浙江金华或其他自由区，依其志愿分发办事。迨浙赣战时突发，复将撤退期限延展，展至年底，一面通令浙、赣、闽、粤、桂、湘、皖、豫、陕各省高院，就本省冲要地方制定所属机员负责招待，垫款救济。三十二年七月，又制定《战区撤退人员改善待遇办法》，凡撤退人员经分发办事6个月而无缺可补者，依其原职分别派充额外书记官或监狱官，支给原俸及补助俸，并得享受《公务员战时生活补助办法》所定之待遇。

附件:22份〈训令、代电、通告、办法等略去〉

二十四、律师考试制度之建立

前司法部于十六年公布之《律师章程》，关于律师免试资格规定过宽，二十四年全国司法会议时，司法行政部曾拟有《律师法》草案，二十九年以此项《律师法》有制定施行之必要，经将原草案重加整理，送经立法程序于三十年一月公布。依《律师法》规定，除曾任推检或大学法科教授经检核合格者外，非应律师资格考试及格，不得充任律师。律师考试之制度于以建立。嗣于三十四年四月修正一次，规定具有《法院组织法》第33条第4款或第37条第5款之资格者，亦得声〔申〕请检核。其余有关法令，如《律师法施行细则》《律师检核办法》《律师登录规则》《县司法处律师执行职务办法》《律师公会章程订立办法》及《律师惩戒规则》等，陆续修订公布。三十二年，英、美各国放弃在华领事裁判权后，关于《外国人在中国充任律师办法》，曾拟订呈准施行。三十四年修正《律师法》时予以增入，遂将上开单行办法废止。复员以后，对于律师之曾在伪法院出庭者暨曾任伪公务员而未被判处罪刑者，均应停止执行职务，仍分别规定其年限。

附件:5份〈训令略去〉

二十五、司法复员

关于司法复员计划，司法行政部于三十二年一月即已开始研究拟就纲要。三十四年五月复拟就详细计划,划分《司法复员工作计划》《恢复监所计划》《储备司法人员计划》等4种。同年八月,日本投降后,即依照原定计划进行复员。三十五年八月,将办理情形,呈报行政院。

　　附件:3份〈纲要、计划条文略去〉

35. 抗战时期迁都重庆的行政法院(1947年)①

本院西迁出发后辗转移动之情形

本院于民国二十六年十一月十一日奉令西迁,所有人员及卷宗分3路出动:(一)院长茅祖权,亲率职员3人,携带一部分卷宗乘汽车经皖赴汉;(二)主任书记官郭泌,书记官吴智生、蒋支本,率领一部分职员及眷属勤务等,携卷宗行李共50余件,搭指定大北公司轮船上驶;(三)书记官王文坝,率领一部分职员及眷属勤务等,随带行李60余件,搭固定之木船溯江上驶。嗣经分别抵汉聚齐,沿粤汉路抵长沙省垣暂驻数日,复转徙常德县城内,借湖南高等法院第三分院,开始办公。继又奉令迅速迁川,遂于二十七年二月间,陆续移动,于同年五月全部抵渝,择定重庆市中山路107号为院舍,继续办公。迨二十八年三月,复奉令疏散各机关下乡,遂暂移南温泉,赁房办公。同年九月,复奉令迁赴成渝公路附近,即择定巴县歇马乡大石盘何家大院为办公之所,居住约计3年。因距歇马场太远,诸务不便,于三十二年五月,移至盐井坝杨家院内继续办公。

本院西迁后人事之动态

本院茅院长祖权,于三十二年四月一日卸职,继任张院长知本,于同日

---

① 本文系国民政府司法院行政法院自撰稿,原名为《抗战时期迁都重庆之行政法院》。原件存于重庆市档案馆。

视事。

本院未西迁以前,计有特任官 1 人、简任官 9 人、荐任官 2 人、委任官 17 人、雇员 32 人,临出发时在京疏散委任官 14 人、雇员 18 人,抵渝后尚有因事辞职者。嗣因办公人员不敷支配,陆续增补,截至还都时止,计有特任官 1 人、简任官 9 人、荐任官 5 人、委任官 10 人、雇员 19 人(另附表)。〈略〉

本院职员在西迁后病故者,计庭长于恩波 1 人,书记官尹壶峤 1 人。

本院西迁后业务之情形

本院在未西迁以前,收案尚多。迨至迁渝以后,因各省地方陷于敌手,即未曾沦陷区域,而人民迁移不定,邮政路线又不能畅通,以致收结案件骤形减少。惟四川案件反较从前增多,即附近之贵州亦间有收案。在本院未西迁以前,该两省终年难得一案,此乃本院迁渝后一种收获也。

本院复员还都时之景况

本院于胜利莅临之后,即派评事杨玉清、总务主任张施武,赴京接收一切,并料理房屋购置家具,部署完备后,于三十五年六月起,即将各职员及其眷属,分批运京:(一)一部分重要职员及眷属,系陆续乘飞机;(二)一部分职员及眷属,系陆续乘轮赴汉,转船下驶;(三)一部分职员及眷属,连同卷箱 84 件、行李百余件,乘大木船用火轮拖带下驶。截至三十五年十一月中旬止,全部齐抵南京中山北路法官训练所旧址,照常办公。

36. 抗战时期迁都重庆的考试院(1947年)[①]

二十六年七月七日,"卢沟桥事变"突发,平津沦陷,战事蔓延。未几,"八一三"淞沪难作,首都密迩前线,考试院为便利推行日常政务起见,于八月杪,就院及所属考选委员会、铨叙部3机关指派人员,在西安、武昌分设第一、第二两办事处,办理指定省区考铨事宜。首都方面则3机关组织联合办事处,以适应非常时期之需要。十一月初,东战场国军阵地内移,寇氛益深,国民政府为长期抗战,决定迁都重庆,择定通远门外中四路陶园为院、会、部3机关办公处所。第一、二两办事处,亦相继结束。二十八年五月大轰炸后,复于渝郊歌乐山之阴静石湾,建筑第二办公处,以备不虞。二十九年六月二十九日敌机袭渝,陶园办公房屋,几全部被毁,工作人员于七月初全部疏散下乡。三十一年春,敌正有事于南洋,我抗战形势日益有利,为配合政府各部门准备反攻工作,除酌留少数在郊外外,其余人员乃迁回陶园办公。洎乎倭寇投降,即积极准备复员,于三十五年一月二十一日开始分批陆续还都,以交通工具困难,几经停顿,直至三十五年十二月间,始全部蒇事。计自二十六年冬西迁,以迄全部复员还都为止,留渝期间,为时凡8年有奇。兹将迁渝期间,较为重要设施,分述如次:

一、组织之演变

民国十七年八月,第二届中央执行委员会第五次全体会议决议,训政时

[①] 本文系国民政府考试院自撰稿,原名为《抗战时期迁都重庆之考试院》。原件存于重庆市档案馆。

期之行政、立法、司法、考试、监察5院,应逐渐实施,并先后制定《民国政府组织法》及《考试院组织法》,分别于十月八日、二十日公布施行。此两法规定考试院为最高考试机关,以考选委员会、铨叙部组织之,掌理考选铨叙事宜。即于是月开始筹备,于十九年一月六日正式成立,设院长副院长各1人,内置秘书、参事2处,设秘书、参事、科员、书记官等职员,秘书处又设总务、文书、调查3科。至民国二十五年,政府推行主计制度,即增设会计、统计2室,办理岁计、会议、统计事项。民国三十年,以公职候选人考试、任命人员考试、专门职业及技术人员考试,每年数度或经常举行,颁发考试及合格证书,事繁责重,特增设证书科,专司其事。同年八月三十一日,国民政府明令修正《考试院组织法》,除秘书长改为特任,增设科长、增加科员员额外,并规定于必要时,得设各种委员会,其组织以法律定之。三十一年九月,以人事制度尚未完备,考铨法规诸待整理,依法设法规委员会,以秘书长兼主任委员,考试院及所属会部高级职员为当然委员,另设专任委员、兼任委员,均由院长分别选聘。会内设考选、铨叙等组,并置秘书、专员、科员等职员。三十二年一月,依《人事管理条例》之规定,增设人事处,分审核、辅导、训练3科,秘书处增编辑科,以编纂公报、年鉴、各种报告及考铨法规则例等。考试院自成立迄今,内部组织之变迁经过情形,大略如是。

二、设置各省区考铨处

二十八年间,铨叙部为应事实需要,曾呈准分区成立湘粤桂、赣浙闽、甘宁青、豫陕冀鲁晋4铨叙处,就近办理各该省区铨叙事宜。后考试范围日益扩大,亦有设置各省分机构之必要,于是筹议将原有铨叙处改组为考铨处。三十五年二月十四日,《考铨处组织条例》公布,《铨叙处组织条例》同时废止。考铨处之组织,于处长下设3科至5科,置秘书、科长、助理、雇员等,综计法定员额为96人。计在三十五年六月以前(复员前)组织成立者,有浙江福建、安徽江西、湖北湖南、四川西康、云南贵州、广东广西、陕西河南、山西绥远、河北山东、甘宁青等10处。

三、召集中央人事行政会议

考试院曾于民国二十三年,在京召集第一次全国考铨会议,决议重要案件多起,类多顺利实施。于考铨行政,深资裨益。二十八年冬,有鉴于抗战军兴,国难益亟,欲期抗战建国同时并进,非促进考铨行政,建立良好之人事行政制度,无以程〔成〕功。而战时之各种权变办法尤有待于检讨,复于二十九年三月呈准中央,召开中央人事行政会议,以为第二次全国考铨会议之预备。所有两次会议之重要议决各案,关于考选者30余案略可分为两类,一为修订考选行政之制度,二为逐渐推广考试范围之程序。属于铨叙者约50余案,略可分为3类,一为各种制度之确立,二为逐渐推广铨叙行政之程序,三为现行办法之改进。8年之中,均已先后见之施行。

四、人事管理人员之训练

各机关人事管理人员之训练,经中央决议,令由中央政治学校特设人事行政训练班,抽调党政各机关现任人事管理人员集合训练。此种训练之目的,一为使中央地方各机关人事主管人员明了法令规章及其实行方法;一为使各机关人员在集合训练时期中获得相互联系之益;一为院会部主管长官听取各机关于推行政令之报告,及其有关改进之意见。每期1月。三十年五月、十月、十二月,三十一年三月,前后办理4期,计送训机关、学校、部队共386单位,受训毕业学员共407人。三十年十二月,党政军各机关人事机构统一管理纲要奉令公布施行,其丙项第6条规定,关于党政军各机关人事管理人员之训练由考试院负责统一办理,并限于3年内办理完竣。当经组设党政军人事管理人员训练教育委员会,下设党政军人事管理人员第一、第二训练班。第一训练班调训军事机关部队现任人事管理人员,附属中央训练团,办理1期。第二训练班仍设立于中央政治学校,办理2期,第1期始业于三十一年十二月,计调训机关80单位,受训毕业学员170人。第2期始业于三十二年三月,计调训机关168单位,受训毕业学员170人。第3期将一、二两班合并,移在中央训练团办理,并改称第7期,始业于三十二年九月,计调训机关160单位,受训毕业学员352人。第8期始业于三十三年五月,计调训机关113单位,受训毕业学员214人。总共先后8期,毕业学员1270人。各班在受训期将毕时,皆由院、会、部长官率同高级人员,分别听取各机关主管人员报告,详细记录,以为推行政令,改进办法之张本。三十四年内本拟再行继续训练2期,嗣因中央训练团地址不敷分配,又以抗战结束,复员在即,遂暂停止。还都后,又复积极筹备,三十五年十二月,复在南京孝陵卫举行第9期训练,计调学员共311人。

37. 抗战时期迁都重庆的考选委员会(1947年)①

抗战军兴,考选委员会为配合政府"抗战与建国同时并进"之国策,于二十六年八月奉令与考试院暨铨叙部合组考试院第一联合办事处于西安,第二联合办事处于武昌。当时考选委员会仍一面在京照常办公。是年冬,国府迁都重庆,遂随同考试院移渝办公。兹就迁渝后之行政与业务,择要缕述之。

一、组织概略

考选委员会依《考试法》之规定,除原办理之任命人员考试外,迁渝后,复先后举办公职候选人暨专门职业及技术人员两种考试。业务既已激增,原有员额,自难肆〔适〕应,经于三十年八月二十一日及三十四年四月二十七日,先后修正本会组织法,除仍设有委员长1人,副委员长1人,秘书长1人外,委员名额增为11人至17人,分设4处,12至16科。计第一处掌理中央及地方公职候选人考试。第二处掌理任命人员之高等、普通、特种及检定考试。第三处掌理任命各种依法应领证书之专门职业及技术人员考试。第四处掌理文书、议事、出纳、庶务及调查、登记等事项。并设秘书、专门委员、编纂、视察等员额,及会计、统计、人事3室。全会法定员额,计特任1人,简任25人,荐任31人,委任152人,聘任60人,共计269人,雇员无定额。

---

① 本文系国民政府考试院考选委员会自撰稿,原名为《抗战时期迁都重庆之考选委员会》。原件存于重庆市档案馆。

二、办公地址

二十六年十一月,本会迁渝,初在市内上清寺陶园办公,先以空袭频仍,乃于二十八年秋移至渝市西郊歌乐山静石湾,仍于陶园设立一办事处,以资联络。在歌乐山历年陆续添置房屋不下数十幢,胜利后,即分别依照行政院规定及契约议定,将留渝公产移交重庆市政府及发还业主。

三、考选法规

抗战期间,在渝制定之考选法规,都[至]百余种,兹择其重要者,表列如左〈下〉:

(一)一般法规

法规名称	公布日期	公布或核定机关	备考
典试委员会选派条例	二十九年五月十四日公布	国民政府	
检定考试规则	三十二年七月六日公布	考试院	
知识青年从军退伍后参加考试优待办法	三十三年十二月公布	国防最高委员会核准备案	

(二)公职候选人考试法规

法规名称	公布日期	公布或核定机关	备考
县参议员及乡镇民代表候选人考试暂行条例	二十九年十二月十六日公布	国民政府	自省县公职候选人考试法公布,本条例及其有关法规均经先后废止
省县公职候选人考试法	三十二年五月十七日公布	国民政府	
省县公职候选人考试法施行细则	三十二年十月一日公布,三十三年九月十五日修正公布	考试院	
省县公职候选人检核办法	三十二年十月一日公布,三十三年九月十五日修正公布	考试院	

(三) 任命人员考试法规

法规名称	公布日期	公布或核定机关	备注
高等考试分为初试再试并加以训练办法	二十八年八月三日核定,三十一年七月十三日核定修正令行	国防最高委员会	
普通考试分为初试再试并加以训练办法	二十九年十月二十五日核定	国防最高委员会	
高等、普通考试初试及格人员受训办法	三十年十一月十九日公布	考试院	
高等、普通考试初试及格人员延期受训办法	三十年十一月一日公布	考试院	
高等考试及格人员县长挑选条例	三十二年六月三日公布	国民政府	
非常时期特种考试暂行条例	二十七年十月二十八日公布	国民政府	
县各级人员考试规则	三十一年九月三十日公布	考试院	
检核大学毕业生成绩铨定任用资格办法	三十一年八月二十一日公布	考试院	

关于高等及普通考试分类考试规则,计有普通行政、教育行政、财务行政、土地行政、外交官、领事官、司法官、建设人员等类各10余种。特种考试分类考试规则,计有邮政、电务、盐务、税务、会计、银行、土地测量、人事行政等40余种,不备举。

此外,尚有会计师、农工矿业技师应检核资格表,暨应试验资格及考试科目表,不备举。

(四) 专门职业及技术人员考试法规

法规名称	公布日期	公布或核定机关	备考
专门职业及技术人员考试法	三十一年九月二十四日公布,三十三年十二月二十七日修正公布	国民政府	
考选委员会专门职业及技术人员检核委员会规程	三十一年十二月三十一日公布	考试院	
律师检核办法	三十年八月十六日会同公布	考试院 司法院	
外国人应农工矿业技师检核办法	三十三年七月二十八日公布	考试院	

续表

法规名称	公布日期	公布或核定机关	备考
外国人应医事人员检核办法	三十三年七月二十八日公布	考试院	
医师药剂师及助产士检核办法	三十三年六月二十六日会同公布	行政院 考试院	
派遣国外实习农工矿业技术人员考试办法	三十三年十月十二日公布	考试院	

四、业务概况

甲、举办公职候选人考试

公职候选人考试，为国父所首创，亦为遗教中最重要之昭示。其基本意义，在以考试救选举制度之穷。于二十三年举行全国考铨会议时，即开始筹备建立考试制度，以期澄清宪政之根源，奠定民治之基础。经即拟具《县参议员及乡镇民代表候选人考试暂行条例》，呈奉国民政府二十九年十二月十六日公布施行。复拟具是项条例施行细则及检核办法，呈奉公布施行，旋即依法成立公职候选人检核委员会，考试办理上项候选人之检核。自三十年八月，《乡镇组织暂行条例》公布，规定乡镇长、副乡镇长、保长、副保长，均由人民选举充任，则其候选人自应先经考试，以定其资格。且《省参议会组织条例》及《省参议员选举条例》，亦经立法院议有成案，是此项候选人之考试，亦亟待举办。考选委员会以公职候选人考试之范围既已扩大，种类亦已增多，而我国幅员辽阔，民智水准不齐，为期考试推行便利，考试之层级与程序自应力求简捷，经即合并省县公职候选人考试，拟具《省县公职候选人考试法》，呈奉国民政府三十二年五月十七日公布施行。同时废止前颁《县参议员及乡镇民代表候选人考试暂行条例》，嗣复拟具上项考试法之施行细则及检核办法，呈奉公布施行。并随即依法举办省县公职候选人考试之检核。对于此项考试，考选委员会历年均列为中心工作。经多方筹划，一面扩大社会宣传，以唤起人们之注意，促其踊跃参加检核；一面举办各省市汇转检核竞赛，并派员分省视导，督促地方政府加紧办理，并与有关机关密切联系，协同进行，历年申请检核人数，与日俱增。订自三十年开始举办检核，至三十五年五月还都为止,经检核及格者,甲种公职候选人202794名,乙种公职候选人788267名,合计991061名。

乙、高等及普通考试之改制

战前高等考试,除司法官一类,系先举行初试,分发学习后,再试及格,始予以任用外,其他各类,则皆于考试及格后,即行分发任用。唯公务员之知识技能,以及精神体魄,皆当有相当严格之锻炼,俾所学即所用,以增晋其业务上之智能。二十八年八月奉中央决议,高等考试分为初试再试,初试及格人员一律送由中央政治学校训练,期满举行再试,及格后始予分发任用。二十九年,普通考试亦仿高考改制成例,制定分试训练办法。其后各届高等及普通考试,均依此办理。而非常时期之各项特种考试,类多分为初试再试,并予以训练或实习后,始行任用。于是考试与任用之联系,遂愈臻密切矣。

综计留渝期间,共举行高考16次,及格数1942名。普考在渝举行者12次,地方举行者有四川等14省,及格人数共1803名。

丙、特种考试之推广

依《考试法》第4条第1项之规定,遇有特殊情形时,得举行特种考试。所以考试之类级繁多,事实之需要亦至繁杂,常有非普通或高等考试所能尽摄者,因设此规定,以便运用。凡任用机关申请举行各项考试,而不能适用高等或普通考试之规定者,即得分别依实际需要,酌订各该类人员特种考试规则,以资适应。

考试委员会并于二十七年呈奉公布《非常时期特种考试暂行条例》,类别包括教育、会计、财务等各类行政人员,暨乡镇保甲干部与关、盐、邮、电等各类业务技术人员,其申请举办之机关,则自中央各部、会、署,以至各省政府。留渝期间,是项考试各类及格人员共计40519名。

县长考试,亦为特种考试之一种,其应考资格较高等考试为高,国父手订《建国大纲》,以县为自治单位,且遗教中尝昭示国家之建设,首重基层之县政,而县政之推行,又在于亲民之县长。允宜慎选贤才,以利建设。留渝期间,计有贵州等14省举行县长考试,共16次,及格者共190名。又就高等考试及格人员中举行县长挑选,共3次,及格者共61名。

丁、举办铨定资格考试

战时因需用特种技术人员甚多,政府各部门常自设特种学校以训练之。其毕业生用途,原有一定计划,与一般学校之性质不同。为免学校与政府考试重复起见,由考选委员会主持其毕业考试,及格后即可铨定其《考试法》上高等或普通考试及格,确定其任用资格,以达教育、考试、任用3者一贯之作用。留渝期间,经订定规则施行有案者,计有教育部指定职业学校设置中等技术科毕业生铨定资格考试,共已举办3届,及格人数据报者446名。又教育部指定各大学及独立学院设置法律系司法组毕业生铨定资格考试,已举办一届,及格人数132名。

又现行高等考试,对于专科以上学校毕业生之应试成绩,凭文录取,虽可测知其学识程度,而于原有之毕业成绩,尚少联系。爰于三十二年与有关机关商订检核《大学生毕业成绩铨定任用资格办法》办理,凡国立大学学生在教育部总考后,毕业成绩在80分以上,并考列各科系5名以前者,教育部开送姓名,由考选委员会检核合格后,转呈考试院交铨叙部分发任用。留渝期间,曾办理国立云南大学等5校毕业生检核,合格人数共计74人。

戊、举办专门职业及技术人员考试

社会愈进步,分工愈繁细,自由职业之种类,当渐增多,其关系人民之福利,至为密切,允宜严定其资格,以保障社会之安定。因于三十一年秋,呈奉公布《专门职业及技术人员考试法》,同年冬,又呈奉公布上项考试之施行细则,以为办理之依据。

依《专门职业及技术人员考试法》之规定,凡律师、会计师、农业技师、工业技师、矿业技师、医师、药师、牙医师、兽医师、助产士、护士、药剂生、河海航行员、引水人员、民用航空人员等依法应领证书之人员,均须经考试及格后,始得向主管官署请领执照,执行业务。考试之方法,分试验与检验两种。三十一年春先行开始办理律师考试之检核,三十一年冬,经制订会计师、医事人员之应试验资格及考试科目表,及应验核资格各表,暨农工矿各业技师应验核资格表共9种,呈奉核定施行,随即开始办理各该类人员之检核。

三十二年十月,及三十三年九月,及三十四年九月,先后举行医事人员考试之试验各一次。三十三年五月,开始举办中医师考试之检核。

三十三年秋,制定为《外国人应农工矿业技师检核办法》,及《外国人应医事人员检核办法》,呈奉公布施行,以为办理各该类考试外国人应检验之依据。

三十三年美国在租借法案项下拨款训练我国技术人员1200名,案经各有关机关商定,以1/5名额,由考选委员会公开招考。爰制定《派遣国外实习农工矿业技术人员考试办法》,呈奉公布施行。旋即于同年十一月二十日起,分在重庆、成都、昆明、贵阳、西安5试区同时举行,及格人员派往国外实习。

三十三年五月间,开始筹备河海航行员及引水人员之考试,综计留渝期间,经是项考试及格者,共为6981人。

抗战以前及抗战期中各种考试及格人员比较表
中华民国二十年至三十四年九月三日抗战胜利日止

	考试类别	开始举办年份	抗战以前二十年至二十六年七月七日	抗战期中二十六年七月七日至三十四年九月三日	比较
抗战以前开始举办者	任命人员考试	自二十年起	3714	41451	较抗战前增37737人
	检定考试	自二十年起	864	1356	较抗战前增492人
抗战期中开始举办者	公职候选人考试	自三十年起	未	280580	抗战中期新增280580人
	专门职业及技术人员考试	自三十一年起	未	6981	抗战中期新增6981人
总计各种考试及格人数			4578	330368	共增加325790人
附记	各种考试及格人数抗战中期较抗战以前增加72倍				

38. 抗战时期迁都重庆的铨叙部(1947年)①

铨叙部于二十六年冬随同考试院西迁,初在重庆新市区上清寺陶园办公,二十八年五月以后,空袭频仍,乃移至西郊歌乐山静石湾。办公房屋,历年均有兴建,就中以"任贤堂"为集体办公场所,工程最大。是堂,长度为14丈6尺,广阔处为8丈2尺,坐可容1500余人。经始于三十三年三月,落成于是年九月(任贤堂创建意见,见铨叙部任贤堂集体办公纪实)。胜利还都后,全部房屋已按照行政院规定及契约议定,分别移交重庆市政府暨发还原业主矣。所有铨叙部留渝期间机关组织之演变,及重要行政措施,分述如次:

一、组织之演变

铨叙部与考试院同时成立,组织法公布于民国十七年十二月十七日。原设部长、副部长各1人,置秘书处,登记、甄核、育才3司,及铨叙审查委员会。设秘书长、秘书、科长、科员等职员。二十二年二月,复将副部长、秘书长,依行政院所属各部例,改设政务常务次长,并明定科长、科员员额。二十五年十一月,组织法再度修正,增设会计、统计两室。三十年八月,废除秘书处,改置总务、登记、甄核、考功、奖恤5司,增设参事、视察等员额。至地方铨叙机关,于二十九年曾呈准设立湘粤桂、赣浙闽、甘宁青、豫陕鲁晋皖4铨叙处,三十五年各省区考铨处成立后裁并。三十三年复增设典职司,掌理人事机构之设

---

① 本文系国民政府考试院铨叙部自撰稿,原名为《抗战时期迁都重庆之铨叙部》。原件存于重庆市档案馆。

置,人事管理人员任免考核训练等事项。

二、铨叙法规之制定与修正

甲、新订法规

《公务员服务法》 二十八年十月二十三日国民政府公布,三十二年一月十日修正。

《铨叙部部务会议议事规则》 三十一年七月二十日考试院核准,原议事细则改订。

《铨叙部铨叙审查委员会议事规则》 三十一年七月二十日考试院核准,原会议细则改订。

《党政军各机关人事机构统一管理纲要》 三十年十二月二十七日国民政府令行。

《人事管理条例》 三十一年九月二日国民政府公布。

《人事管理机构设置规则》 三十一年十月十七日考试院公布。

《人事管理机构办事规则》 三十一年十月十七日考试院公布。

《公务员任用补充办法》 三十四年七月六日国民政府公布。

《非常时期公务员任用补充办法》 三十一年十月六日国民政府令行。

《非常时期战地公务员任用条例》 二十九年七月十三日国民政府公布。

《非常时期战地公务员任用条例施行细则》 二十九年十一月十四日国民政府公布。

《各机关任用其他机关现职人员限制办法》 三十年五月二十八日国民政府令行。

《铨叙案件同姓名处理规则》 三十二年二月二十四日本部公布。

《铨叙部检察中央及重要各级机关公务员任用考核办法》 三十一年十一月十七日本部公布。

《非常时期公务员资历证件补充办法》 三十二年二月二十三日国民政府令行。

《军法人员转任司法官条例》 三十三年十月十八日国民政府公布。

《聘用派用人员管理条例》 三十三年十月二十日国民政府公布。

《公务员内外调任条例》 三十四年三月十九日国民政府公布（由三十年四月二十五日公布之《公务员内外互调条例》改订）。

《公务员内外调任条例施行细则》 三十四年一月十五日考试行政两院会同公布（由三十一年四月十一日公布之《公务员内外互调条例施行细则》改订）。

《公务员叙级条例》 三十二年四月十二日国民政府公布，三十四年十一月一日修正。

《变通改善司法官书记官待遇办法》 三十一年七月二十四日国民政府令行。

《雇员支薪考成规则》 三十二年九月十二日国民政府备案，三十三年四月二十日修正。

《公务员铨定薪俸名册造送审核办法》 三十三年五月五日国民政府备案。

《公务员考绩条例》 三十四年十月三十日国民政府公布（《非常时期公务员考绩条例》改订）。

《公务员考绩条例施行细则》 三十四年十一月二十四日考试院公布。

《勋章条例》 三十年二月十二日国民政府公布，三十一年三月二十五日一次修正，三十五年九月七日二次修正。

《勋章条例施行细则》 三十一年五月十四日国民政府备案，三十三年三月三十日一次修正，三十四年五月二十二日二次修正。

《公务员退休法》 三十二年十一月六日国民政府公布。

《公务员退休法施行细则》 三十三年二月四日考试院公布。

《公务员抚恤法》 三十二年十一月六日国民政府公布。

《公务员抚恤法施行细则》 三十三年二月四日考试院公布。

《公务员退休金及抚恤金按待遇比例增给之标准》 三十三年五月三十日国民政府备案。

《抗战守土伤亡文职人员从优给予退休抚恤金条例》 三十四年七月二十一日国民政府公布。

《公务员因公伤病核给医药费办法》 三十五年八月二日国民政府核准（由二十八年八月二十日核准之《战时公务员因公受伤医药费办法》改订）。

《公务员登记条例》 三十二年十月五日考试院公布。

《备用人员登记条例》 三十年十月十八日国民政府公布。

《备用人员登记条例施行细则》 三十一年八月五日考试院公布，三十三年十二月二十八日及三十三年三月十七日先后修正。

《备用人员登记保证办法》 三十一年十二月七日本部公布。

《铨叙部视察规则》 三十四年四月二十一日公布。

乙、修正法规

《铨叙部处务规程》 三十一年三月二十日、三十三年十一月二十一日考试院先后修正。（原公布日期十八年四月三日。）

《高等考试及及格人员分发规程》 三十一年十月二十一日国民政府修正公布。（原公布日期二十二年一月十七日。）

《公务员任用施行细则》 三十三年十月二十日国民政府修正公布。（原公布及修正日期二十四年二月三十日①公布。三十一年八月二十一日、三十三年二月十三日先后修正。）

《县司法处书记官任用规则》 三十三年十一月四日考试院修正公布。（原公布日期二十四年十一月九日。）

《警察官任用条例》 三十三年四月二十七日国民政府修正公布。（原公布日期二十四年十一月九日。）

《警察官任用条例施行细则》 三十五年五月三日国民政府修正公布。（原公布及修正日期二十五年二月二十日公布。二十七年四月七日修正。）

《主计人员任用条例》 三十二年十二月二十二日国民政府修正公布。（原公布及修正日期二十五年二月二十日公布，二十七年四月七日修正。）

《文官官等官俸表》 三十四年二月二十日国民政府修正公布。（原公布及修正日期二十二年九月二十二日公布，二十五年九月二十三日、三十年九月七日先后修正。）

《警察官等官俸表》 三十四年十一月二十四日国民政府修正公布。（原公布日期二十五年五月二十四日。）

---

① 原文如此。

《法官及其他司法人员官等官俸表》 三十一年九月五日国民政府修正公布。(原公布及修正日期二十六年三月八日公布,二十九年十二月六日修正。)

三、铨叙行政之主要措施

(一)任用制度之变通

战时各级公务员之工作,颇不同于平时,而战地人员,尤重在适应环境,难以普通资格相绳。故各战区县长、各级警察官及专员公署、县政府之普遍委任职,虽未具有法定资格,但能合于一定标准,且确定能胜任战时前方工作者,均准予以任用。而为尊重战区各军政长官意见,二十九年七月,复有《非常时期战地公务员任用条例》之颁行,规定战地行政长官,得依抗战需要,就职务上必需之学识经验技能体力,另订公务员任用标准,分别派用。施行以后,颇收为事得人之效。此外,关于任用程序之变通者,如战区各省市地方公务员,合于法定资格,或准予任用标准,而因特殊情形不能于法定期间,提出资历证明文件者,并准俟能提出证明时送请审查,但应由主管长官切实考核,详报铨叙部备案。此项人员薪俸之支给,不受代理期间不逾3个月之限制。而战时县长送审证件,复可改用照片,以资便捷。

三十一年十月,又制订《非常时期公务员任用补充办法》,盖现行公务员任用法规计算资历限制甚严。在非常时期,百务俱兴,所需人员,倍于平时,且各地方情况不一,求才甚难,若不因时制宜,设法救济,势将事因人废,故在各种任用法规尚未通盘修整以前,特拟订上项补充办法,以资补救。语其要点:一、从宽承认以往之经历。即按其工作经验,承认其任用资格,惟铨定其以往服务之成绩,仍须经试用考核之程序。二、权理办法之采用。即采任用人员之合法资格,仅能铨至低一官等之最高级者,如其学历经历,与拟任职务确属相当时,得以低一官等之最高任用或试用,准其权理拟任之职务。三、转任职务资格之认可。凡经铨叙合格人员,转任适用他种任用法规之职务时,其原任职务与转任职务确属相当者,得就其原有之资格,认为合格。其在甲机关已取得之待遇,或年功加俸,转职时得予以承认。四、检定训练人员之准予任用。即经中央或省市政府行政人员检定或训练合格仍在职者,如未尽法定资格,得以原职准予任用。五、战区依法准予任用或派用人员资格之承认。

即此项人员继续任职 2 年以上成绩优良,经核定者,认为具有合法资格。六、高级中学、旧制中学或其他同等学校毕业生任用资格之确定。即此项人员,得以 12 级以下委任职令派见习,满 2 年后,考核成绩优良,得升任本机关 9 级以下委任职,并认为铨叙合格。凡此数端,虽为一时补救办法,但与现行任用法规之精神既无违背,而战时用人困难,亦可解除,似于权宜之中,仍不背乎经常之计。自该办法适用以来,任用审查不合格者,较前大减。

(二) 公务员内外调任

公务员内调外放,所以沟通中央与地方之政情,且使各级人员交换从政经验。现在公务员改易工作,出于己意者为多,由于政府之命令者甚少,此固有待于一般官规之整理,及升降转调办法之完成。然为奖励其初步基础起见,于是三十年四月,有《公务员内外互调条例》之公布施行。凡中央与地方之简荐任人员,服务 3 年以上,成绩优异,而堪任用所调职务者,得互调任用,至少每 3 年举办一次。三十二年十二月举办第一次中央地方公务员互调,唯制度初创,各方尚未明了其作用,而两缺互调,人事配合,亦多苦难,故绩效未彰。三十四年三月,复将该条例修正为《公务员内外调任条例》,改正缺点,扩展范围,而恢宏其作用。

(三) 分发制度之变更

二十八年高等考试改制,分为初试再试,并加以训练。凡初试及格人员,须经训练期满,再试及格,方发给证书,依法任用,以重登进。而分发制度,亦遂同时变更。考列优等以上者,仍以荐任职,中等者则先以高级委任职分发任用或学习。所为高级委任职,指委任 5 年以上,并能达一级者而言,类于昔日之借补。其任荐任职之资格,依然存在,随时仍可补缺。从前考试及格人员之叙补,或以经验未足,或因职缺有限,每不易执法执行。自训练之制定,则经验已有相当之补救。自先以高级委任职任用之法行。则职缺亦无不敷之困难。并将被分发机关推广至国营事业机关,及其他组织中无荐任、委任官等规定之机关。自此制行,高考及格人员之出路,即无壅滞之虞矣。

(四) 战时考绩之举办

公务员考绩法,公布于二十四年,是年终,举行全国公务员第一次考绩,虽事属创始，而结果尚佳。二十五年仍继续办理，亦称圆满。方期于二十六年底举办总考，而抗战事起，国府移川，各机关职员一再疏散，各省地方，亦多相继沦陷为战区，机关迁徙裁并，人事之变动甚剧，乃呈准停止举行二十六年考绩。二十七年考绩亦连带迁延未办。迨二十八年抗战已逾2年，各级人员操守才能之表现，当见明确，各机关人事状态亦趋稳定，为分别优劣，申〔声〕明赏罚，以促进一切事业之推进计，决定举办全国公务员二十八年考绩，并同时补办二十七年考绩。以入战时，原有考绩法及其施行细则，暨考绩奖励条例，考绩委员会组织通则，均以手续繁重，颇不适用，乃另行制定《非常时期公务员考绩暂行条例》。较原考绩法内容改革甚多。一为多项考绩法规由分而合，删节繁重手续，一以简便为主。二为废除总考，仅采年考制，以期易于执行。三为增订平时考绩。每月详实记录，以为年终考核之根据。四为规定考绩委员会之组织，并加重其职权，执行初核。五为直接以分数定奖惩。不别立等次，以免周折。六为增加奖励之种类，如勋章、奖章、奖状、升等、存记、加俸，以便运用。七为增战地特别规定，如许其随时办理考绩，不必限于年终。又得不设考绩委员会，由长官径行考核。至原考核法，则停止适用，而未废止。二十七年至三十一年各年度全国公务员考核，均依照此项暂行条例举办。依历年办理考绩之经验，考绩制度仍须加以改革，故于三十一年将举办考绩时，特就《非常时期公务员考绩暂行条例》执行困难各点，分别修正，改正为《非常时期公务员考绩条例》，于三十二年二月公布施行。至三十四年抗战结束，复加修正，改称《公务员考绩条例》，于四月公布施行。三十四年度考核，即依此办理。综计历年参加考绩人数共61496人。

（五）勋奖制度之建立及改订

二十二年十二月，国民政府公布《颁给勋章条例》，分采玉大勋章及采玉勋章两种。采玉大勋章由国民政府主席佩带，并得特赠友邦元首。采玉勋章，分为9等，其受勋人员及叙勋标准，则依公务员、非公务员、友邦人民3类而规定。此项条例，自抗战以来，执行颇感窒碍。为适应战时需要，使有勋劳于国家社会者，均有获得勋奖之机会，以示国家崇德报功之至意，乃由考试院、行政院会商修订，并改称为《勋章条例》，于三十年二月公布施行，旋于三十一年三月又加修正。其内容，除已授予采玉勋章及采玉大勋章仍予保留外,计增订中山勋章、卿云勋章、景星勋章3种。中山勋章,凡统筹大计、安定国家或翊赞中枢、敉平祸乱及其他对于建国事业有特殊勋劳者,由国民政府主席亲授之。卿云勋章、景星勋章,则公务员、非公务员及友邦人民均得授予。采玉大勋章、中山勋章均用大绶;卿云、景星勋章,得依员绩分大绶、领绶、襟绶等5种区别之。至勋绩审查,除政务官外,其初步审查,均由主管之外交、内政、铨叙3部及侨务委员会,分别汇办,并为郑重名器起见,复由国民政府特设稽勋委员会主持复核事宜。以公开平允①

自入战时,中央及地方各级公务员,因抗战守土而伤亡者,原与一般因公伤亡者情形不同,依常例给恤,实不足以示优厚。又或以其身份本不属给恤范围,而衡情酌理,不能不特予矜恤者,在在均须补救,事宜分别指定各种战时抚恤标准,以便适用。如抗战伤亡文职人员及警长、警士之从优核恤,则按现职级俸或薪饷,分别加叙后,再依恤金条例计算恤金。乡镇保甲长级联保主任向不给恤,而在战时因公伤亡,则得分别酌给一次医药费或抚恤费。各机关之雇员公役亦同。再公务员因公伤病,本无医药费之补助,但在战时,此项费用亦得依战时公务员因公受伤核给医药费办法之规定,按其轻重,酌予发给或全部发给,盖安生慰死,尤切于战时,此等抚恤,实不可少。此项办法,在抗战结束后,因有继续施行之必要,已改定为经常法规,公布施行。

(六)退休法之创立

《公务员恤金条例》中,虽有关于退休之规定,但简略不备,乃特制定《公务员退休法》,于三十二年十一月公布施行,以期人事上得以新陈代谢。其内容大致为:一、退休人员,以组织法规定有员额等级,并经铨叙合格,或准予任用派用者为限,但长警亦适用本法;二、退休依年龄及服务状况,分为申请退休及命令退休两种;三、合于一定条件而退休者,分别给予1年退休金或一次退休金;四、一次退休金额,按服务年资计算,每满1年,给予退职时月俸1个月之退休金。至年退休金额,则以百分率按服务年资酌定之,自50%起至65%止,长警均再加15%;五、非常时期退休金,并按现任公务员之待遇比例增给之;六、退休人员及其他配偶暨之直系血亲属,于回籍时,得酌给旅费。

---

① 此处原件缺页。

退休制度既已奖励,其推行之效果非特人事上得以新陈代谢,而于行政效率之提高,亦大有裨益焉。

(七)保险制度之筹拟

现代国家,为保障公务员社会,并养成其节约习惯起见,大抵皆订立保险制度,甚著成效,实有仿行之必要。公务员退休制度,已开始实施,则保险制度,尤应并行,俾一般公务员之生活,无论处常处变、在职退职,以致生前身后,皆可有相当之安定与保障,始足以期行政效率之增进。惟事属创举,宜从简易入手,爰经拟订《公务员保险法草案》,其要点为:一、公务员年龄达20岁以上,50岁未满,在职工作者,均应免验身体,强制保险。二、公务员保险基金定为1000万元,由国库一次拨给。三、被保险人保险金额,视其月俸高低而分多寡。四、保险费由被保险人与服务机关平均负担,但俸薪未满100元者,其本人与服务机关分担之成数为40%与60%,及30%与70%两种。五、保险期满,其保险金额,由被保险人领受。六、被保险人在保险有效期间死亡或完全残废或心神丧失时,其保险金额,由利害关系人领受。本案因社会部主张公务员保险,应为社会保险之一种,铨叙部则认为依法应属人事行政范围,以主管权问题从未解决,故一时尚未能实施。

(八)聘派人员之管理

各机关派用人员之资格、薪给及员额、职称,漫无标准,至不一律,惟该项人员,系属公务员之一部,其性质、职位、权责与一般公务员无异,自应同受铨叙。三十三年四月,《聘派人员管理条例》公布后,铨叙部庚即分订《聘用派用人员管理条例实施办法》及《各机关原有聘用人员整理办法》,将此项人员之管理,分为两类进行,以清界限。一类为整理登记,即凡在《聘用派用人员管理条例》公布施行前遴用,而现尚在职者,应填表加具考语,送铨叙部查核,予以登记。此项登记,中央机关于三十四年九月底办竣结束。地方原有聘派人员之整理登记,则以交通困难,送审无多,尚须继续推进。一类为遴用审查,即自《聘派人员管理条例》公布施行后,各机关依法遴用之聘派人员,应依管理条例之规定,随时填表验证,送铨叙部审查登记。所有聘派人员之职称名额等级,均应于组织法规中详明规定,其并无规定或有规定而不详者,除由铨叙部催请修正外,在未修正前,则暂参照各机关预算办理,藉资补救。

(九)公营事业人员之管理

公营事业机关之人员,其责任之最大,及其与国家休戚相共之关系,与一般机关之公务员实无二致。其人事自应受统一之管理。公营事业人员管理案,筹议已逾10年,以各方意见未能一致,无所成就。近年来,铨叙部积极推动,不断洽催,先后商定《专卖事业人员管理条例》《交通事业人员管理规则》及国家银行资源职员任免、薪给、考绩、服务奖惩、保证、酬劳金、抚恤退养及新进人员考试规则等8种草案,嗣后推广管理范围,分别商定《公营工矿事业人员任用条例》《卫生事业人员任用条例》《农林事业人员任用条例》《社会事业人员管理条例》4种草案,均经转请核定,期收全面管理之实效。惟上述各种管理法规或尚未经核定,或在立法院审议中,故均未能即见诸实施。

(十)举办军用文职人员登记

军用文职人员,如秘书长、科长、书记官、军法官、监狱官及政治技术人员等人员,其应具之学识经验及工作性质,与普通文职无甚差别,惟以文武异途,两方均未予铨定资格。前经公布《现任军用文职人员登记条例》,凡从前任用而现尚在职者,如合于一定资格,得由军事委员会核送铨叙部比叙等级予以登记,将来均得转任简荐委任职公务员。其比叙标准,则为同中将、少将、上校,得以荐任职登记。同中校、少校得以荐任职登记。同上尉、中尉、少尉,得以委任职登记。于二十九年十月开始举办,登记期间,原定1年,复又展期1年,而未登记者尚多,乃由铨叙部与军事委员会铨叙厅会商,于三十二年二月将现任军用文职人员登记条例修正,凡在抗战复员后令颁布前1日止,依法任用之军用文职人员,均得办理登记,以广叙进。抗战结束后,铨叙厅复请将编余之军用人员,一体准予登记,尚在考试、行政两院会商核示中。

(十一)举办备用人员登记

抗战建国,同时并进,各方需才孔亟。关于全国人才之种类数量,以及分布情形、供应状况,当有总集之调查登记,庶其盈虚消长,尽在册籍之中,一目了然,可资为教养、训练、分配、任使之根据。故经制定《备用人员登记条例》,

于三十一年一月公布,翌年十二月明令施行,并先以四川等 19 省市为施行区域。内容大致为具有规定资格者,均得申请登记,于本人申请登记外,铨叙部亦得调查登记。登记达相当数量时,由铨叙部连同考试及格、铨叙合格人员,编送各类资格姓名表,分送中央、地方各机关。姓名表分送后,各机关未经登记有案之人员,不得任用。胜利后,将施行区域扩展至全国,此项工作,虽在抗战期内筹办,而平时尤有必要,故现仍继续办理。

(十二) 人事管理机构之设置

各机关人事机构,为辅助铨叙推行之重要工具,应由铨叙部统一管理,以收指背之效。二十九年九月,爰有《各机关人事管理暂行办法》之公布施行。至三十一年十月底止,全国各级人事机构或专管人员多已设置,三十一年九月,复公布《人事管理条例》,并定是年十一月一日起施行,为管理政务机关人事之依据。先自中央机关及其直属机关实施。三十二年七月一日起,各省政府及其所属机关亦一律实施。同时,并将《各级机关人事管理暂行办法》废止。至是人事管理人员之任免、考核,悉由铨叙部依法办理,并直接予以指挥监督。抗战结束后,各收复区之人事机构,亦经先后设置。最近并拟推广至公营事业机关,已拟订办法,俟公营事业人员管理案实施后,即可同时施行。

39. 抗战时期迁都重庆的监察院(1947年)①

甲、监察部分

自"七七"事变以后,平津沦陷,沿海要口,相继弃守,日寇更挟其暴力,大举进犯首都。国民政府为适应战况,统筹全局,从事长期抗战起见,乃于二十六年十一月二十日,正式宣布移驻重庆。监察院亦随之西迁,并选定重庆上清寺陶园为临时院址。二十八年五月以后,敌机大肆轰炸,各机关奉令疏散,监察院复迁至西郊金刚坡办公,而以陶园为办事处,直至三十五年五月始随政府迁返南京。兹将留渝期间之重大措施,分述于后。

一、监察权之行使

监察院为国民政府最高监察机关,依法行使监察权。抗战军兴,国民政府颁布《抗战建国纲领》为抗战建国工作之最高指导原则,其政治纲领第15条及第16两条,所揭橥之"整饬纲纪,严惩贪污",实为行使监察权之指标。监察院基于此种指示,除依法执行弹劾职权外,并鉴于抗战期间公务人员职责重大,其违法失职时,足以影响抗战建国大业,应适时加以纠正,不容稍有稽延。原有弹劾职权,以手续繁复迂缓,殊无以适应机宜,爰于二十六年十二月,制定《非常时期监察权行使暂行办法》及施行细则公布施行,旋于二十七年八月加以修正。依据是项办法,

---

① 本文系国民政府自撰稿,原名为《抗战时期迁都重庆之监察院行政史实稿》。原件存于重庆市档案馆。

行使纠举建议职权,俾事前监察与事后监察相互为用,颇能发挥效力。更以考试为国家大典,凡举行考试时,监察院均依《监试法》之规定,提〔指〕派监试委员或派员监试,以昭慎重。兹将其行使程序及历年执行情形分述如次。

(一)弹劾

《监察院组织法》第1条规定,监察院以监察委员行使弹劾权,依《弹劾法》之规定,监察委员如发现公务人员有违法失职之行为,得单独提出弹劾案。弹劾案提出后,应由其他监察委员3人审查,经多数认为应付惩罚者,应即将被弹劾人依其官阶及所在机关性质,分别移付各该惩戒机关依法惩处;若审查结果认为不应交付惩戒而提案委员会有异议时,应即将该案再付其他委员5人审查,为最后之决定。检察院长对于弹劾案之提出及审查,不得指使或干涉。审查委员应由全体监察委员按序轮流担任,其与该弹劾案有关系者,应行回避。被弹劾者违法失职行为情节重大,而有急速救济处分之必要者,监察院将该弹劾案移付惩戒时,并得通知该主管长官为急速救济之处分。若被弹劾人于受惩戒时,发现有刑事嫌疑者,并应移送司法机关,依法进行审判。抗战以后,军政设施倍于往昔,监察院对视察调查工作,甚为注意实地查察各机关施政情形,对于公务员之违失行为,更易发觉,计自二十六年十二月起至三十五年四月底止,依法提出之弹劾案经审查成立移付惩戒者,凡466件;须为急速救济处分者,44件。被弹劾者,凡803人;内受急速救济处分者,111人。兹依其案情与弹劾或受处分人所在机关及官阶,分别附统计表如下:

监察院历年弹劾案件统计表
(一)案情别
民国二十六年十二月至三十五年四月

年月别	案件数	被弹劾人数	案情别	
			违法人数	失职人数
总计	466	803	460	343
二十六年十二月	7	15	9	6
二十七年	32	48	27	21
二十八年	50	92	59	33
二十九年	56	110	52	58

续表

年月别	案件数	被弹劾人数	案情别	
			违法人数	失职人数
三十年	45	69	38	31
三十一年	57	107	56	51
三十二年	53	78	46	32
三十三年	52	89	75	32
三十四年	82	149	78	71
三十五年四月	32	46	38	8

（统计室编制）

监察院历年弹劾案件统计表
（二）被弹劾人所在机关别
民国二十六年十二月至三十五年四月

年月别	案件数	被弹劾人数	职务别														
			行政	自治	司法	军务	税务	财政	盐务	警务	金融	建设	教育	交通	卫生	田赋	审计	禁政	其他
总计	466	803	353	38	103	56	23	50	11	27	9	2	8	20	12	30	2	2	57
二十六年十二月	7	15	6		3	1		3		2									3
二十七年	32	48	24		8	5		3		7			1						
二十八年	50	92	31		41	2		14		2		1	1						
二十九年	56	110	41	34	17	5	4	3	1	1	1								2
三十年	45	69	40	3	2	2	5	7		2				5	2				
三十一年	57	107	47		10	10	4	4	2	3				5	3	4	2		13
三十二年	53	78	48		5	10	2	3						1	1				7
三十三年	52	89	57		5	7	4	3		1				1					11
三十四年	82	149	41	1	11	10	7	2	14	4	3		4	4	6	22			23
三十五年四月	32	46	18		1	3	3	2	2	3	4			4		4			

（统计室编制）

监察院历年弹劾案件统计表
(三)官阶别
民国二十六年十二月至三十五年四月

年月别	案件数	被弹劾人数	文官							武官				
			共计	选任	特任	简任	荐任	委任	其他	共计	将官	校官	尉官	其他
总计	466	803	752	1	2	70	325	219	135	51	10	17	12	12
二十六年十二月	7	15	14			4	7	7		1		1		
二十七年	32	48	47			6	27	27	1	1	1			
二十八年	50	92	89	1	1	14	39	39	4	3		1		2
二十九年	56	110	105			7	25	25	25	5		1		4
三十年	45	69	69			5	31	31	4					
三十一年	57	107	96			4	43	43	21	11		2	5	4
三十二年	53	78	68			1	37	37	14	10	1	6	3	
三十三年	52	89	82			4	40	40	10	7	3	3	1	
三十四年	82	149	139			15	58	58	50	10	3	3	2	1
三十五年四月	32	46	43		1	10	18	18	6	3	2	2		1

(统计室编制)

监察院历年急速救济案件统计表
(一)案情别
民国二十六年十二月至三十五年四月

年月别	案件数	被处分人数	案情别	
			违法人数	失职人数
总计	44	111	93	18
二十六年十二月	1	2	2	
二十七年	4	11	9	2
二十八年	6	13	10	3
二十九年	5	14	12	2
三十年	3	7	6	1
三十一年	3	18	13	5
三十二年	10	12	9	3
三十三年	3	18	18	
三十四年	7	13	12	1
三十五年四月	2	3	2	1

(统计室编制)

监察院历年急速救济案件统计表

(二)被处分人所在机关别

民国二十六年十二月至三十五年四月

年月别	案件数	被处分人数	职务别								
			行政	军务	田赋	自治	财政	金融	司法	警政	其他
总计	44	111	50	5	5	17	3	2	7	5	17
二十六年十二月	1	2	2								
二十七年	4	11	4	2			1		2	1	1
二十八年	6	13	5		1	2			1		4
二十九年	5	14	5	1		3			1		2
三十年	3	7	3			2		1			1
三十一年	3	18				2			1	3	8
三十二年	10	12	10		2						
三十三年	3	18	13			5					
三十四年	7	13	3	2	1	2	1	1	1	1	1
三十五年四月	2	3	1			1	1				

(统计室编制)

监察院历年急速救济案件统计表

(三)官阶别

民国二十六年十二月至三十五年四月

年月别	案件数	被处分人数	文官						武官				
			共计	选任	特任	简任	荐任	委任	其他	共计	将官	校官	尉官	其他
总计	44	111	106			3	35	46	22	5		1	3	1
二十六年十二月	1	2	2					2						
二十七年	4	11	9				4	4	1	2		1		1
二十八年	6	13	13			1	5	4	3					
二十九年	5	14	13				4	4	5	1			1	
三十年	3	7	7				3	2	2					
三十一年	3	18	18				2	9	7					
三十二年	10	12	12				6	6						
三十三年	3	18	16				6	10		2			2	
三十四年	7	13	13			2	3	4	4					
三十五年四月	2	3	3				2	1						

(统计室编制)

(二)纠举

依《非常时期监察权行使暂行办法》第2、3、4各条之规定,监察委员或监察使,对于公务员违法或失职行为,认为应速去职或为其他急速救济处分者,得以书面纠举,呈经监察院长审核后,送交各该主管或其上级长官,各该主管长官或其上级长官接受纠举书后,应即决定撤职或其他行政处分。如认为不应处分者,应即声复其理由。倘有不为处分,又不声复理由或虽声复而无理由时,监察院即以该纠举文件作为弹劾案,得不经《弹劾法》之审查程序,径行移付惩戒机关,手续极为简便易行。又监察委员于奉派执行职务之省市,或监察使于该管监察区内,对于委任职公务员,为前项纠举于呈送检察长时,并应以书面径送各该主管长官或其上级长官,其手续尤为简捷。纠举权之行使,旨在争取时效,适应战时需要。施行以来,颇为便利有效。自二十七年一月起至三十五年四月止,依法提出之纠举,凡796件;被纠举者,凡1375人。兹就其案情与被纠举人所在机关性质及官阶,分别附统计表如下:

监察院历年纠举案件统计表
(一)案情别
民国二十七年一月至三十五年四月

年月别	案件数	被纠举人数	案情别 违法人数	案情别 失职人数
总计	796	1375	826	549
二十七年一月	44	64	31	33
二十八年	65	118	59	59
二十九年	84	124	53	71
三十年	75	106	49	57
三十一年	109	171	87	8
三十二年	166	273	162	111
三十三年	179	163	94	69
三十四年	110	241	187	54
三十五年四月	64	115	104	11

(统计室编制)

监察院历年纠举案件统计表

(二)被纠举人所在机关职务别

民国二十七年一月至三十五年四月

年月别	案件数	被纠举人数	职务别													
			行政	军务	救济	交通	自治	卫生	司法	税务	教育	盐政	警政	财政	禁政	田赋	其他
总计	796	1375	346	129	4	53	188	3	84	81	32	27	60	91	9	86	182
二十七年一月	44	64	23	7		5			4		2	1		22			
二十八年	65	118	28	9		6	17	1	8	4	2	5	4	11	2		21
二十九年	84	124	39	18	3	3	19		9	13	1	6	3	3	7		
三十年	75	106	37	10	1	4	25	1	6	5	4	1		16	1		
三十一年	109	171	51	11		8	13		12	3	2	6	4			8	40
三十二年	166	273	75	29		8	42		22	26	8	4	16	7		8	23
三十三年	79	163	39	18		9	21		7	8		4		26		18	17
三十四年	110	241	39	16		9	21		13	10	12	3	6	17		24	70
三十五年四月	64	115	15	11		1	30		7	4	3	1	9			28	6

(统计室编制)

监察院历年纠举案件统计表

(三)官阶别

民国二十七年一月至三十五年四月

年月别	案件数	被纠举人数	文官							武官				
			共计	选任	特任	简任	荐任	委任	其他	共计	将官	校官	尉官	其他
总计	796	1375	1251		2	34	343	479	393	124	13	31	38	42
二十七年一月	44	64	57			4	28	15	10	7		3	1	3
二十八年	65	118	113			6	42	39	26	5		2	1	2
二十九年	84	124	106			6	52	33	15	18	3	7	6	2
三十年	75	106	94			2	22	64	6	12	2	3	2	5
三十一年	109	171	157				28	90	39	14	1	2	6	5
三十二年	166	273	249			6	61	75	107	24		6	10	8
三十三年	79	163	151			2	49	43	57	12	5	4	3	
三十四年	110	241	221			8	37	64	112	20	4	9	6	
三十五年四月	64	115	103			2	24	56	21	12	1			11

(统计室编制)

(三)建议

依《非常时期监察权行使暂行办法》第 5 条之规定,各机关或公务员,对于非常时期内应办事项有奉行不力或失当者,监察委员或监察使,得以书面提出建议或意见,呈经监察院长审核后,送交各主管机关或其上级机关。各该主管机关或其上级机关接收前项建议或意见后,应即为适当之计划与处置。又依该办法施行细则第7条之规定,接受建议或意见之主管机关或其上级机关,于是适当之计划与处置后,应通知监察院。是项建议权在尚未构成违法失职之事实前行使之,于消极的警惕纠正之中,隐寓积极的督促进行之意,不独可以除去抗战建国之障碍,并且可以增进抗战建国之工作。试行以来,深觉此项柔性监察的建议,反较刚性监察的弹劾及纠举,收效更为宏大。自二十七年一月起至三十五年四月底止,所提建议案凡961起,涉及行政、军务、教育、救济、司法、税务、财政、外交、田赋、金融、交通、卫生、盐务、治安、考试、限价、建设及禁政等事项。其中关于救济者尤多,计送达国民政府者1起,各院部会者497起,各省政府者256起,各县市政府者22起,其他机关者185起。分别附统计表如下:

监察院历年建议案件统计表
(一)送达机关
民国二十七年一月至三十五年四月

年月别	案件数	送达机关				
		国民政府	各院部会	各省政府	各县市政府	其他
总计	961	1	497	256	22	185
二十七年一月	44		18	17	2	7
二十八年	143		78	49	4	12
二十九年	108		61	39	2	6
三十年	88		50	27	1	10
三十一年	159		75	42	3	39
三十二年	161		71	48	2	40
三十三年	130		57	21	1	51
三十四年	82		56	7	5	14
三十五年四月	46	1	31	6	2	6

(统计室编制)

监察院历年建议案件统计表
(二) 建议事项
民国二十七年一月至三十五年四月

年月别	案件数	平均数	行政	军务	教育	救济	司法	税务	财政	外交	田赋	金融	交通	卫生	盐务	治安	考试	限价	建设	禁政	其他
总计	961	1071	92	113	44	164	80	32	23	2	81	12	56	28	26	35	10	11	19	39	204
二十七年一月	44	54	6	6	2	2	1		1		5		9		1	4					17
二十八年	143	145	7	24	2	16	6	7	2		12	1	13	2	4	7	2	2	1	5	32
二十九年	108	129	5	23	5	15	18	3	5		13	2	2	2	6	1	2	1	10	13	3
三十年	88	90	11	10	5	7	10		1		16			1	7	3		1	4	1	12
三十一年	159	202	18	26	6	28	15	10	3		6	1	6	11	7	8	1	1	4	4	48
三十二年	161	170	22	9	8	27	20	5	2		18	3	9		1	7	3	6	4	4	26
三十三年	130	130	12	12	6	40	5	1	4		5	2	6	8		8		1	1	7	31
三十四年	82	98	12	2	5	25	2	1	3		4	2	8	3			1		4	5	21
三十五年四月	46	53	9	1	3	4	3	5	2	2	2	1	2	1	2		1	1			14

(统计室编制)

(四)监试

依据《监试法》第 1 条之规定,凡举行考试时,由考试院咨请监察院就监察委员或监察使中,提请国民政府简派监试委员。但举行特种考试时,得由考试院咨请监察院派员监试。依同法第 3 条之规定,关于试卷之密封,密封姓名册之固封、保管,试题之缮印、封存及分发,试卷之点收及封送密封姓名册之拆及封号,应考人员之总成绩审查,与及格人员之榜示及公示事项,均应在监试人员监试下为之。又同法第 4 条规定,监试委员会应提出弹劾。自二十七年一月起至三十五年四月止,考试院先后举行各种考试 388 次,内高等考试 44 次、普通考试 103 次、特种考试 190 次、检定考试 51 次,均经监察院分别派员监试,附统计表如下:

监察院历年监试案件统计表
民国二十七年一月至三十五年四月

年月别	次数	类别			
		高等考试	普通考试	特种考试	检定考试
总计	388	44	103	190	51
二十七年一月	2	1	1		
二十八年	24	4	5	15	
二十九年	34	5	6	23	
三十年	38	6	4	27	1
三十一年	71	7	8	50	6
三十二年	95	6	33	55	1
三十三年	67	8	27	9	23
三十四年	42	5	14	4	19
三十五年四月	15	2	5	7	1

(统计室编制)

二、视察调查

抗战军兴以后,监察院乃于二十七年订定战时视察调查工作纲领,为进行工作之准则。自三十年起,按年将视察调查工作列入年度施政计划之内,分为一般事项、视察特定事项、视察地方、视察专案调查等 4 项,俾根据有系统之设计而增加执行时之效果,兹将上项 4 项,分述于后。

(一)一般事项视察

此项视察工作,包括各区监察使出巡及监察院指派监察委员视察各机关施政情形,与国营事业机关业务状况。历年以来,均经依照年度工作计划按期实施,从未间断。三十四年八月胜利以后,各沦陷地区完全规复,各该区监察使立即驰往收复区实地视察,抚循慰问,并督促各地方政府办理善后救济事宜,对于接受复员工作,裨益良多。

(二)特定事项视察

监察院于抗战期中,每年均遵照政府施政纲要之中心工作及因临时发生之重大事项,派员详密视察,期以增加推行效率,或为紧急之纠正与促进。

(1)视察中央各机关战时行政计划实施情形。监察院于抗战期内,随时指派监察委员、审计部审计及其他高级人员多人,分赴行政院所属各机关,就内政、外交、军政、财政、经济、教育、交通、农林、社会、粮食、司法、行政、赈济、侨务、蒙藏、地政、卫生各部门,分组加以视察。

(2)视察伤兵管理情形。自抗战开始以后,官兵浴血杀敌,前仆后继,其牺牲之壮烈,足以惊天地而泣鬼神。倘对于负伤之忠勇官兵,不妥为救护,实足以影响士气与人心。监察院于抗战之初,即异常注意,指派检察委员14人,分赴河南、安徽、陕西、湖北、江西等省,及上海、青岛、杭州、西安、汉口各市,京沪、沪杭甬、浙赣、津浦、陇海、平汉、粤汉各铁路沿线,详密视察。同时,分令各区监察使,出巡各该区县市,特予注意。复派检察委员10人,每日轮流视察南京城郊各伤兵医院及船埠车站迎送伤兵情形,藉资监督。国民政府迁渝以后,武汉成为各战区伤兵输送及医疗之中心。每月过境伤兵动逾万人,留医者亦在万人以上,复派监察委员多人分别视察,计视察医疗机关27单位。二十八年以来,凡派往各地视察巡查之监察委员或监察使,均规定以视察伤兵管理为主要工作之一,各视察人员就所见情形随时督促改革,俾各负伤之忠勇将士,享受较优之待遇与适当之治疗,期能早复健康,为国效命。

(3)视察难民情形。"七七"事变以后,平津沦陷,沿海主要据点,相继失守,陷区人民,不顾生命财产之损失,纷纷逃往后方。政府对于此等不甘受敌人奴役而流亡后方之人民,自应妥加救济,使之直接、间接参加抗战工作。监察院以职责所在,于战事初起之时,即派监察委员10人,逐日视察首都各难民收容所及船埠、车站难民出入情形,另派员分赴安徽、江西、河南、山东、陕西及黄河决口受灾各地视察。国民政府迁渝后,武汉一地难民最多,收容处、所,凡89处。监察院随时派监察委员,前往抚慰视察,并建议政府为根本救济之处置,察其体格能力,设法使之就业,参加生产建设工作。对于难童之教养,更建议应以政府之力量,统筹办理。

二十八年,重庆、成都、万县、乐山、贵阳、桂林、衡阳、沅陵、芷江、宜昌、沙市、洛阳、西安、南郑、兰州各地,屡遭敌机轰炸。监察院先后派令监察委员、监察使,分别前往抚慰,并视察善后救济事宜,以后对被炸各地,均经立即派员慰问视察。

(4)视察公路及后方交通。军兴以来,监察院迭经令派监察委员、监察使,并临时延聘工程专家,对于各交通线之运输及工厂情形周密查察。并据以提出重要建议案多起,如关于西兰公路之整顿,西北、西南各公路线之整理,四川公路局之改善,广成段公路之督修,陇海铁路之整顿,各案胥关重要。

(三)地方视察

二十七年,监察院订定《监察委员分赴各地视察工作准则》,就未设监察使署地方或监察院认为有视察之必要省份,指派监察委员分区视察。当年派监察委员多人视察四川,分全省为7个视察区,每区监察委员1人或2人、随员1人,分别按指定区域前往视察。同年并派委员多人,分赴广西、陕西、绥西、榆林、伊克昭盟各地视察。二十八年,派员视察陕南。二十九年,派监察委员及其职员多人,分别视察贵州、四川及山东敌后军政设施情形。三十年,复派员视察四川。三十一年,派员视察西康。对于地方军政设施,民生疾苦,胥能悉心稽访,切实考察,提供改善之意见。对于四川、贵州、绥西、西康少数民族及宗教问题,尤多建议,并于视察途中,随时阐述民族主义之精义与中央施政之要旨。其违法失职之公务员,被发觉者无不立予纠弹,以肃纲纪。

(四)专案调查

监察院接收人民呈诉公务员书状,经监察委员核阅后,认为应予调查者,即行派员调查或委托其他机关代查。监察委员就见闻所及,认为事有彻查之必要者,亦得签请调查,自二十六年十二月起至三十五年四月底止,计收受人民书状26972件,据以调查者17180件。其中,由监察院及各区监察使署派员调查者2054件,转行或委托其他机关调查者15126件。考核调查结果自以监察院及各使署自行派员调查者,较为迅速确实。兹分别附统计表如下:

监察院历年收受人民书状统计表
民国二十六年十二月至三十五年四月

年月别	案件数	结果				
		据以弹劾或纠举	留存备查	由秘书处发还	据以调查	移送其他机关
总计	26972	130	5944	690	17180	3028
二十六年十二月	185	1	48	2	84	50
二十七年	1680	10	802	79	628	161
二十八年	1424	8	412	34	828	142
二十九年	2533	12	465	42	1723	291
三十年	2454	7	647	35	1543	222
三十一年	4804	29	1330	130	2499	816
三十二年	4265	30	256	210	2990	779
三十三年	3190	6	946	85	1934	219
三十四年	4650	19	856	54	3505	216
三十五年四月	1787	8	182	19	1446	132

（统计室编制）

监察院历年调查案件统计表
（一）类别
民国二十六年十二月至三十五年四月

年月别	案件数	类别	
		行查	派查
总计	17180	15126	2054
二十六年十二月	48	76	8
二十七年	628	561	67
二十八年	828	804	24
二十九年	1723	1645	78
三十年	1543	1373	170
三十一年	2499	2119	380
三十二年	2990	2565	425
三十三年	1934	1735	199
三十四年	3505	3001	504
三十五年四月	1446	1247	199

（统计室编制）

监察院历年调查案件统计表
(二)行查机关与派查人员别
民国二十六年十二月至三十五年四月

年月别	案件数	行查机关								派查人员				
		共计	各院部会监察使署	各省政府	各行政专署	各县政府	各级法院	其他	共计	监察委员	秘书科长	调查专员	其他
总计	17180	15126	2846	1490	2486	3831	2040	2433	2054	154	506	854	540
二十六年十二月	84	76	19	14	12	21	6	4	8	2	1	4	1
二十七年	628	561	102	32	201	134	20	54	67	9	5	32	21
二十八年	828	804	201	95	220	189	65	34	24	4	4	10	6
二十九年	1723	1645	240	197	302	354	246	303	78	7	25	27	19
三十年	1543	1373	239	125	196	402	178	233	170	15	48	92	15
三十一年	2499	2119	389	216	294	625	281	314	380	13	78	165	124
三十二年	2990	2565	443	246	375	672	312	517	425	25	123	242	35
三十三年	1934	1735	272	156	299	418	236	354	199	24	61	77	37
三十四年	3505	3001	586	324	425	698	503	465	504	43	115	83	263
三十五年四月	1446	1247	337	85	162	318	193	152	199	12	46	122	19

(统计室编制)

监察院历年视察案件统计表

（一）类别

民国三十年一月至三十五年四月

年月别	案件数	事项数	民政	军政	财政	教育	建设	行政	治安	田赋	盐务	救济	司法	禁政	交通	税务	卫生	民众疾苦	一般情形	国营事业	警政	灾情	党务	其他
总计	791	2140	475	129	103	147	96	58	118	101	12	161	124	40	56	34	17	86	129	44	17	41	19	133
三十年一月	147	424	95	48	32	25	12	19	24	9	2	46	29	9	7	5	1	21	6	3	4	3	2	22
三十一年	171	411	89	45	26	26	19	4	20	27	3	38	24	4	6	6	2	17	14	4	3	4	5	25
三十二年	153	686	168	12	20	46	41	21	36	29	3	33	30	11	18	9	4	28	32	12	3	17	8	55
三十三年	150	309	67	12	11	24	16	7	22	21	1	21	20	9	6	4	6	9	14	13	2	8	1	15
三十四年	121	238	39	10	12	22	7	5	13	12	2	18	16	6	16	7	4	7	10	9	3	6	2	13
三十五年四月	49	72	17	2	2	4	1	2	3	3	2	5	5	1	3	3		4	3	3	2	3	1	3

（统计室编制）

监察院历年视察案件统计表

（二）地域别

民国三十年一月至三十五年四月

年月别	案件数	区数	江苏	浙江	安徽	江西	湖北	湖南	福建	台湾	广东	广西	云南	贵州	四川	西康	山西	河南	河北	陕西	甘肃	宁夏	青海	绥远
总计	791	913	13	12	32	29	45	61	68	2	62	52	103	33	74	6	1	70	5	138	91	9	4	3
三十年一月	147	159			2	3	4	6	12		15	11	28	7	15	1		9		26	18	1	1	
三十一年	171	185	1		3	3	8	6	10		8	21	35	10	16	1		7		28	25	2	1	
三十二年	153	198		8	6	6	10	11	22	2	20	5	26	4	4	2		28		32	11			3
三十三年	150	161	2		9	3	7	23	14		6	5	3	5	19	1		10		34	15	4	1	
三十四年	121	142	5	2	7	8	10	9	7		9	7	8	5	14	1	1	13	3	14	16	2	1	
三十五年四月	49	68	5	2	5	6	9	6	3		4	3	3	2	6			3	2	4	6			

（统计室编制）

三、巡察

（一）首都巡察

抗战军兴，国府西迁，监察院以重庆为战时首都，居政治经济之中枢，为中外观瞻之所系，关于中央各机关施政情形及首都地方之治安灾患与人民福利事业，均应随时考察，督促改进。遂于三十一年八月，制定《监察委员巡察首都办法》，呈经国防最高委员会及国民政府备案施行。依此办法之规定，每月指派监察委员2人轮流巡察首都地方。自同年九月份起至三十三年八月份止，历经按序循行无间，嗣将原办法加以修正，改为不定期巡察，委员人数亦不加以限制。根据历年巡察所及提出建议案多起，并经分别转送各该主管机关核办。

（二）战区及收复区巡察

监察院为求监察权深入各战区，促成政治与军事之配合发展起见，于二十九年制定《监察院战区巡查团组织规程》，公布施行。每巡查团以监察委员3人组成之，并指定1人为主任委员主持军务，另设秘书、调查专员各1人，干事3人，书记1人，分别就监察院及监察使署职员中调用，或临时委派之。旋经呈准，组设两团开始工作。第一巡察团于二十九年十月组织成立，出发巡察长江以南各战区，历经湖南、湖北、福建、浙江、安徽、江西、广东、广西、贵州、云南各省；第二巡查团于三十一年一月组织成立，巡视长江以北各战区，历经河南、山西、陕西、甘肃、宁夏、青海、绥远及皖北、鄂北各地。

各该巡察团，均能配合军事进展，深入战区及收复区勤求民隐，并随时宣达中央政令，抚循慰问前方军民，俾情感交孚，团结迈进。对于战区及收复区，因军事而发生之政治、社会、民生诸问题，悉加廉访，寻求解决，类多积极性之建议，就巡察所及对于违法或失职之公务人员依法纠弹。对于整饬法纪，贡献殊多，唯以系战时性之组织，旋因任务终了，奉令结束。

（三）参加军风纪巡察

军事委员会自二十七年秋起，先后组织军风纪巡察团数团，专司纠察战区官兵之军风纪。依照该团组织规程之规定，每团应由监察院指派监察委员1人或2人参加工作，各区监察使为各该监察区军风纪巡察团之当然委员，各监察委员及监察使，于参加军风纪巡察团时，除尽力于团中应有责任外，同时尚能行使其本职之监察权及从事监察院所规定之监察工作。

四、监察使署之增设

监察院为使监察权普遍行使起见,于二十三年划分全国为14监察区,嗣复改划为16区,呈经国民政府备案,并制定《监察使署组织条例》及《监察使巡回检查规程》公布施行。复依《监察使署组织条例》,于二十四年及二十五年,先后呈经国民政府,设立江苏、安徽、江西、湖南、湖北、福建、浙江、河北、河南、山东、甘肃、宁夏、青海及云南、贵州等区监察使署,分别推行巡回监察工作。自二十六年抗战军兴,国府移渝以后,除河北使署因省区沦陷暂停工作外,余均继续工作。江苏使署一度停顿,旋又恢复。二十八年增设广东、广西监察使署。三十年又设陕西、山西监察使署。三十二年设新疆监察使署,并以该区幅员辽阔,情形特殊,制定单行条例,增设监察副使1员,以资襄助。三十四年八月胜利后,以台湾光复,乃将福建、浙江监察使署,划分为福建台湾及浙江两监察使署,并恢复河北监察使署。三十五年设四川西康监察使署。各区监察使署普遍设置后,监察机构益趋完密,对于监察权之行使,便利殊多。

乙、审计部分

抗战期间支用浩繁,审计部职司监督各机关财务收支,为配合长期作战起见,故对于执行预算,核定收支命令,审核计算决算并稽察财政上之不法,或不忠于职务之行为,无不严密监督。庶几财无虚糜、政无偏废,是以战时之审计工作远较平时为艰巨。兹举其重大措施,分述如次。

一、接办审核建设事业专款

建设事业专款之设置,始于二十六年度,每年自普遍岁出内特列建设事业专款基金,并另编建设事业预算。举凡国防、经济、水利、农林、交通等项建设事业所需资力,均由此项专款拨付。至三十年度起,则与普通岁出及特别岁出并列于国家总预算内。按其旨趣,在战时厥为增强国防,充实战斗实力;在战后为发展国民经济,以裕国计民生,用意至为深远。此项专款基金之收支,系由国库设立建设事业专款中账户处理之,而专款预算执行之监督及其收支之审核,则为保守秘密及力求敏捷起见,不适用通常审计程序,由中央政治委员会专负其责。寝已6年,综计支出约在100亿元以上,初意原期作为分期发行建设公债之基金,即以债款之收入供建设之操用。乃以抗战军兴,原定计划未能实行,公债既未发行,基金之意义全失。迄三十一年三月间,审计部奉委员长指示,以建设事业专款之审核并归政府,原有各主管机关办理仍适用一般审计法规及通常审计程序,并核定归并办法,将工作上之审核移交党政工作考核委员会接办,有关建设事业基金收支之审核,各支用机关经费收支之审核,及其会计报告、簿籍与凭证之检察等事务,则移交审计部接办。以后,即依照一般审计法规及普通审计程序办理,除核签支付书暨审核计算书类外,并随时派员执行实际之稽察,并与党政工作考核委员会洽订联系办法,呈奉核准施行,以加强监督之效能。

二、实物审计

田赋征收实物,为战时财政之一大改革,推行之始,监督宜严,审计部以职责所在,自应切实钩稽,藉资辅导。自三十二年六月,国防最高委员会审定田赋征实及征购粮食审计条例后,同年八月国民政府令饬施行。审计部对于田赋征实方面所办之功过,举其荦荦大者有:(一)调查田赋章则及会计制度,及各地征收情形;(二)制定抽查纲要;(三)实施抽查。除令饬各省审计处就近派员办理外,并由审计部派员分赴陪都附近各县办理。根据历年抽查结果,应行改进之处既多,撮要言之约有下列诸端:(一)征收手续多未按照规定办理;(二)征收程序及缴纳地点尚欠简便适中;(三)衡量器具多欠准确;(四)赋率未臻公允;(五)运输迟滞;(六)征购军粮款项,延不拨付;(七)移用购粮款项;(八)仓库应广事建筑,并规定容量;(九)仓储损耗应严加稽核;(十)田赋征收机关应与粮食储运机关密切联系;(十一)擅向粮户附收收据印刷工本费;(十二)会计制度尚欠完善;(十三)账簿多不完备;(十四)记账迟缓;(十五)会计报告表,多未按其编造等。审计部均经按照情节,分别予以纠正。务使全国人民所纳之田赋涓滴归公,以立战时财政之基础。

三、就地审计

自二十七年五月《审计法》公布,明定就地审计之原则后,审计部即遵照中央厉行计划政治之指示,于抗战第二期开始时,订定第二期战时审计工作实施纲要及分期进度表,以推行就地审计为中心工作之一。二十八年开始,派员办理重庆市政府及振济委员会两机关就地审计。二十九年派员驻审交通部、经济部、资源委员会、国库总库。三十年办理税务署、盐务总局、西南运输处等机关就地审计。三十一年,将国库总库、盐务总局两就地审计机构分别改设审计办事处,并办理农林部、内政部两机关就地审计。三十二年,派员驻审陇海、宝天、粤汉、湘桂、黔桂各铁路,粮食部四川粮食储运局,兴复公司,农林部垦务总局,农林部粮食增产委员会,甘肃油矿局,花纱布管制局,中国茶叶公司,经济部工矿调整处,第 24 兵工厂,第 50 兵工厂,邮政总局,邮政储金汇业局,中央银行,中国银行,交通银行,农民银行,中央信托局等机关。三十三年,增办教育部、粮食部民食供应处,及经济部日用必需品管理处等机关就地审计。三十四年度,奉中央指示,应集中人力于各业务机关之就地审计。乃就现有机构加以调整,凡收支较简之普通公务机关,如内政部、农林部,及农林部垦务局、粮食增产委员会等原设审计机构,予以裁撤。其因机关本身裁并或改组者,原驻审之审计人员亦一律调回,另增办交通部电信总局、资渝钢铁厂迁建委员会、第 25 兵工厂,及全国合作社物品供销处等公营事业机关之就地审计。三十四年十二月,为适应收复区之需要,复派员办理南京市政府就地审计。总计抗战期间,由审计部直接派员就地审计者,30 余单位;由各省市审计处负责办理者,243 单位。按就地审计推行以来,除防弊纠误,可节省国币外,并得随时证明或解除驻在机关财务之责任,收效颇为宏大。

四、巡回审计

自建设事业专款划归审计部办理后,因领用该项专款之各公有营业及公有事业机关散布全国,复以交通阻塞,送审案件既多濡滞,遍设就地审计,势又难能,因于三十二年一月,拟具巡回审计实施办法,呈经监察院备案。依照该办法,暂先设置云南、湘粤桂、陕甘、川康等 5 巡回审计区。除川康区由部直接办理外,其余各区均派定协审或稽察 1 人,率同佐理人员巡回办理。三十三年,对巡回审计工作,复力求加强,共设 15 小组,计共办理收支较繁之机关 147 单位。三十四年度,复增设 15 小组,连前共 30 小组,计共办理 248 单位。抗战胜利后,为监督收复区接收起见,又增设上海、南京两区巡回审计组。三十四年底,改订《各省市审计处办理中央机关巡回审计办法》,自三十五年一月起施行。由部组设京沪区巡回审计11组。至各省市应行巡回审计之中央机关,在5单位以下者,各该省市审计处,执行派员办理;在5单位以上者,由部设置小组,划归各该省市审计处处长指挥监督,所办案件并令由各该处处长负责复核,以收灵活敏捷之效。

五、县财务之抽查

县为自治单位,其财政之良否关系抗战前途与人民切身利害者,至深且巨。审计部以责所在,为实施督导计,自二十八年以次,即将县财务抽查审计,列为各省审计处中心工作,循序渐进。三十年度内,据各省审计处报告,已实施县财务抽查者,计广东74县、四川60县、湖南57县、贵州50县、河南37县、浙江34县、江西30县、陕西14县、江苏7县、福建6县、湖北5县,共374县。至三十二年度,据各处报告其抽查县份已达544县。审计部为切实考核各处办理情形起见,派员分赴各省复行抽查,旋以战事及环境关系,各省抽查县份虽略有增减,而此项工作仍未稍懈。综核实施抽查结果,对县财政之积弊,揭发不少,足为改善县财务之一助。

六、增设各省市审计机构

关于各省市审计实务,自二十一年六月,国民政府公布审计处组织法后,审计部即于二十四年相继成立江苏、浙江、湖北、广东、陕西、河南、上海等省市审计处,及津浦铁路审计办事处。嗣以抗战军兴,国府西迁,交通便利省份相继沦陷。一切抗战新兴事业,均在大后方及边远省份从事发展,审计部为配合战时工作,乃于二十八年增设湖南、贵州、四川3省审计处;三十年又增设福建、江西、广西3处;三十一年又增设甘肃、安徽2处,并开办盐务总局、国库总库两审计办事处;三十二年,又增设云南审计处;三十五年,增设重庆、河北、山西、山东等省市审计处,及西南、西北两公路审计办事处。各重要审计机构,遂逐渐完成。关于驻在各省之中央机关所有送审案件,一概就近送审,俾免递转周折,至以往之军务费案件,均系集中部方办理。自军兴以后,交通梗阻,递送困难,军政部会计处为适应环境,成立各区会计分处,经与审计部会商决定,在该分处承办之案件,由审计部令饬各该省审计就近审理,便捷殊多。

七、会订会计审计简化办法

抗战期间,各机关一致要求简化会计审计手续,以利行政,但会计、审计各为联综组织之一环,环本属互相牵制,分工合作,虽在形式上似稍有重复之处,但职权不同,立场各异,未可偏废。如强为简化,对会计、审计职权之一方,必有妨碍,经主计处与审计部几度开会研究,乃在法令许可范围以内,本如何谋得适当之合作,以提高会计、审计功能之原则,拟订简化办法 7 项,由主计处与审计部会呈国民政府,于三十三年二月,通饬各机关遵照办理。施行以来,对于简化手续,增强行政效率,裨益殊多。

40. 抗战时期的国民政府主计处及其工作
（1945 年）①

主计处之职掌，为主管全国岁计、会计、统计事务，自二十七年临时全国代表大会以迄三十四年三月，办理岁计、会计、统计工作之重点在岁计方面。为简化预算编审程序，以求预算之切合事实；推进营业预算，以求国营事业效率之增进；切实办理决算，以检讨预算执行之成效。在会计方面，为设置与调整中央地方各普通公务及公营事业机关之会计机构，以执行岁计会计工作，切实制定与推行会计制度，以改进各机关会计事务处理之程序；汇编国家总会计报告，以显示国家财政收支状况。在统计方面，为设置中央及地方各机关之统计机构，以健全各级机关之统计工作，执行各种统计方案，使统计材料能臻迅速确定；编制统计报告，藉使各方之应用。兹分别将其实施经过，胪述于下：

一、制定与改进主计法规

1. 改进预算法规

法规为推行制度之工具，本处于成立之初，即拟订《预算章程》，为促成预算之过渡办法，其规定甚为简略。迨《预算法》于二十六年公布，唯因国难发生，延至二十九年度预算始行适用。所有二十九年、三十年、三十一年各年度预算，均系依照办理。唯抗战以来，以预算法及其施行细则所定程序过多、手续繁复实施困难，又因编制期限过长，所有规定计划及预算数字，往往不能与实际事实相适应。故该年度内均奉有变通办法之颁布，以资补救。三十年十

---

① 本文系国民政府主计处 1945 年 5 月自撰的工作报告，原名为《国民政府主计处工作报告》。原件存于重庆市档案馆。

二月中央五届九中全会议决"增进行政效能、厉行法制制度"一案，其中第3项，为节缩预算程序，以各机关预算关系国库之负担，值此财政困难、物价剧变之时，一面应尽量紧缩，一面应注意时效。每一机关之预算，自其拟定提出至核定施行费时过久，往往不能适应实际开支，以致逐次追加，国库负担反而增重。本处遵即拟具改善审编预算原则5项，呈报中央，嗣于同年五月，奉发下《战时国家总预算编审办法》11项，是为我国战时预算之最高原则。嗣于三十二年及三十三年夏经两次修正，仅于手续程序方面，略有增损。其特点，第一，则在编制概算以前，先由中央核定施政方针，以为各机关编制概算之准则。第二，各机关计划及概算，须分送中央设计局与主计处，俾计划与概算，同时编造，便于联系。第三，各第二级机关得就所属机关之概算，量为分配，可收统筹支配之实效。第四，编审时期改为自七月一日开始至十二月十五日截止，期间缩短，估计数字自较切合于实际。所有三十一、三十二、三十三、三十四各年度国家总预算，即根据此项编审办法办理。其次关于营业预算决算之编审，尚无完整之法规，际兹抗战建国齐头并进，公营事业实占全预算重要部门，本处曾以历年办理营业预算之经验，拟订战时营业预算决预编审办法草案两种，先后召集有关各机关会商，并参考各专家意见，汇案整理，呈奉核定施行。其中关于编审时间及手续，均有严密规定。又自三十一年度财政收支系统改制以后，关于自治预算部分，适用《县市预算编审办法》，将县市总预算及计划，改由省政府核定，再送中央各有关机关备查。在省政府得按各省实际需要因地制宜，在中央可收执简驭繁之效。

2. 整理并制定各种会计统计法规

本处在中央及地方各机关设立会计处室，前经分别指定各该处室组织规程，嗣为划一起见，曾经颁订《中央各机关会计室组织及办事通则》《各省市政府会计处组织及办事通则》及《各县市政府会计室组织及办事通则》。自财政收支系统变更后，又将《各省市政府会计室组织及办事通则》有关职掌部分修正颁行。最近又遵照国民政府令颁之国防最高委员会议决解决各机关主计机构原则3点，将各机关会计组织法规分别加以整理。至于设置公有营业及公有事业机关会计机构，先经制定《设置公有营业及公有事业机关会计统计机构办法》呈奉国府明令颁行，又经制定《设置公有营业及事业机关会计统计机构之标准》及《公有营业及公有事业机关办理会计人员暂行规程》,均先后呈请或颁行。此外并遵奉主席训示,积极设置驻外使领馆会计人员,曾订颁《国民政府主计处设置驻外使领馆会计人员规程》暨《驻外使领馆跨级人员资格甄审委员会规则》,付诸实施。至本处组织法,亦经遵照法规制定标准法及整理现行法原则之规定加以修正,业已公布施行。并将前颁《国民政府主计处办理各机关岁计会计统计人员暂行规程》修正为《国民政府主计处设置各机关岁计会计统计人员条例》。

依《会计法》规定各种会计报告,均应由本处会计局依法审核汇总编制,曾经本处制定《国民政府主计处会计局审核各种会计报告之准则》一种,以资依据。并附以《各机关会计报告送达本处期限表》,以促进各机关依期编送各种会计报告。关于财务收支统制记录,经拟订《中央院部会及其所属机关财务收支统制记录暂行办法要点》,暨《各省财务收支统制记录暂行办法要点》,并为便于省主计机关作统制记录起见,又经拟订《国库统一处理各省收支暂行办法编送会计报告补充办法》,均已通饬遵照,以利于国家总会计报告之完成。此外关于各机关财务之监督,曾遵奉委员长手令,拟具《会计人员对于驻在机关或部队购买器材物品之点验及监督办法》11条呈请核示中。

在统计方面,本处为设置各级机关统计室有所依据起见,曾经制定《中央各级机关统计处组织规程》《中央各机关统计室组织规程》《中央各机关统计室组织及办事通则》《中央各机关所属机关统计室组织与办事通则》及《省(市)政府统计处组织规程》《省(市)政府统计室组织规程》《县(市)政府统计室组织规程》等,均经呈奉核准施行。嗣遵国民政府令颁之国防最高委员会议决"解决各机关主计机构原则"3点,将前项组织法数分别加以调整修订,刻在进行中。此外,《统计法施行细则》经于民国二十七年十二月七日予以修正,又本处根据户口调查与试查之经验,拟定《户口普查条例》,亦于民国三十年二月一日公布施行,于三十一年十一月并予修正。

二、设置并调查各机关会计统计机构

本处以推行会计统计工作,必须分别设置与调整各机关之会计统计机构。故在会计机构方面,当前次临全大会时,关于中央普通公务机关之会计机构,大多均已设置。嗣于其所属机关如财政局所属各区税局,农林部所属各垦区等及新成立之战时生产局、善后救济总署、兵役部等亦次第洽商设置会计机构。于地方政府并已增设安徽、西康、贵州、河南、云南、绥远等省政府会计处及山东省政府会计室,并逐渐推行至其所属各厅处局,以及于各县市政府。近年以来,尤着重于公有营业及公有事业机关会计机构之设置,如交通部邮政储金汇业局、电信总局、财政部花纱布管制局、复兴公司、中中交农四联总处、中中交农四行、中央信托局暨资源委员会所属各厂等,均予先后成立会计处室。计自临全大会以迄于本年三月底止,中央机关共增设会计机构1586单位,地方机关共增设2705单位,公营事业共增设519单位。此外,原设会计机构因所在机关业务开展,复经分别予以调整者如农林部、资源委员会、司法行政部、社会部、外交部、卫生署、水利委员会等会计室之改设会计处,其他则或予充实佐理员额,或修改组织增科设股,以应需要。其所在机关业务紧缩或撤销者,会计机构亦随之紧缩与撤销。

在统计方面,除军事机关外,其属于中央者,各普通公务机关及其所属机关统计机构多已设置。又交通部、经济部、财政部等所属之公营公有事业机关之统计机构,亦已设置一部分。其属于地方者,计有四川省等21省市成立处室,其四川等13省市所属各厅处局会,及县政府之统计人员亦已部分设置或全部设置。计自临全大会以迄于本年三月底止,中央各机关共增设统计机构274单位,地方各机关共增设706单位。

三、编制并执行各年度总预算

1. 编制并执行各年度总预算

二十七年至三十年度各年度中央政府总预算,及三十一年至三十四年度各年度国家总预算,均由本处依照法定程序如期汇编完成,呈请国民政府转送国防最高委员会核定先予执行,一面送立法院完成立法程序。关于审核内容,则以中央既定之国策与各年度之施政方针以及中央指示原则为准据,在历年军事进程中,一切支出均力谋与军事相配合。各项事业,视其对于军事之缓急轻重,分别酌定其经费,凡事业费非目前急切需要者,尽量删减;其为实施所必需者,则宽列经费,以期完成。惟因适应军事需要支出增加,其各年度收支不敷之差额,须以债款抵充者为数颇巨。前五届十中全会议决各年度预算收支不敷之差额,至多不得超过总预算之5成,所有三十一年度以后各年度预算,均依照此项原则办理。至各年度预算奉核定施行后,本处即督率所属各机关办理。惟近年因物价波动甚剧,各机关每年追加预算继达原预算之亦一半,嗣奉国防最高委员会核定《追加预算处理大纲》,自此各机关经费之追加,已有限制,即依法增加业务而必须增加经费者,亦必遵照规定手续提请办理。其关于各机关中心工作之事业费,均附有工作计划简明表,填列事项计划应备之人力物力数量,以为执行预算之标准。虽在年度进行中,固不免有追加之事实,终因以上各项限制,最高额预算制度尚能维持推进,而不使预算与计划脱节。

2. 办理省市及县市预算

自二十七年至三十一年所有各省市岁入岁出预算,均系依照《预算法》办理。唯因受战事影响,仍多未能依法编送预算。自三十一年度财政收支系统改制后,所有省级预算,并入国家预算系统内,各省岁出预算均在国家总预算内核定总数,发交各省依照总数编审单位预算,送经本处核转立法院审议,呈请国民政府公布施行。综计三十一年度至三十四各年度省市单位预算,除新疆一省外,均已完成法定程序。在改制之初,各省市单位预算均在年度开始以后编送,未能争取时效,经本处力加督促,最近各省市大都渐能依法定期限期编送。其分配内容,未臻妥善者,亦经本处于审核时,依其实际情形参照法令,予以调整。至县市预算,在现行制度系属自治预算系统,旨在发展自治事务,奠定之财政基础。计已完成县市总预算者,三十一年为四川、浙江、湖南、广西、甘肃、安徽、陕西、湖北、河南、福建、广东、江西、江苏、西康、重庆市等15省市,三十二年度为四川、浙江、湖南、甘肃、安徽、陕西、河南、福建、青海、云南、重庆市等11省市,三十三年度为四川、湖南、广西、甘肃、安徽、陕西、湖北、河南、广东、江西、贵州、绥远、重庆市等13省市,三十四年度为四川、广东及重庆市等3省市。本处对于县市预算之复核,在收入方面凡非法自治收入或科目涉及苛细者概予剔除;支出方面,则注重乡镇建设,以奠定基层政治之基础。

四、办理营业预算与决算

营业基金及其他特种基金附属预算,因各机关自管基金之故,往往不能按期编送,或虽编送而不遵规定办理,故每年营业预算多未能逐案核定。三十一年十一月中央五届十中全会决议会,加强战时财政合理统筹政策一案内规定,国有营业机关年度预算应一律依法如期编制核定,所有盈余并应解缴国库。三十二年一月复奉委员会指示,国营事业机关经费,应分期报销,随时考核。本处遵照指示积极办理,现各营业机关预算决算大都渐能依法编送,兹三十三年度已奉核定之营业预算,计有中央机关210单位,省市机关27单位。惟营业机关与普通机关不同,其业务费用按收入比例增减时,自可由主管机关核准伸缩,以符实际。至于盈亏拨补之不合规定者,本处则分别予以调整,务使应行解库之官息及红利,均能悉数解库。

五、编制最近年度总决算

《决算法》自三十一年度一月施行以来,本处即依法积极督促各机关办理决算。惟过去各机关因领款关系,预算尚能如期编造,惟对于决算,大多延缓编送,加以国库收支结束期间较迟,致总决算不能如期编成。本处为积极促成起见,曾经先后拟订编制二十九及三十年度决算之要点,暨各机关编制三十一及三十二年度决算注意事项,通行各机关依照办理。所有二十九、三十年度中央政府总决算及三十一年度国家总决算,均经本处先后编审完成,分送审计部商定,并同时分送党政工作考核委员会查核。

六、制定并审核各种会计制度

1. 中央总会计制度

自本处成立时,即已拟订试办,迨现行会计、预算、决算、统计、审计、公库等法相继公布施行,曾经数度修订。自三十一年度起财政收支系统变更,原有中央总会计制度已不再适应,爰经改订为国家总会计制度,并采用分层统制办法,分别责成中央各主管机关及各省市政府会计处室举办统制记录,转报本处汇总登记,俾使由统制记录办法进而采用汇编报告办法,以期简便。

2. 普通公务单位会计制度

自《会计法》公布施行后,本处前颁之中央各机关及所属统一会计制度已不适用,爰经制定中央各机关及所属普通公务单位会计制度之一致规定,以为各机关设计会计制度之张本。自《公库法》公布施行,又经编订实施《公库法》之处理办法,以为审查修正各机关会计制度之依据,嗣复将实施《公库法》之处理办法,并入前项之一致规定内,现正根据实施情形,拟再加以修正,以期推行尽利。

3. 公库出纳会计制度

前经本处设计完成,嗣因财政收支系统变更,复经发交国库署会计室参酌修订,以期实用。至各特种基金会计制度,均在搜集有关资料赓续研究设计之中。关于公债会计实务、粮食会计事务,及学校图书仪器、法院没收物品等之管理,亦已指示原则。饬由各主管机关会计处分别拟订会计制度呈核。

4. 县总会计制度

已订有一规定,并将县公库会计并入处理以期简便,嗣以财政收支系统变更,复经加以补充修正颁行。

5. 县市及所属各机关普通公务单位会计制度

各所属各机关之普通公务会计实务,业已遵照前颁之中央各机关及所属《普通公务单位会计制度之一致规定》,由各省市政府会计处自行设计,呈奉本处核定试办,至县市及所属各机关普通公务之会计实务较为简单,特订颁《县市及所属普通公务单位会计制度之一致规定》,以便县市各机关会计有所遵。

6. 县市征课会计制度

财政收支系统改制以后,在中央征收机构未能统一以前,业由本处拟订暂行《县市征课机关征课会计制度之一致规定》，以应县市现有征课机关之需要。

7. 公有营业会计制度

本处曾颁有《暂行公有营业会计制度之一致规定》，嗣又拟定《公有营业会计制度设计之要点》，以资补充。惟该项要点，仅系概括之规定，仍须颁各业统一会计科目，进而为各业标准会计制度之设计，方足以汇编营业基金总报告，以应国家总会计及审计之需要。计各业会计科目经制定颁行者，已有《银行业统一会计科目》《航空运输业统一会计科目》《水陆运输业统一会计科目》《电信业统一会计科目》《电气业统一会计科目》《邮政会计科目》《自来水业统一会计科目》《制造业统一会计科目》《矿业统一会计科目》《贸易业统一会计科目》《暂行专卖业统一会计科目》及《公路运输业统一会计科目》等12种，并于最近会同财政部制定《暂行银行统一会计制度》颁行试办。

8. 审核各种会计制度

所有中央各机关普通公务单位会计制度，大都均由各该机关主办会计机关设计完成，经历本处审查核准试办，其他各种会计制度经由本处核定或指饬修正者，在中央机关计有84种，地方机关计有62种。

七、汇编国家总会计报告

中央会计总报告自二十年度本处成立时起迄于三十年度止均经依式编制缮呈国民政府转送核定。自三十一年度起，因财政收支系统变更，此项总报告改称为国家总会计报告，所有三十一年度该项报告，经已编制完成，依例呈请核定，并抄送行政、监察两院及财政、审计两部备查。其三十二年度国家总会计报告，亦已赶编完竣，正呈送核定中。此两年度国家总会计报告于普通基金部分，因财政收支系统变更，将省市部分岁入岁出一并编入，而特种基金部分亦较前充实。至三十三年度国库现金出纳报表及各机关岁入经费报告，业已登记一部分。其格式不合规定或处理错误、递送延滞者，并经分别指示更正，查催办理。

八、制定并推行公务统计方案

各机关所办业务之统计,为各机关执行公务经过与结果之记录,本处依《统计法》之规定,为使各机关公务统计日臻核实,以供应用计,督导各机关统计处室切实拟订各该所在机关公务统计方案,乃于二十七年经拟订《公务统计方案拟订办法说略》及《中央政府各机关公务统计方案纲目》各一种,呈奉国民政府公布施行。旋拟订《公务统计方案之意义及其拟订程序》,以为各机关统计处室制定或修正所在政府机关统计方案之准则。截至三十四年三月止,《中央各机关公务统计方案》已经订定实施办法并公布施行者,计有文官处、立法、司法、监察3院,外交、财政、经济、教育、交通、社会、农林、审计、司法行政等9部及考选委员会、行政院水利委员会、振济委员会、侨务委员会、卫生署、地政署等机关,其仍在试办中者有内政部、粮食部、铨叙部、蒙藏委员会等机关。至《省政府公务统计方案》及《县政府公务统计方案》,于三十三年全部印刷完成,计分历象、土地、人口、政治组织、农业、垦殖、水利、林业、渔业、畜牧、矿业、工业、劳工、商业、合作事业、财务行政、财务监督、金融、电信、驿运、公路、航务、教育、卫生、社会、救济、警卫、粮政等28类,经订定实施办法函达各省市政府公布,于三十四年一月施行,已准四川、西康、云南、陕西、湖北、甘肃等省府函复公布施行。

此外关于《公务人员及其工作之统计方案》,本处先将有关公务人员及其工作之重要登记册籍与整理报告表式,并入公务统计方案中,以便实施。

九、办理各种普查及调查

1. 筹办户口普查

户口普查为基本国力调查之一,乃获得户口静态数字之唯一科学方法,兼为办理户口异动及户籍人事登记之基础。本处自民国二十九年四月奉令筹备全国户口普查,曾拟订《全国户口普查第一部工作计划及概算》,抗战以后修订前项筹备计划,改为选县举行,先在四川省合川县沙溪镇及嘉陵江三峡实验区办理户口普查、试查各1次,核据结果及考察之经验,拟订《户口普查条例》草案,业经国民政府于三十年二月十三日公布施行。当根据该项条例及实际经验,拟订四川省选县户口普查方案,会同四川省政府选定彭县、双流、崇宁3县于三十一年四月实施查记工作,结果甚为完满,并编成《四川省选县户口普查总报告》。复参照各省市有关户口行政之法规章则及实施情形,制定县户口普查方案,以为各省分县办理户口普查之依据。三十二年复商同四川省政府继续举办成都、华阳、温江、郫县、新繁、新都等6县户口普查,同年浙江省政府选定永嘉、黄岩、云和等3县举办,结果亦佳。三十三年四月西康省政府选定雅安县举办,由本处派员指导;同年又准浙江省政府函,举办临海、瑞安2县户口普查,经函复依照县户口普查方案办理。所有四川等省分县普查之结果,均较保甲户口编查人口数字增加约10%,据以整编保甲户口及办理户籍人事登记,颇收实效。

2. 筹办工业普查

工业普查亦为基本国势调查之一,值兹抗战建国齐头并进、后方生产工业勃兴之际,工业普查实有积极筹办之需要。爰经于三十一年度拟订"完成工业普查方案"初稿,并制成纺织工业之各种调查表式,于三十三年度督导重庆市政府统计室,就重庆市纺织业先作试查,三十四年度就试查结果报告及以往上海之机制工业与江苏等7省华商纱厂调查所得之结果参证研讨,并继续研究工业分类问题,俾制成详尽方案。

3. 统一全国物价统计方案查编办法

本处鉴于各机关所办物价统计,各自为政,结果纷歧,不合实用,因于三十一年召集有关机关详加研讨,拟订"物价调查与统计方案"1种,于同年十一月通令全国省市政府统计处室自三十二年一月起遵行。所有送到之各省省会暨零售物价指数,及机关办公用品价格指数资料,均经本处审核登记,以供有关机关参考,办法即能划一,所编指数亦较详确。

4. 汇编公务员生活费指数

依照《非常时期改善公务员生活办法》之规定,本处应负责编制重庆市暨各省重要市县公务员每月生活费指数,以供行政院及国防最高委员会作为修正生活补助费之根据,因于三十年七月及十月分别开始办理,本处随时将120余市县送到之资料加以审核,再以重庆市三十年四月份之物价为标准,予以改编,按期送行政院及国防最高委员会。

5. 核编抗战损失统计

民国二十八年七月行政院制定《抗战损失查报须知》12条,及表单格式29种,呈由国民政府令饬本处汇编,经将截至二十九年六月底收到之资料,编为《抗战中人口与财产所受损失统计》。迄三十三年六月止,计共编成7次,均分送各有关机关密存参考,迨行政院抗战损失调查委员会成立,即将整理之资料,及先后收到之文卷与资料等均移送该会办理,但本处仍参加工作。

6. 编制公务员员额俸薪统计

本处于三十二年春,曾奉委员会手令查报各中央主管机关员额,遵经分别函请各机关查报,所得资料亦经汇编呈报。三十三年一月十日中央联合纪念周时复奉主席面谕,责成本处查报中央各阶层普通公务机关、公有营业、公有事业机关、学校现有职员及公役人数,遵经分电中央各机关将本机关所属各阶层机关、事业、学校,截至三十二年十二月底止在职员役人数查送到处,经由本处汇编为"国民政府各级机关事业学校员役人数统计"1种,于去年三月十一日呈送主席核阅,刻仍继续函请各机关将职员公役人数于每年六月及十二月各查送1次。

十、汇编全国统计总报告及中华民国统计提要

1. 汇编全国统计总报告及提要

依《统计法》之规定,本处应编制全国统计总报告并提要刊行,以为政治建设与经济建设之所取资,及施政成绩考核之参考。民国十八年曾汇编第二次全国统计总报告,并刊行中华民国统计提要(二十九年辑),民国三十二年及三十三年分别汇编第三及第四次全国统计总报告,其中第四次全国统计总报告所有材料系根据各机关统计处室依照各该所在机关公务统计方案实施或试行结果造呈,内容较为完确,计分历象等37类,372表,经将目录抄送中

央设计局党政工作考核委员会及行政院,以供各该机关之参考。至三十四年辑中华民国统计提要,系根据历年全国统计总报告及最近中央各院部会署造送各处之各项统计数字择要编成,亦呈经国民政府核准刊行。

2. 编辑国内问题统计丛书

国内问题统计丛书之编纂,乃系研究当前之国内问题,搜集有关之统计资料分析叙述,藉以图释问题之所在,提供解决之途径。经先后编定并已经出版者计有《中国土地问题之统计分析》《中国租佃制度之统计分析》《中国人口问题之统计分析》等。又《中国禁烟禁毒问题之统计分析》初稿亦已完成,此前本处编印之统计月报,仍按期出版。

41. 抗战时期迁都重庆的中央研究院(1947年)①

一、抗战发生前本院概况

本院于民国十七年创设于南京,按组织法第1条规定,"直隶于国民政府,为中华民国最高学术研究机关",第2条规定之任务为"一、从事科学研究,二、指导、联络、奖励学术之研究"。成立之后,陆续设立研究所,直至二十六年抗战发生时为止,已设立物理、化学、工程、地质、天文、气象、历史语言、心理、社会科学及动植物等10余研究所。理、化、工3研究所设于上海,其余各所均设于南京。并设总办事处以办理全院一般行政事宜,设于首都所在地。

本院置院长1人,综理全院行政事宜。置总干事1人,承院长之命,处理全院行政事宜。研究所设所长1人,综理所务,并指导研究事宜。

二十四年秋,遵照本院评议会条例,创立评议会,本院各研究所所长为当然评论员;另依法由各大学教授选举者为聘任评议员,均由国民政府聘任之。本院院长为当然议长。评议会决定本院研究学术之方针,促进国内外学术研究之合作与互助。向例每年举行年会1次,必要时亦得召集会议。

本院首任院长为蔡子民(元培)先生。抗战发生后,本院奉命西迁,蔡先生以年老体衰,养疴于香港。是时总干事为朱家骅,因奉命兼任浙江省政府

---

① 此文系国民政府中央研究院自撰稿,原名为《抗战时期迁都重庆之中央研究院》。原件存于重庆市档案馆。

主席,总干事职务由本院历史语言研究所所长傅斯年代理,在其任期内,担负本院西迁之重责。时物理研究所所长为丁燮林,化学研究所所长为庄长恭,工程研究所所长为周仁,地质研究所所长为李四光,天文研究所所长为余青松,气象研究所所长为竺可桢,历史语言研究所所长为傅斯年,心理学研究所所长为汪敬熙,社会科学研究所所长为陶孟和,动植物研究所所长为王家楫。

是时评议会之人员为:(一)议长蔡元培;(二)秘书翁文灏;(三)当然评议员蔡元培、丁燮林、庄长恭、周仁、李四光、余青松、竺可桢、傅斯年、汪敬熙、陶孟和、王家楫;(四)聘任评议员李书华、姜立夫、叶企孙、侯德榜、吴宪、赵承嘏、凌鸿勋、李协、唐炳源、秉志、林可胜、胡经甫、谢家声、胡先骕、陈焕镛、叶良辅、翁文灏、朱家骅、张云、张其昀、郭任远、王世杰、何廉、周鲠生、胡适、陈垣、陈寅恪、赵元任、李济、吴定良。

二、本院西迁之经过

本院之设备,自成立以来,力求充实,以利研究工作之进行。在抗战发生以前,各研究所之图书、仪器、标本等之丰富,与国内学术机关相比较而言,已属首屈一指。尤以古物善本等项之搜集收藏,甚为丰富,不独为国内所仅有,亦为世界学者所珍视。二十六年"七七事变"发生后,未几,上海战事爆发,本院深恐此种宝贵设备万一摧毁,为求安全保存起见,乃于是年秋八月,将各所之重要设备,运至南昌莲塘江西省立农学院内保存。

二十六年十一月,战事日益紧急,是月中旬本院奉命西迁。远在京沪两地之各所处,遂全部迁入内地。除气象研究所迁至汉口外,其余各所处均迁至湖南长沙及衡阳之南岳。续又将动植物、社会、心理3研究所迁至阳朔。地质、物理2研究所迁至桂林,历史语言、工程、化学、天文4研究所迁至昆明。

本院最初迁入重庆市者为气象研究所,该所于二十七年一月中旬由汉口到达渝城,初在通远门兴隆街设办公处,二月中旬又迁至曾家岩之隐庐。二十八年五月迁至北碚,直至抗战胜利时为止。

本院总办事处于二十六年十一月暂迁置于长沙圣经书院。国府南迁至重庆,应即迁往,因交通困难,二十七年二月十日始达重庆。因兴隆街气象研究所办公处狭小,旋与该所同迁至曾家岩隐庐。二十八年春迁至上清寺聚兴村 8 号。二十九年又将总办事处移至牛角沱生生花园内,聚兴村 8 号改为职员宿舍。是年敌机大轰炸,聚兴村 8 号被炸,乃又移至聚兴村 22 号。三十三年春,本院在国府路 337 号自建房屋落成,总办事处移至国府路新厦,生生花园及聚兴村 22 号均作职员宿舍。

二十九年十二月,动植物研究所自阳朔迁至重庆北碚。心理研究所迁至桂林,社会科学研究所迁至昆明。三十年社会科学研究所暨历史语言研究所自昆明迁至四川南溪县之李庄。

三十三年桂林沦陷,本院物理、心理、地质 3 研究所先后迁渝。物理、心理 2 研究所设于北碚,地质研究所初假小龙坎四川地质调查所办公,旋设所址于沙坪坝。

抗战时间,本院组织亦有扩充。三十年增设数学研究所,筹备于昆明。三十三年将动植物研究所分为动物及植物两研究所,均设于北碚。同年又增设医学研究所筹备处于歌乐山龙洞湾上海医学院内,增设体质人类学研究所筹备处于南溪李庄。

直至抗战胜利时,本院各单位分设于重庆、北碚、李庄、昆明 4 区。上述之 4 区,本院习用之称谓,实则设于北碚及重庆者,均可称为重庆区,计有总办事处、地质研究所、医学研究所筹备处、心理研究所、物理研究所、气象研究所、动物研究所、植物研究所筹备处等 8 单位。在四川李庄者有历史语言、社会科学及体质人类 3 单位;在昆明者有天文、化学、工程、数学等 4 单位;而此 7 单位之一般行政事宜,均统由在渝之总办事处办理之。由此可见,抗战期间本院与重庆市关系之密切。在渝期间,重庆市公私机关团体及士绅对本院之协助以奖饬,不胜枚举,感荷无极!

三、抗战期间本院概况

二十八年三月中旬,本院评议会在昆明举行第 4 次年会时蔡故院长致词有云:"本院自分别迁至重庆、桂林、昆明以后,仪器、图书之遗失,固所难免。房屋之借用与营建、水电之供给、仪器药品之补充,在在均感困难,不能不认为学术界之大损失。然人类历史,本充满着打破困难的事实,于困难中觅得出路,正是科学家之任务。又况易地以后,新材料之获得,各方面人才之集中,当地原有机关之协助与互助,亦有特殊便利之点,吾人决不因迁地之故而自馁。"抗战期间,本院遵此指示,进行工作,成绩亦甚有观者。本院各研究所之工作成绩,甚为繁多,不暇列述。兹谨择本院抗战期间之重要事项,略述于左〈下〉:

二十九年三月五日,本院前院长蔡元培先生在香港逝世。照章须由评议会推选院长候选3人,呈请国民政府遴选特任1人为院长;而首届评议会5年之任期亦于是年七月届满,照章应即改选。爰于是年三月二十二日至二十三日,在重庆嘉陵宾馆举行评议会第5次年会。二十三年大会投票选举拿出翁文灏、朱家骅、胡适为院长候选人。本院呈请国民政府遴任,九月十九日奉令特派朱家骅代理院长。二十日朱代院长就职,发表谈话述明今后主持院务之方针。本院自此又入于新阶段。

此会议又选举第二届评议员,经呈奉国民政府聘任。其名单如下:(物理、数学)姜立夫、吴有训、李书华,(化学)侯德榜、曾昭抡、庄长恭,(工程)凌鸿勋、茅以升、王宠佑,(地质)翁文灏、朱家骅、谢家荣,(天文)张云,(气象)吕炯,(历史)胡适、陈寅恪、陈恒,(语言)赵元任,(考古)李济,(人类)吴定良,(心理)唐钺,(社会科学)王世杰、何廉、周鲠生,(动物)秉志、林可胜、陈祯,(植物)戴芳澜、陈焕镛(三十年因故改选钱崇澍继任)、胡先骕,共计30人。此届评议员任期,照章于三十四年届满,因在抗战期内,各大学散布各地,不易举办选举,经呈准国民政府延长任期3年。

此次会议,鉴于气象事业在抗战建国时期需要迫切;在欧美先进国家,均早有气象局之设立。二十六年春,本院召集之第三届全国气象会议,亦有请求政府设立中央气象局之决议。旋以"七七"变起,进行中止。本院气象研究所虽曾厘定《全国气象观测实施规程》,代各机关训练测候人员、指导技术,然此乃研究所分外之义务,并非应尽职责。各省属机关虽亦自分别增设所站,从事观测,但与研究所系合作性质,并无同属关系,对于工作效率,诸多故障。且研究所经费有限,人力无多,欲令主持全国气象行政事业,事实上亦难兼顾。爰议决建议政府设立气象行政机构,隶于行政院,本院气象研究所原有之测候所及设备,一律拨交该局利用。该局设于沙坪坝,现已迁至南京。

三十三年三月,评议会假两浮支路中央图书馆举行第二届第一次年会。

蒋委员长以"致力于纯粹学术之研究,真知真理之探讨"及"研究与设计并重,求知与致用兼资"二义谕勉。

此次会议决定发刊西文院刊1种,名《科学记录》;中文院刊1种,名《学术汇刊》,专载纯粹科学及应用学方面具创作性之短篇论文。俾国内科学工作结果,能早期发表,供国内外学术界之参考。因战时印刷困难,复员之前,在重庆已各出版2册,并分赠国内外有关学术团体及个人。

三十年九月二十一日日全食,在吾国西北可窥其全状。本院筹备观测之工作有年,因值抗战时期,仪器设备不全,亦无法邀请国外天文专家偕往观测。乃由本院天文研究所组织远征队,自重庆出发前往甘肃临洮观测,所得结果甚佳,已撰著论文在国外发表。所摄之影片首在重庆放映,已流传中外。本院物理研究所亦组织观测队,于是日在福建崇安县对日全食作地磁观测,已将结果撰成详细之报告。

三十一年一月,本院与国立中央博物馆筹备处及中国地理研究所合组"西北史地考察团",分为历史考古组及地理动植物组,四月末自重庆出发,赴甘、宁、青一带考察,所获资料甚丰。三十一年四月本院奉委员会核准,组织西北科学考察团。经中央设计局召开会议商定分别考察区域及考察对象,因经费减少,仅分为地理地质组及历史考古组。该团于三十二年五月起先后自重庆出发,赴西北各地考察,经时2年,各组均采得宝贵之资料。

三十年,本院历史语言研究所与中央博物院合组川康古迹考察团,在彭山豆芽坊沟、岩子山等处作残墓清理工作。三十一年复在彭山之江口镇发掘蛮子洞,所得极富于美术史及考古学价值,惜残破不堪,三十二年因协助四川博物院整理成都琴台(蜀王建墓)暂行结束。彭山出土之金属物品,经研究之后,写成《蟠螭文镜之年代及其相关之问题》一文。三十年又组织川康民族考察团,考察羌、嘉、龙、罗罗、西番等民族,研究各族婚丧制度、生活习惯及与文化有关问题,并搜集民族标本与用物。所得结果,已作成报告。三十一年十二月,又赴川南与滇黔交界之叙永、兴文各项调查白苗、花苗等族之文化,注重苗族原始文化之特质及其同化之过程与现状,三十二年此项工作结束。

本院历史语言研究所自三十二年至三十四年,先后出版之《居延汉简考释》及《殷历谱》2巨著,系若干年研究居延所得汉简及殷墟所得甲骨文字之结果,发扬吾国文化,曾蒙主席奖誉,受中外学者之重视。

三十三年三月，本院评议会在重庆举行第 2 次年会，综合若干提案，决定呈建议书于政府，其要旨为：

（甲）自国民政府建都南京后，10 余年来国内科学研究初有基础，极可宝贵，宜多予培植，使其发扬光大；

（乙）科学研究乃各项建设之基础，如不重视科学研究而徒重应用技术，则国家建设将缺乏基础；

（丙）学术自立，关系国家前途，欲求中国学术独立，不可不努力充实国内各研究机关及大学之设备，以求建立本国科学研究基础；

（丁）在中国科学研究进行之始，应确定其目的不仅为中国亦为人类共同之智慧与幸福着想，应凭此态度与世界科学家合作。

根据上述要旨，撰成建议书，对复员计划亦已顾及，建议内容分为左〈下〉列 6 项：

（一）对于各种科学，宜以平衡发展，相互联系，促其进步；

（二）建设学术中心，以培养科学人才；

（三）筹备举行全国学术会议；

（四）设立国家学术研究资金；

（五）维持并鼓励有关高深学术研究之刊物；

（六）推遣学术访团于友邦。

上述 6 项倡助学技之必要方法之建议，经签呈于蒋主席，奉代电分别采纳，并有所指示。

三十三年，同盟国联合通讯协会，因对于东南亚作战区域内高空电离层之特性，未能详悉，建议在中国东经 100 度至 110 度、北纬 30 度至 40 度区域内，设立高空电层观测台，长期记录，以增进军用通讯之效用，并由澳洲无线电委员会通知我国驻澳公使馆转商我国政府合作。经决定由本院物理研究所设置此项观测站，地点决定在北碚该所地磁台之处。观测仪器，请准根据租借法案以澳币 5000 镑向澳洲该会购置。胜利之后，行政院以此设备为战时工作之一部分，将外汇停给，遂致搁置。

抗战期间，本院组织略有扩充及变更，已如前述。复员期中，为集中人力物力，已将体质人类学研究所筹备处工作暂行停止。人事方面之变更，除院长一职，自蔡故院长逝世后由朱家骅先生继任，迄至现在外，总干事一职，迭有变更。二十六年西迁时,由历史语言研究所所长傅斯年兼代总干事;二十七年十二月由任鸿隽继任;二十九年由傅斯年继任;三十年九月又由叶企孙继任;三十二年叶氏辞职,由李书华继任;三十二年九月李氏辞职,又改聘萨本栋继任,现仍在职。各研究所及筹备处主持人,亦略有变更,现尚在职者为:(一)数学研究所筹备处主任姜立夫(赴美期间由陈省身代);(二)天文研究所所长张钰哲(赴美期间由陈遵妫代);(三)物理研究所所长萨本栋兼任;(四)化学研究所所长吴学周;(五)地质研究所所长李四光(养病期间由俞建章代);(六)动物研究所所长王家楫;(七)植物研究所所长罗宗洛;(八)气象研究所所长赵九章;(九)历史语言研究所所长傅斯年;(十)社会研究所所长陶孟和;(十一)医学研究所筹备处主任林可胜;(十二)工学研究所所长周仁;(十三)心理学研究所所长汪敬熙。

四、本院复员之经过

　　三十四年九月日本投降,本院奉命还都。因交通工具缺乏,政府限制甚严,加以军运粮运迄未能依政府复员计划配合,本院对复员工作,曾作慎重考虑。盖本院各研究所所有之图书仪器等设备,在抗战期间,一再播迁,损失甚微,若于复员期间不幸而遭损失,殊属不合,尤以古物及善本书籍,为国内外学术界所珍视,苟于复员之际遭受意外,实为不可补救之损失。至本院今后工作进行之方针,亦不能不于复员之初,缜密擘划。乃决定于重庆设本院复员委员会,并在本院各单位所在地分设昆明区、李庄区、北碚区、重庆区等复员委员会,负责办理装箱及启运等工作,以俟本院还都交通工具觅妥,再行启载东下。

　　本院各研究所,虽以设于首都为原则,但抗战以前,因限于经费,亦分设于京、沪两地。复员之初如即将各研究院所集中于南京,事实上不可能。三十四年四月乃派王所长家楫、吴所长学周赴京、沪接收本院原有房舍,得悉原在南京之院址,幸尚未受重大损毁,惟上海之理、化、工3研究所则损失颇大,修复甚为不易。抗战期间,本院曾增设3研究所,而各所之工作今后尚须扩充,正感原在京、沪两地之房屋尚不敷分配,乃一并接收,择要修缮购置。为利用现有之设备,决定将数学研究所筹备处、物理研究所、化学研究所、动物研究所、植物研究所、医学研究所筹备处、工学研究所、心理学研究所等 8 单位暂设于上海(祁齐路 320 号为总通讯处),以便短期内得以恢复工作。并设本院驻沪办事处统办上海各所处之一般行政事宜(初由王所长家楫荐任该办事处主任,现聘陈荻帆任之)。其余办事处及天文、地质、气象、历史语言、社会等五研究所共 6 单位则设于南京(鸡鸣寺路 1 号为总通信处)。

三十五年六月,本院举行院务会于南京,议决设本院留渝办事处,办理还都工作,聘本院秘书余又荪兼留渝办事处主任,是年七月一日正式成立,本院行政中枢亦同时移于南京。

本院复员委员会决定,还都运输以公物(图书、仪器、标本等)为第一,各所研究人员以会同押运其平素研究所用之公物平安到达京沪为原则。举凡装箱、启运、押运、卸货等工作,研究人员所负之工作较多。因研究院无不珍重其研究所用之工具,且亦深知其保存安全之技术也。

本院因珍重宝贵之公物,选择交通工具,以安全为第一,租赁车船,必先慎重审核其安全程度如何。至于议价、签约、分配载运分量及先后次序等事,均由复员会议决定之,全院人员群策群力,分工合作,效率卓著。

是年六月至九月,北碚区、昆明区、李庄区之公物及人员先后到达重庆,李庄区公物运至重庆,端赖四川合众轮船公司配拨长天等专轮载运。公物抵渝候船期间,多存于南岸之卜内门仓库,消防及防湿之设备尚佳,启货卸货亦多赖其经理之协助。由渝至京、沪之轮运,本院决定以直航为原则,因如在宜、汉转轮 1 次或 2 次,不唯用费浩大,而且公物一再起卸装载,易受损。当时在渝主持复员轮运分配事宜者,初为中央党政军机关留渝联合办事处,后为重庆行辕,对本院之还都运输虽甚系怀,但因初期只配拨渝宜段舱位,尚不能载运公物,故本院还都工作,无法进行。不得已乃自行设法租赁在政府限制范围以外之船只。先租赁怡庆直船局之福邦旋轮,恐其不安全而解约。后向交通大学分租所包国庆轮吨位之一部,本院又包租小三北拖轮而由民生公司之大轮拖运,均系由渝直航京、沪,将本院北碚区及昆明区之全部公物及一部分人员运返京、沪。直至是年十一月上旬,始分配民联轮一部分吨位,将历史语言研究所公物一部分运京,同年中旬又由招商局之 202 号登陆艇将本院李庄区及各区保存公物全部运京。本院公物运输至此完毕。招商局与民生公司之协助,深堪感纫。

本院职员及眷属还都,除搭乘上述诸轮者外,尚由联合办事处分配渝宜段之民权轮船位 20 人,其余人员则多携带重要公文,搭乘行政院分配之机位还都。所乘之专机以中国航空公司者为最多。

本院留渝办事处办理还都工作起见,对有关机关竭诚协助,如国立清华大学、国立南开大学、国立北京大学、国立浙江大学、北平图书馆、国立中央博物院筹备处及中华教育文化基金董事会等机关,均与本院渝处取得联系。

本院复员之后,在抗战期间于昆明、桂林、李庄、北碚、沙坪坝及重庆市内所设置之房舍,均分别交由当地有关机关保管,或设工作站,或作公共学术之用。

三十五年十二月上旬,本院留渝办事处之还都工作完毕,是月中旬奉命结束,留渝人员全部返京,曾在渝登报声明在渝业务结束,全部移至京、沪。计自二十七年一月首次迁至渝市至现在止,共约 8 年又 10 月。

42. 抗战时期的国民参政会(1948 年)[①]

一、前言

民国二十六年七月,卢沟桥事变发生,中华民族之生死存亡,已临最后关头。举国上下,莫不同仇敌忾,参加全国抗战。二十七年三月间,中国国民党临时全国代表大会开会,制定抗战建国纲领,关于政治部分,在第十二条规定:"组织国民参政机关,团结全国力量,集中全国之思虑与识见,以利国策之决定与实行。"四月间,国民政府公布国民参政会组织条例,其第一条即明白宣示国民参政会之宗旨为:"集思广益,团结全国力量。"盖当时战事已经扩大,沿海各省,大半沦为战区,必须全国精诚团结,不分党派,不分畛域,合力协助政府,以实施抗战建国纲领,从事长期抗战。

国民参政会既为适应此种要求而产生,因此其担负之使命亦比较特殊。林故主席森在第一届参政会第一次会议开会致词时曾谓:参政会的"最大目的,在完成抗战建国之任务,与欧美政党政治之议会,迥不相同"。其任务乃是:"集中全国之信仰,统一全国之步骤,使全国四万万五千万人,悉在三民主义最高原则之下,团结一致,共同奋斗……"

当时国民大会因战事爆发而未能如期召开,国民参政会乃成为战时唯一民意机关。按照二十七年四月国民政府公布之国民参政会组织条例,参政员

[①] 本文节选自中华年鉴社 1948 年编印出版的《中华年鉴》(上),原名为《国民参政会简史》。

总额为200名,其分配如左〈下〉(第三条):

(甲)由曾在各省市(指行政院直辖市而言)公私机关或团体服务3年以上,著有信望之人员中,共遴选88名。

(乙)由蒙古、西藏地方遴选具有上项同样条件之人员6名(蒙古4名,西藏2名)。

(丙)由海外遴选具有上项同样条件之人。

以上基项人选,分别由各省市政府及各省市党部联席会议或蒙藏、侨务两委员会按照应出参政员名额,加倍提出。

(丁)由曾在各重要文化团体或经济团体服务3年以上,著有信望,或努力国事,信望久著之人员中,遴选100名。

上项人选由国防最高会议按照应出参政员名额加倍提出。

以上4项候选人推出后,经过审查,然后提出中国国民党中央执行委员会会议决定之。

根据上述国民参政会组织条例第五条规定,该会之职权为:

"在抗战期间,政府对内对外之重要施政方针,于实施前,应提交国民参政会决议。"

"前项决议案,经国防最高会议通过后,依其性质交主管机关制定法律或颁布命令行之。"

但遇有特殊情形,国防最高会议可以命令作为便宜之措施,不受前项规定之限制。

第六条规定:

"国民参政会得提出建议案于政府。"

第七条规定:

"国民参政会有听取政府施政报告,暨向政府提出询问案之权。"

国民参政会之组织及职权,于二十九年、三十一年及三十三年迭有修改及扩大,当于下文有关处叙及。至参政员之任期为1年,国民政府认为有必要时,得延长1年(第八条)。每3个月开会1次,会期10日,国民政府认为有必要时,得召开临时会,或延长其会期。休会期间,设置驻会委员会,由参政员互选15人至25人组织之,其任务以听取政府各种报告,及决议案之实施经过为限(第九条)。

二十七年七月一日，国民政府复公布国民参政会秘书处组织规则，规定国民参政会秘书处之内部组织以及处内各组之职掌。同日，又公布国民参政会议事规则，规定参政会开会时各审查委员会职务之分配以及提案讨论报告暨询问之规则及程序等项。至此，关于参政会的组织、职权，以及议事等等规则，大致完备。

综观国民参政会之组织和职权，可知其为一适应抗战特殊需要，而由政府遴选国内及侨外各界人士所组织之机构。其职务为向政府建议，备政府咨询，藉以沟通政府与人民间之意见，俾得从事于抗战建国之大业。就此数点而论，国民参政会之成就，有足多者。兹于下节分届叙述之。

二、历届国民参政会之成就

1. 第一届国民参政会

甲、第一次大会　二十七年七月六日，第一届国民参政会首次大会在汉口举行，到会参政员共162人，各党各派人士均包括在内。

当时，政府已西迁重庆，寇势极为猖獗。七月十二日，郑震宇等28人，陈绍禹等67人，王家桢等21人分别提出拥护抗战建国纲领等3案，陈绍禹并代表共产党，表示热烈拥护政府抗战建国之政策；同时，曾琦代表国家青年党，表示绝对实现团结精神；蒙古及西藏代表亦诚恳表示拥护政府之热诚。三案合并，交付讨论，经全场一致决议如左〈下〉：

"……吾整个民族不分党派，不分职业，唯有精诚团结，艰苦奋斗，一面抗战，一面建国，始能免于奴隶灭亡之境，而跻于自由平等之列。爰郑重决议，拥护……抗战建国纲领，……依据此项纲领，在最高统帅蒋委员长领导之下，努力奋斗，以取得抗战最后之胜利，而达到建国之成功。"

关于内政方面，以树立地方自治机构之多，经大会合并讨论，决议设立临时地方民意机关，以推进行政，完成自治，其组织法及筹设程序，请国防最高会议议订施行。后政府设立各省市临时参议会，即根据此项决议。大会又通过节约运动大纲，请政府详订方案，付诸实施，以期全国民众刻苦节约，而资加强抗战力量。

大会开会10日，于七月十五日闭幕时，发表宣言，郑重宣布："中华民族必以坚强不屈之意志,动员其一切物力人力,为自卫、为人道,与此穷凶极恶之侵略者作长期抗战,以达到最后胜利之日为止。"

乙、第二次大会　二十七年十月二十八日,第二次大会举行于重庆。时值台儿庄胜利以后,人心固曾一度振奋,但广州、武汉相继陷落,少数意志薄弱者流,对于抗战必胜之信念,不免动摇,故抗战形势,颇为严重。蒋委员长乃于开会期间发表持久抗战宣言,以安人心,同时大会决议:"拥护蒋委员长所宣示全面抗战,争取主动之政府既定方针,今后全国国民应在蒋委员长领导之下,坚决抗战,决不屈服,共守弗渝,以完成抗战建国之任务。"

丙、第三次大会　第三次大会于二十八年二月十二日在重庆召开。此时正当敌相近卫发表诱和声明,汪逆兆铭秘密出走,通电响应以后。抗战局势,未见好转,一部分短见之士,信心不免摇惑。蒋委员长发表宣言,严正驳斥以外,参政会并通过国民精神总动员案,以求树立坚贞不拔之民族精神,同时倡导国民抗敌公约宣誓,不做汉奸和敌人的顺民。大会并通过以蒋委员长驳斥近卫宣言,作为今后抗战建国之唯一准则。决议:"抗战既定方针,必须坚持到底。我全国军民,应竭诚拥护政府施行第二期抗战国策;我政府应通令全国军民,服膺蒋委员长在去年十二月二十六日宣言中所宣示之大义,坚其信心,齐其步伐,一心一德,彻始彻终,以复我领土主权与行政之完整,而完成抗战建国之大业。"

敌人之奸谋,既不得逞,乃积极推行制造汪逆傀儡政权,从此忠奸判然,抗战阵营中,再无所谓和战问题,摇惑人心。

此外,大会重要决议有:请确立民主法治制度以奠定建国基础案,及组织川康建设期成会,从事川康建设,以巩固抗战根据地。

丁、第四次大会　第一届参政员任期,本应在二十八年六月届满。四月间,国民党中常会决议将参政员任期延长1年,同时将国民参政会组织条例第九条修正为:"国民参政会每6个月开会1次,会期10日。"第一届国民参政会第四次大会,即照前项修正条文定之。

依照前项修正,二十八年九月九日召开第四次大会。当时欧洲战事,业已爆发,国内军事,亦较稳定。因此政治与经济建设工作,在持久抗战中,转趋重要。故蒋委员长于开会时致词,指明当时努力之途径有二:一为集中人才,建设后方;一为加强军事,争取胜利。此次大会所组织之川康建设期成会,即根据川康建设视察团报告书,拟具一《川康建设方案》,交付本次大会讨论,经全体一致通过,请政府施行。

同时,大会又一致通过《请政府明令定期召集国民大会制定宪法实行宪政案》,该案内容为:

①治本办法:一、请政府明令定期召集国民大会,制定宪法,实行宪政;二、由议长指定参政员若干人,组织国民参政会宪政期成会,协助政府,促进宪政。②治标办法:一、请政府明令宣布全国人民除汉奸外,在法律上其政治地位一律平等;二、为适应战时需要,政府行政机构应加充实并改进,藉以集中全国各方人才,从事抗战建国工作,争取最后胜利。

当时汪逆兆铭由越南潜往上海、东京,并与南北诸丑逆勾结为奸,在敌人卵翼之下,开伪代表大会。国民参政会乃一致决议,通电声讨,并昭示全国:一、忠奸不两立,汪兆铭及附逆诸奸卖国求荣,宜膺显戮,以彰国法。二、汪兆铭等出卖祖国,已自绝于人类,凡其所言所行,悉为无耻罔义之言行;凡其所组织之机关,全为敌人制造之傀儡,我全国国民,应洞察奸隐,一致斥伐,以昭大义。

同时,大会又请政府昭告中外:中华民国惟有国民政府得公告法令,缔结条约,凡叛逆汉奸集团僭发之文告及订立之文件,概无效力,全国国民,概不承认。

戊、第五次大会 第五次大会于二十九年四月一日举行。历次到会参政员,以此次为最多,向在各地养病或因工作关系从未到会者,如侨领庄西言等,亦均赶到出席。

大会第二日,全场一致通过《声讨汪逆兆铭南京伪组织》通电,其中剖析:"……在南京设立伪组织,窃称中央,其各项伪机关,悉盗用国府原有名义,将欲以伪乱真,实行卖国密约……"但"敌人占领地,安能有政府?四万万五千万同胞以血汗保障之国家主权,安能容敌伪盗窃?无量数忠勇将士及各项辛勤工作人员血战3年取得国际之信誉,安能被敌伪动摇?"

至于大会主要议题,为宪政期成会所提出之五五宪草修正案。讨论重点,大都集中于国民大会闭会期间之常设机关问题,因而涉及政权与治权之区分。辩论甚久,情形至为热烈,各方意见经决定并送政府。

第五次大会为第一届国民参政会最末一次会议。参政会两年以来之贡献,最大者有三,即是:一、实行精诚团结;二、支持抗战国策;三、确立民治楷模。而历次大会所集中注意者,亦有三大要点:一为诛斥敌伪;二为发展经济;三为实施宪政。在抗战初期中,国民参政会所发挥之作用,至为宏大。

2. 第二届国民参政会

第一届参政员任期于二十九年十月届满。因国民大会受战事影响,不能如期召集,国民参政会乃决继续召集。国民政府于十二月二十四日修正公布国民参政会组织条例,将参政员总额增加为240名,其分配办法为:(甲)项占90名,(乙)、(丙)两项各6名,(丁)项占138名。议长制改为主席团制,由国民参政会选举主席5人组织之,其人选不以参政员为限。

大会职权亦略予扩大,组织条例第九条规定:"国民参政会得组织调查委员会,调查政府委托考察事项","调查结果,得由国民参政会(或由国民参政会授权于调查委员会)提请政府核办"。

驻会委员会之任务亦扩充为(第十二条):

一、听取政府各种报告;

二、促进业经成立决议案之实施,并随时考核其实施之状况;

三、在不违反大会决议案之范围内,得随时执行本会建议权暨调查权。

甲、第一次大会 第二届首次大会于三十年三月一日召集。早在二十九〔三十〕年一月间,皖南发生新四军事件,中共参政员向国民参政会提出善后办法及临时解决办法各12条,作为出席条件,经大会决议不能接受任何出席条件,开此恶例,并盼望共产党遵守其民国二十六年九月拥护统一之宣言,急速出席大会。但共产党参政员终未出席,团结局面自此发生裂痕。

共产党参政员虽未出席,大会会内依然团结一致。对于蒋委员长"抗战必须争取最后胜利,建国必须达到国防安全"之表示,一致拥护。大会闭幕宣言中,更强调中国须成为坚强统一之战斗体,扫除纷歧错误之思想行为,以国防需要为万事之标准。

乙、第二次大会 第二次大会于三十年十一月十七日召开。此次大会通过建议案中之最重要者,为主席团所提《促进民治加强抗战力量》一案,其要点为:

一、抗战终了后,即召开国民大会制定宪法。

二、增强战时民意职权。

三、延揽各方人才,实践"天下为公"之遗训。

四、人民合法自由予以保障。

当时,美日谈判正在华盛顿举行,大会临时动议《重申我国抗战目的,决心收复东北失地》一案,获得一致通过,并表示拥护蒋委员长三十年"九一八"纪念日告国民书,以正国际视听,暴露敌人阴谋。不久,美日战争爆发,我国抗战乃与世界战争联为一体,最后胜利,更具把握。

第二届参政员任期于三十一年二月底届满,二月二十三日,国防最高会议决议,于期满后改选。并决定将参政员之名额分配酌予修正,由国民政府于三十一年三月十六日公布。

3. 第三届国民参政会

国民参政会第二届任期届满后,中央以改选需时,决定将第二届参政会之职权,延至第三届参政员选定公布之时为止。同时修改国民参政会组织条例,扩充各省市选举名额,自90名增至164名,海外及蒙藏名额,各由6名增至9名,而中央选定之名额,则由138名减为60名,共242名。

甲、一次大会 第三届首次大会于三十一年十月二十二日召开,到会参政员有218人。此时,中日战事早已成为世界战争中之一部分,英美在华特权,亦已废弃,抗战前途,更趋光明。但后方经济情势日渐严重,故大会主要工作在讨论:一、改正战时风气;二、平抑物价;三、集中财力;四、动员人力。大会于第八日通过蒋兼院长所提之《加强管制物价方案》,并决议组织经济动员策进会,协助政府推动经济动员业务,以期稳定经济,平抑物价。又通过组织访英团赴英报聘,沟通中英两国友谊。

乙、第二次大会 第二次大会于三十二年九月十八日召开。此次大会决议案中最重要者,一为将经济动员策进会改组为经济建设策进会,一为设立宪政实施协进会。

宪政实施协进会于三十三年一月成立,组成份〔分〕子以参政员为主,其任务为:

①向政府提出与宪政筹备有关之建议。

②考察关于地方民意机关设立情形。

③考察与促进宪政实施有关各法令之实施状况。

④沟通政府与民间团体关于宪法问题暨其他有关政治问题之意见。

⑤依政府之委托审议一切与宪政实施有关之事件。

两年间,宪政实施协进会工作成绩最为显著者,一为整理与研究国人对于五五宪草之修正意见,送请政府参考。一为请求政府颁布保障人民身体自由办法,以及改善并废止新闻检查制度等等。

丙、第三次大会　第三届参政员任期,本应于三十二年九月届满,九月二十一日国民政府命令,本届任期延长1年,第三次大会乃于三十三年九月五日召集。

自三十三年四月起,敌人由湖南侵入广西,并窜扰贵州,抗战局势,更形艰苦。因此大会之讨论中心,着重于军事部署,以及经济措施等项问题。结果通过改善官兵待遇,及征用国人在外国资产等案。

大会开会时,全体参政员对于中共问题谈判经过,极为关切。于是商请政府派员到会报告关于中共问题商谈之概略,张治中、林祖涵乃出席大会报告商谈经过。十四日通过《组织延安视察团,赴延安视察,并于返渝后,向政府提出关于加强全国统一团结之建议,兹并推荐冷参政员遹、胡参政员霖、王参政员云五、陶参政员孟和为该视察团团员》案,以寻求统一团结之途径。

十六日,蒋主席以兼行政院长之资格出席大会,表示迫切希望提早还政于民,实行宪政。关于中共问题,政府决以大公无私之态度,用政治方式,求最有利于国家之解决。大会临时动议:"拥护领袖宣示",经决议通过。

4. 第四届国民参政会

三十三年,国民参政会之组织与职权均经重大修正,参政员名额增至290人,其名额之分配为:(甲)项199名,(乙)、(丙)两项照旧,(丁)项为75名。驻会委员原定为25名,修正案则增至31人。参政会之职权,扩充为"政府编制国家总预算,应于决定前提交国民参政会或其驻会委员会作初步之审议"。此种预算初步审议权之取得,乃国民参政会极重大之一项发展。

甲、第一次大会　第四届第一次大会于三十四年七月七日召开。当时德国已无条件投降,盟军目标,集中日本,我国在军事方面,反攻准备,已按照预定计划进行;政治方面,收复东北,更有通盘计划。抗战胜利已无疑义。因此国内人士之注意,转移至国内政治问题。

第一为关于国民大会问题:

关于督促政府召开国民大会,以制定国家根本大法,结束训政,实施宪政,国民参政会早有建议。自三十四年三月蒋主席在宪政实施协进会表示,将于十一月十二日召集国民大会后,大会开会时,各参政员对于是否应立即召集抑或缓期召集,以及国民大会之职权、代表人选、组织方法与有关之各项措施等等,讨论至为热烈。经大会决议,组织国民大会问题审查委员会,就有关国民大会之24件提案,加以审查研究。归纳该会拟具意见,可分4点:

①国民大会之日期,由政府斟酌决定。

②国大代表问题,应衡酌法律与事实,妥定办法,务使国民大会具有极完备之代表性。

③宪法制定,应即付实施。

④国民大会召集前,应继续采取可能之政治步骤及协调之精神,求取全国之统一团结,并保障人民之合法自由,承认各政治党派,依限完成各级民意机关之设置。

上项意见,经大会一致通过,送请政府采择实施。

第二为中共问题:

七月一日,参政员褚辅成、黄炎培、冷遹、傅斯年、左舜生、章伯钧等6人,由中共代表[陪同],同飞往延安。返渝时,带回中共意见。蒋主席接见6参政员时,允将中共意见加以研究考虑。此项意见之提出,为日后国共商谈之先声。

乙、第二次大会 第二次大会于三十五年三月二十日召开。时抗战胜利已有7月,复员亦已开始,又当政治协商会议及二中全会以后,中共参政员拒绝出席参政会,国内各项问题,极为错综复杂,大会致力之首要工作,在内求安定民生,实施宪政;外求领土主权行政之完整,完成国家之和平与统一。

大会中有组织收复区(包括中共占领区)视察团一案,经讨论决议通过,实施办法由主席团及驻会委员会研讨,后经驻会委员会议决视察区分为6区,任务为视察收复区及中共占领区内之政治设施。同时,大会又通过对政治协商会议报告决议文。

总计此次大会通过提案共453件,着重在:①救济收复区人民,安定民生；②改善财政经济政策；③澄清吏治；④拥护实行和平民主。

〈中略〉

三、结语

国民参政会自二十七年第一次开会起，历时10载，共集会13次，共提出建议案2600余件，大部分均为政府采纳。此项建议案中，以性质分，属于内政事项及财政经济事项者最多，属于教育文化事项及军事国防事项者次之，属于外交及国际事项以及一般事项者又次之，属于会务者最少。

三十七年三月二十九日，国民大会开幕，国民参政会之任务已圆满达成，宣告结束。〈后略〉

后 记

抗战时期国民政府迁都重庆,是中国历史上的一件大事;而抗战时期国民政府迁都重庆的史实,则是研究以重庆为中心的中国抗战大后方历史的重要课题。长时期以来,重庆市档案馆十分重视此项课题的研究及档案资料的收集,并先后公开或内部出版了《迁都重庆的国民政府》和《中华民国战时首都档案文献》之《国府迁渝·明定陪都·胜利还都》两书。但因种种原因,两书的发行范围都很小,许多研究者欲藏此两书而不能。为向广大研究者提供一部丰富翔实的史料,我们对《迁都重庆的国民政府》一书进行了重新编辑、校对,并增补了国民党中央系统、三民主义青年团、国民参政会的内容,汇编成《抗战时期国民政府在渝纪实》一书,纳入《中国抗战大后方历史文化丛书》2012年出版,以纪念"七七"抗战爆发暨国民政府迁都重庆75周年。

抗战时期,重庆作为中国的战时首都,为中国抗战和世界反法西斯战争的胜利,作出了巨大贡献和牺牲。抗战胜利后,重庆各界积极筹备编纂出版《重庆市志》,以记载重庆在抗战时期的恢弘史实。为明了国民党中央各院部会抗战时期在重庆的活动与工作情况,重庆市政府致函并请求他们自己撰写抗战时期在重庆的活动情况。本书中的绝大多数文稿,就是抗战胜利后国民党中央各院部会应重庆市政府之约而撰写的。《重庆市志》虽因种种原因未能编成,但这部分珍贵史料,则完整地保存了下来。本书的主体部分,就是当时国民党中央各院部会的自撰稿。对因种种原因未撰写的部门,我们则从其他文献资料中,择能代表其抗战时期活动与工作的史料进行补充,以保持史料的完整。

本书由唐润明策划及统稿,高阳负责文字的录入及校对。

最后,对支持本书以及为本书编辑出版付出辛勤劳动的领导、编者和出版者,表示衷心感谢!

编　者

2012年2月